DER
KUNST
BROCK
HAUS
Band 7

DER KUNST-BROCKHAUS

Aktualisierte Taschenbuchausgabe
in zehn Bänden

Band 7
Mod–Phi

B.I.-Taschenbuchverlag
Mannheim/Leipzig/Wien/Zürich

Redaktion der Taschenbuchausgabe:
Eberhard Anger M. A.
Layout: Gerd Schäfer

CIP-Kurztitelaufnahme der Deutschen Bibliothek
Der Kunst-Brockhaus: Aktualisierte Taschenbuchausg. in 10 Bd. - Mannheim; Wien, Zürich: BI-Taschenbuchverlag
ISBN 3-411-02930-7
Bd. 7. Mod–Phi. - 1987
ISBN 3-411-02937-4

Druck: Druckhaus Kaufmann, Lahr
Einband: Augsburger Industriebuchbinderei GmbH
Printed in Germany
Gesamtwerk: ISBN 3-411-02930-7
Band 7: ISBN 3-411-02937-4

Mod

moderne Architektur, i.a. Sprachgebrauch verwendeter Begriff, der die Bemühungen bezeichnet, den durch die Industrielle Revolution geschaffenen techn., sozialen und kulturellen Bedingungen bautechnisch, wirtschaftlich/sozial und architektonisch gerecht zu werden. Um die verschwommenen Konturen des Ausdrucks zu klären, verknüpft L. BENEVOLO (1960) Herkunft und Bedeutung des Begriffs mit einem Definitionsversuch der ›Modernen Bewegung‹ durch W. MORRIS (1879) und bezeichnet als m. A. diejenigen baul. Versuche, die es sich zur Aufgabe machen, unter den neuen techn. und sozialen Bedingungen ›allen Menschen im selben Maße gewisse kulturelle Errungenschaften zu vermitteln, die vorher bestimmten Gesellschaftsschichten vorbehalten waren‹. Dieser programmat. Anspruch der m. A., Ansätze aufzuzeigen zur ›Neuverteilung der Kunstgüter‹ (G. C. ARGAN, 1951) und zur Vereinigung sozialer Erfordernisse mit Ingenieurbau und Architektur, begrenzt die Verwendbarkeit des Begriffs der m. A. auf baul. Planungen und →Architekturtheorie nach der Stilepoche des ›Romant. Klassizismus‹ um 1800 und kennzeichnet ihre umfassende gesellschaftspolit. Zielsetzung bis in die 2. H. des 20. Jh. Die Unterschiedlichkeit der polit. Systeme, der Wirtschaftsordnungen und Kulturen und nicht zuletzt die zunehmende (Wieder-)Verwendung von Stilbegriffen für zeitgenöss. Architekturen wie Rationalismus, Historismus, Manierismus, Eklektizismus, Regionalismus oder Postmodernismus weisen jedoch in derart unterschiedl. Richtungen, daß so umfassende Ansprüche an Architektur im idealen Sinne Benevolos nur in Teilbereichen erfüllt werden könnten. Die zeitgenöss. Architekturtendenzen sind von ›Vielfalt und Widerspruch‹ (R. VENTURI, 1966) geprägt. Der universelle Anspruch der m. A. hat im häufig mißverstandenen →Internationalen Stil 2) zur ›Unwirtlichkeit unserer Städte‹ (A. MITSCHERLICH, 1965) und damit zur weltweit uniformen Tristesse geführt.

Seit etwa 1850 wurden Projekte für neue Städte entwickelt, in denen in erster Linie das Wohnproblem gelöst werden sollte, aber auch Industriesiedlungen ausgeführt und große Sanierungsmaßnahmen (Paris: G.-E. HAUSSMANN; Wien: L. FÖRSTER) unternommen wurden. Neue Lösungen wurden auch durch die Anwendung von Gußeisen und Glas gefunden (J. PAXTONS Kristallpalast, London 1851) sowie durch zugfesten Stahl für Hallenbauten.

Während der Ingenieurbau aus Stahl, dessen Anwendungsmöglichkeiten von der ›École des Beaux Arts‹ gelehrt wurden, um 1880 seine Reife erreicht hatte (Eiffelturm, Paris 1885–89), gelangen zw. 1860 und 1890 einzelnen Begabungen unorthodoxe, oft von histor. Bauformen angeregte Kompositionen. Neben R. N. SHAW in England, E.-E. VIOLLET-LE-DUC in Frankreich wurden v. a. die Interpretationen roman. Formen von H. H. RICHARDSON in den USA und die Weiterführung der Gotik durch A. GAUDÍ (BILD) in Spanien bahnbrechend für die Architektur des 20. Jh.

Um die Jahrhundertwende reduzierten O. WAGNER und H. P. BERLAGE die histor. Bauweise auf ihren baumeisterl. Kern; beide erkannten die theoret. Unmöglichkeit eines weiteren Historismus und die Aufgaben der modernen Stadt. Um diese Zeit hatte sich in Frankreich eine historisch-rationalist. Betrachtungsweise verbreitet und die Stahlbetonbauweise ihre gestalter. Ausprägung erfahren (A. PERRET). T. GARNIER entwarf (1904) eine formal und funktional neu durchdachte Industriestadt. Schon seit 1880 hatte in Chicago eine Schule von Ingenieuren und Architekten bei kommerziellen Bauten die fortschrittlichsten Techniken der Zeit angewendet (→Chicago, Schule von C.); sie lösten sich, unter der spätromantisch-funktionalist. Theoriebildung von L. H. SULLIVAN, bis 1900 völlig von orthodoxer Stilnachahmung.

Die Architektur des Jugendstils (etwa 1890–1914), die in ihren Anfängen von dem Gedankengut des →Arts and Crafts Movement geprägt war, fand ihren charakterist. Ausdruck in theoret. Werken H. VAN DE VELDES, der wie H. MUTHESIUS u. a. 1907 den Deutschen →Werkbund gründete.

Zw. Jugendstil und 1. Weltkrieg war, bes. in Skandinavien, eine freie, handwerklich verfeinerte Gestaltung mit regionalen Traditionselementen verbreitet, die →Nationalromantik.

Den endgültigen Bruch mit histor. Stilresten brachten der polem. Gegner des Jugendstils, A. LOOS, in Wien und F. L. WRIGHT (BILD), Schüler von L. H. Sullivan.

Der vorwiegend literar. und maler. Futurismus wirkte sich in theoret. Projekten (Manifeste von A. SANT' ELIA) auf die Architektur aus. Dem Expressionismus waren die Architekten der ›Novembergruppe‹, des jungen →Bauhaus und die frühen Werke B. TAUTS, H. POELZIGS und E. MENDELSOHNS (BILD Expressionismus) verpflichtet.

Der nach der Russ. Revolution entstandene Konstruktivismus forderte auch für die Architektur abstrakte Formen und die Anwendung neuer Materialien (Kunststoffe). Seit 1917 entwickelte sich im niederländ. De →Stijl ebenfalls eine Gestaltungslehre assoziationsfreier Elemente, die in der Architektur deutlich von H. P. BERLAGE und F. L. WRIGHT beeinflußt war. Beim jungen LE CORBUSIER führte die Auseinandersetzung mit dem Kubismus zu einer Ästhetik reiner stereometr. Körper.

Aus diesen Theorien und den techn. Neuentwicklungen v. a. der Skelettbauweise entstand 1925/26 der Internationale Stil oder die m. A. der ›Zweiten Generation‹. Dazu gehörten u. a. in den Niederlanden: J. OUD, G. T. RIETVELD, L. C. VAN DER VLUGT, J. DUIKER, M. STAM; in Belgien: V. BOURGEOIS; in Frankreich: LE CORBUSIER, A. LURÇAT, R. MALLET-STEVENS; in der UdSSR: u. a. W. TATLIN; in Dtl. zahlreiche Architekten in Berlin, Stuttgart, Frankfurt a. M., Breslau und Kassel (fast alle im ›Ring‹ zusammengeschlossen). Die städtebaul. Verantwortung dieser Zeit führte zur Gründung der →CIAM; man stellte Übereinstimmung in der Erkenntnis großstädt. Strukturmängel, aber auch in den Vorstellungen zu deren Behebung fest (Charta von Athen, 1933).

Angeregt von der →Gartenstadt wurde die Siedlung v. a. in den Niederlanden (H. P. BERLAGE, J. OUD) und in Dtl. (E. May) zur vornehmsten Aufgabe fortschrittl. Architekten, wobei auch die Erkenntnisse der stadtgeograph. und soziolog. Forschungen berücksichtigt wurden. Die führenden Architekten, die sich unterschiedlich der →Neuen Sachlichkeit verpflichtet fühlten und den verschiedenen Theorien des →Funktionalismus anhingen, hatten große Ausstrahlungskraft auf ihre Schüler; so W. Gropius (Bild) v.a. pragmatisch, Hannes Meyer eher empiristisch, H. Häring mehr metaphysisch und Le Corbusier ästhetisch.

Seit 1930 breiteten sich die Entwurfsprinzipien des Internat. Stils weltweit aus, teils mit freierer Verwendung des Formvokabulars, aber auch verbunden mit lokaler handwerkl. Tradition. Ersteres galt v.a. für die Schweiz, Österreich, Italien, ČSSR, Ungarn, Polen, England, Brasilien, Mexiko, Palästina, Japan, das zweite hauptsächlich für Schweden, Dänemark, Norwegen und bes. Finnland, wo seit den 1920er Jahren A. Aalto (Bild) phantasiereiche, die Materialskala erweiternde Bauten erstellte. In den USA begann F. L. Wright eine 2. Schaffensperiode, gleichzeitig wurden europ. Anregungen abgewandelt oder eigene Ansätze weiterentwikkelt. – Durch die totalitären Regime, die so begabte Architekten wie W. Gropius und L. Mies van der Rohe zur Emigration zwangen und zumindest für alle Regierungsgebäude einen Neoklassizismus propagierten, wurde die Entwicklung der m. A. gehemmt.

Nach dem 2. Weltkrieg benutzte man erneut die Formensprache des Internat. Stils, die nun technisch reifer angewendet werden konnte. L. Mies van der Rohe (Bild) wurde Vorbild für viele Architekten der Industrieländer (USA, Dtl., Schweden, England und auch der Schweiz), hingegen fand die skulpturelle Architektur Le Corbusiers (Bild) mehr Anerkennung in Lateinamerika, Indien, Pakistan und Japan.

Um die Mitte der 50er Jahre begann in England eine krit. Auseinandersetzung mit dem Spätwerk Le Corbusiers und L. Mies van der Rohes, die zum →Brutalismus führte, der die unverfeinerte Materialverwendung und eine bildkräftige Architektur (v.a. in Beton und Ziegel) forderte. Architekten, die ›metaphysische‹ Architekturtheorien aufgebaut hatten, erstellten bed. Einzelwerke (H. Scharoun, L. I. Kahn). Um 1965 führte die Beschäftigung mit den Problemen der Millionenstädte in Japan zur Formulierung des →Metabolismus (K. Tanges Projekt einer Überbauung der Bucht von Tokio).

In den folgenden Jahren wurden technolog. Verfahren angewendet, die teilweise schon vor 1930 entwickelt waren: Schalenbau und Spannbeton, Stabtragwerke, zugbeanspruchte und pneumat. Konstruktionen, systemat. Vorfertigung von Bauteilen.

Method. Verfeinerungen der Wirtschafts- und Sozialwissenschaften zur Bewältigung intuitiv nicht lösbarer Aufgaben, die krit. Auseinandersetzung der Architekturgeschichtsschreibung mit der m. A. seit etwa 1955 und die Brisanz wachsender Umweltprobleme sind Merkmale der Situation der Architektur der letzten Jahre. Das Repertoire der m. A. wird von den zeitgenöss. Architekten zunehmend als nur eine Spielart im Umgang mit architekton. Aufgaben gesehen.

⇒ Ausstellungsbauten · Curtain Wall · Denkmalpflege · Hochhaus · Neues Bauen · Organische Architektur · Städtebau. – Vgl. auch die Artikel über die einzelnen Architekten und Stile.

J. JOEDICKE: M. A., Strömungen und Tendenzen (1969); E. SCHULZ: Das kurze Leben der m. A. (1977); L. BENEVOLO: Gesch. der Architektur des 19. und 20. Jh., 2 Bde. (a. d. Ital., [2]1978); V. MAGNAGO-LAMPAGNANI: Architektur und Städtebau des 20. Jh. (1980); P. PORTOGHESI: Ausklang der m. A. (a. d. Ital., 1982).

moderne Kunst, die Kunst im Anschluß an den Impressionismus. Die Problemlage der m. K. bildete sich schon um 1800 heraus: die Lösung des Künstlers aus der Sicherheit einer Auftragskunst mit festen ikonograph. Traditionen, der Verlust der Übereinkunft zw. Künstler und Publikumserwartung, die Isolation des Kunstwerks als Ausdruck rein subjektiver Welterfahrung. Formal gesehen, datiert der Einschnitt aber erst seit etwa 1870, als die frz. Impressionisten eine neue Autonomie der Bildfläche und der künstler. Mittel einleiteten. Danach festigten P. CÉZANNE und G. SEURAT das malerisch aufgelöste Augenblicksbild des →Impressionismus in einer strengen Bildarchitektur, während V. VAN GOGH es zur ausdrucksstarken Arabeske, P. GAUGUIN zum ›musikalischen‹ Flächenornament zusammenfaßte. Von diesen ›Vätern der Moderne‹ laufen direkte Linien zu Kubismus (Cézanne), Futurismus, Konstruktivismus (Seurat), Expressionismus (van Gogh, Gauguin) im ›heroischen Jahrzehnt‹ der m. K. zw. 1905 und 1915.

Auch der →Symbolismus und der →Jugendstil bereiteten vor der Jahrhundertwende die m. K. vor. Ihr Vertrauen in die inhaltl. Aussagekraft reiner Formen führte unmittelbar zur abstrakten Malerei.

Der von P. PICASSO und G. BRAQUE 1908 begründete →Kubismus radikalisierte das Bild als intellektuelles, nicht imitatives Raumgefüge und schuf mit der Mehransichtigkeit eine neue, antiillusionist. Darstellungsform. Die kubist. Plastik folgte mit der Zerlegung des Körpers und der Umkehr positiver und negativer Formen nach. In der →Collage erfand Picasso eine weit über den Kubismus hinaus folgenreiche Methode, Kunst und Realität in eine fruchtbare Spannung zu versetzen. Dabei verstand der Kubismus sich ausschließlich als künstler. Revolution, während andere Richtungen, urspr. an der kubist. Formzerlegung orientiert, das isolierte Kunstwerk überwanden und die Kunst in eine ganzheitl. Lebenspraxis überführen wollten. Eine Utopie sollte den im 19. Jh. eingetretenen Bruch zw. Kunst und Leben wieder aufheben. So malte der →Futurismus nicht nur die Bewegungsrhythmen einer modernen Welt, sondern zielte auf eine von Begeisterung für die techn. Entwicklung getragene Kulturrevolution des ganzen Lebensgefühls. Der russ. →Konstruktivismus sah die Kunst als elementares Ordnungssystem einer auf geometr. Grundverhältnisse reduzierten Welt der Arbeiter und Maschinen. Im Weimarer →Bauhaus fanden versch. Richtungen zusammen, um Kunst in einer übergreifenden Einheit zu lehren, die alle Lebensbereiche durchdrang. Die niederländ. Gruppe De →Stijl verband einen ähnl. Anspruch mit einem strenger konstruktivist. Weltbild.

Aber auch der →Surrealismus verstand sich aus seiner Gegenposition schöpfer. Irrationalität als eine neue Form des Lebens aus den Kräften des Unterbewußtseins und nicht als neuer Kunststil. Er inszenierte eine Welt schockierender Widersprüche, die erst auf der Ebene imaginativer Anordnung (M. ERNST) oder des Traums (S. DALÍ) zur Einheit verschmolzen. Das surrealist. →Objet trouvé verkörperte den wichtigen Pol der mag. Dingerfahrung in der modernen Plastik. Auch die vielen totemist. Skulpturen, mit denen das 20. Jh. Prototypen der primitiven Kunst variierte, waren dem Surrealismus verpflichtet. Im Ggs. zum umfassenden Geist der surrealist. Bewegung blieb die ital. →Pittura Metafisica auf Bilder verrätselter Stadtkulissen und Gliederpuppen begrenzt. Mit eigenen revolutionären literarisch-künstler. Vorstellungen entwickelte sich um 1918 der →Dadaismus, dessen Anti-Kunst-Strategie in den 60er Jahren erneut aktuell wurde. Auch M. DUCHAMPS Einführung des →Ready-made (1913) als radikaler Frage nach dem Wesen der Kunst wurde erst später in ihrer zentralen Bedeutung erkannt.

Einen dritten Weg ging der →Expressionismus, der die psych. Energiefelder von Mensch und Welt in impulsiven Bildern oder zur Ausdrucksgebärde gewordenen Skulpturen festhielt. Seine stärksten Schöpfungen fanden sich in der Malerei der →Fauves, der →Brücke (einschl. der Graphik) und des →Blauen Reiters, doch lassen sich auch Aspekte des Futurismus, →Orphismus und →Rayonismus i. w. S. zum Expressionismus rechnen. In den 50er Jahren erlebte der subjektive maler. Gestus seine Wiedererweckung im →Abstrakten Expressionismus und begründete mit dem →Action-Painting die wachsende Bedeutung der USA für die zeitgenöss. Kunst.

Auf den Expressionismus reagierte in den 20er Jahren die →Neue Sachlichkeit mit extremer Wirklichkeitsnähe, teils in der Verfremdung durch Überschärfe (Magischer Realismus), oft mit sozialkrit. Tendenz. In den USA war eine sozialkrit. Grundströmung vorherrschend (→American Scene). Wie andere realist. Richtungen, z. B. die mexikan. Revolutionskunst, rückt auch diese Darstellungsweise im Rückblick näher zum Brennpunkt der Moderne und wird nicht länger als konservative Nachhut der Abstraktion verstanden.

Die von W. KANDINSKY u.a. um 1910 begründete →abstrakte Kunst ist keine Stilrichtung, sondern hatte versch. Quellen vom Expressionismus bis zum Konstruktivismus, vom surrealist. →Automatismus bis zur Mikrobiologie und den Strukturmustern mathemat. Systeme.

Die Plastik hat der m. K. ungeachtet bed. Einzelleistungen weniger primäre Impulse gegeben als die Malerei. In der gegensätzl. Werkauffassung von A. RODIN und A. MAILLOL standen sich die Formauflösung durch das Licht und der architekton. Formzusammenschluß gegenüber. Aber die Entwicklung lief nicht durch diese Gegensätze geteilt auseinander. C. BRÂNCUŞI, dessen äußerste Vereinfachung bis zum letzten Kern einer Formidee führte, überantwortete seine absoluten Formen durch spiegelblanke Oberflächen doch dem Licht, und H. MOORES massive Plastiken verbanden sich mit Raumdurchbrüchen und der Körperlosigkeit gespannter Schnurreihen. Eine andere Hauptlinie läßt sich vom Kubismus, Futurismus, Konstruktivismus bis hin zur Kinetik ziehen: die zunehmende Zerlegung und Auflösung fester Körper, ihre Durchdringung mit dem Umraum und ihre Ortlosigkeit durch Transparenz, Licht und Bewegung. Auf der expressionist. Linie wurde Plastik zum gestischen Zeichen, in das Formanregungen des Kubismus wie Surrealismus eingingen (J. GONZÁLEZ). M. DUCHAMPS Anstoß zum ›Ready-made‹ bezeichnete eine weitere Ausgangsposition, deren Hauptgewicht allerdings nicht in der klass. Moderne, sondern in der →zeitgenössischen Kunst zu suchen ist.

W. HAFTMANN: Malerei im 20. Jh. (1965); G. C. ARGAN: Die Kunst des 20. Jh., 1880–1940, in: Propyläen Kunstgesch., 12 (1977); ROSALIND KRAUSS: Passages in modern sculpture (London 1977); W. HOFMANN: Grundlagen der m. K. (²1979).

Modersohn, 1) Otto, Maler, Mann von 2), *Soest 22. 2. 1865, †Rotenburg (bei Hannover) 10. 3. 1943, gründete 1889 mit F. MACKENSEN die Künstlerkolonie Worpswede. Er malte v. a. melancholisch herbe Stimmungslandschaften in gedämpften Farben, bes. aus der Umgebung von Worpswede.

O. M. Monographie einer Landschaft, hg. v. O.-M.-Mus. (1978).

2) Modersohn-Becker, Paula, geb. Becker, Malerin, Frau von 1), *Dresden 8. 2. 1876, †Worpswede 20. 11. 1907, lebte seit 1898 in →Worpswede (Schülerin von F. MACKENSEN). Seit 1900 war sie mehrmals in Paris, wo sie bes. von Werken P. GAUGUINS und P. CÉZANNES Anregungen empfing. Ihre Bilder (die Menschen der Heide, Mütter, Kinder, Selbstporträts, Stilleben) suchen mit ihrer Modellierung durch farbige Flächen die ›große Einfachheit‹ der Form und das Ursprüngliche in Menschen und Dingen. Sie stehen auf eigenständige

Paula Modersohn-Becker: Bauernkind (Bremen, Kunsthalle)

Weise zw. Cézanne und dem norddt. Expressionismus. – P.-M.-Becker-Haus in Bremen (seit 1927).

CHRISTA MURKEN-ALTROGGE: P. M.-Becker (1980); G. BUSCH: P. M.-Becker (1981); P. M.-Becker, Ausst.-Kat., Hamburg (1982).

Modhẹra, Ort in NW-Gujarat, Indien, mit einem steinernen, dem Sonnengott Surya geweihten Tempel aus dem 11. Jh. im Nagara-Stil der Solanki-Dynastie. Dem reich reliefierten Hauptbau sind eine offene Säulenhalle (Natyamandapa) und ein tiefliegender Teich mit breiten Treppen vorgelagert.

W. LOBO: The Sun Temple at M. (München 1982).

Modigliani [-ʎ'a:ni], Amedeo, Maler, Bildhauer, *Livorno 12. 7. 1884, †Paris 25. 1. 1920, lebte seit 1906 meist in Paris, gehörte zur École de Paris. Er malte zunächst fauvist. Porträts. Seit 1909 entstanden durch die Freundschaft mit C. BRÂNCUŞI (der ihn auf afrikan. und ind. Plastik hinwies) plast. Arbeiten, wie streng stilisierte Köpfe und Karytiden. Nach 1910 fand M. seinen eigenen Porträtstil. Er malte v.a. Akte und Köpfe von Mädchen, deren durch überlange Formen gesteigerter Ausdruck von lyrisch-schwermütigem Reiz ist.

P. SICHEL: A biography of A. M. (New York 1967); A. WERNER: A. M. (1982); Tout l'œuvre peint de M., hg. v. A. CERONI (Paris 1972); J. P. CRESPELLE: M. (a. d. Frz., 1973).

Mödingen, Gem. im Kr. Dillingen a. d. Donau, Bayern, mit ehem. Dominikanerinnen- (jetzt Franziskanerinnen-)Kloster. Klostergebäude und Kirche wurden von D. ZIMMERMANN 1716–25 erbaut und von ihm und

Amedeo Modigliani: Sitzender weiblicher Akt; 1917 (Antwerpen, Koninklijk Museum voor Schone Kunsten)

seinem Bruder J. B. ZIMMERMANN im Spätbarockstil ausgestattet. In der Ebnerkapelle Rokokostuck des Wessobrunner Meisters A. LANDES (1755).

Modjokerto, indones. Stadt, →Mojokerto.

Mödling, Stadt südlich von Wien, NÖ, 19000 Ew., mit ma. Stadtkern; spätgot. Pfarrkirche St. Othmar (beg. 1454), turmlose Hallenkirche, bemerkenswertes Sakramentshäuschen in Astwerkgotik (Anf. 16. Jh.); südlich der Kirche roman. Karner (13. Jh.) mit barokkem Zwiebelturm, Fresken des 13. Jh.; Renaissance-Rathaus (1548) und Bürgerhäuser (16.–18. Jh.).

Modul [von lat. modulus ›Maß‹] *der, Mz.* **Moduln,** der halbe untere Säulendurchmesser, eine relative Maßeinheit, mit deren Hilfe Dimensionen und Proportionen bes. der antiken Baukunst bestimmt wurden. Der M. wurde in 30 Teile (›Partes‹ oder ›Minuten‹) unterteilt; Säulenhöhe und -abstand, auch die Maße von Gebälk und Kapitell wurden mit ihm errechnet. In der Renaissance (G. DA VIGNOLA, A. PALLADIO u. a.) und im 20. Jh. (LE CORBUSIER u. a.) zur Proportionierung von Bauwerken aufgegriffen.

Modulor *der,* Proportionslehre, die von LE CORBUSIER auf der Grundlage der menschl. Gestalt entwickelt wurde. Ausgangspunkt ist das Maß 2,26 m, das ein 1,83 m großer Mensch mit dem Arm erreicht. Eine 2. Maßreihe wurde auf die Körpergröße 1,75 m abgestimmt. Der M. wurde Bauwerken u. a. in Marseille und Berlin zugrundegelegt und ist Ausdruck des Versuchs des Funktionalismus, mit der Abstimmung der Architekten auf menschl. Maßverhältnisse eine harmon., dem Menschen gemäße Wohnumwelt zu schaffen.

LE CORBUSIER: Der M. ([4]1980); ders.: M. 2 ([2]1979).

Moeyaert [m'u:ja:rt], Claes Cornelisz., holländ. Maler, *Amsterdam 1592/93, begraben ebd. 26. 8. 1655, ging in Italien von A. ELSHEIMER aus, in dessen Art er kleinformatige relig. und histor. Szenen meist in südl. Landschaft malte. Später in den Niederlanden nahm er Anregungen bes. von REMBRANDT auf.

Mogador, Stadt in Marokko, →Essaouira.

Mogoşoaia [-ʃo'aja], Schloß im NW von Bukarest, Rumänien, durch Fürst Brîncoveanu in der Nähe einer 1688 von ihm gestifteten Kirche erbaut (1702 voll.). Trotz Veränderungen durch Restaurierung (nach Plünderungen im 18. Jh.: 1860–80; erneut 1930–35) gilt der Bau als wichtigstes Beispiel des Brîncoveanu-Stiles, mit reichen Steinskulpturen, Stuckarbeiten und Malereien. Seit 1957 Mus. (Kunst des 17. und 18. Jh.).

Mogul-Malerei, Wand- und Miniaturmalerei unter der Mogul-Dynastie in Indien; sie begann unter →Akbar, nachdem sein Vorgänger 2 Maler aus Persien nach Indien brachte, die Hauptträger des kaiserl. Ateliers und Lehrer vieler Hindu-Maler wurden. 1582 waren 2 an Bildern umfangreiche pers. Texte, das ›Hamsa Name‹ und das ›Schah Name‹, illustriert. Ihnen folgten illustrierte Übersetzungen der Hindu-Epen ›Ramayana‹ und ›Mahabharata‹. Wichtigster Gegenstand der M.-M. wurden die Chroniken der einzelnen Mogulkaiser und →Darbarszenen. In →Fatehpur Sikri sind die ältesten Wandmalereien der Moguln erh. JAHANGIR (*1568, †1627) verfeinerte die unter Akbar begonnene Porträtmalerei und ließ hervorragende Naturstudien von Tieren und Blumen anfertigen. Der Einfluß nach Indien gelangter europ. Stiche und Malereien machte sich sowohl unter Akbar als auch seinen Nachfolgern bemerkbar. Seit Jahangir gab es eine Art Genremalerei, die bis zum letzten Mogulkaiser fortdauerte. Neben den kaiserl. Ateliers entwickelte sich Anfang des 17. Jh. in den provinziellen Ateliers der Mogulvasallen ein volkstüml. Mogulstil, mit dem v. a. Themen der →Rajput-Malerei illustriert wurden. Die M.-M. endete um die Mitte des 19. Jh.

Mohammedia, La M., Ort in N-Tunesien, 15 km südlich von Tunis; ausgedehnter verfallener Palastkomplex, 1837–55 als Konkurrenz zu Versailles angelegt; u. a. Moschee, Kaserne, Paläste; ferner röm. Aquädukt (Zaghouan – Karthago), unter HADRIAN (120–131) errichtet (zuletzt Anf. 17. Jh. repariert). 5 km südwestlich das ausgedehnte Ruinenfeld des antiken **Uthina** (heute **Oudna**), dessen Mosaike sich im Bardo-Mus. befinden.

Mohenjo Daro [-dʒo-], Ruinenstätte in Pakistan, südwestlich von Sukkur. M. D. war Zentrum der →Harappa-Kultur (etwa 2500–1500 v. Chr.) mit Kontakt zu Mesopotamien. Auf einer Fläche von 2,5 km² waren Zitadelle, Straßen und Kanalsystem, Bäder usw. geometrisch exakt angelegt. Die in M. D. gefundenen handwerkl. Arbeiten wie die Bronzefigur einer Tänzerin, Keramik, Terrakotten, Steatitsiegel (z. T. mit Schrift) u. a. sind von großer künstler. Qualität.

Mohenjo Daro: Tänzerin; Bronze, Höhe 10,5 cm (Neu-Delhi, Nationalmuseum)

Mohini [Skt. ›Betörende‹], ind. Bildwerk einer verführerisch schönen Frau, die als weiblicher Avatara des Vishnu gilt.

Mohn, Paul, Maler, *Meißen 17. 11. 1842, †Berlin 17. 2. 1911, Schüler von L. RICHTER, 1868/69 in Rom, in Berlin seit 1883. M. schuf Landschafts- und Märchenbilder, Entwürfe für Glasfenster, Buchillustrationen.

Mohngläser, Trinkgläser, häufig in Form von Ranftbechern, die in den ersten Jahrzehnten des 19. Jh. von SAMUEL MOHN (*1762, †1815) und seinem Sohn GOTTLOB SAMUEL MOHN (*1789, †1825) mit durchscheinenden Emailfarben mit Porträtsilhouetten, Städteansichten und Landschaften bemalt wurden. Samuel M. arbeitete bes. in Dresden, Gottlob Samuel M. war seit 1811 in Wien tätig; sie knüpften an die Arbeiten von J. SCHAPER an.

Mohn|öl, Maltechnik: →Nußöl.

Moholy-Nagy [m'ohoj nɔdj], László, ungar. Maler, Bildhauer, Graphiker, Publizist, *Bácsborsod (NO-Ungarn) 20. 7. 1895, †Chicago 24. 11. 1946, lehrte 1923–28 am Bauhaus, emigrierte in die USA, wo er 1937 in Chicago ›The New Bauhaus‹ gründete (heute beim ›Illinois Institute of Technology‹). V. a. von EL LISSITZKY beeinflußt, war M.-N. einer der Begründer einer auf rationalen Methoden und abstrakten Elementen aufgebauten visuellen Gestaltungslehre, die bes.

László Moholy-Nagy: Auf weißem Grund; 1923 (Köln, Museum Ludwig)

Graphik, Typographie, Photographie, Film und gestalter. Didaktik beeinflußt hat. M.-N. ist auch ein Vertreter der Objekt- und kinet. Kunst; er verwendete u.a. Plexiglas und Stahl und bezog auch Licht ein.

SIBYL M.-N.: L. M.-N. Ein Totalexperiment (1972); LUCIA MOHOLY: Marginalien zu M.-N. (1972); HANNAH STECKEL: L. M.-N., 2 Bde. (1977).

Moilliet [mwaj'ɛ], Louis René, schweizer. Maler, Glasmaler, *Bern 6. 10. 1880, †Vevey 24. 8. 1962, entwickelte, beeinflußt von A. MACKE und P. KLEE (1914 gemeinsame Tunisreise), seine schwebend-transparente und poet. Malerei (bes. Aquarelle und farbige Glasfenster). Trotz weitgehender farbiger und zeichner. Abstraktion blieb er dem Gegenständlichen verpflichtet.

J. C. AMMANN: L. M. Das Gesamtwerk (1972).

Moira, in der grch. Religion der dem einzelnen Menschen zukommende Anteil am Schicksal, auch das persönl. Geschick; dann personifiziert zu Schicksalsgöttinnen: **Moirai, Moiren,** seit Hesiod in der Dreizahl: **Klotho** (die Spinnerin des Lebensfadens), **Lachesis** (die das Los zuteilt), **Atropos** (die ›Unabwendbare‹, die den Faden zerschneidet). Die M. stehen bald selbständig neben den Göttern, bald sind sie ihnen über- oder untergeordnet. Ihre Attribute sind Spindel, Schriftrolle und Waage. Pausanias erwähnt ihre Darstellung auf der Kypseloslade (um 600 v. Chr.); sie erscheinen auch auf der Françoisvase. Auf dem N-Fries des Pergamonaltars beteiligen sie sich am Götterkampf gegen die Giganten. Als Parzen, denen sie von den Römern gleichgesetzt wurden, finden sie sich v.a. auf röm. Sarkophagen, im späten MA. dem Bereich des Todes zugehörig, in der Kunst der Neuzeit v.a. als Personifikationen des persönl. Schicksals (A. DÜRER, P. P. RUBENS, F. GOYA).

Moisburg, Ort im Kr. Harburg, Ndsachs., besitzt eine reizvolle Bauernbarockkirche (1640) mit vollständig bemalten Holzgewölben und Emporenbrüstungen.

Moissac [mwas'ak], Stadt im frz. Dép. Tarn-et-Garonne, am Tarn, 12100 Ew. Die Kirche St. Pierre

(12. und 15. Jh.) der ehem. Benediktinerabtei besitzt Skulpturen am S-Portal und im Kreuzgang (um 1100), die neben Vézelay und Autun zu den bedeutendsten Werken der frz. roman. Bildhauerkunst zählen.

Mojokẹrto, frühere Schreibung **Modjokẹrto,** indones. Stadt im O Javas, 60 000 Ew. Das Stadtmus. enthält bed. Werke der indojavan. Kunst.

Mola, Pier Francesco, ital. Maler, *Coldrerio (Tessin) 9. 2. 1612, †Rom 16. 5. 1666, Schüler von G. CESARI, angeregt von den Venezianern und F. ALBANI, dem seine idyll. Landschaften mit bibl. oder mytholog. Stoffen verwandt sind. GUERCINO verdankte er die kräftigere Malweise und wärmere Färbung. M. hat auch geistreiche Radierungen geschaffen.

HW (in Rom): Fresken im Quirinal, in der Kirche Il Gesù, im Palazzo Costaguti; Altarbilder in S. Anastasia, SS. Domenico e Sisto und S. Marco.

Moldauklöster, Gruppe von befestigten Klosteranlagen, deren Entstehung im Spät-MA. mit dem Fstt. Moldau (später Bukowina) zusammenhängt und die fast alle im heutigen Kr. Suceava, Rumänien, liegen. Die wichtigsten Gründungen erfolgten unter Stephan dem Großen (1457–1504). Die M. dienten als Memorialbauten und Grablegen der Fürsten- und Bojarenfamilien. Die Kirchen sind einfache einschiffige, schmale Anlagen, meist mit Dreikonchenschluß im O. Typbildend war der Grabbau Stephans des Großen in Putna (1469). Die wichtigsten M. sind Pătrăuţi (1487), Voroneţ (1488), Borzeşti (1493–94), Neamţ (vor 1497), Humor (Anf. 15. Jh., 1530 wiederhergestellt), Arbure in der Gem. Arbore (1502), Moldoviţa (1532 ff.), Probota (1550), Suceviţa (1582–86) und Dragomirna (Anf. 17. Jh.). Die Außenmauern der meist inmitten einer re-

Moldauklöster: Kirche des Klosters Suceviţa; 1582–86

Moldauklöster: Wandmalerei an der Klosterkirche von Voroneţ; 1488

gelmäßigen, turmbewehrten Befestigungsanlage gelegenen Kirchen wurden etwa seit 1530 mit prächtigen gemalten Bildprogrammen überzogen, zu deren Schutz u.a. die charakterist., weit über die Mauerkrone reichenden Dächer dienen. Die M. gehören zu den eigenartigsten und reizvollsten Zeugnissen spät-ma. Kunst in Rumänien.

Moldovan, Kurt, österr. Zeichner, Aquarellist, *Wien 22. 6. 1918, †ebd. 19. 9. 1977. In seinen Zyklen ›Antike Szenen‹ (1966), ›Cortés in Mexiko‹ (1969) und ›Alice im Wunderland‹ (als Lithographienfolge 1973) betonte er als Zeichner eine grotesk-skurrile Komponente, als Aquarellist bevorzugte er Landschaften.

Moldoviţa [-v'itsa], Gem. im Kr. Suceava, Rumänien, 6000 Ew., mit befestigtem Kloster (→Moldauklöster), das in der Nähe einer Vorgängeranlage (Reste erh.) seit 1532 erbaut wurde. Die Kirche ist einschiffig mit Dreikonchenschluß im O und von eleganten Proportionen; kostbare Malereien an den Außenwänden. Der Bau liegt frei inmitten des turmbewehrten Mauergevierts, das auch die Abtei (18.–19. Jh.) umschließt.

Molenaer [-na:r], **1)** Claes, holländ. Maler, *vor 1630, begraben Haarlem 31. 12. 1676, malte dunkle Winter- und Uferlandschaften mit Figuren sowie Bauernbilder.

2) Jan Miense, holländ. Maler, *Haarlem(?) um 1610, †ebd. 15. 9. 1668, vielleicht Schüler von D. Vinckeboons, in Haarlem und (1637–48) in Amsterdam tätig. M. schilderte in seinem u.a. von F. Hals beeinflußten Frühwerk das Volks-, Bauern- und Kinderleben in heiteren Szenen von heller, später dunkeltoniger Farbigkeit. Er gehört zu den originellsten Vertretern der frühen Genremalerei. Seine Frau war die Malerin Judith Leyster.

Molfetta, ital. Hafenstadt und Bischofssitz in Apulien (Prov. Bari), 65 900 Ew. In der auf einem Küstenvorsprung gelegenen ma. Altstadt liegt der Alte Dom (Mitte 12. – Ende 13. Jh.), eine Dreikuppelkirche, die zu den bedeutendsten roman. Bauwerken Apuliens gehört; Neuer Dom (17. Jh.) mit prächtiger Barockfassade.

Molgata, el-Malkata, arab. Name für die Reste der Palastanlage von AMENOPHIS III. (1402–1364 v. Chr.) auf dem theban. Westufer in Oberägypten. Erhalten sind Spuren einer Hafenanlage, Wandmalereien aus den inneren Gemächern, bemalte und beschriftete Keramik. Die Anlage wurde bald nach dem Tod des Königs aufgegeben.

Moll, 1) Balthasar Ferdinand, Bildhauer, *Innsbruck 4. 1. 1717, †Wien 3. 3. 1785, seit 1741 ebd. nachweisbar, 1751–59 hier Prof. an der Akad. M. ist der eigentl. künstler. Erbe von G. R. DONNER. Seine meist höf. Aufträge führte er fast immer in Metall (Blei, Zinn und Bronze) aus.

HW: 18 Prunksärge (Wien, Kapuzinergruft), v. a. der Sarkophag für Maria Theresia und Franz I. (1754); Reiterdenkmal Franz I. (1781; Wien, Burggarten) und andere Denkmäler, Grabmäler und Porträtbüsten.

Maria Theresia und ihre Zeit, Ausst.-Kat., Wien (1980).

2) Oskar, Maler, *Brieg (Schlesien) 21. 7. 1875, †Berlin (West) 19. 8. 1947, lehrte an der Breslauer und Düsseldorfer Akad. (1933 entlassen), gehörte in Paris (1907/08) dem Kreis der dt. Maler um H. MATISSE an. Sich zunehmend verfeinernde, lichte und dekorative Farben zeigen seine Landschaften und Stilleben.

S. und D. SALZMANN: O. M. (1975).

Möllenbeck, Stadtteil von Rinteln, Ndsachs., mit ehem. Kloster (896 gegr., Benediktinerinnen, seit 1441 Augustiner). Spätgot. Hallenkirche (1479–1505) mit dekorativer Gewölbeausmalung und auffallend großen Flamboyant-Maßwerkfenstern im Langchor; darunter vierjochige Hallenkrypta. Die beiden Rundtürme (10. Jh.) sind Teile eines otton. Westwerks. Die Abteigebäude (um 1500) zählen zu den größten und besterhaltenen Klosteranlagen des ausgehenden MA. in Dtl.

Moller, Georg, Baumeister, *Diepholz 21. 1. 1784, †Darmstadt 13. 3. 1852, Schüler von F. WEINBRENNER, leitete ebd. (seit 1810 Hofbaumeister, seit 1844 Oberbaudirektor) das hessisch-darmstädt. Staatsbauwesen. Seine zahlreichen Kirchen und Profanbauten zeigen ihn als bed. Architekten des romant. Klassizismus. – G. SEMPER übernahm für das Dresdner Hoftheater die halbkreisförmige Fassade des von M. 1829–33 erbauten Mainzer Stadttheaters.

WW: Hoftheater (1819–20; Darmstadt, 1871 ausgebrannt, nach Wiederaufbau, 1875–79, 1945 zerstört, 1950 und 1975/76 in seiner Bausubstanz gesichert); Ludwigskirche (1822–27; Darmstadt, 1944 ausgebrannt, 1947–59 in einfachen Formen wiederaufgebaut); Ostkuppel des Mainzer Doms (1824, 1870 beseitigt); Neue Kanzlei (1825–26; Darmstadt); Schloß in Wiesbaden (1837–41, heute Landtag); Entwurf zum Denkmal Ludwigs I. (1838; Darmstadt, 1844 aufgebaut – mit Statue von L. v. SCHWANTHALER).

MARIE FRÖLICH u. H.-G. SPERLICH: G. M. Baumeister der Romantik (1959).

Möller, Anton, Maler, Zeichner, *Königsberg um 1563, †Danzig Jan. 1611, ebd. seit 1586/87 Stadtmaler. Sein eigentümlich manierist. Stil entstand aus Einflüssen niederländ. und ital. Malerei, die er mit Elementen der dt. Graphik (v. a. A. DÜRER) verschmolz.

HW (in Danzig): 5 Gerichtsbilder (1588) und Jüngstes Gericht (1602/03) im Artushof; 4 Historienbilder (1601; Rathaus); Die 7 Werke der Barmherzigkeit, Epitaph (1607; Marienkirche); Kreuzigungsaltar (1610/11; Katharinenkirche).

Mölln, Stadt im Kr. Hzgt. Lauenburg, Schlesw.-Holst., 15 800 Ew. Die Nikolaikirche ist eine spätroman. Backsteinpfeilerbasilika (13. Jh.) mit Wandmalereien und ungewöhnlich reicher Ausstattung aus Spätgotik und Barock. M. hat neben Lübeck das einzige got. Rathaus (2. H. 14. Jh.) in Schlesw.-Holst. Fachwerkhäuser am Marktplatz.

Molsdorf, Gem. südlich von Erfurt, Dt. Dem. Rep., mit Barockschloß, das nach 1736 unter Verwendung von Teilen einer älteren Anlage entstand; im Innern feierl. Rokokoausstattung, Gemälde von A. PESNE u. a.

Molsheim, Stadt im Unterelsaß, südwestlich von Straßburg, 6900 Ew., mit teilweise erh. Stadtmauer (u. a. Schmiedtor) und Fachwerkhäusern des 17. Jh.; Alte Metzig (1554, heute Mus.); Pfarrkirche (ehem. Jesuitenkirche) 1614–18 erbaut (vermutlich von C. WAMSER).

Molyn, Molijn [mo:l'ɛjn], Pieter de, holländ. Maler, getauft London 6. 4. 1595, begraben Haarlem 23. 3. 1661, malte seit etwa 1626 schlichte Landschaften und gehörte zu den Wegbereitern der holländ. Landschaftsmalerei in der 1. H. des 17. Jh.

Molzahn, Johannes, Maler, *Duisburg 21. 5. 1892, †München 31. 12. 1965; beeinflußt vom Bauhaus, entwickelte er einen abstrakt-symbolhaften Stil. Seine figuralen Formen sind schablonenhafte, häufig variierte Zeichen, die relig. Gehalt versinnbildlichen sollen.

MOMA, Abk. für →Museum of Modern Art.

Mombasa, Stadt in Kenia, Ostafrika, 341 500 Ew.; im 11. Jh. von Arabern gegr., urspr. **Manisia,** gelangte im MA. durch Handel zu Wohlstand. Auf einer Küsteninsel die Altstadt im arab. Stil mit Moscheen aus dem 16. Jh.; ind. Handelshäuser. Die Zitadelle Fort Jesus, 1593–95 von den Portugiesen nach Plänen des ital. Festungsarchitekten G. B. CAIRATI erbaut, ist heute Mus.

Momoyama-Zeit, Epoche der →japanischen Kunst (1573–1614).

Momper, Joos (Josse) de, fläm. Maler, *Antwerpen 1564, †ebd. 5. 2. 1635, malte, von PIETER BRUEGEL D. Ä. ausgehend, großzügige Gebirgslandschaften mit steilen Felspartien in breit fließender oder tupfender Malweise und braun, grün und blau nach dem Bildhintergrund zu abgestuftem Kolorit.

Mompós, früher auch **Mompox,** Stadt in Kolumbien, auf einer Flußinsel im Überschwemmungstiefland des Río Magdalena, etwa 19 500 Ew. Die 1535 gegr. Stadt hat infolge ihrer Abgeschiedenheit ihr kolonialzeitl. Stadtbild erh.: Kirchen S. Bárbara mit separatem, barockem Glockenturm (Ende 17. Jh.), S. Francisco (Fassade mit barocken Stilelementen) und Profanbauten wie die barocke Casa de la Calle Real del Médio.

Mon, Talaing, Volk in S-Birma und Thailand, das schon seit dem 3. Jh. v. Chr. unter ind. Einfluß geriet, das Reich Pegu schuf und den das Gebiet erobernden Birmanen (nach 1057) den Buddhismus übermittelte. Zw. dem 6. und 9. Jh. waren die M. der entscheidende Kulturträger in Zentral-Thailand. Sie schufen das Königreich **Dvaravati**, dessen zeitl. und geograph. Begrenzung nicht bekannt ist. In der Mon-Kunst von Dvaravati, inhaltlich vom Hinayana-Buddhismus geprägt, wurden Skulpturen in bronzeartigen Metall-Legierungen, (wenig) Stein und Terrakotta geschaffen sowie in Stuck und Terrakotta für Architektur und deren (Relief-)Ausschmückung. Stilistisch ist sie maßgebend vom Gupta-Stil und vom Amaravati-Stil Indiens geprägt. Charakteristisch ist die Ausprägung der ethn. Merkmale der Mon in den breiten, flachen Gesichtern. Hauptfundorte sind →Nakhon Pathom und Pong Tük. Nachdem die M. durch die Khmer nach N vertrieben worden waren, entstand zw. dem 9. und 13. Jh. in der Region um Lamphun erneut ein Zentrum der Mon-Kunst im Königreich **Haripunjaya**. Bedeutendstes Bauwerk ist Wat Kukut in →Lamphun.

Auch in der frühen →birmanischen Kunst spielte das dortige Reich der Mon eine bed. Rolle um die Wende des 1. Jahrtsd. n. Chr.

Monaco, Lorenzo, ital. Maler, →Lorenzo Monaco.

Mona Lisa, eigtl. **Monna Lisa** [ital. ›Frau Lisa‹], Gattin des florentin. Edelmanns Francesco del Giocondo (daher auch **Gioconda** [dʒok'onda]); Porträt von Leonardo da Vinci (um 1503–06), 1911 aus dem Louvre in Paris gestohlen, 1913 in Florenz wiedergefunden und zurückgegeben. Das Bild inspirierte Künstler des 20. Jh. immer wieder zu bildner. Stellungnahme, häufig zynischer Art. (Bild S. 20)

Monasterboice [mɔnɪstəb'ɔɪs], irische Klostersiedlung bei →Drogheda.

Monastir, Stadt an der O-Küste Tunesiens, 26 800 Ew. Großer Ribat (796 errichtet, mehrfach umgebaut) mit dreistöckigem Nador; in der ehem. Moschee des Männer-Ribats Mus. (arab. Kunst). Große Moschee (9. Jh., verändert im 10./11. Jh.) mit Kreuzgratgewölben und quadrat. Minarett (allseitig Zwillingsfenster). In der Nähe Grabmoscheen und Kubbas aus dem 12. Jh. sowie Mausoleum Bourguiba. Die gewaltige Moschee Bourguiba (1963) mit achteckigem Minarett (41 m), Kreuzgratgewölben auf 86 rosa Marmorsäulen und großer Muscheltrompenkuppel vor dem Goldmosaik-Michrab ist eine Mischung klass. und moderner islam. Baukunst. Altstadtummauerung mit quadrat. Tortürmen (18. Jh.).

Monatsbilder schildern die für den betreffenden Monat charakterist. Land- oder Hausarbeit. Sie schmückten daher wie die Tierkreiszeichen häufig den ma. Kalender. Die M. der burgundisch-niederländ.

Mona Lisa von Leonardo da Vinci; um 1503–06 (Paris, Louvre)

Stundenbücher des 15. Jh., v. a. der Brüder Limburg, wirkten vorbereitend für die niederländ. →Landschaftsmalerei. Plast. Darstellungen der M. finden sich an Portalen frz. Kathedralen des 13. Jh.

Mönchengladbach, Stadt in NRW, 258 000 Ew. Die ehem. Benediktiner-Klosterkirche (Vitus-Münster, 974 gegr.) ist eine spätromanisch-frühgot., gewölbte Pfeilerbasilika (1228–39) mit got. Langchor (1256 bis 1300) in der Nachfolge des Kölner Domchors und dreitürmigem Westbau (um 1180); unter dem Chor Hallenkrypta des frühen 12. Jh.; die hochgot. quadrat. Sakristei hat Blendmaßwerk an den Seitenwänden und einen Kieselmosaikfußboden von 1577. Die barocke vierflügelige Abteianlage (1663–1705) ist seit 1835 Rathaus. Die Marktkirche St. Mariä Himmelfahrt ist eine spätgot. kreuzrippengewölbte Basilika (1469–1533). In **M.-Neuwerk** ehem. Benediktinerinnen-Klosterkirche, eine roman. Basilika des 12. Jh., mehrfach verändert (13. bis 19. Jh.). Städt. Mus. (v. a. zeitgenöss. Kunst) im 1982 eröffneten Neubau von H. Hollein auf dem Abteiberg.

Mondoñedo [mɔndoɲ'eðo], span. Bischofsstadt in Galicien (Prov. Lugo), rd. 9000 Ew.; Kathedrale (1219 beg., Umbauten des 14. und 16. Jh.) mit Fassade im Mischstil (unterer Teil romanisch, oberer Teil mit 2 Barocktürmen) und spätgot. Fresken im Chor; im Kirchenschatz engl. Marienplastik (15. Jh.); Barockkirche Los Remedios (Fassade 1738).

Mondovì, ital. Stadt und Bischofssitz in Piemont (Prov. Cuneo), 22 100 Ew.; in der Unterstadt **M.-Breo** die barocke Kuppelkirche S. Filippo (urspr. 17. Jh.,

Zentralkuppel von B. VITTONE, 1755); Oberstadt **M.-Piazza** mit barocker Kathedrale (1743–63; von F. GALLO, *1652, †1750, voll. von B. ALFIERI) und der Kirche S. Francesco Saverio o della Missione (1665–78; mit Fresken von A. POZZO, 1665–77). – 7 km östlich liegt die Wallfahrtskirche der Madonna di Vicoforte (1596 von A. VITOZZI als Mausoleum für die Herzöge v. Savoyen beg.) mit der größten elliptischen Kuppel der Erde (36,25 × 24,10 m; 1728 von Gallo voll., mit Fresken ausgemalt).

Mondrian, Piet, eigtl. Pieter Cornelis **Mondriaan,** niederländ. Maler, *Amersfoort 7. 3. 1872, †New York 1. 2. 1944, stand zunächst dem späten Impressionismus nahe, ging 1911 nach Paris, begann, vom Kubismus beeinflußt, wenige Motive (u. a. Bäume) in immer fortschreitender, schließlich geometr. Abstraktion darzustellen. Er war 1917 in den Niederlanden Mitbegründer der Gruppe ›De Stijl‹ und wirkte mit seinen Proportionsstudien auf die internat. Architektur. 1919 kehrte M. nach Paris zurück, forderte nun eine neue Räumlichkeit (›Le néoplasticisme‹, 1920, dt. 1925; →Neoplastizismus), die er durch geometr., in ein schwarzes Liniengitter komponierte Farbfelder (Primärfarben und Schwarz, Grau, Weiß) zu erreichen suchte (›Komposition mit Rot, Gelb und Blau‹, 1921; Den Haag, Gemeente Mus.). Anfang der 30er Jahre reduzierte M. die Bildelemente bis zum Äußersten (›Komposition mit zwei Linien‹, 1931; Amsterdam, Stedelijk Mus.). Seit 1940 lebte er in New York, wo seine Bilder unter Verzicht auf die schwarzen Linien einen neuen Rhythmus kleinteiliger, farblich lebhafter Felder zeigen (›Broadway Boogie Woogie‹, 1942/43; New York, Mus. of Modern Art).

M. SEUPHOR: P. M., Leben und Werk (a. d. Niederländ., 1957); J. L. C. JAFFÉ: M. und De Stijl (1967).

Piet Mondrian: Komposition; 1925 (Zürich, Kunsthaus)

Mondscheibe, Mondglas, engl. **Crown glass** [kraᴜn glɑːs], nach einem alten Verfahren hergestelltes Flachglas. Die mit dem →Hefteisen übernommenen Glasblasen wurden aufgeweitet und durch die Fliehkraft zu flachen Scheiben geschleudert. Diese wurden in 2 halbmondförmige Teile zerschnitten und zur Fensterverglasung verwendet. Die dickeren Mitten der geschleuderten Scheiben ergaben die →Butzenscheiben.

Mondsee, Marktgem. am gleichnamigen See, OÖ, 2100 Ew., mit ehem. Benediktinerabtei. Die dreischiffige Kirche mit Hochchor, ein spätgot. Neubau (1470 bis 1487) an der Stelle der 1104 gew. roman. Kirche, wurde im 17. Jh. barockisiert; Fassade und Türme wurden nach 1730 gestaltet; Ausstattung des 17. und 18. Jh., u. a. 5 Altäre von M. GUGGENBICHLER (1679–84).

Mondstein, halbkreisförmige Schwellensteine an ind. Tempeleingängen, v. a. an den Treppenaufgängen zu Stupas in Sri Lanka, reich reliefiert mit konzentrischen Girlanden, Tierfriesen und Lotusdekor.

Monemvasia, grch. Ort auf steiler, felsiger Insel an der SO-Küste Lakoniens (durch einen Damm mit dem Festland verbunden); auf dem höchsten Punkt des Berges ein quadrat. Kastell mit 4 Ecktürmen aus spätbyzantin. Zeit; Sophienkirche unter ANDRONIKOS II. (1282–1328) nach dem Vorbild von Daphni erbaut; Nikolaos- und Kritiotissa-Kirche aus dem 17./18. Jh.

Monet [mɔn'ɛ], Claude, frz. Maler, *Paris 14. 11. 1840, †Giverny 6. 12. 1926. M. begann als Karikaturist, kam durch E. BOUDIN zur Landschaftsmalerei, traf 1859 in Paris in der ›Académie Suisse‹ C. PISSARRO, malte 1862 mit Boudin und J. B. JONGKIND und lernte im Atelier Gleyre in Paris J.-F. BAZILLE, A. RENOIR und A. SISLEY kennen, mit denen er bald nur noch im Freien malte. 1870 beeindruckten ihn in London die Bilder von J.

Claude Monet: Frau mit Schirm; 1875 (Paris, Musée d'Orsay)

CONSTABLE und W. TURNER (v. a. dessen Darstellungen von Nebelmotiven). Ab 1871 in Argenteuil, wurde M. bald zum Vorkämpfer der Freiluft-Malerei und des →Impressionismus, der nach dem 1874 in Paris ausgestellten Landschaftsbild M.s ›Impression, soleil levant‹ (1872; Paris Mus. Marmottan) seinen zunächst abwertenden Namen erhielt. In M.s frühen Figurenbildern ist der Einfluß von G. COURBET zu spüren; nachhaltiger wirkte É. MANET auf ihn, durch den er zur Hellmalerei kam. Seit 1883 lebte er in seinem Haus (heute Mus.) in Giverny (nordwestlich von Paris), wo er einen Seerosenteich anlegte, der von 1899 bis zu seinem Tod das einzige Motiv seiner Bilder darstellte.

M. beschränkte sich in seinen Werken auf die Wahrnehmung der farbigen Erscheinungen in der Natur und ihrer Veränderungen im Licht. Er entwickelte die Technik des kurzen Pinselstrichs, die es ihm ermöglichte, mit unvermittelt nebeneinandergesetzten Komplementärfarben das flüchtige Spiel des Lichts wiederzugeben. Die Form der Gegenstände trat demgegenüber zurück, da M. nur bestrebt war, die farbwandelnden Lichtwirkungen einzufangen. Daher malte er dasselbe Motiv (Heuschober, Kathedrale von Rouen, Bahnhof St. Lazare in Paris u. a.) zu versch. Tageszeiten. In seinen späten Bildern (Themse, Venedig, Seerosenbilder) löste er das Dingliche immer mehr auf zugunsten der alles erfassenden Lichtbewegung. – Die größte Samml. seiner Bilder befand sich im Mus. du Jeu de Paume, seit 1986 im Musée d'Orsay, eine Folge von 8 Seerosen-Wandbildern zu versch. Tageszeiten (1915–24) in der Orangerie des Tuileries.

D. WILDENSTEIN: C. M., 3 Bde. (Paris 1974–77); W. C. SEITZ: C. M. (a. d. Amerikan., ^{2}1975); SUSANNE HENLE: C. M. (1978); G. GEFFROY: C. M. Sa vie, son œuvre (Paris 1980); H. KELLER: Ein Garten wird Malerei. M.s Jahre in Giverny (1982).

Monforte de Lemos, span. Stadt (rd. 20000 Ew.) in Galicien (Prov. Lugo); das ehem. Jesuitenstift Colegio de la Compañía oder del Cardenal wurde Ende 16./Anf. 17. Jh. im Stil des Escorial erbaut; in der Kirche Grabstatue des Kardinals Castro von GIAMBOLOGNA, Gemälde von EL GRECO und A. DEL SARTO. Got. Klosterkirche S. Vicente mit Renaissance-Portalen (16. Jh.); dreistöckiger Kreuzgang (18. Jh.).

Mongolen-Kunst, die Kunst eines in viele Stämme unterteilten Wanderhirtenvolkes in NO-Zentralasien. Im 1. Jahrtsd. v. Chr. gehörte die Mongolei zum Umfeld der →Steppenkunst. Durch Grabfunde sind Metallarbeiten im eurasiat. Tierstil bekannt. An die Vorherrschaft der Hunnen erinnern große Kurgane, wie sie am Noin Ula ausgegraben sind. Vom 6. bis 8. Jh. steht die Mongolei z. T. unter türk. Einfluß; im 8. und 9. Jh. wurden mongol. Stämme in das Uigurenreich eingegliedert und es bildeten sich kulturelle Verbindungen zur Turfan Oase, bes. Khocho (→zentralasiatische Kunst). Mit Gründung eines einheitlich mongol. Staates im 13. Jh. wurde die heute noch in Ruinen erhaltene Residenzstadt Karakorum ausgebaut. Außer den feststehenden Khan-Palästen wurden Jurten palastähnlich mit Malereien, vergoldeten Holzsäulen, Pelzen und Teppichen ausgestattet. Hatten bis zur Gründung des mongol.

Staates die verschiedensten Religionen (Schamanismus, Lamaismus, Manichäismus) nebeneinander bestanden, so setzte sich im Verlauf des 16. Jh. der von den Angehörigen der Sa-sKya-pa-Schule im 12./13. Jh. aus Tibet eingeführte Lamaismus immer mehr durch. Die enge Verknüpfung der ersten Dalai Lamas mit der Mongolei führte 1779 zur Gründung des Maidari-Tempels in Urga, dem heutigen Ulan Bator, dessen Messingdach einer Jurte nachgebildet ist. In der Architektur überwiegen, von chinesisch beeinflußten Tempeln im Grenzgebiet der Inneren M. abgesehen, die tibet. Stupas (mongol. Suburghan), die in ihrer Form hier einen schlanken, hochgestreckten Typ bevorzugen. Bei Toren, Fenstern und Dächern von Tempeln überwiegt häufig der chinesische Stil, und im Innern der Tempel wird meist ein sino-tibet. Mischstil angetroffen. Auch Malereien und Kultplastiken sind i. a. von diesem Mischstil, mit wenig Eigenständigkeit und meist von nicht hervorragender Qualität. Eine Besonderheit der Kunst des mongol. Lamaismus sind Kultplastiken aus stark farbig bemaltem Papiermaché. Ikonografisch gibt es in der M.-K. einige Sondergestalten, die sich wohl aus dem autochthonen Schamanismus ableiten lassen.

A. GRÜNWEDEL: Mythologie des Buddhismus in Tibet und der Mongolei (1900, Neudruck 1970); ELEONORA NOVGORODOVA: Alte Kunst der Mongolei (a. d. Russ., 1980).

Monguí [moŋg'i], Ort in Kolumbien, nordöstlich von Tunja, etwa 1000 Ew. Das 1694 beg. Franziskanerkloster hat eine für die Kolonialarchitektur Neu-Granadas einmalige Kirche: dreischiffige Basilika mit Nischenkapellen, Triumphbogen und falschem Gewölbe; im Klostertrakt dekorative Treppe.

Monju [-dʒu], japan. Bez. des →Manjushri, Verkörperung der metaphys. Weisheit mit Buchrolle und Schwert, oft auf einem blauen Löwen reitend dargestellt. Mit Fugen ist M. begleitender Bosatsu des Buddha Shaka (Shakyamuni).

Monkwearmouth [mʌŋkw'ıəmaʊθ], ehem. Benediktinerabtei in der nordengl. Cty. Durham, von deren Kirche St. Peter (674 gew.) das steile Schiff mit kleinen Rundbogenöffnungen sowie der im 11. Jh. vorgesetzte schlanke W-Turm mit einfachen Geschoßgesimsen erhalten ist; in got. Zeit um ein nördl. Schiff erweitert.

Monnier [mɔnj'e], Henri Bonaventure, frz. Schriftst., Zeichner, *Paris 6. 6. 1799, †ebd. 3. 1. 1877, schuf satir. Buchillustrationen zu seinen Erzählungen; bekannt durch die von ihm erfundene Gestalt des ›Monsieur Joseph Prudhomme‹, die Symbolfigur des frz. Spießbürgers z. Z. König LOUIS-PHILIPPES.

Monnikendam, Städtchen in der niederländ. Prov. Nordholland; große spätgot. Hallenkirche (15. Jh.) mit hohem W-Turm (um 1520), lebhaft gegliederte Nordseite mit 2 spätgot. Portalen, im Innern Taufbecken (15. Jh.), Taufgitter (1655) und reich geschnitztes Chorgitter (um 1550); Waage (um 1600, Giebel 1660).

Monnoyer [mɔnwaj'e], Jean-Baptiste, frz. Maler von Blumenstilleben, *Lille 19. 7. 1636, †London 16. 2. 1699, arbeitete unter C. LEBRUN für die Dekoration der

Schlösser Vaux-le-Vicomte, Versailles, Marly, Meudon, Trianon u.a., wurde 1665 Mitgl. der Akademie. 1685 ging M. nach England und malte dort für die Schlösser Hampton Court und Windsor sowie für den Kensington-Palast in London.

Monochromismus [grch.], **monochrome Malerei,** der Aufbau eines Bildes aus einem einzigen Farbton (wie schon um 1913 bei K. MALEWITSCH) oder in gering voneinander abweichenden Tonstufen, seit etwa 1955 eine programmat. Stiltendenz der zeitgenöss. Kunst als letzte Vereinfachung des gegenstandslosen Raum-Erlebnisses. Der M. setzt der kontrastreich explosiven Fleckenmalerei des Tachismus die absolute Stille entgegen. Vertreter des M. sind bes. L. FONTANA, Y. KLEIN, P. MANZONI, F. LO SAVIO. Die Gruppe ›Zero‹ bevorzugte M. in Weiß.

Monogramm [grch.], die zuerst von den in Zünften organisierten Handwerksmeistern des späteren MA. für ihre Arbeiten, die eigenen und die der Werkstatt, verwendeten Zeichen (Anfangsbuchstaben, Hausmarken). Das M. sollte die Arbeiten (bes. der Graphik) vor Nachahmung schützen; dann wurde es auch Ausdruck des künstler. Selbstbewußtseins. Oft ist es selbst ein künstler. Gebilde. Das Dürer-M. machte Epoche. Die Künstler aus der Frühzeit des Holzschnitts und des Kupferstichs, von denen man nur das M. kennt, werden **Monogrammisten** genannt.

G. K. NAGLER: Die Monogrammisten, 5 Bde. (Neudr. 1919/20, mit Register).

Monogrammist von Braunschweig, →Braunschweiger Monogrammist.

Monolith [grch.] *der,* einzelner Steinblock wie der →Menhir; auch ein kunstvoll bearbeiteter Block, z.B. ein ägypt. Obelisk oder der Deckstein auf dem Grabmal des THEODERICH in Ravenna, sowie Säulen, Fensterbögen u.a., die aus einem Stück gearbeitet sind.

In Indien entwickelte sich als eine freiplast. Form der Felsarchitektur der **Monolithtempel**, der, alle Bauglieder und den Reliefschmuck des herkömml. Tempels imitierend, aus einzelnen Felsbrocken (Mahabalipuram) oder in Felsabhänge gemeißelt wurde (Kailasa-Tempel in Elura); **Monolithfiguren** wurden aus dem gewachsenen Stein gemeißelt. Bed. Beispiel ist die 22 m hohe jinist. Figur des Gommata in Sravana Belgola.

Monopodium [grch.], in der Antike ein runder oder viereckiger Tisch auf einer Mittelstütze.

Monopoli, südital. Stadt und Bischofssitz in Apulien (Prov. Bari), an der Küste des Adriat. Meeres, 43400 Ew. Aus roman. Zeit sind die Kirche S. Maria Amalfitana (frühes 12.Jh., Fassade barock) und vom Gründungsbau der Kathedrale (im 18.Jh. völlig barock erneuert) bauplast. Fragmente erhalten.

Monogramm

Monogramm: 1 Meister E S (mit Jahreszahl 1467); **2** Martin Schongauer; **3** Hans Sebald Beham; **4** Hans Baldung, gen. Grien; **5** Albrecht Altdorfer; **6** Albrecht Dürer; **7** Mathis Nithardt Grünewald; **8** Urs Graf; **9** Lucas van Leyden; **10** Lucas Cranach d. Ä. (vgl. BILD Cranach)

Monopteros
von L. v. Klenze,
München, Englischer
Garten; 1833–35

Monopteros [grch.], baldachinartiger antiker Tempel ohne Cella, dessen rundes oder rechteckiges Dach nur auf Säulen, nicht auf Mauern ruht. Barocke und klassizist. Gartentempel (z. B. M. von L. v. KLENZE, 1833–35, München, Englischer Garten) nahmen diese Form wieder auf.

Monory [mɔnɔr'i], Jacques, frz. Maler, *Paris 25. 6. 1934, steht dem Fotorealismus nahe. Seine erstarrten Bildschnitte (nur in monochromem Blau) sind aus Photovorlagen montiert und zeigen filmisch wirkende Aktionen (Unfälle, Mordanschläge) mit ins Surreale spielenden Momenten.

J. M., Ausst.-Kat., Zürich (1975).

Monotypie [grch.] *die,* graph. Verfahren, das nur einen einzigen Abdruck ergibt. Das Bild wird auf eine Glas- oder Kupferplatte mit Druck- oder Ölfarben gemalt oder gezeichnet und dann auf Papier abgezogen. Diese Technik wurde im 17. Jh. von dem Genuesen B. CASTIGLIONE zur Meisterschaft entwickelt. Von den Impressionisten wieder aufgegriffen, ist sie noch heute bes. bei Amateuren sehr beliebt.

Monreale, ital. Stadt und Erzbischofssitz 8 km südwestlich von Palermo, Sizilien, 25 000 Ew. Die Kathedrale (1174–89) ist der großartigste Bau normann. Kunst in Sizilien; in ihm sind sizilianisch-normann. und nordisch-normann. sowie sarazen. und byzantin. Stilelemente zu einer Einheit verschmolzen. Die dreischiffige Basilika mit offenem Dachstuhl hat eine Doppelturmfassade, im O Chorapsiden, geschmückt mit sich überschneidenden Blendbögen in zweifarbigem Gestein (Lava und Kalkstein). Im Inneren sind Apsiden und Wände mit Mosaiken im byzantin. Stil bedeckt (2. H. 12. Jh.; BILD byzantinische Kunst); Bronzetüren (beide um 1186) von BONANUS VON PISA und BARISANUS

Monreale: Kreuzgang des Benediktinerklosters

VON TRANI; Sarkophage der Normannenkönige Wilhelm I. und II. Von dem benachbarten 1174 gegr. Benediktinerkloster blieb der Kreuzgang mit sarazenisch beeinflußter Architektur von reicher, dekorativer Vielfalt erhalten: mosaikgeschmückte Doppelsäulen, roman. Figurenkapitelle u. a.

Mons [mɔ̃s], fläm. **Bergen** [b'ɛrxə], Hauptstadt der belg. Prov. Hennegau, 97 400 Ew. Die Stadt lagert sich um den Burghügel mit dem 87 m hohen Belfried (1672) und Resten der Burg der Grafen von Hennegau (12. Jh.). Südwestlich unterhalb des Burghügels liegt die spätgot. Waltrudiskathedrale (St. Waudru, um 1450 beg., Chor 1502, Langhaus 1576 voll.) mit weiträumigem eindrucksvollem Innern; einzelne Reliefs und Skulpturen des prächtigen Renaissancelettners (1535 bis 1549), der 1797 zerstört wurde, sind im Querschiff und der Kapelle aufgestellt; Glasgemälde im Chor (1510 ff.); bed. Kirchenschatz. Nordöstlich des Burghügels am Markt steht das got. Rathaus (1458–67) mit reich gegliederter Fassade, deren Skulpturen jedoch verloren sind. – Musée des Beaux-Arts (Malerei, Plastik 15.–20. Jh.); Musée du Centenaire (u. a. bed. Keramiksamml., archäolog. Mus.).

Monschau, Stadt im Kr. Aachen, NRW, 10 900 Ew., in einer Rurschleife; maler., von mit Schiefer gedeckten Fachwerkhäusern geprägtes Ortsbild mit engen Treppengassen. In nachgot. Formen erbaut wurden die Pfarrkirche Mariä Geburt (1649/50) und die ehem. Franziskaner-Klosterkirche St. Maria (1726–51). In der evang. Kirche (1787–89) klassizist. Stuckornamentik. Das Rote Haus (1762–65) ist Mus. (bürgerl. Wohnkultur des 18. Jh.) und besitzt eine prachtvolle freischwebende Holztreppe mit geschnitztem Rocaillewerk. Über M. die Burg der Grafen von Montjoie, eine ausgedehnte Anlage mit Oberburg (13./14. Jh.) und Unterburg (16./17. Jh.), seit 1689 Ruine, im 20. Jh. wiederhergestellt.

Monselice [-tʃe], Gem. in der ital. Prov. Padua, Venetien; überragt von der Ruine einer Burg FRIEDRICHS II. Das im 13. Jh. gegr. Kastell (Ca'Marcello, heute Ca' Cini gen.) mit Palast des EZZELINO ROMANO beherbergt eine der bedeutendsten ital. Kunstsamml. der Wohnkultur des MA. und der Renaissance. Hinter der Kirche S. Giustina (auch Alter Dom gen., Mitte 13. Jh. erbaut) die Wallfahrtsstätte der 7 Kapellen (Santuario delle Sette Chiese), bestehend aus aneinandergereihten kleinen Zentralbauten (6 von V. SCAMOZZI erbaut, nach 1605), die den Namen röm. Basiliken tragen (die 7. Kapelle, S. Giorgio, wurde früher errichtet); daran anschließend die Villa Duodo (von Scamozzi).

Monstranz [lat.], ein gewöhnlich aus Fuß, Schaft und Aufsatz bestehendes liturg. Gefäß der Kath. Kirche, das dem Zeigen der konsekrierten Hostie dient. – Bildende Kunst: →liturgische Geräte.

Monsù Desiderio, Pseudonym mehrerer, in der 1. H. des 17. Jh. tätiger Maler, →Desiderio.

Montabaur, Kreisstadt des Westerwaldkreises, Rheinl.-Pf., 10 700 Ew. Das Schloß, bereits um 930 be-

Monstranz: Sonnen-M., 18. Jh. (Bamberg, Diözesanmuseum)

zeugt, wurde 1686–99 und um 1754 zur Sommerresidenz der Trierer Kurfürsten ausgebaut: unregelmäßige Vierflügelanlage mit runden Ecktürmen, Festsaal, Schloßkapelle (1694). Spätgot. Peterskirche (14. Jh.), eine vierschiffige Stufenhalle mit Emporen und Doppelturmfassade; über dem Triumphbogen großes Fresko (Jüngstes Gericht, 16. Jh.). Fachwerkhäuser (17./18. Jh.), Teile der Stadtbefestigung (14./15. Jh.).

Montage [mɔnt'a:ʒə, frz.], in der bildenden Kunst ein seit Beginn des 20. Jh. gebräuchl. Verfahren, Bilder und Plastiken aus verschiedenartigen Materialien (Plastik, Metall, Holz, Pappe, Stoffe, Leder) im Raum zu kombinieren oder auf einer Unterlage **(M.-Bild)** zu befestigen. Die Aussagekraft der M. liegt wie in der Collage, Assemblage und im Materialbild (Abgrenzung untereinander nicht immer eindeutig) in der zweckentfremdeten und kontrastierenden Verwendung der Materialien. Diese dem Film entlehnte Technik diente im Dadaismus häufig der polit. Propaganda. In der Pop Art wurde die M. wiederentdeckt und bes. von R. RAUSCHENBERG, E. KIENHOLZ und MARISOL angewendet.

Montagna [mont'aɲa], Bartolomeo, ital. Maler, *Orzinuovi bei Brescia um 1450, †Vicenza 11. 10. 1523, in seinen Anfängen von den VIVARINI beeinflußt, später von G. BELLINI und GIORGIONE. M. wurde zum Hauptmeister der Malerei in Vicenza. Seine Farbgebung ist kräftig und oft von charaktervoller Herbheit. Sein Sohn Benedetto (*Vicenza um 1481, †vor 1558) war ebenfalls Maler, bedeutender aber als Kupferstecher.

HW: Thronende Madonna mit 4 Heiligen (1499, Mailand, Brera); Fresken aus dem Leben des Hl. Blasius (1504–06, Verona, Santi Nazzaro e Celso); Thronende Madonna mit Heiligen (Padua, S. Maria in Vanzo); Thronende Madonna mit Heiligen (Vicenza, Museo Civico).

Montagnana [-ɲ'a:na], Gem. in der ital. Prov. Padua, Venetien, mit einer der wenigen vollständig erhaltenen ma. Stadtbefestigungen in Italien (Stadtmauern und Tore, 1350–88; Kastell des EZZELINO ROMANO, 13. Jh.). Im Dom (1431–1502) reiche Innenausstattung (u. a. Altargemälde von PAOLO VERONESE, 1555/56). Außerhalb liegt die Villa Pisani (Entwurf von A. PALLADIO, 1555).

Montaigu [mɔ̃tɛg'y], frz. Name von →Scherpenheuvel.

Montalcino [-tʃ'i:no], Gem. in der ital. Prov. Siena. Außerhalb die ehem. Benediktinerabtei S. Antimo (im 9. Jh. gegr., 1462 aufgehoben) mit dreischiffiger roman. Klosterkirche nach cluniazens. Vorbild (Anf. 12. Jh.) mit reich skulptierten Portalen und Campanile; im Inneren Kapitelle mit figürlichen Motiven; Krypta.

Montañés [-ɲ'ɛs], **Montañez** [-ɲ'ɛθ], Juan **Martínez** [-nɛθ] **M.**, span. Bildhauer, Baumeister, getauft Alcalá la Real (Jaén) 16. 3. 1568, †Sevilla 18. 6. 1649, Hauptmeister der Sevillaner Barockskulptur, wichtigster Vertreter der →Estofado-Skulptur. Seine farbig gefaßten Holzskulpturen, an der ital. Renaissance-Skulptur geschult, zeichnen sich durch idealisierende, ausgewogene Formgebung aus. Er wirkte auf die ganze andalus. Bildhauerkunst.

HW: Madonna und Kruzifix (1603–06; Sevilla, Kathedrale); Christoforus (1597) und Christus (1618; ebd., S. Salvador); Hauptretabel in S. Isidoro del Campo, Santiponce bei Sevilla (1609–13); Retabel im Kloster S. Clara in Sevilla (um 1623).

Montauban [mɔ̃tob'ã], Hauptstadt des frz. Dép. Tarn-et-Garonne, am Tarn, 50400 Ew.; kath. Bischofssitz. Im ehem. Bischofspalast (um 1660) befindet sich das Mus. Ingres mit reichen Beständen frz. Malerei (darunter v. a. rd. 4000 Zeichnungen und Bilder von J. A. D. INGRES) und Skulpturen von É.-A. BOURDELLE. In der Kathedrale (1692–1739) befindet sich ein HW von Ingres (›Gelübde Ludwigs XIII.‹, 1824); Kirche St. Jacques (14./15. Jh.); befestigte Brücke über den Tarn (1303–16).

Mont Bego [mɔ̃-, frz.], ital. **Monte Bego,** Berg in den frz. Seealpen, westlich von Tende. In den Hochtälern des Massivs finden sich bis über 2000 m Höhe zahlreiche Gruppen von ganzflächig eingehauenen Felsbildern mit stark schematisierten Darstellungen von Menschen, Tieren, Waffen und Geräten. Die in das 2. und 1. Jahrtsd. v. Chr. datierenden Bilder zeugen von einem prähistor. Höhenkult, in dem sich wohl die Kunst der Ligurer dokumentiert.

E. BERNARDINI: M. B. Storia de una montagna (Bordighera 1971).

Monte Albán, archäolog. Fundort auf einem Berg nahe der Stadt Oaxaca, Mexiko, in vorspan. Zeit Hauptstadt und relig. Zentrum der Zapoteken (Blütezeit 200–900), mit mehreren, um einen großen Platz gruppierten Tempelplattformen, Gebäuden (Tempel, Paläste, Observatorium), einem Ballspielplatz, Stelen und Skulpturen. Der bisher ausgegrabene Teil erstreckt sich über eine künstlich abgeflachte Bergkuppe (rd. 2000 m ü. M.) von 700 × 250 m. Die Errichtung der Anlage erstreckte sich über einen langen Zeitraum und zeigte in den früheren Bauphasen eine eher unausgewogene Aufgliederung der Baumassen; in späterer Zeit wurde versucht, das durch Bauerweiterungen und baul. Verbindungen zw. Gebäudekomplexen zu korrigieren, um mehr Symmetrie zu erreichen. Einmalig in Mesoamerika sind die auf Steinplatten im Flachrelief darge-

Monte Albán, Ansicht von Nordost

stellten Figuren, die wegen ihrer Bewegungen →Danzantes genannt wurden. Die Platten, die als Stützmauern dienten, stammen vermutlich aus einer früheren Bauphase und wurden bei erneuter Verwendung mit Stuck überzogen, später durch Überbauung erneut verschüttet. Aus der klass. Zeit von M. A. stammt auch eine große Zahl von unterird. Grabkammern, z. T. mit Skulpturen und Wandmalereien. Ein großer Teil der Grabfunde findet sich im Mus. von Oaxaca. Bed. sind die Funde des Grabes 7, die aus mixtek. Zeit (nach 900) stammen.

Montecassino, Abbazia di M., Abtei nullius (mit selbständigem Territorium unter der Jurisdiktion eines Abtes) in der südital. Prov. Frosinone, auf einem Berg (519 m) über der Stadt Cassino. Um 529 n. Chr. hat hier BENEDIKT VON NURSIA das Mutterkloster des abendländ. Mönchtums gegr. Nach mehrmaligen Zerstörungen setzte seine große Zeit mit Abt RICHER (1038–55) ein, die unter DESIDERIUS (1058–87), dem späteren Papst VIKTOR III., ihren Höhepunkt erreichte (Blüte der **M.-Buchmalerei** durch byzantin. Künstler, die hier u. a. Exultetrollen schufen). Nach 1349 (Erdbeben) verfiel die Abtei; Neubau im 17./18. Jh. (1727 gew.). Die Abtei wurde 1866 aufgehoben und als Nationaldenkmal den verbliebenen Mönchen anvertraut, 1929 dem Benediktinerorden übergeben. Das Kloster wurde 1944 durch Bombenangriff zerstört. Erh. sind ein großer Teil des Archivs und die Bibliothek, die in Byzanz gegossene Bronzetür (1066) und bauplast. Fragmente. 1950–57 wurde M. in barocker Form wieder aufgebaut.

Montefalco, Gem. in der ital. Prov. Perugia, 5400 Ew. Innerhalb des ma. Mauerrings mit Toren und Türmen mehrere Kirchen mit Fresken umbrischer Künstler des 14. und 15. Jh., v. a. S. Francesco (14. Jh.), ganz mit Fresken ausgemalt, die Mittelapsis mit einem Zyklus aus dem Leben des Hl. Franziskus von B. GOZZOLI (1452; heute im Mus. ebd.).

Montefiascone, Gem. in der ital. Prov. Viterbo, 12 200 Ew., am Rand des Bolsena-Sees. Die Doppelkirche S. Flaviano (1032 beg.) hat eine dreischiffige Unterkirche in romanisch-got. Architekturformen, reichgeschmückte Kapitelle, Fresken (14./15. Jh.), Grabstein Johann Fuggers; die Oberkirche läuft galerieartig um die Unterkirche; der Dom, ein Zentralbau mit großer Kuppel, wurde von M. SANMICHELI (seit 1519) erbaut.

Monte Oliveto Maggiore [-maddʒ'o: re], Benediktinerabtei 36 km südöstlich von Siena, Italien, 1319 gegr.; die Klosterkirche wurde 1400–17 an Stelle einer älteren errichtet; im Inneren 1772 barockisiert (mit Intarsien geschmücktes Chorgestühl von →Giovanni da Verona 2; 1502). Von den 3 Kreuzgängen des 15. Jh. ist der größte mit Fresken aus der Legende des Hl. Benedikt von L. SIGNORELLI (1497/98) und SODOMA (1505 bis 1508) ausgemalt. M. O. M. ist Mutterkloster der Olivetaner.

Montepulciano [-tʃ'a: no], ital. Stadt in der südöstl. Toskana (Prov. Siena), 14 200 Ew.; das Stadtbild ist v. a. durch Renaissancebauten bestimmt, u. a. die Palazzi Cervini und Contucci (von A. DA SANGALLO D. Ä.

Montepulciano: Kirche S. Biagio; 1518–29 von A. da Sangallo d. Ä. erbaut

u. a.), Palazzo Tarugi (wohl von G. DA VIGNOLA); aus got. Zeit Palazzo Comunale (Ende 14. Jh., dem Palazzo Vecchio in Florenz nachempfunden) und Palazzo Neri Orselli (Mus.). Im Dom (1592–1630) Aragazzi-Grabmal (1437) von MICHELOZZO. Unterhalb der Stadt die Kirche S. Biagio, ein von A. da Sangallo d. Ä. 1518–29 geschaffener Renaissance-Zentralbau über grch. Kreuz.

Monte Sant'Angelo [-'andʒelo], Gem. in der Prov. Foggia, Italien, auf dem Monte Gargano, 17600 Ew. Wallfahrtsort zum Heiligtum des Erzengels Michael, einer tief unter der Erde in den Fels gehauenen Grotte (etwa 5. Jh.) mit einer daran angebauten einschiffigen Kirche (Bronzetür aus Konstantinopel, 1076; Bischofsstuhl, 12. Jh.) und Glockenturm (13. Jh.); unweit davon die ›Tomba di Rotari‹, ein Zentralbau mit Kuppel (12. Jh.; früher Taufkirche?), die Ruine (Apsis) der Kirche S. Pietro, die Kirche S. Maria Maggiore (beg. Ende 12. Jh.) und die Ruine eines später ausgebauten Normannenkastells.

Montevideo, Hauptstadt von Uruguay, am N-Ufer des Río de la Plata, 1,23 Mio. Ew., gegr. 1724–30. Aus der Kolonialzeit stammen Kathedrale (1790–1804) und Rathaus (1804 bis um 1810; z. T. stadtgeschichtl. Mus.). Das Teatro Solis wurde 1856 in neoklassizist. Stil erbaut. Der Palacio Legislativo (1925) ist innen mit verschiedenfarbigem einheim. Marmor und beachtenswerten Glasmalereien ausgestaltet.

Montferrand [mɔ̃fɛr'ã], Auguste Ricard de, frz.-russ. Architekt, *Chaillot 24. 1. 1786, †St. Petersburg 10. 7. 1858, seit 1816 in St. Petersburg tätig: Isaak-Kathedrale (1818–58), Kriegsministerium (1820), Alexandersäule (1830), Haus Demidow (um 1850), Innenausstattungen für das Winterpalais.

Montfort, Ruine einer Kreuzfahrerburg in N-Israel, rd. 50 km nordöstlich von Akko, 1227–29 vom Dt. Orden als Hochmeistersitz erbaut (erh. eine Außenmauer, Grundmauern einer Kapelle und eines Refektoriums, ein Außenturm; Funde von Kreuzfahrerwaffen des 13. Jh.).

Monticelli [-tʃ'ɛlli], Adolphe, frz. Maler, *Marseille 14. 10. 1824, †ebd. 29. 6. 1886. Seine pastos gemalten, in ihren sprühenden Farben funkelnden Bilder stellen oft Parklandschaften mit Festszenen und reichkostümierten Frauen dar und stehen in ihrer ganz aus der Farbe lebenden Malweise den Fauves nahe.

Montmajour [mõmaʒ'u:r], ehem. Benediktinerabtei in der Provence, Frankreich, nordöstlich von Arles, mit roman. Kirche (Saalkirche im Stil der Provenzal. Bauschule aus der 1. H. des 13. Jh., mit Krypta), Kreuzgang (um 1150; mit kannelierten Säulen und roman. und got. Kapitellen), Refektorium und Kapitelsaal; Donjon (14. Jh.); in der Nähe die Kapellen St. Pierre und Ste. Croix (12. Jh.).

Montmartre [mõm'artr], Stadtteil (seit 1860) von Paris (18. Arrondissement), auf einem Hügel **(Butte M.** [byt-], 130 m ü. M., höchster Punkt der Stadt), mit den Kirchen St. Pierre (Rest der 1134 gegr. Benediktinerinnenabtei) und Sacré-Cœur (1876–1919, nach Entwürfen von P. ABADIE; mit 83 m hoher Kuppel); im 19. Jh. das Künstlerviertel von Paris.

Montmorillon [mõmɔrij'õ], kleine Stadt im frz. Dép. Vienne, südöstlich von Poitiers an der Gartempe gelegen; Kirche Notre-Dame (12./13. Jh., im 15./16. Jh. verändert) mit Fresken des 13. Jh. aus dem Leben der Hl. Katharina in der Krypta; roman. Kirche St. Laurent mit reich verziertem Fries an der Fassade; achteckige Grabkapelle (12. Jh.) im Hof der ehem. Maison-Dieu.

Montpellier [mõpəlj'e], Hauptstadt und kulturelles Zentrum der frz. Region Languedoc-Roussillon, unweit vom Mittelmeer, 195600 Ew.; kath. Bischofssitz. Zahlreiche Paläste des 17. und 18. Jh. bestimmen das Stadtbild von M.; got. Kathedrale (1364 gegr. als Stiftskirche, im 19. Jh. voll.). In der terrassenartigen Parkanlage Promenade du Peyrou sechseckiger Wasserturm (18. Jh.) und Aquädukt (18. Jh., dem Pont du Gard nachgebildet). Das Mus. Fabre im Hôtel de Massilian (15.–18. Jh.) mit Werken europ. Malerei und Skulptur ist eines der reichsten der frz. Provinz; im Hôtel du Cabrières Mus. mit frz. Kunsthandwerk; Archäolog. Mus.; Mus. Atger in der Univ. (Samml. frz., ital. und fläm. Zeichnungen).

Montréal [frz. mõre'al], engl. **Montreal** [mɔntrɪ'ɔ:l], die größte Stadt Kanadas, in der Prov. Quebec, am St.-Lorenz-Strom. Als Stadt der Weltausstellung von 1967 und der Olymp. Spiele von 1976 wurde M. eindrucksvoll modern umgestaltet. Wahrzeichen ist die Kirche Oratoire St. Joseph (1924–67), einer der wichtigsten Wallfahrtsorte Nordamerikas, mit achteckiger Kuppel (∅ 40 m). Ältestes und reichstes Mus. ist das 1860 gegr. Musée des beaux arts de M. In Caughnawaga, der Indianer-Reservation auf dem Südufer des St.-Lorenz-Stroms, das Kateri Tekawita Mus. (Kultur und Geschichte der Indianer).

Mont-Saint-Michel

Mont-Sainte-Odile [mɔ̃sɛ̃tɔd'il], frz. für →Odilienberg.

Mont-Saint-Michel [mɔ̃sɛ̃miʃ'ɛl], 78 m hohe Granitinsel (900 m Umfang) an der Küste der Normandie, im frz. Dép. Manche, mit dem Festland durch einen 2 km langen Straßendamm verbunden; bei Ebbe gibt das Meer bis 12 km Watt frei. Die Anf. des 8. Jh. gegr. Basilika, dem Hl. Michael gew., kam 966 an die benediktin. Reformmönche und wurde ein blühendes Kulturzentrum sowie ein vielbesuchter Wallfahrtsort. Die Anlage auf der steilen Insel ist ein einzigartiges Denkmal ma. Kloster- und Festungsarchitektur; die Kirche (1022–1135 im Normann. Baustil errichtet) erhielt im 15./16. Jh. einen spätgot. Chor (mit dem ›Escalier de Dentelle‹, einer reich mit Bauplastik geschmückten Treppe); das dreistöckige gotische Klostergebäude des 13./14. Jh. (›La Merveille‹) umfaßt u. a. die ›Salle des Chevaliers‹ (vierschiffiger Rittersaal), das Refektorium und den Kreuzgang.

Montserrat [span. ›gesägter Berg‹], in 721 m Höhe am **Montsagrat** [›heiliger Berg‹], nordwestlich von Barcelona gelegenes span. Benediktinerkloster Nuestra Señora de M., mit seinen Anfängen in das 9. Jh. zurückreichend; im MA. entwickelte es sich zu einer bed. Abtei. Einen Großteil seiner Reichtümer verlor das Kloster während der Befreiungs- und Karlistenkriege. Die meisten Bauten wurden nach der Zerstörung durch die Franzosen (1811) neu errichtet; in der Klosterkirche Holzplastik der ›Schwarzen Madonna‹ (span. ›La Moreneta‹; 12. Jh.?), die als Patronin Kataloniens verehrt wird; Pinakothek (ital. und span. Malerei) und Bibel-Mus. (mit Hss.-Samml. aus dem Vorderen Orient).

Monument *das,* lat. **monumentum,** →Denkmal.

monumental, denkmalartig; Bez. für Kunstwerke, die durch ihre besonderen Ausmaße hervortreten. Sie können die außergewöhnl. Gestaltungskraft einer Epoche angemessen dokumentieren, aber auch nur Ausdruck überbetonten Repräsentationsstrebens sein.

Monza, nordital. Stadt in der Prov. Mailand, 122000 Ew. Der Dom wurde Ende des 6. Jh. von der Langobardenkönigin THEODOLINDE gegr., im 13. und 14. Jh. erneuert; die sehr reich gegliederte Fassade mit weißgrüner Marmorinkrustation wurde 1490 von MATTEO DA CAMPIONE (→Campionesen) beg. Das dreischiffige Innere ist durch Dekorationen des 18. Jh. (barocke Freskierung) stark verändert; in der Cappella di Teodolinda befinden sich die spätkaroling. Eiserne Krone (→Krone) und Wandmalereien, bes. Szenen aus dem Leben der Theodolinde (1444), von Malern der Familie ZAVATTARI. Unter dem Kreuzgang das Mus. Serpero mit dem reichen Domschatz (u. a. Elfenbeindiptychen, 5. Jh.; vergoldetes Antependium mit Reliefszenen, 14. Jh.). Das Rathaus (›Arengario‹) wurde 1293 vollendet. Die Villa Reale, 1777–80 von G. PIERMARINI für Erzherzog FERDINAND von Österreich erbaut, ist ein typ. Beispiel des Klassizismus.

Moor, Anthonis, niederländ. Maler, →Mor.

Moore [m'ʊə], **1)** Charles Willard, amerikan. Architekt, *Beton Harbor (Michigan) 31. 10. 1925, Schüler von L. I. KAHN, unterhält seit 1959 Planungsbüros mit wechselndem Mitarbeiterstab (1962–70 M., D. LYNDON, W. TURNBULL, R. WHITAKER: ›MLTW‹; seit 1975 M., W. GROVER, R. HARPER, in Essex, Connecticut). M.s Architektur, urspr. dem handwerklich traditionalist., an Scheunen erinnernden Shingle Style der amerikan. Westküste verwandt, ist gekennzeichnet durch bewußte Naivität im spieler. Umgang mit geometr. Formen, Materialien und Farben und iron. Zitaten histor. Baustile. Mit seinen Planungsspielen steht M. auf der Grenze zw. Kitsch und Kunst.

HW: M. House, Orianda, California (1962); Condominiums The Sea Ranch, California (1965); Clubhaus der Architekturfakultät, Santa Barbara, California (1968); Klotz House, Westerly, Rhode Island (1968); Kresge College, Santa Cruz, California (1974); Piazza d'Italia, New Orleans (1975).

G. ALLEN: C. M. – Ein Architekt baut für den einprägsamen Ort (a. d. Amerikan., 1981).

2) Henry, engl. Bildhauer, Zeichner, *Castleford (Yorkshire) 30. 7. 1898, †Much Hadham 31. 8. 1986, besuchte u. a. das Royal College of Art in London, an dem er 1926–32 auch lehrte. Für die Entwicklung seines Stils waren die Kunst der Naturvölker und die archaische Kunst von ebenso großer Bedeutung wie die eigene Naturverbundenheit. Das zentrale Thema seiner häufig monumentalen Plastiken sind Menschen, als Einzelfiguren (oft liegend) oder auch zu Gruppen (häufig Mutter und Kind) zusammengestellt. Die Figuren wachsen aus Formen, die in einem spannungsreichen Wechselspiel teils nach rhythm., teils nach tekton. Gesichtspunkten gestaltet sind. Neben naturnahen Werken stehen deformierte und abstrakte, neben Freiplastiken auch architekturgebundene Arbeiten. Die innere und äußere Form der Plastiken ist häufig verschachtelt; sie haben oft eine schrundige Oberfläche. M. arbeitete bis 1945 v. a. in Stein und Holz, seitdem vorwiegend in Bronze. Während des 2. Weltkrieges

Henry Moore: Krieger mit Schild, Bronze; 1953/54 (Mannheim, Kunsthalle)

hielt M. in eindringl., farbigen Zeichnungen Bergleute und in London in Untergrundbahnstationen vor Bombenangriffen schutzsuchende Menschen fest (›Shelter drawings‹). Sie haben sein plast. Werk nachhaltig beeinflußt. – Bedeutende M.-Samml. besitzen die Tate Gallery, London, und das H.-M.-Sculpture-Centre in Toronto, Kanada.

Schriften: Über die Plastik (1972); Energie im Raum (1973).
HW: Liegende (1938; London, Tate Gal.); Liegende Figur (1951; u.a. Mannheim, Kunsthalle); König und Königin (1952/53; u.a. Antwerpen, Middleheim Park); Krieger mit Schild (1953/54; Mannheim, Kunsthalle); Drei aufrechte Figuren (1955/56; Otterloo, Rijksmus. Kröller-Müller); Liegende (1957/58; Paris, UNESCO-Gebäude); Liegende (1963–65; New York, Lincoln Art Center).
H. M. Sculptures and drawings, hg. v. A. BOWNESS, 5 Bde. (New York 1968–82); H. M. Plastiken 1912–1980, hg. v. D. MITCHINSON (a. d. Engl., 1982); H. M. The last 10 years, Ausst.-Kat., Basel (1982).

Moos, Max von, schweizer. Maler, Graphiker, *Luzern 6. 12. 1903, †ebd. 28. 5. 1979. Vom Philosophen F. NIETZSCHE, P. KLEE, M. ERNST u.a. beeinflußt, entwickelte M. persönlich geprägte, teils surrealistisch-eschatolog., teils relig.-gesellschaftskrit. Bilder und graph. Folgen.

M. v. M., hg. v. P. THALI u.a. (1974).

Moosbrugger, Mosbrugger, Kaspar, eigtl. **Andreas M.,** schweizer. Baumeister, *Au (Vorarlberg) 15. 5. 1656, †Einsiedeln 26. 8. 1723, seit 1682 ebd. Laienbruder, vielseitig als Klosterbaumeister in der Nordschweiz tätig. Mit der Stiftskirche Einsiedeln schuf M. einen der bedeutendsten Kirchenräume des oberdt. Barock. – M. gehört zu den Begründern der →Vorarlberger Bauschule, die von ihm den Gedanken des ital. Zentralbaus übernahm.

HW: Klosterkirchen Fischingen (1685–87), Muri (1695–98) und Disentis (1696–1712, zugeschrieben); Klausurbau Münsterlingen

(1691); Stiftsgebäude (1704ff.) und Stiftskirche (1719–23) Einsiedeln; Entwurf zu Kloster und Stiftskirche St. Gallen (1704–23).

Moosburg a. d. Isar, Stadt im Kr. Freising, Oberbayern, 13 100 Ew., mit ehem. Benediktinerkloster (772 bezeugt), dessen Kirche, eine roman. flachgedeckte Pfeilerbasilika (2. H. 12. Jh.) mit spätgot. Chor (1468) ein reich geschmücktes Westportal (um 1200) und einen wertvollen Schnitzaltar von H. LEINBERGER (1511 bis 1514) birgt. Westlich davor die ehem. Taufkirche St. Johannis (1347 beg.) mit mächtigem Westturm, zusammen mit dem gleich hohen Münsterturm von großartiger städtebaul. Wirkung.

Mopsuestia, antike Stadt in Kilikien, →Misis.

Mopti, Stadt in Mali, im Binnendelta des Niger, 54 000 Ew.; große Moschee (1935) in sudanes. Lehmbauweise.

Mor [mɔr], **Moor** [mo:r], **Moro** [span.], Anthonis, niederländ. Porträtmaler, *Utrecht um 1520, †Antwerpen zw. 1576 und 1577, Schüler des J. VAN SCOREL, ging von dessen niederländ. Porträtkunst aus und entwickelte sich unter fläm. und venezian. Einwirkungen. Seine fein und fest gemalten, repräsentativen, lebensgroßen Porträts zeigen genaue Erfassung des Modells und sorgfältige Wiedergabe von Schmuck und Kostümen. M. war als Hofmaler in Brüssel, Rom, Madrid, Lissabon, London, meist aber in Antwerpen tätig und gehörte zu den bedeutendsten Porträtmalern seiner Zeit.

HW: Porträt zweier Domherren aus Utrecht (1544; Berlin-West, Staatl. Museen); Maria Tudor (1554; Madrid, Prado); Selbstporträt (1558; Florenz, Uffizien).

M. J. FRIEDLÄNDER: A. M. (Leiden 1975).

Mora, 1) Francisco de, span. Baumeister, *Cuenca 1553, †Madrid 3. 8. 1610, Schüler von J. DE HERRERA, arbeitete unter dessen Leitung in Segovia und Madrid, wo er 1591 Hofbaumeister wurde. M. wandelte den einfachen, strengen Stil seines Lehrers (→Desornamentado-Stil) ab, indem er die Baumassen stärker gliederte und mit sparsamen Ornamenten schmückte.

HW: Pläne und Ausführung der Umgestaltung der Stadt Lerma (südwestlich von Burgos) in einheitl. Stil (mit Palast des Herzogs von Lerma, Stiftskirche, Klöstern und Häusern; 1604ff.).

2) José de, span. Bildhauer, getauft Baza 1. 3. 1642, †Granada 25. 10. 1724, Sohn und Schüler des Bildhauers BERNARDO DE MORA (*1614, †1684), beeinflußt von A. CANO; seit 1671 Hofbildhauer KARLS II.; schuf anmutige, barocke Bildwerke von relig. Pathos. (→Estofado-Skulptur)

HW: Ecce Homo und Mater Dolorosa (Madrid, Convento de las Maravillas); Cristo de la Misericordia (Granada, S. José); Hl. Bruno (ebd. Kartäuserkloster).

3) Gómez de Mora [g'omɛð ðe-], Juan, span. Architekt, *Madrid um 1580, †ebd. 28. 2. 1648, Neffe und Schüler von 1), wurde 1611 Hofbaumeister König PHILIPPS III.; stilistisch am Vorbild von J. DE HERRERA (→Desornamentado-Stil) orientiert.

HW: Kirche des Klosters La Encarnación, Madrid (1611–16); arkadengeschmückte Häuserfronten an der Plaza Mayor, Madrid (1617–19); Pläne für die Kirche des Jesuitenkollegs in Salamanca

(1617) und die Klosterkirche de las Bernardas in Alcalá de Henares (1617).

Morales, Luis de, gen. **El Divino** [-diβ'i:no, ›der Göttliche‹], *Badajoz um 1509/10(?), †ebd. 9. 5. 1586, malte mystisch-relig. Andachtsbilder in manierist., von den Niederländern und LEONARDO DA VINCI beeinflußtem Stil, bes. Marien-, oft Mater-dolorosa- und Ecce-homo-Darstellungen in kühlen, oft violetten Farbtönen.

HW: Kreuztragung (Florenz, Uffizien); Pietà (Madrid, Academia de S. Fernando); Vogelmadonna (1546; ebd., Samml. Moret).

Morandi, Giorgio, ital. Maler, Graphiker, *Bologna 20. 7. 1890, †Grizzana bei Bologna 18. 6. 1964, entwickelte (seit 1918) aus der Anregung der Pittura Metafisica eine stat., die gegenständl. Form wahrende Bildwelt. Seine zartfarbigen, v. a. in Erdtönen und Weiß gehaltenen Stilleben aus alltägl., räumlich gruppierten Gegenständen, wie Krüge und Flaschen, sind von äußerster Einfachheit und Stille; vereinzelt auch menschenleere Landschaften; schuf auch Graphiken.

G. M., Ausst.-Kat., München (1981).

Moravany nad Váhom [m'ɔravani n'adva:hɔm], Ort im Westslowak. Kr., ČSSR. Das Renaissanceschloß wurde im 18. Jh. barockisiert und 1881 umgebaut, mit oktogonalem Turm und Attikabekrönung. Die Wirtschaftsgebäude blieben im Renaissancestil erh. In M. n. V. wird noch die an Stickereien reiche Pistyaner Volkstracht getragen.

Moravská Třebová [m'ɔravska: trʃ'ɛbɔva:], Stadt in der ČSSR, →Mährisch-Trübau.

Morazzone, Pier Francesco, eigtl. **Mazzucchelli** [-k'ɛlli], ital. Maler, *Morazzone bei Varese 3. 7. 1573, †Piacenza 1626, verband in seiner Ausbildung sienes. und lombard. Einflüsse und schuf für Kirchen in Mailand und der Lombardei Fresken und Ölbilder, in denen sich meist die strenge Schlichtheit der Einzelform

Giorgio Morandi: Stilleben; 1926 (Genua, Samml. Della Ragione)

mit einer pathetisch gesteigerten Gebärdensprache verbindet.

Morcote, Gem. am Luganer See, im schweizer. Kt. Tessin; durch die Geschlossenheit der herrschaftl. Häuser mit schönen Fassaden und Pfeilerarkaden eines der schönsten Dorfbilder der Schweiz; Wallfahrtskirche Madonna del Sasso (urspr. 13. Jh., 1462 ff. in Renaissanceformen umgebaut, 1758 barockisiert) mit vorzügl. Renaissancemalereien (1513).

Mordentvergoldung, Maltechnik: Mattvergoldung auf Wandbildern und auf Papier mit tempera-ähnl. Anlegemittel auf Ei- oder Wachsbasis.

Moreau [mɔr'o], **1)** Gustave, frz. Maler, *Paris 6. 4. 1826, †ebd. 18. 4. 1898, Schüler von T. CHASSÉRIAU, malte hervorragende Aquarelle und Bilder von oft üppiger Pracht und geheimnisvoll wirkendem Reiz, in denen er mytholog. und relig. Vorstellungen gestaltete und einen neuen künstler. Symbolismus anstrebte. M. war der Lehrer von H. MATISSE und G. ROUAULT. Seine Arbeiten befinden sich in seinem Wohnhaus in Paris (heute G.-M.-Mus.) und im Musée d'Orsay.

P. L. MATHIEU: G. M. Leben und Werk (a. d. Frz., 1976).

2) Jean-Michel, gen. **M. le Jeune** [-ləʒ'œn], frz. Kupferstecher, Radierer, Bruder von 3), *Paris 26. 3. 1741, †ebd. 30. 11. 1814, ein hervorragender Illustrator des frz. Rokoko (Louis-quinze), schuf Illustrationen zu zeitgenöss. Ereignissen und Werken von Ovid, Boccaccio, Molière u. a. Seine mehr als 2000 Arbeiten zeichnen sich aus durch die geschmeidige Eleganz der Zeichnung und des Stichs und sind von duftig-malerischem Reiz, nach einer Italienreise (1785) jedoch stärker klassizistisch gestimmt.

Gustave Moreau: Phaeton

3) Louis-Gabriel, gen. **M. l'Aîné** [-lɛn'e], frz. Maler, Bruder von 2), *Paris vor dem 24. 4. 1739, †ebd. 12. 10. 1805, malte frisch beobachtete Landschaften aus der Umgebung von Paris, die bereits die zu C. COROT führende Entwicklung erkennen lassen.

Moreelse, Paulus Jansz., niederländ. Maler, Baumeister, *Utrecht 1571, †ebd. 5. 3. 1638, Schüler von M. J. VAN MIEREVELT, nach einer Italienreise meist in Utrecht tätig. Er malte Porträts und sittenbildl. Halbfiguren, in denen sich manierist. Züge mit den neuen, von CARAVAGGIO stammenden Anregungen verbinden. Das Katharinentor (1625) und wohl auch die Schauseite der Fleischhalle (1637) in Utrecht sind von ihm entworfen.

Morelia, Hauptstadt des Staates Michoacán, W-Mexiko, 219400 Ew. Das 1541 gegr. M. hat seinen Charakter als span. Kolonialstadt bis heute erhalten. Ältester Sakralbau ist die Klosterkirche S. Francisco (Mitte 16. Jh., Kuppel des Glockenturms mit Azulejos gedeckt). In der Sakristei der Kirche S. Agustín (16. Jh.) Fresken. Die Kathedrale (1660–1744) hat schöne Barockfassade mit churrigueresken Estipité-Pfeilern, die Kuppel ist mit Azulejos verkleidet. Das Colegio de S. Nicolás (1540 gegr., Baubeginn 1580, heute Teil der Univ. von Michoacán) hat einen schönen barocken Innenhof. Der 1600 m lange Aquädukt (1785–89) wird von 253 Bogen getragen.

Morella [mor'eʎa], Städtchen (rd. 8000 Ew.) in der ostspan. Prov. Castellón, auf einem Bergkegel gelegen, umgeben von ma. Mauern mit Türmen, überragt von einer Schloßruine; Aquädukt (15. Jh.); Kirche S. María (1273–1330) mit 2 got. Skulpturen-Portalen und churriguereskem Hochaltar, der Chor ist vom übrigen Kirchenraum abgetrennt und durch eine mit Basreliefs verzierte Treppe (um 1450) zu erreichen. In der Nähe die Höhle Cueva de Morella la Vella mit prähistor. Felsmalereien (Jagdszenen).

Morellensalz, Maltechnik: violettrote →Eisenoxidfarbe.

Morellet [mɔrəl'ɛ], François, frz. Maler, Plastiker, *Cholet (Dép. Maine-et-Loire) 30. 4. 1926, war 1960 Mitbegründer der Groupe de Recherche d'Art Visuel in Paris; steht der Minimal Art und Op Art nahe. Seine Bilder, kinet. Reliefs und Environments mit programmiertem Licht, bauen auf komplexen, streng log. Linien- und Formsystemen auf.

Morelli, Domenico, ital. Maler, *Neapel 4. 8. 1826, †ebd. 13. 8. 1901, schuf Historien- und Genrebilder, Landschaften und Porträts, gehörte in seiner dem Realismus zuneigenden Spätzeit zu den Wegbereitern der neueren ital. Malerei.

Moretto, Alessandro, eigtl. **A. Bonvicino** [-tʃ'i:no], ital. Maler, *Brescia um 1498, †ebd. 1554, Hauptmeister der Malerei in Brescia, beeinflußt von V. FOPPA und der venezian. Malerei. Seine Bilder zeichnen sich durch die feierl. Ruhe der Komposition und eine eigene kühle Farbstimmung aus.

HW: Krönung Mariä (Brescia, Santi Nazzaro e Celso); Die Hl. Justina (Wien, Kunsthistor. Mus.); Gastmahl im Hause des Levi (1544, Venedig, S. Maria della Pietà).

Morgenstern, 1) Carl, Maler, *Frankfurt a. M. 25. 10. 1811, †ebd. 10. 1. 1893, Schüler seines Vaters Johann Friedrich M. (*1777, †1844), seit 1832 in München (Einfluß von CHRISTIAN M. und C. ROTTMANN), 1834–37 in Italien. M. malte Landschaften mit Motiven aus Italien, vom Rhein und aus dem Taunus. Bed. sind seine an C. COROT erinnernden Ölskizzen.

2) Christian, Maler, Großvater des Dichters Christian M., *Hamburg 29. 9. 1805, †München 27. 2. 1867, ging 1827 nach Norwegen, dann nach Kopenhagen, 1829 nach München. M. malte zunächst schlicht-realist. Landschaften (Beobachtung der Luftwirkung), später (Einfluß von C. ROTTMANN und der Düsseldorfer Schule) romantisch-dramat. Bilder von Naturereignissen.

Morghen [m'ɔrgen], Raffaelo, ital. Kupferstecher, *Neapel 19. 6. 1758, †Florenz 8. 4. 1833, Schüler von G. VOLPATO in Rom, Lehrer an der Kunst-Akad. Florenz, stach Reproduktionen von Gemälden (u. a. von LEONARDO DA VINCIS ›Abendmahl‹).

Morgner, Wilhelm, Maler, Graphiker, *Soest 27. 1. 1891, †(gefallen) bei Langemark (Belgien) 12. 8. 1917, lebte u. a. in Worpswede (seit 1908). Angeregt u. a. von V. VAN GOGH, entwickelte er einen expressionist. Stil mit leuchtenden Farben und häufig relig. Thematik. – Nachlaß im W.-M.-Haus (Soest; eröffnet 1962).

W. M., Ausst.-Kat., Münster (1976).

Morin [mɔr'ɛ̃], Jean, frz. Maler, Radierer, *Paris vor 1600, begraben ebd. 6. 6. 1650, Schüler von P. DE CHAMPAIGNE, schuf Radierungen nach Werken von diesem, A. VAN DYCK, RAFFAEL und TIZIAN und gilt als einer der bedeutendsten frz. Reproduktions-Graphiker des 17. Jh.

Morinck, Hans, Bildhauer, *in Kärnten(?), †Konstanz im Herbst 1616, ebd. seit 1578. Eine Reihe seiner ausdrucksvollen Werke ist in Konstanz (St. Stephan) erhalten; die frühesten sind um 1578 zu datieren. M. gehört zu der Gruppe von Bildhauern, die stilistisch vom Manierismus der Nachfolger MICHELANGELOS wie von dem der Floris-Schule abhängig sind.

Morisot [mɔriz'o], Berthe, frz. Malerin, *Bourges 14. 1. 1841, †Paris 2. 3. 1895, in den 1860er Jahren Schülerin von C. COROT, heiratete 1877 EUGÈNE MANET, den Bruder des Malers, dessen bevorzugtes Modell sie 1872–74 war. Bei aller Annäherung an Manet bewahrte sie doch einen selbständigen Stil durch ihre lichthaltigen Farben, die stärkere Betonung graph. Mittel und den zarten Gefühlsausdruck. Sie ist die einzige Malerin von größerer Bedeutung unter den Impressionisten, mit denen sie befreundet war und auch seit 1874 ausstellte. Sie malte Landschaften, Interieurs, Figurenbilder sowie Frauen- und Kinderporträts. (BILD S. 41)

Correspondance ..., hg. v. D. ROUART (Paris 1950). – B. M. Gemälde, Zeichnungen..., hg. v. IRA MOSKOWITZ (a. d. Amerikan., 1961).

Moritzburg, ehem. Jagdschloß der Wettiner, nörd-

Berthe Morisot: Die Wiege; 1873 (Paris, Musée d'Orsay)

lich von Dresden, Dt. Dem. Rep.; urspr. Renaissancebau (1542–46), 1723–36 von M. D. PÖPPELMANN, Z. LONGUELUNE und J. DE BODT barock umgebaut und erweitert, von Doppelterrasse mit Skulpturen und Pavillons umgeben; frz. Park mit Tiergehege und Fasanerieschlößchen (1769–82). Im Schloß seit 1947 Barockmus. (Möbel, Porzellan, Gläser).

Mørkøv [m'œrkøʊ], Gem. im NW der dän. Insel Seeland; roman. Kirche (12. Jh., 15. Jh. z. T. umgebaut) mit Kalkmalereien von ungewöhnl. Farbigkeit (Mitte 15. Jh.): Passionsszenen, Marienleben.

Morland [m'ɔ:lənd], George, engl. Maler, *London 26. 6. 1763, †ebd. 29. 10. 1804 im Schuldgefängnis, Schüler seines Vaters Henry Robert M. (*um 1730, †1797), malte, von den Niederländern des 17. Jh. beeinflußt, Landschaften, Tierbilder (›Im Pferdestall‹, um 1791; London, Tate Gal.), Genre- und Jagdszenen.

Morley [m'ɔ:lɪ], Malcolm, engl. Maler, *London 7. 6. 1931, lebt seit 1964 in New York; Vertreter des Fotorealismus, der seine Vorlagen Gemäldereproduktionen, Postkarten, Reiseprospekten u. ä. entnimmt, systematisch in Planquadrate aufrastert, zerschneidet und jedes Quadrat gesondert auf riesige Leinwände überträgt.

Moro, Antonio, niederländ. Maler, →Mor.

Morọne, 1) Domenico, ital. Maler, Vater von 2), *Verona um 1442(?), †ebd. nach 1517, beeinflußt von A. MANTEGNA und GENTILE BELLINI; nur wenige Arbeiten von seiner Hand sind erhalten.

HW: Vertreibung der Bonacolsi (1494; Mantua, Palazzo Ducale); Fresken aus dem Leben des Hl. Antonius (Verona, S. Bernardino).

2) Francesco, ital. Maler, Sohn von 1), *Verona 1470/71, †ebd. 16. 5. 1529.

HW: Madonna mit Heiligen und Engeln (1503; Verona, S. Maria in Organo); Samson und Dalila (Mailand, Mus. Poldi-Pezzoli).

Moroni, Giovanni Battista, ital. Maler, *Albino (Bergamo) um 1529, †Bergamo 5. 2. 1578, Schüler von A. MORETTO, beeinflußt von TIZIAN und L. LOTTO, malte Altarbilder und Porträts, die in ihrer Unmittelbarkeit zu den besten des 16. Jh. zählen.

Moronobu, Familienname **Hishikawa,** *Hoda (Prov. Awa) 1618 oder 1625, †Edo 1694, japan. Maler in Edo (Tokio), der sowohl in der Tosa- als auch in der Kano-Schule ausgebildet worden war. M. ist der erste faßbare Meister des Ukiyo-e-Stils im Holzschnitt. M. illustrierte seit 1672 mehr als 100 Bücher im traditionellen Schwarzweiß-Druck. In den zahlreichen Einzelblättern, die er gegen Ende seines Lebens zeichnete, legte er den Stil für alle nachfolgenden Holzschnitte der Ukiyo-e-Meister fest.

Morosow, Morozov, russ. Kaufmanns- und Unternehmerfamilie, die im 19. und Anf. des 20. Jh. einen großen Teil der russ. Textilindustrie beherrschte. Mehrere Mitgl. der Familie waren Kunstförderer, Sammler und Mäzene. Iwan Abramowitsch M. (*1871, †1921) kaufte frz. Kunst seiner Zeit, u. a. Gemälde von P. CÉZANNE, P. BONNARD, E. DEGAS, P. GAUGUIN, P. A. RENOIR, C. MONET und V. VAN GOGH, und bestellte 1909 bei M. DENIS zur Ausstattung seines Moskauer Hauses die aus 11 Bildern bestehende Serie ›Amor und Psyche‹. Daneben sammelte er Bilder junger russ. Maler seiner Zeit, u. a. von K. KOROWIN, M. WRUBEL, P. KONTSCHALOWSKIJ, I. MASCHKOW, A. GOLOWIN, später von M. SARJAN, M. CHAGALL und M. LARIONOW.

Nach der Verstaatlichung (1918) bildete diese Kunstsammlung mit der Sammlung von S. SCHTSCHUKIN den Grundstock des ›Museums moderner westlicher Kunst‹ und nach dessen Auflösung (1948) die modernen Abteilungen der Museen von Moskau und Leningrad.

Morris [m'ɔrɪs], **1)** Robert, amerikan. Bildhauer, *Kansas City (Missouri) 9. 2. 1932, schuf Beiträge zur Minimal Art, stand der Concept Art, Prozeßkunst und Land Art (BILD) nahe, arbeitete mit einfachsten unbearbeiteten Materialien (Filz u. a.). Er wandte sich in den 1970er Jahren verstärkt großangelegten Außenenvironments mit prähistor. Anklängen zu.

2) William, engl. Dichter, Maler, Kunsthandwerker, Designer, Sozialpolitiker, *Walthamstow (Essex) 24. 3. 1834, †London 3. 10. 1896. Unter dem Einfluß J. RUSKINS, D. G. ROSSETTIS und der romant. Dichter wandte sich M. der Malerei und der Dichtung zu, in beidem ma. Themen bevorzugend (›La Belle Iseult‹, 1858; London, Tate Gal.). Zus. mit seinen Künstlerfreunden E. BURNE-JONES und P. WEBB widmete M. seine Tätigkeit bald dem Entwerfen von Tapeten, Stickereien, Möbeln und farbigen Glasfenstern, die in der 1861 von ihm gegr. Firma M., Marshall & Co. ausgeführt wurden. Als Wegbereiter moderner Formgebung war M. von außerordentl. Bedeutung für die Entwicklung des Kunsthandwerks und der Buchkunst in England und auf dem Kontinent (→Jugendstil). Werke der Buchkunst stellte er in der 1890 gegr. Kelmscott Press her. M. benutzte meist Naturmotive und interessierte sich v. a. für die handwerk-

William Morris: La Belle Iseult; 1858 (London, Tate Gallery)

lich-techn. Probleme. Durch seine scharfe Gegnerschaft zur maschinellen Herstellung gilt M. als der Begründer des →Arts and Crafts Movement. Seine Auffassungen, auch seine sozialreformer. Gedanken verbreitete er in zahlreichen Reden und Schriften (›The decorative arts‹, 1878, dt. Auswahl in 12 Tln.; ›News from nowhere‹, 1890, dt.). Als Schriftst. bemühte er sich v. a. um die Wiederbelebung der klass. und nord. Götter- und Heldensagen.

P. THOMPSON: The work of W. M. (London 1967).

Morse [mɔːs], Samuel Finley Breeze, amerikan. Maler, Erfinder, *Charlestown (Massachusetts) 27. 4. 1791, †New York 2. 4. 1872, war Schüler von W. ALLSTON und bildete sich in London als Maler fort. 1827–45 war er Präs. der von ihm mitgegr. National Academy of Design in New York. Er malte bes. histor. Bilder in klassizist. Stil und Porträts (›Marquis de Lafayette‹, 1825/26; New York, Brooklyn Mus.). – M. entwickelte seit 1837 den 1. brauchbaren elektromagnet. Schreibtelegraphen.

Mörtel [mlat.], steinartiger Baustoff, der meist aus einem Gemisch von Bindemittel, Sand und einer auf das Bindemittel abgestimmten Flüssigkeit (häufig Wasser), ggf. mit speziellen Zusätzen, hergestellt wird. M. dient u. a. zur Herstellung von Mauerwerk und als Malgrund für Wandmalereien.

Mortensen, Richard, dän. Maler, *Kopenhagen 23. 10. 1910, Vertreter der Konkreten Malerei in Paris (seit 1947) mit geometrisch klar komponierten und farblich harmon. Bildern; schuf u. a. auch Wandgemälde und Entwürfe für Bildteppiche. M. lehrt seit 1964 an der Akad. in Kopenhagen.

Mortimer [m'ɔːtɪmə], John Hamilton, engl. Maler,

Kupferstecher, *Eastbourne (Sussex) 1741, †London 4. 2. 1779, Schüler von T. HUDSON und J. REYNOLDS, schuf Porträts und gilt als einer der ersten engl. Historienmaler.

Mortlock-Inseln [m'ɔ:tlɔk-], Inselgruppe der Karolinen, von denen einer der wenigen bekannten Maskentypen Mikronesiens stammt: flach, mit hoher Stirn, eng zusammenliegenden kleinen Augen, gerader schmaler Nase und kleinem, farbig umrandetem Mund.

Mortuarium [lat.], Bestattungsort, in Klöstern meist der Kreuzgang, auch der Kapitelsaal (›Memorie‹ am Dom in Mainz) oder die Sepultur (Magdeburg, Eichstätt, Würzburg).

Mosaik [frz.-ital., aus grch. mousa ›Muse‹, ›künstler. Tätigkeit‹] *das,* eine künstler. Flächendekoration v.a. auf Fußböden und Wänden, deren malereiähnl. Wirkung durch Addition verschiedenfarbiger, kleinteiliger Einzelkörper aus dauerhaftem Material (Stein, Glasfluß, Ton o. ä.) erreicht wird. Die antiken Begriffe ›opus tesselatum‹ und ›opus vermiculatum‹ bezeichnen ein M. aus kleinen Steinen, während ›opus alexandrinum‹ und ›opus sectile‹ Steinfußböden und Wandverblendungen mit großen, eingelegten Stücken sind. Die Bez. ›pietra dura‹ stammt aus dem 16. Jh. für Steinintarsien, auch ›Florentiner M.‹ genannt, weil sich diese Technik dort entwickelte. Über verwandte Techniken mit verschiedenartigen Materialien (Marmor, Holz, Halbedelstein, Elfenbein, Perlmutt, Metall) →Inkrustation, →Intarsia.

Technik. Auf der nassen Putzschicht wurde häufig eine farbige Skizze des M. angelegt, aus deren Resten sich die Darstellung oft auch dann rekonstruieren läßt,

Mosaik: Johannes der Täufer, Ausschnitt aus einer Deesis in der Hagia Sophia, Istanbul; 2. Hälfte des 13. Jh.

Mosaik: Hand aus dem M. der Kaiserin Theodora und ihrem Gefolge im Chor von S. Vitale zu Ravenna; vor 547

wenn die M.-Steine ausgefallen sind. In den noch weichen Putz wurden dann die an Ort und Stelle aus Stein oder Glasfluß (Smalten) herausgeschlagenen Würfel (Tesserae) gesetzt. Das antike Boden-M. beschränkte sich fast ausschließlich auf farbige Steine, es wurde nach der Fertigstellung geschliffen. Bei Wand- und Deckenverkleidungen wurde das empfindl. Glas-M. vorherrschend. Neben gefärbten Gläsern verwendete man häufig auch solche mit eingeschmolzener Gold- oder Silberfolie. Die einzelnen Steine wurden in versch. Winkeln eingesetzt, um so das Spiel der Lichtreflexe zu beleben. Doch auch der Naturstein kam immer noch vor und wurde bes. im byzantin. Bereich in bewußtem Kontrast zum Glas-M. eingesetzt. Die sehr fein gearbeiteten Mittelbilder der antiken Boden-M., die Embleme, wurden auf einem festen Untergrund in der Werkstatt vorgefertigt, waren daher transportabel und wurden z.T. sogar Exportartikel. In der modernen M.-Kunst werden die Steine meist nach einem Karton aufgesetzt und die fertigen Teile mit der Rückseite auf der vorbereiteten Wand befestigt.

Altertum. Schon um 3000 v.Chr. gab es im Alten Orient (Uruk-Warka) →Stiftmosaik (BILD Uruk), ein Wand- und Pfeilerschmuck, bei dem farbige Tonstifte in den Lehmputz eingedrückt wurden. Die frühesten grch. **Boden-M.** aus schwarzen und weißen Kieseln finden sich in Olynthos (spätes 5. Jh. v. Chr.). Im Laufe des 4. Jh. v. Chr. verfeinerte sich das Kiesel-M. und wurde farbig (Pella: BILD griechische Kunst; Eretria). In frühhellenist. Zeit wurde mit vorbereiteten, behauenen Steinen (Tesserae) und – etwas später – auch mit Glassteinchen (Smalten) gearbeitet, wobei durch enges Aneinandersetzen der passenden Steine ganz andere, maler. Wirkungen erzielt werden konnten. Das häufig illusionist. M. der hellenist. Zeit kann als Nachahmung der Malerei gelten und gibt einen Begriff von dieser fast verschwundenen Kunstgattung (Delos, Haus der Masken, 2. Jh. v. Chr., Alexanderschlacht aus Pompeji, Ende 2. Jh. v. Chr., →Dioskurides von Samos 2).

In der Folgezeit wurde das M. zur Gebrauchsware (›Cave Canem‹, Pompeji). Die Steine wurden großflächiger wie im Athleten-M. der Caracalla-Thermen aus dem 4. Jh. n. Chr. (Vatikan. Museen). Nur einzelne hochwertige Embleme knüpften an die hellenist. Tradition an (Hadriansvilla 2. Jh. n. Chr., heute Rom, Kapitolin. Museen), überwiegend wurden M. sogar wieder in Schwarzweißtechnik hergestellt (Ostia, Darstellung des Meeres, 2./3. Jh. n. Chr.). – Ein großer Teil der Boden-M. des 3.–5. Jh. ist in Nordafrika gefunden worden (u. a. Tunis, Mus. National du Bardo mit der größten M.-Samml. der Erde). In den M. von Piazza Armerina in Sizilien (frühes 4. Jh.) geht eine gewisse Vergröberung im Detail mit einer großen Lebendigkeit und Unmittelbarkeit der Bewegung einher. Den Höhepunkt spätantiker M.-Kunst bildet Antiochia im 3. und 4. Jh. Seine Tradition lebt in den M. des Kaiserpalastes in Konstantinopel im 5. Jh. fort.

Die kaiserzeitl. Boden-M., die sich in allen Provinzen des Röm. Reiches finden, zeigen mytholog. Szenen, Zirkus- und Jagdbilder sowie Jahreszeiten- und Monatsbilder. Das Wand-M. taucht vereinzelt seit dem 2. Jh. auf, beschränkt sich aber in der Hauptsache auf Thermen und Brunnen. Erst gegen 300 finden sich mit M. ausgekleidete Räume im Diokletianspalast in Split.

In der frühchristl. und byzantin. Kunst wurde das Boden-M. zur Ausnahme und das **Apsis- Kuppel-** und **Wand-M.** üblich (BILD frühchristliche Kunst). Die Apsis wird repräsentatives Hauptbild der Gesamtausstattung, meist mit einem Thema der Apokalypse (Mailand, S. Aquilino, 360–390; Rom, S. Pudenziana; Rom, SS. Cosmas und Damian; Ravenna, S. Vitale). Diese Ikonographie bezieht auch den Triumphbogen vor der Apsis mit ein und setzt sich an den Langhauswänden in erzählenden Zyklen aus dem A. T. und N. T. fort (Ravenna, S. Apollinare Nuovo). Während die frühchristl. M. des byzantin. Ostens größtenteils zerstört wurden, sind sie im oström. Exarchat Ravenna für das 6. Jahrhundert in S. Apollinare Nuovo und S. Vitale erhalten.

Relativ vielfältig sind frühbyzantin. Wand- und Gewölbe-M. in Thessalonike erhalten: aus der 2. H. des 5. Jh. die Laibungs-M. der Arkaden der Acheiropoietos-Kirche und das Apsismosaik der kleinen Kirche Hosios David, aus dem späten 5. oder frühen 6. Jh. die Kuppel-M. der zur Kirche (Hagios Georgios) umgebauten tetrarchischen Rotunde, aus dem 7. Jh. die Wand-M. (v. a. Stifterbilder) in der Demetrios-Kirche. Die bedeutendsten erhaltenen M. der Zeit JUSTINIANS I. befinden sich in den Apsiden der Kirche des Katharinenklosters auf dem Sinai und der Kirche Panhagia Kanakaria in Lythrankomi auf Zypern. – Vorzügl. Fußbodenmosaiken des 6. Jh. sind v. a. in Antiochia und Konstantinopel (Kaiserpalast) erhalten. – Einflüsse frühbyzantin. M.-Kunst lassen sich in den Ranken-M. des Felsendomes in Jerusalem (691–92) feststellen; die Ausführung der M. der Großen Moschee in Damaskus (um 715) durch byzantin. Spezialisten ist sehr wahrscheinlich. Der Bilderstreit (726–843) setzte der figürl. M.-Kunst ein vorläufiges Ende. Ein gutes Beispiel einer ikonoklast. Apsisdekoration bietet das Kreuz vor Goldgrund in der Apsis der Irenenkirche von Konstantinopel (bald nach 740).

Sehr bald nach Aufhebung des Bilderverbots wurden

Mosaik: Dioskurides von Samos; Umherziehende Musiker, Fußbodenmosaik aus der Villa des Cicero in Pompeji; Ende des 2. Jh. v. Chr. (Neapel, Archäolog. Nationalmuseum)

die ikonoklast. Dekorationen meist durch figürl. M. ersetzt; die bedeutendsten Beispiele dieser Epoche sind die Gottesmutter in der Apsis, der Erzengel des südl. Bogens, mehrere Bischöfe der Tympana-Wände des Naos sowie der vom Kaiser in Proskynese verehrte thronende Christus über dem Hauptportal im Narthex der Hagia Sophia in Konstantinopel (Reste der neuen Mosaikausstattung des späten 9. Jh.). Zu dieser Zeit bestand bereits das ›klass. System‹ der Ausschmückung byzantin. Kirchen: Christus in der Kuppel, die Gottesmutter (i. d. R. zw. Erzengeln) in der Apsis, Propheten, Evangelisten und Apostel in der unteren Kuppelzone samt Pendentifs und Bögen, ein erzählender Festtagszyklus an den Wänden und Kirchenväter in der unteren Apsiszone. – Seit dem Ende des 9. Jh. breitete sich in den relativ kleinen Kirchenräumen der großflächige M.-Schmuck immer weiter aus. Aus der Blütezeit des 11. Jh. sind hervorragende M.-Ausstattungen der Kirchen Hosios Lukas (BILD) bei Delphi, Nea Moni auf Chios und Daphni bei Athen erhalten. Außerhalb des eigentl. Reichsgebiets entstanden im 12. Jh. die M. in

Cefalù, Palermo und Monreale auf Sizilien sowie die M. in Torcello. Von einem letzten Höhepunkt des byzantin. M. in palaiolog. Zeit (13.–15. Jh.) zeugen u. a. das Deesis-M. der Südempore der Hagia Sophia in Konstantinopel, die M. in Arta (Epirus) und der Apostelkirche in Thessalonike, v. a. aber die reiche Ausstattung mit vollständigem Szenenzyklus in der Kirche des Chora-Klosters (Kariye Camii) in Istanbul (um 1310 bis 1320).

Weitgehend unabhängig von byzantin. Einfluß entstanden in Rom und in der Toskana M. (Baptisterium in Florenz, Dom von Pisa). In der ital. Renaissance wurde die Technik des M. zwar verbessert (u. a. durch die Erfindung eines stärkeren und helleren Zements), die künstler. Qualität ließ jedoch im Bemühen um eine Annäherung an die Malerei nach. Im Barock spielte das eigenständige M. keine Rolle mehr; jedoch ging die Handwerkstradition, v. a. auch für Restaurierungszwecke, nicht verloren. Nach den historisierenden Versuchen im 19. Jh. nahm das M. im Jugendstil einen neuen Aufschwung (A. GAUDÍ, G. KLIMT). Es spielte im 20. Jh. in W-Europa nur eine Nebenrolle. Größere Bedeutung erhielt es im Stil des sozialist. Realismus in der UdSSR u. a. sozialist. und kommunist. Ländern und im →Muralismo in Mexiko.

Aus dem vorkolumb. Amerika ist die M.-Technik v. a. aus Mesoamerika und dem andinen Raum überliefert. Im andinen Gebiet stammen die meisten M.-Arbeiten (v. a. Schmuck: Pektorale, Ohrringe u. a.) aus den Kulturen der Moche, Chimú und Inka. An Material wurden Bein, Muscheln, Gold, Holz und Türkis, Federn verwendet, in Mesoamerika außerdem Jade, Stein und Pyrit. In Mesoamerika diente M. v. a. als Fassaden- und Wanddekor (z. B. Mitla, Kabah), es gibt aber auch ausgezeichnete Türkis-M. (z. B. Schilde, Masken).

VICTORINE V. GONZENBACH: Die röm. M. der Schweiz (1961); G. MATHIAE: Mosaici mediaevali delle chiese di Roma (Rom 1969); P. FISCHER: Das M. (1969); G. MARINELLI: Les mosaiques chrétiennes des églises de Rome III–XIV siècles (Rom 1970); G. PARLASCA: Die röm. M. in Dtl. (Nachdr. 1970); B. BRENK: Die frühchristl. M. in Santa Maria Maggiore zu Rom (1975); J. WILPERT: Die röm. M. der kirchl. Bauten vom IV.–XIII. Jh., hg. v. W. N. SCHUMACHER (1976); FRANK B. SEARS: Roman wall and vault mosaics (Heidelberg 1977); F. ROSSI: M. u. Steinintarsien (a. d. Ital., [2]1979); weitere Lit. →Ravenna.

Mosaikglas, →Millefiori-Glas.

Mosaik|ikonen, in Mosaiktechnik ausgeführte Ikonen. Eine spezielle Gattung sind die Miniatur-M., aus oft nur stecknadelkopfgroßen Tesserae (Mosaiksteinen) gefertigt; sie wurden im 12.–14. Jh. in Konstantinopel hergestellt (Beispiele in Museen in Berlin-West, Washington, London, Florenz).

Mosbach, Kreisstadt des Neckar-Odenwald-Kr., Bad.-Württ., 23 400 Ew. Das altertüml. Ortsbild wird geprägt von überaus zahlreichen Fachwerkbauten; schönstes Beispiel ist das Palmsche Haus am Markt (1610). Stadtkirche, eine spätgot. Rundpfeilerbasilika, mit qualitätvoller Steinkanzel (1468). Repräsentatives Rathaus (1554–58) mit Freitreppe, Staffelgiebel und markantem Turm. Im O vor der Stadt reich ausgemalte spätgot. Friedhofskapelle (15. Jh.). Im Heimat-Mus. Fayencen der 1770–1838 bestehenden Manufaktur.

Mosbrugger, 1) Friedrich, Maler, Sohn von 4), *Konstanz 19. 9. 1804, †St. Petersburg 17. 10. 1830, malte nach Studien in München (seit 1821) und Aufenthalt in Italien (1827–29) Porträts und Genrebilder.

2) Joseph, Maler, Sohn von 4), *Konstanz 10. 3. 1810, †ebd. 13. 10. 1869, malte nach Ausbildung bei seinem Vater und an der Münchner Akad. Bodenseelandschaften und Veduten seiner Heimatstadt.

3) Kaspar, Baumeister, →Moosbrugger.

4) Wendelin, Maler, Vater von 1) und 2), *Rehmen/Bregenzerwald 20. 10. 1760, †Aarau 20. 8. 1849, erhielt um 1778 seine künstler. Ausbildung an der Mannheimer Zeichnungsakad. Seit 1794 in Konstanz ansässig, arbeitete M. ebd. als Miniaturmaler und Porträtist und wurde 1810 zum königlich-württemberg. Hofporträtmaler ernannt. Neben Porträtaufträgen führte M. auch bibl. Historien- und Altarbilder aus.

M. Bringmann u. Sigrid v. Blanckenhagen: Die M. Die Konstanzer Maler W., F. und J. M. (1974).

Moschajsk, Možajsk, Stadt in der Russ. SFSR, 100 km westlich von Moskau an der Moskwa, 20000 Ew.; Ioakin-und-Anna-Kirche (15. Jh.), neugot. Nikolskij-Kathedrale (1802–14), Peter-Pauls-Kathedrale (1849); nahebei das Luschezkij-Kloster (16. bis 19. Jh.).

Moschee, arab. **Madsjid** [-dʒid], engl. Schreibung **Masjid** [m'æzdʒɪd], moderne türk. Schreibung **Mescit** [m'ɛsdʒit] *die,* islam. Gotteshaus. Das Modell aller M. ist das Haus des Propheten in Medina. Es bestand aus einem ummauerten Hof, der z. T. gedeckt war, mit angebauten Räumen für den Propheten und seine Frauen. Es war die Stätte privater Gebete und die der Gemein-

Moschee: Grundriß der Großen M. (Omajjaden-M.) in Damaskus; **a** Brunnen für die Waschungen, **b** Schatzhaus, **c** Schrein, **d** Bibliothek

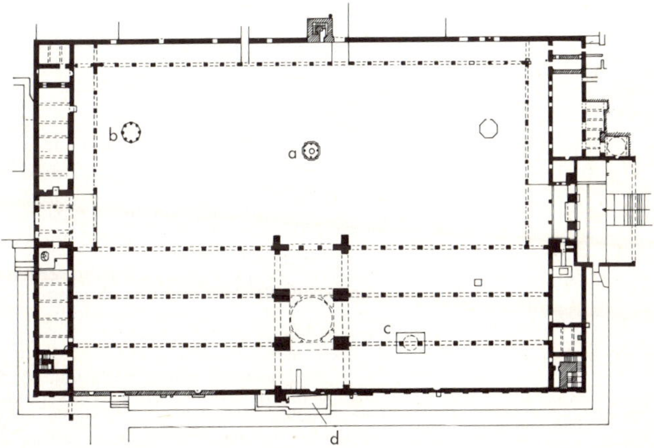

de, Ort polit. Versammlungen und Verhandlungen, theolog. Lehrstätte und Gerichtsort, Wohnung von obdachlosen Gläubigen, sogar Hospital. Die Gebetsrichtung (Kibla) wurde 624 von Jerusalem nach der Ka'aba in Mekka gewechselt. Nach dem Tod des Propheten 632 wurde das Haus auch seine Grabstätte, Ort der Amtsübernahme der Kalifen durch Besteigen des →Minbars, Regierungssitz und Treffpunkt von Landsmannschaften (→Zawija). Diese Funktionen, wenn auch nicht immer alle, wurden in der Folgezeit auf eigene Bauteile übertragen, später z.T. von der M. abgetrennt, zuerst in Kufa als Dar al-Imara der Regierungssitz der Kalifen und Gouverneure. Aus der Gemeindegebetsstätte wurde die Große M. (arab. Djami ›Versammlungsort‹, türk. Cami), an der am Freitag die Predigt Chutba gehalten wurde. Aus der privaten Gebetsstätte wurden im islam. MA. kleine M. für Familienverbände oder Innungen, aus der theolog. Lehrstätte die →Medrese, aus dem Grab des Propheten das Mausoleum →Kubba, aus der Zawija eigene Häuser von Bruder- oder Landsmannschaften. Hinzugefügt wurden früh das →Minarett sowie Waschanlagen (Midaa), weil das Gebet rituelle Reinheit verlangt. Zuweilen wurde für Herrscher beim →Michrab eine Fläche durch Gitter abgetrennt (Maksura). Der Bau, die Bauunterhaltung werden meist durch fromme Stiftungen aufgebracht.

Der älteste Typ der M., die Hof-M., nach dem Vorbild Medinas, blieb mit mancherlei Veränderungen in der islam. Baukunst dominierend: Innenhof (Sahn) mit umlaufenden Galerien (Riwaks) und der mehrschiffige, nach Mekka weisende Betsaal, ein geweihter Ort (Haram), mit Minbar und Michrab. Erste Überkuppelung gab es über dem Mittelschiff des Betsaals vor dem Michrab in der Omajjaden-M. von Damaskus (705). Seit dem 10. Jh. wurde ein aus der vorislam. Palastarchitektur stammendes Bauelement, der →Iwan, als Neuerung in die M.-Architektur eingeführt. Seit dem 12. Jh. waren es meist 4 Iwane, axial angeordnet, die sich zum Hof hin öffneten (Freitagsmoschee, Isfahan). Seldschuken und Osmanen entwickelten seit dem 13. Jh. in der Türkei eigene, zum Großteil an der byzantin. Architektur orientierte Typen der Kuppel-M. Nach anfängl. Vielkuppelbauten (Bursa, Große M.) wurde der Zentralkuppelbau geschaffen, dessen Höhepunkt mit den genialen Schöpfungen des Baumeisters SINAN erreicht wurde: Schehzade und Sülejmanijje in Istanbul, Selimije in Edirne. (BILDER Edirne, islamische Kunst)

In Indien läßt sich die Entwicklung der M. wegen des großen Variantenreichtums am besten in →Delhi ablesen. Von der Quwwat-ul-Islam M. abgesehen, bilden bis zum 17. Jh. die nur als architekton. Zierelement gestalteten Minarette sich nach oben verjüngende, dem Mittelschiff der Gebetshalle angegliederte (Moth M., Begampuri M., Sher Shah M.) oder die Eingänge oder die 4 äußeren Ecken der den Hof umsäumenden Galerie markierende (Khirki M.) Rund- oder Bündelpfeiler oder eine Mischung von beidem. Erst ab dem 17. Jh. tauchen in Delhi freistehende Minarette auf, die die Gebetshalle flankieren (Jama M.). Die 3 zunächst äußerlich flachen Kuppeln auf der Gebetshalle werden mit zunehmender Einschnürung und Höhe im 17. Jh. zu Zwiebelkuppeln auf polygonalem oder rundem Tambour. Die Zentralkuppel ist am größten gestaltet (Jama M.). Z. Zt. der Moguldynastie wurden monumentale M. auf einer hohen Terrasse mit ausladender Freitreppe vor dem hohen Hauptportal errichtet (Jama M. in Delhi und in Fatehpur Sikri, Badshahi M. in Lahore). Etwa ab dem 15. Jh. wurde den meisten Mausoleen eine Grab-M. angegliedert. Viele Provinzen und Städte Indiens weisen oft einmalige Sonderformen und -entwicklungen auf (Freitags-M. in Gulbarga).

E. KÜHNEL: Die M. (Nachdruck 1974); ULYA VOGT-GÖKNIL: Die M. (1978).

Moschee|ampel, Gefäß zur Aufnahme von ölgefüllten Bechern mit Docht, aufgehängt an Ketten, Stangen oder Reifen in Moscheen, Medresen und Mausoleen. Die Ampeln konnten in durchbrochener Bronze (Konya, Andalusien) oder aus emailliertem und vergoldetem Glas (bei den Mamelucken), ausnahmsweise auch aus Keramik (in osman. Zeit) gearbeitet sein.

Moser, 1) Karl, schweizer. Architekt, Vater von 4), *Baden (Kt. Aargau) 10. 8. 1860, †Zürich 28. 2. 1936, war 1915–28 Prof. in Zürich. Seine Antoniuskirche (1926–28) in Basel, ein Stahlbetonbau, von A. PERRET beeinflußt, ist eines der ersten Gebäude der modernen Architektur in der Schweiz.

Moscheeampel: M. aus Syrien; 14. Jh. (Wien, Museum für Völkerkunde)

Lukas Moser: Die Meerfahrt der Heiligen; Ausschnitt aus dem Magdalenenaltar, Tiefenbronn; 1431

WW: Kunsthaus Zürich (1910); Bad. Bahnhof, Basel (1914); Univ. Zürich (1914).

2) Koloman, Innenarchitekt, Maler, Graphiker, *Wien 30. 3. 1868, †ebd. 18. 10. 1918. M. war 1897 Mitbegründer der Wiener →Sezession, 1903 der →Wiener Werkstätten. M. beeinflußte durch seine zahlreichen Entwürfe für das Kunsthandwerk, Bühnendekorationen, Plakate u. a. die österr. Variante des Jugendstils.

3) Lukas, Maler, *Ulm um 1390, †nach 1434(?), um 1430 in Weil der Stadt nachweisbar, schuf für die Dorfkirche von Tiefenbronn bei Pforzheim den Magdalenenaltar, in dessen Darstellung die Legenden versch. Magdalenen seltsam vermischt sind. Auf einer Inschrift nennt der Künstler seinen Namen und als Entstehungsjahr 1431. Die Feinmalerei des Werkes läßt burgundisch-niederländ. Einflüsse vermuten. Andererseits gehört M. wie K. WITZ und K. LAIB zu den Realisten, die sich in den 30er Jahren des 15. Jh. gegen die überfeinerten Formen des →Schönen Stils wandten (u. a. erste wirklichkeitsnahe Darstellung des Tiefenraums in ›Meerfahrt der Heiligen‹, einem der Hauptbilder des Altars). BILD S. 51

4) Werner, Architekt, Sohn von 1), *Karlsruhe 16. 7. 1896, †Zürich 19. 8. 1970, gehört zu den ersten Schweizer Architekten der modernen Architektur (Kirche in Altstätten, 1939/41).

Moses, A. T.: der Stifter der Jahwe-Religion als des Bundes zw. Gott und Israel, eine wohl geschichtl. Gestalt um 1225 v. Chr. aus dem Stamm Levi. – Als Einzelgestalt begegnet M. im 3. Jh. auf den Fresken von Dura Europos (in Tunika und Pallium, jugendlich); auf den frühen Sinai-Ikonen hält er eine Schriftrolle in der Hand. Weitere Attribute sind die Gesetzestafeln, auf die M. die Zehn Gebote schrieb, später ein zweigeteilter Bart und gelegentlich Hörner, die auf eine falsche Lesart der lat. Bibel zurückgehen (facies cornuta ›gehörnt‹, statt facies coronata ›strahlend‹); RAFFAEL ersetzte sie durch 2 Strahlenbündel. Die frz. Kathedralplastik stellte M. zu den Propheten. – Unter den Einzelfiguren ragen die des C. SLUTER (15. Jh.; Champmol bei Dijon) und des MICHELANGELO (16. Jh.; Rom, S. Pietro in Vincoli, Statue für das Grabmal Julius' II.) hervor. – Häufig wird M. in bestimmten Szenen dargestellt, so schon in der frühchristl. Kunst (Katakombenmalerei und Sarkophag-Relief) beim Empfang der Gesetze und beim Quellwunder, aber auch in anderen Szenen (Mosaiken der 1. H. des 5. Jh.; Rom S. Maria Maggiore, rechte Langhauswand). Regelmäßig erscheint M. bei der →Verklärung Christi. Typologisch stellte die ›Biblia pauperum‹ des MA. Szenen mit M. entsprechenden Szenen aus dem Leben Jesu gegenüber (etwa der brennende Dornbusch gegenüber der Geburt Jesu). Ein bed. M.-Zyklus findet sich auf den Fresken der Sixtin. Kapelle (L. SIGNORELLI, S. BOTTICELLI u. a.). – Als Einzelszene war in der Renaissance die wunderbare Auffindung des Knaben M. beliebt (BONIFAZIO DE' PITATI, PAOLO VERONESE, N. POUSSIN).

Moses [m'əuzız], Anna Mary, geb. **Robertson** [r'ɔbətsn], genannt **Grandma Moses** [gr'ænmɑ: -], amerikan. Farmersfrau und Laienmalerin, *Hoosick Falls (New York) 7. 9. 1860, †ebd. 13. 12. 1961, begann mit etwa 75 Jahren, naive Landschaftsbilder mit Szenen aus dem ländl. Leben zu malen.

Mosi, Mossi, Moshi [-ʃ-], Volk in Westafrika, stellt mit über 4 Mio. Menschen etwa die Hälfte der Ew. Obervoltas. Die M. hängen noch weitgehend den alten Glaubensvorstellungen an und schnitzen weiterhin die zahlreichen Maskentypen, Fruchtbarkeitspuppen, Tanzaufsätze, Figuren und anthropomorph gestaltete Flöten. Die Masken sind meist von abstrakter Gestalt, z. T. mit hohen, brettartigen Aufbauten wie die ›Etagenmasken‹ der →Dogon, oder – ähnlich anderen Masken der Dogon – mit einer Figur geschmückt, die allerdings in ihrem Stil (wie die meisten Figuren der M.) den ebenfalls nordwestlich benachbarten Bambara ähnelt. Die M. fertigen auch Fruchtbarkeitspuppen für die Mädchen, meist mit den gleichen Schmucknarben wie ihre Besitzerin und mit scheibenförmigem Gesicht; im Unterschied zu den Puppen der Ashanti und Fante, bei denen die Fläche frontal orientiert ist, zeigen sich die M.-Puppen im Profil. Wie die Bambara und Kurumba verwenden die M. Antilopen-Tanzaufsätze, farbig bemalt und mit Kaurischnecken besetzt; diese ›Zazaigo‹ wurden früher irrtümlich den Bobo zugeschrieben, ebenso wie einige der Tiermasken, bes. die zahlreichen Typen der ›Wanluili‹ (Vogelmasken, auch die Masken anderer Tiere mit Vogelschnabel).

Moskau, russ. **Moskwa,** Hauptstadt der UdSSR und der Russ. SFSR, mit 8,1 Mio. Ew. größte Stadt des Landes. – M. stieg mit dem Erstarken der Moskauer Großfürsten im 14./15. Jh. zum polit. und relig. Zentrum Rußlands auf (seit 1326 Sitz des Metropoliten ›von ganz Rußland‹). Auch nach der Verlegung des Hofes durch Peter d. Gr. nach St. Petersburg (1712) blieb M. Sitz vieler Zentralbehörden sowie Krönungsstadt; seit 1918 ist es wieder Hauptstadt.

Mittelpunkt von M. bildet der Kreml, die alte Residenz der Großfürsten, Zaren und Metropoliten. Um ihn wuchsen in konzentr. Kreisen die Vorstädte, die jeweils mit Mauern umgeben wurden, deren Verlauf die jetzigen Ringstraßen und Boulevards zeigen: Kitajgorod (1535–38), Belyj gorod (1585–93), Semljanoj gorod (1591, 1641, 1659). 1742 wurden auch die äußeren Siedlungen in den Wall einbezogen. Fast alle Profanbauten des alten M. waren Holzhäuser, so daß die Stadt nach dem großen Brand von 1812 neu aufgebaut werden mußte: nach dem alten Ringschema, mit breiten Radial- und Ringstraßen. 1935 begannen Ausbau und Modernisierung in neoklassizist. Monumentalstil (→Zuckerbäckerstil), der in den 1950er Jahren durch eine funktionsgerechte, sachl. Bauweise abgelöst wurde.

Der Kreml, histor. Kern und architekton. Mittelpunkt M.s, wurde 1367 mit einer weißen Steinmauer umgeben, die 1485–95 unter Mitwirkung der von Iwan III. berufenen Architekten A. Fieravanti, M. Ruffo, A. Nowyj und P. A. Solari durch die heute noch erhaltene, 2,25 km lange Mauer aus roten Backsteinen (unregelmäßiges Dreieck mit Rundtürmen an den Ecken und quadrat. Türmen an den Seiten) ersetzt wurde. Im Zen-

Moskau: Seitentürme der Basilius-Kathedrale; 1555–60

trum auf dem Kathedralenplatz befindet sich als höchstes Bauwerk des Kreml der Glockenturm ›Iwan Welikij‹ (1600; 81 m hoch), daneben der Turm des Marco Bono (1532–42), davor die 210 t schwere Glocke ›Zar Kolokol‹ (1733–35). Die größte Kremlkirche ist die 1475–79 von Fieravanti nach dem Vorbild der Uspenskij-Kathedrale von Wladimir errichtete Uspenskij-Kathedrale, eine Kreuzkuppelkirche mit 5 Kuppeln (bed. Ikonen). Architekten aus Pskow erbauten die Rispoloschenskij-Kathedrale (1484–86) und die Verkündigungskathedrale (1484–89; Fresken, Ikonostase mit Ikonen von THEOPHANES DEM GRIECHEN und A. RUBLJOW). Ihr gegenüber befindet sich die Erzengel-Michael-Kathedrale (1505–08, Nowyj; Ikonostase mit der Rubljow zugeschriebenen Ikone des Erzengels Michael; Gräber von 46 Moskauer Großfürsten und Zaren) mit Fassaden im Stil der oberital. Renaissance. Von den Palastbauten der Zeit um 1500 ist nur der Facettenpalast (Granowitaja-Palata, 1487–91, Ruffo und Solari) erhalten (urspr. Krönungs- und Audienzhalle; heute in den Großen Kremlpalast, 1838–49 von K. THON, einbezogen). Daneben erhebt sich der Terempalast (1508 von Nowyj beg., die 3 Obergeschosse 1635/36). Weitere Paläste und öffentl. Gebäude kamen im 18. und 19. Jh. hinzu: Arsenal (1702–36) und das klassizist. Senatsgebäude (1776–87, M. F. KASAKOW; heute Gebäude des Obersten Sowjet), Rüstkammer (1844–51, →Oruschejnaja Palata). Nach 1918 entstanden Regierungsgebäude (1932–34) und die Kongreßhalle (1959–61).

An der Ostseite des Kreml erstreckt sich der Rote Platz mit der neunkuppeligen Basilius-Kathedrale (1555–60, POSNIK und BARMA), die IWAN IV. zur Erinnerung an die Eroberung von Kasan errichten ließ (die volkstüml. Bemalung stammt aus dem 17. Jh.), und dem direkt an der Kremlmauer gelegenen Lenin-Mausoleum (1930, A. W. SCHTSCHUSSEW). An der gegenüberliegenden Seite erhebt sich das Kaufhaus GUM (die ehem. ›Oberen Handelsreihen‹, 1889–93), an der Nordseite das Histor. Mus. (1878–83, O. SHERWOOD) und unweit davon das Lenin-Mus. (die ehem. Duma, 1890–92). Weitere wichtige Bauten sind das ehem. Paschkow-Haus (1784–86, W. I. BASCHENOW; heute Altes Gebäude der Lenin-Bibliothek), das Bolschoi-Theater (1821–24, 1856 umgebaut), die →Tretjakow-Galerie und das Puschkin-Mus. (1898–1912, mit bed. Galerie westeurop. Kunst). Die alte Univ. (1786–93, M. F. KASAKOW) wurde 1817–19 von D. GILARDI umgebaut. Die neue Lomonossow-Univ. mit dem 240 m hohen Turm (1949–53) auf den Leninbergen ist ein typ. Beispiel für den Prunkstil der Stalin-Ära.

Im alten Stadtteil Kitajgorod liegen die Kirche der Georg. Jungfrau (1634–54), die Kirche der Jungfrau von Wladimir (1691–94) und die Erzengel-Gabriel-Kirche (1704–07, bekannt als ›Menschikow-Turm‹).

An den Einfallstraßen nach M. (heute im Stadtgebiet) wurde im 14.–16. Jh. ein Ring von befestigten Klöstern angelegt, v. a. Andronikow-Kloster (1360) mit Erlöserkathedrale (1420–27; Freskenfragmente von Rubljow und D. TSCHORNYJ), Simonow-Kloster (1379), Nowospasskij-Kloster (1462), Nowodewitschij-Kloster (1524) mit Smolensk-Kathedrale (1550) und Don-Kloster (1591) mit Kleiner Kathedrale (1591–93; pfeilerlose Einkuppelkirche) und der fünfkuppeligen barocken Großen Kathedrale (1684–93).

In der Umgebung von M. (heute meist eingemeindet) befindet sich eine Reihe von Landsitzen des späten 18. Jh. (→Usadba). Weitere bed. Bauten liegen in Moskauer Vororten, so die Pokrow-Kirche in Fili (1690 bis 1693), ein frühes Beispiel des Naryschkin-Barock, die Himmelfahrtskathedrale (1532) in →Kolomenskoje, das erste Beispiel für eine ›Zeltdachkirche‹, und die ihr ähnl. Kirchen in Djakowo (Kirche der Enthauptung Johannes' des Täufers, um 1547) und Ostrowo (Verklärungskirche, 1550).

I. PARIGI: M. und Sagorsk (1971); J. BURIAN u. A. S. OLEG: Der Kreml in M. (a. d. Tschech., 1975); W. KNACKSTEDT: M. ... (1975); E. DONNERT: Das alte M. (1976); M., hg. v. T. KLEINHANS ([2]1976); H. FAENSEN: Kirchen im Moskauer Kreml (1980); A. LUPPI u. E. BIAGI: M. (a. d. Ital., 1981).

Mossi, Volk in Westafrika, →Mosi.

Most, Stadt in der ČSSR, →Brüx.

Mostaert [m'ɔsta:rt], Jan, niederländ. Maler, *Haarlem um 1475, †ebd. 1555 oder 1556, war etwa 1503–21 Hofmaler der niederländ. Statthalterin MARGARETHE VON ÖSTERREICH in Brüssel, schuf Altarbilder und Porträts, in denen er, ausgehend von GEERTGEN TOT SINT JANS, schlichte Figuren mit schwerfälligen Bewegungen darstellte. Seine Malerei ist trocken in der Zeichnung, doch von origineller Charakterisierung und Farbigkeit.

HW: Passionstriptychon (Brüssel, Musées Royaux des Beaux-Arts); Männerporträt (ebd.); Anbetung der Könige (Amsterdam, Rijksmus.).

Mostar, Stadt in der Teilrep. Bosnien und Herzegowina, Jugoslawien, beiderseits der Neretva, 47 600 Ew., eine türk. Gründung aus dem 15. Jh., gehörte seit 1878 zu Österreich-Ungarn. – Die Altstadt hat ihren oriental. Charakter bewahrt. Die Brücke über die Neretva (Baubeginn 1566) mit 2 älteren Türmen an beiden Ufern, ist ein Meisterwerk des türk. Brückenbaus. Bedeutendste der vielen Moscheen ist die Karadjoz-Beg-Moschee (1570).

Mosul, Mossul, Hauptstadt der Prov. Ninive, N-Irak, etwa 857 000 Ew. M. erhebt sich neben den Ruinen von →Ninive. Vom 10.–13. Jh. war M. Mittelpunkt arab. Lokaldynastien. Von der 1146–74 errichteten (Großen) Nuri-Moschee ist nur das alte Minarett auf einem würfelförmigen Unterbau mit geometr. Ziegelsteinverzierungen erhalten; der runde Turm ist sehr stark geneigt. Von dem 1222–59 erbauten Kara Serai sind nur noch zwei Erdgeschoßräume und Spuren eines Obergeschosses mit Inschrift und dreipaßförmigen Feldern mit Sitzfiguren erhalten.

Mosulbronzen, tauschierte Bronzearbeiten des 13. Jh., laut Signatur von Meistern aus Mosul gearbeitet. Im Auftrag der im 12./13. Jh. dort herrschenden Sengiden, später auch der Mamelucken und der Kreuzritter, wurden Prunkplatten, Kannen (Ibrik) mit zugehörigem Becken, Schreibkästen (Kalamdan), Leuchter, Wasserschalen und Astrolabien gefertigt. Inschriften, ornamentaler und figürl. Dekor, gelegentlich auch Planeten- und Fixsternbilder überziehen alle Flächen.

Motherwell [m'ʌðəwəl], Robert, amerikan. Maler, Kunstschriftst., *Aberdeen (Washington) 24. 1. 1915, beeinflußt u. a. von R. MATTA ECHAURREN. Durch seine ekstatisch-dynam. Bilder wurde er einer der bedeutendsten Vertreter des Abstrakten Expressionismus (›Elegien für die span. Republik‹, 1950 ff.; über 80 Variationen eines Modells mit Oval und Balken, v. a. in Schwarz); seit 1968 einfarbig-meditative Werke.

R. M., Ausst.-Kat., Düsseldorf (1976).

Motiv, Bez. für Bildgegenstände, die als inhaltl. oder formale Elemente einen wesentl. Bestandteil zur Sinnerfassung oder Gliederung des Dargestellten beitragen (z. B. Motiv des Fensters). M. können rein thematisch den Bildinhalt bezeichnen, aber auch symbol. Aussagekraft erlangen (Ruine, Spiegel, Totenkopf, best. Blu-

Robert Motherwell: Elegie für die spanische Republik LXX; 1961 (New York, Metropolitan Museum of Art)

men) oder zu selbständigen Themen werden (das M. des Stillebens). Der Begriff des M. ist so weit gefächert, daß alle Dinge mit abbildhaftem Charakter darunter fallen. So können u. a. als M. der Architektur der Rund- oder der Spitzbogen gelten, in der Bauornamentik bestimmte Formen wie Zick-Zack-Friese oder der Krabbenbesatz. – Mit dem Sammeln von M. und der Sichtbarmachung von M.-Ketten in best. Phasen der Geschichte der Malerei beschäftigt sich u. a. die →Ikonologie.

Motonobu, japan. Maler, *Kioto 28. 8. 1476, †ebd. 5. 11. 1559, Sohn des MASANOBU, des Begründers der Kano-Schule (→Kano), die durch M.s Ernennung zum Oberhofmaler (1506) bis zur Mitte des 19. Jh. die amtl. führende Stellung im japan. Kunstleben erhielt. I. Ggs. zur bis dahin beherrschenden Tosa-Schule malte M. im Stil der Mönchsmaler (MINCHO, SHUBUN, SESSHU), übertrug jedoch die Tuschmalerei auf weltl. Darstellungen, deren präzise Tuschlinie und klare Komposition er z. T. auch wieder mit der traditionellen farbigen Malerei Japans verband.

Motye, phönikisch-karthag. Handelsstützpunkt auf der Insel Pantaleo, vor der W-Küste Siziliens; erste Besiedlung wahrscheinlich im 8. Jh. v. Chr.; 397 v. Chr. von DIONYSIOS I. von Syrakus zerstört; Fundort punischer Stelen und Vasen; aus hellenist. Zeit wurde ein Kieselmosaik geborgen.

Moucheron [muʃr'ɔ̃], Frederik de, niederländ. Maler, *Emden 1633, begraben Amsterdam 5. 1. 1686, war Schüler von J. ASSELIJN, in dessen Art er warm beleuchtete ital. Landschaften malte. Sein Sohn Isaac (*Amsterdam 1667, †ebd. 20. 6. 1744) malte ebenfalls südl., doch mehr klassizist. Landschaften in der Art von CLAUDE LORRAIN.

Moudon [mud'ɔ̃], Stadt im schweizer. Kt. Waadt, 3700 Ew., mit sehr gut erh. maler. Stadtbild (Schlösser Rochefort, 1595; Carrouge, 18. Jh.; Billens, 1677; spätgot. Bürgerhäuser); die Pfarrkirche St. Étienne (2. H. 13. Jh.) ist ein schönes Beispiel der Frühgotik in der W-Schweiz; reiches Chorgestühl (1499–1502).

Moulay Idris [mul'ɛ idr'is], **Moulay Idriss,** die Heilige Stadt Marokkos, 27 km nördlich von Meknès, etwa 10000 Ew. Um 788 gegr. von IDRIS I. (†791), dem Begründer der ersten arab. Dynastie (Idrisiden) in NW-Afrika. Zw. den maler. Hügel-Stadtvierteln Khiber und Tasga das Mausoleum Idris' I. (Kuppel, grüne Lasurziegel) mit alter Zawija (beide Bauwerke 1672–1727 im maur. Stil erneuert). Oben im Khiber-Viertel, unterhalb einer Grabmoschee, Medrese aus antikem Baumaterial vom nahen Volubilis; rundes Minarett mit ganzflächigem Schriftdekor.

Moulins [mul'ɛ̃], Hauptstadt des Dép. Allier, Mittel-Frankreich, rechts am Allier, kath. Bischofssitz, 26900 Ew.; in der neugot. Kathedrale (Chor mit prächtigen Glasfenstern aus dem 15./16. Jh.) das Triptychon des →Meisters von Moulins; in der Kapelle eines ehem. Klosters (heute Lyzeum Banville) das Mausoleum des Herzogs Henri de Montmorency (1651, von F. AN-

GUIER). Im Renaissance-Pavillon der ANNE DE BEAUJEU Mus. (archäolog. Samml., dt. Gemälde des MA., Skulpturen und Fayencen).

Moulins [mul'ɛ̃, frz.], **Meister von M.,** flämisch-frz. Maler, →Meister von Moulins.

Mount [maʊnt], William Sidney, amerikan. Maler, *Setauket (Long Island, New York) 26. 11. 1807, †ebd. 19. 11. 1868. Ausgebildet in New York, wandte er sich der Genremalerei zu (›Tanz auf dem Lande‹, 1830; Boston, Mus. of Fine Arts). Seine Bilder waren zu ihrer Zeit so beliebt, daß sie als Drucke verbreitet wurden.

Mount Rushmore National Memorial [maʊnt r'ʌʃmɔ: næʃnl mɪm'ɔ:rɪəl], Gedenkstätte in den Black Hills, South Dakota, USA. Die überdimensionalen, aus dem Granit des Mount Rushmore gehauenen Porträtköpfe der Präsidenten G. Washington, T. Jefferson, A. Lincoln und T. Roosevelt wurden 1927–1941 u. a. von dem Bildhauer G. BORGLUM geschaffen.

Mouzon [muz'ɔ̃], Gem. im frz. Dép. Ardennes, auf einer Insel der Meuse gelegen. Die ehem. Abtei-Kirche (12./13. Jh.), bedeutendste got. Kirche der Ardennen, besitzt einen an die Kathedrale von Laon erinnernden viergeschossigen Wandaufriß und prächtige Portalskulpturen.

Mọya, Pedro, span. Maler, getauft Granada 1. 8. 1610, begraben ebd. 16. 1. 1674, studierte in Flandern die fläm. Malerei, arbeitete im Londoner Atelier des A. VAN DYCK, vermittelte nach seiner Rückkehr (um 1641) B. E. MURILLO die Maltechnik der Flamen.

HW: Madonna mit dem Christuskind und der Hl. Magdalena de' Pazzi (Granada, Mus.).

Mozac [mɔz'ak], frz. Gem. westlich von Riom (Dép. Puy-de-Dôme), mit Kirche der ehem. Benediktinerabtei im roman. Stil der Auvergne (12. Jh., Chor 15. Jh.) mit prächtigen roman. Kapitellen und emailverziertem Reliquiar des Hl. Calmin (1168).

Mozarạbischer Stil, nach den von den Mauren nach der arab. Eroberung Spaniens (711) unterworfenen Christen (›Mozárabes‹) benannter Stil der span. Kunst; i. e. S. Bez. für die maurisch geprägte christl. Kunst Spaniens seit dem 8. Jh. (Blüte im 10./11. Jh.). Die besten noch erh. Beispiele des aus der Durchdringung westgot., frühroman. und islam. Einflüsse hervorgegangenen M. S. befinden sich im nördl. Spanien (Galicien, Asturien, León, Kastilien), wo die Zurückdrängung der arab. Herrschaft (Reconquista) bereits im 8. Jh. einsetzte und wohin viele Christen aus dem noch maurisch besetzten S-Spanien flohen. Charakterist. Merkmale sind die der islam. Kunst entlehnten Bau- und Ornamentformen (u. a. hufeisenbogige Fenster, michrabähnl. Apsiden), z. B. in →San Miguel de Escalada; v. a. in der Buchmalerei (›Apokalypse des Beatus von Gerona‹, 975; Gerona, Mus. der Kathedrale) gelangte der M. S. im 10. Jh. zu höchster Prachtentfaltung. – Über die Kunst der nach der Reconquista in Spanien verbliebenen Muslime →Mudéjar-Stil. (BILD S. 59)

Mozarabischer Stil: Kampf des Vogels mit der Schlange; ›Apokalypse des Gerona‹, Beatus von 975 (Gerona, Museum der Kathedrale)

Mrkvička [mˈrkvitʃka], Jan Václav, tschechisch-bulgar. Maler, *Vidin (Böhmen) 24. 4. 1856, †Prag 16. 5. 1938, begründete, seit 1881 in Bulgarien, die Kunstschule in Sofia (1896–1921 ebd. Prof.). M. malte in realist. Stil Bilder aus dem bulgar. Volksleben, seit dem Anfang des 20. Jh. auch Porträts.

Mschạtta, omajjad. Wüstenschloß südöstlich von Amman, vermutlich unter AL-WALID II. gegen Mitte des 8. Jh. begonnen und nicht ganz vollendet. Das in Art einer Festung und mit Türmen angelegte Mauerrechteck (mit großer, triforiumartiger und überkuppelter Audienzhalle) besaß früher eine mit reichen ornamentalen Reliefs verzierte Eingangsfassade mit Tor, die 1903/04 abgebaut und als Geschenk des Sultans nach Berlin kam (heute in Berlin-Ost, Islam. Mus.).

Mstera [mstjˈɔra], **Mstjọra,** →Palech.

Mucha, Alfons Maria, tschech. Maler, Graphiker, Plakatkünstler dt. Herkunft, *Eibenschütz (heute Ivančice, Mähren) 24. 7. 1860, †Prag 14. 7. 1939, studierte in München und Paris, Illustrator ebd., lebte eine Zeitlang in den USA, dann in Prag. Bekannt wurde er durch seine Plakate für die Schauspielerin SARAH BERNHARDT; sie zeigen ihn als einen Hauptvertreter des Jugendstils, der auch Elemente des Symbolismus verwendet. M. verband mondäne Eleganz der Gestalten, artifizielle Blumenornamentik mit stark symmetr., flächig-linearen, farbigen Wirkungen.

A. M., Ausst.-Kat., Darmstadt (1980).

Muche, Georg, Maler, *Querfurt 8. 5. 1895, †Lindau 26. 3. 1987, war u. a. 1920–27 Lehrer am Bauhaus, 1939 an der Textilschule Krefeld. Seine urspr. abstrakte Bildwelt (einer der ersten abstrakten Maler in Dtl.) belebte er seit den späten 20er Jahren mit Gestalten

Mudra

Abhayamudra

Varadamudra
Jnanamudra

Bhumisparsha-mudra

Dharmachakra-mudra

Dhyanamudra

Anjalimudra

und Pflanzen und kam so zu einem lyrisch-dekorativen Surrealismus. Seit 1965 befaßt M. sich mit einer druckgraph. Technik, der ›Varioklischographie‹.

MAGDALENA DROSTE u. a.: G. M. Das künstler. Werk 1912–1927, Krit. Verz. ... (1980).

Mücheln (Geiseltal), Stadt im Kr. Merseburg, Dt. Dem. Rep., 8600 Ew.; Renaissance-Rathaus (1571) mit reichem plast. Schmuck, got. Pfarrkirche (14./15. Jh.); im Ortsteil St. Ulrich frühklassizist. Kirche (1793) mit interessantem Grundriß und neubarockes Wasserschloß (1925) mit got. und späteren Teilen.

Mu-ch'i, chines. Maler, →Mu-hsi.

Mụchina, Wera Ignatjewna, lettisch-sowjet. Bildhauerin, *Riga 1. 7. 1889, †Moskau 6. 10. 1953, wurde v. a. mit monumentalen Denkmälern (›Arbeiter und Kolchosbäuerin‹, 1937; Paris, Weltausstellung; 24 m hohe Stahlplastik) und Porträtplastiken bekannt; Vertreterin des Sozialist. Realismus (BILD).

Mudẹjar-Stil [-xar-, span.-arab.], Bez. für die von muslim. Künstlern nach der Zurückdrängung der arab. Herrschaft in Spanien (Reconquista) den christl. Auftraggebern angepaßte Kunstrichtung (Blüte vom 12. bis 16. Jh.). Es handelt sich bei den Werken des M.-S. um Schöpfungen v. a. islam. Stils (wie der Alcázar von Sevilla und das Kastell von Coca), auch um Vermischungen maur. Formenguts mit roman., got. und Renaissance-Elementen (Casa Pilatos in Sevilla und Palast des Duque del Infantado in Guadalajara). Bes. in Dekoration und Kunsthandwerk (→Yesería, →Artesonado, →Azulejos, →Alicatados) erfuhr der M.-S. seine prächtigsten Ausformungen.

Mudrạ [Skt. ›Siegel, Zeichen‹], die Handhaltung ind. Bildwerke, die einen best. Aspekt der Figur charakterisiert. Die ältesten und häufig dargestellten Gesten sind 1) Abhayamudra, 2) Varadamudra, 3) Jnanamudra und 4) Anjalimudra. Übl. Haltungen des linken Arms sind 5) Katihasta und 6) Lolahasta, sowie beim tanzenden Shiva 7) Gajahasta. Stationen im Leben des Buddha werden durch 8) Bhumisparshamudra, 9) Dharmachakramudra und 10) Dhyanamudra, die auch in der hinduist. und jinist. Kunst meditierende Figuren aufweisen, angezeigt. (WEITERE BILDER S. 61)

Muehl, Otto, österr. Aktionskünstler, *Grodnau (Burgenland) 16. 6. 1925, kam über die Psychoanalyse zu happeningartigen ›Materialaktionen‹, in denen er auf drastisch spektakuläre Weise die Symbolik von Geburt, Leben, Sexualität, Tod darstellte, um sexuelle Tabus und relig. Zwänge aufzubrechen.

Muelich, Müelich [m'y:-], **Mielich,** Hans, Maler, *München 1516, †ebd. 10. 3. 1573, vermutlich Schüler seines Vaters Wolfgang (nachweisbar seit 1509 in München), weitergebildet in der Werkstatt A. ALTDORFERS in Regensburg (1536–39). 1541 war M. in Rom und blieb dann in München. Im Dienst von Herzog ALBRECHT V. stellte er für diesen in Aquarellzeichnungen ein Inventar seiner Kleinodien zusammen. M. schuf ferner Porträts von Münchner Bürgern und Mitgliedern des Hofs sowie v. a. Miniaturen (u. a. zu den Bußpsalmen des ORLANDO DI LASSO, 1565–71, rd. 400 Bilder; München, Bayer. Staatsbibl.).

Porträts: Maria von Freyberg (1545; Cleveland, Mus. of Art); Pankraz von Freyberg (1545; Karlsruhe, Kunsthalle).

Mueller, Otto, Maler, Graphiker, *Liebau (Schlesien) 16. 10. 1874, †Breslau 24. 9. 1930, gehörte seit 1910 zur →Brücke, war seit 1919 Lehrer an der Breslauer Akad. M. (dessen Mutter Zigeunerin war) malte in gedämpfter, stumpfer Farbigkeit jugendlich herbe Gestalten meist aus dem Zigeunermilieu, auch weibl. Akte, die er harmonisch in die stark vereinfachte Natur einfügte; bed. graph. Werke (›Zigeunermappe‹, 1927).

Muffelfarben, →Emailfarben.

Mügeln, Stadt im Kr. Oschatz, Dt. Dem. Rep.; spätgot. Stadtkirche (Anf. 16. Jh.); Dorfkirche in Altmügeln mit roman. Westturm und bemalter Kassettendecke (1720).

Mühldorf a. Inn, Kreisstadt in Oberbayern, 14300 Ew., mit ma., für die Inn- und Salzachstädte typ. Straßenbild (Laubengänge, Hofgalerien, Grabendächer). Nikolauskirche mit romanisch-frühgot. W-Turm (2. H. 13. Jh.), spätgot. Chor (1432–43) und barockem Wandpfeilerlanghaus (1769–75). Johanneskapelle, ein Karner des 14. Jh. in Form eines zweigeschossigen Zentralbaus. Stattl. spätgot. Rathaus (15. Jh.) mit spitzbogigen Erdgeschoßlauben.

Mühlenbecher, niederländ. **Molenbeker,** Sturzbecher aus Silber, bei dem der Fuß aus einer Windmühle mit drehbaren Flügeln besteht. M. wurden v. a. im 17. und 18. Jh. von niederländ. Goldschmieden gefertigt.

Mühlhausen, 1) Stadt im Bez. Erfurt, an der oberen Unstrut, Dt. Dem. Rep., 43700 Ew., ehem. Reichsstadt,

Mudra

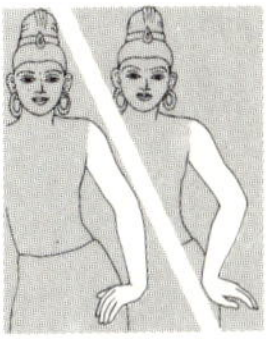

Katihasta
Lolahasta

Gajahasta

Otto Mueller: Zigeuner mit Sonnenblume; 1927 (Saarbrücken, Saarlandmuseum)

Ort einer kaiserl. Pfalz, mit gut erh. histor. Stadtbild. Unter den urspr. zahlreichen, z. T. profanierten Kirchen ragen Blasius- und Marienkirche heraus. Die Blasiuskirche (nach 1000 gegr.) wurde seit 2. H. 15. Jh. zur dreischiffigen got. Hallenkirche umgebaut, reich gegliedertes Äußeres, v. a. das nördl. Querschiff mit großer Fensterrose nach frz. Vorbild; im Innern großer Schnitzaltar (Ende 15. Jh.), schmiedeeisernes Chorgitter (1640). Die Marienkirche (um 1200), im 14. Jh. zur fünfschiffigen hochgot. Hallenkirche umgebaut, ist nach dem Erfurter Dom der größte Sakralbau Thüringens; einzigartig ist die Fassade des südl. Querschiffs: über dem Portal und 7 Spitzbögen ein Balkon, über dessen Brüstung sich 4 Figuren (Kaiser KARL IV. und seine Gemahlin mit Gefolgsleuten) beugen; an den Hauptchorfenstern selten gut erh. Zyklen von Glasgemälden (14./15. Jh.). Das Rathaus ist ein Stein- und Fachwerkbau (um 1300, mehrfach umgebaut). Die Stadtmauer ist fast vollständig erh., ebenso eine Vielzahl von im Kern häufig ma. Bürgerhäusern. In der seit dem 19. Jh. profanierten got. Barfüßerklosterkirche (2. H. 13. Jh.) Bauernkrieg-Gedenkstätte.

2) tschech. **Milevsko,** Kleinstadt im Südböhm. Kr., ČSSR, westlich von Tabor. Vom urspr. roman. Bau der Ägidiuskirche sind nur Teile erh. (Turm mit Rundbogenfenstern, um 1200; NW-Seite). Das um 1187 gegr. Prämonstratenserkloster mit einer roman. Basilika wurde mehrmals zerstört und wiederaufgebaut (1897/98 restauriert; heute Mus.).

Mu-hsi, Mu-ch'i, auch **Fa-ch'ang,** chines. Maler aus der Prov. Szech'uan, tätig Mitte 13. Jh. Restaurierte das Kloster Liu-t'ung-ssu am Westsee bei Hangchou, das zu einem Zentrum der Ch'an-Malerei wurde. Nach traditioneller chines. Auffassung entsprachen seine in spontaner Malweise mit knappsten Mitteln ausgeführten Tuschebilder, bei denen er sich bisweilen auch bürstenartiger Instrumente bediente, nicht der Technik alter Meister und wurden erst in Japan seit dem 14. Jh. gesammelt und als Vorbilder der Zen-Malerei geschätzt. (WEITERES BILD chinesische Kunst)

Mu-hsi: Sechs Kaki-Früchte; Tusche auf Papier, um 1250 (Daitoku-ji, Kioto)

HW: Triptychon: Affenmutter mit Jungem, Kuan-yin, rufender Kranich (Daitoku-ji, Kioto); Sechs Kaki-Früchte (ebd.).

Muiden [m'œjdə], Städtchen in der niederländ. Prov. Nordholland, an der Mündung der Vecht in das Ijsselmeer, mit der v. a. aus dem 14. Jh. stammenden Burg Muiderslot, einem quadrat. Bau mit runden Ecktürmen, Einrichtung der Spätgotik und Renaissance; spätgot. Kirche (um 1400) mit roman. Turm (12. Jh.), Reste von Wandmalereien, Renaissance-Ausstattung (17. Jh.).

Muisca, Indianerstamm, der z. Z. der span. Eroberung im Hochland von Bogotá, Kolumbien lebte; aus der Sprachgruppe der Chibcha. Auf ihre Riten geht die Sage von →El Dorado zurück. Die Keramik ist schlicht und sparsam mit geometr. Mustern bemalt, oft mit eingestochenen Kreisen und Punkten im Zentrum. Die Metallarbeiten der M. sind meist Votivgaben (›Tunjo‹), flache, eckige Darstellung von Menschen (mit ›Kaffeebohnen-Augen‹), Schlangen, Zeptern oder Speerschleudern und ganzen Szenen. Sie sind aus mehr oder minder kupferhaltigen Goldlegierungen gegossen.

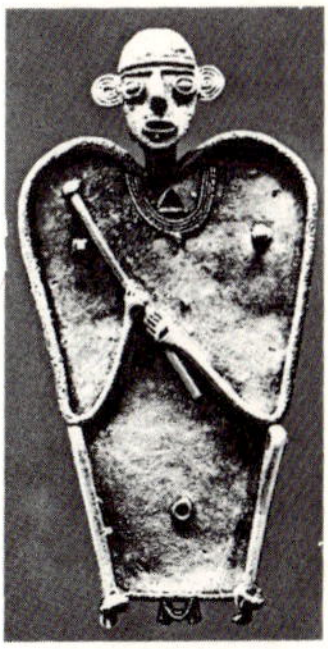

Muisca: Tunjo, 9 cm hoch

Mukarnas, Muqarnas [arab. aus grch.], Bez. für Stalaktiten oder Zellenwerk, seit dem 11. Jh. ein häufig verwendetes Bauelement in der islam. Architektur. Urspr. eine Überleitungsform von Ecken zum Gewölbe (Kuppel). Die nischen- und konchenartigen M., vielfältig und reich gestaltet, konnten aus Holz, Stein, Stuck, glasierter Keramik u. a. Material sein. Sie kamen im Innenraum und am Außenbau vor, ohne immer tragende Funktion zu haben; oft waren sie nur Schmuckelement. (BILD Stalaktitengewölbe)

Mukden [mandschur.], Stadt in China, →Shenyang.

Mukhalingam, Ort im südl. Orissa, Indien, mit 3 hinduist. Tempeln der frühen Ganga-Dynastie. Die beiden älteren, der als Panchayatana angelegte Mukhalingeshvara-Tempel (2. H. 8. Jh.) und der Someshvara-Tempel (um 800), mit Götterbildern in den Mauernischen, gehören zu den frühesten Tempeln im Nagara-Stil im östl. Indien.

Muldengewölbe, →Gewölbe.

Mülhausen, frz. **Mulhouse** [myl'u:z], Stadt im Oberelsaß, 119 300 Ew. In der neugot. Kirche St. Stephan blieben Reste der Farbverglasung (14. Jh.) und ein Renaissance-Chorgestühl (1637) aus dem romanisch-got. Vorgängerbau erhalten. Rathaus (1552); Arkadenhäuser des 19. Jh.

Mülheim a. d. Ruhr, Stadt in NRW, 183 000 Ew., im 2. Weltkrieg sehr stark zerstört. Die Marienkirche (1927–29 von E. FAHRENKAMP) ist ein Backsteinbau in kub. Formen mit frei stehendem Glockenturm; im Städt. Mus. v. a. dt. Kunst seit 1910. Zu M. gehören **Schloß Broich,** seit Ende 12. Jh. zu einer der mächtigsten Burgen des Rheinlandes ausgebaut, mit got. Palas und frühbarockem Torbau mit Türmen; **Schloß Styrum** (1289, Ausbau im 14./15. Jh., Umbau im 17. Jh.) und das ehem. Zisterzienserinnenkloster **Saarn** (1214 gegr.) mit umfangreichen Abteigebäuden des 18. Jh. (Gründungsbau der Kirche 1895–97 umgestaltet).

Mulier [my:l'i:r], Pieter, niederländ. Maler, →Tempesta 2).

Müller, 1) Friedrich, Maler, Dichter, genannt **Maler M.**, *Kreuznach 13. 1. 1749, †Rom 23. 4. 1825, übersiedelte 1774 nach Mannheim. Als Zeichner, Radierer und Maler vertrat M. einen betont sinnl. Realismus.

2) Robert, schweizer. Bildhauer, *Zürich 17. 6. 1920, übersiedelte 1950 nach Paris, Schüler von GERMAINE RICHIER; surreale Eisen-(auch Schrotteisen-) und Stahlplastiken von bizarrer Formgebung.

3) Victor, Maler, *Frankfurt a. M. 29. 3. 1829, †München 21. 12. 1871, entwickelte nach Studien in Paris (T. COUTURE) unter Einfluß von G. COURBET einen malerisch freien Stil, der bes. in seinen Bildern nach Motiven aus Dichtungen und Märchen deutlich wird. 1858–65 lebte M. in Frankfurt a. M. und München und wirkte ebd. auf W. LEIBL, O. SCHOLDERER, L. EYSEN, H. THOMA, K. HAIDER u. a.

EVELYN LEHMANN: V. M. 1830–1871 (1976).

Mulready [mʌlr'edɪ], William, engl. Maler, *Ennis (Cty. Clare) 1. 4. 1786, †London 7. 7. 1863, malte hellfarbige, scharf beobachtete Genreszenen, bes. Kinderdarstellungen, schuf auch Illustrationen, u. a. zu O. Goldsmiths ›Vicar of Wakefield‹.

Multi Media [engl. m'ʌltɪ m 'i:dɪə], →Mixed Media.

Multiple [m'ʌltɪpl, engl.], seit etwa 1965 gebräuchl. Bez. für ein mehrfach hergestelltes, meist kleineres Kunstobjekt, das in einer Auflage von 2 bis zu mehreren 1000 Exemplaren erscheint. Seine Voraussetzungen liegen in best. Wandlungen des Kunstbegriffs im 20. Jh.: in der Abkehr vom Kunstwerk als Ausdruck individuellen Schöpfertums, im Dadaismus und im Bemühen der 60er Jahre um eine Demokratisierung der Kunst, der rasch die Kommerzialisierung zur Auflagenkunst folgte. Während M. DUCHAMP und MAN RAY v. a. Gegenstände der industriellen Massenproduktion (Readymades) verwendeten, lieferten die Künstler der 60er Jahre meist Entwürfe für eine serielle Ausführung in Kunststoff, Metall (ausgenommen Bronze), Holz usw. Authent. M. gibt es in der Fluxusbewegung (J. BEUYS, G. BRECHT, R. FILLIOU, D. ROT) und im Umkreis der Kinetik (J. AGAM, P. BURY), Op Art (V. VASARÉLY) und der Konkreten Kunst (M. BILL, K. GERSTNER) mit ihrer geometrisch unpersönl. Formensprache.

Ars multiplicata, Ausst.-Kat., Köln (1968); M., Ausst.-Kat., Berlin-West (1974).

Hans Multscher: Kopf des Hl. Florian vom Hochaltar der Frauenkirche in Sterzing, 1456–58

Multscher, Hans, Bildhauer, Bildschnitzer, Maler, *Reichenhofen (Allgäu) um 1400, †Ulm vor dem 13. 3. 1467, lernte in seinen Wanderjahren niederländ. Kunst (C. SLUTER) kennen und lebte seit 1427 als Meister in Ulm. Mit seinem Namen bezeichnet sind die Tafeln des Wurzacher Altars (1437; Berlin-West, Staatl. Museen, 9 Bilder aus Marienleben und Passion), die ihn als ausgesprochen realist. Maler zeigen, der sich entschieden gegen den vorhergehenden →Schönen Stil wendet. Unter den späteren Werken ist urkundlich der große Altar für die Sterzinger Frauenkirche (1456–58) mit 7 Schreinfi-

Hans Multscher: Christus am Ölberg; Tafel des Wurzacher Altars, 1437 (Berlin-West, Staatl. Museen)

guren (Maria mit Kind, 4 weibl. Heilige, Hll. Georg und Florian) bezeugt. Die 8 gemalten Altarflügel zeigen einen entscheidenden Stilwandel und kündigen eine Beruhigung der Form an.

WW: Steinerne Rathausstatuen Kaiser Karls d. Gr. mit seinen Schildknappen und der Könige von Böhmen und Ungarn (1427; Ulm, Mus.); Hl. Georg (Zürich, Privatbesitz); Schmerzensmann (1429; Ulm, Münster, Hauptportal); Steinaltar von A. KARG gestiftet (1433; Ulm, Münster, im Bildersturm 1531 bis auf den Engelrahmen und die Inschrift vernichtet); Muttergottes (um 1450; Landsberg a. L., Pfarrkirche); Hll. Barbara und Magdalena (um 1450; Rottweil, Lorenzkapelle); Grabtumben für die Kartause Güterstein bei Urach (nach 1450, die Figur der Gräfin Mechthild in die Tübinger Stiftskirche übertragen); Palmesel (1456; Wettenhausen, Kloster, und 1464, Ulm, Mus.).

Mumi|e [pers. mum ›Wachs‹] *die,* vor Verwesung geschützte Leiche. Ihre Erhaltung durch Behandlung mit Natron, Asphalt (erst spät) und Zedernprodukten nach ausgearbeiteten Rezepten (Mumifizierung) ist seit Beginn des 3. Jahrtsd. v. Chr. in Ägypten bezeugt. Gehirn und Eingeweide wurden vorher entfernt und gesondert beigesetzt (→Kanopen). Das Herz wurde meist in der M. belassen. Die Leiche wurde dann in Binden und Tücher gewickelt, deren äußere Hülle mit Ritualtexten beschrieben wurde; über das Gesicht wurde eine Maske gelegt und die M. in einen der menschl. Gestalt angenäherten, bemalten Sarg gelegt, der in den eigtl. Sarkophag gestellt wurde. Der Ägypter betrachtete die M. als schützendes Gehäuse für den Toten, der im Jenseits einen neuen, nichtmumifizierten Leib erhält. Daher erscheint der Verstorbene in ägypt. Darstellung nur selten als M.

Mumi|enporträts, Mumi|enbildnisse, Bildnisse Verstorbener, die über dem Gesicht des mumifizierten Toten in die Mumienbinde eingefügt wurden; im kai-

Mumienporträt eines Mädchens; 2./3. Jh. n. Chr. (Frankfurt am Main, Liebieghaus)

serzeitl. Ägypten zw. dem 1. und dem Ende des 4. Jh. angefertigt. Sie waren in Wachs (Enkaustik) oder in Temperafarben auf Holztafeln, seltener auf Leinwand, aufgemalt. Die M. sind eine Umgestaltung der altägypt. Sitte, das Kopfende der Särge als Menschenantlitz zu formen, um sein individuelles Wesen durch Bewahren seiner Gesichtszüge zu erh.; Hauptfundgebiet: Faijum.

Mumuye, kleine Volksgruppe südlich des Benue-Flusses in O-Nigeria, hat erst in jüngster Zeit künstler. Bedeutung erlangt durch ihre Ahnenfiguren verschiedenster Auffassungen (von klobigen, stämmigen bis zu grazilen, strichmännchen-gleichen Gestalten), meist schwarz gefärbt mit gelegentl. Untermalungen der Augen, Ohren u. a. Die Masken (Stülpmasken), deren Konzeption die M. mit den nachbarl. Yakoko teilen, sind abstrakt gestaltet, meist weiß und rot gefärbt und stellen die Buschkuh dar. Daneben verwenden die M. (wie die Waja) Schultermasken, hufeisenförmige Gebilde, auf denen ein abstrakt gestalteter Kopf mit langem Hals sitzt; dabei weist der Kopf dieselbe schlaufenförmige Haartracht über den Ohren auf, die auch viele der Figuren kennzeichnet.

Munari, Bruno, ital. Maler, Plastiker, *Mailand 24. 10. 1907, konstruierte 1935 seine erste ›macchina inutile‹ (›unbrauchbare Maschine‹; kinet. Drahtobjekte), gab 1938 sein ›Manifesto del meccanismo‹ heraus. M. wurde einer der Bahnbrecher der kinet. Plastik; gestaltete seit den 60er Jahren künstler. Effekte durch polarisiertes Licht; auch Designer.

Munch [muŋk], Edvard, norweg. Maler, Graphiker, *Løten bei Hamar 12. 12. 1863, †auf Ekely bei Oslo 23. 1. 1944, lebte seit 1885 mit Unterbrechungen in Paris, wo ihn V. VAN GOGH und P. GAUGUIN, aber auch die Kunst der Symbolisten beeindruckten. Später hielt er sich häufig in Dtl. auf (u. a. ›Lebensfries‹, beg. 1893;

Edvard Munch: Das kranke Kind; 1885/86 (Oslo, Munch-Museet)

heute in versch. Samml.), kehrte 1909 nach Norwegen zurück und schuf hier die Wandbilder für die Univ. Oslo (1916). Seine Landschaften, deren Formen er in zügig vereinfachten, dunkel leuchtenden Farbflächen zusammenfaßte, sind als intensiver Ausdruck persönl. Erlebens Vorläufer der expressionist. Malerei. Mit der psycholog. Verdichtung seiner Bildthemen (bes. in der Graphik) gelang es M., die Brücke zum Expressionismus zu schlagen; gleichzeitig sind Einflüsse des Jugendstils und Symbolismus zu erkennen. M. bringt in seinen meist düster gestimmten Menschendarstellungen Grunderfahrungen (Tod, Weltangst, Bereiche aus dem Triebleben) zum Ausdruck. Viele Bilder M.s existieren in mehreren Versionen. Das reiche graph. Werk (Radierungen, Lithographien, v.a. farbige Holzschnitte) variiert häufig Motive der Gemälde. – Der Nachlaß befindet sich im M.-Mus. (Oslo). BILD Holzschnitt

WW: Das kranke Kind (1885/86; Oslo, M.-Mus.); Der Schrei (1893; Oslo, Nat.-Gal.); Tanz des Lebens (1899/1900; ebd.); Die Mädchen auf der Brücke (1900; ebd.). – Morgen, Mittag, Abend, Nacht (1925; Oslo, M.-Mus.).

H. BOCK u. G. BUSCH: E. M. (1973); E. M., Handzeichnungen, hg. v. P. v. HOUGEN (1976); W. TIMM: E. M. Graphik (1977).

Edvard Munch: Selbstporträt; Lithographie, Ausschnitt, 1895

München, Hauptstadt Bayerns, 1,297 Mio. Ew., beiderseits der Isar, kath. Erzbischofssitz, Univ.; 1158 durch HEINRICH D. LÖWEN gegr., war M. 1255–1918 Residenz der Wittelsbacher. Der Alte Hof ist deren 1. Stadtresidenz und das einzige noch gut erh. ma. Architekturensemble der Stadt (14./15. Jh.); 1385–1570 Anlage der Wasserburg Neuveste als 2. Residenz, 1750 nach Brand abgebrochen.

Die **Residenz** wurde 1560 beg. Das Antiquarium (1569–71) ist der größte Renaissance-Profanraum nördlich der Alpen; typisch manieristisch ist die Anlage des Grottenhoftraktes (1581–86) von F. SUSTRIS. Unter Kurfürst MAXIMILIAN I. wurde die Residenz zur größten Schloßanlage der Zeit ausgebaut: Kapelle, Stein-, Trierzimmer, Brunnen-, Kaiserhof (1601–19), Anlage des Hofgartens (1613–17). Eine neue Bauperiode ließ die einzigartigen Rokokoräume (1730–37, von F. CUVILLIÉS D. Ä. entworfen, von J. B. ZIMMERMANN u. a. ausgeführt), z. B. Reiche Zimmer, Ahnen- und Grüne Galerie, Altes Residenztheater (1751–53, Mus.) entstehen (BILD F. Cuvilliés d. Ä.). Unter König LUDWIG I. gab L. v. KLENZE der Residenz ihr endgültiges Aussehen: Königsbau (1826–35) nach dem Vorbild des Palazzo Pitti in Florenz (darin Schatzkammer und Nibelungen-Fresken von J. SCHNORR V. CAROLSFELD 1827–67), Allerheiligenhofkirche (1826–37, Ruine) und Festsaalbau (1832–42) mit 252 m langer Front.

Zentrum der Altstadt ist neben der Residenz der Marienplatz: Er wird beherrscht vom got. Alten Rathaus (1470–80) und vom Neuen Rathaus (1867–1908 von G. HAUBERRISSER in Anlehnung an flandr. Gotik) mit seinem 80 m hohen Turm; Mariensäule (1638). Älteste Pfarrkirche ist St. Peter (11.–14. Jh., der charakterist. Turmhelm 1607–21, barocker Chorneubau 1630–36) mit reicher Ausstattung von der Spätgotik bis zum Klassizismus. Das Wahrzeichen der Stadt, die spätgot. Frauenkirche (1468–88), ist die größte Hallenkirche S-Dtl.s (109 m lang); die markanten ›welschen Hauben‹ der

Doppelturmfassade kamen in der Renaissance (1525) hinzu. In der ehem. Augustinerkirche (13.–15. Jh., 1618–21 barockisiert) das Dt. Jagd-Mus. Als schönstes Haus der Spätgotik gilt die ehem. Stadtschreiberei, heute Weinstadl (1551/52); die Alte Münze (1563–67) mit Laubeninnenhof ist ein HW süddt. Renaissance-Profanbaus. Die Jesuitenkirche St. Michael (1583–97 von Sustris), ein mächtiger tonnengewölbter Wandpfeilersaal, leitete den Barock in S-Dtl. ein und wurde für mehr als 100 Nachfolgebauten beispielgebend; westlich die Alte Akademie (1585–90). Erster Großbau des Hochbarock in Dtl. ist die Theatinerkirche St. Kajetan (1663–75 von A. Barelli und E. Zuccalli, Tambourkuppel 1688 voll.). Der Bürgersaal wurde für die Marianische Kongregation 1709/10 durch G. A. Viscardi erbaut, von ihm auch die Dreifaltigkeitskirche (1711 ff., 1718 gew.), der bedeutendste Kirchenbau der Münchner Spätbarockphase. Die Brüder C. D. und E. Q. Asam wirkten in der got. Heiliggeistkirche am Viktualienmarkt (1392 voll., 1723–30 barockisiert), in der Damenstiftskirche St. Anna (1732–35; das anschließende Stiftsgebäude frühklassizistisch 1784/85), in der St. Anna-Klosterkirche am Lehel (1727–36 von J. M. Fischer) und in der Johann-Nepomuk-Kirche (›Asam-Kirche‹, 1733–46, seltenes Beispiel eines Privatkirchenbaus bürgerl. Künstler) samt Asam-Haus mit hervorragendem Fassadenstuck. Zu den reichsten Palais des bayer. Rokoko zählen das Palais Porcia (1693 von Zuccalli, 1737 durch F. Cuvilliés d. Ä. umgestaltet), das Palais Preysing (1723–28 von J. Effner, Prunktreppe mit Stuck von J. B. Zimmermann) und das Palais Holnstein (jetzt Erzbischöfl. Palais, 1733–37 von F. Cuvilliés d. Ä.). Der Engl. Garten mit zahlreichen Gebäuden (Chines. Turm 1789/90, Rumfordhaus 1791, Monopteros 1833) ist einer der frühesten und größten Landschaftsgärten in Dtl.

4 Straßen wurden im 19. Jh. zu Prachtstraßen ausgebaut: die Brienner Straße mit Karolinen-, Wittelsbacher- und Königsplatz, letzterer mit der ›ionischen‹ Glyptothek (1816–30 von Klenze; Bild Klassizismus), der ›korinthischen‹ Staatl. Antikensamml. (1838–48 von G. F. Ziebland) und den ›dorischen‹ Propyläen (1846–62 von Klenze); die Ludwigstraße (1817–27 durch Klenze, 1827–50 durch F. v. Gärtner) mit Bauwerken im Stil der ital. Renaissance, im S Feldherrnhalle (1841–44), anschließend der Odeonsplatz mit Klenzes Leuchtenbergpalais (1816–21), dem größten Adelspalais seiner Zeit in einem klassizistisch umgedeuteten Neurenaissancestil, ferner Kriegsministerium (1827 bis 1830), Staatsbibl. (1832–43), Ludwigskirche (1829 bis 1844), Univ. (1835–40) und Siegestor (1843–50) im N; die Maximilianstraße (1853–75), ausgehend vom Nationaltheater (1811–18, nach Brand von Klenze 1823 bis 1825 wieder aufgebaut) und ehem. Palais Törring (1747–58, 1836–39 von Klenze zur Hauptpost umgebaut), mit Schauspielhaus (1900/01 von M. Littmann und R. Riemerschmid, das einzige erh. Jugendstiltheater Dtl.s), Regierung von Oberbayern (1856–64), Völkerkunde-Mus. (1858–65) und Maximilianeum (1857 bis 1874) als oberem Abschluß; die Prinzregentenstra-

ße (1891 beg.), beginnend am klassizist. Prinz-Karl-Palais (1803–11), mit dem Haus der Kunst (1933–37 von P. L. Troost), dem historist. Prachtbau des Bayer. Nat.-Mus. (1894–1900), Schack-Gal. (1907–09), Villa Stuck (1897/98 nach Entwürfen des Malers F. v. Stuck, Atelierflügel 1914, Jugendstil-Mus.), Prinzregententheater (1900/01). Das Gärtnerplatztheater (1864/65) entstand als verkleinerte Nachbildung des Nationaltheaters. Der Justizpalast am Lenbachplatz (1887–97 von F. v. Thiersch) ist ein HW des Späthistorismus (Neubarock). – Nach dem 2. Weltkrieg entstanden u.a. Siemens-Wohnstadt in Solln (1951–54), Matthäuskirche (1953–55), Parkwohnanlage Bogenhausen (1956–57), Fernsehturm (1965–68), BMW-Verwaltungsgebäude (1971/72) und Olympiagelände (v.a. Stadion mit Zeltdach 1967–72 von H. Behnisch).

Spätgot. Bauwerke bieten die Stadtteile **Blutenburg** (Schloß 1439 voll., Kirche 1488), **Untermenzing** (Martinskirche 1499) und **Pipping** (Wolfgangskirche 1478 bis 1480 mit vollständiger Ausstattung). St. Michael in **Berg am Laim** ist einer der bedeutendsten spätbarocken Kirchenbauten (1737–51 von J. M. Fischer, Stuck und Fresken von J. B. Zimmermann, Altäre von J. B. Straub). In der Georgskirche in **Bogenhausen** (spätgot. Chor, sonst Neubau 1766–68) Hochaltar von Straub und Kanzel von I. Günther (1773). Nahe bei St. Maria in **Thalkirchen,** einem barockisierten Bau von etwa 1400, das Asam-Schlößchen (1729/30 mit aufwendig bemalter Fassade). **Ramersdorf** hat eine der ältesten Marienwallfahrtskirchen Altbayerns (der Neubau des 15. Jh. wurde 1675 barockisiert). In **Fürstenried** ein Jagdschloß von Effner (1715–17). Im W der Stadt →Nymphenburg. – Zahlreiche Museen, v.a. Staatsgemälde-Samml. (Alte und Neue Pinakothek, Schack-Gal., Staats-Gal. moderner Kunst, Graph. Samml.); Lenbachhaus; Dt. Mus.; Bayer. Nat.-Mus.

100 Bauwerke in M. ([4]1966); N. Lieb: M. Die Gesch. seiner Kunst (1971); M.s Kirchen, hg. von dems. und H. Sauermost (1973); Jutta Thinesse-Demel: Münchner Architektur zw. Rokoko und Klassizismus (1980); Ausst.-Kat. Wittelsbach und Bayern, München, 6 Bde. (1980); Eva-Maria Wasem: Die Münchner Residenz unter Ludwig I., Bildprogramme und Bildausstattungen in den Neubauten (1981); Museen in M., hg. v. Monika Goedl (1983).

Münchener Lack, Maltechnik: →Venetianischrot.

Münchengrätz, tschech. **Mníchovo Hradiště** [mnj'i:xɔvɔ hr'adjiʃtjɛ], Stadt in der ČSSR, nordöstlich von Prag. Das spätgot. Schloß wurde zunächst im Renaissancestil, dann um 1700 barock von M. Canevale umgebaut; der elegante Gartenpavillon stammt von M. Raimondi (1711). Im Schloß sind heute eine Kunstsamml. und Bibliothek (die ehem. Waldstein-Samml.) mit Hss. und Inkunabeln. Neben dem Schloß das Kapuzinerkloster (1694–99) mit Kirche.

Münchenlohra, ehem. Benediktinerinnenkloster, südwestlich von Nordhausen, Dt. Dem. Rep. Die Kirche (wohl Ende 12. Jh.), eine roman. Pfeilerbasilika mit Doppelturmfront und reich gegliederten Apsiden, verfiel seit dem 30jährigen Krieg und wurde im 18. Jh. z.T. abgetragen; 1882/83 einfühlsam neu erbaut.

Münchsteinach, Gem. bei Neustadt a.d. Aisch, Mittelfranken, mit ehem. Benediktinerkloster (1133 gegr.), dessen roman. Kirche zw. 1170 und 1220 als flachgedeckte Pfeilerbasilika erbaut wurde und bemerkenswerte Bauplastik (Adlerkapitell) aufweist.

Münden, Hannoversch M., Stadt im Kr. Göttingen, Ndsachs., 26300 Ew.; 1488–1584 Residenz des Hzgt. Calenberg-Göttingen. Blasiuskirche mit spätgot. Langhaus (1487–1502), darin ein Epitaph von L. HERING (um 1530), prächtiger Barockaltar und -orgelprospekt; Ägidienkirche (15./17. Jh.). Das Welfenschloß im Stil der Weserrenaissance (1562 beg.) ist Mus. (fürstl. Wohnräume, v.a. ›Gemach zum Weißen Roß‹, Fayencen der 1732–1854 bestehenden Manufaktur). Repräsentatives Rathaus (1603–19) mit reichem Renaissanceportal; zahlreiche Fachwerkhäuser (15./16. Jh.) mit dem für M. typ. Schiffstauornament.

Munderkingen, Stadt im Alb-Donau-Kr., Bad.-Württ.; urspr. roman. Pfarrkirche, im frühen 16. Jh. zur spätgot. Staffelhalle umgebaut, Neubau des Chores 1699–1701, Rokoko-Ausstattung. Barocker schloßartiger Pfarrhof (1706/07). Rathaus (1563) und Marktbrunnen (1570).

Mundöffnung, Bez. für eine Kulthandlung des altägypt. Totenglaubens: das Öffnen des Mundes bei Leichen vor der Mumifizierung und letzte handwerkl. Arbeit bei der Herstellung der Statue, die den Toten vorstellte. Durch diesen Ritus sollte der Tote belebt und die Funktionen des Essens, Trinkens und Sprechens erweckt werden. Die M. wurde im Neuen Reich in den Gräbern von Königen und Beamten oft dargestellt.

Munggenast, Joseph, Baumeister, *Schnann (Tirol) 5. 3. 1680, begraben St. Pölten 3. 3. (5.?) 1741, Vetter und Schüler J. PRANDTAUERS, dessen Bauweise M. in zarteren und bewegteren Formen fortsetzte. Sein Baustil steht an der Wende vom Spätbarock zum Rokoko.

HW: Augustinerstiftskirche in Dürnstein (1721–25, mit M. STEINL); Stiftskirche Zwettl, Turm (1722–27); Stift Altenburg (1730 ff., Barockisierung der Kirche und Bibl.); Stiftskirche Melk, Turmhelme (1738).

Munkácsy [m'uŋka:tʃi], Mihály von (1878), bis 1863 **Michael (von) Lieb,** ungar. Maler, *Munkács 20. 2. 1844, †Bonn-Endenich 1. 5. 1900, malte nach Studien in Wien (C. RAHL) und München (W. LEIBL) seit 1868 in Düsseldorf (L. KNAUS) v.a. in großem Format sozialkrit. Genre- und Sittenbilder (›Letzter Tag eines Verurteilten‹, 1870), nach Übersiedlung nach Paris (ebd. 1872–96, Anregungen von G. COURBET), v.a. relig. und histor. Kompositionen. Bed. sind seine kleinen, von der Schule von Barbizon beeinflußten Landschaften, die u.a. auf M. LIEBERMANN wirkten. – M. ist der bedeutendste Verteter der ungar. Malerei des 19. Jh.

Münnerstadt, Stadt im Kr. Bad Kissingen, Unterfranken, 8200 Ew., mit gut erh. ma. Stadtbild: Stadtbefestigung mit Tortürmen, spätgot. Rathaus, der Renaissancebau der ehem. Deutschordenskomturei, Marktplatz mit Fachwerkbauten. Bed. Kunstschätze in der Stadtpfarrkirche (15.–17. Jh.), v.a. Teile des geschnitzten Flügelaltars von T. RIEMENSCHNEIDER (1490–92), die Tafelgemälde mit der Kilianslegende von V. STOSS (1503, ehem. die Rückseite des Altars) und die Glasgemälde in den 7 Chorfenstern (um 1420–50). In der Klosterkirche der Augustinereremiten (1752–54) sehr reiche und qualitätvolle Rokokoausstattung.

Münster [lat. monasterium], anfänglich (9. Jh.) das Kloster, seit dem hohen MA. die Kirche eines Klosters oder Kapitels, teilweise (z. B. Ulm) auch eine bes. stattl. Pfarrkirche mit zahlreichem Klerus. Heute ist M. nur noch eine histor. Bez. bestimmter Kirchen (z. B. Straßburg, Freiburg im Breisgau, Aachen, Bonn, Essen).

Münster, 1) Stadt in NRW, 267 100 Ew.; ehem. Hansestadt, kath. Bischofssitz, seit 1771 Universitätsstadt. Die im 2. Weltkrieg fast völlig zerstörte Altstadt wurde z. T. stilgerecht wiederaufgebaut. Der Prinzipalmarkt mit seinen Lauben- und Giebelhäusern der Gotik und Renaissance zählt als Gesamtanlage zu den herausragenden städtebaul. Leistungen des dt. MA.; das Rathaus mit dem filigranhaften Treppengiebel (14. Jh.) und dem vertäfelten Friedenssaal (1577) gilt als ein HW des got. Profanbaus in Europa; daneben das Stadtweinhaus (1615), ein HW der Spätrenaissance. Das Krameramtshaus (1589) ist das einzige erh. Gildehaus der Stadt. Der got. Dom (1218–64) mit seinen gewaltigen Ausmaßen (109 m lang, Querschiffe 44,50 m breit) ist eine dreischiffige, doppelchörige Basilika mit 2 Querhäusern, polygonalem Umgangschor mit Kapellenkranz (16./17. Jh.) und Doppelturmfassade; in der Paradiesvorhalle Apostelzyklus (um 1230/40) sowie Stifter- und Heiligenfiguren, alle französisch beeinflußt; ferner eine astronom. Uhr (1540), barocke Altäre und Grabmäler aus der Werkstatt der GRÖNINGER und Domschatz. Spätgot. Hallenkirchen sind die Überwasserkirche (1340–46) mit reichverziertem W-Turm und St. Lamberti (1375–1450) mit prachtvollen Maßwerkfenstern und Wurzel-Jesse-Relief am Hauptportal. St. Ludgeri, eine der ältesten Stufenhallen (um 1200), wird von einem roman. Vierungsturm mit got. durchbrochener Krone überragt; got., sehr steiler Chor (um 1400). Die ehem. Jesuitenkirche St. Petri (1590–97), eine Emporenbasilika mit Elementen aus Gotik und Renaissance, ist ein seltenes Werk des Manierismus. Zahlreiche Barockbauten stammen von J. C. SCHLAUN, u. a. die ehem. Kapuzinerkirche St. Ägidii (1724–29, mit origineller Baumkanzel), die stuckierte und ausgemalte Clemenskirche (1745–53), der Erbdrostenhof (1753–57; beide Male mit genialer Ausnutzung von Eckgrundstücken), das ehem. fürstbischöfl. Schloß (1767–87), HW des norddt. Spätbarock mit 91 m langer Stadtfront, und im Stadtteil Nienberge das Rüschhaus (1745–48). Ein beispielhafter moderner Theaterbau ist das Stadttheater (1954–56). Archäolog. Mus. der Univ., →Westfälisches Landesmuseum für Kunst- und Kulturgeschichte; Mühlenhof-Freilicht-Mus.

2) rätoroman. **Müstair** [myʃt'aɪr], Gem. im schweizer. Kt. Graubünden, 600 Ew., mit einem um 780–90 gegr. Benediktinerkloster (später Nonnenkloster). Die Dreiapsidenkirche (Ende 8. Jh.) ist ganz mit Fresken ausgemalt, die den Einfluß spätantiker Vorbilder zei-

Münster 2): Statue Karls d. Gr. in der Klosterkirche

gen und zu den bedeutendsten Schöpfungen karoling. Kunst gehören; Statue Karls d. Gr. aus Stuck (vielleicht um 1165). Konventgebäude (11.–19. Jh.). Heiligkreuzkapelle (um 1160), einzige erh. roman. Kreuzkonchenkapelle der Schweiz, wohl um 1700 zur Doppelkapelle umgebaut.

Münsterberg, poln. **Ziębice** [zjɛmb'itsɛ], Stadt in der poln. Wwschaft Wałbrzych (Waldenburg/Schles.), 10000 Ew., mit z. T. erh. Stadtmauern (13./14. Jh.) und Tor sowie anderen histor. Bauten: Pfarrkirche, eine zweischiffige, frühgot. Halle (1265–75) mit Presbyterium (1477–1504) und got. Ausstattung; klassizist. evang. Kirche, 1796–98 von K. G. LANGHANS.

Münster|eifel, Bad M., Stadt in der nördl. Eifel, Kr. Euskirchen, NRW, 16000 Ew. Die Kirche des ehem. Benediktinerklosters (um 830 gegr.) ist eine schlichte roman. Pfeilerbasilika (12. Jh.) mit dreitürmigem Westwerk (um 1050, in Anlehnung an St. Pantaleon in Köln) und fünfschiffiger Hallenkrypta. Ehem. Jesuitenkirche (1652–70) mit in kräftigen Farben gefaßten Holzkonstruktionen. Im Roman. Haus (um 1167) das Heimat-Mus. Schönstes Fachwerkgebäude ist das Windeckhaus (1644). Maler. Rathaus (15. Jh.) mit Erdgeschoßlauben. M. hat die besterh. Stadtbefestigung des Rheinlandes mit 4 Toren und 18 Türmen (13./14. Jh.). Von der Burg (1272 beg., seit 1689 Ruine) sind die Umfassungsmauern samt Türmen fast in voller Höhe erh.

Münstermaifeld, Stadt im Kr. Mayen-Koblenz, Rheinl.-Pf. Die ehem. Stiftskirche St. Martin (Neubau 1225 beg., 1322 gew.) hat spätroman. Chor (Vorbilder Sinzig und Boppard) und frühgot. basilikales Schiff; vom Vorgängerbau erh. ist das roman. Westwerk mit 2 flankierenden Rundtürmen (1. H. 12. Jh.). In der reichen Ausstattung u.a. ein Antwerpener Schnitzaltar (16. Jh.) und Hl. Grab (um 1500). Altes Rathaus (1575).

Münstermann, Ludwig, Bildhauer, Bildschnitzer, *Hamburg um 1560, †ebd. 1637/38, 1607–12 als Mitarbeiter an den bauplast. Arbeiten des Schlosses in Oldenburg erwähnt. M. schuf für evang. Landkirchen in Oldenburg Altäre, Kanzeln und Orgelgehäuse. Der zu starker Ausdruckswirkung gesteigerte manierist. Stil seiner Holz- und Alabasterfiguren leitet zum dt. Frühbarock über.

Ludwig Münstermann: Johannes der Täufer; bemaltes Holz, um 1633 (Oldenburg, Landesmuseum)

Münter, Gabriele, Malerin, *Berlin 19. 2. 1877, †Murnau 19. 5. 1962, seit 1901 in München, Schülerin W. KANDINSKYS, mit dem sie viele Reisen machte; Mitgl. des ›Blauen Reiters‹. Sie setzte in ihren Stilleben und Interieurs sowie Landschaften Kandinskys Frühstil mit einer gewissen Schwere in Kontur und Farbigkeit fort. Ihre HW hängen im Lenbachhaus in München.

J. EICHNER: Kandinsky und G. M. (1957); E. PFEIFFER-BELLI: G. M., Zeichnungen und Aquarelle (1979).

Munthe, 1) Gerhard, norweg. Maler, Graphiker, *Elverum 19. 7. 1849, †Oslo 15. 1. 1929, kehrte nach Studienjahren in Düsseldorf und München 1883 nach Norwegen zurück, wo er die heimatl. Landschaft, später flächenhaft stilisierend norweg. Märchen- und Sagastoffe malte, auch Entwürfe für Bildteppiche. Zu seinen HW zählte die Innendekoration der Håkonshalle in Bergen mit Wandmalerei, Möbeln usw. (1910–16, 1944 zerstört).

2) Ludvig, norweg. Maler, *Sogndal 11. 3. 1841, †Düsseldorf 30. 3. 1896, wo er sich nach seinem Studium an der Akad. niederließ; malte v.a. Herbst- und Winterlandschaften.

Münzenberg, Stadt im Wetteraukreis, Hessen, 4600 Ew., besitzt eine der größten und bedeutendsten Burganlagen der Stauferzeit; roman. Palas (um 1190/1200) mit wertvoller Bauplastik, 2 Türme und Falkensteiner Bau (2. H. 13. Jh.), Zwingeranlage (um 1500). Ehem. Burgmannenhöfe, darunter der barocke Hattsteiner Hof (Mitte 18. Jh.). Rathaus (1551–54). Got. Kirche (13./15. Jh.), Innenraum durch mehrfache Emporeneinbauten von maler. Wirkung.

Münzhumpen, Münzbecher, Münzpokal, Talerhumpen (-becher), silbernes Trinkgefäß in Form eines Humpens, in dessen Seitenwand und Deckel Münzen (Taler) eingelassen waren; in Dtl. vom 16. bis 19. Jh.

Muraibit, Mureybit, prähistor. Siedlungshügel im mittleren Euphrattal im Gebiet des heutigen Assad-Sees, gegenüber von Emar/Meskene (KARTE Alter Orient). Die früheste Besiedlung mit kleinen Rundhütten aus dem 9. Jahrtsd. v. Chr. gehört der vorjungsteinzeitl. Natufien-Kultur an. Im 8. Jahrtsd. v. Chr. entstanden größere Rundbauten, z. T. mit Wandmalereien mit geometr. Mustern. Unter den Funden v. a. Frauenfigürchen aus Stein und Terrakotta (Fruchtbarkeitsgöttinnen?). In der 4. Besiedlungsphase (7. Jahrtsd. v. Chr.) wurden rechteckige Häuser nachgewiesen. M. gehört zum Typ der frühen ›Jäger-Dörfer‹.

Murakka, Muraqqa, Klebealbum mit gesammelten Miniaturen, Kalligraphien, illuminierten Bögen bekannter Künstler; seit Ende 16. Jh. an den Höfen der Osmanen, Safawiden, Moguln verbreitet.

Muralismo [mural, span. ›Wandbild‹], eine Kunstrichtung, die sich in Mexiko nach der Revolution von 1910 herauszubilden begann. Man sah in der monumentalen Ausdrucksform der Wandmalerei ein Mittel zur Durchsetzung polit. Ziele. Dargestellt wurden v. a. Szenen aus dem Kampf gegen die Conquista, gegen Klerus und Kapitalismus sowie aus der mexikan. Revolution, Verherrlichung der präkolumb. Vergangenheit und der mexikan. Helden. Die bedeutendsten, in Auffassung und Stil sehr unterschiedl. Vertreter des Beginns waren J. C. →Orozco, D. →Rivera und D. →Alfaro Siqueiros (HW in Mexiko-Stadt; in der Escuola Nacional Preparatoria, 1922–27; im Palacio de Bellas Artes, 1934, im Nat.-Palast, D. RIVERA, 1929–45). J. C. OROZCO sowie R. TAMAYO u. a. nachfolgende Vertreter des M. wandten sich z. T. von den revolutionären Themen ab. In der 1950–55 erbauten Universitätsstadt (Mexiko-Stadt) erreichte der M. einen neuen Höhepunkt (auch mit Reliefs und Mosaiken, z. B. Mosaikverkleidung von J. O'GORMAN am Bibliotheksbau; BILD Mexiko). Von Mexiko ausgehend, verbreitete sich diese Auffassung in den 1920er Jahren auch in den Andenländern, ohne allerdings die künstler. Qualität der Mexikaner zu erreichen. In Südamerika lief die Richtung parallel mit der indigenist. Bewegung, die das indian. Element einbeziehen wollte.

Murano, ehem. Stadt in der Lagune nördlich von Venedig, Italien, auf 5 Inseln erbaut, rd. 8000 Ew., gehört zu Venedig. Die kreuzförmige Basilika SS. Maria e Donato (12. Jh.) ist ein polychromer Backsteinbau mit reich gegliederter Chorfassade (zweistöckiger Arkadenwand); im Inneren Fußbodenmosaik (12. Jh.) und in der Apsis Goldgrundmosaik der Gottesmutter (13. Jh.). In der Pfarrkirche S. Pietro Martire (14. Jh.) Altarbilder von G. BELLINI (1488). – M. ist seit 1292 Sitz einer bed. Glasind., die im 16. Jh. ihren Höhepunkt erreichte; es wurden Hohlgläser, farbige Glasflüsse für Mosaiken, Milch- und Fadenglas und seit dem 18. Jh. Lüster und Spiegel hergestellt (Samml. von Gläsern seit der Antike im Glasmuseum).

Murano, Antonio und Bartolomeo **da M.,** ital. Maler, →Vivarini.

Murau, Stadt in der Obersteiermark, Österreich, 2600 Ew. Die Pfarrkirche St. Matthäus (Chorweihe 1296), eine der frühesten steirischen Kirchen der Gotik, ist reich mit Fresken (14./15. Jh.) geschmückt; zahlreiche Fresken (15. Jh.) auch in der got. Friedhofkirche St. Anna. Die roman. St. Ägydiuskirche (13. Jh.) erhielt um 1530 Balkendecke mit Schablonenmalerei. Spätgot. Kirche St. Leonhard (um 1445). Schloß Obermurau (1628 bis um 1640) mit Arkadenhof.

Murbach [frz. myrb'ak], Gem. bei Gebweiler im Oberelsaß. Die ehem. Abteikirche (Weihe 1216 überliefert) ist ein herausragendes Beispiel der elsäss. Romanik; erhalten sind Chor und Querschiff (Mitte 12. Jh.;

Langhaus 1770 abgetragen), der Außenbau in vorzügl. Quaderwerk (mit Farbwechsel) und mit reicher Bauplastik (v. a. am SO-Portal) versehen.

Murcia [m'urθia], ostspan. Stadt und Bischofssitz im Tal des Segura, 238 000 Ew. Zahlreiche Kirchen, im Bürgerkrieg (1936–39) beschädigt, wurden seitdem z. T. wiederhergestellt; Kathedrale (1394 beg., 1465 gew.) mit fünfgeschossigem Turm (1519 beg.) und reich gestalteter Rokokofassade (Mitte 18. Jh.); im Inneren prächtiges Baudekor in der spätgot. Capilla de los Vélez (1480–1507) und der plateresken Capilla de los Junterones (1515–29); im Kreuzgang und Kapitelsaal Diözesan-Mus.; bischöfl. Palais (1748); zahlreiche Barockkirchen. Kunsthistor. Mus. (mit Gemäldegal.), Archäolog. Mus. (ma. Keramiksamml., iber. und röm. Antiken) und Zarcillo-Mus. mit Werken des aus M. stammenden Bildhauers (reiche Samml. von Pasos, monumentale Figurenkrippe mit über 500 Skulpturen u. a.).

Muri, Gem. im schweizer. Kt. Aargau, mit ehem. Benediktinerkloster (1027–1841). Von der roman. Klosterkirche (1064 gew.) sind Ostpartie und Teile des Westwerks sowie die dreischiffige Hallenkrypta erh.; beim barocken Neubau (1695–98) löste K. MOOSBRUGGER die Verbindung mit den roman. Teilen durch ein Oktogon; vorzügl. spätbarocke Ausstattung. Im Kreuzgang bed. Glasmalereien (16. Jh.).

Murillo [mur'iʎo], Bartolomé Esteban, span. Maler, getauft Sevilla 1. 1. 1618, †ebd. 3. 4. 1682, bildete sich an Werken von J. DE RUELAS und A. CANO, verbrachte vermutlich sein ganzes Leben in Sevilla, wo er 1660 der 1. Präs. der von ihm mitgegr. Akademie wurde. – M. ist der Maler der kath. Vorstellungswelt Spaniens. Er schuf im Madonnenbild und der Darstellung

Bartolomé Esteban Murillo: Die kleine Obsthändlerin; um 1668–72 (München, Alte Pinakothek)

der Unbefleckten Empfängnis ein neues, die spanisch-kath. Gefühlswelt tief ergreifendes Schönheitsideal. Neben D. VELÁZQUEZ hat er auch die Entwicklung des span. Genrebildes mitbestimmt; das Leben der Gassenkinder erschien ihm als einem der ersten darstellungswürdig. – M. ging in seinen Anfängen von Naturalismus und den starken Helldunkelgegensätzen der neapolitan. Nachfolger des CARAVAGGIO und von F. DE ZURBARÁN aus. Bis etwa 1650 blieb seine Formgebung hart, seine Farbe metallisch. Um 1655 gelangte er im Anschluß an das Studium von P. P. RUBENS, A. VAN DYCK, Velázquez und den Venezianern zu einem neuen Stil, der weiches Helldunkel, aufgelöste Konturen, warme, duftige Farben und Goldtöne zeigt.

HW: Kirchenbilder: Szenen für den Klosterhof von S. Francisco in Sevilla (1645/46; verstreut in Madrid, Dresden, Paris); Hl. Isidor, Hl. Leander (1655; Sevilla, Kathedrale); Vision des Hl. Antonius (1656; ebd.); von den etwa 30 Darstellungen der Unbefleckten Empfängnis sind die wichtigsten in Madrid (Prado), Sevilla (Mus. der Schönen Künste), Paris (Louvre), Leningrad (Eremitage); ebenfalls verstreut sind seine Madonnenbilder. Die besten seiner Genrebilder sind in der Münchener Alten Pinakothek (Trauben- und Melonenesser, um 1650–60; Würfelspieler, Die kleine Obsthändlerin, beide um 1668–72; Pastetenesser, Häusliche Toilette, beide um 1672–82). Porträts in London u. Madrid.

J. BROWN: M. and his drawings (Princeton, New Jersey, 1976/77).

Muristan, →Maristan.

Murlo, Ort südlich von Siena, Italien, 1800 Ew., in dessen Umgebung (Poggio Civitate) ein monumentaler etrusk. Gebäudekomplex (Residenz?) des 6. Jh. v. Chr. freigelegt wurde; um einen von Säulen flankierten Innenhof gruppierten sich Gebäude, die reich mit Terrakotten (Friese, Sitzstatuen auf dem Dachfirst) geschmückt waren; vor 500 v. Chr. zerstört.

Murom, Stadt im Gebiet Wladimir, Russ. SFSR, am linken Ufer der Oka, 116000 Ew. M., erstmals für 862 erwähnt, ist eine der ältesten russ. Städte. Aus der Zeit vom 16. bis 18. Jh. sind zahlreiche Kirchen (Kosmas und Damian, 1565; Auferstehungskirche, 1658) und Klöster erh.; klassizist. Wohn- und Geschäftshäuser.

Muromachi [-tʃi], Stadtviertel von Kioto (Japan), in dem sich 1336–1573 die Residenz der Ashikaga-Shogune befand. Über die Muromachi-Zeit →japanische Kunst.

Murrhardt, Stadt im Rems-Murr-Kr., Bad.-Württ., 13400 Ew. Die ehem. Benediktinerklosterkirche stammt hauptsächlich von dem 1434 beg. Umbau; romanisch sind noch die beiden Türme (12. Jh.); am Nordturm angebaut die spätroman. Walterichskapelle (um 1230) mit überaus reichem, aus →Faurndau vermitteltem plast. Schmuck. Im Carl-Schweizer-Mus. u. a. Bauschmuck der Klosterkirche und Originalportal der Walterichskapelle.

Murr(h)inische Gefäße, Murr(h)ina vasa [lat. murra ›Myrrhe‹], seltene, kostbare Trinkgefäße der röm. Kaiserzeit aus Flußspat, der zur Verarbeitung erhitzt und mit Myrrhenharz eingerieben wurde.

Murshidabad, Marktstadt in Westbengalen, Indien, am Bhagirathi-Fluß, 16600 Ew.; wurde 1704 als M. Residenzstadt; brachte v. a. unter Nawab Ali Vardi Khan (1740–56) eine stilistisch der Mogul-Malerei der Zeit nahestehende Malschule hervor, deren Bilder eine angenehm kühle Atmosphäre ausstrahlen.

Murti [Skt.], Bez. für die figürl. Plastiken der indischen Bilderverehrung. Man unterscheidet bewegl. Prozessionsfiguren (Chalamurti) von fest installierten Kultbildern (Achalamurti) in Tempeln, als Wand- und Felsreliefs.

Musawwarat es-Sufra, Ruinenstätte in S-Nubien (Sudan), im Wadi es-Sufra, mit Resten einer großen Anlage (Pilgerzentrum?) mit versch. Gebäuden, Höfen und Tempeln; Bautätigkeit in meroitischer Zeit (6. Jh. v. Chr.–4. Jh. n. Chr., →Meroë). In der Umgebung ein Palast und weitere Tempel, v. a. der des Löwengottes Apedemak (3. Jh. v. Chr., 1969/70 wiederaufgebaut) mit Reliefs und Türsturzplastiken.

Muschchusch, Symboltier des babylon. Gottes →Marduk, ein aus Schlangenkörper und -kopf, Skorpionenschwanz, Löwen- und Vogelfüßen gebildetes Mischwesen von dämon. Macht; dargestellt z. B. in langen Reihen an der Prozessionsstraße in Babylon.

Muschelarbeiten, Verwendung von Muschel- und Schneckenschalen als Material für Einlegearbeiten (→ Perlmutter; z. B. bei Masken für eingelegte Augen und Zähne), zur Herstellung von Mosaiken und für Schmuck, auch zus. mit anderen Materialien wie Gold und Türkis. Bes. feine, durchbrochene und gravierte Muschelschnitzereien (Brustschmuck, Ohrringe) stellten im vorkolumb. Amerika die Huaxteken her. Aus Ozeanien (v. a. Salomonen) stammen kunstvolle Schmuckstücke (Brust- und Stirnschmuck, Armringe u. a.), die auch als Zahlungsmittel dienten.

Muschelgold, Maltechnik: Goldpuder mit Eiweiß oder Gummi arabicum zu vermalbarer Farbe gebunden. Der Name rührt vom Verkauf der Farbe in Muscheln, aus denen auch gemalt wurde, her.

Muschelwerk, Ornamentmotiv (BILDER Ornament, Rocaille) mit Muschelformen oder echten Muscheln; es kam seit der Spätrenaissance, bes. häufig aber im Barock und Rokoko, v. a. in der Architektur (Grotten, Brunnen, Wandverkleidung) sowie im Kunsthandwerk vor. (→ Rocaille)

Musée Condé [myz'e kɔ̃d'e, n. dem Haus Condé, einer Seitenlinie der Bourbonen], Mus. in Chantilly im frz. Dép. Oise. Die Samml. gehen v. a. auf den Kunstbesitz von HENRI D'ORLÉANS, Herzog von AUMALE (*1822, †1897) zurück, der 1854 eine Samml. ital., fläm., holländ., dt. und frz. Gemälde erwarb, die er durch Werke von A. WATTEAU, J. B. GREUZE, P.-P. PRUDHON, den Ankauf einer Porträtsamml. mit Werken von CORNEILLE DE LYON, F. CLOUET, B. BRUYN, P. POURBUS, P. MIGNARD u. a. und Werken früher Italiener (GIOTTO, FRA ANGELICO) und Altniederländern ausbauen konnte. Außerdem Bibl. (40 000 Bde.) mit Hss. (Stundenbuch des Herzogs von BERRY und Ingeborg-Psalter). 1886 wurde die Samml. in eine Stiftung umgewandelt und der Öffentlichkeit zugänglich gemacht. (BILDER Buchmalerei und Ingeborg-Psalter)

Musée d'Orsay [myz'e d'ɔrs'ɛ], →Orsay.

Musen *Mz.*, grch. Mythos: Töchter des Zeus und der Mnemosyne, Göttinnen der Künste und Wissenschaften, deren Zahl schwankte, die singend und tanzend, auch unter Führung Apolls (Musagetes ›Musenführer‹), an den Festgelagen der Götter teilnahmen, manchmal auch zürnend und strafend waren. Als Sitz der M. galt der Helikon, später auch der Parnaß. Neun M. (ohne feste Zuordnung der Tätigkeitsbereiche) werden genannt: **Kalliope** (Hauptmuse): Saitenspiel, Epos; **Klio:** Geschichte; **Melpomene:** Tragödie; **Thalia:** Komödie; **Urania:** Astronomie; **Erato:** Liebeslied, Tanz; **Euterpe:** Musik, Lyrik; **Terpsichore:** Chorische Lyrik, Tanz; **Polyhymnia:** Tanz, Pantomime, ernstes Lied, Geometrie. Darstellungen finden sich auf grch. Vasen seit dem 6. Jh. v. Chr. (auf der Françoisvase bereits in Neunzahl), seit dem 5. Jh. v. Chr. erschienen sie in wechselnder Zahl als Gruppe allein oder zus. mit Apoll, Marsyas, Musaios und Thamyris, auch auf Reliefs wie auf der M.-Basis von Mantineia (um 320 v. Chr., Athen, Nat.-Mus.), der ›Apotheose des Homer‹ von ARCHELAOS (Ende 2. Jh. v. Chr.) und statuarisch (Bronzegruppe des 3. Jh. v. Chr., in röm. Kopien erh.). In der hellenist. Kunst wird die Neunzahl allg., später von den Römern übernommen. Die Neuzeit bevorzugte thematisch die M. zus. mit Apoll (A. SCHIAVONE, N. POUSSIN) und den Parnaß (A. MANTEGNA, RAFFAEL).

Museum [lat., aus grch. museion ›Musentempel‹], seit dem 18. Jh. öffentl. Samml. von künstler. und wissenschaftl. Gegenständen und deren Gebäude.

Man unterscheidet naturwissenschaftl. und techn. M., histor., kulturhistor. M., Kunst- und Kunstgewerbe-M., wobei die einzelnen M.-Bereiche nicht scharf voneinander getrennt sind. Es gibt M. für Naturkunde,

Musen: Relief des Archelaos (Ende des 2. Jh. v. Chr.): Apotheose des Homer; Weihgabe eines siegreichen Dichters mit dem vergöttlichten Homer und 15 inschriftlich bezeugten Figuren in der unteren Zone; darüber die 9 Musen mit Apoll und dem thronenden Zeus (London, Brit. Museum)

Hygiene und Technik (Dt. M., München), Handwerk und Industrie (Leder-M., Offenbach; Tapeten-M., Kassel), Heer und Flotte (Nat. Maritime Mus., Greenwich), M. für Völkerkunde und Volkskunde (europ. und außereurop. Ethnologie; Linden-M., Stuttgart), Vor- und Frühgeschichte, Freilicht- und Heimat-M., Memorial-M. (Goethehaus, Frankfurt a. M.) und Gedenkstätten, Künstler-M. (Canova-M. in Possagno; Thorvaldsen-M., Kopenhagen), Histor. M. für Orts- und Landesgeschichte, M. für Literatur, Musik, Theater und Architektur (Dt. Architektur-M., Frankfurt a. M.).

Die **Kunst-Museen** beschränkten sich im frühen 19. Jh. auf die damals zur ›hohen‹ Kunst gezählten Gebiete: Skulpturen des klass. Altertums, Tafelbilder der Spätgotik und Gemälde der Renaissance. Als Kunst-M. gelten heute Samml. alter Gemälde (meist in Verbindung mit Kupferstichkabinetten), hervorragender Werke der Skulptur und Kleinkunst, moderner Kunst sowie der Kunst der außereurop. Hochkulturen und der Naturvölker (Zürich, Rietberg-M.). Die **Kunstgewerbe-Museen,** mit Unterricht und Vorbildersamml. urspr. zur Förderung der Handwerker eingerichtet, entwickelten sich nach 1900 meist zu reinen Kunst-M.

Aufgaben und Organisation: Aufgabe der M. des 19. Jh. war es, die aus ihrem urspr. Zusammenhang gerissenen Bestände in eine neue Ordnung zu bringen und in einem repräsentativen Bauwerk zu erschließen. Die M. wurden jedoch in immer stärkerem Maße auch Institutionen der Wissenschaft: Sie wurden von Historikern, Ethnologen, Kunsthistorikern u. a. geleitet; die Samml., Erhaltung und Ausstellung der Bestände sowie die Vermittlung durch Kataloge und Führer folgten wissenschaftl. Grundsätzen. Die M. verstehen sich heute als Kulturinstitute, die auf wissenschaftl. Grundlage an der Erfüllung des öffentl. Bildungsauftrags mitwirken. Ihre wichtigsten Aufgaben waren und sind das Sammeln, Bewahren, Forschen, Ausstellen und Bilden. In den späten 1960er Jahren geriet das traditionelle M. in eine Krise seines Selbstverständnisses; durch die Einrichtung kunstpädagog. Zentren, Ausarbeitung didakt. Programme und Einstellung pädagogisch geschulter Mitarbeiter, versuchte man eine Lösung.

Geschichte. Die Idee des öffentl., systematisch-geordneten M. als einer demokrat. Bildungsanstalt hat schon antike Traditionen. Die Ptolemäer und die Könige von Pergamon unterhielten große Kunst-Samml. aus ›profanen‹ historisch-humanist. Interessen. In dem im 3. Jh. v. Chr. in Alexandria gegr. museion (›Musentempel‹) dienten neben Büchern und wissenschaftl. Instrumenten auch Kunstwerke wissenschaftlich-systemat. Erkenntnis.

Das moderne Kunstsammeln hat seine Anfänge im Italien der Frührenaissance, wo das aufstrebende Bürgertum begann, Samml. von Antiken, Münzen, Medaillen, geschnittenen Steinen und Werken zeitgenöss. Kunst anzulegen. LORENZO DE' MEDICI (1469–92) richtete in Florenz einen Statuengarten ein, Papst JULIUS II. (1503–13) gründete die vatikan. Skulpturen-Samml. Im 16. Jh. entstanden an den dt. Fürstenhöfen die Kunst-

und Wunderkammern: Dem Beispiel Erzherzog FERDINANDS VON TIROL (1529–95), des Schöpfers der Ambraser Samml., folgten Kaiser RUDOLF II. (1576–1612) in Prag, die sächs. Kurfürsten in Dresden, die bayer. Herzöge in München, auch reiche Patrizier (P. PRAUN und die IMHOFFS in Nürnberg, P. HAINHOFER in Augsburg). Durch Auslese entwickelten sich Spezial-Samml. (z.B. das Antiquarium in München, das Grüne Gewölbe in Dresden, ferner Münzkabinette, Waffen-Samml. u.a.).

Im 17. und 18. Jh. bildete sich ein Sammlungssystem heraus, das Bestandteil im Raumprogramm jedes größeren Residenzschlosses war; die höf. Barock-Samml. umfaßten: antike Skulpturen-Samml., Bilder-Gal., Bibliothek, Kupferstich- und Münzkabinett sowie Instrumenten-Samml., Kunst- und Wunderkammer. Alle diese Samml. waren nur einem bestimmten Besucherkreis zugänglich. – Im späten 18. Jh. wurden v.a. die Antiken-Samml. ausgebaut: In Rom entstand die Villa des Kardinals ALBANI als reine Antiken-Gal.; unter KLEMENS XIV. (1769–74) und PIUS VI. (1775–99) wurden die M. des Vatikans erweitert; in Neapel wurden die Farnes. Samml. durch Funde aus Herculaneum und Pompeji vervielfacht. Auch dt. Fürsten bemühten sich um Statuen-Gal. Die Vorliebe für grch. Originale im frühen 19. Jh. führte u.a. zum Abtransport der Parthenonskulpturen durch Lord ELGIN von Athen nach London (→Elgin Marbles).

Seit dem 18. Jh. entwickelte sich das M. zur Institution. In England wurde 1753 das Brit. M. als erstes öffentl. M. gegr., als durch Parlamentsbeschluß die Nation das Erbe des Sir H. SLOANE (*1660, †1753) antrat. Die Samml. der MEDICI waren schon 1739 in toskan. Staatsbesitz übergegangen, die vatikan. Kunstsamml. erklärte Papst Klemens XIV. im Jahre 1769 zum Eigentum des Kirchenstaates und machte sie der Öffentlichkeit zugänglich. In Kassel wurde 1769–79 der erste rein fürstl. Museumsbau, das M. Fridericianum, errichtet. Große, programmatisch der Öffentlichkeit zugänglich gemachte M. waren eine Folge der Frz. Revolution. Das ›M. Français‹ im Louvre und das ›M. des Monuments Français‹ in Klostergebäuden an der Rue des Petits-Augustins wurden 1793 Modelle für die noch heute geläufige Institution. Die Eingliederung des M. in die staatl. Organisation, Erörterung seiner Funktion im Staat, Entwicklung eines Verwaltungsapparates, dessen Beschäftigung mit den Aufgaben des M., Entwicklung von Auswahl- und Restaurationsprinzipien, Aufstellungs- und Hängungsprinzipien und damit die Lösung kunstgeschichtl., aber auch didakt. Fragen waren die Ergebnisse. Die Eroberungen der Revolutionskriege, die Enteignung des Kunstbesitzes von Kirchen, Klöstern und Schlössern nach der Revolution in Frankreich und nach der Säkularisation in Dtl. machten riesige Kunstbestände beweglich; dies führte zu einer in neuem Umfang erwachenden Sammelleidenschaft, v.a. auch der überall institutionalisierten öffentl. M., woraus wiederum bed. neue Bauaufgaben erwuchsen. Der erste autonome M.-Bau war die für antike Kunst bestimmte Glyptothek in München, die LUDWIG I. 1816–30 durch seinen Architekten L. v. KLENZE erbauen ließ. – Ihr folgten die großen M.-Gründungen und M.-Bauten des 19. Jh.: das Alte M., Berlin, von K. F. SCHINKEL (1822–30), die Eremitage in Leningrad von Klenze (1839–52), das Neue M., Berlin, von F. A. STÜLER (1843–55), das Kunsthistor. M., Wien, von G. SEMPER und K. HASENAUER (1872–91) und das Kaiser-Friedrich-M., Berlin, von E. v. IHNE (1897–1904). Für die Alte Pinakothek (1825–36) in München schuf Klenze einen eigenen langgestreckten, zweigeschossigen Bautyp mit Oberlichtsälen und Seitenkabinetten, der bis ins 20. Jh. hinein für Gemälde-Gal. vorbildlich blieb (Neue Pinakothek, München, 1846–53; Gemälde-Gal., Dresden, von Semper, 1847–54; Gal. in Braunschweig, von O. SOMMER, 1883–87). Im Laufe des 19. Jh. entstanden neue M.-Typen für bisher von der Wissenschaft vernachlässigte Gebiete und Epochen: das Völkerkunde-M. (1849 Ethnograph. M. in Kopenhagen), das kulturhistor. M. (1852 German. Nat.-M. in Nürnberg), das provinzial-archäolog. M. (1852 Römisch-German. Zentral-M. in Mainz), das Kunstgewerbe-M. (1851 Victoria and Albert M. in London). Eine Erweiterung des Aufgabengebiets waren die Volkskunde-M., deren Entwicklung von Skandinavien ausging. Seit der 2. H. des 19. Jh. nahmen v. a. auch die naturwissenschaftl. und techn. M. einen beachtl. Aufschwung.

Im 20. Jh. wurde das M.-Wesen stark vom polit. Geschehen beeinflußt. Während der Oktoberrevolution in Rußland entstandene Ideen, alle M. zu vernichten, wurden schnell aufgegeben. Die Verstaatlichung adeliger, kirchl. und bürgerl. Samml. führte dann den sowjet. M. reiches Kunstgut zu. – In Dtl. beraubte die von Hitler befohlene Aktion gegen die ›Entartete Kunst‹ die M. wichtiger Bestände, die eingelagert, verkauft oder vernichtet wurden. Der 2. Weltkrieg führte in ganz Europa zur Auslagerung der wertvolleren M.-Bestände und (bes. in Dtl.) zur Zerstörung vieler M.-Bauten. In den von Dtl. besetzten Ländern wurden erhebl. Mengen an Kunstgut aufgebracht und meist nach Dtl. transportiert. Nach dem Zusammenbruch setzte eine rückläufige Bewegung ein; die meisten ausgelagerten oder entfernten Bestände wurden an ihren alten Standort zurückgeführt. Große Teile der in sowjet. Hände gefallenen Kunstwerke wurden 1955–58 zurückgegeben. Wiederaufbau und Konsolidierung der dt. M. nahmen Jahrzehnte in Anspruch.

Nach dem 2. Weltkrieg sind überall in der Welt neue M. entstanden, so in Berlin (West): Neue Nat.-Gal., Bauhaus-Archiv; Bielefeld; Brasilia; Düsseldorf: Neubau der Kunstsammlung Nordrhein-Westfalen; Hannover: Kestner M., Kunst.-M. mit Samml. Sprengel; Köln: gemeinsamer Neubau für Wallraf-Richartz-Museum und Museum Ludwig; Mönchengladbach; New York: Guggenheim M., Whitney M.; Paris: Centre Pompidou, Musée d'Orsay (→Orsay), Musée Picasso; Stuttgart: Neue Staatsgalerie.

V. PLAGEMANN: Das dt. Kunst-M. 1790–1870 (1967); G. BOTT: Das M. der Zukunft (1970); – Führer: H. JEDDING: Keysers Führer durch M. u. Samml. (1961); Hb. der M. u. wissenschaftl. Samml. in der Dt. Dem. Rep., hg. v. H. A. KNORR (1963); E. ROLOFF: M., die nicht jeder kennt (Neuaufl. 1965); M. u. Samml. in Österreich, hg. v. W. MILAN (1968); Museen der Schweiz, hg. v. N. FLÜELER (1982).

Museum of Fine Arts [mju:z'ɪəm ɔv faɪn ɑ:ts] in Boston (USA), 1869 gegr. mit Abteilungen für europ., asiat. und amerikan. Malerei, Plastik und Kunsthandwerk sowie einer hervorragenden Samml. ägypt. Kleinkunst und einer der größten Samml. japan. Drucke. 1876 konnten die Samml. erstmals der Öffentlichkeit zugänglich gemacht werden. 1909 wurde der neoklassizist. Neubau, der 1981 um einen von I. M. PEI entworfenen W-Flügel erweitert wurde, fertiggestellt.

Museum of Modern Art [mju:z'ɪəm ɔv m'ɔdən ɑ:t], Abk. **MOMA,** New York, 1929 durch 5 Sammler gegr.; Kultur- und Studienzentrum mit Samml. moderner Malerei, Plastik und Graphik seit 1880, Sektionen für Architektur, Industrie-Design, Photographie und Film, dem ›Lillie P. Bliss International Study Center‹, wechselnden Ausstellungen u. a. kulturellen Veranstaltungen. Zahlreiche Stiftungen ermöglichten 1939 den Neubau von E. D. STONE (*1902, †1978) u. a., 1964 durch Anbauten von P. C. JOHNSON erweitert.

Musieren [lat.], nicht eindeutig geklärter Begriff der Maltechnik, in ma. Quellenschriften zuweilen als Synonym zu ›Florieren‹ gebraucht. Es gibt Hinweise, daß mit M. die Technik, Ornamente halbdeckend über polierte Vergoldungen zu malen, gemeint ist.

Musivgold [lat.], Maltechnik: kristallisiertes Zinndisulfid, dessen Herstellung als **Goldfarbe, Porporina** oder **aurum musicum** in Quellenschriften des 17. Jh. erwähnt wird. Wie Bronze diente M. zu goldfarbenen Malereien und Anstrichen.

musivische Arbeiten, sinnverwandt mit →Mosaik.

Muskau, Stadt an der Lausitzer Neiße, Dt. Dem. Rep., 5000 Ew., Schloß (16. Jh., 1863–66 umgebaut, seit 1945 Ruine); ausgedehnter Park, von H. FÜRST PÜCKLER 1815–45 im engl. Stil angelegt, Vorbild zahlreicher Landschaftsparks.

Muskelmann, ein plast., selten gezeichnetes, anatom. Modell des Menschen ohne Haut. In Kunst-Akad. waren M. ein wichtiges Studienobjekt, um Lage und Funktion der Muskeln und Sehnen zu veranschaulichen. (→Anatomie)

Musselinglas, Tüllglas, mit weißer Emailfarbe mattiertes Glas mit blank ausgesparten, meist regelmäßig angeordneten Schmuckelementen (Sternchen, Rosetten u. a.), seit 1823 bes. in Frankreich hergestellt.

Müstair [myʃt'aɪr], rätoroman. für →Münster 2).

Musterbuch, Samml. von Vorlagen, die dem ma. Künstler als ›exemplum‹ dienten und von schriftl. Anweisungen techn. und ikonograph. Art in der ›Schedula diversarum artium‹ des THEOPHILUS PRESBYTER oder dem ›Malerbuch vom Berge Athos‹ zu unterscheiden sind. Da die Funktion des M. nicht immer eindeutig ist, verschwimmen die Grenzen zum Skizzenbuch. V. a. für die karoling. und otton. Malerei werden M. vorausgesetzt, von denen aber keines überliefert ist. Das bedeutendste erhaltene M. ist das Bauhüttenbuch des VILLARD DE HONNECOURT (um 1240; Paris, Nat.-Bibliothek; BILD Villard de Honnecourt).

Muthẹsius, Hermann, Architekt, *Großneuhausen (Thüringen) 20. 4. 1861, †Berlin 26. 10. 1927, lernte in London (1896–1903) engl. Kunstgewerbe und Wohnkultur kennen und schuf, davon beeinflußt, v. a. große Landhäuser in Dtl. (Berlin); als freier Architekt und durch seine Schriften (u. a. ›Das engl. Haus‹, 3 Bde., 1904/05) übte er großen Einfluß auf den dt. Wohnhausbau aus. M. war Mitbegründer des Dt. →Werkbundes und der Gartenstadt Hellerau (Dresden).

H. M., hg. v. der Akad. der Künste (Berlin-West 1978); H.-J. HUBRICH: H. M. Die Schriften (Berlin-West 1981).

Mụtulus [lat.] *der, Mz.* **Mụtuli,** flache, rechteckige Platte an der Unterseite des vorspringenden Kranzgesimses am dorischen Tempel. Die M. sind je durch einen schmalen Abstand (Via) voneinander getrennt. An ihrer Unterseite hängen meist 3 Reihen von je 6 zylindr. Stiften, auch Tropfen (Guttae) genannt (BILD Säulenordnung).

Muziạno, Girolamo, gen. **il Giovane dẹi Paẹsi** [-dʒ'ovane-], ital. Maler, *Acquafredda bei Brescia 1532, †Rom 27. 4. 1592, in Venedig unter dem Eindruck von TIZIAN und bes. von D. CAMPAGNOLA ausgebildet, seit 1549 in Rom, wo er u. a. für GREGOR XIII. im Vatikan tätig war; übte starken Einfluß auf die zu seiner Zeit in Italien tätigen Niederländer aus.

Mykẹne, Mykẹnä, grch. **Mykẹnai,** bronzezeitl. Burg und Stadt im NO der Peloponnes (Argolis), im grch. Mythos Sitz Agamemnons. Auf dem Burgberg (278 m ü. M.) liegt das dreieckige Areal (von O nach W 350 m), das von der kyklop. Burgmauer mit dem Löwentor (Plan: A) umgrenzt wird. Sie wurde im 14. und 13. Jh. v. Chr. errichtet und bezog den Plattenring mit 6 →Schachtgräbern (D) mit ein. Hier fand H. SCHLIEMANN (1874–76) viele Skelette und kostbare Beigaben: Goldschmuck, Waffen, Gefäße und Totenmasken. Der Palast (F) war seit dem 14. Jh. v. Chr. ein zusammenhängender Komplex mit Megaronbauten, die sich um einen Innenhof mit Altar gruppierten. Über den Fundamenten dieser Palastanlage erstreckte sich nach N hin

Mykene: Plan der Burg

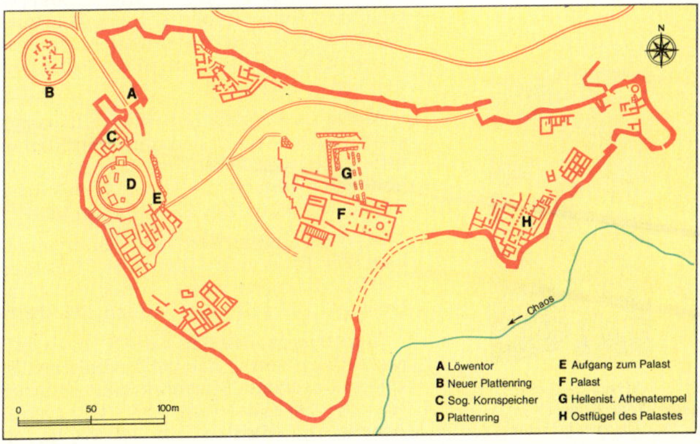

in grch. Zeit ein Tempel der Athena (G). Ostlich des Palastes finden sich an einer nach S ausspringenden Spitze des Burgberges an Korridoren aufgereihte Gemächer (H), vermutlich Werkstätten für Hofkünstler.

Außerhalb der Akropolis von M. fanden sich Grabanlagen, Wohnhäuser, Läden und Werkstätten. Ein zweites Gräberrund nordwestlich des Löwentores wurde 1951 aufgedeckt (B). Die keram. Beigaben zeigen, daß die Anfänge dieser fürstl. Nekropole weiter zurückreichen als die des Gräberrundes D; sie gehören noch ans Ende der mittleren Bronzezeit und vor die Zeit der kret. Einflüsse auf die myken. Kultur.

Von anderer Art sind die →Kuppelgräber, die seit dem späten 16. Jh. v. Chr. im Umkreis der Burg kunstvoll errichtet wurden. Das größte von ihnen wird Schatzhaus des →Atreus genannt. I. Ggs. zu den Schachtgräbern, die in der Tiefe verborgen waren, sind die Kuppelgräber sämtlich schon in antiker Zeit ausgeraubt worden. Bis zur Zerstörung der Burg um 1150 v. Chr. übten die Könige von M. eine Vormachtstellung über die achaiischen Griechen aus; M. war das bedeutendste Zentrum der frühgrch. – daher mykenisch genannten – Kultur (→kretisch-mykenische Kunst, →helladische Kunst).

G. E. MYLONAS: Mycenae and the Mycenaean age (Princeton, New Jersey, 1966); ders.: Mycenae, A guide to its ruins and history (Athen, 1973); J. CHADWICK; The Mycenean world (Cambridge, 1976).

mykenische Kunst, →kretisch-mykenische Kunst.

Mykerinos, ägypt. **Menkaure,** ägypt. König der 4. Dynastie (um 2500 v. Chr.), Nachfolger des CHEPHREN, erbaute bei →Giseh südwestlich von den Pyramiden des Cheops und Chephren die drittgrößte Pyramide; in dem dazugehörigen Totentempel wurden mehrere Statuen des M. gefunden (heute Kairo, Ägypt. Mus.).

Mylasa, antike Stadt in Karien (Kleinasien), heute die türk. Stadt **Milas,** rd. 70 km nordöstlich von Bodrum (Halikarnassos). M. erlebte Blütezeiten im 4. Jh. v. Chr. als Sitz pers. Satrapen. Von den einst zahlreichen Tempeln blieb fast nichts; gut erh. sind ein Tor sowie grch. und röm. Gräber, v. a. ein Mausoleum aus dem späten 1. Jh. v. Chr. mit säulengeschmücktem Obergeschoß. Zu M. gehörte das in der Nähe liegende Heiligtum von →Labranda.

Myra, antike Stadt in Lykien, Kleinasien, rd. 120 km südwestlich von Antalya, mit Bauresten und Architekturfassaden von Felskammergräbern (5.–4. Jh. v. Chr.); über einer spätantiken Anlage Kuppelbasilika (11. Jh.) des Hl. Nikolaus, des Bischofs von M.

Myrina, altgrch. Stadt in Kleinasien, rd. 40 km südlich von Pergamon (Bergama); Nekropole mit über 5000 Gräbern, in denen Tonfiguren (v. a. weibl.) aus hellenist. Zeit gefunden wurden. **(M.-Terrakotten).**

Myron: Diskobol; röm. Kopie (Rom, Thermenmuseum)

Myron, grch. Bildhauer des 5. Jh. v. Chr. aus Eleutherai (Attika). Von seinen nicht erhaltenen Bronzestatuen sind in kaiserzeitl. Marmorkopien gesichert nachgewiesen: der Diskobol (um 450 v. Chr.) und die Gruppe Athena und Marsyas (um 440 v. Chr.; BILD Athene).

Seine Tierplastiken waren bes. naturgetreu. M.s scharfe Charakterisierungskunst wurzelt im strengen Stil der frühen Klassik. Schwierige Bewegungsmotive werden in großartiger Vereinfachung dargestellt, die Körperformen klar herausgearbeitet und in ihrem organ. Zusammenhang lebendig erfaßt.

Myrtos, an der S-Küste Kretas, westlich von Hierapetra gelegener Grabungsplatz (KARTE kretisch-mykenische Kunst). Die hier freigelegten Reste einer Siedlung der 2. H. des 3. Jahrtsd. v. Chr. zeigen eine Anhäufung von etwa 90 viereckigen Räumen. Funde lassen auf Töpfereien u. a. Gewerbe sowie auf ein Kultzentrum schließen. Gut erh. Tongefäße sind im Mus. von Hagios Nikolaos. – Die um eine vornehme spätminoische ›Villa‹ gruppierte Siedlung auf der nur wenige km entfernt liegenden Höhe **Pyrgos** hat vielleicht das benachbarte Dorf M. am Ende des 3. Jahrtsd. v. Chr. abgelöst. Die ›Villa‹ wurde um 1450 v. Chr. zerstört, die Siedlung anscheinend erst später verlassen.

P. WARREN: M. (New York 1972).

Myslbek, 1) Josef Václav, tschech. Bildhauer, Vater von 2), *Prag 20. 6. 1848, †ebd. 2. 6. 1922, seit 1885 Prof. (1893–1919 Direktor) der Kunstgewerbeschule ebd.; schuf im historisierenden Stil der Spätromantik anfangs eher lyrisch empfundene, später realist. Plastiken. Sein HW ist das monumentale Reiterdenkmal des Hl. Wenzel auf dem Wenzelsplatz in Prag (Entwurf 1888, voll. 1922).

2) Karel, tschech. Maler, Sohn von 1), *Prag 24. 7. 1874, †Krakau 21. 8. 1915, malte anfangs impressionist. Landschaften, dann Bilder mit sozialkrit. Themen, nach 1910 wieder Landschaften.

Mysteri|enfries, Wandgemäldefries im Saal einer pompejan. Villa (Villa dei Misteri), um 60 v. Chr. Vor einem roten, mit gemalten Steinrahmungen verzierten Hintergrund entfaltet sich in großen Figurengruppen ein Mysterienfest; in Gegenwart des an Ariadne lehnenden Gottes Dionysos werden Initiationsriten vollzogen, umgeben von teils gelassen zuschauenden, teils sich im dionys. Taumel befindl. Gruppen und Einzelfiguren.

Mytens [mˈɛjtəns], **1)** Daniel d. Ä., niederländ. Maler, Onkel von 2), *Delft um 1590, †Den Haag um 1648, kam um 1614 nach England und wurde Hofmaler der Könige JAKOB I. und KARL I. Seine Porträts stehen unter dem Einfluß von P. P. RUBENS und A. VAN DYCK.

2) Jan, niederländ. Maler, Neffe von 1), *Den Haag um 1614, begraben ebd. 24. 12. 1670, malte höfisch-elegante Genredarstellungen und Porträts unter dem Einfluß von A. VAN DYCK.

Mzcheta, Ort bei Tiflis, Georg. SSR; bis zum 5. Jh. Hauptstadt des ostgeorg. Staates Iberien (aus dieser Zeit Baureste der Akropolis). Als Residenz des Katholikos der Georgier (seit dem 6. Jh.) besitzt M. Kirchen aus frühchristl. Zeit, u. a. die befestigte Dschwari-Kirche (um 600; Kreuzkuppelbau mit reliefgeschmückten Fassaden) sowie aus dem MA. die mächtige Sweti-Zchoweli-Kathedrale (1010–29; Kreuzkuppelkirche mit verlängertem Schiff und reichem plast. Schmuck am Außenbau; im 15. und 19. Jh. verändert) und die ähnl. Kirche von Samtawro (1. H. 11. Jh.).

N

Naantali, schwed. **Nådendal** [n'o:-], Hafenstadt westlich von Turku, Finnland, 8000 Ew., entstand um ein 1438 gegr. Birgittenkloster. Die spätgot. ehem. Klosterkirche ist erh.; sie birgt u. a. mehrere Grabmäler, einen Altar (Danziger Arbeit, 15. Jh.). In der Nähe liegt inmitten von Parkanlagen Schloß Kultaranta, ein Jugendstilbau, Sommerresidenz des finn. Staatspräsidenten.

Naarden [n'a:rdə], Stadt in der niederländ. Prov. Nordholland am Ijsselmeer, eine der besterhaltenen Festungsstädte. Innerhalb der Festung, 1675–85 nach dem System VAUBANS gebaut, ist das altertüml. Ortsbild bewahrt, das von der Grote Kerk (14./15. Jh.), einer spätgot. kreuzförmigen Basilika, beherrscht wird, die ein bemaltes Holzgewölbe mit bibl. Szenen (1518) und geschnitztes Chorgitter (1531) hat. Renaissance-Rathaus mit 2 Treppengiebeln (1601).

nabatäische Kunst, die Kunst der Nabatäer in der Mitte des 1. Jahrtsd. v. Chr. Die Nabatäer kamen aus der Wüste der Arab. Halbinsel und wurden auf den Hochflächen zw. syrischem Hauran und Rotem Meer seßhaft. Petra in Transjordanien und Hegra (heute Mada'in Salich) im Hidjas waren bed. Orte des nabatäischen Reiches, das seinen Höhepunkt in den beiden Jh. vor und nach Christi Geburt erreichte, bevor es 106 n. Chr. als Prov. Arabia Petraea dem Röm. Reich eingegliedert wurde.

Neben den Tempeln von Petra, Sila, Khirbet Tannur und er-Ram, die der Zeit um Christi Geburt angehören, sind es v. a. Hunderte von monumentalen Grabanlagen, die mit ihren aus dem Sandstein herausgehauenen Fassaden einen Eindruck von nabatäischer Baukunst vermitteln; ihre Meister werden in vielen Inschriften namentlich genannt. Die Gräber verbinden einen Innenraum, meist mit Annexen für die in den Fels eingelassenen Ruhestätten der Toten, mit einer von Pfeilern gegliederten und von Zinnenreihen bekrönten Fassade. Neben diesen oriental. Typus, der in Hegra üblich ist und auch im westlich orientierten →Petra vorherrscht, traten seit dem 1. Jh. v. Chr. hellenistisch-röm. Motive (Grabanlage el-Khazne, Petra mit zweigeschossiger Fassade, BILD Petra). Die Bauplastik ist wie die meisten aus Petra bekannt gewordenen Arbeiten dem hellenist. Stil verpflichtet, während die Götterbilder aus dem Heiligtum von Khirbet Tannur in Bildschema und Frontalität der parth. Kunst Palmyras und Hatras entsprechen. Die feine nabatäische Keramik, die in ihrer ganzen Breite aus der Töpferwerkstatt von Oboda bekannt geworden ist, zeigt in rosa, später rotbrauner Bemalung Palmetten, Girlanden, Rosetten, Früchte und Blattzweige auf rotem Grund.

M. LINDNER u. a.: Petra und das Kgr. der Nabatäer ([2]1974).

Nabeul [nab'œl], Stadt in NO-Tunesien am Golf von Hammamet, 46 800 Ew.; Anfang des 17. Jh. von span. Mauren nahe dem röm. **Neapolis** gegr. Töpferei- und Kunsthandwerkzentrum (Spitzenstickerei, Kunstschmieden). Staatl. Keramikmuseum.

Nabis: Maurice Denis, ›Die Musen‹; 1893 (Paris, Musée d'Orsay)

Nabis [nab'i, frz., von hebr. ›Propheten‹], eine Gruppe frz. Maler, die sich 1888 in Paris unter Führung von P. SÉRUSIER zusammenschlossen und v.a. unter dem Einfluß der Werke von P. GAUGUIN eine Erneuerung der Kunst forderten; ihre Werke sind allg. dem Symbolismus zuzuordnen. I. Ggs. zur impressionist. Formauflösung wollten die N. klare Vorstellungsbilder gestalten, v.a. mit dem Ausdrucksmittel der Farbe. Zu ihrem Kreis gehörten P. BONNARD, E. VUILLARD, F. VALLOTTON, später auch der Bildhauer A. MAILLOL. Ihre dekorative und rein ästhet. Malweise orientierte sich an den Theorien des Kunstschriftst. und Malers M. DENIS. Die N. wirkten u.a. auch in der Glasmalerei und in der Theaterdekoration; sie beeinflußten v.a. den Jugendstil. Nach 1900 löste sich die Gruppe auf.

Nabonid, babylonisch **Nabu-naïd,** letzter König aus Babylon (555–539 v. Chr.); er zeigte großes Interesse an Bauten der Vergangenheit und erneuerte in versch. babylon. Städten Tempel; bes. in Harran (N-Syrien, heute Türkei) ließ er das Heiligtum des Mondgottes Sin erneuern.

Nabor und Felix, mailänd. Märtyrer, nach der Legende Soldaten, die unter DIOKLETIAN um 304 wegen ihres christl. Glaubens hingerichtet wurden; in der bildenden Kunst als röm. Legionäre im Panzer, mit Schwert und Palme dargestellt: Relief auf einem Sarkophag des 5. Jh., Mailand, S. Ambrogio; in der Reihe der Heiligen auf einem Mosaik des 6. Jh. in Ravenna, S. Apollinare Nuovo; seit dem 12. Jh. als Ritter: Obergeschoß des Kölner Dreikönigsschreins.

Nabu, babylon. Gott der Schreibkunst und der Weisheit. Seine zentrale Kultstadt war Borsippa bei Babylon, doch genoß N. auch im neuassyr. Reich große Verehrung (z. B. Tempel in Ninive). Er wird ähnlich wie →Marduk dargestellt; sein Symbol: der Schreibgriffel.

Nachdunkeln, Maltechnik: **1)** Bez. für den Vorgang, daß einige anorgan. Pigmente, z. B. Zinnober, Bleimennige, in direktem Sonnenlicht durch Änderung ihrer Struktur dunkler werden, Zinnober sogar schwarz. **2)** Gilbung von öl- und harzhaltigen Bindemitteln in Malereien.

Nachgotik, die in der Renaissance und im Barock nachlebende Gotik (z. B. bei G. SANTINI). Die Wiederaufnahme got. Formen in der →Neugotik des 18. Jh. und der Romantik hat sich mancherorts unmittelbar an die N. angeschlossen.

Nachi [natʃi], seit der Heian-Zeit bed. shintoist. Bergheiligtum in Japan, im S Honshus auf einer Halbinsel. Die baul. Anlagen wurden durch ihre Komposition zur Natur in Beziehung gesetzt, so daß besondere Blickpunkte auf Berg und Wasserfälle entstanden. – Daneben liegt der bed. buddhist. Tempel Seiganto-ji, gegr. im 7. Jh., mit einer Kannon-Skulptur; Ausgangspunkt der Pilgerfahrt zu den 33 Kannon-Tempeln in W-Japan.

Nachna Kuthạra, Ort in Madhya Pradesh, Indien, mit Ruinen mehrerer früher hinduist. Steintempel der Guptazeit. Als architekton. Neuerung weist der Parvati-Tempel (um 500), auf einem Sockel mit Treppenzugang errichtet, einen Umwandlungsgang (Pradakshinapatha) um die Cella sowie ein Obergeschoß auf.

Náchod [n'a:xɔt], Stadt im Ostböhm. Kr., ČSSR, 19 300 Ew. – Die aus dem 13. Jh. stammende Burg wur-

Nachtstück: Adam Elsheimer, ›Flucht nach Ägypten‹; 1609 (München, Alte Pinakothek)

de 1566–1614 im Renaissancestil als Schloß umgebaut und im 17. Jh. barock umgestaltet (heute Mus., u. a. mit Barock- und Empiremöbeln und Gobelins nach Kartons von J. JORDAENS und J. FYT). Am Markt die got. Laurentius-Kirche (14. Jh., Inneres nach 1570), die in der Renaissance umgebaut wurde.

Nachpalastzeit, Periode der →kretisch-mykenischen Kunst, etwa 1375–1200 v. Chr.

Nachtstück, Malerei: figürl. oder landschaftl. Darstellung, deren dunkle Farbigkeit von einer oft von oben her einfallenden Lichtquelle (Mondlicht, Lampen, Kerzen, Fackeln) teilweise erhellt wird. Bes. gepflegt wurde das N. unter dem Einfluß der Bilder CARAVAGGIOS und A. ELSHEIMERS im Frühbarock. Es war eine Voraussetzung für die Helldunkelmalerei REMBRANDTS. (BILD S. 88)

Nachtwache, spätere, unzutreffende Benennung des 1642 von REMBRANDT gemalten Gruppenbildes der ›Kompagnie des Kapitäns Frans Banning Cocq‹ (Rijksmus., Amsterdam). Das überkommene Thema des Schützenstücks gestaltete Rembrandt als dramat. Vision eines Aufbruchs der Schützen in eigenwillig konzentrierter Beleuchtung und mit verdunkeltem Hintergrund. Restaurierungen (1946/47 und, durch einen Anschlag bedingt, 1975/76) hellten die trüben Farben auf, machten unkenntlich gewordene Einzelheiten wieder sichtbar und legten urspr. Malschichten frei.

E. HAVERKAMP BEGEMANN: Rembrandt. The Nightwatch (Princeton, New Jersey, 1982).

Nackenstütze, Kopfbank, Gerät, das zum Kopfauflegen beim Schlafen dient, oft in zeremoniellem Zusammenhang (Krieg, Kopfjagd); wichtiges Inventar in vielen Kulturen Ozeaniens; häufig mit mytholog. Motiven – z. B. Tierdarstellungen – beschnitzt. Es gibt zusammengesetzte N. mit Füßen aus Rotan und einer beschnitzten eigtl. Bank (häufig z. B. am unteren Sepik) oder N. mit Trägerfigur(en) am Huon-Golf (z. B. bei den Tami). In der Geelvink-Bai z. B. wurden die N. durchbrochen gearbeitet. Als N. dienen auch die Schädel Verstorbener oder Holzschädel (z. B. bei den Asmat). In Afrika gibt es ornamental beschnitzte N. bes. in Zaire (Kuba, Lulua), bei den Luba und Songe mit Trägerfiguren.

Nadar, Gaspard Félix, eigtl. **Tournachon** [turnaʃ'ɔ̃], frz. Schriftst., Zeichner, *Paris 5. 4. 1820, †ebd. 20. 3. 1910, zeichnete Karikaturen für Ztschr., gründete um 1850 ein photograph. Atelier und suchte die Photographie zu einer Kunstgattung zu erheben. N. veranstaltete 1874 die 1. impressionist. Ausstellung.

Nadelman [engl. n'ɑːdlmən], Elie, amerikan. Bildhauer und Graphiker poln. Herkunft, *Warschau 20. 2. 1882, †New York 28. 12. 1946, lebte seit 1903 für mehrere Jahre in Paris, dann in den USA; gestaltete Tänzerinnen, Artistinnen und Porträts sowie v. a. kleine zeitkrit. Skulpturen mit strengen, kurvig geschwungenen Umrissen und glatter Oberfläche.

Nadeln der Kleopatra, zwei von THUTMOSIS III. im 15. Jh. v. Chr. in Heliopolis (Ägypten) vor dem Tempel des Sonnengottes errichtete Obelisken, die um 23

v. Chr. in Alexandria vor dem Tempel des Caesar aufgestellt wurden. Als Geschenk der ägypt. Regierung kam der eine, 20 m hohe Obelisk 1878 nach London (jetzt am Victoria Embankment), der andere, 22 m hohe, 1880 nach New York (jetzt im Central Park).

Nadorp, Franz, Maler, Graphiker, Bildhauer, *Anholt (NRW) 23. 6. 1794, †Rom 13. 9. 1876, lebte ebd. seit 1828 als geistig führendes Mitgl. der →Deutschrömer. N. malte Historien- und Altarbilder; bedeutender sind seine Porträtzeichnungen.

Naga

Näfels, Gem. im schweizer. Kt. Glarus, 3900 Ew. Der Freulerpalast (1642–47) ist einer der eindrucksvollsten Herrensitze des 17. Jh. in der Schweiz; prächtiges Renaissanceportal, 2 Prunkzimmer mit kunstvollen Täfelungen und Kassettendecken (Mus.).

Naga, Ruinenstätte in N-Sudan mit Resten von Tempel- und Grabanlagen aus meroitischer Zeit (→Meroë), unter denen der Amuntempel des Königs NATAKAMANI (frühes 1. Jh. n. Chr.) hervorragt; ein weiterer Tempel dieses Königs ist dem löwengestaltigen Gott Apedemak geweiht. Aus dem 3. Jh. stammt der ›röm. Kiosk‹, ein kleiner Sakralbau, der Elemente hellenist. und meroit. Architektur verbindet.

Naga [Skt.], Schlange der ind. Volksreligion, ebenso in der buddhist. und hinduist. Kunst als Götterskulptur in menschl. Gestalt mit einer meist drei-, fünf- oder siebenköpfigen Kobrahaube in Stein und Terrakotta seit dem 2.–1. Jh. v. Chr. dargestellt.

Nagahama, Stadt in Japan, an der Ostküste des Biwa-Sees, mit dem buddhist. Tempel Daitsu-ji, einem Zweigtempel des Higashi Hongan-ji in Kioto, im Momoyama-Stil erbaut; Haupthalle und Besucherhalle wurden aus dem Fushimi-Schloß hierher versetzt.

Nagano, Stadt auf Honshu, in den Japan. Alpen; ehem. Tempelstadt des buddhist. Tempels Zenko-ji, 642 von Zenko gegr. Seine Haupthalle (1707) gehört zu den größten Holzbauten Japans; Bronzeskulpturen von Amida-Nyorai, Kannon und Seishi (angeblich aus Korea, in der Paekche-Zeit nach Japan gebracht). Die Tempelanlage gehört mit einer Fläche von 59 000 m² zu den größten und bedeutendsten Japans.

Nạgara-Stil, Tempelbauweise in N-Indien, die sich aus den einräumigen Sanktuarien der Guptazeit (Sanchi, Deogarh, Bhumara) v. a. an den Bauten der Chalukya-Dynastie in Aihole und Pattadakal im 6.–8. Jh. herausbildete und seither in Orissa (Mukhalingam, Bhubaneswar, Konarak), Zentralindien (Gyaraspur, Khajuraho), Rajasthan (Osia, Nagda, Kiradu) und Gujarat (Modhera) mit lokalen Varianten kanonisiert wurde. Über einer profilierten Plinthe (Jagati) erhebt sich der Tempelbau (Prasada, in Orissa ›Deul‹ gen.), bestehend aus der Cella mit Umwandlungsgang (Garbhagriha mit Pradakshinapatha) und einer oder mehreren Haupt- und Vorhallen (Mandapa). Die Außenwände mit zentralen und seitl. Skulpturennischen sind durch Risalite drei-, fünf- oder siebenfach gestaffelt, die an dem sich leicht verjüngenden Turm über der Cella (Shikhara) hochgeführt wurden. Diese betont vertikale

Linienführung unterscheidet den N. augenfällig vom →Dravida-Stil der Tempel S-Indiens, deren Türme durch eine pyramidenartige horizontale Schichtung gekennzeichnet sind. (BILD Tempel)

Nagarjunikonda, Nagarjunakonda, Hügel in Andhra Pradesh, SO-Indien, mit bed. Ruinen buddhist. Kultbauten des 2.–4. Jh.; Viharas, aus Ziegeln errichtete apsidiale Chaityahallen und eingezäunte Stupas mit Verkleidung aus Steinplatten, die mit Szenen der Buddhalegende reliefiert waren. Ferner Ruinen eines Amphitheaters mit röm. Anklängen und einiger hinduist. Tempel des Skanda-Kultes der Ikshvaku-Dynastie.

Nagasaki, Stadt in Japan, im W der Insel Kyushu, 447 100 Ew. Seit den Zerstörungen durch den Atombombenabwurf am 9. 8. 1945 sind nur einige bed. Tempel- und Schreinanlagen erhalten. Größter Schrein der Stadt ist der im 17. Jh. erbaute Suwa-Schrein; seine Gebäude liegen auf einer großen künstl. Terrasse an einem Berghang, mit dem sie durch eine langgezogene große Treppenanlage verbunden sind. Sofuku-ji, ein Tempel der zenbuddhist. Obaku-Sekte, wurde 1629 von einem chines. Priester gegr.; die Gebäude sind von der chines. Architektur der späten Ming-Zeit stark beeinflußt, bes. das Torgebäude.

Nagda, Ort im westl. Rajasthan, Indien, mit hinduist. Tempelgruppe vom Anf. des 11. Jh. Die Zwillingstempel ›Sas-Bahu‹, auf einer breiten Terrasse errichtet, umgeben von mehreren Nebenschreinen, sind an den Außenwänden mit Götterfiguren und Friesen reich reliefiert. In den zentralen Bildnischen der Cellawände und am Shikhara Darstellungen der Götterdreiheit Brahma, Vishnu und Shiva. Die Baugliederung läßt den entwickelten Nagara-Stil N-Indiens erkennen.

Nagel, 1) Otto, Maler, Graphiker, Publizist, *Berlin 27. 9. 1894, †ebd. 12. 7. 1967, 1956–62 Präs. der Dt. Akad. der Künste (Berlin-Ost), knüpfte als Autodidakt an H. ZILLE und KÄTHE KOLLWITZ an; Berliner Stadtansichten (bes. Arbeiterviertel), Arbeiterporträts. Samml. seiner Werke im Otto-Nagel-Mus. (Berlin-Ost).

2) Peter, Maler, Graphiker, *Kiel 6. 4. 1941, Mitbegründer der Gruppe Zebra. Seine stillebenhaften Bilder geben mit photograph. Genauigkeit oft plastisch wirkende, grell-farbige Gegenstände (Ballons u. a. Spielzeug) sowie leblos erscheinende, fahlgraue, v. a. kindl. Gestalten wieder.

Nagelfetisch, meist grob aus Holz geschnitzte Zauberfigur in Tier- oder Menschengestalt, in deren Körper Nägel u. a. Eisenstückchen stecken. Vor dem Bauch oder auf dem Rücken ist oft ein Behälter mit mag. Substanzen angebracht (ähnlich wie beim Spiegelfetisch). Verlangt man die Hilfe dieser Figur, wird ein Nagel eingeschlagen. N. sind bes. in Afrika am unteren Kongo verbreitet. Eine Beziehung (über die Portugiesen) zu europ. Nagelungspraktiken des späten MA wird vermutet.

R. LEHUARD: Fétiches à Clou du Bas-Zaire (Arnouville 1980); K.-F. SCHÄDLER; Zauber mit Bildern (1981).

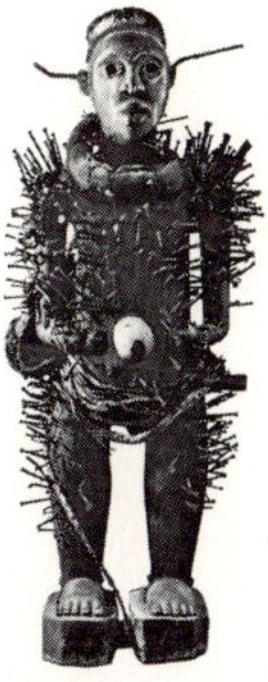

Nagelfetisch der Kongo, Zaire (Heidelberg, Partheim-Stiftung)

Nago, Volksgruppe in SW-Nigeria, zw. Fon und Yoruba. Die N. stellen v. a. Holzplastiken her (›Bochio‹-Schutzgeister, Kultgeräte), die denen der →Yoruba sehr ähneln.

Nagoya, Nagoja, Stadt in Japan, auf Honshu, 2,1 Mio. Ew.; ehem. Burgstadt. Die Burg, 1612 von dem Shogun TOKUGAWA IEYASU für seinen Sohn YOSHINAO ausgebaut, 1959 nach Kriegszerstörung rekonstruiert, ist heute Mus. – Nordöstlich der Stadt das Freilichtmus. Meiji-Mura mit bed. Gebäuden aus der Meiji- und Taisho-Zeit (Rekonstruktionen und Versetzungen). Die Architektur dieser Zeit stand unter starkem Einfluß europ. Stile des ausgehenden 19. und beginnenden 20. Jh., konnte jedoch in der Verschmelzung mit japan. Elementen Eigenständiges hervorbringen.

Nagybánya [n'ɔdjba:ɲɔ], Künstlerkolonie in Rumänien, begr. von S. HOLLÓSY, der seit 1896 mit seinen Münchner Malschülern hier den Sommer zubrachte. Aus einem anfängl. Realismus in der Malerei entwikkelte K. FERENCZY den zu einem kolorist. Impressionismus neigenden N.-Stil, der v. a. die ungar. Malerei mit der westeurop. Kunst der Zeit verband. – Seit 1918 befindet sich die Künstlerkolonie von N. in Baia-Mare.

Nahl, 1) Johann August d. Ä., Bildhauer, Innenarchitekt, Vater von 2), *Berlin 22. 8. 1710, †Kassel 22. 10. 1781, lernte bei A. SCHLÜTER und in Paris; 1741 nach Berlin, 1753 nach Kassel berufen (seit 1777 Direktor der Akad.). Seine in zarten Farben gehaltenen Innendekorationen, in denen sich reines Ornament mit figürl. und naturalist. Motiven verbindet, sind ein bed. Zeugnis des dt. Rokoko.

HW: Bibliothekszimmer (1745–47; Schloß Sanssouci); Konzertzimmer und Marschallsaal (Potsdam, Stadtschloß, zerstört); Modell einer Brunnengruppe (Berlin, Lustgarten); Plast. Schmuck des Opernhauses (Berlin-Ost); Räume in Schloß Charlottenburg (Berlin-West). – Rossebändiger (um 1767; Kassel, Karlsaue); Denkmal Landgraf Friedrich II. (aufgestellt 1783; Kassel); Ausstattung von Schloß Wilhelmstal bei Kassel.

2) Johann August d. J., Maler, Sohn von 1), *Zollikofen bei Bern 7. 3. 1752, †Kassel 31. 1. 1825, lehrte nach Studien bei J. H. TISCHBEIN D. Ä. und Fortbildung in Paris (E. LESUEUR, seit 1772) und Rom (1774–81) seit 1792 an der Akad. in Kassel (seit 1825 Direktor). – N. malte mytholog. und histor. Bilder im klassizist. Stil des späten 18. Jh.

Nain [nɛ̃], drei frz. Maler, →Le Nain.

Naịn, Nayịn, Ort in Zentral-Iran, 160 km östlich von Isfahan. Im N der um 960 errichteten Freitagsmoschee ein prachtvoller Stuckmichrab mit Rankenwerk (Blätter, Trauben, Halbpalmetten), daneben ein schöner Schnitzminbar; an der SO-Ecke der Moschee ein achteckiges Minarett auf quadrat. Basis mit Balkon, Kranzgesims und Bekrönung.

Nairọbi, Hauptstadt Kenias, 1660 m ü. M. auf der Athi-Ebene, 736 000 Ew. In der Stadtmitte gute Beispiele kolonialer Architektur aus der brit. Zeit. Im Nat.-Archiv Samml. zeitgenöss. kenian. Kunst. Im Nat.-Mus. prähistor. Abteilung mit Originalen und Kopien von ostafrikan. Felszeichnungen. In der Gal. Paa-ya-Paa ständige Ausstellung zeitgenöss. afrikan. Kunst.

Naiskos [grch.], kleines grch. Tempelchen, auch ein Kultbildschrein innerhalb eines Tempels. **N.-Bilder** sind Darstellungen mit Rahmen in Form eines N., v. a. in der antiken Grabkunst (attische Grabstelen, Apulische Vasen).

Naive Malerei, Naive Kunst, als Laienkunst außerhalb der kunstgeschichtl. Stilrichtungen stehende Kunst, die unmittelbar aus seel. Erleben erwächst. Im Unterschied zur Volkskunst und der vom Kult getragenen Kunst der Naturvölker ist sie ganz durch die Individualität des Künstlers geprägt, der die Malerei meist neben seinem Beruf (häufig erst im Ruhestand), aber als seinen eigtl. Lebensinhalt ausübt. N. M. ist detailfreudig exakt und harmonisch bunt von einer instinktiven Sicherheit in Komposition und Farbklang; ihre Themen reichen von der Umwelt des Künstlers bis zu phantast. Traumbildern. Die soziolog. Wurzeln der N. M., an der Bauern und Industriearbeiter, aber auch Intellektuelle teilhaben, sind schwer zu klären, da die Künstler erst mit dem Aufkommen der modernen Malerei (Fauvismus, Expressionismus, Kubismus, Dada) und dem damit verbundenen Verzicht auf die Maßstäbe akadem. Korrektheit ein breiteres Interesse auf sich zogen.

Am weitesten läßt sich die N. M. in den USA zurückverfolgen, wo sie sich im 18. Jh. aus der volkstüml. Gebrauchsmalerei von Wanderkünstlern herausbildete und sich mit Porträt, Pionierleben und bibl. Motiven (E. Hicks) beschäftigte. Der europ. N. M. näher verwandt waren die Bilder der Farmersfrau Anna Mary Moses, gen. Grandma Moses (*1860, †1961), und die erot. Szenen von M. Hirshfield (*1872, †1946). In Frankreich erhob der Zöllner H. Rousseau die N. M. als ›das große Reale‹ (W. Kandinsky) zu einem vollgültigen Beitrag zur modernen Kunst. Auch L. Vivin, Séraphine, A. Bauchant, C. Bombois, die der Kunstschriftst. W. Uhde 1928 zus. mit Rousseau als ›Maler des Hl. Herzens‹ ausstellte, waren bed. Künstler. In Dtl. gehören zur N. M. v.a.: J. A. Trillhase (*1859, †1936), A. Dietrich (*1877, †1936), F. Muche, gen. Ramholz (*1883, †1955), der ›Surrealist‹ F. Schröder-Sonnenstern, F. Gerlach (*1903, †1973), K. Mühlenhaupt (*1921), der Bergarbeiter und Plastiker E. Bödeker (*1904, †1971) und der nach Illustriertenbildern malende J. Wittlich (*1903, †1982). In vielen Ländern erfreut sich die N. M. einer so starken Nachfrage, daß die Laienkünstler zu Berufskünstlern wurden: Die bäuerl. Schule von Hlebine (Kroatien) mit I. Generalić geht bereits in die 2. Generation, ebenso die Schule von Port-au-Prince auf Haiti, wo der Wodumaler A. Pierre die von H. Hyppolite (*1894, †1948) gegründete Tradition fortsetzt. In Israel heben sich die bibl. Bilderbogen des Schalom von Safed (*1898) heraus. (Bilder C. Bombois, E. Hicks, I. Generalić, H. Rousseau, Séraphine)

Eine naive Plastik gibt es v. a. in O-Europa (der Jugoslawe B. Živković, *1920). Beispiel von naiver Architektur ist der ›Ideale Palast‹, in Hauterive Drôme

(Frankreich), den der Briefträger F. CHEVAL (*1836, †1924) in 45jähriger Arbeit aufbaute.

Ein Mus. für N. K. wurde 1982 in Nizza (Frankreich) eröffnet.

N. M., hg. v. R. ZUCK (1974); T. GROCHOWIAK: Dt. Naive Kunst (1976); A. JAKOVSKY: N. M. (a. d. Frz., 1976); O. BIHALJI-MERIN: Die Naiven der Welt ([3]1979).

Nájera [n'axεra], Städtchen (rd. 5000 Ew.) in der nordspan. Prov. Logroño, im 11. Jh. Residenzstadt der Könige von Navarra, die 1032 das Kloster S. María stifteten. Die Kirche (1422–53) ist, obwohl spät entstanden, noch der Hochgotik verpflichtet (Sterngewölbe im Querhaus); im Innern Sarkophag der DOÑA BIANCA DE NAVARRA (mit roman. Reliefplastiken, 12. Jh.), Sitzfigur der ›Madonna von N.‹ (12. Jh.) und spätgot. Chorgestühl (1493–95); isabellin. Kreuzgang (1517–28) mit üppigem Maßwerk.

Nakhọn Pathọm, älteste Stadt Thailands, 56 km westlich von Bangkok, 35 000 Ew.; war vermutlich die Hauptstadt des Mon-Reiches (→Mon) von Dvaravati. Die Architektur dieser Zeit, massive Ziegelbauten, ist nur ruinenhaft erh. Eines der ersten bekannten Bauwerke der Mon-Kunst von Dvaravati ist das Chedi Chula Paton, 7.–9. Jh. (heute Wat Phra Pathom); an jüngeren Baustufen fand man relativ gut erh., ehem. polychrome Stuckreliefs mit Darstellungen aus dem Leben des Buddha (heute im Mus. von U Thong). Der Stupa (BILD thailändische Kunst), von 4 Klosterbauten umgeben, die möglicherweise erst nach dem 11. Jh. über älteren Ruinen erbaut worden sind, ist etwa 120 m hoch und damit einer der höchsten überhaupt. Im Mus. von N. P. wesentl. Werke der Mon-Kunst.

Nakhon Si Thammarat, Stadt in Thailand, auf der Malayischen Halbinsel, als **Ligor** (malayisch) bereits in den ersten Jh. n. Chr. wichtig, bis in die Ayutthaya-Periode (14. Jh.) künstlerisch bedeutend. Wie in Chaiya war die Kunst z. T. javanisch beeinflußt (nicht erh.). Berühmtestes Bauwerk ist das Wat Phra Mahathat, erbaut und immer wieder restauriert zw. dem 8. und 19. Jh., bes. im 18. Jh., als eine prachtvolle Innenausstattung und schöne Flachreliefs am Stupa geschaffen wurden. – Das Mus. zeigt v. a. Stile der Halbinsel.

Naksch-e Redjẹb, Quellheiligtum nahe Persepolis, S-Iran (KARTE Alter Orient). Die Sassanidenkönige ARDASCHIR I. (224–241) und SCHAPUR I. (241–271) sowie der Oberpriester KARDIR (um 280) ließen hier Felsreliefs, z. T. mit Inschriften, anbringen. Dargestellt sind die Könige, wie sie vom Gott Ahura Masda den Ring der Herrschaft erhalten (Investitur), die Königin im Gebet vor der (heute versiegten) Quelle und König Schapur zu Pferd mit seinem Hofstaat.

Naksch-e Rostạm, Felsengräber nahe Persepolis, S-Iran (KARTE Alter Orient), in einer auffälligen senkrechten Felswand. Bereits um 1300 v. Chr. bestand hier ein elam. Heiligtum mit einem Felsrelief, das von einem sassanid. König teilweise zerstört wurde. Der Achaimenidenkönig DAREIOS I. (522–486 v. Chr.) und seine Nachfolger ließen in der Wand Felsgräber anlegen; die

20 m hohe kreuzförmige Fassade des Dareios-Grabes (Vorbild auch für die folgenden Anlagen) gibt in Reliefs einen Palasteingang, Völkerschaften des Reiches, die den Königsthron tragen, sowie den vor dem Gott Ahura Masda betenden König wieder. Vor den Gräbern steht ein monumentaler quadrat. Turm (›Ka'aba-e Zardoscht‹), dessen Bestimmung umstritten ist (Feuertempel?, Grabturm des Achaimeniden Kambyses?). Im 3. Jh. n. Chr. brachten 5 sassanid. Könige und der Oberpriester KARDIR (um 280) weitere monumentale Felsreliefs und Inschriften an der Felswand und der Ka'aba an (Investitur, Triumphszenen u. ä.) und umgaben das Heiligtum mit einer hohen Lehmziegelmauer (durch dt.-amerikan. Grabungen 1931–39 freigelegt, aber bereits wieder unkenntlich geworden). N. ist eines der würdevollsten Heiligtümer des Altertums in großartiger Landschaft. (BILD Felsengräber)

Nalạnda, Ort in Bihar, NO-Indien, mit Ruinen buddhist. Kult- und Klosterbauten des 6.–11./12. Jh. V. a. zur Palazeit galt N. als bed. Universität des Mahayana-Buddhismus (Beziehungen bis nach Java). Erh. sind Fundamente von 10 großen, teils zweigeschossigen Viharas und mehrerer Ziegeltempel mit reicher Stuckreliefierung, ferner der Sockel und Kern des aus Ziegeln errichteten, oft überbauten Hauptstupas mit Eckschreinen und zahlreichen Votivstupas. Die Stuckfiguren in den pilastergesäumten Wandnischen zeigen einen von Mathura und Sarnath beeinflußten Stil der späten Guptazeit. Aus der Palazeit stammen Steinreliefs und meisterl. Bronzen, darunter hinduist. Götterdarstellungen (Mus.).

Naletạle, Ruinenstädte in Simbabwe, 120 km nordöstlich von Bulawayo; ehem. Residenz des Roswi-Volkes, mit außerordentlich künstlerisch gestalteten Mauern, vermutlich erst Anf. des 19. Jh. entstanden.

Namban-Kunst [jap. ›südl. Barbaren‹], Bez. der Japaner für Werke, die aus dem Kontakt mit der portugies. und span. Jesuitenmission (1549–1639) und den europ. Handelsniederlassungen in Nagasaki (ab 1570) entstanden. Die Jesuitenschulen lehrten u. a. auch europ. Kunsttechniken, so ab 1590 Öl- und Tempera-Malerei sowie Kupferstich (GIOVANNI NICOLAO). Um diese Zeit entstanden die ersten christl. Andachtsbilder. Darstellungen japan. Sujets mit europ. Stilmitteln sind kaum erh. Künstlerisch bed. sind Stellschirme nach Vorbildern europ. Genremalerei und Darstellungen über die Ankunft der Portugiesen im Stil japan. Genremalerei (Namban-Byobu). Auf Lackgeräten, Keramik, Tsuba u. a. erschienen Figuren von Portugiesen, Schiffen oder Kreuzen als exot. Motive. Die größte Samml. von N.-Kunst befindet sich im Städtischen Museum in Kobe.

Namchi [-tʃi], **Namji** [-dʒi], kleine Volksgruppe im Adamaua-Hochland, Kamerun, etwa 20000 Menschen, die künstlerisch erst in jüngster Zeit durch ihre kleinen, abstrakt gestalteten Figuren bekannt geworden sind.

Namslau, poln. **Namysłów** [naˈmisłuf], Stadt in der

poln. Wwschaft Opole (Oppeln), 13000 Ew., mit Resten der Stadtmauer (14./15. Jh.); Pfarrkirche (1405 bis 1441), eine Halle mit spätgot. Kapellen (15./16. Jh.; 1868–69 erneuert); spätgot. Franziskanerkirche (13. bis 15. Jh.; später umgebaut); Rathaus (urspr. 15. Jh., um 1600 ausgebaut und im 18.–20. Jh. verändert). Das Schloß von 1360 wurde mehrmals umgebaut (heute Brauerei).

Namur [nam'y:r], fläm. **Namen** [n'a:mə], Hauptstadt der belg. Prov. N., 100300 Ew., kath. Bischofssitz. Wegen seiner strateg. Bedeutung (Zitadelle auf dem Sporn an der Mündung der Sambre in die Maas) war N. häufig umkämpft, so daß nur wenige histor. Bauten bewahrt sind. Älteste Kirche ist die spätgot. Kirche St. Jean (15. Jh.); barocke ehem. Jesuitenkirche St. Loup (1621–45) mit reicher gleichzeitiger Ausstattung; klassizist. Kathedrale St. Aubain (1751–67) mit Turm (15. Jh.) des Vorgängerbaus und barocker Ausstattung. N. hat viele Museen mit wertvollen Kunstschätzen, u. a. Musée diocésain (Schatz der Kathedrale, Reliquienschrein von Ardenne, 8. Jh., Kronenreliquiar, 13. Jh.); im Kloster der Sœurs de Notre-Dame Werke von →Hugo von Oignies; Musée des Arts anciens du Namurois (ma. Schmiedekunst, Dinanderien); Musée Félicien Rops (Werke des in N. geborenen Künstlers); in der ehem. Fleischhalle (16. Jh.) Musée Archéologique (röm. und frühma. Funde).

Nanching, Stadt in China, →Nanking.

Nancy [nãs'i], Hauptstadt des frz. Dép. Meurthe-et-Moselle, Kulturzentrum Lothringens, 111500 Ew.; kath. Bischofssitz. In der Altstadt liegen die Franziskanerkirche (Église des Cordeliers, 15. Jh.) mit den Grabmälern lothring. Herzöge (u. a. von L. RICHIER) und der achteckigen Chapelle Ducale (Kapelle der Herzöge, 1607 erbaut), die Porte de la Craffe (1336; mit 2 Rundtürmen, 1463), der Herzogspalast (Palais Ducal, urspr. 13. Jh., 1502–44 wiedererrichtet, im 19. Jh. restauriert) mit dem histor. Mus. (u. a. ma. Wandteppiche und Kupferstichsamml. von J. CALLOT) und der Parc de la Pépinière (mit Denkmal für Claude Lorrain von A. RODIN). Zentrum der seit dem 16. Jh., bes. aber unter STANISŁAW LESZCZYŃSKI durch E. HÉRÉ DE CORNY regelmäßig angelegten Neustadt mit der Kathedrale (1703–42, von J. HARDOUIN-MANSART und G. BOFFRAND) ist die prachtvolle Place Stanislas (1752–56) mit Rathaus, Gemäldegal. (Mus. des Beaux-Arts mit ital., niederländ. und v. a. frz. Malerei), Theater, Arc de Triomphe (für Ludwig XV.), vergoldeten Gittern und Brunnen. Daran schließen die langgestreckte Place de la Carrière mit einheitl. Häusern des 18. Jh. und die ovale Place Hémicicle mit dem Regierungspalast (Palais du Gouvernement, 1753) und halbkreisförmigen Kolonnaden an. Im SO der Stadt die Kirche Notre-Dame-de-Bon-Secours (1741) mit dem Mausoleum Stanisław Leszczyńskis und seiner Gemahlin. Im Mus. de l'École de N. kunsthandwerkl. Erzeugnisse des frz. Jugendstils von É. GALLÉ u. a.

Nandin [Skt.], einer der Ganas des ind. Gottes Shiva zugleich auch der Stier als dessen Symboltier. Seit dem

7. Jh. wurden Monumentalskulpturen des liegenden Stiers N. in Vorhallen von Shiva-Tempeln S-Indiens aufgestellt.

Nandipạda, Nandyavạrta [Skt.], ind. Glückszeichen in Kreisform mit 3 aufgesetzten Spitzen, häufig in Hand- und Fußflächen von Buddhafiguren geritzt und als Dekor auf Keramik gestempelt oder gemalt.

Nanga [japan. ›Südmalerei‹], auch **Bunjinga**, japan. Bez. der →Literatenmalerei.

Nanking, Nanching, amtlich chines. **Nanjing** [nandʒɪŋ], Hauptstadt der chines. Prov. Kiangsu, südlich des Yangtsekiang am Fuß des Purpurbergs, 2 Mio. Ew. Während der Zeiten chines. Teilstaatlichkeit (3.–6. Jh.; 10. Jh.) war N. Hauptstadt wechselnder Königreiche, 1368–1403 Regierungssitz der Ming-Dynastie (›südl. Hauptstadt‹); 1853–64 Hauptstadt der T'ai-p'ing-Bewegung, 1927–49 der Nationalregierung. 35 km lange Stadtmauer und Toranlagen sind gut erh. Im Zentrum der Stadt Trommelturm und Großer Glockenpavillon sowie Palast des T'ai-p'ing-Königs aus der Ming-Zeit (später Sitz der Kuomintang-Regierung) erh. Im S Palast aus der T'ai-p'ing-Zeit mit histor. Mus. Im O Provinz-Mus. mit reichhaltigen archäolog. Funden; Fundamentreste des unter dem ersten Ming-Kaiser HUNG-WU erbauten Palastes; außerhalb der Stadtmauer am Hang des Purpurhügels die 1381 erbaute Grabanlage von Hung-wu; südlich davon das auf künstl. Plattform errichtete Mausoleum von Sun Yatsen; weiter östlich der Ling-ku-Tempel mit der 1381 errichteten Wu-liang-Halle (42 m lang, 20 m hoch), eines der seltenen Beispiele für reine Ziegelbauarchitektur in China. Im SW nahe der Ortschaft Taningfang am Berg Niut'ou freigelegte Gräber der Regionalherrscher LI PIEN und LI CHING (10. Jh.) mit Wandmalereien und Skulpturen. Im NO der Stadt Reste der Gräber von Kaisern und Prinzen der Liang-Dynastie (502–557); sehr gut erh. ein Paar mächtiger, in Stein gehauener Grabwächterfiguren in Fabeltiergestalt sowie ein für die Architektur jener Zeit aufschlußreiches Paar freistehender Säulen mit Drachenpodest und fabeltiertragendem Kapitell in Form eines umgekehrten Lotus (Grab von Kaiser WEN der Liang-Dynastie, 6. Jh.); weiter nördlich nahe der Ortschaft Mach'ün der Ch'i-hsia-Tempel mit fünfstök-

Nanking: Grabwächterfigur der Liang-Gräber; 6. Jh.

kiger Pagode auf oktogonaler, mit Jataka-Darstellungen geschmückter Basis (10. Jh.), in der Nähe die Tausend-Buddha-Klippe, in Stein gehauene buddhist. Darstellungen, deren früheste in die Südl. Ch'i-Dynastie (2. H. des 5. Jh.) datiert werden.

Nanni di Banco, eigtl. Giovanni **d'Antọnio di Banco,** ital. Bildhauer, *Florenz um 1370–75, †ebd. zw. 9. und 12. 2. 1421, ging aus der Florentiner Dombauhütte hervor, wurde durch die Auseinandersetzung mit der Antike einer der Begründer der Frührenaissance. Seine zw. 1410 und 1418 für Or San Michele geschaffenen Statuen (Hl. Philippus, Quattro Coronati, Hl. Eligius) sind wichtig für die Rezeption der antiken Kontrapostfigur. Die Sitzstatue des Evangelisten Lukas, 1408–12 für die Domfassade geschaffen (heute Dom-Mus.), beeinflußte u. a. DONATELLO. Sein HW, das Relief mit der Himmelfahrt Mariae und der Gürtelspende an den Hl. Thomas über der Porta della Mandorla des Domes (1414 bis 1421), weist durch die Veranschaulichung eines Bewegungsvorganges weit in die Zukunft voraus.

M. WUNDRAM: Donatello und N. di B. (1970).

Nantes [nãt], breton. Hafenstadt in W-Frankreich, beiderseits der Loire 54 km oberhalb ihrer Mündung, 263 700 Ew.; kath. Bischofssitz. Im alten Stadtkern nördlich des herzogl. Schlosses (Château Ducal, ein festungsartiger Bau, seit 1466 an Stelle einer Burg errichtet; mit Kunstgewerbe- und Volkskundemus.) liegt die spätgot. Kathedrale (seit 1434 erbaut, 1892 voll.; Wiederaufbau nach Feuer 1972) mit Renaissance-Grabmälern der breton. Herzöge von M. COLOMBE. Unter den vielen Museen ragen das Mus. des Beaux-Arts (ital., niederländ. und v. a. frz. Gemälde) und das Mus. Dobrée (u. a. archäolog. Samml., ma. Kunstwerke) heraus.

Robert Nanteuil: Mazarin; Stich, 1656 (Ausschnitt)

Nanteuil [nãt'œj], **1)** Célestin François, eigtl. C. **Le Boeuf** [ləb'œf], frz. Maler, Graphiker, *Rom 11. 7. 1813, †Bourron-Marlotte (bei Paris) 4. 9. 1873, Illustrator bes. der frz. Romantiker (V. Hugo, T. Gautier).

2) Robert, frz. Zeichner, Kupferstecher, *Reims 1623(?), †Paris 9. 12. 1678, Schüler von A. BOSSE, der bedeutendste Porträtstecher des 17. Jh. in Frankreich. Seine über 200 Porträts, zuweilen nach Gemälden von P. DE CHAMPAIGNE und C. LEBRUN, zeichnen sich trotz höf. Haltung durch lebensnahe Charakterisierung aus; schrieb ›Maximes et réflections sur la peinture et sur la gravure‹.

Naọs, grch. Bez. für den ägypt. hausähnl. Götterbildschrein, auch für Tempel; beim →Peripteros ist der innere Kernbau, die Cella, gemeint. In der frühchristl. und byzantin. Architektur bezeichnet N. das Schiff (die Schiffe) einer Kirche als Aufenthaltsort der Laien, i. Ggs. zum dem Klerus vorbehaltenen Presbyterium oder Sanktuarium; im Neugrch. die Kirche selbst.

Nạpata, Ruinenstätte beim 4. Nilkatarakt im nördl. Sudan, seit 1500 v. Chr. südl. Grenzort des ägypt. Machtbereichs in Nubien, seit dem 8. Jh. v. Chr. Residenz nub. Könige, deren Reich (Kusch) politisch von Ägypten unabhängig war, kulturell und religiös aber an ägypt. Traditionen anknüpfte; so wurde als Hauptgott weiter der Amun (von N.) verehrt (Tempelanlage am Djebel Barkal, etwa 750 v. Chr.) und die Gräber der kuschit. Herrscher zeigten Pyramidenform; 712–664 v. Chr. herrschten die Kuschiten als 25. Dynastie auch über Ägypten. Seit dem 6. Jh. v. Chr. verlagerte sich der Schwerpunkt ihres Reichs nilaufwärts nach →Meroë, doch behielt N. bis in das 1. Jh. n. Chr. Bedeutung.

Nara, Stadt in Japan, auf Honshu 50 km südlich von Kioto, 297 900 Ew. N. liegt im östl. Bereich der ehem. Kaiserstadt **Heijo-kyo** (710–794), am Rand der Yamato-Ebene, die als kulturgeschichtl. Wiege der japan. Nation angesehen wird. Als 6. der geschichtl. Kaiserstädte wurde Heijo-kyo nach dem Vorbild des chines. Ch'angan (→Sian) als große rechteckige Anlage mit sich rechtwinklig kreuzenden Straßen erbaut. 7 große Tempelanlagen (davon 4 erh.) zierten die Stadt, Ausdruck der wachsenden Bedeutung des Buddhismus in dieser Zeit.

Als Zentrum der (auf dem Land entstandenen) Provinztempel wurde der Todai-ji 745 in einer nie dagewesenen großen nationalen Anstrengung in (für damalige Verhältnisse) riesigen Ausmaßen errichtet. Von der urspr. Anlage sind nur noch der Shosoin und das südl. Torgebäude (Nandaimon) in den originalen Maßen erh. (1195 nach Brand wiedererrichtet). In den Nischen zwei 8 m hohe Wächterfiguren (Ni-o), von Unkei und Kaikei geschnitzt. Die Haupthalle wurde beim Wiederaufbau 1195 im Grundriß um 40 % verkleinert, die Höhe blieb. Der heutige Bau stammt von 1709 und zählt zu den größten Holzbauten der Erde. Er beherbergt den Daibatsu, eine 16 m hohe sitzende Buddhaskulptur (→Bronzekunst). Der Tempel Kofuku-ji, 669 durch die Fujiwara-Familie in Yamashina bei Kioto gegr., wurde 710 nach Heijo-kyo versetzt. Er entwickelte sich zu einer großen Anlage (mit bis zu 175 Gebäuden, die aber weitgehend zerstört wurden). Heutige Gebäude: Haupthalle Kondo (1819) mit Holzplastik des Shakyamuni; fünfstöckige Pagode (1426); Tokon-do (1415), eine Halle mit einer Yakushi-Nyorai-Skulptur und weiteren Plastiken; eine dreistöckige Pagode (1143) mit guten Proportionen; eine achteckige Halle (Nan-endo, 1741) mit einer hölzernen Kannon-Skulp-

Nara: Der Tempel Todai-ji

tur (1188), eine weitere achteckige Halle (Hokuen-do; 1208) mit einer Miroku-Bosatsu-Statue von Unkei. In einem modernen Schatzhaus weitere Plastiken aus der Nara- und Heian-Zeit. Im SW der ehem. Kaiserstadt liegt der Tosho-dai-ji, gegr. 759 von dem chines. Priester GANJIN (T'ang-Dynastie). Das Hauptgebäude Kondo gilt wegen seiner harmon. Architektur als wertvollstes Gebäude der Nara-Zeit; lackierte vergoldete Holzstatue des sitzenden Buddha (864), tausendhändiger Kannon und ein Yakushi-Nyorai, alle chines. Ursprungs. Die Lesehalle Kodo (759) hat Bosatsu-Statue und Glokkenturm. Etwas südlich hiervon der Tempel Yakushi-ji, mit Buddha- und Bosatsu-Plastiken von 697. Der Tempel wurde 680 gegr. und 718 nach Heijo-kyo umgesiedelt. Gebäude: Kondo (1600), die östl. dreigeschossige Pagode (698) ist noch original erh., die westl. wurde 1978 rekonstruiert. Im Toindo, der östl. Halle, ein stehender Bronze-Kannon mit Platinlegierung, wahrscheinlich aus Paekche.

Das bedeutendste shintoist. Heiligtum von N. ist der Schrein Kasuga-Jinja, mit großer Gartenanlage, zahlreichen Kunstschätzen und dem Hirsch als Kultsymbol; 768 von der Fujiwara-Sippe für ihre Ahngottheiten errichtet, gilt als einer der ›Drei Schreine Japans‹. Mit gekrümmtem Dach, rotgestrichenen Holz- und weißen Putzflächen wurde er namengebend für den buddhistisch beeinflußten Architekturstil der Heian-Zeit (›Kasuga-Stil‹). Auch in der buddhistisch überlagerten Shinto-Malerei des MA. taucht der Name dieses Schreins häufig auf (z. B. Kasuga-mandara mit symbol. Hirsch im Mittelpunkt oder Emaki, die von Wundern berichten).

Südwestlich von N. liegt der →Horyuji.

Naramsin, König (um 2260-2223 v. Chr.) der Akkade-Dynastie in Babylonien, dessen offenbar sehr dynam. Persönlichkeit von den Babyloniern späterer Zeiten zum Typ des Unglücksherrschers stilisiert wurde. N. erneuerte das Reich seines Großvaters Sargon I. N. baute u. a. eine ›Pfalz‹ in Tell Brak (N-Syrien). Seinen Sieg über die Lulubäer, ein Bergvolk im Zagrosgebirge, verherrlicht eine in Susa gefundene Siegesstele aus Sandstein (heute Paris, Louvre), die ihn überlebensgroß in Siegerpose über den besiegten Feinden zeigt. In Komposition und Technik handelt es sich um ein Meisterwerk der Akkade-Zeit (BILD akkadische Kunst).

Naranco, span. Ort bei →Oviedo.

Narasimha [Skt. ›Mannlöwe‹], ein Avatara des hinduist. Gottes Vishnu in Gestalt eines löwenköpfigen Mannes, der den Dämon Hiranyakashipu mit bloßen Händen zerreißt. N. wurde seit der Gupta-Zeit in Mathura dargestellt; bed. Felsreliefs in Udayagiri, Badami, Mahabalipuram u. a.

Narayana [Skt.], Beiname des hinduist. Gottes Vishnu, bes. in dessen Darstellung als in den Urwassern ruhender Allgott (Sheshashayin) und als asket. Lehrer im Gespräch mit dem Weisen Nara.

Nara-Zeit, Epoche der japan. Geschichte (710 bis 794), in der Heijo-kyo, das heutige Nara, kaiserl. Residenz war (→japanische Kunst).

Narbonne [narb'ɔn], Stadt im frz. Dép. Aude, in der Languedoc-Ebene, 40500 Ew. Die unvoll. gebliebene Kathedrale hat einen Chor im Stil der nordfrz. Gotik mit 40 m hohen Wölbungen (Ende 13., Anfang 14. Jh.; im Innern Glasfenster des 14. Jh. und Grabdenkmäler des 14. und 16. Jh.). Der ehem. erzbischöfl. Palast (13./14. Jh.) wurde im 19. Jh. von E.-É. VIOLLET-LE-DUC erweitert durch den Bau des neugot. Hôtel de Ville (mit Mus., das Gemälde, Keramik und vorgeschichtl. Funde enthält); in der Kirche Lamourgier (13./14. Jh.) heute Mus. Lapidaire (v. a. galloröm. Kunst).

Narcissus, grch. Mythos: →Narkissos.

Nardo di Cione [-tʃ'o:ne], ital. Maler, wahrscheinlich Bruder von JACOPO DI CIONE und A. ORCAGNA, 1343–65 in Florenz nachweisbar, wo er die Fresken der Strozzi-Kapelle von S. Maria Novella schuf (um 1354 bis 1357), die an der Fensterwand das Jüngste Gericht, an den Seitenwänden das Paradies und, in Anlehnung an Dantes ›Inferno‹, die Hölle darstellen.

Nariño [-ɲo], Region an der südl. Pazifikküste Kolumbiens, an der Grenze zu Ecuador, auch Stilbez. für die künstler. Erzeugnisse dieser Region aus präkolumb. Zeit (500 v. Chr.–500 n. Chr.). Kennzeichnend für diesen Stil sind große hohle Tonfiguren mit aufgemalten Beinbändern. Die Keramikgefäße sind in Negativ- oder Abdecktechnik mit geometr. Mustern bemalt.

Narkissos, lat. **Narcissus,** dt. **Narziß,** grch. Mythos: der schöne Sohn des Flußgottes Kephisos und einer Nereide, der sich in unbefriedigter Liebe zu seinem Spiegelbild, das er im Wasser erblickte, verzehrte und schließlich in eine Narzisse (Blume der Unterwelt) verwandelt wurde. Dies war nach Ovid die Strafe dafür, daß er die Liebe der Nymphe Echo zurückgewiesen hatte. Häufig sind antike Darstellungen des N., nackt oder als Jäger, bekränzt an einer Quelle sitzend, in hellenist. und röm. Zeit v. a. auf Wandbildern (Pompeji) und Reliefs. Reizvolle Darstellungen des sein Spiegelbild betrachtenden N., meist in melanchol. Stimmung, schufen TINTORETTO, N. POUSSIN, CLAUDE LORRAIN, H. v. MARÉES, S. DALÍ.

Narmer, einer der letzten ägypt. Könige der prädynast. Zeit; nach Unterwerfung Unterägyptens (Darstellungen auf der →Narmer-Palette und einem Keulenkopf) vollendete er vermutlich um 2900 v. Chr. die Einigung des Reiches. In 1978 entdeckten Gräbern im O-Delta des Nils wurden Gefäße mit dem Namen des Königs gefunden, ähnl. Funde in S-Palästina deuten auf frühe Handelsbeziehungen mit Asien.

Narmer-Palette, ägypt. Prunkschminkpalette mit dem Namen des Königs →Narmer, in Hierakonpolis gefunden (heute Kairo, Ägypt. Mus.). Die 64 cm hohe Schieferplatte trägt auf beiden Seiten Reliefs von hohem künstler. Niveau; geschildert werden die siegreichen Feldzüge des oberägypt. Königs gegen die Unterägypter. Stilmerkmale wie Standlinie, Proportionskanon und Bedeutungsmaßstab der Figuren, die für alle späteren ägypt. Darstellungen verbindlich waren, sind auf der N.-P. zu finden. (BILD ägyptische Kunst)

Narni, auf einem steilen Bergsporn gelegene Stadt ma. Gepräges in der ital. Prov. Terni, Umbrien, 20800 Ew., von einer Burg (14. Jh.) überragt. Dom (12. Jh., Vorhalle 15. Jh.) mit frühchristl. Cassianskapelle (6. Jh.); Loggia dei Priori (Mitte 14. Jh.); Palazzo del Podestà (urspr. 13. Jh.; heute Pinakothek). Außerhalb von N. die Ruine der röm. Augustusbrücke (ein 30 m hoher Bogen der urspr. 128 m langen Brücke erh.).

Narrative Art [n'ærətıv ɑːt, engl. ›erzählende Kunst‹], **Story Art** [st'ɔːrı ɑːt], Richtung der zeitgenöss. Kunst, die in Form von Photosequenzen (oft mit kurzen Texten) pointierte Geschichten erzählt oder Wahrnehmungsfragen demonstriert. Die Photos dienen nicht als Illustration, sondern stehen in einem Spannungsverhältnis zueinander und zum Text. Die N. A. überschneidet sich mit Spurensicherung, Concept Art und Konzeptueller Photographie (D. ASKEVOLD, M. BADURA, J. BALDESSARI, D. BAY, B. BECKLEY, J. HILLIARD, P. HUTCHINSON, J. LE GAC, J. KLAUKE, D. MICHALS, W. WEGMAN).

Narthex [grch.] *der,* die Vorhalle der frühchristl. und byzantin. Kirchen. Im Ggs. zu dem nach außen geöffneten Portikus ist der N. dem Kircheninnenraum zugeordnet und Teil des Kultraumes. Dafür spricht auch die reiche Ausstattung mit Fresken und Mosaiken im byzantin. Bereich (Kirche des Choraklosters, Istanbul), die die erzählenden Bilderzyklen des Innenraumes fortsetzen. Man unterscheidet 2 Typen: den inneren N. **(Eso-N.),** der dem →Naos vorgebaut ist, und den äußeren N. **(Exo-N.)** als Vorbau der Kirchenfassade. Manche Kirchen besitzen beide N.-Formen.

Naryschkin-Barock, Bez. für eine eigenständige Sonderform des russ. Barock Ende 17. und Anf. 18. Jh. (z. B. Pokrow-Kirche in Fili bei Moskau, 1690–93), benannt nach der Kaufmannsfamilie NARYSCHKIN, die (v. a. in Moskau und Umgebung, daher auch **Moskauer Barock**) mehrere bed. Bauten dieser Zeit in Auftrag gegeben hatte. Der N.-B. verbindet die Traditionen der altruss. Baukunst (Motive der Holzschnitzerei werden in Stein wiederholt) mit westeurop. Einflüssen (symmetr. Grundrisse und Fassaden, reicher plast. Dekor der Mauern); für Kirchen charakteristisch der turmartige Aufbau, entstanden aus der Verbindung von eigtl. Kirche und Glockenturm.

Narziß, grch. Mythos: →Narkissos.

Nase, Baukunst: vorspringende Spitze am Überschneidungspunkt zweier Pässe im →Maßwerk. In den komplizierten Ausbildungen von Mehrpässen und Mehrblattgebilden der Spätgotik bekommt die N. oft (in Form einer Lilie oder Krabbe) eigene ornamentale Funktion.

N. heißen auch hornartige Gebilde an geschwungenen Fachwerkteilen (genaste Strebe) und die Aufhängungsvorrichtung an Dachziegeln (Biberschwanz). Als **Wasser-N.** wird die zum Abtropfen des Regenwassers an Gesimsen und vorspringenden Bauteilen angebrachte Profilierung bezeichnet.

Naserija, Ort in S-Irak, nahe Ur (KARTE Alter

John Nash: Royal Pavilion in Brighton, 1784–87 nach Plänen von Henry Holland errichtet und von John Nash 1815–23 umgestaltet

Orient), bei dem Teile einer Stele (?) aus der Akkade-Zeit (um 2300 v. Chr.) gefunden wurden. Die Fragmente aus grünl. Alabaster zeigen in 3 Registern eine einzelne Figur, einen Zug von nackten, im Block gefesselten Gefangenen mit einem Wachsoldaten (BILD akkadische Kunst) sowie akkad. Krieger mit ihrer Beute (heute Bagdad, Irak-Mus.).

Nash [næʃ], **1)** John, engl. Architekt, *London Sept. 1752, †East Cowes Castle (Isle of Wight) 13. 5. 1835. Als Günstling des Regenten und späteren Königs GEORG IV. erhielt er zahlreiche Bauaufträge; auf ihn gehen in London Regent Street und Regent's Park zurück. Seine Landhäuser und Cottages (Blaise Hamlet, Bristol, 1811) sind in historist. Stilen errichtet, den extravaganten Palast des Prinzen von Wales in Brighton baute er im Mogulstil um (Royal Pavilion, 1815–23).

2) Paul, engl. Maler, *London 11. 5. 1889, †Boscombe bei Bournemouth 11. 7. 1946, besuchte die Slade School in London und wurde von W. BLAKE und dem Surrealismus beeinflußt. Er behandelt v. a. landschaftl. Themen, in denen sich phantast. und konstruktive Elemente zu einer magisch-poet. Komposition vereinigen.

Nasik, Ort im nördl. Deccan, W-Indien, mit buddhist. Höhlenanlagen der Satavahana- und Saka-Dynastien des 1. Jh. v. Chr. bis 2. Jh. n. Chr., darunter eine Chaityahalle mit monolith. Stupa in der Apsis und reliefierter, über dem Eingang von einem Giebelfenster (Kudu) durchbrochener Fassade sowie mehreren Viharas mit säulengetragenen Veranden und reliefierten Wächter- und Atlantenfiguren.

Nasriden, Naßriden, Banu l-Achmar, die letzte spanisch-arab. Dynastie in Granada (1238–1492), unter deren Herrschaft die islam. Kunst des →maurischen Stils einen Höhepunkt mit dem Bau der →Alhambra erreichte. In Malaga wurden in der N.-Zeit Lüsterfayence (→Alhambravasen), in Toledo gold- und emailverzierte Waffen produziert.

Nassau, 1) Stadt an der unteren Lahn, Rheinl.-Pf., 5400 Ew. Die 1101 beg. Burg N. wurde 1971 ff. in alten Formen wiederaufgebaut; unterhalb Reste der Burg Stein (1234), Stammburg der Herren vom und zum Stein. Deren 1621 im Spätrenaissancestil erbautes Schloß ließ Reichsfrhr. K. VOM STEIN 1815–19 um einen achteckigen neugot. Wohnturm als patriot. Mahnmal für die Freiheitskriege erweitern. Das Rathaus (ehem. Adolzheimer Hof) ist ein prachtvoller Fachwerkbau von 1607–09; spätroman. Chorturm der Pfarrkirche.

2) [n'æsɔː], Hauptstadt der Bahamas, auf der Insel New Providence, 126 000 Ew.; 1670 gegr. Die älteste erh. Befestigungsanlage der Insel ist Fort Montagu (1742); zu den Ruinen des schiffsähnlich angelegten Fort Fincastle (1793) führt eine 30 m hohe Treppenanlage (›Königintreppe‹). Das achteckige Gebäude der heutigen Stadtbibl. diente ehemals als Sklavengefängnis. Die anglikan. Christ Church Cathedral wurde 1837–40 in neugot. Stil errichtet.

Naß in naß, Maltechnik, bei der die Farben, ohne daß das Trocknen abgewartet wird, neben- und übereinandergesetzt werden; sie ermöglicht sowohl feinstes Verreiben als auch turbulente Vermischungen in den Grenzbereichen (→Primamalerei).

Nataṛaja [Skt. ›König des Tanzes‹], der hinduist. Gott Shiva in tänzerischer Haltung, den kosmischen Kreislauf symbolisierend. Bronzestatuen aus S-Indien zeigen N., mit schwingenden Armen (Gajahasta) und erhobenem linken Bein auf dem Zwerg der Unwissenheit stehend, in einer Flammenaureole.

Natchez [n'ætʃɪz], Stadt im Bundesstaat Mississippi, USA, am Steilufer des Mississippi, 22 000 Ew., war bis zum Bürgerkrieg Zentrum eines reichen Baumwollgebiets und hat seinen Charakter aus dieser Zeit bewahrt; rd. 30 der alten Südstaaten-Herrenhäuser (›Ante Bellum Mansions‹) sind erh., zahlreiche Herrensitze der großen Baumwollplantagen.

Natẹnz, Natạns, Ort in Iran, nördlich von Isfahan. Das älteste Bauwerk im Grabkomplex des Abd Samad

Nataraja: Bronze; 10.–13. Jh. (Zürich, Museum Rietberg)

al-Isfahani ist die von den Seldschuken erbaute achteckige Pavillonmoschee, die 1304/05 in eine Vier-Iwan-Moschee einbezogen wurde. Das Mausoleum (1307) ist von einem achteckigen Zeltdach mit hellblauen, glasierten Fliesenziegeln bedeckt. Von dem 1316 erbauten Chanekah (Kloster) sind nur noch die Fassade und ein schlankes Minarett (1324) mit glasierten Ziegeln, Inschriftenbändern und einem Balkon erhalten.

Nathadvara, Hauptstadt der Verehrung des Shri Nathji (Krishna als Govardhanadhara) in Rajasthan, Indien; hier wurden Pichvais hergestellt.

Nationalgalerie, Nationalmuseum, Samml. hervorragender nationaler Kultur- und Kunstgüter im Besitz der Nation.

BEDEUTENDE NATIONALGALERIEN

National Gallery in London [næʃnl g'ælərɪ-], 1824 durch den vom Parlament beschlossenen Ankauf der Angerstein-Samml. gegr., durch Stiftungen rasch vermehrt und 1838 in dem von W. WILKINS errichteten Bau am Trafalgar Square eröffnet, wurde mehrmals erweitert und 1897 durch die Ausgliederung der neueren Kunst in die **Tate Gallery** [teɪt-] entlastet. Dank der kostbaren Stücke, die ihr immer wieder aus engl. Adelsbesitz zufielen, entwickelte sie sich zu einer der wertvollsten Samml. der europ. Malerei. Ihrem Beispiel folgten die N. von Schottland in Edinburgh und die N. von Irland in Dublin.

Nationalgalerie in Berlin, gegr. mit der dem preuß. Staat vermachten Gemäldesamml. des Kaufmanns W. WAGENER, wurde 1876 in dem von A. STÜLER und H. STRACK auf der Museumsinsel errichteten Bau eröffnet (im 2. Weltkrieg z. T. zerstört, Wiederaufbau 1955 abgeschlossen). Sie bot den umfassendsten Überblick der dt. Kunst seit der Zeit um 1800 und enthielt auch bed. Bilder frz. Impressionisten. Die Abteilung für die Kunst der Gegenwart befand sich seit 1927 im Kronprinzenpalais (unter dem Nationalsozialismus geschlossen). Im Krieg erlitten die Samml. schwere Verluste. Zur Neuen N. in Berlin (West) →Staatliche Museen.

Galleria Nazionale in Rom, die Gemälde-Gal. in den Palazzi Corsini und Barberini, die aus der Samml. des Kardinals NERI MARIA CORSINI (*1685, †1770) entstanden und 1883 in den Besitz des Staates übergingen.

National Gallery in Washington, 1936 von A. W. MELLON gestiftet, von J. C. ROPE erbaut und 1941 eröffnet. Sie ist eine Abteilung der →Smithsonian Institution und umfaßt die der Nation gestifteten Samml. von A. W. MELLON, S. H. KRESS und J. WIDENER, zu denen viele andere Schenkungen kamen, und außer Gemälden (u. a. Werke aus der Eremitage in Leningrad) auch Werke der Plastik (z. B. die Renaissance-Bronzen der Samml. DREYFUS, Paris). Durch Neuerwerbungen ständig vermehrt (bes. aus der Samml. COOK in Richmond), hat sie sich in kurzer Zeit zu einem der bedeutendsten Mus. entwickelt.

GESCHICHTE

Die Idee des Nat.-Mus. geht auf die Frz. Revolution zurück, die den Kunstbesitz des Adels und der Kirche zum Besitz der Nation erklärte und im →Louvre in Paris 1793 das 1. Nat.-Mus. eröffnete. Diese Idee vom Mus. als Schausamml. nat. Kultur wurde von den nat. Bewegungen in Österreich-Ungarn aufgegriffen (Nat.-Mus. Budapest, gegr. 1802). Es folgten die Nat.-Mus. in Stockholm, Kopenhagen und Oslo. Nach den Freiheitskriegen gründete FRHR. VOM STEIN zur Unterstützung der dt. nat. Bewegung 1819 die ›Gesellschaft für Dtl.s ältere Geschichtskunde‹; der Plan eines nat. Mus. scheiterte an den Partikularinteressen der Territorialfürsten. Erst 1852 wurde auf Initiative des FRHR. VON UND ZU AUFSESS das ›German. Nat.-Mus.‹ in Nürnberg gegr., 1855 folgte das ›Bayer. Nat.-Mus.‹ in München.

In Italien wurde 1857–65 z. Z. der ital. Nationalbewegung der →Bargello in Florenz als Museo Nazionale mit ital. (Florentiner) Kultur- und Kunstdenkmälern eingerichtet; Nat.-Museen sind u. a. auch die Antikensamml. in den Diokletians-Thermen in Rom und in Neapel das Archäolog. Mus. das die →Farnesischen Sammlungen und Ausgrabungen aus den Vesuvstädten enthält, sowie die Gemälde-Gal. im Palazzo di →Capodimonte. In Spanien ist der →Prado Nat.-Mus. (seit 1868), ebenso u. a. das Archäolog. Mus. in Madrid. N. in Portugal →Lissabon.

Nationalromantik, seltener **Nationaler Realismus,** die in Nordeuropa zw. 1890 und 1920 vorherrschende Auffassung in der Kunst, bes. der Architektur. In der N. wurden Einflüsse der Architektur um 1800, des ›Arts and Crafts Movement‹, der Neugotik, des Jugendstils und des maler. Symbolismus verarbeitet. In Finnland zählen ELIEL SAARINEN, L. SONCK, in Schweden O. ALMQVIST, G. ASPLUND, S. LEWERENTZ, in Dänemark K. FISKER zu den bedeutendsten Vertretern.

S. E. RASMUSSEN: Nord. Baukunst (1940); K. FISKER u. K. MILLECH: Danske arkitekturstrømninger 1850–1950 (Kopenhagen 1951).

Natoire [natw'a:r], Charles Joseph, frz. Maler, *Nîmes 3. 3. 1700, †Castel Gandolfo (bei Rom) 29. 8. 1777, seit 1717 Schüler von F. LEMOYNE, war 1723–29 in Rom und dort 1751–74 Direktor der Académie de France; einer der glänzendsten dekorativen Maler des Rokoko (›Geschichte der Psyche‹, 1737–39, Paris, Hôtel de Soubise; Kartons für Teppichserien der Manufakturen von Paris und Beauvais, z. B. ›Don Quichotte‹ und ›Telemach‹; Deckenfresko in S. Luigi dei Francesi in Rom, 1754). In seinen Landschaftszeichnungen steht er H. ROBERT nahe.

Natrontal, arab. **Wadi an-Natrun,** 32 km lange Senke westlich des Nildeltas in der Libyschen Wüste (KARTE ägyptische Kunst). – Seit dem 4. Jh. war das N. Mittelpunkt der ägypt. Eremiten. Von den zahlreichen in Quellen genannten Mönchssiedlungen bestehen heute noch 4 befestigte kopt. Klöster, deren Baugestalt im wesentlichen noch ma. ist: Deir el-Baramus (Kloster der Römer), Deir as-Surijani (Kloster der Syrer), Deir Anba Bisui (Kloster von Pschoi) und Deir Abu Makar (Kloster des Makarios).

Natter, 1) Heinrich, österr. Bildhauer, *Graun (Vintschgau/Südtirol) 16. 3. 1846, †Wien 13. 4. 1892, lebte seit 1868 in München, seit 1876 in Wien.

HW: Denkmäler: U. Zwingli (1885; Zürich); J. Haydn (1887; Wien); Walther von der Vogelweide (1889; Bozen); A. Hofer (1892, nach N.s Tod eingeweiht; Innsbruck, Berg Isel).

2) Johann Lorenz, Steinschneider, Medailleur, *Biberach a. d. Riß 21. 3. 1705, †St. Petersburg 27. 10. 1763, arbeitete bes. Porträts in klassizist. Stil.

Nattier [natj'e], Jean-Marc d. J., frz. Porträtmaler, *Paris 17. 3. 1685, †ebd. 7. 11. 1766, wurde 1718 Mitgl. der Akad., schuf Porträts v. a. von Damen der höf. Gesellschaft, oft in mytholog. Verkleidung und liebenswürdig-gefälliger Malweise in hellen Farben und lockerer Komposition; Meisterwerke der Rokokomalerei.

Natufien [-fj'ɛ̃, n. d. Fundort Wadi an-Natuf, Westjordanien], vorjungsteinzeitl. (protoneolith.) Kultur mit Schwerpunkt in Palästina-Syrien, etwa 12.–7. Jahrtsd. v. Chr. Die Höhlenbewohner dieses Raumes lebten überwiegend vom Jagen und Sammeln, aber auch Frühformen von Ackerbau und Viehzucht scheint es gegeben zu haben. Ernte- und Verarbeitungsgeräte (Sichel, Mörser, Stößel) wurden nicht nur in Höhlen, sondern auch in Siedlungen (Rundhütten, Friedhöfe) auf dem offenen Land wie in Eynan (Ain Mallaha am Ufer des Hule-Sees, nördl. Jordantal), in Jericho (mit Befestigungsanlagen) und in Muraibit am mittleren Euphrat gefunden. Keramik war noch nicht bekannt.

Naturalismus, →Realismus.

Natura morta [ital.], **Nature morte** [natyrm'ɔrt, frz.], das →Stilleben.

Naturdenkmal, geschützte naturnahe Fläche, bis zu einer Größe von 5 ha, oder geschütztes Naturgebilde, dessen Erhaltung wegen seiner wissenschaftl., geschichtl., ästhet., heimat- und volkskundl. Bedeutung oder wegen seiner Eigenart oder Seltenheit im öffentl. Interesse liegt.

Naturns, ital. **Naturno,** Gem. im unteren Vintschgau, Südtirol, 3900 Ew.; am südl. Ortsrand die Kirche St. Prokulus (8. Jh., Turm 12. Jh.) mit Fresken aus dem 8. Jh. (Einfluß der iroschott. Buchmalerei); Pfarrkirche St. Zeno mit karoling. Bauresten. Bei N. die Burgen Hochnaturns und Dornsberg. (BILD S. 108)

Naturvölker, Kunst der N., primitive Kunst, Stammeskunst, die traditionelle Kunst der Völker und Stämme, die in starkem Maß von ihrer natürl. Umwelt abhängig sind und sich an sie angepaßt haben (v. a. Afrika, Ozeanien, Indoamerika). Sie ist weder ›primitiv‹, noch stellt sie (wie lange geglaubt) eine frühe Entwicklungsstufe dar. Sie beinhaltet vielmehr einen voll entwickelten künstler. Ausdruck der jeweiligen Gruppe und weist insgesamt ein Spektrum von konsequenter Abstraktion bis zum Realismus auf.

Die Kunst des Ornamentierens ist bei allen N. verbreitet und bei manchen hoch entwickelt (→Ornament). An die Kulturform von Jägern und Sammlern gebunden sind wohl Gravierungen und Malereien mit Erdfarben auf Fels- oder Höhlenwänden, z. B. die →Felsbilder der Buschmänner, der Australier, die auf große Bison- oder Hirschdecken gemalten Bilder der Plains-Indianer, in denen die wichtigsten Ereignisse je

Naturns: Flucht des Hl. Prokulus; Fresko, 8. Jh.

eines Jahres festgehalten wurden, die in Knochenstäbe geritzten Jagdszenen der →Eskimo u. a. Diese Darstellungen werden meist als Jagdmagie gedeutet.

Wichtige künstler. Ausdrucksform seßhafter N. ist die Plastik (→Bildhauerkunst). Sie dient v. a. der Anfertigung von Gegenständen und Masken, die im Kultleben eine besondere Rolle spielen, zuweilen aber auch als ausgesprochene Hofkunst, z. B. an Königshöfen Zentral- und Westafrikas, in Erscheinung treten. Verarbeitet werden Holz (→Holzbildhauerei), Metalle (→Bronzekunst, →Eisenplastik, →Goldschmiedekunst), Ton (→Terrakotta, →Tonplastik), Elfenbein (→Elfenbeinschnitzerei) und Stein, v. a. bei den Alaska-Eskimo (Einfluß der Nordwestküstenindianer) aber auch Knochen und Bein. N. mit starker Verehrung der Ahnen sind häufig reich an plast. Kunstwerken. Ahnenfiguren (→Ahnenbild) und →Masken werden, ebenso wie Zauberfiguren (Fetische), die eine Schutzfunktion erfüllen, größtenteils aus Holz hergestellt. Wappenpfähle (fälschlich ›Totempfähle‹) lassen in ihrem figürl. Schnitzwerk die myth. Beziehungen der Menschen zu bestimmten Tierarten erkennen (→Indianer).

Die religiös-magische Bedingtheit der Kunst im Leben der N. ist so stark, daß ein ›Kunstwerk um der Kunst willen‹ kaum vorstellbar ist. Dadurch, daß sie bestimmte relig. oder gesellschaftl. Aufgaben innerhalb der Gemeinschaft zu erfüllen hat, wird die Kunst bestimmt von den jeweils gültigen und anerkannten Normen, die in der Stammestradition wurzeln. Dadurch sind die künstler. Ausdrucksformen in höherem Maße statisch als im europ. Kulturkreis. Die traditionsgebundenen Stilfaktoren, bes. für Plastiken (Figuren, Masken), werden oft in bestimmten Familien vererbt, ohne daß es aber etwa urspr. ein berufsmäßiges Künstlertum bei den N. gab. Gewisse Ausnahmen sind z. B. an afrikan. Königshöfen (Yoruba, Benin) erkennbar. Von Bedeutung für die Form ist schließlich die Technik, die, von Ausnahmen abgesehen, z. B. eine Figur in dem vorgegebenen Volumen, beim Holz in der gewachsenen Form des Baumstamms, unterbringen muß. Schließlich macht sich die Kunst der N., v. a. die ornamentale, bemerkbar in →Flechtarbeiten wie in den Erzeugnissen der →Textilkunst und in eingeritzten oder aufgemalten Mustern der Töpferei (→Keramik). Die Technik vielseitiger →Federarbeiten erreichte Höhepunkte bei N. Südamerikas und Polynesiens (Hawaii). – Die Architektur der N., die bed. Beispiele von Holz- (Indonesien, Ozeanien) und von →Lehmarchitektur aufweist, hat bisher wenig Beachtung erfahren.

Die dem europ. Auge meist fremde Formenwelt hat seit etwa 1910 immer wieder ästhet. Interpretationen gefunden, die häufig jedoch die ethnograph. Gegebenheiten übersahen, und hat die moderne Kunst angeregt und beeinflußt (um 1906 bereits bei H. MATISSE, dann A. DERAIN, A. MODIGLIANI, E. L. KIRCHNER, E. NOLDE, K. SCHMIDT-ROTTLUFF, P. PICASSO bis hin zu J. BEUYS).

In jüngster Zeit ist die Kunst der N. einerseits gekennzeichnet durch die Verbreitung von →Airport Art, andererseits durch moderne Weiter- oder Neuentwicklung, z. T. von europ. Vorbildern beeinflußt, z. T. unter bewußter Negierung derselben (→afrikanische Kunst, →Australier, →Neuguinea).

Wichtige Museen für die Kunst der N. sind das Mus. of Primitive Art (Rockefeller Coll. im →Metropolitan Museum of Art), New York, das Brooklyn Mus., New York, das Mus. de l'Homme und das Mus. des Arts Africains et Océaniens, Paris, sowie – weniger speziell – alle großen ethnolog. Museen der Erde.

F. BOAS: Primitive art (New York 1955); C. ROY: Arts sauvages (Paris 1957); HERTA HASELBERGER: Kunstethnologie (1969); E. GUIDONI: Architektur der primitiven Kulturen (1976); ELSY LEUZINGER: Die Kunst der N. (1978); T. BODROGI: Stammeskunst, 2 Bde. (1983). – Weitere Lit.: afrikanische Kunst, Andine Hochkulturen, Australier, Eskimo, Felsbilder, Indianer, Mesoamerikanische Hochkulturen, Ozeanien.

Natyamaṇdapa [Skt.], Tanzhalle ind. Tempel, zumeist als offene Säulenhalle dem Hauptbau vorgelagert.

Nauen, Heinrich, Maler, Graphiker, *Krefeld 1. 6. 1880, †Kalkar 26. 11. 1940, malte, ausgehend von P. CÉZANNE und H. MATISSE, in einem eigenen expressionist. Stil bes. Stilleben und Landschaften in heller, kräftiger Farbgebung.

Nauheim, Bad. N., Heilbad im Wetteraukreis, Hessen, 26400 Ew., besitzt mit seinen Kur- und Badeanlagen die wohl größte einheitl. Gebäudegruppe des Jugendstils in Dtl. (1905–11), bestehend aus dem durch Arkadengänge begrenzten Sprudelhof und 6 Badehäusern mit 238 Badezellen, die sich um Schmuckhöfe gruppieren.

Naukydes, grch. Bildhauer aus Argos, wahrscheinlich 420–370 v. Chr. tätig, Schüler des POLYKLET; einige seiner nicht erh. Werke (›Diskobol‹, ›Hermes Pitti‹ u. a.) glaubt man in Kopien nachweisen zu können.

Nauman [n'aumən], Bruce, amerikan. Künstler,

Bruce Nauman: WAR (Studie für ein Neonobjekt); 1968 (München, Galerie art in progress)

*Fort Wayne (Indiana) 6. 12. 1941, realisierte seit den 70er Jahren v. a. Raumsituationen (Korridore, umgekehrte Pyramiden); außerdem Environments, an M. DUCHAMP orientierte visuelle Wortspiele (mit Neonschrift), Videoaufzeichnungen u. a.

Naumburger Meister, Notname für eine wandernde got. Bildhauerwerkstatt und Bauhütte, deren wichtigste Schöpfungen der Mainzer Lettner (um 1239) und der Naumburger W-Chor mit seinen Stifterfiguren (um 1248) sowie der dortige W-Lettner (Passionsrelief an der Bühne und Kreuzigung am Portal des Lettners; BILD Lettner) sind. Die prägende Künstlerpersönlichkeit muß zu den bedeutendsten Bildhauern des MA. gerechnet werden. Es ist die besondere Leistung des N. M., authent. hochgot. Formen aus Frankreich nach Dtl. gebracht und diese zu einem Höhepunkt naturnaher Ausdrucksfähigkeit geführt zu haben. Der künstler. Ursprung des N. M. liegt in der Bauhütte der Kathedrale von Reims (seit 1211). Dort, sowie an der Kathedrale von Noyon und am S-Portal der Liebfrauenkirche in Metz sind Reliefs erh., die mit denen in Mainz und Naumburg in unmittelbarem Stilzusammenhang stehen. Die erh. Reliefs des zerstörten Mainzer Lettners, die Verdammten und Seligen des Weltgerichts, die →Deesis, der Kopf mit der Binde und ein Martinsrelief (der ›Bassenheimer Reiter‹) unterscheiden sich von den meisten Naumburger Figuren durch einen weichen, lyr. Ausdruck der Gesichter. Das hat einige Forscher dazu geführt, den führenden Meister in Mainz von dem in Naumburg zu trennen. Unter den Nachfolgewerken des N. M. in Sachsen sind bes. die Figuren im Chor und an der Marienpforte des Domes in Meißen zu nennen. Der N. M. muß auch als einer der wichtigsten Architekten der Frühgotik in Dtl. gelten. Davon zeugen nicht

Naumburger Meister: Eckehard und Uta; um 1248, Naumburger Dom

nur die Lettner von Mainz und Naumburg, sondern auch die Templerkapelle in Iben (Rheinl.-Pf.), das einzigartige Architektursystem des Naumburger W-Chors, sowie die Chöre der benachbarten Zisterzienserkirche Schulpforta und des Domes in Meißen.

W. PINDER u. W. HEGE: Der Naumburger Dom und seine Meister (Neuaufl. 1941); H. JANTZEN: Die Naumburger Stifterfiguren (1958); E. SCHUBERT: Der W-Chor des Naumburger Domes ([2]1965); ANNEGRET PESCHLOW-KONDERMANN: Rekonstruktion des Mainzer W-Lettners und der O-Choranlage des 13. Jh.s im Mainzer Dom (1972); D. SCHUBERT: Von Halberstadt nach Meißen (1974); Die Zeit der Staufer, Ausst.-Kat., Stuttgart (1977, bes. Bd. V, 1979).

Naumburg/Saale, Stadt im Bez. Halle, Dt. Dem. Rep., 35 100 Ew.; um 1030 Bischofssitz; Domstadt und Bürgerstadt im Grundriß noch klar zu erkennen. Der doppelchörige, viertürmige Dom, an der Stelle einer älteren Kirche (Krypta z. T. erh., um 1170–80) Anf. 13. Jh. beg., um 1330 mit dem Bau des Ostchores voll., spiegelt den Übergang von der Romanik zur Gotik. Der Ostlettner (um1225) ist der älteste erh. Lettner in Dtl. Hochbedeutend sind der Westlettner (BILD Lettner) mit hervorragendem Laubwerkornament und Relieffries (Passion Christi) sowie die Stifterfiguren im Westchor vom →Naumburger Meister; an 3 Chorfenstern originale Glasmalereien; zahlreiche vorzügl. Grabdenkmäler (14.–18. Jh.). Südlich an den Dom anschließend Kreuzgang mit Klausurgebäuden. Die spätgot. Moritzkirche (Anf. 16. Jh.) westlich des Doms ist die Kirche des ehem. Augustiner-Chorherrenstifts. Im Mittelpunkt der Bürgerstadt liegt die spätgot. Stadt-(Wenzels-)Kirche (1517–23) mit hohem N-Turm, im Innern 1724 barockisiert; gute Ausstattung, u. a. Gemälde ›Jesus als Kinderfreund‹ von L. CRANACH D. Ä. (1529). Barockkirchen sind St. Othmar (1691–99) und St. Marien

Naumburg/Saale: Dom; Anfang 13. Jh. begonnen

(1712–28). Stattl. Rathaus (1517–28) mit 6 Maßwerk-Zwerchgiebeln an der Marktfront. Zahlreiche Bürgerhäuser (16.–18. Jh.) v. a. in der Nähe des Marktes. Von der Stadtbefestigung ist das maler. spätgot. Marientor erhalten.

Nauplion, Nauplia, Hauptstadt des grch. Nomos Argolis, 9300 Ew. In venezian. Zeit (seit 1388) entstand die Sophienkirche (um 1400), nach türk. Eroberung (1540) 2 Moscheen und der Palast des Paschas (heute Bank von Griechenland), nach venezian. Wiedereroberung (1686) die starke Befestigung des Palamidi-Felsens (1711–14), die Kaserne auf dem Stadtplatz (1713, heute Mus.), die Kirchen des Hl. Spyridon (1702) und des Hl. Nikolaos (1713); in einer Torkammer ein bed. byzantin. Fresko (die symbol. Darstellung des Friedensschlusses zw. Kaiser ANDRONIKOS II. und den fränk. Herren der Peloponnes, 1291). Das klassizist. Stadtbild stammt aus der Zeit König OTTOS I. (1832–62) aus dem Hause Wittelsbach. – Im archäolog. Mus. Funde aus der Argolis vom Neolithikum bis in hellenist. Zeit, v. a. aus Mykene, Tiryns, Midea Asine.

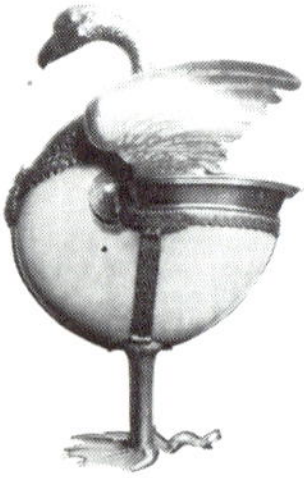

Nautiluspokal: Muschel in vergoldetem Silber gefaßt, in Form eines Schwans; Utrecht, 1607

Nautiluspokal, Nautilusbecher, Nautilusschale, aus Nautilus-(Perlmutter-)Schnecken hergestellte Prunkgefäße mit kunstvoller Edelmetallfassung in Gestalt von Meereswesen (Tritonen, Delphine u. ä.), Schiffen und Tieren aller Art. Die N. waren in der Renaissance als Kunstkammergegenstände bes. beliebt.

Navagrahas [Skt.], die 9 ind. Planetengötter, häufig als Sitzfiguren auf Architravfriesen hinduist. Tempel reliefiert: Ravi (Sonne), Soma (Mond), Mangala (Mars), Budha (Merkur), Brihaspati (Jupiter), Sukra (Venus), Sani (Saturn), Rahu und Ketu (Sonnen- und Mondfinsternis).

Navajo [n'ævəhəʊ], veraltet **Navaho,** der größte nordamerikan. Indianerstamm, heute auf einer Reservation in NO-Arizona und den angrenzenden Bundesstaaten der USA. Die N. übernahmen künstler. Ausdrucksformen von anderen Stämmen, so von den →Pueblo-Indianern die Weberei (v.a. Wolldecken mit geometr. Mustern); die mit pflanzl. Farbstoffen gefärbte Wolle wurde gegen Ende des 19. Jh. vielfach durch mit Anilinfarben gefärbte Baumwolle ersetzt. Die Herstellung von zeremoniellen Sandgemälden (→Sandmalerei) entwickelten sie zu einer großartigen Kunstform. Auch die im 19. Jh. von mexikan. Völkern übernommene Silberschmiedekunst brachten die N. zu hoher Blüte; sie entwickelten dabei besondere Techniken, so v.a. die Verwendung von Modeln als Gußformen. Dazu wurden (seit 1890) vielfach Türkise, Muscheln und Korallen als Einlegematerial verarbeitet.

Elisabeth Compton Hegemann: N. silver (Los Angeles 1966); Clara L. Tanner: Southwest Indian craft arts (Tucson 1968); dies.: Southwest Indian painting, a changing art (ebd. [2]1973); Mary Kahlenberg u. A. Berlant: The N. blanket (New York 1972); C. A. Amsden: N. weaving. Its technic and its history (Glorieta, New Mexico, 1974); D. S. King: Indian silverwork of the Southwest (Tucson 1977).

Navarrete [naβa-], **Fernández de N.**, span. Maler, →Fernández 3).

Navez [nav'ɛ(s)], François, belg. Maler, *Charleroi 16. 11. 1787, †Brüssel 12. 10. 1869, lernte in Paris bei J. L. David, bildete sich in Italien fort und war 1835–69 Direktor der Brüsseler Akademie. Er malte Bildnisse und klassizist. Historienbilder, später romant. Porträts und Genredarstellungen.

Navrátil [n'avra:tjil], Josef, tschech. Maler, *Schlan (Slaný) bei Kladno 17. 2. 1798, †Prag 21. 4. 1865, schuf romant. Wandmalereien (1838–43 in Schloß Liběchov bei Mělník, 1853–54 in Schloß Proškovice), Porträts, Landschaften, Genreszenen sowie skizzenhafte, in ihrem Kolorit ausdrucksvolle Bilder (Motive häufig aus dem Theaterleben).

Naxos, größte der Kykladeninseln, Griechenland; erlebte Blütezeiten im 7. und 6. Jh. v. Chr. und im MA. (Hzgt. Naxos oder Archipelagos).

Der Marmor von N., schon im 3. Jahrtsd. v. Chr. für Kykladenidole verwendet, wurde im 7./6. Jh. v. Chr. von einer hier blühenden Bildhauerschule verarbeitet (in N. gefundene Kuroi, die auf Delos entdeckte →Nikandre, in Delphi gefundene riesige Sphinx der Naxier für das Apolloheiligtum u.a.). **Naxische Vasen** nennt man nach ihrem Hauptfundort eine Keramikgattung des 8. und 7. Jh. v. Chr. (dunkelroter Ton, grün-weißer Überzug).

Nay, Ernst Wilhelm, Maler, Graphiker, *Berlin 11. 6. 1902, †Köln 8. 4. 1968, studierte bei K. Hofer in Berlin; beeinflußt vom Expressionismus und Kubismus, begann er mit landschaftl. und figürl. Darstellungen, malte dann abstrakte Bilder von lebhafter, harmon. Farbigkeit; seit Anfang der 60er Jahre die ›Scheibenbilder‹ (eng aneinandergereihte Farbflecken von großer Leuchtkraft).

E. W. N. 1902–1968, Ausst.-Kat., Nürnberg (1980).

Nayarit, Bundesstaat Mexikos an der Pazifikküste, auch Stilbez. der →Westmexikanischen Kulturen.

Nazarener: Johann Friedrich Overbeck, ›Italia und Germania‹ (Sulamith und Maria); 1811–28 (München, Neue Pinakothek)

Nazarener, urspr. ein Beiname Jesu (nach seiner Herkunft aus Nazareth), im 19. Jh. dann Spottname für eine Gruppe dt. Maler der Romantik in Rom. Aus Protest gegen die in Kompositionsformeln erstarrte klassizist. Kunst an den Akademien suchten J. F. OVERBECK und F. PFORR die Malkunst aus der Rückbesinnung auf RAFFAEL, P. PERUGINO und A. DÜRER im Dienst der christl. Religion zu erneuern. So gründeten sie 1809 in Wien nach dem Vorbild relig. Bruderschaften den **Lukasbund,** dessen Mitgl. (die Lukasbrüder) sich zu einem strengen Lebenswandel verpflichteten. 1810 übersiedelten Overbeck und Pforr mit L. VOGEL und J. K. HOTTINGER nach Rom und führten mit ihnen im ehem. Kloster Sant' Isidoro ein gemeinschaftl. Künstlerleben. In den folgenden Jahren schlossen sich ihnen P. v. CORNELIUS, W. v. SCHADOW, J. SCHNORR v. CAROLSFELD und die Brüder VEIT an. Die protestant. Mitgl. traten beim Eintritt in den Bund zum Katholizismus über. Im Geist ma. Gemeinschaftsarbeit malten die N. zuerst die Casa Bartholdy mit Fresken aus (1816/17; seit 1887 in Berlin-Ost, Staatl. Museen), anschließend das Casino Massimo (1817–29).

Die N., Ausst.-Kat., Frankfurt a. M. (1977); Die N. in Rom. Ein dt. Künstlerbund der Romantik, hg. v. K. GALLWITZ (1981); H. SCHINDLER: N. Romantischer Geist und christliche Kunst im 19. Jh. (1982).

Nazareth, arab. **Es-Nasira,** Stadt im israel. Hügelland von Galiläa, 34 000 Ew. – Als Verkündigungskirche wurde kurz nach 1100 auf den Mauern einer zerstörten byzantin. Kirche eine Kreuzfahrerbasilika erbaut (1263 von Sultan BIBAR zerstört), auf ihr 1730 eine (abgebrochene) Kirche der Franziskaner, die durch einen Monumentalbau (1955–67) ersetzt wurde.

Nazca: Bügelkanne mit Doppelausguß, 14,5 cm hoch (Stuttgart, Linden-Museum)

Nazca [n'aska], archäolog. Fundort in Südperu, zugleich Bez. für eine präkolumb. Kultur (300–800 n. Chr.), die ihr Kerngebiet in den Tälern von N., Ica und Pisco hatte, mit Einflußbereich von der Zentralküste Perus bis ins Hochland von Ayacucho. Erh. sind Reste von Tempelanlagen mit Pyramiden und steinernen Plattformen. Die zum Einwickeln von Mumien verwendeten Textilien (Gobelins, Brokate und Schleiergewebe →Textilkunst) sind nicht mehr so farbenprächtig und nicht mehr von so guter Qualität wie die der vorausgegangenen Paracas-Kultur. Für Schmuckgegenstände wurde nur Gold verarbeitet. Die Keramikgefäße sind dünnwandig und haben einen Rundboden. Zu den vielfältigen Formen (u.a. Rundgefäße mit Doppelausguß und Steigbügelhenkel) kommen erst in späterer Zeit Figurengefäße (BILD Andine Hochkulturen); vorher war das Figürliche auf die Gefäßmalerei beschränkt, die als künstler. Höhepunkt dieser Kultur gilt. In einem naturalist. Stil herrscht die Darstellung von Pflanzen- und Tiermotiven vor. Beim geometr. Stil füllen die Muster die ganze Fläche des Gefäßes aus, Figuren werden geometrisch aufgeteilt; es werden mythisch-relig. Motive verwendet, Dämonen oder Mischwesen, von denen die wichtigste Gestalt ein Katzendämon ist. Es sind die gleichen Motive, die auf den Textilien der Kultur von →Paracas vorkommen. Charakteristisch in der N.-Malerei ist die Farbenvielfalt: versch. Rottöne, Weiß, Schwarz und Braun auf rotem oder schwarzem, in späterer Zeit auch weißem Untergrund. Der N.-Kultur zuzuordnen sind auch die →Scharrbilder.

A. R. SAWYER: Ancient Peruvian ceramics (New York 1966); ANGELIKA NEUDECKER: Archäolog. Forschungen im N.-Gebiet, Peru (1979).

Nazca: Bemaltes Baumwollgewebe; Ausschnitt (München, Staatl. Museum für Völkerkunde)

Ndengẹse, Dengẹse, zur Mongo-Kundu-Gruppe gehörender Stamm, der entlang dem Lukenye in Zentral-Zaire lebt. Künstlerisch stark von den südlich benachbarten Kuba beeinflußt, haben die N. jedoch einen eigenen ausdrucksvollen Stil entwickelt, der sich bes. in den äußerst seltenen Königsfiguren zeigt, die – aufrecht sitzend, mit Bein-Stümpfen – meist ganz mit geometrisch angelegten Schmucknarben verziert sind.

Neagle [ni:gl], John, amerikan. Maler, *Boston 4. 11. 1796, †Philadelphia 17. 9. 1865. Seine Landschaften und Porträts zeigen oft allegor. Charakter (›Pat Lyon vor seiner Schmiede‹, 1827; Philadelphia, Mus. of Fine Arts).

Neamṭ [ne'amts], Kloster in der Gem. Vînători Neamţ, Kr. Neamţ, Rumänien. Das Kloster, erstmals 1407 erwähnt (aber älter), wurde von STEFAN DEM GROSSEN bes. gefördert, der eine neue Kirche stiftete (vor 1497), die als voll ausgeprägtes Beispiel des spätmittelalterl. Kirchentyps der Moldau gilt (→Moldauklöster). Von den Bauten des Klosters (15. und 16. Jh.) sind nur diese Kirche und der Unterbau des Glockenturms erh. (Wandmalereien an den Außenmauern von 1830).

Neạpel, ital. **Nạpoli,** Hauptstadt der ital. Region Kampanien, am Golf von N. in der Nähe des Vesuv, 1,225 Mio. Ew.; Erzbischofssitz; Sitz einer Kunstakad. Das antike Straßennetz der im 5. Jh. v. Chr. von Griechen angelegten Stadt (**Neạpolis,** ›Neustadt‹) blieb im wesentlichen intakt. Durch die wechselvolle Geschichte N.s im Lauf der Jh. hat sich kein ma. Stadtzentrum herausgebildet. Die gegen N und W oft treppenartig ansteigende Altstadt erstreckt sich zw. Hauptbahnhof im O und Monte Calvario im W; nach S zum Hafen hin wurde sie nach 1884 (Choleraepidemie) umgestaltet; so entstand der geradlinige ›Rettifilo‹ (Corso Umberto I.), der zur Verkehrsachse und Geschäftsstraße zw. Piazza Garibaldi und Piazza G. Bovio wurde. Nach den Zerstörungen des 2. Weltkriegs wurde v. a. das Hafenviertel wiederaufgebaut. Weite Teile der Altstadt verfallen inzwischen zu Elendsquartieren.

N.s Sakralbauten stammen vorwiegend aus frühchristl. Zeit, aus der Gotik und bes. aus dem Barock. Früheste christl. Zeugnisse sind die Katakomben von S. Gennaro (seit dem 2. Jh.; mit Wandmalereien), ferner die mit dem Dom verbundene kleine Basilika S. Restituta (beim Dombau weitgehend verändert; mit Apsismosaik, 1322, und 2 Reliefplatten, 12./13. Jh.) und das dahinterliegende Baptisterium S. Giovanni in Fonte (5. Jh.) mit Teilen des originalen Mosaikschmucks. Unter der Herrschaft der Anjou verbreitete sich die Gotik: S. Lorenzo Maggiore (um 1270 gegr., um 1330 voll.; Barockfassade, 1743; mit Grabmal der Katharina von Österreich, von TINO DI CAMAINO, nach 1323), S. Domenico Maggiore (urspr. 13./14. Jh., mehrfach umgebaut, mit guter Innenausstattung), S. Chiara (1310–40; mit den Grabmälern der Anjou von Tino di Camaino u. a., 14. Jh.; im Kreuzgang, ›Chiostro delle Maioliche‹ gen., kostbare Majolikadekoration des 18. Jh.) und der Dom (urspr. 13./14. Jh., häufig beschädigt und umgebaut). Aus der Frührenaissance stammen S. Anna dei Lombardi (1411 beg.; bed. Innenausstattung mit Kapellen, Grabmälern und Altären von BENEDETTO DA MAIANO, A. ROSSELLINO, G. MAZZONI u. a.) und S. Giovanni a Carbonara (vor 1414 beg., mit Grabmälern des 15. und 16. Jh.). Im Barock entstand eine Fülle von Kirchen (Gesù Nuovo, SS. Apostoli, S. Maria Maggiore, SS. Annunziata und viele andere); außerdem wurden zahlreiche ältere Kirchen barockisiert. Die Certosa S. Martino (1325 gegr.), auf dem Monte Calvario unterhalb des Castel S. Elmo (urspr. 1329–43; 1536–46 verändert) gelegen, mit Klosterkirche (urspr. Bau 1368 gew., 1580 ff. umgebaut; Marmordekoration von C. FANZAGO, Fresken und Gemälde von G. LANFRANCO, J. DE RIBERA, G. CARACCIOLO, G. RENI), Schatzkapelle (Fresken von L. GIORDANO, 1704; Altargemälde Riberas, 1637) und

Neapel: Castel Nuovo

prächtigem großem Kreuzgang (1623–31 umgestaltet; ›Ohrmuschel‹-Dekoration von Fanzago) ist seit 1886 Nat.-Mus. (u. a. Gemäldegal., Skulpturensamml.).

Zu den bedeutendsten Profanbauten gehört das Castel Nuovo, Residenz der neapolitan. Könige und Vizekönige, zugleich Festung zum Schutz der Stadt, Wahrzeichen N.s, von KARL I. von Anjou als ›Neues Kastell‹ neben den schon bestehenden Castelli dell'Ovo und Capuano 1279–84 erbaut; nach Verfall seit Ende des 14. Jh. Neuaufbau unter ALFONS I. von Aragón seit 1442; am Eingang skulpturenreicher Triumphbogen, den Einzug Alfons' I. darstellend, ein bed. Werk des 15. Jh., an dem versch. Künstler beteiligt waren, stark an die Kunst der röm. Kaiserzeit angelehnt; im Innern die Sala dei Baroni (1452–57) mit Sterngewölbe. 1484 bis 1488 entstand das Stadttor Porta Capuana, ein mit Reliefs und Ornamenten reich geschmückter Torbogen (nach Entwurf von GIULIANO DA MAIANO). Das Castel Nuovo verlor an Bedeutung nach Errichtung des Palazzo Reale (1600–02, nach Entwurf von D. FONTANA, Erneuerung im 19. Jh.) als neue Residenz der Könige (heute Mus. mit Gemäldegal. und Nat.-Bibl.). Prächtigster Brunnen ist die skulpturengeschmückte Fontana del Nettuno (1600/01 urspr. am Hafen aufgestellt, 1634–39 von Fanzago restauriert). 1735 wurde das Teatro S. Carlo gebaut (nach Brand 1816 erneuert); gegenüber die überdachte Passage Galleria Umberto I. (1887–90). Der Bau von S. Francesco di Paola (Anf. 19. Jh.) folgt dem röm. Pantheon; davor 2 Reiterdenkmäler von A. CANOVA. Der Freskenzyklus in der Zoolog. Station ist ein HW von H. v. MARÉES (1873).

Weitere Museen sind das Archäolog. Nat.-Mus. (mit den →Farnesischen Sammlungen), das Nat.-Mus. für Keramik ›Duca di Martina‹ in der klassizist. Villa Floridiana und das am N-Rand der Stadt gelegene Schloß →Capodimonte mit Nat.-Gal.

W. DÖPP: Die Altstadt N.s (1968); Reclams Kunstführer Italien, 6: N. (1971); E. KLUCKERT: N. (1980).

Neapel, Malerschule von Neapel, die von den jeweils herrschenden Fürstengeschlechtern geförderte Kunsttätigkeit auf dem Gebiet der Malerei in Neapel. Drei von den Königen aus dem Haus ANJOU berufene Künstler bestimmten zu Beginn des 14. Jh. die Anfänge der Malerschule von N.: der Römer P. CAVALLINI, der 1308 mit seinen Gehilfen in der Kirche S. Maria Donna Regina arbeitete, der um 1317 tätige SIMONE MARTINI aus Siena und der Florentiner GIOTTO, dessen zw. 1329 und 1330 ausgeführte Fresken nicht erh. sind. Im 15. Jh. waren es neben oberital. Künstlern bes. die Werke der frühen Niederländer, die neapolitan. Malern wie COLANTONIO, dem Lehrer des ANTONELLO DA MESSINA, als Vorbild dienten. Während des 16. Jh. überwog dagegen der Einfluß des röm. Manierismus, wie etwa im Werk des Eklektikers A. SABATINI. Mit dem Auftreten CARAVAGGIOS in Neapel zw. 1607 und 1608 erfolgte die Wende zum Barock, vertreten durch eine Gruppe einheim. Künstler, die den Höhepunkt der Malerei in Neapel einleiteten: G. B. CARACCIOLO, M. STANZIONE und B. CAVALLINO, denen sich der Spanier J. DE RIBERA anschloß. Etwa ab 1630 beeinflußten die mit jeweils kurzfristigen

Aufträgen nach Neapel gekommenen Hauptmeister des röm. Hochbarock, v.a. DOMENICHINO, G. RENI und G. LANFRANCO, die Malerei Neapels. Unter dem Eindruck der Helldunkelmalerei Caravaggios standen in der 2. H. des 17. Jh. L. GIORDANO und F. SOLIMENA. Den klassizist. Ausklang der Malerei Neapels vertrat schließlich der von König FERDINAND IV. (1816–25 als Ferdinand I. König beider Sizilien) Ende des 18. Jh. an den Hof berufene dt. Landschaftsmaler J. P. HACKERT.

Neapelgelb, Antimongelb, Maltechnik: seit der Antike bekanntes gelbes Pigment für Künstler- und Malerfarben; heute meist durch andere Pigmente ersetzt.

Nebel, Otto, Maler und Dichter dt. Herkunft, *Berlin 25. 12. 1892, †Bern 12. 9. 1973, emigrierte 1933 in die Schweiz, begann mit gegenständl., vom Kubismus beeinflußten Bildern, gelangte dann zu abstrakten Kompositionen; ist auch als Kunstschriftst. und vielseitiger Graphiker hervorgetreten.

Neben|altar, der Altar neben dem Hauptaltar, meist in größerer Anzahl in Nebenkapellen im Chorumgang, in Seitenkapellen (in got. Kirchen durch Einbeziehung der Strebepfeiler in den Kirchenraum), seit der Renaissance auch an den Pfeilern, in Nischen und z. T. auf der Empore. – N. sind seit dem 5./6. Jh. aus dem Reliquienkult entstanden. Nach der Liturgiereform des 2. Vatikan. Konzils (1962–65) gebaute kath. Kirchen haben nur einen Haupt-Altar und keine N. (→Altar).

Nebenchöre, Baukunst: im Kirchenbau die meist kleineren, zuweilen nur als Apsiden (Nebenapsiden) gebildeten Chöre, die den Hauptchor beiderseits flankieren; bes. ausgebildet bei den Bauten der Cluniazenser (→Cluny).

Nebenschiff, Baukunst: Seitenschiff einer Kirche im Unterschied zum Hauptschiff.

Nebukadnezar, babylonisch **Nabu-kudurri-usur,** Name zweier babylon. Könige. **N. I.** (etwa 1123–1101 v. Chr.) gilt als der Erneuerer babylon. Kultur nach der Kassitenzeit, doch lassen sich kaum Monumente ihm persönlich zuordnen. – **N. II.** (605–562 v. Chr.), bedeutendster König der Chaldäerdynastie, ist durch seine große Bautätigkeit, v. a. den prachtvollen Ausbau Babylons (Prozessionsstraße, Mardukheiligtum, Befestigungen, ›Hängende Gärten‹, Sommerpalast u. a.), hervorgetreten. In der Bildkunst lassen sich N. II. lediglich stark zerstörte Felsreliefs mit Inschrift im Libanon (Wadi Brisa) zuweisen; sie zeigen den König als Löwenbezwinger und vor einer Zeder.

Neckar|elz, Teil von Mosbach, Bad.-Württ.; die got., ab 1297 erbaute ehem. Johanniterburg (›Templerhaus‹) stellt in 3 übereinanderliegenden Geschossen die seltene Verbindung von Wehrbau, Kirche und Kloster in einem einzigen Gebäude dar.

Neckartailfingen, Gem. im Kr. Esslingen, Bad.-Württ.; die roman. Martinskirche wurde Ende 12. Jh. unter Hirsauer Einfluß als flachgedeckte Säulenbasilika in sehr steilen Proportionen erbaut und hat bed. Reste von got. Fresken.

Nedjef [-dʒ-], **Nedschef, Nadschaf,** Stadt in Irak, am Rand der Syr. Wüste, westlich des unteren Euphrat, etwa 160000 Ew. In der von ma. Mauern mit hohen Rundtürmen umgebenen Stadt liegt die Grabmoschee des 4. Kalifen ALI (†661), angeblich 791 von HARUN AR-RASCHID, wahrscheinlich aber erst 977 erbaut, 1086 von den Seldschuken restauriert. Die quadrat. Anlage mit vergoldeter Kuppel ist reich mit farbigen Fliesen verkleidet. Der Eingang zum ummauerten Hof ist flankiert von 2 mit Goldplatten verkleideten Minaretten.

Nédroma, Stadt in NW-Algerien, 55 km nordwestlich von Tlemcen; im 11. Jh. gegr., Ahnstadt der Almohaden. N. ist ein relig. Zentrum des Islam. In der maler. Medina (vielfarbig getünchte Häuser) die Große Moschee (9 Schiffe, 3 Joche, Michrab auf fünfbogigem Grundriß), weitere Moscheen (z. T. prachtvolle Kuppeln) und Heiligtümer. Traditionelles Kunsthandwerk (Töpferei, Teppiche, Stickerei).

Needham Market [n'i:dəm m'ɑ:kɪt], Ort nördlich von Ipswich in der engl. Cty. Suffolk; die Pfarrkirche (etwa 1460) hat einen offenen Dachstuhl (›Hammerbeam-Konstruktion‹) mit Obergadenfenstern und geschnitzten Engelskulpturen.

Neefs, Nefs, Pieter d. Ä., niederländ. Maler, *Antwerpen um 1578, †ebd. zw. 1657 und 1661, malte in Antwerpen Innenraumbilder von Kirchen des MA. (Antwerpener Kathedrale, Aachener Münster) in harter Zeichnung und trockener Farbe. Seine Söhne Pieter d. J. (*Antwerpen 1620, †nach 1675) und Lodewijck (*ebd. 1617) ahmten ihn nach.

Neer, 1) Aert (Aernout) van der, holländ. Maler, Vater von 2), *Gorinchem 1603 (1604?), †Amsterdam 9. 11. 1677, schloß sich anfänglich der Art von G. VAN CONINXLOO an, malte dann mit Betonung des Stimmungshaften die holländ. Flußlandschaft zur Nachtzeit, bei Mondschein oder von Feuersbrunst erhellt, auch im Licht winterl. Tage mit kühlen, hellen Tönen.

2) Eglon Hendrik van der, holländ. Maler, Sohn von 1), *Amsterdam 1634(?), †Düsseldorf 3. 5. 1703, seit 1690 Hofmaler in Düsseldorf, malte Porträts und Gesellschaftsstücke in der Art von F. VAN MIERIS.

Nefertari, Nofretiri, Hauptgemahlin des ägypt. Königs RAMSES II. (1290–1224 v. Chr.), starb um 1260 v. Chr. und erhielt ein Felsgrab im Tal der Königinnen, das mit seinen buntbemalten Reliefs von großer Leuchtkraft zu den qualitätvollsten Gräbern Ägyptens gehört; die Motive sind z. T. dem Totenbuch entnommen (BILD ägyptische Kunst). Zu Ehren der N. errichtete Ramses II. den kleineren der beiden Felstempel von Abu Simbel.

Neff, Timoleon Karl von (Timofej Andrejewitsch), Historien-, Porträt- und Genremaler, *Mödders (Estland) 2. 10. 1805, †St. Petersburg 24. 12. 1876, war Hofmaler unter Kaiser NIKOLAUS I. (1825–55) und Prof. an der St. Petersburger Akad.; Bilder der Ikonostasen der russ. Kapellen in Nizza und Wiesbaden.

Nefta, Oasenstadt in SW-Tunesien, 12500 Ew., an

der Stelle des antiken **Aggasel Nepte.** Relig. Zentrum der Djerid-Region mit 24 großen Moscheen (darunter Djama el-Kebir, 15. Jh.) und über 100 Marabuts. Die Zawija Kadria und der Marabut des Sidi Bou Ali (prachtvolle Rankenwerkkuppel) sind bed. Wallfahrtsziele. Kunsthandwerk (Seidenstoffe); alte Häuser mit geometr. Backsteindekor (wie in →Tozeur).

Negret, Edgar, kolumbian. Bildhauer, *Popayán (SW-Kolumbien) 11. 10. 1920, lebt in Bogotá, schuf abstrakte, intensiv farbige Plastiken aus Aluminium.

Neher, 1) Bernhard, Maler, Bruder von 2), *Biberach an der Riß 16. 1. 1806, †Stuttgart 17. 1. 1886, lehrte nach Studium in München (P. v. CORNELIUS) und Aufenthalt in Rom (1828–32) an der Leipziger Akad. und der Stuttgarter Kunstschule.

HW: Wandbilder nach Motiven aus Werken F. Schillers und J. W. v. Goethes (1836–46; Weimar, Schloß); Entwürfe zu Glasfenstern für Kirchen in Stuttgart.

2) Michael, Maler, Bruder von 1), *München 31. 3. 1798, †ebd. 4. 12. 1876, war 1819–25 in Italien, dann in München tätig. N. führte 1834–37 in Schloß Hohenschwangau Fresken nach Entwürfen von M. v. SCHWIND aus und malte sachlich genaue Architekturbilder, bes. Darstellungen got. Kirchen.

Nehrlich, Friedrich, Maler, →Nerly.

Neidkopf, Kopf eines Ungeheuers aus Stein oder Holz, seit frühester Zeit als Abwehrzauber gegen Unheil an Häusern, in und an roman. Kirchen, an Taufsteinen und am Chorgestühl angebracht. – In der Antike z. B. Sphinx und Gorgo.

Neisse, poln. **Nysa** [n'isa], Stadt in der poln. Wwschaft Opole (Oppeln), 39 000 Ew., an der Glatzer Neiße. N. wurde in Kriegen stark zerstört, z. T. erh. blieben Stadtmauern aus Backstein (14.–16. Jh.) mit Basteien von 1643 (im 18. Jh. ausgebaut). Zu den histor. Bauten zählen außerdem die got. Jakobuskirche (1392 bis 1430 auf älteren Fundamenten gebaut; nach 1945 rekonstruiert) mit freistehendem Turm (15./16. Jh.); Barbarakirche (14.–15. Jh.; 1544 und 1732 umgebaut); Hl.-Kreuz-Kirche (1633–39); Kirche des Klosters des Hl. Grabes, spätbarock (1720–27) mit Stuckdekoration, und die St.-Peter-und-Paul-Kirche (1719–30). Am Marktplatz einige Bürgerhäuser (16.–19. Jh.), nach 1945 wiederhergestellt, v. a. das ›Waagehaus‹ aus der Renaissance. Im O der Stadt der barocke Komplex des ehem. Jesuitenkollegiums und der Bischofspalast.

Ne|iswestnyj, Ernst Iossifowitsch, russ. Bildhauer, Graphiker, *Swerdlowsk (im Ural) 9. 4. 1925, gehörte zur ›inoffiziellen‹ künstler. Avantgarde in der UdSSR, emigrierte 1976 nach Israel. Beeinflußt u. a. von Spätkubismus und Expressionismus, schuf er Graphikzyklen (›Maschinenmensch‹), z. T. mit Photomontage, kleine (bronzene) Skulpturen (›Golgatha‹) sowie das Grabmal für N. S. Chruschtschow (1974; Moskau). N. arbeitet seit fast 20 Jahren an dem Projekt eines monumentalen ›Tempels‹ für das Jubiläum der Vereinten Nationen i. J. 2000 (bisher über 800 Skulpturenfragmente).

Neith, ägypt. **Neret** [›die Schreckliche‹], ägypt. Göttin des Krieges; von den Griechen mit Athene gleichgesetzt. Sie wurde in Sais (Nildelta) verehrt, daher wird sie mit der Krone Unterägyptens dargestellt, in der Hand 2 gekreuzte Pfeile und einen Bogen. N. ist eine der 4 Schutzgöttinnen der Toten.

Neithardt, Beiname des Malers M. →Grünewald.

Nekropolis [grch. ›Totenstadt‹] *die,* **Nekropole,** Begräbnisstätte der vorgeschichtl. Zeit und des Altertums (Königs-N. in Ägypten, Tal der Könige, und Phönikien, Sidon). Antike N. (Gräberfelder) finden sich meist außerhalb der Siedlung, z. B. an Ausfallstraßen (Rom, Via Appia, u. a.), in frühchristl. Zeit als →Katakomben; das Begräbnis innerhalb des Ortes war untersagt.

Nelahozeves [-z-], Gem. nördlich von Prag, ČSSR. Die ehem. Festung wurde im 16. Jh. zum Schloß im nordital. Renaissancestil umgebaut; heute Mus. mit Mittelböhm. Galerie (Malerei des 16.–20. Jh.).

Nelken|öl, Maltechnik: ätherisches Öl, das als Malmittel verwendet wird.

Nemea, Ort in der Argolis, Griechenland, südwestlich von Korinth, rd. 5000 Ew.; östlich von N. lag das Heiligtum des Zeus mit Tempelresten eines dor. Peripteros (330–320 v. Chr.), der an der Stelle eines Vorgängerbaus errichtet wurde. Die Cellagestaltung, ähnlich der von →Tegea, läßt als Architekt SKOPAS vermuten. Durch Ausgrabungen wurden weitere Gebäude und ein Stadion freigelegt.

Nemrut Dağ, Nimrud Dağ [-da:], Berg (2150 m) rd. 60 km südöstlich von Malatya (Türkei) in der Nähe des antiken →Arsameia am Nymphaios. Auf der Spitze der 50 m hohe Grabhügel des hellenist. Königs ANTIOCHOS I. von Kommagene (69–34 v. Chr.) und 2 Tempelplätze mit 8 m hohen Statuen des Königs und der Götter Zeus-

Nemrut Dağ: Köpfe der Götterstatuen auf der Westterrasse; Mitte des 1. Jh. v. Chr.

Oromasdes, Apollon-Mithras-Helios-Hermes, Artagenes-Herakles-Ares sowie der Göttin Kommagene. In diesen Namen versuchte der auf seine pers. (achaimenid.) und makedon. Herkunft stolze König die Götter beider Religionen synkretistisch zu verbinden. Auf Stelen sind seine Vorfahren (zurückgehend bis auf ALEXANDER D. GR. und DAREIOS I.) dargestellt und er selbst, die oben genannten Götter begrüßend. Ausführl. grch. Inschriften begleiten die Skulpturen. Der erstaunl. Reichtum des winzigen Königreichs Kommagene dürfte durch die Grenzlage zw. Römer- und Partherreich und die Kontrolle einer wichtigen Handelsstraße entstanden sein.

F. K. DÖRNER: Kommagene... (1981).

Neobarock, →Neubarock.

Néoclassicisme [neɔklasis'ism], frz. Bez. für Klassizismus.

Neodadaismus, →Nouveau Réalisme.

Neo|expressionismus, i.e.S. Bez. für eine Richtung der zeitgenöss. Malerei, deren kraftvoll gestische Handschrift und maler. Vitalität auf den dt. Expressionismus (O. KOKOSCHKA, E. L. KIRCHNER) zurückweisen. Hauptvertreter sind G. BASELITZ, M. LÜPERTZ, A. KIEFER, A. R. PENCK, K. APPEL, die sich voneinander sehr unterscheiden. Während Baselitz die immanenten Bedingungen der Malerei untersucht, inszeniert Lüpertz eine kunstgeschichtlich komplexe Stilvielfalt, lädt Kiefer seine Bilder mit literar. Inhalten auf, gibt Penck die Welt in einem primitivistisch wirkenden Zeichensystem wieder. Ein gemeinsames Programm gibt es nicht, nur ein Bekenntnis zur Malerei als Reflexion über Malerei (was letztlich vom Expressionismus wegführt). I.w.S. lassen sich auch Künstler wie A. HÖCKELMANN und W. STÖHRER, mit best. Werkphasen K. H. HÖDICKE, M. G. KAMINSKI, L. WINTERSBERGER dem N. zurechnen. 1979 wurde durch eine Ausstellung in Aachen der Sammelbegriff →Neue Wilde geprägt.

Neo|impressionismus, Stil in der Malerei, der den →Impressionismus weiterentwickelte, von G. SEURAT (BILD) seit etwa 1885 in Frankreich begründet. Der N. gab nach wissenschaftl. opt. Theorien (Farbenlehre von E. CHEVREUL, 1839, und H. HELMHOLTZ) die Erscheinung der sichtbaren Welt in reinen Farben wieder, die als einzelne kleinste Partikel punktartig dicht nebeneinander gesetzt werden, daher auch **Pointillismus** [pwɛ̃ti-, von frz. point ›Punkt‹] oder **Divisionismus** genannt. Sie sollen sich, der divisionist. Theorie zufolge, erst auf der Netzhaut des Betrachters vermischen, ›weil die optische Mischung eine viel intensivere Leuchtkraft bewirkt als die Mischung der Pigmente‹ (A. SISLEY). Dem N. folgten bald P. SIGNAC (auch theoret. Abhandlung), C. PISSARRO (für einige Jahre) u.a.; auch V. VAN GOGH erhielt (1887) Anregungen.

Neoklassizismus, Stilbegriff für eine Richtung in der Architektur (v.a. seit etwa 1900), die vom Klassizismus beeinflußt ist. Der N. beschränkte sich in der Übernahme klassizist. Ideen auf einfache Grundrisse, Symmetrie, Rechtwinkligkeit und Monumentalität; auf klassizist. Ornamentik wurde weitgehend verzichtet. A. Perret, T. Garnier, L. Mies van der Rohe, A. Loos und Le Corbusier begannen mit neoklassizist. Entwürfen. V. Horta, J. Hoffmann, P. Behrens, D. Burnham, G. Asplund, T. Fischer und P. Bonatz sind am Ende ihres Schaffens zum N. zurückgekehrt. Viele öffentl. Bauten wurden bis um 1950 neoklassizistisch gestaltet. In totalitären Staaten wird der N. noch heute gefördert.

Neoliberty [-l'ıbətı, engl.], um 1960 vereinzelt in N-Italien auftretende Strömung der Architektur, die ein dem Jugendstil ähnl. geometr. Ornament benutzt.

Neolithikum, Jungsteinzeit, die letzte Epoche der Steinzeit. Die entscheidenden Entwicklungen der Wirtschaftsformen (Vorratshaltung, Seßhaftigkeit, Ackerbau, Kultivierung des Getreides, Viehzucht, Bewässerungsfeldbau, Überschußproduktion, Arbeitsteilung) und der Gesellschaftsformen (Gemeinwesen wie Dorf und Stadt, Aufbau hierarchischer Strukturen) haben sich im N. vollzogen (›Neolith. Revolution‹).

Das N. Vorderasiens (10000–3500 v. Chr.) mit den Phasen Proto-N. (Natufien), akeramisches N. (Früh-N.) und keramisches N. (Mittleres und Spätes N., Chalcolithikum) ist die konstituierende Phase der heutigen Kultur im gesamten Mittelmeerraum.

Auch die Grundlagen der Kunst Vorderasiens sind im N. gelegt worden. Verzierte Geräte, wie z. B. Sichelklingen mit Griffen in Gestalt von Tieren, stellen im Proto-N. den Beginn dar. Schädel Verstorbener, mit einer kalkhaltigen Paste übermodelliert (Jericho, Tell Ramad), die ersten Großplastiken (Jericho, Buqras), Wandmalerei in Buqras und erste Kleinplastiken aus Ton markieren u. a. das akeram. N.; auch die Architektur erlebte eine erste Blüte (Werkstätten in Beidha, Turm in Jericho, geplante Dorfanlage in Buqras). Das keram. N. zeichnet sich u. a. durch die →Buntkeramik, bemalte Terrakottafiguren, mit Großplastik verzierte Räume (Çatal Hüyük), Alabasterstatuetten (Tell es-Sawwan), erste Tempelgroßbauten (Tepe Gaura) und herrensitzartige Anlagen (Hacılar) aus. Eigentumsmarken und etwas später erste Formen einer Buchhaltung (›Calculi‹) auf Stempelsiegeln leiten zur Einführung des Rollsiegels und der Schrift in der ersten Phase der Frühen Bronzezeit über.

Im N. Mitteleuropas (4500–1800 v. Chr.) ist die in regionalen und chronolog. Varianten auftretende Keramik mit ihrer Vielfalt von Formen und Ornamenten das wichtigste Zeugnis des kunstgewerbl. Schaffens. Bez. wie Bandkeramik, Kammkeramik, Schnurkeramik sind von den Grundzügen der jeweils vorherrschenden Verzierungsweise abgeleitet. Gewisse Stilprinzipien ermöglichen Rückschlüsse auf die an organ. Stoffe (Holz, Leder, Textilien) gebundenen Ornamente, die nur fragmentarisch erh. sind.

Die mit dem Bodenbau verbundene Fruchtbarkeitsreligion manifestiert sich in der Kleinkunst in Form von Menschen- und Tierfiguren aus Stein und Ton (→Idol). In Grab- und Kultbauten aus großen Steinblöcken dokumentiert sich die Megalitharchitektur (→Megalithgräber, →Menhir, →Henge-Monumente).

In einigen Regionen hat sich die Felsbildkunst im N. voll entfaltet (N-Afrika, O-Spanien, Skandinavien, N-Rußland, Sibirien).

W. TORBRÜGGE: Europ. Vorzeit, in: Kunst im Bild (1968); J. MELLAART: The Neolithic of the Near East (London 1975); D. u. JOAN OATES: The rise of civilization (San Francisco 1976); H. MÜLLER-KARPE: Das vorgeschichtl. Europa (1979).

Neoplastizismus, von P. MONDRIAN geprägte Bez. für Kunsttheorie und -praktiken der Gruppe De →Stijl; zuerst formuliert in seinem Essay ›Le néoplasticisme‹ (1920, dt. 1925). Beeinflußt vom Kubismus, erstrebte der N. eine neue Räumlichkeit durch geometr. Klarheit und strenge Harmonie. Die Bildgestaltung beschränkte sich auf die Grundelemente der Senkrechten und Waagerechten sowie die 3 Primärfarben (Gelb, Rot, Blau) und Weiß, Grau, Schwarz; alles Bildhafte, Zufällige und Willkürliche wurde ausgeschlossen. Diese Formprinzipien wirkten auch auf die Architektur, auch auf industrielle Formgestaltung und Typographie.

Neoprimitivismus, →Primitivismus.

Neoptolemos, Pyrrhos, grch. Mythos: ein Heros mit den ambivalenten Zügen eines frevler. Mörders und edlen Kämpfers, Sohn des Achill, ohne den Troja nach einer Weissagung nicht genommen werden konnte. Odysseus holte ihn deshalb von der Insel Skyros. Bei der Eroberung Trojas tötete er Priamos am Altar, dessen Enkel Astyanax und Priamos' Tochter Polyxena. Als Kriegsbeute erhielt er Andromache. Er wurde in Delphi getötet. Seine Morde wurden überaus häufig auf grch. Vasen (Amphora des LYDOS, 6. Jh. v. Chr., Berlin-West, Staatl. Museen; Schale des BRYGOSMALERS, 5. Jh. v. Chr., Louvre) und auf Schildbändern dargestellt; auch seine Tötung durch Orest läßt sich bis in röm. Zeit nachweisen.

Neorenaissance [-rənɛsˈãs], →Neurenaissance.

Neoromanik, →Neuromanik.

nepalesische Kunst, nepalische Kunst, die buddhist. und hinduist. Kunstwerke in Nepal, v. a. in den Städten des Katmandu-Tales (Katmandu, Deopatan, Bhaktapur, Patan u. a.), sowie in der südl., an NO-Indien grenzenden Region, der Heimat des histor. Buddha. Die frühe n. K. entwickelte sich in enger Bindung an die jeweiligen Phasen der ind. Kunst, brachte aber schon in der 2. H. des 1. Jahrtsd. in der Steinplastik (Changu Narayana, Budhnilkanth) und später v. a. in der Bronzekunst und Malerei bed. Werke in eigenständigen Formen hervor. In S-Nepal entstanden seit der Ashoka-Zeit an den legendären Stätten des Buddha (Lumbini) Kloster- und Kultanlagen mit flachgewölbten Stupas (abweichend von dem ind. Stupatypus mit hohem Anda). Im Katmandu-Tal reichen die ältesten Werke der Stein- und Terrakottaplastik bis ins 2.–4. Jh. zurück und stehen der späten Kushana-Kunst von Mathura nahe (Bodhisattva im Mus. Katmandu). Die hinduist. und buddhist. Skulpturen der Licchavi-Zeit (5. bis 8. Jh.) und der wenig bekannten Thakur-Zeit (9. bis 12. Jh.) gehen aus der Gupta- und Pala-Kunst N-Indiens hervor. Ihr Gesichtsschnitt und die Feingliedrig-

nepalesische Kunst: Pagode des Nyatapola-Tempels in Bhaktapur; um 1700

keit der Körper blieben stilist. Kennzeichen der n. K. auch in der Malla-Zeit (13.–18. Jh.), in der die heutigen Städte mit weitläufigen Palast- und Kultanlagen entstanden und ausgebaut wurden. Als typ. Bauform entwickelte sich der quadrat. Ziegeltempel mit mehrstufigem, von geschnitzten Holzbalken getragenem Pyramidendach (Pashupatinath-Tempel in Deopatan, Taleju-

nepalesische Kunst: Stupa von Svayambhunath; 14. Jh.

Nephthys

und Degutale-Tempel in Katmandu, Nyatapola-Tempel in Bhaktapur). Die eigenwillig gestalteten Stupas von Svayambhunath und Bodhnath wurden zu Zentren des nepalesisch-tibet. Buddhismus. Wechselbeziehungen mit Tibet und China bestanden seit dem 12./13. Jh. und führten bis in die jüngere Vergangenheit zu hoher künstler. und handwerkl. Blüte (Holzschnitzereien, vergoldete Kleinbronzen und Stoffmalereien).

STELLA KRAMRISCH: The art of Nepal (Leiden 1964); E. u. ROSE L. WALDSCHMIDT: Nepal, Ausst.-Kat., Essen (1967); P. PAL: The arts of Nepal, 2 Bde. (Kalkutta 1974/78); U. WIESNER: Nepal... (^{2}1977).

Nephrit [grch.] *der,* dichter grüner Schmuckstein; im Handel oft als →Jade bezeichnet. N. wurde in prähistor. Zeit zu Werkzeugen und Waffen verwendet, daher auch **Beilstein.**

Nephthys, ägypt. **Nebet-hut,** ägypt. Göttin, Helferin ihrer Schwester Isis, mit der sie den verstorbenen Osiris beweint. Dargestellt wird sie mit ihrer Hieroglyphe (›Hausherrin‹) auf dem Kopf, in der einen Hand einen Papyrusstengel, in der anderen das Lebenszeichen.

Neptun, urspr. röm. Gott der Flüsse und Quellen, dann dem grch. Meeresgott →Poseidon gleichgesetzt.

Nereiden, grch. Mythos: die meerbewohnenden, heiteren Töchter (30, 50 oder mehr) des Nereus, darunter Amphitrite, Thetis und Galatea, die Zauber und Eigenarten des Meeres in mädchenhafter Gestalt verkörperten und in der bildenden Kunst oft dargestellt wurden. In vielen mytholog. Zusammenhängen erscheinen sie würdig bekleidet oder auch leichter geschürzt (auf grch. Vasen), vollplastisch in dünnen Gewändern wie die Skulpturen vom N.-Monument in Xanthos, seit dem 4. Jh. v. Chr. häufig auch nackt. Röm. Wandbilder zeigen sie oft zus. mit Meerestieren, die N.-Sarkophage der Kaiserzeit als Verkörperung der Unsterblichkeit. Die neuzeitl. Kunst bezieht sie wieder in mytholog. Darstellungen ein (RAFFAEL, P. P. RUBENS).

Nereidenmonument, Grabtempel eines lykischen Fürsten in Xanthos (Kleinasien), von grch. Künstlern Ende des 5. Jh. v. Chr. erbaut. Der oben mit 2 Reliefstreifen geschmückte Sockel trug die Grabkammer, die mit einer Ringhalle umgeben war und zw. deren Säulen Statuen der Nereiden standen, von denen 5 erh. sind (Brit. Mus., London).

Neresheim, Stadt im Ostalbkreis, Bad.-Württ., 6700 Ew., mit 1095 gegr. Benediktinerabtei. Der Neubau der Klosterkirche (1745 beg.) ist ein Spätwerk B. NEUMANNS, einer der großen Barockbauten Europas; in den 7 Flachkuppeln meisterhafte Deckenfresken von M. KNOLLER (1771–75), Stuck und Einrichtung bereits in klassizist. Formen; eindrucksstarker Westabschluß durch den siebenteiligen Fensterorgelprospekt. In den Klostergebäuden (1668–1714) vielfältige Stuckdekorationen (Festsaal von D. ZIMMERMANN 1719). BILD S. 127

Nereus, grch. Mythos: greiser Meergott mit der Gabe der Weissagung, Vater der Nereiden, der in der bildenden Kunst zunächst fisch- oder schlangenleibig, dann in menschl. Gestalt dargestellt wurde.

Neresheim: Klosterkirche, Deckenfresken von M. Knoller; 1771–75

Nereus und Achilleus, röm. Märtyrer (unter DIOKLETIAN?); in der Domitilla-Katakombe eine ihnen gew. Basilika des 4. Jh. Dort findet sich ihre älteste Darstellung (Säulenrelief). Nach Überführung ihrer Reliquien nach S. Maria in Vallicella (Ende 16. Jh.) stellte P. P. RUBENS sie auf einer Altartafel dar.

Nerezi [-zi], Dorf in der Nähe von Skopje, Jugoslawien, mit einer Kirche aus dem 12. Jh., im byzantin. Stil (Kreuzgrundriß, 5 Kuppeln). Im Innern reich verziert, u. a. bed. byzantin. Fresken (bes. die Beweinung Christi, Kreuzabnahme, Darstellung Simons), Ikonostase. (BILD S. 128)

Nering, Johann Arnold, Baumeister, getauft Wesel 17. 3. 1659, †Berlin 21. 10. 1695, seit 1691 Oberbaudirektor des staatl. Bauwesens in Brandenburg-Preußen. Ausgehend von der an A. PALLADIO geschulten niederländ. Architektur, begründete N. die maßvolle, schmuckarme Bauweise des märk. Barock.

HW (heute meist zerstört): Schloßkapelle Köpenick (1683–85); Umbau des Schlosses Oranienburg (1689–95); Schloß Charlottenburg, Berlin, Mittelbau (beg. 1695). – Berlin-Friedrichsstadt mit etwa 300 zweistöckigen Häusern (seit 1688).

Nerlinger, Oskar, Maler, Graphiker, *Schwann (heute zu Straubenhardt, Württ.) 23. 3. 1893, †Berlin (Ost) 25. 8. 1969, 1955–58 Prof. an der Hochschule in Berlin-Weißensee. Sein bes. der Wiedergabe des modernen Industriemilieus (Fabrikschlote, Brücken) ge-

Nerezi: Beweinung Christi; Fresko in der Kirche von N., 1164

widmetes Werk steht in der Tradition der Neuen Sachlichkeit; auch lyr. Landschaftsaquarelle.

Nerly, Friedrich, eigtl. F. **Nehrlich,** Maler, *Erfurt 24. 11. 1807, †Venedig 21. 10. 1878, tätig ebd. und in Rom (1828–35), malte im Stil von J. A. KOCH ital. Landschaften mit biedermeierlich realist. Staffage.

Nero, röm. Kaiser, *Antium 15. 12. 37, † bei Rom 9. 6. 68, plante und verwirklichte große Bauvorhaben. Nach dem Brand in Rom im Jahre 64, bei dem große Teile der Stadt vernichtet wurden, ließ er sich einen riesigen Palast (›Domus Aurea‹) errichten, der sich vom Palatin bis zum Esquilin erstreckte; die prunkvoll ausgestattete unvoll. Anlage wurde von seinen Nachfolgern z. T. zerstört, z. T. später überbaut. Fresken und Stuckdekoration in den erh. Teilen.

Neroccio [ner'ɔttʃo], eigtl. **N. di Bartolomẹo di Benedẹtto de'Landi,** ital. Maler, Bildhauer, *Siena 1447, †ebd. 1500, Schüler des VECCHIETTA, arbeitete in Werkstattgemeinschaft mit FRANCESCO DI GIORGIO MARTINI (1467–75); schuf überwiegend Madonnendarstellungen in hellen, zarten Farben.

HW: Triptychon der Madonna mit den Hl. Michael und Bernardino (1476; Siena, Pinakothek); Thronende Madonna mit 6 Heiligen (1492; ebd.); Holzfigur der Hl. Katharina (Siena, Oratorio di S. Caterina).

Ner tamịd [hebr. ›ewiges Licht‹] *das,* Judentum: die in der Synagoge vor dem Vorhang dauernd brennende Lampe; oft künstlerisch gestaltet.

Nervi, Pier Luigi, ital. Bauingenieur, Architekt, *Sondrio 21. 6. 1891, †Rom 9. 1. 1979, einer der bedeutendsten Konstrukteure des Stahlbetons, den er bes. bei großen Hallenbauten (Hangars, Ausstellungshallen, Sportstadien) in räumlich-stat. Systemen aus vorzugsweise linear beanspruchten Elementen anwendete.

HW: Stadion Florenz (1930–32); Ausstellungshallen Turin (1948–50); UNESCO-Gebäude Paris (1953–57; mit M. BREUER u. B.

Zehrfuss); Pirelli-Gebäude, Mailand (1955–57; mit G. Ponti); Ausstellungshalle ›Palazzo del Lavoro‹, Turin (1961).
P. Desideri u. a.: P. L. N. (a. d. Ital., 1981).

Nesch, Rolf, Maler, Graphiker, *Oberesslingen (heute zu Esslingen am Neckar, Württ.) 7. 1. 1893, †Oslo 27. 10. 1975, emigrierte 1933 nach Norwegen. Von der Radierung ausgehend, erfand N. neue Formen des farbigen Metalldrucks (Durchätzung), weiterhin spezialisierte er sich auf Materialbilder, v. a. von Industrieabfällen und Naturfunden, die noch Gegenständlichkeit erkennen lassen.

Neschwitz, Gem. nördlich von Bautzen, Dt. Dem. Rep.; barockes Altes Schloß (1723) mit Malereien im zweigeschossigen Festsaal, frz. Park mit Pavillons. Das Neue Schloß (1766–75) wurde 1945 zerstört.

Nessebar, Stadt an der bulgar. Schwarzmeerküste, etwa 4500 Ew. In der Antike Handels- und Kulturzentrum. Auf der ehem. Akropolis Reste von Tempeln u. a. Gebäuden, v. a. aus dem 4./3. Jh. v. Chr. Im 4. Jh. unter byzantin. Herrschaft Bischofssitz, im 2. Bulgar. Reich (14. Jh.) neue Blüte; 1453 von den Türken erobert. – Von den etwa 40 ma. Kirchen sind nur 10 (z. T. als Ruinen) erh. Aus dem 5. Jh. stammen die Reste der ›Basilika am Meer‹ und die Ruine der alten Metropolitankirche; die kleine dreischiffige neue Basilika mit Fresken von 1599 und die (am besten erh.) Kreuzkuppelkirche St. Johannes entstammen dem 9. Jh. Das 2. Bulgar. Reich brachte in N. eine besondere Stilgruppe bulgarisch-byzantin. Architektur hervor, gekennzeichnet durch Mauerwerk aus ornamental angeordneten Natur- und Backsteinen sowie keram. Verzierungen, z. B. die Paraskewa-Kirche, die Theodoros- und die Erzengel-Kirche; den Höhepunkt bildet die Aleiturgetos-Kirche (Ruine). – Mus. im Haus Muskojanis (Mitte 19. Jh.).

Nesselröden, Ortsteil von Herleshausen, Nordhessen, mit Renaissanceschloß (1592–94); die Hauptfront des dreigeschossigen Baus wird durch einen Treppen-

Nessebar: Kirche St. Johannes; 9. Jh.

turm mit Fachwerkabschluß und Eckrisaliten mit Giebeln gegliedert.

Nẹssosmaler, attischer Vasenmaler des ausgehenden 7. Jh. v. Chr.; seine breitflächigen, schwerfälligen Gestalten sind zum ersten Mal in Attika im schwarzfigurigen Silhouettenstil mit Binnenritzung gemalt. Namengebendes HW ist eine Amphora mit Herakles und dem Kentauren Nessos (Athen, Nat.-Mus.).

Nẹsterow, Michail Wassiljewitsch, russ. Maler, *Ufa 31. 5. 1862, †Moskau 18. 10. 1942, Mitgl. der ›Peredwischniki‹; malte relig. Gestalten und Ereignisse in russ. Landschaft (Wandmalereien in der Wladimir-Kathedrale in Kiew, 1890–95), später v. a. Porträts.

Nestler, Wolfgang, Plastiker, *Gershausen (heute zu Kirchheim, Hessen) 8. 9. 1943, entwickelte veränderbare Skulpturen aus Eisenstäben und -bändern, deren Form sich jeweils aus der Verlagerung des Gleichgewichts ergibt; seit den späten 70er Jahren auch massive Eisenplastiken.

Netsuke: Herbstblumen; Manju, (Frankfurt a. M., Privatsammlung)

Nẹstor, grch. Mythos: König von Pylos, Sohn des Neleus. Er nahm am Kampf der Lapithen gegen die Kentauren, an der Kalydon. Jagd und am Argonautenzug teil und war der greise, beredte Ratgeber der Griechen vor Troja. N.s Sagenkreis findet sich v. a. auf vielen Vasenbildern seit dem 8. Jh. v. Chr. Nach dem von Homer beschriebenen **Nestorbecher** nannte H. SCHLIEMANN einen in Mykene ausgegrabenen Goldbecher (16. Jh. v. Chr., Athen, Nat.-Mus.).

Netscher, Caspar, dt.-holländ. Maler, *Heidelberg 1639(?), †Den Haag 15. 1. 1684. Er war v. a. Porträtist, beeinflußt von seinem Lehrer G. TERBORCH, aber auch von A. VAN DYCK. Seine Genrebilder stehen in der Nachfolge von Terborch und P. DE HOOCH. N. wurde nachgeahmt von seinen Söhnen Constantijn (*Den Haag 1668, †ebd. 1723) und Theodor (*Bordeaux 1661, †Hulst 1723), letzterer schuf auch größere Porträts.

Netsuke: Vergeblicher Rattenfang; Katabori, Ende 18. Jh. (Frankfurt a. M., Privatsammlung)

Netsuke [n'ɛts(ə)kə, ›Anhängsel aus Wurzelholz‹] *das,* im japan. Kunsthandwerk knebelartige, meist kunstvoll geschnitzte Gebilde aus Holz, Elfenbein, Horn oder Knochen (manchmal auch aus Metall, Porzellan, Koralle, Onyx oder Jade). 3–5 cm groß (anfänglich bis 15 cm hoch), hielt es die Schnur, mit der Inro, Tabaksbeutel, Pfeife oder Schreibgerät am Gürtel befestigt wurden. Die älteste Form ist das **Manju,** die Form eines flachen runden Reiskuchens, die später zu Blumen oder Blüten geschnitzt wurde. Größte Verbreitung und Beliebtheit fand das **Katabori,** ›das figürlich geschnitzte‹ N., dessen Formenfülle unerschöpflich zu sein scheint. Die dargestellten Götter (z. B. die 7 Glücksgottheiten →Benten, →Bishamon, →Daikoku, →Ebisu, →Fukurokuju, →Hotei, →Jurojin), Masken, Menschen, Tiere (12 Tierkreiszeichen) und Pflanzen spielen entweder auf Legenden, Märchen oder histor. Tatsachen an. Manche N. zeigen Szenen und Gegenstände des Alltags. Häufig ist das gewählte Motiv humorvoll oder skurril behandelt, auch Karikaturen der Portugiesen und Holländer. Vorstufen der N. beginnen im 15./16. Jh., Blütezeit war vom 17. bis 19. Jh. mit Höhepunkt um 1800. Die vielen Künstler und Künstlersippen, die ihre Werke meist signierten, waren häufig auch Schnitzer von No-Masken. (BILD japanische Kunst)

O. H. NOETZEL: N. (1981).

Nette, Johann Friedrich, Baumeister, *1672, †Nancy 9. 12. 1714, errichtete seit 1707 nach österreichisch-böhm. Vorbildern den Nordtrakt des Schlosses Ludwigsburg und entwarf Pläne für die anliegende Stadt. Sein Nachfolger war D. G. FRISONI.

Netze, Maltechnik: Branntwein, mit dem bei Polimentvergoldungen die Fläche benetzt wird, auf der das Goldblatt beim Anlegen haften soll.

Netze, Stadtteil von Waldeck, Nordhessen, mit der ehem. Zisterzienserinnenabtei Marienthal (1228 gegr.); in der ehem. Klosterkirche (jetzt Pfarrkirche) einer zweischiffigen Rundpfeiler-Hallenkirche (13./14. Jh.), kostbarer gemalter Passionsaltar eines westfälisch-hess. Meisters (um 1370–80).

Netzgewölbe, →Gewölbe.

Netzglas, ital. **Vetro a reticello** [-retitʃ'ɛllo], im 16. Jh. in Venedig hergestellte Abart des →Fadenglases mit spiralig laufenden, sich netzartig kreuzenden Fadenlagen, häufig mit einer kleinen Luftblase in der Netzmasche.

Netzschkau [n'ɛtʃ-], Stadt im Kr. Reichenbach, Dt. Dem. Rep., 6900 Ew.; spätgot. Schloß (2. H. 15. Jh.), im Innern 1627 erneuert, z. T. ausgezeichnete Stuckarbeiten; Schloßkirche (Neubau 1838–40) mit Resten eines qualitätvollen Altars (1659).

neu|attische Kunst, Kunstrichtung des grch. Späthellenismus mit klassizist. und archaisierender Tendenz. Die n. K. wurde v. a. in einer von PASITELES begründeten Bildhauerschule des 1. Jh. v. Chr. entwickelt, die die gelöste, natürl. Bewegung mit statuar. Motiven der grch. Klassik zu verbinden suchte, im Unterschied zu der immer stärker zunehmenden, in reiner Nachahmung sich erschöpfenden Tätigkeit der Kopistenateliers. Der klassizist. Stil dieser Kunstrichtung ist bis weit in die röm. Kaiserzeit zu verfolgen. Neben Statuen und Geräten aus Marmor (Schalen, Kratere, Tische, Throne) ist der neuatt. Stil v. a. in Reliefdarstellungen zu finden (zahlreiche Beispiele erh.).

Neubarock, Neobarock, historist. Rückgriff auf die Kunst von Hoch- und Spätbarock im 19. Jh. Die 1. Phase um 1830–40 trug der polit. Orientierung an der Kunst vor der Frz. Revolution (Ancien régime) Rechnung, die 2. Phase (um 1860–1900) wurde zum Repräsentationsstil des Großbürgertums, v. a. in Bauten mit gesellschaftl. Funktion (Grand Opéra in Paris von C. GARNIER, 1861–74; Justizpalast in Brüssel von J. POLAERT, 1866–83; Hotels). Auch die Stadtplanung in geometr. Strukturen griff Ideen des Barock auf (Pariser Boulevards von R. HAUSSMANN). Die Vollendung von Schloßanlagen (Paris, Louvre) gehörte ebenso zum Programm des N. wie deren Neubau (Herrenchiemsee, 1878–85 von G. v. DOLLMANN). Großen Einfluß hatte der N. auf das Kunstgewerbe, v. a. Porzellan, Goldschmiedekunst, Gobelins, Glas. Ein Teil der historisierenden Malerei des späten 19. Jh. versteht sich als Erneuerung barocker Tradition; so ist der pompöse Stil des Franzosen T. COUTURE, des Deutschen W. v. KAULBACH sowie der Österreicher H. MAKART und F. X. WINTERHALTER zu nennen. Jedoch finden sich auch in der bed. Malerei des 19. Jh. barocke Elemente, v. a. bei E. DELACROIX und T. GÉRICAULT. Hauptvertreter der dt. Plastik war R. BEGAS, mit dem die maler. Tendenzen der späten Rauch-Schule zu neuer Qualität gelangten. Beeinflußt von A. FEUERBACH und A. BÖCKLIN, schuf er 1857 in Rom ›Pan und Psyche‹ gleichzeitig mit Böcklins ›Pan im Schilf‹ und J.-B. CARPEAUX' ›Neapolitanischem Fischerknaben‹. Das Schiller-Denkmal von Begas (1871; ehem. Gendarmenmarkt in Berlin) wurde zum 1. öffentl. Sieg des N. Als neue Gattung neben Standbildern aus Wissenschaft und Kunst kam das Unternehmer-Denkmal hinzu. Mit Regierungsantritt Kaiser WILHELMS II. (1888) wurde der N. Staatsstil (Siegesallee Berlin, eingeweiht 1901).

H. J. HANSEN u. a.: Das pompöse Zeitalter (1970); P. BLOCH u. W. GRZIMEK: Das klass. Berlin. Die Berliner Bildhauerschule im 19. Jh. (1978).

Neuber, Johann Christian, Goldschmied, Steinschneider, *Neunwasdorf (Erzgebirge) 1735, †Eibenstock (Erzgebirge) 1. 1. 1808; in Dresden tätig, wurde N. 1780 Hofjuwelier des sächs. Hofes. Er schuf kostbare Dosen, Tabatièren, Stockgriffe mit Einlegearbeit aus Schmucksteinen.

Neuberg an der Mürz, Gem. in der Obersteiermark, Österreich, mit ehem. Zisterzienserkloster (1327–1786). Die ehem. Stiftskirche (Schlußweihe 1481), eine got. Hallenkirche mit prächtigen Maßwerkfenstern, ist v. a. barock ausgestattet; Marienaltar (um 1650) mit got. ›Neuberger Madonna‹ (um 1350; urspr. an der Fassade). Klostergebäude z. T. im alten Zustand erh., Kreuzgang (Mitte 14. Jh.) mit skulptierten Konsolen im O-Flügel.

Neubrandenburg, Bezirkshauptstadt in der Dt. Dem. Rep., 71 500 Ew.; die Altstadt wurde 1945 weitgehend zerstört. An der ausgebrannten Marienkirche (um 1300) noch bes. eindrucksvoll der Ostgiebel mit vorgespanntem Maßwerk. Mauerring fast vollständig erh., mit Friedländer (14. Jh.), Stargarder (14. Jh.), Treptower (um 1400) und Neuem Tor (15. Jh.), bis auf das Neue Tor mit Vortoren, die ebenso wie die Haupttore reiche Blendengliederung haben. Spätgot. Johanniskirche (14. Jh.), ehem. Franziskanerklosterkirche; vom Kloster N-Flügel mit Kreuzgang erh.

Neubritanni|en, größte Insel im Bismarck-Archipel (Papua-Neuguinea), bed. Kunstregion mit mindestens 5 Regionalstilen. Bes. bemerkenswert sind die z. T. gesichtsförmigen, z. T. körperhaften, hohen Maskenaufsätze, aus Baumbaststoff (→Tapa) über Lianenrahmen gearbeitet, schwarz und gelb bemalt, für Tag- oder Nachttänze der Baining im Innern der Gazelle-Halbinsel. Die Tolai im NO sind Hersteller der konischen ›Dukduk‹- und ›Tumbuan‹-Helmmasken (aus bemaltem Maschenstoff u. a.) sowie der ebenso an einen Geheimbund geknüpften Iniet-Steinfiguren und der aus

Neubritannien: Kultmaske der Baining, Tapa, Höhe 82,5 cm ohne Behang (Berlin-West, Museum für Völkerkunde)

Holz durchbrochen geschnitzten, teils figürl., teils geometr. Tanzbrettchen. Die aus Baummarkwülsten aufgebauten Masken und die zugehörigen geschnitzten figürl. Tanzaufsätze (u. a. Baumbär) der Sulka und ihrer Nachbarn (S-Küste) fallen durch bes. feine Gliederung und Farbigkeit auf. Die Kulturen der SW-Küste (Kilenge) zeigen starke Übereinstimmung ihrer künstler. Ausdrucksformen (Holzmasken, Auslegerboote) mit jenen der NO-Küste Neuguineas (→Tami). Von der N-Küste stammen dreiteilige, geometrisch verzierte Schilde und kubische Helmmasken aus Holz (Vitu-Inseln). BILD Ozeanien

P. DARK: Kilenge life and art (London 1974); G. CORBIN: The art of the Baining in New Britain, in: Exploring the visual art of Oceania, hg. v. S. MEAD (Honolulu 1979); G. KOCH: Iniet. Geister in Stein (1982).

Neuburg/Donau, Stadt in Oberbayern, 24 200 Ew.; 1505–1777 Residenz des Fstt. Pfalz-Neuburg. Das reizvolle Stadtbild wird vorwiegend von Renaissance und Barock geprägt. Das Schloß (1530–1668) mit Arkadenhof und Sgraffitomalereien birgt in seiner freskengeschmückten Kapelle (1543) das früheste Zeugnis protestant. Monumentalmalerei. In der Hofkirche (1607–18 nach Plänen des Malers J. HEINZ) ausgezeichnete Stuckdekoration; frühbarockes Rathaus (1604). Im Saal der Bruderschaft der Schmerzhaften Muttergottes (1730/31) das Rokoko-Bibliotheksgestühl aus Kloster Kaisheim. Studienkirche St. Ursula (1700/01 von dem Vorarlberger V. BRENNER) mit vorzügl. Stuck. In der Nähe Schloß →Grünau.

Neuburger Kreide, Maltechnik: →Kreide.

Neuchâtel [nøʃat'ɛl], frz. Name von →Neuenburg.

Neu-Dachau, Künstlerkolonie am Ende des 19. und zu Beginn des 20. Jh., die Stimmungen der Landschaft um Dachau in dekorativ-ornamentalem Stil malte. Zu ihr gehörten v. a. A. HOELZEL, L. DILL, A. LANGHAMMER. Hoelzel leitete in Dachau eine von vielen Künstlern (u. a. IDA KERKOVIUS) besuchte private Malschule.

Lit.: →Künstlerkolonie.

Neue Abstraktion, →Post Painterly Abstraction.

Neue Figuration, Bez. für die figürl. Malerei nach dem 2. Weltkrieg, nach dem gleichnamigen Buchtitel (1959) des Malers und Kritikers H. PLATSCHEK. Zur N. F. gehören die der Pop Art nahestehenden Künstler, die versch. realist. Gruppen sowie Künstler, die keiner Richtung zuzuordnen sind.

Neue Hebriden, seit 1980 Republik **Vanuatu,** Inselgruppen im O Melanesiens, gekennzeichnet durch zahlreiche Regionalstile und weiträumige Tauschbeziehungen. Holzplastik dominiert im Zentrum (menschl. Figuren, z. T. als Stützpfosten, BILD Ozeanien, ferner stehende Schlitztrommeln mit 1 oder 2 übereinander angeordneten Gesichtern, Schweinekeulen). →Farnfiguren kommen auf den Banks-Inseln, auf Ambrym und im Innern Malekulas vor (BILD Ozeanien). Ein wichtiges Motiv ist das dem Rhombus eingeschriebene Gesicht, das im geöffneten Ober- und Unterkiefer eines wegen der spiraligen Hauer gezüchteten Ebers gezeigt wird. Diese und andere Formen stehen im Zusammenhang mit Ranggesellschaften und wurden aus Anlaß der Rangerhöhung in Auftrag gegeben und ausgestellt. Beschnitzte kleine Steine dienten der zauber. Festigung der Schweinezucht. Erinnerungsfiguren an Verstorbene, über einen Kern aus Holz oder Baumfarn und Bambus mit einem Gemisch aus Pflanzenschabsel, Kokosmilch und Brotfruchtmark modelliert, sowie Baumfarnmasken, figürlich überhöhte Kopfaufsätze und Stabmarionetten stehen in S-Malekula im Zusammenhang mit dem Ahnenkult.

J. GUIART: Nouvelles Hébrides (Auvers-sur-Oise 1965).

Neue Künstlervereinigung München, gegr. 1909 u. a. von W. KANDINSKY, A. v. JAWLENSKY, GABRIELE MÜNTER, A. KUBIN, A. KANOLDT, später mit F. MARC und K. HOFER; trat für nachimpressionist. Strömungen ein und nahm Anregungen der Fauves auf. Die N. K. M. verneinte die völlige Lösung vom Gegenständlichen, weshalb sie v. a. der künstler. Entwicklung von Kandinsky und Marc entgegenwirkte, die 1911 austraten und den →Blauen Reiter gründeten.

Neuenburg, amtlich **Neuchâtel** [nøʃat'ɛl], Kantonshauptstadt in der Schweiz, 35 100 Ew. Schloß (Fragmente des 12. Jh. erh., rege Bautätigkeit 15. bis 16. Jh.) und Stiftskirche Notre-Dame beherrschen das Stadtbild; die dreischiffige Basilika (beg. um 1180, gew. 1276) mit Vierungsturm, 2 Chortürmen und 3 Apsiden zeigt den Übergang von der Romanik zur Frühgotik; wertvollstes Ausstattungsstück ist das Kenotaph der Grafen von N. mit bemalten Figuren, das Graf Ludwig (†1373) in Auftrag gab; Kreuzgang (15. Jh.). Bed. Profanbauten: Maison des Halles (1570), ein gotisch angelegtes, aber in reichen Renaissanceformen verziertes Kaufhaus; Haus Marval (1609), das beste Beispiel der Neuenburger Renaissance; den frz. Einfluß im 18. Jh. zeigt u. a. das Hôtel DuPeyrou (1764–71).

Neuenheerse, Stadtteil von Bad Driburg, Kr. Höxter, NRW; die ehem. Damenstiftskirche (868 gegr., 1131 gew.) wurde im 14. Jh. zur Hallenkirche umgebaut, wobei man den an Freckenhorst orientierten Westbau und das nördl. Seitenschiff im roman. Zustand beließ; weiträumige sechsjochige Hallenkrypta; gute Barockausstattung (1. H. 18. Jh.). Abteigebäude im Stil der Weserrenaissance (1599–1603).

Neuenstein, Stadt im Hohenlohekreis, Bad.-Württ., 4900 Ew.; 1553–1698 Residenz der Grafen von Hohenlohe-Neuenstein; vierflügeliges Renaissanceschloß (1558–64) von maler. Wirkung; darin das Hohenlohe-Mus. (reichhaltige Antiquitätensamml., Stilräume von der Renaissance bis zum Biedermeier).

Neue Prächtigkeit, Schule der N. P., gegr. 1973 in Berlin von den Malern J. GRÜTZKE, M. BLUTH (*1926), M. KOEPPEL (*1935) und K. ZIEGLER (*1935), in einem Manifest verkündet. Die N. P. bezeichnet, satirisch überspitzt, eine antimodernist. Tendenz der akadem. Malerei.

Neuer Realismus, →Nouveau Réalisme.

Neue Sachlichkeit, eine um 1922 einsetzende künstler. Richtung in Dtl., die in bewußtem Ggs. zum Expressionismus wieder das objektive Dasein der Gegenstände erfassen wollte. Der Name N. S. wurde 1923 von G. F. HARTLAUB geprägt (erste zusammenfassende Ausstellung in Mannheim, 1925). Die starke Betonung der Gegenständlichkeit unter Ausschaltung von Licht- und Schattenwirkungen macht oft den Eindruck eines Beschwörens der Dinge in ihrer Vereinzelung im Raum; daher auch als ›Magischer Realismus‹ bezeichnet (von F. ROH, 1924). In der Malerei wird diese Richtung vertreten durch O. DIX, G. GROSZ, A. KANOLDT (BILD), G. SCHOLZ, G. SCHRIMPF, R. SCHLICHTER, C. SCHAD, E. THOMS, C. GROSSBERG, F. RADZIWILL, O. NERLINGER, C. MENSE, F. LENK; in der Photographie von A. RENGER-PATZSCH.

N. S., Ausst.-Kat., Wien (1977).

Neues Bauen, programmat. Begriff für vorwiegend dt. Architekturströmungen des Funktionalismus nach dem 1. Weltkrieg, die sich gegen den Stil der Wilhelmin. Epoche richteten. – Seit etwa 1926 nannte H. HÄRING seine Theorie vom ›organischen Bauen‹ auch N. B.

N. HUSE: N. B. 1918–1933 (1975).

Neues Reich, Epoche der altägypt. Geschichte und Kultur, in der das Land zur Weltmacht aufstieg und seine Grenzen bis zum Euphrat und zum 4. Nilkatarakt ausdehnte (1550–1070 v. Chr.). Das N. R., durch lebhaften Austausch mit Vorderasien und Kreta gekennzeichnet, bedeutete eine Blütezeit für alle Kunstzweige.

Neue Wilde, Junge Wilde, Sammelbegriff für versch. expressive Richtungen der zeitgenöss. Malerei, der 1979 durch einen Ausstellungstitel in Aachen geprägt wurde. Der Name deutet auf die Verwandtschaft zu den frz. Fauves (Wilde) zu Beginn des 20. Jh. und betont die gestische Vehemenz und starke Farbsinnlichkeit dieser anfangs der 1980er Jahre marktbeherrschen-

Neugotik: Parlamentsgebäude in London; erbaut von C. Barry und A. W. N. Pugin

den Tendenzen. Untereinander weisen diese Richtungen wie die dt. Neoexpressionisten (mit G. BASELITZ, M. LÜPPERTZ, K. H. HÖDICKE als Vätern und jüngeren Gruppen in Berlin, Hamburg, Köln), das amerikan. Pattern Painting und die ital. Arte Cifra derartige Differenzen auf, daß ein gemeinsamer Oberbegriff fragwürdig bleibt. Randgruppen sind z. T. mit der musikal. Punk-Szene verquickt (›Mühlheimer Freiheit‹).

Die neuen Wilden, Ausst.-Kat., Aachen (1979).

Neufchatel [nøʃat'ɛl], Nicolaus, genannt **Lucidel** [lysid'ɛl], niederländ. Maler, *in der Gfsch. Bergen (frz. Mons; Hennegau) um 1527, †Nürnberg(?) nach 1590, Schüler des P. COECKE VAN AELST, seit spätestens 1561 in Nürnberg ansässig; malte zahlreiche Porträts.

Neufert, Ernst, Architekt, *Freyburg/Unstrut 15. 3. 1900, †Bugnaux (Kt. Waadt) 23. 2. 1986, studierte am Bauhaus in Weimar, war 1924–26 Mitarbeiter von W. GROPIUS, 1926–29 Prof. in Weimar, 1946–65 in Darmstadt; wichtige Arbeiten zur Normung und Maßordnung im Hochbau.

Schriften: Bauordnungslehre (1943); Bauentwurfslehre ([30]1980).

Neugotik, Neogotik, die Wiederaufnahme der Gotik in Architektur und Kunst. Bereits im späten 16. Jh. finden sich erste Rückgriffe auf got. Formen, v. a. im Dienst der Gegenreformation (›Jesuitengotik‹ im westl. Dtl., Kirchen in Münster und Köln). Zu Beginn des 17. Jh. folgte in Franken der →Echter-Stil, benannt nach Bischof JULIUS ECHTER. Während diese gotisierenden Tendenzen zw. Manierismus und Frühbarock mehr von dekorativ-formalen Aspekten bestimmt waren, ging es der N. des 18.–20. Jh. auch um konstruktiv-strukturelle Gesichtspunkte. Voraussetzung der N. war die programmat. Rückbesinnung auf das MA., die in der Romantik gipfelte. In England kann das schloßartige Wohnhaus von Sir J. VANBRUGH in Blackheath (1717/18) als protagonist. Zeugnis des ›Gothic Revival‹ gelten, auch das Landhaus →Strawberry Hill (1748ff.). Vorstufen in Dtl. waren das Nauener Tor in Potsdam (1755) und das Gotische Haus im Wörlitzer Park (1786–87). Gotik verstand sich seit GOETHE als ›eine herrlichste Schöpfung des dt. Geistes‹. 1814–19 ließ Frhr. K. VOM UND ZUM STEIN an sein barockes Nassauer Schloß einen gotisierenden Turm anbauen. Ein Neuerer war K. F. SCHINKEL, dem die Architektur des Kölner Doms als Quelle für das romant. Kreuzberg-Denkmal (1818–26, Berlin-Kreuzberg, Viktoriapark) diente. Fast alle westeurop. Länder sahen in der N. während der 1. H. des 19. Jh. einen nationalen Stil, v. a. für Rathäuser, Schlösser und Kirchen (Parlamentsgebäude London, erbaut von C. BARRY und A. W. N. PUGIN; Rathäuser in München und Wien). Zum Programm der N. gehörte die Vollendung und Restaurierung der got. Kathedralen (Vollendung des Kölner Doms 1842–80), die in Frankreich E. VIOLLET-LE-DUC praktisch und theoretisch durchgesetzt hat. In England bereitete die späteste N. in der ›Arts and Crafts‹-Bewegung durch W. MORRIS dem Jugendstil den Weg. Die Besinnung auf das ma. Handwerk in dieser letzten Phase der N. kam v. a. der Buchkunst, der Textilkunst und der Glasmalerei zugute.

H. BEENKEN: Schöpfer. Bauideen der dt. Romantik (1952); H. R. HITCHCOCK: Architecture 19th and 20th century (Harmondsworth 1958); R. ZEITLER u. a.: Die Kunst des 19. Jh. (1966); P. BLOCH: Skulpturen des 19. Jh. im Rheinland (1975).

Neuguinea [-gin'ea], zweitgrößte Insel der Erde, politisch aufgeteilt in West-N. (Irian Jaya, Prov. Indonesiens) und Ost-N. (Papua-Neuguinea). Die traditionelle Kunst war eng verknüpft mit sozialen und relig. Funktionen; Plastik, Malerei, Verwendung von Federn, pflanzl. Materialien u. a. sowie die dynam. Aspekte wie Gestik, Gesang, Musik, Tanz bildeten ein sich in konkreten Anlässen verdichtendes Ganzes. Figürl. Kunst, oft gebunden an Kulthäuser, war bei Ankunft der Europäer in manchen Küstenregionen und in den Sumpf- und Schwemmlandschaften der trop. Ströme häufig, äußerst selten dagegen im zentralen Hochland. Dort finden sich allerdings prähistor. Steinartefakte wie verzierte Mörser und Pistille mit vogelförmigen Griffenden. Im dicht besiedelten Hochland und den angrenzenden Berggebieten sind →Körperschmuck (Federn, Bemalung), Kleidung (Perücken, Gürtel, Prunkschurze mit Anhängseln) und Tanzaufsätze aus Baststoff in Stammesstilen hochentwickelt.

Neuguinea: Mutter mit Kind; Pfostenbekrönung aus einem Häuptlingshaus, Holz, Höhe 91 cm, Sentani-See (Basel, Museum für Völkerkunde)

Plastik, Malerei und Ornamentik N.s können Stilprovinzen zugeordnet werden: im W das in engem Kontakt zu O-Indonesien stehende Vogelkopfgebiet, die Geelvink-Bai (→Korwar), der →Sentani und die Humboldt-Bai; im N und NO das komplexe, stilistisch äußerst reiche Gebiet am →Sepik (mit Küstengebirge, →Abelam; Quell-Gebiet und Ramu-Tal), die Astrolabe-Bai und die sich daran anschließende Zone mit weitreichenden Handelsbeziehungen, die sich bis nach W-Neubritannien (Kilenge), den Siassi- und Umboi-Inseln und zur Insel →Tami am Huon-Golf erstreckt; im O →Massim;

Neuguinea: Malerei auf Blattmaterial der Sagopalme; unterer Sepik, Kambrambo, Höhe 97 cm (Basel, Museum für Völkerkunde

im S die Inseln der Torres-Straße, der →Papua-Golf und die daran angrenzende Gogodala-Region, das Gebiet der →Marind-anim und ihrer Nachbarn (S-Küste); im SW das Gebiet der →Asmat und Mimika.

Die →Keramik zeigt ein vielfältiges Bild, in dem sich z. T. Stufen früherer kultureller Entwicklungen bewahrt haben; sie fehlt allerdings, ebenso wie die Holzplastik, im zentralen Hochland. Noch wenig erforscht ist die Felsbildkunst. Die stilist. Vielfalt der Plastik kann in N. ebensowenig wie im gesamten →Melanesien auf einen Nenner gebracht werden. (WEITERES BILD Trommel)

Die neuen Formen einer zeitgenöss. Kunst, wie sie aus der Begegnung europ. Kunstlehrer und neuer nationaler Institutionen mit einheim. Künstlern im städt. Umfeld entstanden sind, knüpfen inhaltlich oft an alte Überlieferungen an (Darstellung spiritueller Wesen u. a.), während traditionelle künstler. Motive und Ausdrucksformen seltener aufgegriffen werden. Diesen gelten aber, soweit sie noch bekannt sind, als Ausdruck der überlieferten kulturellen Identität und zur Förderung des Tourismus Initiativen der Wiederbelebung. Eine Zwischenstellung nehmen die zahlreichen Werke der Volkskunst mit christl. Hintergrund und auch die an die Männerhausgiebel der →Palau-Inseln erinnernden Darstellungen von Dorfszenen auf den ›story boards‹ vom Keram-Fluß (unterer Sepik) ein.

T. BODROGI: Art of North-east New Guinea (Budapest 1961); E. SERRA und A. FOLCH: The art of Papua and New Guinea (New York 1977); R. FIRTH: Art and life in New Guinea (London und New York ²1979); INGRID HEERMANN u. a.: Tingting bilong mi. Zeitgenöss. Kunst aus Papua-N. (1979); A. L. CRAWFORD: Aida. Life and ceremony of the Gogodala (Bathurst, Australien, 1981). – Weitere Lit.: Keramik, Ozeanien, Papua-Golf.

Neuhaus, tschechischer Name **Jindřichův Hradec** [j'indrʒixu:v hr'adɛts], Stadt im Südböhm. Kr., ČSSR, 15 700 Ew. Zu den ältesten Bauten von N. zählen Reste der ma. Stadtbefestigung und die Burg (13. Jh.), die im 16. Jh. im got. und Renaissancestil zu einem Schloß mit drei Höfen (im 3. Hof große Arkadenfront) umgebaut wurde. Im Schloß bed. Gemäldesamml. In N. gibt es mehrere Kirchen, u. a. die Kirche des Minoritenklosters (13. Jh., verändert im 16. Jh. und 18. Jh.) mit Wandmalereien aus dem 14.–15. Jh.; Propsteikirche Maria Himmelfahrt (14./16. Jh.); Klöster; am Marktplatz Renaissance- und Barockhäuser.

Neuhuys [n'ø:hœjs], Albert, niederländ. Maler, *Utrecht 10. 6. 1844, †Locarno 6. 2. 1914, schuf akadem. Historienbilder, später Bauerndarstellungen in der Art von J. ISRAËLS.

Neu|irland, engl. **New Ireland** [nju:'aɪələnd], Insel im Bismarck-Archipel →Melanesiens, bildet künstlerisch ein relativ einheitl., v. a. durch den Stil der →Malanggane geprägtes Gebiet (zus. mit dem benachbarten Lavongai). Im isolierten S Hinweise (u. a. Stelen, Masken und Steinfiguren für Geheimbund) auf Beziehungen zur N-Küste von →Neubritannien. Während die durchbrochenen, reich bemalten Formen der Malanggan-Schnitzwerke aus dem leichten Alstonia-Holz an der N-Küste, auf den vorgelagerten Tabar-Inseln sowie im SW sich unter den Händen von spezialisierten Schnitzern zu phantast. Reichtum entwickelt haben, dokumentieren die schlichten männl. und weibl. Regenmacherfiguren im selben Gebiet sowie die aus dem zentralen Teil der Insel stammenden →Uli aus dauerhaften Hölzern die westmelanes. Grundlagen des Schnitzstils von N. Auch übermodellierte Schädel einflußreicher Verstorbener (u. a. von Regenzauber-Spezialisten) zeigen dieselbe Betonung der Augen (aus Deckeln einer Seeschnecke), die in der von der Stirn abgesetzten Höhlen-/Wangenpartie sitzen, sowie des in die Breite gezogenen, die feinen Zahnreihen exponierenden Mundes. I. Ggs. zu den massiven Figuren wurden die Malanggane an den Küsten nach den Feiern zum Vermodernlassen in den Busch geworfen oder verbrannt und ins Meer gestreut. Zeichnungen in A. TASMANS Reisebericht (1643) dokumentieren, daß der reiche Stil der Malanggane schon vor Ankunft der europ. Metallwerkzeuge bestand.

E. STEPHAN: Südseekunst (1907); A. BÜHLER: N. und Nachbarinseln (1948); P. LEWIS: The social context of art in Northern New Ireland, Fieldiana 58 (Chicago 1969). – Weitere Lit.: Malanggane.

Neujahrsfesthaus, akkadisch **Bit akiti,** kult. Gebäude Mesopotamiens, in dem das Neujahrsfest gefeiert wurde. Die in der Peripherie der Städte (Assur, Babylon, Borsippa, Uruk) gelegenen Tempel waren meist durch eine Prozessionsstraße zu erreichen.

Neukaledoni|en, Insel in SO-Melanesien, zusammen mit den Loyalitäts-Inseln ein künstlerisch relativ einheitl. Gebiet mit zahlreichen lokalen Variationsformen. Sehr eindrücklich sind die dunklen Holzmasken mit geschwungener, vorstehender Nase, geöffnetem Mund und gerundeten Wangen; für den Auftritt werden sie an einem korbartigen Stülpteil montiert, bekrönt mit gerundeter Menschenhaarperücke und behangen mit Federkleid. Weiter verbreitet sind geschnitzte Dachaufsätze (durchbrochen gearbeitet, z. T. mit aufgesetzten Triton-Schnecken), Türseitenstücke, Schwellen, Pfosten und Zierbretter an Rundhäusern, bes. der Häuptlinge. Dabei dominieren z. T. breitnasige Gesichter, kombiniert mit geometr. Mustern (z. B. gekerbte Rautenfelder). Ferner gibt es kleine menschl. Figuren, auch diese monochrom.

F. SARASIN: Ethnologie der Neu-Kaledonier und Loyalty-Insulaner (1929); R. BOULAY: Objets kanaks dans les musées européens, 1 (Nouméa 1982).

Neukirchen, Gem. im Kr. Nordfriesland, Schlesw.-Holst. Das Nolde-Haus im Ortsteil **Seebüll,** ein Klinkerbau im Stil der Neuen Sachlichkeit (1927–37), selbstentworfenes Atelier und Wohnhaus des Malers E. NOLDE, birgt eine umfangreiche Samml. seiner Werke.

Neuklassizismus, →Neoklassizismus.

Neukloster, Stadt im Kr. Wismar, Dt. Dem. Rep.; die Kirche des 1219–1555 bestehenden Zisterzienserinnenklosters, vor 1245 voll., eine roman. Backsteinbasilika, birgt die ältesten Glasgemälde Mecklenburgs (Reste jetzt in den Chorfenstern zusammengefaßt).

Neumagen-Dhron, Gem. im Kr. Bernkastel-Wittlich, am rechten Moselufer, 3000 Ew. N., das röm. **Noviomagus** an der Straße Trier–Mainz, wurde um 270 befestigt und von KONSTANTIN D. GR. zu einem Kastell ausgebaut. Baumaterial für die bis zu 3,65 m dicken Umfassungsmauern waren Grabmonumente (2. und 3. Jh.), von denen seit 1884 über 1000 Fundstücke geborgen wurden (jetzt im Landesmus. Trier). Die realist. Darstellungen der Grabreliefs in provinzialröm. Stil geben Szenen aus dem Alltagsleben wieder (Toilette, Unterricht, Tuchhandel, Weinverschiffung).

Neumann, 1) Franz Ignaz Michael, Baumeister, Militäringenieur, Sohn von 2), *Würzburg 8. 5. 1733, †ebd. 29. 9. 1785.

HW: Westchor und Vierungsturm des Mainzer Doms (1767; nach dem Brand); Westbau des Speyerer Doms (1772 f.; 1852 beseitigt).

2) Johann Balthasar, Baumeister, Ingenieur, Vater von 1), getauft Eger 30. 1. 1687, †Würzburg 19. 8. 1753, kam 1711 als Gießergeselle nach Würzburg, nahm 1717 nach wissenschaftl. Fortbildung als Feldingenieur an der Eroberung Belgrads teil und wurde 1719 fürstbischöfl. Baudirektor. 1720 begann N. mit dem Bau der Würzburger Residenz, dem vollkommensten Palastbau seiner Zeit (1722–44; Innenausbau bis 1754). Beraten von G. BOFFRAND und R. DE COTTE wirkten an ihm unter den Bauherren JOHANN PHILIPP FRANZ und FRIEDRICH KARL V. SCHÖNBORN auch M. V. WELSCH und L. V. HILDEBRANDT mit. N. selbst fielen in der Folge die vornehmsten kirchl. und weltl. Bauaufträge in Franken und am Rhein zu. 1729 und 1730 war er in Wien, 1731 wurde er Lehrer an der Univ. Würzburg, 1741 Oberst.

N. war ein meisterhafter Techniker und Organisator. Seine Profanbauten verschmolzen den lebhaft gegliederten ital.-österr. Barock (BILD) mit frz. Klassizität und Wohnlichkeit, steigerten die Gruppe der Haupträume zu rhythmisch-durchsichtiger Einheit und führten die Idee des bewegten Raumes in den Treppenhäusern von Würzburg (Residenz, 1735), Bruchsal (Schloß, 1729 bis 1733; 1945 zerstört, bis 1975 wiederhergestellt), Brühl (Schloß, 1743–48) und Wien (Entwurf) zu zuvor nicht erreichter Höhe. Seine Kirchenbauten vollenden den Gedanken der Raumdurchdringung (G. GUARINI), i. Ggs. zu C. DIENTZENHOFER jedoch v. a. bei der Gestaltung von Innenräumen. Ausdruck seiner Raumphantasie sind das bewegte Raumgeflecht der Kirche von Vier-

Johann Balthasar Neumann: Hofkirche der Würzburger Residenz; 1732–34

zehnheiligen (1743–72, BILD Vierzehnheiligen) und die schwingende Halle der Kirche von Neresheim (1745 bis 1753; voll. 1777/92) – eine Synthese von Lang- und Zentralbau.

WW: Klosterkirchen: Holzkirchen (1724–32); Jesuitenkirche Mainz (1742; 1793 zerstört). – **Klöster:** Ebrach (1716; Pläne des nördl. Abteitrakts, Treppenhaus, Ehrenhof); Heidenfeld (1723–32; Konventsgebäude). – **Pfarrkirchen:** Wiesentheid, St. Mauritius (1726); Trier, St. Paulin (1734–54); Kitzingen-Etwashausen, Hl. Kreuz (1741–45). – **Wallfahrtskirchen:** Gößweinstein (1730–36); Würzburg, Käppele (1747–50); Limbach b. Haßfurt, Maria Limbach (1751–54). – **Schloßkirchen:** Werneck (1733–44); Würzburg, Hofkirche (1732–34); Bruchsal, St. Peter (1740–46). – **Schloßbauten:** Werneck (1733–45); Seehof bei Bamberg, Orangerie (1733–37); Schönbornslust bei Koblenz (1748–52, zerstört 1794). – Nutzbauten, Brükken und techn. Anlagen. – **Entwürfe:** Schlösser in Stuttgart (1746), Karlsruhe (1749–51), Wiener Hofburg (1747).

E. ORTNER: Der Barockbaumeister B. N. (1978); H. REUTHER: Die Zeichnungen aus dem Nachlaß B. N.s in der Kunstbibl. Berlin (1979); ders.: B. N. Der mainfränk. Barockbaumeister (1982); J. HOTZ: Das Skizzenbuch B. N.s, 2 Tle. (1981).

Neumarkt, 1) N. i. d. Oberpfalz, Kreisstadt in Bayern, 30000 Ew., 1945 stark zerstört. Entsprechend der alten Anlage wiederaufgebaut: der Straßenmarkt mit Giebelhäusern, in der Mitte freistehend das Rathaus (16. Jh.), die got. Pfarrkirche (Hallenkirche des 15. Jh.), das Pfalzgräfl. Renaissanceschloß (1539) und daneben die spätgotisch-barocke Hofkirche.

2) ital. **Egna** ['eɲa], Gem. im Bozener Unterland links der Etsch, Südtirol; Laubengänge; Pfarrkirche St. Nikolaus (15. Jh.). Im Ortsteil **Vill** die Kirche Unserer Lieben Frau in der Vill (Chor, 1412; Langhaus, 1460/61), im Innern dreigeschossiges Sakramentshäuschen, Fresken. – In **Pinzon** (ital. **Pinzạno**) bei N. Stephanskirche mit spätgot. Flügelaltar (um 1500).

3) poln. **Środa Śląska** [sjr'ɔda sjl'ɔ̃ska], Stadt in der poln. Wwschaft Wrocław (Breslau), Niederschlesien, 7700 Ew., mit z. T. erh. Stadtmauern (14. Jh.). Die Pfarrkirche, urspr. spätroman. Basilika, wurde um 1270–80 und 1670–75 umgebaut (Glockenturm 14. Jh., Fassade 1828); Franziskanerkirche (14./15. Jh., 1675 bis 1727 umgebaut). Das spätgot. Rathaus (15. Jh.) wurde 1522 im Renaissancestil umgebaut.

Neumeister, N. Münchener Kunstauktionshaus KG, gegr. 1958 in München. In den jährlich 6–7 Auktionen wird alte und moderne Kunst (Plastik, Möbel, Porzellan, Fayencen und Silber) angeboten. In mehreren Varia-Auktionen kommen Kunstgegenstände mit niedrigem Schätzwert zum Verkauf.

Neun Helden, ritterl. Idealgestalten, die sich seit dem 14. Jh. zuerst in Frankreich (**neuf preux** [nœfpr'ø]), dann auch in Dtl., Italien, England, der Schweiz, den Niederlanden und Dänemark in der Kunst nachweisen lassen. Sie sind dargestellt in Rüstung oder Waffenrock, auch im Ornat, mit Wappen versehen, stehend oder zu Pferd und in Dreiergruppen zusammengefaßt: als Vertreter der heidn. Antike Hektor von Troja, Julius Caesar und Alexander d. Gr., des A. T. Josua, König David und Judas Makkabäus, der Christenheit König Artus, Karl d. Gr. und Gottfried von Bouillon. In Dtl. vertraten sie als die **Neun guten Helden** oder **die Besten** v. a. das Recht und erschienen oft an Rathäusern (Hanse-Saal des Rathauses in Köln, 1360/70).

Neu|ötting, Stadt im Kr. Altötting, Oberbayern; Gründung der Wittelsbacher (1231 erwähnt); breiter Straßenmarkt. Die Stadtpfarrkirche St. Nikolaus ist eine spätgot. Hallenkirche (1410 von H. Stethaimer beg.); spätgot. Annakirche (1511 gew.).

Neurenaissance, Neorenaissance [-rənɛs'ɑ̃s], die Wiederaufnahme von Renaissanceformen in Architektur und Kunstgewerbe im 19. Jh. Sie begann bereits z. Zt. von K. F. Schinkel und erlebte ihren künstler. Höhepunkt mit den Bauten von G. Semper: Opernhaus Dresden (1847–54), ferner Stadthaus Winterthur (1867–69). Die N. wurde während des →Historismus v. a. für den Theater- und Museumsbau (Oper und Kunsthistor. Mus. Wien) angewendet, prägte aber auch den Städtebau (München, Ludwigstraße). In der bürgerl. Inneneinrichtung setzte sich seit etwa 1850 die ›deutsche Renaissance‹ durch.

Neureuther, Eugen Napoleon, Maler, Zeichner, *München 11. 1. 1806, †ebd. 23. 3. 1882, Mitarbeiter von P. Cornelius bei der Ausmalung der Glyptothek, leitete 1847–56 die Nymphenburger Porzellanmanufaktur, 1868–76 die Münchner Kunstgewerbeschule. N. schuf Gemälde und illustrierte Werke dt.

Dichter, angeregt von A. DÜRERS Randzeichnungen zum Gebetbuch Kaiser Maximilians.

Neurokoko, Neorokoko, v.a. in Innenarchitektur und Kunstgewerbe wirksame Komponente des →Neubarock. Als exemplarisch für alle Disziplinen der Innenausstattung kann die Einrichtung des von König Ludwig II. erbauten Schlosses Linderhof (1869–78) gelten. Hochrangige Leistungen des N. stellen Porzellane der Manufakturen Sèvres und Meißen dar. Die 1. Phase des N. (›Zweites Rokoko‹) prägt die Restaurationszeit seit 1830, endend mit der Londoner Weltausst. 1851, die 2. Phase (›Drittes Rokoko‹) wird zur Sonderform des →Historismus seit 1870. Naturalist. Dekor des ›Dritten Rokoko‹ bereitet in Frankreich den Umbruch zum Art Nouveau (Jugendstil) vor.

König Ludwig II. und die Kunst, Ausst.-Kat., München (1968).

Neuromanik, Neoromanik, eine der verbreitetsten Formen des →Historismus, v. a. im dt. Kirchenbau des 19. Jh., angeregt durch Rekonstruktionen wie die des Speyerer Domes (1820–53), fortwirkend bis ins frühe 20. Jh. Die N. wurde ferner zum Stil von Militär- und Schloßbauten des 19. Jh. (Arsenal Wien, E. V. D. NÜLL, 1849; Schloß Neuschwanstein, E. RIEDEL, seit 1869). Beispiele der N. finden sich auch in den USA (Allegheny County Jail in Pittsburgh, H. H. RICHARDSON, 1884). Türme im Stil der N. wurden oft zukunftweisenden Brücken des 19. Jh. als monumentalisierende Zutat angefügt (Brückentor der Wormser ›Nibelungenbrücke‹).

Neuruppin, Stadt nordwestlich von Berlin, Dt. Dem. Rep., 25 100 Ew.; nach verheerendem Brand (1787) bis 1806 planmäßig wiederaufgebaut. Erh. ist die Kirche des 1246 gegr. ehem. Dominikanerklosters, eine frühgot. Hallenkirche (vor 1300) mit got. Sandsteinreliefs (Leben Christi) und Sandsteinfigur des Stifters (14. Jh.); an der spätgot. Siechenhauskapelle (1491) Portal mit Gewände aus figürl. Tonplatten. Klassizist. Pfarrkirche St. Marien (1801–04) und Bürgerhäuser.

Neuschwanstein, Schloß in einzigartiger landschaftl. Lage (964 m hoch) bei Füssen, Allgäu; 1869–92 von E. RIEDEL im neuroman. Stil, angelehnt an den Stil der Wartburg, für König Ludwig II. von Bayern nach Plänen des Theatermalers C. JANK (*1833, †1888) erbaut.

König Ludwig II. und die Kunst, Ausst.-Kat., München (1968); Designs for the Dream King, Ausst.-Kat., London (1978).

Neusohl, slowak. **Banská Bystrica** [b'anska: b'istritsa], Hauptstadt des Mittelslowak. Kr., ČSSR, 66 300 Ew., ehem. Bergbaustadt. Im histor. Stadtkern sind vom früheren Burgkomplex u. a. der got. Torturm (16. Jh.) und Renaissance-Barbakane erh., ferner die Marienkirche (mit roman. Elementen; v. a. der Turm, vor 1255), die im 14.–16. Jh. umgebaut wurde; im Innern wertvolle Ausstattung, u. a. got. Altar der Hl. Barbara, Predella im Oratorium. Das alte Rathaus mit Renaissance-Arkaden wurde mehrmals umgebaut. N. hat außerdem Bürgerhäuser aus dem 15./16. Jh. mit Attiken, Sgraffitoverzierungen der Fassaden, Stuckverzierungen, arkadenartigen Balkonen (u. a. das Thurzo-Haus mit Wandmalereien; heute Mus.). Ein jüngerer

Bau (1969 voll.) ist das ›Denkmal des Slowak. Nationalaufstandes‹ (Mus.).

Neuss, Stadt am Rhein gegenüber von Düsseldorf, NRW, 148700 Ew.; das röm. **Novaesium,** seit dem 11. Jh. kölnisch. Die mächtige kreuzrippengewölbte Emporenbasilika St. Quirin (1. H. 13. Jh.) mit Dreikonchenchor und fünfschiffiger Krypta (um 1050/1100) zählt mit ihrem ungewöhnl. bauplast. Reichtum zu den schönsten Beispielen spätroman. Baukunst im Rheinland. In der Pfarrkirche Hl. Dreikönige (1909–11) Glasgemälde von J. THORN-PRIKKER; die ehem. Observantenkirche (1637–40) ist als Festsaal wiederhergestellt. In einem Neubau (1975) neben dem doppeltürmigen Obertor (13. Jh.) das Clemens-Sels-Mus. (Archäologie, 19. Jh., Naive Kunst).

Neustadt, 1) N. a. d. Aisch, Kreisstadt in Mittelfranken, Bayern, 10200 Ew.; 1190–1797 im Besitz der zollernschen Burg-, später Markgrafen, zeitweise Residenz. In der got. Johanniskirche (15./16. Jh.; Emporen-Staffelhalle mit Rundpfeilerarkaden) Teile eines wertvollen (Antwerpener?) Schnitzaltars (Ende 15. Jh.). Barocker Marktplatz mit Rathaus (1711–15). Altes Schloß (15. Jh., mehrfach umgebaut).

2) Bad N. a. d. Saale, Stadt in Unterfranken, 14000 Ew. Klassizist. Pfarrkirche (1794–1836) mit 2 korinth. Säulenreihen zur Unterteilung der Schiffe und einem Kreis aus 8 Säulen als Altarraum; in der ehem. Karmeliterklosterkirche (1352 gegr.) prächtige Barockausstattung. In N.-Herschfeld Ruine der **Salzburg,** eine der größten Burgen Dtl.s in gemeinsamem Besitz mehrerer Familienzweige (›Ganerbenburg‹, 12.–13. Jh.) mit 6 Burghäusern und guter Bauplastik.

3) N. a. d. Weinstraße, Stadt am Rand der Haardt, Rheinl.-Pf., 50400 Ew. Die ehem. Stiftskirche (1368 bis 1489), eine große Gewölbebasilika mit auffallend langgestrecktem Chor und Doppelturmfront, ist das bedeutendste got. Bauwerk der vorderen Pfalz; zeitweise Grablege der Kurfürsten von der Pfalz, seit 1708 Simultankirche (durch eine Mauer abgeteilt). Das ›Casimirianum‹ ist ein Renaissancegebäude, 1579 als reformierte Hochschule errichtet. Rathaus, ehem. Jesuitenkolleg (1729/30), eine ausgedehnte barocke Vierflügelanlage. Großer Bestand von Bürgerhäusern des 16.–18. Jh. Bei N. die Ruine der Wolfsburg (13./14. Jh.) mit mächtiger Schildmauer und Palas sowie das Hambacher Schloß (→Hambach).

4) N. a. Main, Gem. im Main-Spessart-Kr., Unterfranken, mit ehem. Benediktinerabteikirche des 12. Jh., einer flachgedeckten roman. Basilika mit Stützenwechsel und O-Türmen; die profanierte Peter- und Paulskapelle ist der Rest einer Kirche des frühen MA., aber wohl nicht des 793 geweihten karolingischen Gründungsbaus.

5) N. am Rübenberge, Stadt östlich des Steinhuder Meeres im Kr. Hannover, Ndsachs., 39100 Ew.; zeitweise Residenz der Welfen. Schloß Landestrost, im niederländ. Renaissancestil 1573 beg., nur teilweise erh.

(Mus.). In der Stadtkirche (13. Jh., 1500–02 erneuert) Rokoko-Einrichtung von 1787.

6) N. an der Mettau, tschech. **Nové Město nad Metují,** Kleinstadt im Ostböhm. Kr., ČSSR, mit Renaissance-Bauten. Am Marktplatz Häuser mit Laubengängen aus dem 16. Jh. Das ehem. got. Schloß wurde im Renaissancestil umgebaut (sgraffitogeschmückte Fassaden); im Schloß Bildergal. und Mus.

7) N.-Glewe, Stadt im Kr. Ludwigslust, Dt. Dem. Rep., mit Altem Schloß (Burg, 14./15. Jh.) und Neuem Schloß, 1619 beg., 1711–17 im Barockstil voll.; in der schlichten got. Stadtkirche prachtvolle Lübecker Kanzel (1587).

8) N. in Holstein, Stadt an der Ostsee, Schlesw.-Holst., 15000 Ew.; nach Wiederaufbau (Großbrand 1817) klassizist. Stadtbild. Am weiträumigen Marktplatz das Rathaus (1819/20) und die got. Stadtkirche (1244 beg.), 1334 zur steilen Backsteinbasilika umgebaut, mit got. Ausmalung des Innenraums und hervorragendem manierist. Schnitzaltar (1643). Im ma. Kremper Tor Kreis-Mus.

9) N./Orla, Stadt bei Pößneck, im Thüringer Wald, Dt. Dem. Rep., 10500 Ew.; spätgot. Rathaus (beg. 1465) mit selten reichem Erker, Portal und Giebeln; spätgot. Johanniskirche (gew. 1476) mit wertvoller Ausstattung (Altar mit Flügelgemälde der Cranach-Werkstatt 1510/12, Taufstein 1494); Barockschloß (1674 beg. unter Verwendung eines Augustinerklosters).

Neustift, ital. **Novacella** [-tʃ-], Augustiner-Chorherrenstift (gegr. 1142) am Eisack, nördlich von Brixen, Südtirol; Stiftskirche Unserer Lieben Frau (dreischiffige, urspr. roman. Basilika, 12.–18. Jh.) mit spätbarocker Ausstattung, in der Sakristei Fresken von M. PACHER (um 1470); Kreuzgang (um 1200, Gewölbe um 1370) mit Fresken (14./15. Jh.) und Grabsteinen (wahrscheinlich mit Grab OSWALD VON WOLKENSTEINS); Michaelskapelle (zweigeschossiger Rundbau, um 1200, ›Engelsburg‹ gen.); Marienkapelle (1695); in den Stiftsgebäuden Gemäldegal., Bibl.; Wunderbrunnen im Stiftshof.

Neustrelitz, Stadt im Bez. Neubrandenburg, Dt. Dem. Rep., 26900 Ew.; ehem. Residenz der Großherzöge von Mecklenburg-Strelitz, Stadtanlage seit 1733 als achtstrahliger Stern mit dem Markt als Mittelpunkt. Das Schloß (1726–31) brannte 1945 aus; im Schloßbereich erh. u. a. Orangerie (1755) und ›Weißes Herrenhaus‹ (1740). Barocke Stadtkirche (1768–78), neugot. Schloßkirche (1853–59). Einige Palais (v. a. 19. Jh.) erhalten.

Neutitschein, tschech. **Nový Jičín** [n'ɔvi: j'itʃi:n], Stadt im Nordmähr. Kr., ČSSR, 31200 Ew. Am Marktplatz Bürgerhäuser mit Laubengängen; das älteste ist die ›alte Post‹ aus dem 16. Jh.; zweitürmiges Renaissance-Schloß, heute Mus. (u. a. Bildergal.; Hut-Museum). Die Maria-Himmelfahrts-Kirche (im 18. Jh. umgebaut) hat barocke Innenausstattung.

Neutra, slowak. **Nitra,** Stadt im Westslowak. Kr.,

Richard Neutra: Health House; Griffith Park, Los Angeles, 1927–29

ČSSR, 72 100 Ew. N. war schon im 8. Jh. Sitz slaw. Fürsten und gehörte später zum Großmähr. Reich. Nach dessen Untergang (906) war N. Sitz des ungar. Thronfolgers; wurde 880 Bischofssitz. Zu dieser Zeit gab es in N. mehrere Burgstätten. An der Stelle einer Burgstätte entstand im 11. Jh. auf einer Anhöhe eine roman. Burg, die bis ins 17. Jh. mehrmals umgebaut und mit Befestigungen versehen wurde. Daneben entstand 1710–39 der Bischofspalast. Nahe der Burg die Kirche des Hl. Emmeram, eine roman. Rotunde aus dem 11. Jh. (später erweitert, 1930/31 erneuert) und der Dom, urspr. got. Bau (1333–1355), im 17. Jh. erweitert und im 18. Jh. barockisiert.

Neutra, Richard Josef, Architekt, *Wien 8. 4. 1892, †Wuppertal 16. 4. 1970, studierte in Wien, wo er von O. Wagner und A. Loos beeinflußt wurde. Seit 1921 wirkte N. mit E. Mendelsohn zus. in Berlin, bis er 1923 in die USA übersiedelte. Dort arbeitete er bei F. L. Wright, seit 1925 selbständig. N. errichtete Wohnbauten, Schulen und Siedlungsprojekte unter Berücksichtigung von ökolog. und biolog. Erkenntnissen. Er war einer der ersten Architekten, die den ›Internat. Stil‹ nach 1930 freier entwickelten. Sein Ideengut wird durch ›Richard-Neutra-Institute‹ in Zürich und Los Angeles weitergetragen.

Schriften: Wie baut Amerika? (1927); Wenn wir weiterleben wollen (1956); Naturnahes Bauen (1970).
W. Boesiger: R. N., 3 Bde. ([7]1966).

Neutraltinte, Maltechnik: blauschwarzer Mischton für Aquarellfarben und Tuschen.

Neuvy-Saint-Sépulcre [nœvisɛ̃sep'ylkr], Gem. im frz. Dép. Indre. Die Rundkirche mit westlich anschließender Basilika (1045 bis etwa 1130) wurde nach dem Vorbild des Hl. Grabes in Jerusalem errichtet.

Neuweiler, frz. **Neuwiller-lès-Saverne** [nøvil'ɛr lɛsav'ɛrn], Städtchen im Elsaß, nordöstlich von Zabern, mit 2 roman. Kirchen: ehem. Benediktinerabteikirche St. Peter und Paul, eine dreischiffige Basilika mit quadrat. Vierungsturm (12. und 1. H. 13. Jh., W-Bau 1768) und an der Ostseite angebauter dreischiffiger Doppelkapelle (um 1050; in der oberen Sebastianskapelle

Wandteppiche des 15. Jh.), spätromanischer Kapitelsaal (um 1230) im Konventsgebäude; evangelische Adelphikirche (um 1200, vollendet), eine dreischiffige Basilika mit 2 halbrunden Treppentürmchen an der Westseite.

Neuwied, Stadt rechts des Mittelrheins, Rheinl.-Pf., 60 800 Ew.; seit 1653 von den Grafen von Wied neben deren Schloß (1648 beg., 1693 zerstört) planmäßig angelegt. Das heutige Barockschloß wurde 1707–13 erbaut (Seitenflügel 1748–56). Seit 1750 Zuzug der Herrnhuter Brüdergemeine (eigenes Stadtviertel, 1754 ff.), mit der auch die Kunsttischler A. und D. ROENTGEN nach N. kamen (im Kreis-Mus. Möbel aus ihrer Werkstatt). Zu N. gehören →Engers und →Rommersdorf.

Neuzelle, Gem. im Kr. Eisenhüttenstadt, südlich von Frankfurt a. d. Oder, Dt. Dem. Rep., mit ehem. Zisterzienserkloster. Die urspr. got. Kirche (14./15. Jh.) wurde 1654–58 und um 1730–41 zu einem HW des norddt. Barock umgestaltet, im 18. Jh. von Wessobrunner Stukkateuren; von den Klostergebäuden Kreuzgang, Refektorium und Kapitelsaal erhalten.

Nevelson [n'evəlsn], Louise, eigtl. L. **Berliawsky,** amerikan. Plastikerin russ. Herkunft, *Kiew 23. 9. 1899, emigrierte 1905 in die USA, gestaltete Assemblagen (BILD). Ihre wandartigen Holzschreine (seit 1950) mit eingesetzten Möbelfragmenten in schwarzer, weißer oder goldfarbener Bemalung sind von magischer Wirkung.

Nevers [nəv'ɛ:r], Hauptstadt des frz. Dép. Nièvre, an der Mündung der Nièvre in die Loire, 47 700 Ew.; kath. Bischofssitz. Mittelpunkt der Altstadt ist die Place Ducale mit dem ehem. Herzogspalast (Renaissancebau des 15./16. Jh., heute Justizpalast) und der Kathedrale (11.–16. Jh.) mit roman. W-Apsis (mit Fresken des 12. Jh.) und got. O-Apsis. Im O der Stadt liegt St. Étienne (roman. Kirche des 11. Jh., im Stil der cluniazens. Baukunst). In der Porte du Croux (Stadttor des 14. Jh.) Archäolog. Mus. (gallo-röm. und ma. Skulpturen); das Mus. Blandin enthält eine umfangreiche Fayencen-Samml. aus N., wohin Ende des 16. Jh. ital. Künstler von Herzog L. GONZAGA berufen wurden, um eine Fayencen-Fabrikation zu begründen.

Newark [nj'u:ək], Stadt in New Jersey, USA, 329 200 Ew. Das 1926 eröffnete N. Mus. enthält vorwiegend Werke amerikan. Künstler, u. a. von G. SEGAL ›The Parking Garage‹ (1968).

New Britain [nju: br'ɪtn], →Neubritannien.

Newby Hall [nj'u:bɪ hɔ:l], Landhaus bei Ripon in der Cty. North Yorkshire, N-England, um 1720 von C. CAMPBELL erbaut mit Säulenportikus im Stil Palladios; Hall und Gal. 1767–85 von R. ADAM umgestaltet.

Newcastle upon Tyne [nj'u:kɑ:sl əpɔn t'aɪn], Industrie- und Hafenstadt in der Metrop. Cty. Tyne and Wear, NO-England, am Tyne, 295 800 Ew., benannt nach einem 1080 angelegten und 1172–77 erneuerten normann. Kastell. Die 1359 gew. Pfarrkirche St. Nicholas (seit 1882 anglikan. Kathedrale) erhielt um 1470 nach schott. Vorbild einen Turm mit offenem Helm. Die Kirche All Saints mit ovalem Grundriß wurde 1786–98, die klassizist. Moot Hall 1810 erbaut.

New Haven [nju:h'eɪvn], Stadt in Connecticut, USA, 126 100 Ew., Sitz der Yale University, 1701 als College gegr., seit 1887 Univ., mit der Connecticut Hall (1752), der Yale Art Gallery von L. I. KAHN (1951–53, mit reicher Samml. europ., afrikan. und präkolumb. Kunst), dem Kline Science Tower von P. C. JOHNSON (1964–66), der Kunst- und Architekturabteilung von P. M. RUDOLPH (1958–64), dem Yale Center for British Art (1969–74 von L. Kahn, u. a. mit zahlreichen Gemälden, Radierungen und Zeichnungen des 16.–19. Jh.) und dem D. S. Ingalls Icehockey Rink (1956–58 von EERO SAARINEN).

New Ireland [nju: 'aɪələnd], →Neuirland.

Newman [nj'u:mən], Barnett, amerikan. Maler, Bildhauer, *New York 29. 1. 1905, †ebd. 4. 7. 1970, kam nach surrealist. Anfängen um 1947 zur reinen Abstraktion mit meditativer Wirkung. Seine großformatigen Bilder sind meist einfarbige, homogene Farbfelder mit räuml. Wirkung; Vertreter der Farbfeldmalerei.

New Orleans [nju: 'ɔ:lɪənz, auch -ɔ:l'i:nz], Stadt in S-Louisiana, USA, Seehafen im Mississippi-Delta, 557 500 Ew. Die Altstadt (French Quarter, Vieux-Carré) zeigt ein für die USA ungewöhnl. Straßenbild, in dem frz. und span. Einflüsse die Architektur mitbestimmen. Die Straßenfronten der dicht aneinandergebauten Häuser werden durch Balkone mit darübergezogenen Dächern belebt; Eisenstreben stützen Balkon und Dach, kunstvoll gearbeitete schmiedeeiserne Gitter schmücken die Balkone; viele Häuser besitzen einen Patio; im Zentrum der Altstadt, am Jackson Square, die Ste.-Louis-Kathedrale und der ehemalige span. Gouverneurssitz (Cabildo) aus der span. Kolonialzeit, seitdem häufig verändert. Das Isaac Delgado Mus. of Art enthält Meisterwerke u. a. von E. DEGAS (›The Cotton Office in N. O.‹). Eine der überzeugendsten zeitgenöss. Platzgestaltungen ist die Piazza d'Italia von C. MOORES am Rand des French Quarters.

New York [nju:j'ɔ:k], Stadt im Staat New York, USA, am Hudson River, 7,07 Mio. Ew. N. Y. liegt zum größten Teil auf Inseln, von denen Manhattan histor. Kern und heutiges Zentrum ist.

Vergleichbar keiner anderen Stadt der Welt verkörpert N. Y. den Höhepunkt der urbanen Kultur im 20. Jh.; städtebaulich, kulturgeschichtlich und architektonisch ist es das Zentrum internat. Aktivitäten und hat in den vergangenen Jahrzehnten vergleichbare Städte wie London oder Paris weit übertroffen.

Die 1626 als **Neu-Amsterdam** von Niederländern gegr. Stadt wurde 1664 britisch. Aus der Kolonialzeit sind nur noch wenige Bauwerke erhalten, so die St. Paul's Chapel (1764–66; Georgian Architecture). Für Manhattan wurde 1811 der Grundriß der sich rechtwinklig schneidenden Straßen festgelegt, 1869 die große Freifläche des Centralpark (350 ha) geschaffen, ein

Meisterwerk von FREDERICK LAW OLMSTED. Wahrzeichen der Stadt wurde die auf der Liberty-Insel errichtete Freiheitsstatue (1886, von F. A. BARHOLDI: Kupferplatten über einem Stahlgerüst von A. G. EIFFEL, 92 m hoch). Gebaut wurde bis ins 20. Jh. überwiegend in historisierendem Stil, so z. B. das Rathaus (City Hall; 1812) im Stil der Georgian Architecture und der frz. Renaissance, in neugot. Stil die Trinity und die Grace Church (1846) wie auch die (kath.) St. Patrick's Cathedral (1879). Auch bei Wohnhäusern wurden die verschiedensten europ. Stilelemente verwendet; einige erhaltene Einzelhäuser und ganze Straßenzüge sind unter Denkmalschutz gestellt. Um 1870 hatte N. Y. bereits mehr als 1 Mio. Ew. Es begann der Bau von Wolkenkratzern, der schließlich zu der berühmten Silhouette (Skyline) Manhattans führte. Neben dem auch hier, ungeachtet moderner Materialien und Baumethoden zu findenden Historismus gab es vielfältige Bauformen (turm-, kasten-, scheiben-, treppenartige Bauten) und Dekorationen: Condict Building (1897–99, L. H. SULLIVAN, mit gußeisernen und Terrakotta-Ornamenten); Flatiron Building (1902, Stahlgerüst mit Steinverkleidung im Stil eines ital. Palazzo); Woolworth Building (1913, C. GILBERT, mit gotisierenden Stilelementen); Empire State Building (1931, Fassade im Art-Deco-Stil). Funktionalismus und Internat. Stil begannen sich in den 30er Jahren in N. Y. durchzusetzen (Seagram Building, 1958, L. MIES VAN DER ROHE und P. JOHNSON, →Curtain Wall; kastenförmige Doppeltürme des World Trade Center von MINORU YAMASAKI, 1970, 442 m hoch, mit feingliedriger Aluminiumfassade). Mit dem Rockefeller Center (seit 1931), dem Lincoln Center for the Performing Arts (1962–68) und dem Citicorp Center (H. STUBBINS, 1976–78) u. a. entstanden Großkomplexe mit Freiräumen und Grünanlagen zw. den Bauwerken; hier wurden zahlreiche Skulpturen aufgestellt (von LOUISE NEVELSON, J. DUBUFFET, I. NOGUCHI, TONY SMITH und R. SERRA u. a.). An vielen Bauten des modernen N. Y. (darunter das UNO-Gebäude, 1952; Bauten des J. F. Kennedy Airport, zw. 1960 und 1970) haben bed. Architekten mitgewirkt (F. L. WRIGHT, MARCEL BREUER, W. K. HARRISON, P. C. JOHNSON, I. M. PEI, EERO SAARINEN, CESAR PELLI u. a.).

Zu den Museen mit bed. Samml. gehören das →Metropolitan Museum of Art, die →Frick Collection, das →Whitney Museum of American Art (1930 gegr.; Gemälde und Skulpturen v. a. von amerikan. Künstlern des 20. Jh.), das →Museum of Modern Art (1929 gegr.), das Solomon R. Guggenheim Mus. (eigenwilliger Bau: spiralförmige Rampe über kreisförmigem Grundriß, 1959, F. L. WRIGHT; Kunst der Gegenwart, BILD F. L. Wright); Mus. of American Indian (Heye Foundation, 1922 eröffnet, größte Samml. künstler. Erzeugnisse der Indianer).

New Yorker, The N. Y. [ðə nju:j'ɔ:kə], amerikan. Wochenzeitschrift, gegr. 1925 von H. ROSS und R. H. FLEISCHMANN, mit gesellschaftskrit. und satir. Texten (Essays ›Profiles‹), Zeichnungen und Karikaturen (u. a. von J. THURBER, S. STEINBERG und C. ADDAMS).

Ney, Elisabeth, Bildhauerin, *Münster 26. 1. 1830,

†Austin (Texas) 30. 6. 1907, bildete sich in München (W. v. KAULBACH) und Berlin bei C. D. RAUCH, dessen realist. Stil in ihren späteren Porträtbüsten (u.a. A. Schopenhauer, 1860; G. Garibaldi, 1865; O. v. Bismarck, 1867) spürbar ist.

Ngbandi, Volksgruppe in N-Zaire, deren künstler. Erzeugnisse auf die kulturellen Beziehungen zu den Nachbarn verweisen: Wie bei den westlich von ihnen lebenden Bwaka nimmt bei den Figuren die Darstellung des Urahnenpaares Nabo und ihres Bruder-Ehemanns Seto den wichtigsten Platz ein; von den erobernden Zande im O haben sie den ›Yanda‹-Kult übernommen und fertigen für diesen kleine Figuren und anthropomorph gestaltete Kultbecher an.

Ngbwaka, Volksgruppe in Zaire, →Bwaka.

Ngere, zu den Mande gehörende Volksgruppe in W-Elfenbeinküste, stellt v. a. Masken, weniger Figuren her. Die Masken zeigen meist übersteigerte menschl. und tier. Elemente, z. B. flachgedrückte, fleischige Nasen, Tiermäuler mit Eberhauern und Blechzähnen sowie oft das Gesicht einrahmende Hörner. Die Augen sind röhren- oder kastagnettenförmig; als Bart, der oft das ganze Gesicht umschließt, dienen Stoff- und Fellteile, Affenhaar, aber auch Patronenhülsen oder Reihen von Messingglocken. Die Figuren zeigen die gleichen Gesichtszüge wie die Masken, allerdings ohne die zoomorphen Attribute, sind im übrigen jedoch meist etwas plump gestaltet.

Niamey [njam'ɛ], Hauptstadt der Rep. Niger, am Niger, 225300 Ew.; im Nat.-Mus. traditionelle afrikan. Kunst.

Nias, Insel vor der W-Küste von Sumatra, Indonesien, 4772 km², 465000 Ew. Auf der ganzen Insel, bes. im südl. Teil, Zeugen einer alten Megalith-Kultur, die bis in jüngste Zeit lebendig war: Steinsäulen, Rundtische und Steinsärge (ähnlich wie bei den Batak). Wie bei den meisten Altmalaien spielt der Ahnenkult eine bed. Rolle; für ihn werden kleine hölzerne Ahnenfiguren hergestellt, die zu Reihen aneinandergebunden werden. Die Ahnenfiguren der Kopfjäger waren armlose, im Unterschied zu den sorgfältig bearbeiteten der übrigen Niasser grob geschnitzte Figuren, denen einige Haare der erbeuteten Köpfe angeheftet wurden.

Niaux [njo], Gem. im frz. Dép. Ariège mit mehreren Höhlen an den Hängen des Vicdessostals. Die Höhle N. enthält gut erh. Wandmalereien des Magdalénien. In der Höhle La Vache wurden zahlreiche Kleinkunstwerke derselben Zeit entdeckt.

Niccolò, Nicolò, ital. Bildhauer, tätig in Oberitalien in der 1. H. des 12. Jh., Schüler des WILIGELMUS VON MODENA, arbeitete an der Abteikirche Sacra di San Michele bei Turin (Zodiakus-Portal, um 1120), signierte 1135 die Fassadenskulpturen des Domes in Ferrara und arbeitete anschließend an S. Zeno Maggiore in Verona (Portalvorbau, um 1138) und am Dom ebd. (Portalvorbau, 1139). Seine Werke stehen in wechselseitigen Beziehungen zu Frankreich (St. Denis).

Niccolò dell' Arca, ital. Bildhauer, *Bari(?) um 1435(?), †Bologna 2. 3. 1494, wo er seit 1463 bezeugt ist; benannt nach seinem von der burgund. Kunst des C. SLUTER beeinflußten HW, den Figuren an der Arca des Hl. Dominikus. In seiner Spätzeit arbeitete er unter dem Eindruck der ferrares. Malerei (F. DEL COSSA, E. DE' ROBERTI) und erreichte einen krassen realist. Ausdruck.

HW: Architekton. und plast. Bekrönung der um 1264–67 von der Werkstatt NICOLA PISANOS errichteten Arca (Grabmal) des Hl. Dominikus (1469 beg.; Bologna, S. Domenico); Terrakotta-Gruppe der Beweinung Christi (vermutlich nach 1485; ebd., S. Maria della Vita).

Ben Nicholson: Kontrapunkt; 1953 (London, Collection Arts Council of Great Britain)

Nicholson [n'ıkəlsn], **1)** Ben, engl. Maler, Sohn von 2), *Denham (Buckinghamshire) 10. 4. 1894, †London 6. 2. 1982, war ∞ mit der Bildhauerin BARBARA HEPWORTH; malte und zeichnete (beeinflußt vom Neoplastizismus) stillebenhafte Motive, die vereinfachte und klare Umrißform mit malerisch-farbigem Fond verbinden; seit 1933 stark geometrisierende Formen als mehrschichtige Reliefs aus aufeinandergeklebten Hartfaserplatten.

2) Sir (1936) William, engl. Maler, Graphiker, Vater von 1), *Newark-on-Trent 5. 2. 1872, †Blewbury (Berkshire) 16. 5. 1949, malte Porträts und Landschaften und gewann mit seinen Holzschnitten Einfluß über England hinaus. Zus. mit seinem Schwager J. PRYDE (*um 1866, †1941) schuf er Plakate, die unter dem Pseudonym **Beggarstaff Brothers** [b'egəstɑ:f br'ʌðəz] erschienen.

Nickeltitangelb, Maltechnik: hellgelbes, in allen Techniken verwendbares, 1953 entdecktes Pigment.

Nicolò, ital. Bildhauer, →Niccolò.

Nicoya: Tongefäß in Form eines mythischen Tieres, 22 cm hoch (Managua, Sammlung Mario Belli)

Nicoya, Halbinsel an der W-Küste von Costa Rica, Teil einer Kulturprovinz Zentralamerikas (ab 1000), gekennzeichnet durch Jadearbeiten in Form von Anhängern in Beilform und Steinskulpturen, v. a. figürl. Keulenknäufe, ferner in der Keramikverzierung durch die ›rote Zonierung‹, d. h. eine farbige Zone, die durch Ritzlinien oder breitere Eintiefungen begrenzt ist. Aus der Zeit vor dem mesoamerikan. Einfluß stammen hohle Tonfiguren in Sitzstellung mit gespreizten Beinen, die zu Stummeln verkürzt sind, und in die Hüften gestemmten Armen.

Nidda, Stadt im Wetteraukreis, Hessen, 16300 Ew. Die Heiliggeistkirche (1616–18), ein frühbarocker Emporensaalbau, gilt als HW der protestant. Kirchenbaukunst in Hessen und hat, wie die aus geometr. Mustern bestehende kraftvolle Stuckdekoration (1616), zahlreiche Nachfolgebeispiele. Klassizist. Rathaus (1811) mit Renaissance-Portal des Vorgängerbaus (1631).

Nideggen, Stadt am N-Rand der Eifel, NRW, 7400 Ew. Die Pfarrkirche, eine flachgedeckte spätroman. Emporenbasilika mit W-Turm (13. Jh.), birgt in der Apsis Wandmalereien (um 1250). Die Burg über dem Rurtal (12.–14. Jh., seit 1542 Ruine) gehört zu den eindrucksstärksten Höhenburgen des Rheinlands.

Nieblum, Gem. auf der nordfries. Insel Föhr, Schlesw.-Holst. Die spätromanisch-frühgot. Johanniskirche (1. H. 13. Jh., ›Dom der Friesen‹) hat einen spätgot. Flügelaltar und ein Sakramentshaus (1487), beides wohl aus der Werkstatt B. NOTKES.

Nieborów [njɛb'ɔruf], Dorf in der Wwschaft Skierniewice, Polen; barockes Schloß (heute Mus.), von T. VAN GAMEREN 1690–96 gebaut; Innenausstattung 17. bis 19. Jh.; zahlreiche Wirtschaftsgebäude, von S. G. ZUG; barocke Gartenanlage (1690, Entwurf van Gameren) und Landschaftspark nach Entwürfen von Zug.

Nieder|alteich, Gem. im Kr. Deggendorf, Niederbayern, links der Donau, 1600 Ew. Die urspr. got. Kirche der Benediktinerabtei (741 gegr.) wurde von J. M. FISCHER 1718–26 zur monumentalen barocken Wandpfeilerkirche mit Doppelturmfront umgebaut. Die Emporen über den Seitenschiffen sind als breite, hohe Gänge begehbar (›Oberkirche‹), die runden Kuppelöffnungen wie Balkone umgittert. In der Sakristei (Stuck von F. I. HOLZINGER) altes Kunsthandwerk; Paramenten- und Schatzkammer der Abtei (Mus.).

Niederhäusern, Auguste de, gen. **Rodo, N.-Rodo,** schweizer. Bildhauer, *Vevey (Kt. Waadt) 2. 4. 1863, †München 21. 5. 1913, studierte in Genf und Paris (A. FALGUIÈRE) und arbeitete dann ebd. 8 Jahre im Atelier von A. RODIN, dessen impressionist. Stil später auch seine eigenen Werke bestimmte: P. Verlaine (Denkmal, 1911; Paris). N. schuf auch Bauplastik (Genf, Postgebäude; Bern, Bundeshaus, Rütligruppe) und Porträtbüsten (J.-B. Carpeaux, F. Hodler, P. Verlaine).

Niederheimbach, Gem. am linken Rheinufer, unterhalb Bingen, Rheinl.-Pf. Zu N. gehören die **Heimburg** (1290–1305, Ende 19. Jh. ausgebaut) und v. a.

Burg Sooneck (11. Jh.; Neubau Mitte 14. Jh.), nach Sprengung 1689 seit 1843 durch den preuß. König FRIEDRICH WILHELM IV. neugotisch unter Verwendung des alten Mauerbestandes wiederaufgebaut (Mus.).

Niederländische Technik, Begriff aus den Anfängen schulischer Maltechnik. M. DOERNER vermutete eine schichtweise Malerei mit zähflüssiger Harzölfarbe über stets durchschimmerndem, weißem Grund als das Geheimnis der Frische in den Bildern von P. P. RUBENS und der spät-ma. Flamen. Der verallgemeinernde Begriff erweist sich jedoch als untauglich wegen der individuellen Malpraktiken und deren Verbreitung durch wandernde Gesellen (→Maltechnik).

Niedermendig, Stadtteil von Mendig, Kr. Mayen-Koblenz, Rheinl.-Pf. Die Cyriakuskirche ist eine roman. gewölbte Pfeilerbasilika (Ende 12. Jh.) mit figürl. Wandmalereien des 13. Jh. In der auf der N-Seite angebauten neugot. Basilika (1852–57) spätgot. Flügelaltar.

Nieder|rotweil, Ortsteil von Oberrotweil, bei Freiburg, Bad.-Württ. Die got. Friedhofskirche St. Michael birgt einen kostbaren Schnitzaltar des MEISTERS HL (um 1525), ferner Sakramentshäuschen (1492) und Wandmalereien (um 1350).

Niederwalddenkmal, Denkmal oberhalb von Rüdesheim: 10,5 m hohes Bronzestandbild der Germania auf 25 m hohem Sockel (Reliefs zu Themen des Krieges 1870/71). Das N. (von J. SCHILLING) entstand 1877–83 zur Erinnerung an die Neugründung des Dt. Reiches (1871) als Nationaldenkmal.

Niederweiler, frz. **Niderviller** [nidɛrvil'ɛr], Ort bei Saarburg im östl. Lothringen. Hier stellten u. a. Meister aus Straßburg und Meißen seit 1754 bis zur Frz. Revolution Fayencen in eleganten Formen und zarter Bemalung her. Seit 1768 Produktion von Porzellan und Steingut.

Nieder-Weisel, Stadtteil von Butzbach im Wetteraukreis, Hessen; die ehem. Johanniterkommende besteht aus der doppelgeschossigen roman. Kirche (Anf. 13. Jh.) mit dreischiffiger Hallenkirche im Untergeschoß und Hospitalraum im Obergeschoß sowie dem Herrenhaus (18. Jh., jetzt Johanniter-Krankenhaus). In der Pfarrkirche prächtige geometr. Stuckdecke (1616).

Niedzica [njɛdzj'itsa], Dorf in der Wwschaft Nowy Sącz, Polen, mit urspr. got. Pfarrkirche (1571; im 18. Jh. barockisiert). Auf einem Felsen über dem Fluß Dunajec die Schloßanlage mit got. Oberschloß (13./14. Jh.; z. T. zerstört) und Renaissance-Unterschloß von 1601; 17.–20. Jh. umgebaut (z. T. Mus.).

Niello [ital. von lat. nigellus ›schwärzlich‹] *das, Mz.* **Niellen** oder **Nielli,** Verzierung von Metallgegenständen, bes. solchen aus Silber durch eine schwärzl. Legierung aus Silber, Blei, Kupfer, Schwefel und Salmiak, die in eine gravierte Zeichnung eingeschmolzen wird, so daß sich diese von der glänzenden Metallfläche abhebt. – Das N. ist schon im Altertum bezeugt und diente im MA. zur Ausschmückung von Silbergerät. Einen Höhepunkt bilden die N. der ital. Frührenaissance im

15. Jh. Von den gravierten Silberplatten, zumeist Buchdeckel, wurden häufig vor dem Einschmelzen des N. Abdrucke auf Papier gemacht, die ebenfalls N. genannt werden. Im 16. Jh. vom Email verdrängt, ist N. später nur noch im Orient von Bedeutung. (BILD Tragaltar)

Nielsen [n'elsən], **1)** Ejnar, dän. Maler, *Kopenhagen 9. 7. 1872, †ebd. 21. 7. 1956, war 1920–30 Prof. an der Kopenhagener Akad., begann als Symbolist mit Themen wie Leiden und Tod, führte später auch Buchillustrationen und Monumentalaufträge aus, z. B. die Mosaiken im Königl. Theater, Kopenhagen (1932–39).

2) Kai, dän. Bildhauer, *Svendborg (Fünen) 26. 11. 1882, †Kopenhagen 2. 11. 1924. Anfänglich von A. RODIN beeinflußt, arbeitete er später in mehr geschlossenen Formen, die oft ins Burleske hinüberspielen (›Leda ohne Schwan‹, 1920; Kopenhagen, Kunstmus.). N. hat auch humorvolle Figurinen für die Kopenhagener Porzellanmanufaktur Bing & Grøndal geschaffen.

Niemeyer, Oscar Soares Filho, brasilian. Architekt, *Rio de Janeiro 15. 12. 1907, einer der Begründer der modernen Architektur Brasiliens, war führend beim Bau der Hauptstadt Brasília (1956–60) beteiligt. Von LE CORBUSIER angeregt, entwickelte N., bes. bei großen öffentl. und kommerziellen Bauten, eine phantasievolle, stark plast. Architektur.

HW: Brasilian. Pavillon, Weltausstellung, New York (1939); Casino, Belo Horizonte-Pampulha (1942), Yacht-Club (1942; ebd.), St.-Franziskus-Kirche (1943; ebd.); Boavista-Bank, Rio de Janeiro (1946); Palast der Industrie, Ibirapuéra-Park, São Paulo (1951–54); Wohnhochhaus im Hansaviertel Berlin-West (1957); Palácio da Alvorada, Brasilia (1957–59).

C. HORNIG: O. N. Bauten und Projekte (1981); A. FILS: O. N., Ausst.-Kat., Berlin-West (1982).

Nienburg, 1) N./Saale, Stadt im Kr. Bernburg, Dt. Dem. Rep., 7550 Ew.; Schloß- (ehem. Kloster-) Kirche (13. Jh. beg.) mit frühgot., die 12 Monate darstellender Figurensäule; Gemälde von L. CRANACH D. J. (1570).

Oscar Niemeyer: Palácio da Alvorada, Brasilia; 1957–59

2) N. (Weser), Stadt in Ndsachs., 33600 Ew. Der mächtige Stockturm (16. Jh.) ist der Rest des Residenzschlosses der Grafen von Hoya. Rathaus (16. Jh.), teils in Fachwerk, teils im Stil der frühen Weserrenaissance. In der spätgot. Martinikirche, einer Backstein-Pfeilerhallenkirche (1441 gew.), zahlreiche Epitaphe und Grabplatten. In einem klassizist. Haus mit kostbaren frz. Deckentapeten (1821) das Mus. (städt. Kultur im 18. und 19. Jh.).

Niepołomice [njɛpɔɫɔm'itsɛ], Stadt in der poln. Stadt-Wwschaft Kraków (Krakau), 5500 Ew. Pfarrkirche, von Kasimir dem Gr. gegr. (1350–58), z. T. 1690 umgebaut, mit Renaissance- und barocken Kapellen. Renaissance-Jagdschloß, von König Sigismund August an Stelle eines älteren Schlosses 1550–71 erbaut, mit Arkadenhof und Kreuzgängen.

Nieuwenhuys [n'i:wənhœjs], Constant Anton, →Constant.

Niğde [niɣd'e], in der Antike **Nakịda,** türk. Provinzhauptstadt im südl. Inneranatolien, 31900 Ew. Von der Burgmauer sind wenige, z. T. spätantike Reste erh. Die Zitadelle stammt aus dem 14./15. Jh. Der bedeutendste Bau ist die Ala ed-Din Camii (1223), eine Pfeilermoschee mit Kuppeln über den dem Michrab nahen Jochen und einem mit geometr. Ornamenten reich verziertem Portal. Die Sungur-Bey Camii (um 1331) hat ein spätgot., Kreuzfahrerarchitektur verarbeitendes Portal, die Akmedrese (Mus.) eine Loggienfassade (1409); außerhalb der Stadt Türben des 14. Jh.

Niger, Bronzewerkstätten am unteren N., Bez. für einen Kulturkomplex in Westafrika. Seine künstler. Erzeugnisse aus Bronze, Gruppen und Figuren, Köpfe, Masken und Oberteile von Glocken in eindrucksvoller Gestaltung, sind an vielen Stellen zu beiden Seiten des N. von seinem Delta bis zum Zusammenfluß mit dem Benue gefunden worden, ohne daß sich ein Schwerpunkt hätte erkennen lassen. Zwar wurden viele der betreffenden Stücke in Benin gefunden, sie fügen sich jedoch nicht in den Rahmen der übrigen Benin-Kunst. Diese Kultur (Datierung bisher nicht möglich) spielte möglicherweise eine Rolle als Bindeglied zw. Ife, Tsoede und Benin (→afrikanische Kunst).

Nijmegen [n'ɛjme:xə], niederländ. Name von →Nimwegen.

Nijvel [n'ɛjvəl], fläm. Name von →Nivelles.

Nikaia, Nikäa, lat. **Nicaia, Nicaea, Nicäa,** antike Stadt in Kleinasien, heute →Iznik.

Nikandre, Stifterin einer überlebensgroßen weibl. Marmorfigur des archaisch-unbewegten Typus, um 650 v. Chr.; laut Inschrift von einer N. aus Naxos der Artemis in Delos gew. und dort gefunden (heute Athen, Nat.-Mus.).

Nịke, grch. Personifikation und Göttin des Sieges, mythenlos, erst seit hellenist. Zeit kultisch verehrt, von den Römern **Victọria** genannt. N. wurde v. a. mit Athene, Zeus, Apoll und Dionysos verbunden. Antike Darstellungen zeigen sie als geflügelte, langgewandete Frauengestalt mit den Attributen Palmzweig, Kranz und Binde, mit Siegeszeichen wie Helm und Schild oder mit Opfersymbolen. Frühe Beispiele (6. Jh. v. Chr.) sind die Skulpturen der dahineilenden N. von Delos (Athen, Nat.-Mus.) und die geflügelte N. von Delphi (Mus.). In der att. Vasenmalerei wurde N., im Kreis von Menschen und Göttern stehend oder schwebend, dargestellt. Im 5. Jh. v. Chr. entstanden außer Niken in der Vielzahl (ähnlich Eros – Eroten) bed. Einzelfiguren: die auf der Hand der Athena Parthenos stehende N. von PHIDIAS (röm. Kopie, Athen, Nat.-Mus.) und die aus der Luft herabschwebende des PAIONIOS (Olympia, Mus.). Aus hellenist. Zeit stammt die mit weit ausgebreiteten Flügeln auf ein Schiff niederschwebende N. von Samothrake (2. Jh. v. Chr., Louvre). Als röm. Victoria sitzt oder steht N. oft auf der Weltkugel als Symbol des Friedens und begleitet Darstellungen der Kaiser. Das MA. kennt sie noch als Siegessymbol, bildete ihr aber v. a. die Engel nach. Als Allegorie des Sieges erscheint sie dann wieder in der Kunst der Neuzeit (GIOTTO, A. MANTEGNA, J. G. SCHADOW).

Nikepyrgos [grch. pyrgos ›Turm‹], der ummauerte Felsenvorsprung an der SW-Spitze der athen. Akropolis; trägt den →Nike-Tempel und die ›Nike-Balustrade‹ mit der Darstellung mehrerer Niken, bed. Werke der griechisch-att. Kunst des späten 5. Jh. v. Chr.

Nike-Tempel, kleiner Tempel, ein Amphiprostylos in ion. Ordnung aus pentel. Marmor (425–421 v. Chr.) auf dem →Nikepyrgos der Athener Akropolis, außerhalb der Propyläen. In der Cella stand das hölzerne Kultbild der siegbringenden Stadtgöttin Athena Nike. Am Gebälk läuft ein Relieffries entlang (Göttergruppen und Kämpfe gegen die Perser).

Nikias, grch. Maler der 2. H. des 4. Jh. v. Chr. aus Athen, bemalte u. a. Marmorstatuen (Praxiteles); vermutlich sind Wandbilder in Pompeji (u. a. Io, Andromeda) Nachbildungen seiner Gemälde.

Nikko, Stadt auf Honshu, Japan, etwa 120 km nördlich von Tokio, 25 500 Ew. In der Nähe das shintoist. Heiligtum N., im 8. Jh. als Bergheiligtum gegr., mit dem

Nikko: Tosho-gu-Schrein; Anbetungshalle, Dach des Eingangsportals

erloschenen Vulkan Nanti (2484 m, alter Name: Futara) als Zentrum; auf dem Berggipfel der Innere Schrein (Oku-miya), am Ufer des 1200 m hoch gelegenen Sees Chusen-ji der mittl. Schrein (Chugushi) und am Fuß des Berges der äußere Hauptschrein Futara-san. – Im 17. Jh. wurde N. von TOKUGAWA IEYASU, dem Begründer des Tokugawa-Regimes, als Standort seines Mausoleums ausgewählt. Sein Enkel IEMITSU baute es und errichtete dann den Tosho-gu-Schrein (inzwischen war der Großvater als ›Tosho‹ vom Kaiser deifiziert) im Gongen-Stil: Die Unterschiede zw. buddhist. und shintoist. Architektur verschwinden. Die Gebäude sind mit bemalten und vergoldeten Schnitzereien reich verziert und stehen in Kontrast zu dem einfachen Grün der umliegenden hohen Zedernwälder, die diesen Glanz zu absorbieren scheinen. Die Raumfolge des Zugangs zum Schrein, eine über 2 km lange z-förmige Wegeführung, erinnert an die Burg- und Festungsarchitektur. Weitere Bauten aus dem 17./18. Jh., die den gleichen Stil zeigen, sind das Mausoleum des Iemitsu, Daiyuin, sowie die buddhist. Tempel Rinno-ji und Shihonryu-ji.

Niklaus von Hagenau, →Hagenauer 3).

Nikolaus, legendärer Heiliger; seine Gestalt knüpft an 2 histor. Persönlichkeiten an: Bischof N. von Myra in Lykien (wahrscheinlich Anfang des 4. Jh.) und Abt N. von Sion (†10. 12. 564 als Bischof von Pinara, Lykien). – Nach byzantin. Vorbildern (sehr oft auf Ikonen) stellte ihn die abendländ. Kunst (Fresko in Rom, S. Maria Antiqua, 757–67; Fresko des 13. Jh. im Limburger Dom) barhäuptig dar, im Bischofsmantel mit Evangelienbuch; bald kamen Mitra und Bischofsstab hinzu. Bes. der Westen bildete im MA. die Legendenszenen aus: die Errettung dreier zum Tod Verurteilter, die Rettung von Schiffern aus Seenot, die Ausstattung dreier armer Jungfrauen (daher das Attribut dreier goldener Kugeln) durch N., der dabei oft als Bischof, seit dem 13. Jh. (Chartres, Tympanon des S-Portals, u. a.) auch wie ein weltl. Liebhaber erschien. Im 16. Jh. wurden die N.-Bilder seltener; an ihre Stelle traten in der niederländ. Kunst die Darstellungen des N.-Festes (J. STEEN, R. BRAKENBURGH u. a.).

Nikolausberg, Stadtteil von Göttingen, Ndsachs., mit ehem. Augustinerinnenkloster (vor 1162 gegr.); die Abteikirche (Kern 12. Jh., um 1350 Chorerweiterung, spätgot. Umbau 1492 voll.) hat von →Königslutter am Elm beeinflußte Bauplastik.

Nikolaus von Verdun [-vɛrd'œ̃], lothring. Goldschmied, Emailmaler, nachweisbar zw. 1181 und 1205; einer der bedeutendsten Künstler des MA., dem eine Synthese antikennaher und byzantin. Formen mit naturnaher Darstellung gelang. N. v. V. ist damit Wegbereiter des antikisierenden Stils (→Protorenaissance) in der got. Skulptur und Malerei des frühen 13. Jh. Sein frühestes vollbezeichnetes Werk ist der 1181 datierte ›Klosterneuburger‹ oder ›Verduner Altar‹ (urspr. Verkleidung eines Ambo; Stift Klosterneuburg). Die mehr als 50 Tafeln in Grubenschmelztechnik zeigen Szenen aus A. T. und N. T. in typolog. Ordnung, die hier in der ma. Emailkunst zum erstenmal auftritt. Die gleiche

Werkstatt schuf zw. 1181 und 1230 große Teile des Dreikönigsschreins im Kölner Dom mit Apostel- und Prophetenzyklus, Treibarbeit aus vergoldetem Silber, als Höhepunkte der Plastik des MA. Möglicherweise hat N. v. V. auch am Annoschrein in Siegburg (Klosterkirche) und am Albinusschrein (St. Pantaleon, Köln) mitgearbeitet. Sein letztes signiertes Werk ist der 1205 voll. Marienschrein in der Kathedrale von Tournai (stark restauriert), dessen getriebene Reliefs jedoch nur z. T. die hohe Qualität des übrigen Œuvres erreichen.

Nikolaus von Verdun: Josua und Kaleb, Detail vom Verduner Altar in Klosterneuburg; 1181

Rhein und Maas, Kunst und Kultur 800–1400, Ausst.-Kat., Köln (1972); W. SCHULTEN: Der Schrein der Hl. Drei Könige im Kölner Dom (1974); H. BUSCHHAUSEN: Der Verduner Altar (1980).

Nikolsburg, tschech. **Mikulov,** Stadt im Südmähr. Kr., ČSSR, südlich von Brünn, nahe der Grenze zu Österreich. Die ehem. got. Grenzburg wurde im 17. Jh. umgebaut, im 18. Jh. erweitert (heute Mus.); in der Johanneskirche (im spätgot. und Renaissancestil erbaut) Fresken von A. MAULBERTSCH. Weitere histor. Bauten sind Stadtmauer (13.–14. Jh.), die barocke, zweitürmige St.-Anna-Kirche, die St.-Sebastian-Kirche (1623) und Bürgerhäuser des 16.–18. Jh.

Nikosia, grch. **Leukosia,** türk. **Lefkoşa** [-ʃa], Hauptstadt Zyperns, 146 000 Ew. Die seit 1567 von venezian. Befestigungsanlagen umgebene Stadt hat Kirchen des MA., die z. T. nach der türk. Eroberung (1570) in Moscheen umgewandelt wurden, so auch die ehem. Kathedrale Hagia Sophia (im 13./14. Jh. im Stil der frz. Gotik erbaut). – Archäolog. Mus.

Nikosthenes, attischer Töpfer des 6. Jh. v. Chr., von dem zahlreiche schwarzfigurig und einige rotfigurig bemalte Vasen (v.a. Halsamphoren mit Bandhenkeln) und mindestens 98 Meistersignaturen erh. sind.

Nil, arab. **Bahr en-Nil,** der größte Strom Afrikas, wurde auf altägypt. Reliefs als schreitender Mann mit einer Lotos- oder Papyrusstaude auf dem Haupt und reichen Gaben in den Händen dargestellt; seine Körperfülle weist auf die nährenden Kräfte der N.-Überschwemmung hin; in der Hieroglyphenschrift erhält er zu seinem Namen Hapij das Götterzeichen. Die griechisch-hellenist. und röm. Epoche stellten ihn sitzend oder am Boden lagernd dar, mit Schilfstengel und Füllhorn, auf Nilpferd oder Sphinx gestützt (Statue vor dem Senatorenpalast in Rom). Bei einer 1513 gefundenen Kolossalgruppe (Vatikan) umspielen 16 Knaben den Flußgott.

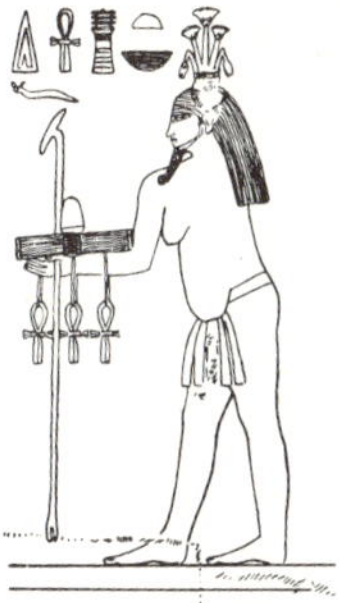

Nil: Nilgottheit (aus dem Totentempel des Sahure in Abusir, Ägypten; um 2450 v. Chr.)

Nimbus [lat.], in der ind. Kunst seit dem 2. Jh. übl., wohl aus dem Iran über die Gandhara-Kunst eingeführte Kennzeichnung hl. Gestalten durch eine mit Zackenrand und floralen Bändern zunehmend üppiger dekorierte Kreisscheibe hinter dem Kopf (Buddhafiguren der Guptazeit). Der N. hinduist. Götter ist zumeist schlicht, Sonderformen sind der Flammen-N. Agnis und die Feueraureole bronzener Natarajafiguren S-Indiens (BILD Nataraja). – Über den N. in der christl. Kunst →Heiligenschein.

Nîmes [ni:m], Hauptstadt des frz. Dép. Gard, in der Ebene des Languedoc, 133 900 Ew.; kath. Bischofssitz. N., das antike **Nemausus,** geht auf eine kelt. Siedlung zurück, die 121 v. Chr. römisch wurde. Nach dem Brand von Narbo (Narbonne) 149 n. Chr. zur Hauptstadt der Prov. Gallia Narbonensis erhoben, erlebte N. Blütezeiten und besitzt heute die bedeutendsten Baureste einer röm. Stadt diesseits der Alpen. Als Kapitol gilt die Maison Carrée, ein gut erh. korinth. Tempel (1–14 n. Chr., jetzt Antiken-Mus.) in einem ehem. von Säulenhallen umgebenen Bezirk. Das Forum lag in der Nähe der ›Arènes‹, dem aus großen Steinquadern vermutlich Anf. des 2. Jh. n. Chr. errichteten Amphitheater (133 m lang, 101 m breit, 21 m tief, für 30 000 Zuschauer), in dem noch Vorführungen stattfinden. Zu den Heiligtümern um das Quellbecken gehörte das urspr. auguste-

Nîmes: Maison Carrée; 1–14 n. Chr.

ische, im 18. Jh. wiederhergestellte Nymphaeum und der ›Tempel der Diana‹, ein Saalbau mit einem Tonnengewölbe, dessen jetzige Gestalt im wesentlichen aus dem 2. Jh. n. Chr. stammt (im Jardin de la Fontaine, 18. Jh.). Auf dem Gipfel des Mont Cavalier steht die Tour Magne (30 m hoher Turm aus der Zeit um Christi Geburt, vielleicht ein Wachturm oder Siegesmal). Der Wasserversorgung der Stadt diente eine 49 km lange Wasserleitung (Pont du →Gard). Anfang des 5. Jh. wurde der 6 km lange röm. Mauerring (mit urspr. 80 Türmen) verengt (Reste erh.) Kelt., galloröm. und röm. Funde im Archäolog. Mus. Neuere Bauwerke sind die z. T. roman., im 19. Jh. stark restaurierte Kathedrale St. Castor sowie die Kirchen St. Paul und Ste. Perpétue (19. Jh.). Im Mus. des Beaux-Arts frz., ital. und niederländ. Gemälde und Zeichnungen.

Nimrud, Ruinenstätte von →Kalach.

Nimwegen, niederländ. **Nijmegen** [n'ɛjme:xə], Stadt in der niederländ. Prov. Gelderland, links der Waal, 148 000 Ew. N., das röm. **Ulpia Noviomagus,** war seit der Karolingerzeit Pfalz, deren Kapelle erh. ist (16seitiger Zentralbau, nach 1030), außerdem aus der Bauzeit unter Kaiser Friedrich Barbarossa die Ruine einer roman. Chorapsis (um 1155). Die St. Stevenskerk wurde 1254 beg., der spätgot. Neubau nach Errichtung des Chors mit Umgang und Kapellenkranz und des sehr großen dreischiffigen Querhauses (1420–55) eingestellt; Chorgestühl (1577) und Kanzel (1639) mit Schnitzereien. Das Renaissance-Rathaus (1554–55) wurde 1879–82 von P. CUYPERS eingreifend restauriert. Aus der Renaissance stammen auch Waage (1612) und ehem. Lateinschule (1544/45). – Rijksmuseum G. M. Kam (röm. Funde, frühes MA.); Nijmeegs Mus. Commanderie van St. Jan (Stadt-Mus.).

Nin, Städtchen an der Küste Dalmatiens, Jugoslawien, nördlich von Zadar, rd. 2000 Ew.; Reste eines röm. Forums mit bed. plast. Schmuck; Kirchen aus dem 11. Jh.; vorroman. Heiligkreuzkirche und Nikolauskirche, ein Bau aus gehauenem Stein.

Ninive, altmesopotam. Stadt am Tigris, gegenüber Mosul, Irak (KARTE Alter Orient), heute **Kujundjik** und **Nebi Junus**. Ausgrabungen seit 1846 (A. H. LAYARD); früheste Funde stammen aus dem Chalkolithikum (Keramik der Hassuna-Periode, →Tell Hassuna) und aus der Frühbronzezeit (bemalte oder gekerbte Ninive-V-Keramik). Blütezeiten erlebte N. als assyr. Hauptstadt seit SANHERIB (704–681 v. Chr.). Die von doppelter Zinnenmauer geschützte Stadt umfaßte ein Gebiet von etwa 5 km^2; die prachtvollen Paläste SANHERIBS, ASARHADDONS, ASSURBANIPALS waren reich mit Reliefs geschmückt (Kampf-, Jagd- und Kultszenen, bes. Löwendarstellungen) mit z. T. freier Komposition ohne Register und Standlinien; die Eingänge waren von überlebensgroßen Lamassu-Figuren flankiert. Bei Grabungen im Ischtartempel wurde der meisterhafte Bronzekopf eines akkad. Herrschers (›Sargon‹, BILD akkadische Kunst), ein frühes Zeugnis mesopotam. Toreutik, gefunden. N. wurde 612 v. Chr. von Medern und Babyloniern zerstört.

Ninsei, bis 1655 **Nonomura Seiemon,** japan. Töpfer und Maler, Mitte bis Ende des 17. Jh. in Kioto tätig. N., der v. a. Teekeramik schuf, die er im Stil der Rimpa-Schule mit reichem Schmelzfarbendekor, auch Gold und Silber, versah, gilt in Japan als einer der ›3 Großen Töpfer von Kioto‹ (neben seinem Schüler KENZAN und MOKUBEI).

Ni-o [japan. ›2 Könige‹], in Japan überlebensgroße, oft bemalte Holz-, seltener Ton- oder Steinfiguren, die beiderseits eines Tempeltores stehen, um Dämonen und Teufel abzuwehren. Sie ähneln mit ihren furchterregenden, abwehrenden Gebärden dem →Fudomyo-o, stellen aber Schutzgottheiten dar, die dem esoter. Buddhismus aus chines. und ind. Ursprüngen angepaßt wurden (links: Indra, japan. Taishahu; rechts: Brahma, japan. Bonten).

Niobe, grch. Mythos: Tochter des Tantalos, Gemahlin des theban. Königs Amphion. Sie stellte sich als Mutter von 7 (auch 6 oder 10) Söhnen und ebenso vielen Töchtern über →Leto, die nur 2 Kinder habe (Apoll und Artemis); diese töteten deshalb die Kinder der N. mit ihren Pfeilen. N. selbst erstarrte zu Stein. – Darstellungen der N. und ihrer Kinder, vom Pfeil getroffen, sind seit dem 5. Jh. v. Chr. häufig (›Argonautenkrater‹ des NIOBIDENMALERS; nach PAUSANIAS Fries am Zeus-Thron von Olympia von PHIDIAS). Die hellenist. und röm. Kunst betont mehr das Leid als die Hybris (Sarkophage, Wandbilder, Statuen). Darstellungen der Neuzeit griffen den Mythos wieder auf (TINTORETTO, A. BLOEMAERT, F. TIECK).

Niobidenmaler, frühklass., attischer Vasenmaler des rotfigurigen Stils, tätig in der Mitte des 5. Jh. v. Chr. Die kaum bewegten Figuren seiner Bilder sind fast statuarisch; Höhenstaffelung und Angabe von Geländelinien lassen auf eine Abhängigkeit von Wandgemälden der Zeit schließen; namengebendes HW ist ein Kelchkrater mit dem Niobidentod und den Argonauten (›Argonautenkrater‹, Louvre).

Nippur, altmesopotam. Stadt südlich von Babylon, zw. Euphrat und Tigris (KARTE Alter Orient), heute **Nuffar.** N. war als Kultstadt des sumer. Hauptgottes Enlil relig. Zentrum Sumers im 3. Jahrtsd. v. Chr.; Ausgrabungen legten im hl. Bezirk des Enlil Tempel und Zikkurat frei. Außerdem wurde der Tempelkomplex der Göttin Inanna erschlossen, ein Heiligtum von unregelmäßigem Grundriß (84 × 24 m) mit 2 Kulträumen und 3 Höfen (um 2700 v. Chr.). Man fand dort Reste von Beterfiguren, die Gesichter teilweise mit Goldmasken geschmückt, wie sie bes. aus dem Diyala-Gebiet in N-Babylonien bekannt geworden sind. Die bed. Funde an Keilschrifttafeln trugen wesentlich zur Erschließung der relig. Literatur der Sumerer bei.

Nirim, israel. Kibbuz südöstlich von Gaza, mit Synagoge (vor 530) in Form einer Basilika; zw. den beiden Säulenreihen im Innern z. T. bed. Mosaikfußboden: aus einer Amphore herauswachsendes Weinspalier mit 50 Medaillons (Opfergaben, symmetrisch angeordnete Tierpaare, ein siebenarmiger Leuchter).

Nirvana [Skt.], →Parinirvana.

Niš [niʃ], **Nisch,** Stadt in Serbien, Jugoslawien, 161 000 Ew. Das röm. **Naissus** (Kaiserresidenz) wurde im 5. Jh. von Hunnen zerstört. Reste der röm. Siedlung (Villen, Paläste, Thermen, Bodenmosaiken) sowie eine Gruft aus dem 4. Jh. mit Fresken sind freigelegt. Anf. 14. Jh. wurde die Stadt von Türken zerstört, sie gehörte bis 1878 zum Osman. Reich. Aus dieser Zeit stammen die Festung (im 17. Jh. an Stelle eines röm. Kastells und einer ma. Burg erbaut) sowie einige Moscheen.

Nisa, Ausgrabungsstätte der früheren Hauptstadt **Mithradatkerd** des parth. Reiches (1. Jh. v. Chr.–1. Jh. n. Chr.), nordwestlich von Aschchabad (Turkmen. SSR, KARTE Alter Orient). Freigelegt wurden eine Palastanlage (4 Iwanbauten um einen quadrat. Innenhof, Fassadenbau mit 2 großen Kuppelhallen – angeblich Tempel) und die Grabkammern mehrerer Könige; zu den Einzelfunden gehören aus Elfenbein geschnitzte Trinkhörner (Rhyta), Statuen in hellenist. Stil als Wandschmuck der Kuppelsäle und Ostraka mit der Abrechnung für den königl. Weinkeller. N. ist neben →Ai Chanum die am besten bekannte hellenist. Residenzstadt Mittelasiens und zeigt die Entstehung eines hellenistisch-asiat. Mischstils, der in Assur und Hatra weiter entwickelt wurde.

Nisch, Stadt in Jugoslawien, →Niš.

Nischapur, Stadt in NO-Iran, westlich von Meschhed (KARTE Alter Orient), etwa 40 000 Ew. Die häufig zerstörte Stadt war in Altertum und MA. bed. kulturelles Zentrum mit Univ., v. a. im 9. und 10. Jh. unter den Dynastien der Samaniden und Seldschuken. Ausgrabungen legten Teile der ma. Stadt frei: Wohnanlagen mit Wandmalereien und Stuckdekor, Funde von Glas- und Bronzearbeiten, v. a. von Keramik, da N. eine bed. Keramikproduktion besaß mit zahlreichen Gefäßgattungen; neben Schrift- und Palmettendekor auch figürl. Darstellungen (Reiter, Vögel) in leuchtenden Farben auf hellem Grund; seit Ende des 11. Jh. Herstellung reliefierter Quarz-Fritte-Keramik. (BILD islamische Kunst)

Nische [aus frz.], Baukunst: flache Vertiefung in der Wand von rechteckigem oder rundem Grundriß. Der Abschluß nach oben wird durch ein Gebälk, einen N.-Bogen, eine Viertelkugel oder als Muschel gebildet. Die N. dient der Verringerung der Mauermasse, der Wandgliederung, zum Aufstellen von Figuren und leitet als Fenster- oder Tür-N. zu Raumöffnungen über.

Nischenpyramide, →El Tajín.

Nischwitz, Gem. im Kr. Wurzen, Dt. Dem. Rep.; Barockschloß (1745–50) von J. C. KNÖFFEL, prächtige Ausstattung mit Stuckarbeiten und Wandmalereien, bes. Gartensaal, Festsaal, Treppenhaus.

Nithart, Beiname des Malers M. →Grünewald.

Nitra, Stadt in der ČSSR, →Neutra.

Ni Tsan, chines. Dichter, Kalligraph und Landschaftsmaler, *Wuhsi (Prov. Kiangsu) 1301, †1374, zog sich kurz vor dem Sturz der Yüan-Dynastie auf ein

Hausboot zurück. N. T. gehört mit HUANG KUNG-WANG, WU CHEN und WANG MENG zu den ›Vier Großen Meistern der Yüan-Zeit‹. Das für ihn typ. Kompositionsschema zeigt eine baumbestandene Uferpartie mit menschenleerer Hütte im Vordergrund, welche durch eine breite Wasserfläche von den Bergen im Hintergrund getrennt ist. Weiterhin ist für ihn eine kreidig wirkende, sehr trocken aufgewischte Tuschtechnik charakteristisch.

Nitsch, Hermann, Aktionskünstler, *Wien 29. 8. 1938; strebt in seinem ›Orgien-Mysterien-Theater‹ (seit 1963) mit blutiger Opfersymbolik und Schockwirkungen eine orgiast. Verschmelzung von Theater und Leben an (documenta 7).

Nittis, Giuseppe de, ital. Maler, *Barletta 25. 2. 1846, †St. Germain-en-Laye 22. 8. 1884, Schüler der Akad. in Neapel, lebte später in Paris; zunächst von den Macchiaioli beeinflußt, schuf später impressionist. Landschaften, Straßenansichten, Figurenbilder.

Nivelles [niv'ɛl], fläm. **Nijvel** [n'ɛjvəl], Stadt in der belg. Prov. Brabant, entstanden bei einer um 645 gegr. Abtei. Die St.-Gertrud-Kirche (11. Jh.) brannte 1940 aus und wurde nach dem 2. Weltkrieg rekonstruiert, eine otton. Doppelchoranlage (11. Jh.) mit 2 Querschiffen, Westbau in rheinisch-maasländ. Romanik mit skulptierten Portalen, Kreuzgang (13. Jh.). Beim Wiederaufbau wurden Reste eines merowing. (671) und eines karoling. Baus (9. Jh.) freigelegt. Der Gertrudisschrein (1298) in Form einer Miniaturkathedrale, ein HW got. Schmiedekunst, wurde 1940 z. T. zerstört; Musée Archéologique.

Nizza, frz. **Nice** [ni:s], Seebad der frz. Riviera, Hauptstadt des Dép. Alpes-Maritimes, 346 600 Ew.; kath. Bischofssitz. In der Altstadt die Kathedrale (17. Jh.) und weitere Kirchen und Paläste des 17. und 18. Jh. An der Küste des Mittelmeers liegt die Prachtstraße ›Promenade des Anglais‹ mit prunkvollen Palästen (u. a. Kasino, Hôtel Negresco) und der Villa Masséna mit Mus. (u. a. Empiremöbel, Waffen, Gemälde frz. Impressionisten). Zahlreiche weitere bed. Museen: Mus. des Beaux-Arts oder Mus. Chéret (frz. Malerei des 17.–20. Jh., Gobelins, ital. Fayencen), Mus. Matisse (v. a. Frühwerke von H. MATISSE), Archäolog. Mus., Nat.-Mus. Marc Chagall (mit den von CHAGALL gestifteten Werken zum ›Message Biblique‹: Entwürfe, Gouachen, Mosaiken, Tapisserien zu bibl. Themen).

Nizza, Schule von N., mehrere Malerwerkstätten (v. a. der Familie BRÉA) des 15. und 16. Jh. in Nizza, die stilistisch in vielem an die Schule von →Avignon anschließen und noch die für die Renaissance charakterist. Raumbezüge vermissen lassen. Haupt der Schule war L. BRÉA, der v. a. in N. (Triptychon in der Franziskanerkirche, 1475) und Ligurien (Altargemälde in Taggia, Kirche S. Domenico; Savona, Dom; Genua, S. Maria di Castello) tätig war.

Njoya [ndʒ'oja], Sultan von Foumban im →Kameruner Grasland; lebte um die Wende 19./20. Jh. Er rief zahlreiche Handwerker (Bronzegießer, Holzschnitzer,

Weber) an seinen Hof und entwickelte eine eigene Schrift. Wegen der guten Beziehungen zum Dt. Reich wurden zahlreiche Geschenke ausgetauscht; z. T. heute im Mus. für Völkerkunde in Berlin (z. B. Thronsessel mit Glasperlenapplikationen; BILD Bamum).

Noah, No|e, im A. T. der aus der →Sintflut in die Arche gerettete Fromme, Vater der neuen Menschheit. Für die frühchristl. Kunst war N. eine durch den Glauben errettete symbol. Gestalt; sie stellte ihn meist jugendlich als Orans in der Arche dar, auf den eine Taube mit dem Ölzweig zufliegt (Fresko des 4. Jh. in Rom, Katakombe SS. Pietro e Marcellino), kannte jedoch auch schon den später typ. bärtigen N. Im MA. nahmen die Genesis-Zyklen die Szenen des N. auf: Bau der Arche, Einzug in die Arche mit den Tieren, Sintflut, Auszug aus der Arche, Dankopfer N.s, Weinbau N.s und Trunk. Spätere Darstellungen stammen von L. GHIBERTI (1452; Florenz, Baptisterium des Doms, Paradiestür), P. UCCELLO (nach 1447; Florenz, S. Maria Novella), B. GOZZOLI (1469/70; Pisa, Camposanto), MICHELANGELO (1508–12; Vatikan, Sixtin. Kapelle), J. A. KOCH und G. SCHICK.

Nobile, Peter von, Baumeister, *Campestro (Tessin) 1773, †Wien 7. 11. 1854, seit 1807 städt. Baudirektor in Triest, seit 1818 Direktor der Bauschule an der Akad. der bildenden Künste in Wien, entfaltete Gedanken A. PALLADIOS und G. B. VIGNOLAS in bed. klassizist. Bauten.

HW: Handels- und Naut. Akad. (1817; Triest); Theseustempel (1820–23; Wien, Volksgarten); Äußeres Burgtor (1821–24; Wien); Theater und Redoutenhaus (1825; Graz); S. Antonio (1827–49; Triest – nach dem Vorbild des röm. Pantheon); Regierungspalast (1840; Lemberg).

Noé [nɔ'e], Amédée de, frz. Karikaturist, *Paris 26. 1. 1819, †ebd. 6. 9. 1879, zeichnete unter dem Namen **Cham** geistreiche polit. und gesellschaftskrit. Karikaturen für den ›Charivari‹.

Nofretete
Büste aus Amarna,
bemalter Kalkstein;
um 1360 v. Chr.
(Berlin-West,
Staatl. Museen)

Nofretete, Nefertiti, Nafteta, Gemahlin des ägypt. Königs AMENOPHIS IV. (etwa 1364–1347 v. Chr.). Ihre Büste aus bemaltem Kalkstein wurde 1912 bei Ausgrabungen in Amarna, in der Modellkammer eines Bildhauers, gefunden; sie war ein Werkstattmuster, nach dem andere Statuenköpfe der Königin angefertigt wurden. Die konisch geformte Kronenkappe trug unter den Königinnen fast nur N.

Nofretiri, →Nefertari.

Noguchi [engl. nəg'utʃɪ], Isamu, amerikan. Bildhauer japan. Herkunft, *Los Angeles 17. 11. 1904, verbrachte seine Jugend in Japan, kam 1918 in die USA zurück. Sein anfangs von C. BRÂNCUŞI beeinflußtes Werk sucht fernöstl. Symbolformen mit modernen Tendenzen zu vereinigen. N. schuf monumentale Wandgestaltungen, Skulpturengärten (1956, am UNESCO-Gebäude, Paris) und die Friedensbrücke in Hiroshima.

Noin Ula, Berggruppe in der nördl. Mongolei mit einer Gruppe von 6 großen Kurganen hunnischer Fürsten aus der Zeit um Christi Geburt. Außer einheim. Grabbeigaben (Teppiche mit Tierdarstellungen, Bronzearbeiten) fanden sich Seidenstoffe, Nephritschmuck und eine Lackschale der Han-Zeit, bei denen es sich um chines. Importe oder Tributleistungen handelt. Aus dem hellenist. Kulturbereich stammen Gobelins (Wollstickereien) mit Reiterdarstellungen.

Noirlac [nwa:rl'ak], 1150 von BERNHARD VON CLAIRVAUX gegr. Zisterzienserabtei am Cher, südlich der frz. Stadt Bourges, zählt zu den regelmäßigsten und besterhaltenen Abteien des Ordens.

Nok, älteste eisenführende Kultur in Afrika südlich der Sahara, mit bed. künstler. Erzeugnissen, benannt nach dem Fundort des ersten Tonkopfes, einem Dorf in O-Nigeria (Prov. Zaria). Die N.-Kultur, datiert in die Zeit zw. 500 vor und 200 n. Chr., ist deshalb bemerkenswert, weil ihre Schöpfungen einerseits eine große Verschiedenheit der konzeptionellen Form mit einer durchgehenden Einheit des Stils in sich vereinigen, andererseits aber eine Tendenz zur Betonung des Kopfes zeigen, wie sie auch in der jüngeren afrikan. Kunst verbreitet ist. Typisch für N.-Skulpturen, bei denen es sich ausschließlich um Terrakotten handelt, sind dreiecksförmige Augen, die ebenso wie Mund, Nase und Ohren mit Löchern versehen sind, sowie geriefte Haare und Bärte. Die Größe schwankt zw. 10 und 150 cm. Aufgrund der Gestaltung einiger Terrakotten vermutet man, daß die N.-Leute auf einer Holzschnitztradition aufbauten, von der heute keine Zeugnisse mehr vorliegen.

B. FAGG: Nok terracottas (London 1977).

Nok: Terrakotta-Kopf; Höhe 35 cm (Lagos, Nigerian Museum)

Nola, Stadt in Kampanien, nordöstlich des Vesuvs, 29100 Ew., eine Gründung der Osker (altitalischer Volksstamm), 313 von den Römern erobert. In den Nekropolen von N. wurden reiche Funde kampan., v.a. grch. Vasen gemacht.

Nolan [n'əulən], Sidney Robert, austral. Maler, *Melbourne 22. 4. 1917, seit 1957 in England. Seine expressiv-surrealen Gemälde und Zeichnungen sind oft erzählerisch bewegt (›Ned Kelly‹, ›Mrs. Fraser‹-Serie).

Noland [n'əulənd], Kenneth, amerikan. Maler, *Asheville (North Carolina) 10. 4. 1924, ist mit M. LOUIS ein Hauptvertreter der Farbfeldmalerei. Er ›durchtränkte‹ (ausgehend von einem Zentrum) ungrundierte Leinwände mit transparenten Acrylfarben; seit 1961 geometr. Farbfelder (konzentrische Kreise, horizontale Streifen). N. verwendet teilweise ausgefallene Bildformate (Rhomben und langgestreckte Rechtecke).

Emil Nolde: Prophet; Holzschnitt

Nolde, Emil, eigtl. E. **Hansen,** Maler, Graphiker, *Nolde (Schleswig) 7. 8. 1867, †Seebüll (heute zu Neukirchen, Holstein) 13. 4. 1956, signierte seit 1904 mit E. N.; er lernte an der Holzschnitzerschule in Flensburg, war 1892–98 Lehrer an der Gewerbeschule St. Gallen, bildete sich in München, Paris und Kopenhagen weiter. N. lebte meist in Berlin, machte 1913/14 eine Weltreise (Sibirien, Japan, Südsee) und lebte nach 1918 in Berlin oder auf seinem Hof Seebüll (als Stiftung Seebüll Ada u. E. N. heute Mus.). Nach 1933 wurde seine Kunst für ›entartet‹ erklärt, 1941 erhielt er Malverbot; es entstan-

Emil Nolde: Steigende Wolken (Hagen, Karl-Ernst-Osthaus-Museum)

den auf kleinstem Format die ›ungemalten‹ Bilder (erste Blätter 1938/40, v. a. 1941–45; etwa 1300 Aquarelle, die N. nach 1945 z. T. auf Ölbilder übertrug). – N. ist ein Hauptmeister des dt. Expressionismus, kann jedoch keiner Einzelgruppe zugerechnet werden, wenn er auch kurze Zeit (1906/07) der ›Brücke‹ angehörte. Sein wichtigstes Ausdrucksmittel ist die Farbe (v. a. Gelb, Orange, Zinnoberrot), die er in großen zusammenhängenden Flächen mit oft grellen Kontrasten zu äußerster Leuchtkraft steigert, häufig unter Gebrauch schwarzer Konturlinien. Leidenschaftl., auch bedrückendes Naturerlebnis ist in seinen Blumen-, Landschafts- und Meeresbildern gestaltet; urwüchsiger Sinn für Spukhaftes und Groteskes spricht aus seinen von J. ENSOR beeinflußten Figuren- und Maskenbildern, in die sich ein Hang zum Exotischen mischt. Seit 1909 hat er viele relig. Bilder gemalt (›Grablegung‹, 1915; Stiftung Seebüll Ada und E. N.; BILD Expressionismus). N. schuf auch Radierungen (mit neuer Technik) und großformatige Holzschnitte, deren scharfe Schwarz-Weiß-Gegensätze von starker Ausdruckskraft sind.

WW: Abendmahl (1909; Kopenhagen, Statens Mus. for Kunst); Das Leben Christi (1911/12; Stiftung Seebüll Ada und E. N.); Kerzentänzerinnen (1912; ebd.); Maria Aegyptiaca (1912; Hamburg, Kunsthalle); Papua-Jünglinge (1913/14; Berlin-West, Staatl. Museen); Blumengarten (1919; Stiftung Seebüll Ada und E. N.); Herbstblumengarten (1934; ebd.); Blumen und Wolken (1938; Privatbesitz); Selbstbildnis (1947; Stiftung Seebüll Ada und E. N.).

Das eigene Leben, hg. v. d. Stiftung Ada u. E. N., 4 Bde. (1965 bis 1970); G. SCHIEFLER u. CHRISTEL MOSEL: E. N. Das graph. Werk, 2 Bde. (Neuaufl. 1966/67).

Noli me tangere [lat. ›rühr mich nicht an‹], die Darstellung des auferstandenen Christus am leeren Grab, der Maria Magdalena erscheint und von ihr erkannt wird (frühes Beispiel auf der Lipsanothek von Brescia, Mus. Civico, 4. Jh.). Christus erscheint später oft als Gärtner (FRA ANGELICO, 1436/45; Florenz, Kloster S. Marco). In Renaissance und Barock bot die Szene v. a. die Möglichkeit der Landschaftsdarstellung.

Nollekens [n'ɔlıkənz], Joseph, engl. Bildhauer fläm. Herkunft, *London 11. 8. 1737, †ebd. 23. 4. 1823, beliebter Porträtbildhauer der engl. Gesellschaft (Büsten der Staatsmänner C. J. Fox und W. Pitt d. J.); 1772 Mitgl. der Royal Academy.

No-Masken, Bez. für →Masken, die beim No (japanisch-lyr. Drama seit dem 14. Jh.) von den Darstellern getragen werden.

Nomé, François Desiderius, →Desiderio.

Nomoli, Specksteinfiguren, die im nördl. Sierra Leone, hauptsächlich in den Gebieten der →Kissi, Koranko und Kono gefunden werden und die v. a. von den Mende kultisch verwendet werden. Sie stellen männl. Gestalten mit großen vorgeschobenen Köpfen dar, mit kugeligen Augen, großen negroiden Nasen und breiten Mündern und gleichen im Stil sehr der →Afro-portugiesischen Elfenbeinkunst, deren Herstellung – ebenso wie die der N. – den →Sherbro zugeschrieben wird. Ähnlich den →Pomtan sollen auch sie zu Zeiten der alten Königreiche Bullom und Temne (15. und 16. Jh.) entstanden sein. Z. T. gelten sie noch heute als Zauberwesen, vor denen der Gerichtseid geleistet wird und die man in die Reisfelder stellt, um das Wachstum zu fördern.

P. Allison: African stone sculpture (London 1968); A. Tagliaferri u. A. Hammacher: Die steinernen Ahnen (1974).

Nonantola, ital. Gem. rd. 10 km nordöstlich von Modena, mit der 751/52 gegr. Abteikirche (seit 1121 neu errichtet; roman. Skulpturenportal mit Vorbau), die wertvolle Miniaturmalereien (11. und 12. Jh.) und 2 Staurotheken mit Emailarbeiten (10. und 11. Jh., wohl byzantinisch) birgt.

Nonnenchor, Nonnen|empore, Prieche, Raum (→Empore), von dem aus die Nonnen dem Gottesdienst beiwohnen; in Nonnenkirchen meist als W-Empore, auch über den Seitenschiffen (Gernrode, St. Cyriakus, 10. Jh.; Arendsee, ehem. Benediktinerinnenklosterkirche, um 1200) oder im Querschiff (Diesdorf, ehem. Augustinerchorfrauenstift, 13. Jh.).

Nooms, Reinier, gen. **Zeeman,** holländ. Maler, Radierer, *Amsterdam um 1623, †ebd. vor April 1667, malte, von W. van de Velde d. Ä. beeinflußt, Seestücke und reizvolle ital. Küstenlandschaften; hinterließ rund 170 Radierungen mit Paris-Ansichten und v. a. Marinedarstellungen.

Noort, Adam van, niederländ. Maler, *Antwerpen 1562, †ebd. 1641, dort erstmals 1587 als Meister erwähnt. N. malte Historienbilder und Porträts; er war der Lehrer von P. P. Rubens, J. Jordaens und H. van Balen.

Norbert von Xanten, der Stifter des Ordens der Prämonstratenser, *Xanten 1082(?), †Magdeburg 6. 6. 1134. Die früheste Darstellung findet sich im 14. Jh. in Orvieto (S. Severo, Sakristei); nach der Kanonisation (1582) entstand ein neuer Bildtypus (Attribut: die Monstranz).

Norblin de la Gourdaine [nɔrbl'ɛ̃ dəlagurd'ɛn], Jean-Pierre, frz. Maler, Graphiker, *Misy-Faut-Yonne 15. 7. 1745, †Paris 23. 2. 1830, malte zunächst an J. A.

WATTEAU geschulte ›Fêtes galantes‹, auch Dekorationen, und arbeitete seit 1772 für den poln. Fürsten ADAM CZARTORYSKI in London, seit 1774 in Polen, wo er bis 1804 blieb. Außer Porträts und Illustrationen schuf N. Zeichnungen, Skizzen und Radierungen zum poln. Volksleben und polit. Tagesereignissen, in denen sich Elemente des Rokoko, des Klassizismus, romant. Stimmung mit einem sachlich registrierenden Realismus verbinden. Er war von weitreichender Wirkung auf die poln. Malerei.

Norchia [n'ɔrkia], etrusk. Felsnekropole zw. Viterbo und Tarquinia (Latium, Italien), in den Fels gehauene Grabkammern mit vorgeblendeten Felsfassaden in Form von Tempel- oder Hausfronten.

Norcia [n'ɔrtʃa], Kleinstadt in der ital. Prov. Perugia, Umbrien, etwa 50 km östlich von Spoleto; Mittelpunkt von N. ist die Piazza S. Benedetto (Marmordenkmal des Hl. Benedikt) mit der gleichnamigen Kirche (im 6. Jh. gegr., 1389 erneuert) und der Festung Castellina (von G. DA VIGNOLA, 1554–63; mit Kunstsamml.); gut erh. ma. Mauerring.

Norden, Stadt im Kr. Aurich, Ndsachs., 24300 Ew. Die romanisch-got. Ludgerikirche (13./14. Jh.) ist der bedeutendste Sakralbau in Ostfriesland; dem schlichten Langhaus schließt sich ein monumentaler spätgot. Umgangschor (1445–81) an; reiche Ausstattung, u. a. 8 Sandsteinstatuen frz. Prägung (um 1250), Schnitger-Orgel (1685–88), Barockkanzel (1712); frei stehender Glockenturm (um 1250). Mennonitenkirche, urspr. Patrizierhaus (1662) im niederländischen Barockstil; Schöninghsches Haus (1576), Renaissance-Bürgerhaus mit Giebelornamentik; Rathaus (16. Jh.) mit Treppenturm.

Nordenberg [n'u:rdənbærj], Bengt, schwed. Maler, *Jämshög (Blekinge) 22. 4. 1822, †Düsseldorf 18. 12. 1902, lebte seit 1851 ebd., Schüler A. TIDEMANDS, malte Genrebilder aus dem schwed. Volksleben.

Nordhausen, Stadt im Bez. Erfurt, am S-Rand des Harzes, Dt. Dem. Rep., 46100 Ew., seit 1220 Reichsstadt. Die Innenstadt wurde 1945 zum größten Teil zerstört. Wiederhergestellt sind: Dom zum Hl. Kreuz, eine spätgot. Hallenkirche (Mitte 14. Jh.), Einwölbung 16. Jh., unter dem frühgot. Chor (1267 gew.) dreischiffige roman. Krypta (Ende 12. Jh.), im Innern qualitätvolles Chorgestühl (um 1400), 6 Statuen an den Chorwänden (um 1300); St. Blasii, spätgot. Hallenkirche (15. Jh.), spätroman. Westwerk mit 2 achteckigen Türmen, Renaissancekanzel (1592); Renaissancerathaus (1608–10), davor Roland (1717).

Nordkirchen, Gem. im Kr. Coesfeld, NRW, 8300 Ew., besitzt das schönste und größte barocke Wasserschloß des Landes NRW (›westfäl. Versailles‹), 1703 bis 1734 im Auftrag der Fürstbischöfe von Münster durch G. L. PICTORIUS und J. C. SCHLAUN erbaut; vorzügl. Stuckarbeiten von ital. Meistern, von besonderem Reiz die gänzlich mit Stuckmarmor ausgekleidete Kammerkapelle. Neubau der großen Orangerie als Oranienburg (1725–33) von Schlaun.

Nördlingen, ehem. Reichsstadt im bayer. Schwaben, 18600 Ew.; eine der besterhaltenen ma. Städte in Dtl. Der ovale Stadtmauerring (14. Jh.) mit 16 Türmen, 5 Toren und Wehrgängen ist fast vollständig erh. Die Georgskirche, eine netzgewölbte Rundpfeilerhallenkirche (1427–1505), ist eine der größten spätgot. Kirchen Dtl.s; im barocken Hochaltar (1683) 5 hervorragende Schnitzfiguren von 1462; Kanzel (1499) mit Schalldekkel aus Knorpelwerk (1681). Die flachgedeckte Salvatorkirche (1381–1422) gehörte dem ehem. Karmeliterkloster. Am Rathaus des 14. Jh. eine originelle, reich verzierte Freitreppe von 1618. Zahlreiche Fachwerkhäuser. Stadt-Mus. (spätgot. Tafelmalerei).

Nordström [n'u:rd-], Karl, schwed. Maler, *Hoga (auf Tjörn) 11. 7. 1855, †Drottningholm (bei Stockholm) 16. 8. 1923; beeinflußt vom Werk P. GAUGUINS, malte er seit 1890 stimmungsvolle Landschaften symbolist. Prägung.

Nordwestküsten-Indianer, seßhafte Fischer, Fallensteller und Jäger in der Fjord- und Inselwelt SO-Alaskas, des pazif. Küstengebietes Kanadas und der nördl. USA. Ihr soziales System, in dem die Anhäufung von Besitz und Reichtum höchstes Ziel war, förderte die Entwicklung der Kunst, die auf fast allen Gebieten (mit Ausnahme der Töpferei) eine in Nordamerika einmalige Höhe erreichte. Die Formenskala in der Kunst der N.-I. reichte von extremem Realismus bis zur völligen Abstraktion. Auf der Grundlage von mythisch-histor. Überlieferungen sind bes. häufig Tiere, meist stark stilisiert, dargestellt. Vielfach wurden kräftige, leuchtende Farben verwendet, v.a. bei den Kwakiutl. Bevorzugter Werkstoff war Holz, dessen Bearbeitung erst nach Einführung von Eisenwerkzeugen durch die Europäer (seit Anfang des 18. Jh.) voll zur Entfaltung kam und um die Mitte des 19. Jh. in hoher Blüte stand. Großartige Beispiele der Schnitzkunst finden sich an den großen Plankenhäusern, Einbaumen, Wappenpfählen, aber auch an kleineren Gebrauchsgegenständen. Die Schnitzereien waren z.T. bemalt. Für die prunkvollen Zeremonien wurden eindrucksvolle, vielfältige Kostüme und Masken hergestellt, für Einlegearbeiten die irisierenden Schalen der Haliotis-Muscheln verwendet. Unter den Webereien (aus Zedernbast, der Wolle von Hunden oder Bergziegen) ragen v.a. die bemalten Bastmatten der →Kwakiutl und die mit Fransen besetzten Chilkat-Decken der →Tlingit hervor. Aus Knochen oder Walroßelfenbein schnitzten v.a. die Tlingit Amulette, Pfeifenköpfe u.a. Seit 1820 verwen-

Nordwestküsten-Indianer: Amulett, Schnitzerei aus Hirschgeweih, Tlingit, 4 cm hoch, 12,5 cm lang (New York, Museum of the American Indian)

Nordwestküsten-Indianer: Wappenpfahl der Haida; 307 cm hoch (Hamburgisches Museum für Völkerkunde)

den die →Haida das schieferartige Argillit für Schnitzereien, die meist für Touristen hergestellt werden, ihre Themen aber häufig aus den Mythen (›Bärenmutter‹) beziehen.

N. FEDER u. E. MALIN: Indian art of the Northwest Coast (Denver 1962); E. GUNTHER: Art in the life of the Northwest Coast Indians (Portland 1966); ERNA SIEBERT u. W. FORMAN: Indianerkunst der amerikan. Nordwestküste (1967); B. HOLM u. B. REID: Indian art of the Northwest Coast (Seattle [2]1976); W. HABERLAND: Donnervogel und Raubwal (1979); N. BANCROFT-HUNT: Totempfahl und Maskentanz – Die Indianer der pazif. Nordwestküste (a. d. Engl., 1980); E. S. HALL JR. u. a.: Northwest Coast Indian graphics: An introduction to silk screen prints (Vancouver 1981).

Nore og Uvdal [n'u:rə-] Gem. im südnorweg. Numedal mit 2 Stabkirchen (2. H. 12. Jh.). Die Kirche in Nore wurde im 17. und 18. Jh. erweitert und umgebaut; Ausstattung aus dieser Zeit. Die Kirche in Uvdal, 1720 zur Kreuzkirche umgebaut, hat geschnitzte Portale und farbenfrohen Schmuck.

Normannischer Baustil, der in Nordfrankreich (Normandie) im 11. Jh. ausgebildete und durch die Normannen nach England (→anglo-normannischer Stil), auch nach Süditalien (Monreale, Cefalù) übertragene roman. Stil, der konstruktiv (z. B. mit der Rippenwölbung, Ansätzen zu einem Dienst- und Strebesystem) zu den Vorbereitern der Gotik gehört. Beispiele in Frankreich: Abteikirche in Jumièges, Ste. Trinité und St. Étienne in Caen, Mont Saint-Michel (BILD). Der N. B. hat die Ausbildung der Gotik in der Île de France nachhaltig beeinflußt und auch auf die niederrhein. Baukunst des späten 12. Jh. gewirkt.

Norrsunda, Ort nördlich von Stockholm, Schweden, mit einer der ältesten Kirchen (12. Jh.) der Landschaft Uppland, beeinflußt von St. Per in Sigtuna; Kalkmalereien (um 1460), Grabkapelle der Familie Sparre mit Renaissancegiebel (1633 angebaut).

Northeim, Stadt zw. Solling und Harz, Ndsachs., 32 700 Ew.; trotz Brand 1832 noch schöner Bestand an Fachwerkhäusern (16.–19. Jh.); ma. Stadtbefestigung (15. Jh.). Die St.-Sixti-Kirche ist eine spätgot. Hallenkirche (1464–1517) und besitzt gute geschnitzte Flügelaltäre. Im ehem. Heiliggeisthospital (niedersächs. Fachwerkbau von 1500) das Heimat-Mus.

Norwich [n'ɔrɪdʒ], Stadt in der Cty. Norfolk, O-England, 119 200 Ew., mit normann. Burg (1833–39 umgestaltet, heute Mus.); seit 1094 Bischofssitz. Die Kathedrale wurde in der 1. H. des 12. Jh. nach normann. Vorbild als Querhausbasilika mit Umgangschor, Emporen und zentralem Vierungsturm in reichen roman. Blendformen errichtet, der steile Turmhelm im späten 15. Jh. aufgesetzt. Langhaus und Chor erhielten im 15. Jh. reiche spätgot. Netzgewölbe. Der zugehörige Klosterbezirk ist durch das St.-Ethelbert-Tor (1316) und das Erpingham-Tor (1420) abgeschlossen. In der Stadt sind 32 ma. Pfarr- und Konventskirchen erh.; die spätgot. Guildhall wurde 1407–13 in Flintstein erbaut.

Norwich School [n'ɔrɪdʒ sku:l], eigtl. **The Norwich Society of Artists** [ðə n'ɔrɪdʒ səs'aɪətɪ ɔv 'ɑ:tɪsts], 1803 von J. CROME und J. COTMAN in Norwich gegr. Vereinigung realist. Landschaftsmaler, der u.a. J. STARK (*1794, †1859), J. STANNARD (*1797, †1830), G. VINCENT (*1796, †1831) und J. THIRTLE (*1777, †1839) angehörten. Ihre Werke befinden sich v.a. im Castle Mus. von Norwich.

Nossen, Stadt im Kr. Meißen, an der Freiberger Mulde, Dt. Dem. Rep., 7200 Ew. Malerisch hochgelegenes Schloß, eine im Kern ma. unregelmäßige Anlage (16.–17. Jh. umgestaltet); vom ehem. Zisterzienserkloster Altzelle (gegr. um 1162, nach Aufhebung 1540 verfallen) sind nur Portal und roman. Konversenhaus (jetzt Lapidarium) erh.; Bauteile des Klosters beim Neubau der Pfarrkirche (1565) verwendet.

Nosseni, Giovanni Maria, ital. Baumeister, Bildhauer, *Lugano 1. 5. 1544, †Dresden 20. 9. 1620, verbreitete in Mittel-Dtl. die Kunst der ital. Spätrenaissance und des Manierismus.

HW: Fürstengruft der Wettiner (1588–93; Freiberg, Dom); Mausoleum des Fürsten Ernst v. Schaumburg-Holstein (1608–13, 1627 voll.; Stadthagen).

Notburga, Heilige, *Rattenberg am Inn um 1265, †Schloß Rottenburg (Achensee) 14. 9. 1313; meist in bäuerl. Kleidung dargestellt, mit Lilie und Sichel (Statue von A. PILGRAM, um 1515; Wien, Kanzel von St. Stephan. – Statue von I. GÜNTHER, 1762; Rott am Inn, Stiftskirche).

Nothelfer, im kath. Kult 14 N. (Achatius, Ägidius, Barbara, Blasius, Christophorus, Cyriacus, Dionysios, Erasmus, Eustachius, Georg, Katharina, Margareta, Pantaleon, Vitus). – In der bildenden Kunst wurden die 14 N. meist als Gruppe um Christophorus oder auch um Maria mit dem Kind dargestellt (um 1320, Regensburg, Dominikanerkirche; Seitentafel zum Basilikabild S. Pietro von H. BURGKMAIR, 1501), in →Vierzehnheiligen als Großfiguren (J. J. M. KÜCHEL, 1771/72).

Bernt Notke: Schutzheiliger vom Triumphkreuz im Lübecker Dom, 1477

Notke, Bernt, Bildschnitzer, Maler, *Lassahn (Vorpommern) um 1440, †Lübeck 1509, arbeitete gegen Ende des 15. Jh. in Schweden und wurde 1505 Werkmeister der St.-Petri-Kirche in Lübeck. Seine Werkstatt ebd. erhielt Aufträge aus dem gesamten Ostseegebiet. – Bed. ist seine monumentale St.-Georg-Gruppe (voll. 1489; Stockholm, St. Nikolai), als nat. Denkmal des Sieges über die Dänen 1471 vom schwed. Reichsverweser STEN STURE gestiftet und zugleich sein Grab- und Ehrenmal. Im Werk N.s verbindet sich dekorative Pracht mit realist. Darstellung. Sein spätgot. Stil zeigt den Einfluß der altniederländ. Malerei (R. VAN DER WEYDEN, D. BOUTS u.a.) und wirkte im Bereich der dt. Hanse entscheidend weiter.

WW: Totentanz (1463; urspr. Lübeck, Marienkirche, ebd. seit 1701 eine Kopie, die im 2. Weltkrieg vernichtet wurde; Original – oder ein 2. Totentanz? – in Reval, St. Nikolai); Triumphkreuz (1477; Lübeck, Dom); Altar mit geschnitzten Heiligenfiguren und gemalten Passionsdarstellungen (um 1483; Lübeck, urspr. Marienkirche, heute St.-Annen-Mus.); Altar (1483; Reval, Kirche des Hl.-Geist-Hospitals).

Notname, Hilfsbez. für einen mit seinem Namen nicht bekannten Künstler, v.a. für die Meister des MA (→Meister).

Noto, Stadt und Bischofssitz in der ital. Prov. Syrakus, Sizilien, 27 100 Ew. Nach dem Erdbeben von 1693 wurde N. etwa 15 km südöstlich der urspr. Stadt als Terrassenstadt mit weiten Plätzen und Freitreppen einheitlich in barockem Stil neu angelegt. An der Piazza del Municipio Barockpaläste (v.a. Palazzo Ducezio) und der Dom (1776 voll.) mit prächtiger Fassade; in der Nähe der Palazzo Villadorata (1737; mit Fabelwesen üppig verzierte Balkone). Neben der Kirche S. Francesco (1704–45) das ehem. Kloster S. Salvatore mit archäolog. Sammlung.

Nôtre [no:tr], frz. Gartenarchitekt, →Le Nôtre.

Notre-Dame [nɔtrəd'am, frz. ›Unsere Liebe Frau‹], die Jungfrau Maria; Name versch., ihr gew. Kirchen, z. B. der Hauptkirche in Paris, einer fünfschiffigen Basilika mit kaum vorspringendem Querschiff und Chor (beg. 1163) mit doppeltem Umgang (Kapellen 13. Jh.). Leitende Baumeister lt. Bauinschrift um 1240–67: JEAN DE CHELLES und sein Schüler und Nachfolger PIERRE DE MONTREUIL, die mit ihrer Bauhütte auch den überaus reichen Figurenschmuck der Portale schufen. Viele Figuren wurden in der Frz. Revolution zerstört und 1844 bis 1864 wiederhergestellt (wiederaufgefundene Fragmente im Mus. de Cluny); im Innern Reste des Lettners (1325–51), reichgeschnitztes Chorgestühl (18. Jh.). – Unter dem Vorplatz von N.-D. werden in der ›Crypte archéologique‹ die seit 1964 freigelegten Ausgrabungsergebnisse gezeigt, die in vielschichtigen Ebenen die Entwicklung des ältesten Teils von Paris seit röm. Zeit erkennen lassen.

Nottuln, Gem. im Kr. Coesfeld, NRW, 12 300 Ew.; das ehem. Damenstift (im 9. Jh. gegr.) besitzt die schönste spätgot. Hallenkirche Westfalens (1489 beg.), einen durch die hohen Fenster mit Fischblasenmaßwerk auffallend lichten Raum, dessen von Rundpfeilern getragene Netz- und Sterngewölbe reich mit stilisierten Blüten und Ranken bemalt sind.

Nouveau Réalisme [nuv'o real'ism, frz.], **Neuer Realismus,** Bestrebungen von Künstlern (ARMAN, F. DUFRÊNE, R. HAINS, Y. KLEIN, M. RAYSSE, D. SPOERRI, J. TINGUELY) um den Kritiker P. RESTANY, denen ein eigener Realismusbegriff zugrundeliegt; in Mailand/Paris um 1960 begründet. Auf M. DUCHAMP zurückgehend, werden die realen Gegenstände (v.a. Abfallprodukte der Zivilisation) an Stelle der bloßen Abbildung selbst eingesetzt. In den →Akkumulationen und →Assemblagen wird eine Erneuerung des Dadaismus angestrebt (daher auch ›Neodadaismus‹); der N. R. zählt zur Objektkunst.

Novacella [-tʃ-], ital. für →Neustift.

Novara, nordital. Stadt und Bischofssitz in Piemont, 102 000 Ew. Von Bauten des MA., an denen die Stadt einst reich war, ist wenig erh. Auf einen frühchristl. Bau (4.–6. Jh.) gehen die ältesten Teile des achteckigen, im 11. Jh. neu errichteten Dombaptisteriums zurück. Dom (urspr. roman. Bau, 1865–69 im klassizist. Stil neu errichtet); im Palazzo del Broletto (15. Jh., restauriert) heute Mus. Civico und Gal. d'Arte Moderna. Wahrzeichen N.s ist der klassizist. Vierungsturm (1844–88, 121 m hoch) der barocken Kirche S. Gaudenzio (1577 bis 1690, nach Entwürfen von P. TIBALDI; Campanile von B. ALFIERI, 1763–96).

Novecento [novetʃ'ɛnto, ital. ›neunhundert‹, Abk. für 1900], in Mailand 1922 gegr. Gruppe von Künstlern versch. Richtungen (C. CARRÀ, F. CASORATI, M. CAMPIGLI, M. MARINI u. a.), die, gefördert vom Faschismus, traditionsbewußte Kunst von nat. Gepräge erstrebte; bestimmend wurde eine Neigung zum Grandiosen und eine Glorifizierung der Vergangenheit.

Novembergruppe [n. der ›November-Revolution‹ 1918], im Dez. 1918 in Berlin gegr. Künstlervereinigung, der revolutionär gesinnte Architekten, Maler, Bildhauer, Dichter, Musiker, Regisseure angehörten. Sie trat bis 1926 mit Ausstellungen u. a. an die Öffentlichkeit, um fortschrittl. Kunsttendenzen zu fördern.

Nové Město nad Metují [n'ɔvɛ: mj'ɛstɔ n'admɛtuji:], Stadt in der ČSSR, →Neustadt an der Mettau.

Novi Pazar [-p'azar], Stadt in Serbien, Jugoslawien, rd. 30 000 Ew., mit der Peterskirche, einer der ältesten Kirchen Serbiens aus dem 9./10. Jh. (Fresken aus dem 10.–13. Jh.). Sie wurde im byzantin. Stil gebaut in Form einer Rotunde mit breiter Kuppel, schon im 10. Jh. Bischofssitz. Nahe N. P. die Ruine der Georgskirche (1170). Aus der Türkenzeit stammen die Altum-Alem-Moschee (16. Jh.) und einige Wohnhäuser.

Nový Jičín [n'ɔvi: j'itʃi:n], Stadt in der ČSSR, →Neutitschein.

Nowgorod [›Neustadt‹], Gebietshauptstadt in der Russ. SFSR, am Wolchow, 6 km unterhalb seines Austritts aus dem Ilmensee, 192 000 Ew. – N., im 9. Jh. Residenz des Warägers RURIK, war bereits Ende des 10. Jh. ein bed. kulturelles Zentrum und wichtigste Handelsstadt Rußlands. – N. entwickelte sich auf beiden Seiten des Wolchow: auf dem linken Ufer die ›Sophienseite‹ mit dem Kreml (1045 erstmals befestigt, 1331–33 und 1484–90 Backsteinmauern mit Toren und Türmen), auf

Nowgorod: Sophienkathedrale im Kreml; 1045–50

dem linken Ufer die um den Fürstensitz (›Jaroslawhof‹) entstandene ›Handelsseite‹. Ältestes Bauwerk ist die Sophienkathedrale (1045–50) des Kreml, eine fünfschiffige Kreuzkuppelkirche mit 5 Kuppeln über dem Kernbau, nach dem Vorbild der Kiewer Sophienkathedrale gebaut; am W-Portal die ›Nowgoroder Bronzetür‹ (zw. 1152 und 1154 in Magdeburg entstanden), bestehend aus mehreren Bronzeplatten mit 26 Bildfeldern, die in fast vollplast. Einzelfiguren und Gruppen u.a. Themen aus dem Leben Christi und dem A. T. wiedergeben. Zahlreiche weitere Kirchen entstanden v.a. im 12. und 14. Jh., darunter die fürstl. Hofkirche Nikolo-Dworischtschenskij im Jaroslawhof (1113) und, als Beispiele für einen eigenständigen Nowgoroder Stil, die Kirche Fjodor Stratilat (1360/61) und die Erlöserkirche an der Iljastraße (1374; mit Fresken von THEOPHANES DEM GRIECHEN, 1378). Außerhalb der Stadt liegen im N das Antonius-Kloster mit der Kirche der Geburt Mariä (1117), im S das Jurjew-Kloster mit der Georgskirche (1119; Reste der Wandmalerei von 1125), im O die Erlöserkirche an der Nerediza (1198), deren bed. Fresken im 2. Weltkrieg bis auf geringe Reste zerstört wurden, die Kirche Mariä Himmelfahrt auf dem Wolotower Feld (1363) und die Erlöserkirche von Kowalewo (1345).

Nowgoroder Schule, ein Zentrum russ. Ikonenmalerei, →Ikone.

Nowicki [nɔv'itski], Matthew, eigtl. Maciej N., poln. Architekt, *Chita (Sibirien) 26. 6. 1910, †im Nildelta (Ägypten) bei einem Flugzeugabsturz 31. 8. 1951, war neben seiner Lehrtätigkeit in den USA seit 1947 an zahlreichen internat. Großprojekten beteiligt.

HW: Projekt für den Wiederaufbau von Warschau (1944/45); Raleigh-Arena, North-Carolina (1949–53, mit W. H. DEITRICK); Projekte für Chandigarh, die neue Hauptstadt von Haryana, Indien (1949 bis 1951, mit ALBERT MAYER, spätere Ausführung von LE CORBUSIER).

Nowyj, Alewis Frjasin, eigtl. Alovisio **Nuovo,** ital.-russ. Baumeister des 15./16. Jh., seit 1504 in Rußland nachweisbar, wo er das Formengut der ital. Frührenaissance verbreitete. Sein HW ist die Erzengel-Michael-Kathedrale (1505–08) des Moskauer Kreml; er war am Bau der Kremlbefestigung und an der dekorativen Gestaltung des Facettenpalastes im Kreml beteiligt.

Noyon [nwaj'ɔ̃], Stadt im frz. Dép. Oise, 14000 Ew. Die Kathedrale im romanisch-got. Übergangsstil (um 1150 beg.) mit Dreikonchenchor und mächtiger Zweiturmfassade im W (Anf. 14. Jh. voll.) beeinflußte den got. Kirchenbau in der Champagne. An die Kathedrale schließen sich Kreuzgang, Kapitelsaal (13. Jh.) und Bibl. (16. Jh.) an. Ehem. Bischofspalast (16./17. Jh., heute Städt. Mus.); Rathaus (1485–1523); Calvin-Mus. im Geburtshaus des Reformators.

Nuevo Baztán [nu'eβo βaθt'an], span. Dorf etwa 30 km südöstlich von Madrid. Der Waffenplatz, die ausgedehnte Kirche mit den angrenzenden Palastgebäuden sowie im Anschluß daran das ganze Dorf (1709–13) sind von J. CHURRIGUERA für den königl. Schatzmeister DON J. DE GOYENECHE errichtet worden;

das Ensemble bietet ein gutes Beispiel churrigueresker Baukunst, wo schlichte, strenge Fassaden mit üppigsten Dekorationen im Innern kontrastieren.

Nụffar, Ruinenstätte von →Nippur.

Nukuoro, Insel in Mikronesien, mit polynes. Kultur. Bei den Götterstatuen von N. mit eiförmig gerundetem Kopf auf relativ langem Hals, breitem Oberkörper mit gerundeten Schultern und kurzen, geraden Beinen sind, einzigartig in Ozeanien, die Konturen von Gesicht und Körper zu abstrakten Formen verschliffen.

Nüll, Eduard van der, österr. Architekt, *Wien 9. 1. 1812, †ebd. (Selbstmord) 3. 4. 1868, Schüler von P. v. NOBILE, Prof. der Wiener Akad., v. a. als Innenarchitekt an den Bauten seines Freundes A. SICCARD V. SICCARDSBURG beteiligt. Mit ihm trat N. für die Wiederbelebung von Bauformen der Renaissance ein.

HW: Altlerchenfelder Kirche (Ausschmückung seit 1853; Wien); Staatsoper (1861–69; Wien, mit Siccard v. Siccardsburg).

Nụmuli, antike Ruinenstätte in Tunesien, →Matria.

Nuọvo, Alovisio, Alewis →Nowyj.

Nụpe, Volksgruppe im westl. Zentral-Nigeria, bereits um 1830 islamisiert, trotzdem mit noch lebendiger Maskentradition (Elko-Ko-Tänze). Figuren sind nicht bekannt, dagegen vielbeinige Hocker mit eingeschnittenen islam. Motiven auf der Sitzplatte. In den Glaswerkstätten von Bida, der Hauptstadt der N., werden Perlen sowie nahtlose Armringe aus buntem, importiertem Abfallglas nach jahrhundertealten Methoden hergestellt.

S. F. NADEL: A black Byzantium (London [6]1969); R. GARDI: Unter afrikan. Handwerkern (1974).

Nuppenbecher, Noppengläser, Trinkgefäße aus Glas, die außen mit Glastropfen (Nuppen, Noppen, Warzen) verziert sind. N. waren schon in der Spätantike, in Dtl. seit dem 15. Jh. als Waldgläser verbreitet.

Nurạgen, Nurạghen, einzelne oder in Gruppen stehende Türme auf Sardinien, aus großen Steinblöcken nach Art des ›falschen Gewölbes‹ errichtet (um 1500 bis 500 v. Chr.). Sie werden als Burgen, Grabbauten, seltener auch als Kultstätten gedeutet.

Nürnberg, ehem. Reichsstadt in Mittelfranken, zweitgrößte Stadt Bayerns, 485 800 Ew.; im späten MA. eine der reichsten Handelsstädte Europas. Hier lebten u. a. M. WOLGEMUT, H. S. BEHAM, A. DÜRER, V. STOSS, A. KRAFFT, P. VISCHER, P. FLÖTNER; Zentrum der dt. Goldschmiedekunst. Trotz starker Zerstörung im 2. Weltkrieg läßt N. nach dem Wiederaufbau noch das histor. Stadtbild erkennen. Die Pegnitz teilt N. in die ältere Sebalderstadt (im N) und die seit dem 12. Jh. entstandene Lorenzerstadt (im S); die Stadtbefestigung (14./15. Jh.) größtenteils gut erh. Der riesige Komplex der Burg (Mus.) besteht aus Kaiserstallung (darin die Graph. Samml.), Burggrafen- und Kaiserburg; sie entstand im 12. Jh., Umbauten datieren ins 15./16. Jh.; die Ornamentik der stauf. Doppelkapelle (zw. 1190 und 1220) ist verwandt mit der in St. Jakob (Regensburg) und St.

Theodor (Bamberg). Die St. Sebaldskirche ist eine steile doppelchörige Pfeilerbasilika (um 1240–73) mit hochgot. Hallenumgangschor (1361–79) und beherrschender Doppelturmfassade; außer Bildwerken von Stoß birgt sie das einzigartige, 1508–19 von Vischer gegossene Sebaldusgrab (BILD P. Vischer d. Ä.). Die 2. Hauptkirche N.s, die St. Lorenzkirche (BILD Gotik), ist gleichfalls eine doppeltürmige Pfeilerbasilika (um 1295 bis nach 1350) mit spätgot. Hallenumgangschor (1439 bis 1477); darin der Engl. Gruß von Stoß (1517/18; BILD V. Stoß), das steinerne Sakramentshaus von Krafft mit über 90 Figuren (1493–96), wertvolle Altäre und Glasmalereien sowie eine herrl. Fensterrose in der W-Fassade. Am Hauptmarkt die Frauenkirche mit fialenbesetztem Staffelgiebel (1352 beg.) und Kunstuhr (›Männleinlaufen‹, 1509), in dem quadrat. Hallenraum der Tucheraltar (um 1440/50) und reicher Skulpturenschmuck; davor der Schöne Brunnen (2. H. 14. Jh.) mit 19 m hoher got. Turmpyramide. In der got. Jakobskirche (14./15. Jh.) gute Altäre und Figuren. Der barocke Neubau (1711–18) der St. Egidienkirche (urspr. um 1150) beließ Wolfgangs- und Euchariuskapelle (1. H. 12. Jh.) im roman. Originalzustand. Die Elisabethkirche der ehem. Deutschordenskommende ist ein klassizist. überkuppelter Zentralbau (1784 beg., 1805 Baueinstellung). Nachdem vom Pellerhaus (1602–07) von J. WOLFF D. Ä. als dem bedeutendsten Nürnberger Bürgerhaus und HW der dt. Spätrenaissance nur Teile erh. sind, ist das Rathaus (1616–22 von J. WOLFF D. J. in Art eines monumentalen ital. Renaissancepalastes) wichtigster Profanbau der Stadt; unter dem Alten Rathaus (1332–40) die ›Lochgefängnisse‹ (Mus.). Das Nassauer Haus ist ein ma. Turmhaus (13./15. Jh.), davor der manierist. Tugendbrunnen (1584–89). Die über die Pegnitz gebauten Bögen des Heiliggeistspitals (1332 bis 1339) stammen von Beham (1511–27), ebenso die große Mauthalle (1498–1502 als Kornhaus erbaut). Spätgot. Albrecht-Dürer-Haus (Mus.); Fembohaus (1591 bis 1596) im Renaissancestil mit dreigeschossigen Hofgalerien (Stadt-Mus., u. a. das getäfelte ›Schöne Zimmer‹ aus dem Pellerhaus). Das →Germanische Nationalmuseum (z. T. im ehem. Kartäuserkloster) zählt zu den umfangreichsten dt. Sammlungen; Kunsthalle (zeitgenöss. Kunst); Spielzeug-Mus. Das Tucherschlößchen (1533–44) ist ein vollständig eingerichteter, repräsentativer Renaissance-Sommersitz (Mus.). In neubarockem Stil gebaut sind Hauptbahnhof (1900 bis 1905) und Opernhaus (1903–05; im Foyer die ›Amazonenschlacht‹ von A. FEUERBACH, 1873). Zeppelinfeld (1937 von A. SPEER begonnen) und Kongreßhaus (1937 von L. RUFF begonnen) sind unvollendet gebliebene Teile des nationalsozialistischen Reichsparteitagsgeländes.

G. P. FEHRING u. A. RESS: Die Stadt N. ([2]1977).

Nürnberger Violett, Maltechnik: →Manganfarben.

Nurpur, eine Malschule der Rajput-Malerei, nach dem gleichnamigen Kleinstaat in Himachal Pradesh, Indien, benannt; Blüte etwa 1680–1780; stilistisch mit Basohli vergleichbar.

Nuschijan, Ruinenstätte in W-Persien, östlich von Hamadan (KARTE Alter Orient). Engl. Grabungen seit 1967 legten versch. Bauwerke aus medischer Zeit (8./7. Jh.–1. H. 6. Jh. v. Chr.) frei: einen Festungsbau mit 2 Stockwerken und Treppenhaus (Fundort eines Silberschatzes), einen Bankettsaal mit Holzsäulen und einen Tempel mit Feueraltar, das älteste bisher bekannte Feuerheiligtum (ob bereits zarathustrisch, ist umstritten). Da die Gebäude vor dem Verlassen mit Schutt gefüllt wurden, sind die Mauern aus ungebrannten Ziegeln ungewöhnlich hoch (8 m) erhalten. Durch N. und den nahegelegenen Palast von →Godin Tepe sind seit kurzem die Vorgängerbauten der achaimenid. Architektur (Persepolis) bekannt.

Nußbaum, Felix, Maler, Graphiker, *Osnabrück 11. 12. 1904, † im Konzentrationslager Auschwitz 9. 8. 1944, studierte Malerei in Hamburg und Berlin, beeinflußt von K. HOFER, Romstipendium 1932/33, ging 1935 nach Belgien ins Exil. Seine Bilder, anfangs der Neuen Sachlichkeit nahestehend, sind Zeitdokumente eines jüd. Schicksals in der NS-Zeit (über 100 Bilder im Kulturgeschichtl. Mus. Osnabrück).

P. JUNK u. W. ZIMMER: F. N. (1982).

Nussberg, Nusberg, Lew, russ. Kinetiker, *Taschkent 1. 6. 1937, emigrierte 1975 nach W-Europa, Mitbegründer (1962) der Gruppe ›Bewegung‹ in Moskau; schuf kinet. Lichtplastiken und multimediale Environments.

Nuß|öl, Walnuß|öl, Maltechnik: trocknendes Öl (z. B. Mohnöl), das wegen seiner geringen Gilbung bei weißen und hellen Tönen dem Leinöl als Bindemittel vorgezogen wird.

Nut, ägypt. Himmelsgöttin, Gemahlin des Erdgottes Geb. Nach altägypt. Glauben verschlang sie jeden Abend die Sonne, die nachts durch ihren Leib wanderte und morgens neu von ihr geboren wurde; auch die übrigen Gestirne galten als ›Kinder der N.‹. Dargestellt wurde sie mit gedehntem, etwa halbkreisförmig gebeugtem Körper, so wie der Himmel die Erde überspannt; v. a. auf der Innenseite von Sargdeckeln, da sie die Seelen der Toten zum Himmel nahm.

Nuzi, Nuzu, heute **Jorgan Tepe,** Ruinenstätte südwestlich von Kirkuk, Irak (KARTE Alter Orient), seit dem 3. Jahrtsd. v. Chr. besiedelt, im 15. Jh. v. Chr. Fürstenresidenz im Reich von Mitanni. Aus dieser Zeit wurden Tempel und Palastanlagen mit Wandmalereien und große Häuser reicher Kaufleute mit Tontafelarchiven erforscht. N. gab einer mitannischen Keramik hoher Qualität (hochgezogene becherähnliche Gefäße mit kleinem Fuß, ›Knopfbecher‹, mit weißen Mustern auf breiten braunen horizontalen Streifen) den Namen. Die **N.-Keramik** war bis an die Mittelmeerküste verbreitet.

Nuzi, Allegretto, ital. Maler, *Fabriano um 1315, †1373, tätig in Florenz und v. a. in Fabriano (bei Ancona). Seine durch lichte Farben und weiches Linienspiel der Zeichnung gekennzeichnete Malerei weist schon auf die Kunst des GENTILE DA FABRIANO voraus.

Nyamwẹzi [-zi], mit etwa 400000 Menschen die größte Stammeseinheit Tansanias, im westl. Zentrum des Landes. Von der bed. Schnitzkunst der N. sind allerdings nur wenige Zeugnisse erh. Bekannteste Stücke sind anthropomorph gestaltete Thronsessel (Rautenstrauch-Joest-Mus., Köln) sowie in derselben Manier geschnitzte Trinkhörner aus Tierhörnern.

Nyborg [n'ybɔr], Hafenstadt auf der dän. Insel Fünen, 18400 Ew. Vom Schloß (1170; seit dem 17. Jh. verfallen) wurde der ›Königsflügel‹ im Zustand des 16. Jh. restauriert; unverändert erh. ist der Rittersaal. Got. Frauenkirche (um 1390 beg.). Südlich des Nyborgfjords Schloß Holckenhavn (1585–1634), in mehreren Abschnitten zur Vierflügelanlage ausgebaut; vom urspr. Inneren sind Festsaal und Schloßkapelle (1637) mit schönen Holzschnitzereien erhalten.

Nỵdala, Ort in Småland, Schweden, mit den Ruinen eines Zisterzienserklosters (1143 gegr., nach 1527 in ein Gut umgewandelt). Die roman. Kirche (12. Jh.) war eine der bedeutendsten Schwedens; ihr gerade schließender Chor und das Querhaus bilden die heutige Pfarrkirche. Hauptgebäude des Guts um 1790.

Nyírbátor [nj'i:rba:tor], Stadt im Bez. Szabolcs-Szatmár, Ungarn, 13400 Ew. Kirchenschiff und Chor der ref. Kirche, 1484–1511 als St. Georgskirche gebaut, haben ein feingegliedertes Netzgewölbe und Maßwerkfenster. Geschnitzte Sitznische im Barockstil. Neben der Kirche großer hölzerner Glockenturm (1640), spitzer Turmhelm mit 4 Eckfialen. Die ehem. Minoritenkirche (um 1480) wurde nach Brand seit 1717 von Franziskanern barock erneuert.

Nyköping [n'y:tçø:piŋ], Hauptstadt von Södermanland, Schweden, 63300 Ew. Am Stora torget, einem der schönsten Stadtplätze Schwedens, stehen die got. Nikolaikirche (um 1260) mit Backsteinturm (Anf. 15. Jh.) und polygonalem Chor (16. Jh.), das Rathaus (1720) und die Länsresidenz (1803); östlich davon die Allerheiligenkirche (13. Jh., erneuert 17. Jh.). Im S der Altstadt die Ruinen von Nyköpinghus, Mitte 13. Jh. beg., im 16. Jh. zum Renaissanceschloß ausgebaut, 1665 bis auf einen Kanonenturm abgebrannt.

Nymphạum, grch. **Nymphaion,** urspr. Heiligtum der Nymphen als Quellgottheiten, in nachklass. Zeit Brunnenhäuser in Heiligtümern, Gärten, Villen, an Plätzen; in der röm. Kaiserzeit prunkvoll ausgestattet: als Fassade mit Nischen (Milet, Septizonium auf dem Palatin in Rom u. a.) oder als Exedra (Athen, N. des Herodes Atticus, N. in Leptis Magna u. a.).

Nymphen, in der grch. Religion weibl., jugendlich-schöne Elementarwesen, die urspr. als Fruchtbarkeitsspenderinnen und Geburtsgöttinnen meist hilfreich und freundlich wirkten und v. a. Hermes, Pan, Dionysos, Artemis und Apoll nahestanden. Sie bewohnten Höhlen und Grotten, Quellen u. a. Gewässer (Najaden), Berge (Oreaden), Bäume (Dryaden) und das Meer (Nereiden, Okeaniden). Meist bewegten sie sich in der Vielzahl und wurden nur vereinzelt individualisiert (Daphne, Echo, Kalypso, Kirke). An ihren

Wohnstätten, dann in Brunnenhäusern und später auch in Tempeln wurden sie kultisch verehrt. In der archaischen Kunst erscheinen sie langgewandet, stehend oder schreitend ohne eigene Wesensmerkmale (Françoisvase), seit dem 5. Jh. v. Chr. auch tanzend auf Weihreliefs, seit hellenist. Zeit oft als Einzelfigur mit Schale, Urne oder Muschel und dann zunehmend entblößt in erot. Bezug. Die Kunst der Neuzeit verband N.-Darstellungen mit zahlreichen mytholog. Themen (P. P. RUBENS, N. POUSSIN, E. BURNE-JONES). – Über N. in der südasiat. Kunst →Apsara.

Nymphenburg, Stadtteil im W Münchens, mit einer der größten Schloßanlagen der Barockzeit, 1664 von A. BARELLI beg., von G. A. VISCARDI und J. EFFNER bis um 1730 fortgeführt. Schönster Raum ist der Steinerne Saal (1756/57 von J. B. ZIMMERMANN und F. X. FEUCHTMAYER D. J. im Rokokostil dekoriert). Marstall-Mus. In den Parkanlagen befinden sich die 3 Lustschlößchen Pagodenburg (1717–19), Badenburg (1718–21, beide von Effner, letzteres mit zweigeschossiger Schwimmhalle) und die Amalienburg, ein HW des europ. Rokoko (1734–39 nach Entwurf von F. DE CUVILLIÉS D. Ä.).

Nymphenburger Porzellan: Leda aus der ital. Komödie; Modell von F. A. Bustelli, um 1765 (München, Bayer. National-museum)

Nymphenburger Porzellan, das Porzellan der 1747 in Neudeck (München) von Kurfürst MAX III. JOSEPH gegr. Manufaktur, die 1761 nach Nymphenburg verlegt wurde (wo sie bis heute arbeitet). Ihren Ruhm verdankt sie v. a. den Porzellanfiguren, bes. den Komödienfiguren von F. A. BUSTELLI, die als beste Porzellanplastiken des 18. Jh. gelten. Als Modelleure waren auch D. AULICZEK (Bustellis Nachfolger bis 1797) und bis 1822 J. P. MELCHIOR (Porträtplastiken) tätig. Daneben wurden Tafelgeschirre hergestellt, die sich im jeweiligen Zeitgeschmack vom Rokoko zu klassizist. Formen hin wandelten. Eine neue Blüte begann für die Manufaktur gegen Ende des 19. Jh. Neben Porzellan im Stil der Zeit werden seitdem auch getreue Nachbildungen der Porzellane des 18. Jh. hergestellt.

Nyon [njɔ̃], Stadt im schweizer. Kt. Waadt, am N-Ufer des Genfer Sees, 12 300 Ew., auf den Fundamenten von **Noviodunum,** der ältesten röm. Kolonie der Schweiz; im maler. viertürmigen Schloß (ma. Anlage, 1574–83 umgebaut) Musée historique (röm. Funde, Porzellan der 1781–1813 bestehenden Manufaktur).

Nyrop, Martin, dän. Architekt, *Holmsland bei Ringkøbing 11. 11. 1849, †Kopenhagen 18. 5. 1921, seit 1906 Lehrer, 1908–11 Dir. der Kunstakad. ebd.; führender Vertreter der dän. →Nationalromantik (Neues Rathaus in Kopenhagen, 1892–1905).

Nysa [n'isa], poln. Name für die Stadt →Neisse.

Nyslott, schwed. für →Savonlinna.

Nyx, grch. Mythos: die Nacht, zuerst in der grch. Dichtung personifiziert. N. entstammte dem Chaos; mit ihr wurden als ihre Kinder Wesen wie Thanatos (Tod), Hypnos (Schlaf), Träume und auch alle Übel der Welt verbunden. PAUSANIAS beschrieb ihre Darstellung mit Hypnos und Thanatos im Arm auf der Kypseloslade. Nur wenige antike Kunstwerke, auf denen N.-Darstellungen gesichert nachzuweisen sind (röm. Sarkophage, Trajanssäule), haben sich erh. Für die neuzeitl. Kunst wurde die Nacht des MICHELANGELO (Medici-Grabmal, Florenz, S. Lorenzo) beispielhaft.

O

Oaxaca [oax'aka], amtlich **O. de Juárez** [-ðe xu'ares], Hauptstadt des Staates O., S-Mexiko, 1542 m ü. M. in einem Hochbecken, 122400 Ew. Die 1529 gegr. Stadt hat ihre kolonialzeitl. Atmosphäre bes. gut bewahrt. Schönstes der Bauwerke ist die Kirche S. Domingo (beg. 1575) mit eindrucksvoller Barockfassade. Im Innern sind Decken und Wände mit blattgoldüberzogenem Schnitzwerk und bunt bemalten oder vergoldeten Stukkaturen überreich geschmückt; darunter Darstellung des Stammbaums des Hl. Domingo (um 1660). Der neue Hochaltar (1950) wurde dem Barockstil der Kirche angepaßt. Bes. kostbar sind Altar und Wände der Rosenkranzkapelle (1725). Im benachbarten zweistöckigen Kloster (Baubeginn 1570) Mus. mit reicher Samml. vorkolumb. (darunter die Funde aus Grab 7 von Monte Albán) und kolonialzeitl. Kunstschätze; ferner Volkskunst und Trachten. Die Kathedrale (Grundriß 16. Jh.; heutiger Bau im wesentlichen 1702–28) ist eine dreischiffige Basilika mit Nischenkapellen zw. den großen seitl. Strebepfeilern, schönem barocken Hauptportal (1702–28) und 2 niedrigen Türmen (1730–33). Die Wallfahrtskirche La Soledad (1682–90) hat eine vierstöckige Fassade, zw. kannelierten Säulen

Oaxaca: Inneres der Kirche Santo Domingo

Nischen mit Skulpturen (1690). Das ehem. Kloster Los Siete Príncipes (1748–88), das lange verfallen war, wird heute restauriert. Die Kirchen San Felipe Neri (mit churrigueresken Retabeln) und La Compañia (beide 18. Jh.) haben barock-platereske Portale. Im Museum Rufino Tamayo Sammlung präkolumb. Kunst.

Obeid, →Tell el-Obeid.

Obelisk [grch. ›Bratspießchen‹] *der,* hoher, schmaler, viereckiger Steinpfeiler, nach oben verjüngt und in einer pyramidenförmigen Spitze endend; findet sich bes. häufig in der ägypt. Kunst, meist reich mit Hieroglyphen bedeckt. Urspr. war der O. ein als Kultsymbol des Sonnengottes aufgerichteter Steinkegel, dessen (häufig vergoldete) Spitze, das Pyramidion, morgens von den ersten Sonnenstrahlen getroffen wurde. Die ersten O. fanden sich in den Sonnenheiligtümern der 5. Dynastie (seit etwa 2450 v. Chr.), die meisten wurden während der 18. und 19. Dynastie in den Heiligtümern des Amun in Karnak und Luxor errichtet. I. d. R. wurden O. paarweise vor der Tempelfassade aufgestellt; bevorzugtes Material war der Rosengranit von Assuan. In Luxor steht noch der höchste in Ägypten erh. O. der Königin HATSCHEPSUT (28 m).

Auch in Mesopotamien fand der O. als Abwandlung der Pfeilerstele Verwendung. Frühestes Beispiel ist der nur beschriftete O. des akkad. Herrschers Manischtuschu (um 2300 v. Chr., Louvre). Die Assyrer verwendeten den O., meist abgewandelt mit abgetreppten Seitenflächen, zur Darstellung von Kriegsszenen und Tributzügen (›Zerbrochener O.‹, Mitte 11. Jh. v. Chr., ›Weißer‹ und ›Schwarzer O.‹ aus Ninive, 9. Jh. v. Chr., alle im Brit. Mus).

Zahlreiche O. wurden von den röm. Kaisern nach Rom gebracht. Einer der beiden von RAMSES II. in Luxor errichteten O. (29,5 m) wurde 1831 von MEHMED ALI den Franzosen geschenkt und auf der Place de la Concorde in Paris aufgestellt. Über die O. in London und New York →Nadeln der Kleopatra.

Seit der Spätrenaissance wird der O. in verkleinerter Form als Bauglied verwendet. Im Klassizismus ist er die meistverbreitete Grundform für das Grabmal. Im Denkmalkult des 19. Jh. wird er immer wieder verwendet und erfährt mannigfache Wiederholung in den Kriegerdenkmälern von 1870/71 und 1914–18.

L. HABACHI: Alles über O. (1982).

Obelisk, von Ramses II. errichtet (Luxor)

Ober|alteich, Stadtteil von Bogen, Niederbayern. Die Kirche der ehem. Benediktinerabtei (um 1100 gegr.) ist eine doppeltürmige barocke Emporenhalle (1622–30), deren überwältigender Raumeindruck von der alle Flächen bedeckenden farbenprächtigen Dekorationsmalerei (1727–30 von den Straubinger Malern A. und J. A. MERZ) herrührt. Hochaltar (um 1693) mit Rokoko-Tabernakel (1758/59); 2 Nebenaltäre mit Gemälden von C. D. ASAM.

Ober|ammergau, Gem. in Oberbayern, 4900 Ew. Stattl. Pfarrkirche (1736–42) von JOSEPH SCHMUZER (Bau) und F. X. SCHMUZER (Stuck) in Frührokokoformen; Fresken von M. GÜNTHER. Das schönste der mit ›Lüftlmalerei‹ verzierten Barockhäuser ist das Pilatushaus (1784). Im Heimat-Mus. Hinterglasmalereien, Schnitzkunst, Krippen.

Oberbreisig, Ortsteil von Bad Breisig, Kr. Ahrweiler, Rheinl.-Pf. Die spätroman., reich gegliederte St. Viktorkirche (1225–50), eine unregelmäßig angelegte Pfeilerbasilika mit querrechteckigem W-Turm, ist an →Sinzig orientiert. Die spätroman. Ausmalung ist z. T. erhalten; die urspr. Farbigkeit des Außenbaus wurde wiederhergestellt.

Oberdischingen, Gem. im Alb-Donau-Kr., Bad.-Württ., 1661–1808 Residenz der Grafen Schenk v. Castell. Im Ortsbild bemerkenswert die perspektivisch angelegte Herrengasse und die klassizist. Pfarrkirche (1800 von N. THOURET), ein überkuppelter Zentralbau mit Tempelfront (›das schwäb. Pantheon‹); dreiflügeliges Kanzleigebäude 1767; Dreifaltigkeitskirche mit Chor von 1713 und klassizist. Langhaus (1795).

Ober|ehnheim, frz. **Obernai** [-n'ɛ], Stadt im Unterelsaß, südwestlich von Straßburg, mit gut erh. Stadtbild und Mauerring mit Türmen (meist 16. Jh.), Rathaus (urspr. 1462, Umbau 1521), Kapellkirche (Rest einer spätgot. Kapelle, 1474), Alte Metzig (Schlachthaus, 1554; mit Stadtgeschichtl. Mus.), Sechseimerbrunnen (1579); in der neugot. Stadtkirche Ausstattungsstücke des spätgot. Vorgängerbaus.

Ober|elchingen, Gem. im Kr. Neu-Ulm, im bayer. Schwaben, 2500 Ew. Die im Kern roman. Kirche der ehem. Benediktinerabtei (1100 gegr.) wurde nach der Umgestaltung (Ausmalung des Langhauses durch JANUARIUS ZICK, 1782–85) zu einem HW des süddt. Frühklassizismus.

Obergaden, Lichtgaden, Baukunst: die von Fenstern durchbrochene, die Seitenschiffdächer überragende Mittelschiffwand der Basilika.

Oberglogau, poln. **Głogówek** [głɔg'uvɛk], Stadt in der poln. Wwschaft Opole (Oppeln), Oberschlesien, 6700 Ew., mit Resten der Stadtmauer (14./15. Jh.); Pfarrkirche (1380–1463), eine spätgot. Basilika (Türme und Gewölbe 1776–81); Franziskanerkirche (urspr. gotisch, 1628–37 umgebaut). Schloß, eine Renaissance-Dreiflügelanlage (1606–47 barock ausgebaut, 1743–81 umgebaut, von Parkanlagen umgeben). Am Markt Häuser aus dem 17./18. Jh., Rathaus aus der Spätrenaissance (1880 z. T. umgebaut; nach 1945 rekonstruiert).

Oberhofen am Thunersee, Gem. im schweizer. Kt. Bern; das Schloß in reizvollem Park am See, mit Bergfried (12. Jh.), Palas, Wohntrakt, ist Teil des Bernischen Histor. Mus. (Einrichtung von der Gotik bis zum Biedermeier, z. T. aus Berner Stadthäusern).

Oberkaufungen, Ortsteil von Kaufungen in Nordhessen; das ehem. Benediktinerinnen-Reichsstift (1017 gegr.) hat eine im Kern roman. (1017–25), im 13. bis 16. Jh. mehrfach umgebaute Kirche mit mächtigem Westbau, darin dreiteilige Kaiserempore; umfangreiche Wandmalereien des 15. Jh. Der Stiftshof ist eine maler. Gruppe von Fachwerkbauten des 17./18. Jh.

Oberkirche, Oberkapelle, das Obergeschoß einer →Doppelkapelle.

Oberländer, Adolf, Maler, Zeichner, *Regensburg 1. 10. 1845, †München 29. 5. 1923, Schüler von F. PILOTY, wandte sich der satirisch-humorist. Zeichnung zu, bes. in Beiträgen für die ›Fliegenden Blätter‹ mit Darstellungen menschlich sich gebärdender Tiere und im ›Schreibheft des kleinen Moritz‹.

Obermarchtal, Gem. im Alb-Donau-Kr., Bad.-Württ., an der Oberschwäb. Barockstraße, mit ehem. Prämonstratenser-Chorherrenstift (1171 gegr.); die barocke Klosterkirche (1686–92 von den Brüdern THUMB und F. BEER im Sinn der Vorarlberger Bauschule errichtet) wurde mit hervorragenden Stukkaturen des Wessobrunners JOHANN SCHMUZER geschmückt. Majestät. Hochaltar, Chorseitenaltäre von J. G. ÜBLHÖR (1759). In der schloßartigen Klosteranlage (1702–49) u. a. Kapitelsaal mit geschnitztem Chorgestühl (1705–11), Refektorium mit Fresken von J. I. APPIANI und Stuck von F. POZZI (1752–54), Theater- oder Sebastianssaal.

Obermarsberg, Stadtteil von Marsberg im Hochsauerlandkreis, NRW. Die Nikolaikapelle (2. H. 13. Jh.) ist ein bed. Hallenbau, der hess. Elemente der Frühgotik (Marburg, Elisabethkirche) ins Westfälische (Soest, Hohnekirche) umsetzt: über dem originellen chorartigen fünfseitigen W-Vorbau oktogonaler Turm, Kelchblockkapitelle, spätroman. S-Portal. In der ehem. Benediktinerpropsteikirche, einer got. Pfeilerhalle mit Krypta (1240 beg.), reiche Barockausstattung.

Obernai [-n'ɛ], frz. für →Oberehnheim.

Obernkirchen, Bergstadt O., Stadt im Kr. Schaumburg, Ndsachs., 11 100 Ew. Das 1167 gegr. Augustinerinnenkloster ist seit 1566 Damenstift; weiträumige Stiftskirche mit roman. Westbau (1150) und got. Hallenlanghaus (2. H. 14. Jh.); reiche Ausstattung, u. a. holzgeschnitzte thronende Madonna (14. Jh.) und bes. der geschnitzte Hochaltar von 1496.

Oberpleis, Stadtteil von Königswinter, NRW, mit ehem. Benediktinerpropstei (um 1105 gegr.) des Klosters Siegburg; die Kirche (12./13. Jh.) ist eine roman. Pfeilerbasilika mit ausgedehnter Hallenkrypta (16 Säulen mit Doppelschildkapitellen) und fünfgeschossigem W-Turm. Kostbarstes Ausstattungsstück ist der Dreikönigenaltar mit einem Tuffsteinrelief von 1150/60. Von den roman. Abteigebäuden ist nur ein Kreuzgangflügel (um 1160) erhalten.

Oberschönenfeld, Zisterzienserinnenkloster (1248 gegr.) in der Gem. Gessertshausen, südwestlich von Augsburg, mit barocker Wandpfeilerkirche von F. BEER (1721/22); die Fresken (1768/69) gehören bereits der Rokoko-Umgestaltung an. Das Kloster selbst ist eine schlichte Vierflügelanlage (1718 beg.).

Oberstadion, Gem. im Alb-Donau-Kr., Bad.-Württ. Die spätgot. Pfarrkirche (1473 voll.) besitzt eine Fülle an Skulpturen und Gemälden der Ulmer Schule des 15. und frühen 16. Jh.; Schloß (1466 beg., 1756–77 umgestaltet).

Oberstenfeld, Gem. im Kr. Ludwigsburg, Bad.-Württ. Die Pfarrkirche, die Kirche des ehem. Damenstifts, ist eine roman. flachgedeckte Basilika (1. H. 13. Jh.) mit älterer Krypta, Chorturm und gemaltem Flügelaltar (1512); roman. Peterskirche (Mitte 11. Jh.) mit 3 Apsiden in Kleeblattstellung. Über O. Burg **Lichtenberg** mit Wandmalereien (um 1280) in der Kapelle.

Obervellach, Marktgem. im Mölltal, Kärnten, Österreich. Die spätgot. Martinskirche (1516 gew.) mit mächtigem Turm (urspr. Wehrturm) und reicher Ausmalung (1509) birgt in der N-Kapelle den Jan-van-Scorel-Altar, ein bed. Jugendwerk des niederländ. Malers (1520). Schloß Trabuschgen (15. Jh.) wurde 1716 zu einem repräsentativen Barockbau ausgebaut.

Oberwesel, Stadt im Rhein-Hunsrück-Kr., am linken Rheinufer, Rheinl.-Pf., 4500 Ew., mit einem der schönsten histor. Ortsbilder am Mittelrhein. Eindrucksvollstes Bauwerk ist die Liebfrauenkirche mit dem charakterist. roten Außenputz (1308 bis um 1350), eine hochgot., außerordentlich steile, gewölbte Pfeilerbasilika; der Hochaltar (1331) zählt zu den kostbarsten Schnitzaltären Dtl., Lettner (1331) mit reichem Maßwerk. In der got. Martinskirche (1. H. 14. Jh.) mit zinnenbekröntem Wehrturm (um 1435) barocker Hochaltar (1682). Sehr gut erh. ma. Stadtbefestigung mit 16 Türmen; auf der Stadtmauer die got. Wernerkapelle (um 1290). Über O. die imposante **Schönburg** (12. bis 14. Jh.) mit 3 Burghäusern (›Ganerbenburg‹, Besitz mehrerer Familienzweige).

Oberwinterthur, Stadtteil von →Winterthur. St. Arbogast ist eine dreischiffige roman. Pfeilerbasilika (12. Jh.), deren Mittelschiffwände vollständig mit vorzügl. frühgot. Fresken (um 1340, u. a. Leben Christi, Legende des Hl. Arbogast) bemalt sind, die stilistisch den Bildern der Maness. Hs. nahestehen.

Óbidos ['ɔβiðuʃ], altertüml. Städtchen im portug. Distrikt Leiria, rd. 5000 Ew. Seit 1282 war Ó. Morgengabe der portug. Könige; heute steht es als Nat.-Monument unter Denkmalschutz, überragt von einer Burganlage (urspr. 14. Jh.) und umgeben von ma. Stadtmauern mit Toren. Renaissancekirche S. Maria (urspr. got. Bau) mit Azulejosausstattung (17. Jh.) und prächtigem Renaissancegrabmal von JOÃO DE ROUÃO; Barockkirche Senhor da Pedra (1740–47), ein sechseckiger Zentralbau mit Rokokoausstattung.

Objektkunst, Bez. für Richtungen der zeitgenöss. Kunst, in denen Gegenstände selbst (in veränderter oder unveränderter Form) ausgestellt werden und nicht wie herkömmlich die künstler. Darstellung der Gegenstände. Zur O. gehören die →Papiers Collés der Kubisten, die →Collagen und Objektmontagen der Dadaisten, die →Objets trouvés der Surrealisten, v. a. die →Ready-mades von M. DUCHAMP, die →Materialbilder, die →Akkumulationen der Künstler des Nouveau Réalisme, die →Combine-Paintings und →Environments der Pop Art.

W. ROTZLER: O. (Neuaufl. 1975).

Objet trouvé [ɔbʒ'ɛ truv'e, frz. ›gefundener Gegenstand‹] *das,* aus seinem Zusammenhang gelöster Gegenstand, zuerst von K. SCHWITTERS in seinen Merz-Collagen verwendet. Im Surrealismus sollte das O. t. fetischartig magische Dingerfahrung vermitteln. M. DUCHAMP radikalisierte die Idee des O.t. im Ready-made. Neue Bedeutung gewann es als Wirklichkeitszitat in der Pop Art (R. RAUSCHENBERG) und im Nouveau Réalisme (J. TINGUELY, ARMAN).

Obrist, Hermann, dt.-schweizer. Kunstgewerbler, Bildhauer, *Kilchberg bei Zürich 23. 5. 1863, †München 26. 2. 1927, gründete mit BERTA RUCHET 1892 eine Kunststickerei in Florenz (1895 nach München verlegt). Dort gehörte er zu den (theoret.) Führern des Jugendstils. Neben Entwürfen für Stickereien gestaltete er Denkmäler, Brunnen, Keramiken, Schmiedekunst.

Obsidian [lat.] *der,* vulkan. Gesteinsglas, schwarz, dunkelgrün bis dunkelbraun, oft geflammt oder streifig. – Im alten Ägypten wurde O. zu Steinwerkzeug (Stichel) und auch zu Gefäßen (Vasen, Kästchen) verwendet. In der Antike wurde O. zu Statuetten, Spiegeln und Gemmen verarbeitet.

Im Alten Orient wurden schon in prähistor. Zeit Geräte (Messer, Bohrer, Schaber, Pfeilspitzen, dann auch Sicheln) aus O. hergestellt; später gebrauchte man ihn auch bei Einlegearbeiten. O. mußte stets durch Fernhandel bezogen werden, der schon für das Neolithikum nachweisbar ist.

In Mesoamerika wurde O. mit geschliffenen scharfen Kanten als Opfermesser, Speer und Pfeilspitzen benutzt. Die Maya legten O. in dünnen Abschlägen oder mit Hieroglyphen versehen als Weihegaben unter ihre Stelen; die Mixteken verarbeiteten dieses schwierige Material sogar zu Ohrpflöcken.

Ochsen|auge, frz. **Œil-de-bœuf** [œjdəb'œf], Baukunst: rundes oder ellipt. Fenster, oft über Türen, an Kuppeln und als Dachgaupe, bes. im 17. und 18. Jh.

Ochsenblut-Glasur, Glasur auf dem chines. Porzellan →Sang de bœuf.

Ochsenfurt, Stadt in Unterfranken, links des Mains, 11 500 Ew., mit maler. Ortsbild: Stadtmauer mit Rundtürmen (14./16. Jh.), Altes (15. Jh.) und Neues Rathaus (1497–1513; mit Spieluhr von 1560 und Treppengiebeln), got. Pfarrkirche St. Andreas (2. H. 14. Jh.) mit Renaissance-Hochaltar (1612) und einer Nikolausfigur von T. RIEMENSCHNEIDER (um 1510), spätgot. Kellerei des Domkapitels (1492–99; 1714 umgebaut), ›Schlößchen‹ (2. H. 15. Jh.; darin Stadt- und Heimat-Mus.); neben der Pfarrkirche die als Karner dienende spätgot. Michaelskapelle (1440–92), ein zweigeschossiger, sehr aufwendiger Bau mit Freitreppe, Sterngewölbe, Empore und fast ganz in Fenster aufgelösten Wänden.

Ochsengalle, Maltechnik: gelbl. feinkörniges Pulver mit typ. Gallegeruch, ein Hilfsmittel, mit dem das Perlen von Wasserfarben auf dem Malgrund verhindert wird; O. dient auch als Emulgierhilfe.

Ochsenhausen, Stadt im Kr. Biberach, Bad.-Württ., an der Oberschwäb. Barockstraße, 6500 Ew., mit ehem. Benediktinerkloster (1093 gegr.); die spätgot. Klosterkirche wurde 1725–32 hervorragend barockisiert. Schloßartige Klostergebäude (1583–1791): in der Prälatur prächtige geschnitzte Renaissance-Türen, im Südflügel festl. Refektorium (1740), im Nordflügel großer klassizist. Bibliothekssaal (1785–89).

Ochsenkopfgläser, →Fichtelberger Gläser.

Ochtervelt ['ɔxtərvɛlt], Jacob, niederländ. Maler, *Rotterdam(?) um 1635, begraben Amsterdam 1. 5. 1682, war Schüler von N. BERCHEM, malte Genreszenen in der Art von P. DE HOOCH und G. TERBORCH.

Ocker, Maltechnik: Sammelbegriff für eingefärbte gelbe →Erdfarben (Amberger Gelb, Terra di Siena u. a.). Durch Brennen lassen sich O. in dunklere bis rotbraune Töne überführen. O. werden seit vorgeschichtl. Zeit zu Malzwecken gebraucht, sie sind in allen Techniken verwendbar.

Ocotlạn, Wallfahrtsort bei →Tlaxcala, Mexiko.

Odawara, Stadt an der Südküste von Honshu, Japan, etwa 85 km westlich von Tokio, 177 000 Ew., ehem. Burgstadt; im 1960 rekonstruierten Turmbau Regional-Mus.

Odeion [grch.], lat. **Odeum,** in der Antike überdachtes Gebäude für musikal. und deklamator. Aufführungen (Athen: O. des Perikles, O. des Herodes Atticus).

Ödenburg, ungar. **Sopron** [ʃ'opron], Stadt im Bez. Győr-Sopron, NW-Ungarn, 56 000 Ew. Ö., eine der ältesten Städte Ungarns, geht auf eine 2500 Jahre alte Illyrersiedlung zurück. Erh. sind von der röm. Stadt **Scarabantia** Reste eines Amphitheaters, mehrere Burgruinen und röm. Statuen, aus MA., Renaissance und Barock schöne Bürgerhäuser. An die Stelle des die ma. Stadt umgebenden Festungswalles und Grabens ist die breite Ringstraße, die Hauptverkehrsader der Stadt, getreten. Die got. Pfarrkirche St. Michael (11. Jh., wesentl. Bauteile 2. H. 14. Jh., voll. 1. Viertel 16. Jh., 19. Jh. neugotisch restauriert) ist eine dreischiffige Anlage mit Pseudoquerschiff; Reste von Glasmalerei des 15. Jh., Kruzifix von 1482, Hochaltargemälde von B. ALTOMONTE. Die urspr. got. Georgskirche, einschiffig mit Kreuzgewölbe, wurde 1685–94 barock umgestaltet. Über den got. Portalen der restaurierten W-Fassade 2 Tympanonreliefs (1. Viertel 15. Jh.). Neben weiteren ma. Kirchen ist auch eine got. Synagoge (Ende 13. Jh., bis 1526 benutzt) erhalten.

Odense ['o:ðənsə], Stadt auf der Insel Fünen, 167 800 Ew., eine der ältesten Städte Dänemarks. Die got. St.-Knuds-Kirche (Dom, 13.–15. Jh.), eine querschifflose Backsteinbasilika an der Stelle eines roman. Baus, birgt einen wertvollen Schnitzaltar von C. BERG (1517–22), von ihm auch das Epitaph für König Hans (†1513) und dessen Frau und Sohn. Gotisch ist auch die St.-Hans-Kirche (im wesentl. 15. Jh.), spätromanisch die einschiffige Vor-Frue-Kirche (Anf. 13. Jh.). Von der Vierflügelanlage des Schlosses gehen 3 Flügel auf Klostergebäude des 15. und 16. Jh. zurück, der höhere Hauptflügel wurde 1720–23 im Barockstil errichtet.

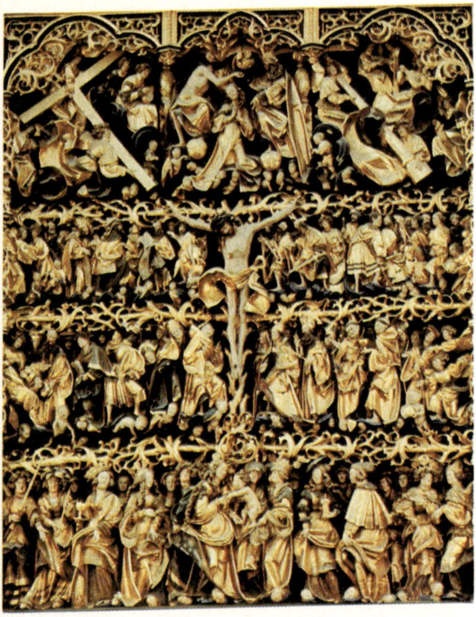

Odense: Schnitzaltar von Claus Berg in der St.-Knuds-Kirche; um 1515 (Ausschnitt)

Stiftskunstmus. (dän. Malerei und Plastik), Freilichtmus. (Bauernhöfe aus Fünen).

Odessa, Gebietshauptstadt in der Ukrain. SSR am Schwarzen Meer, 1,06 Mio. Ew. – O., eine der schönsten Städte der UdSSR, wurde 1794–1814 planmäßig angelegt. Die Potjomkin-Treppe (früher Richelieu-Treppe, 1837–41; 192 Stufen) verbindet Hafen und Stadt; klassizist. Woronzow-Palast (1826–27), Oper (1884–87) im eklektizist. Stil des 19. Jh. von F. FELLNER und H. HELMER; Gemäldegalerie.

Odili|enberg, frz. **Mont-Sainte-Odile** [mɔ̃sɛ̃tɔd'il], Buntsandsteinberg im Niederelsaß mit der ›Heidenmauer‹ (10 km lang) aus spätröm. Zeit. Die Wallfahrtsstätte (im MA. war das **Odilienkloster** ein geistiger Mittelpunkt) besteht aus 8 Heiligtümern, darunter die Kreuzkapelle (12. Jh.), die Odilienkapelle mit Reliefs (11. Jh.) und die ehem. Klosterkirche (1684–92), eine dreischiffige gewölbte Säulenhalle.

Ödipus, grch. **Oidipus** [›Schwellfuß‹], grch. Mythos: König von Theben, Sohn des Laios und der Iokaste, wurde wegen eines Orakelspruchs, wonach er seinen Vater töten und seine Mutter heiraten würde, ausgesetzt, aber gerettet und am Hof von Korinth an Sohnes Statt aufgezogen. Nachdem ihm das Delph. Orakel erneut sein Schicksal vorausgesagt hatte, verließ er Korinth. Auf der Reise tötete er seinen ihm unbekannten Vater Laios im Streit, befreite Theben von der Sphinx, indem er ihr Rätsel löste, und erhielt als Lohn Thron und Hand der Königin, seiner Mutter, die ihm Eteokles, Polyneikes, Antigone und Ismene gebar. Als die Zusammenhänge enthüllt wurden, erhängte sich Iokaste, Ö. stach sich beide Augen aus und irrte, von Antigone begleitet, in der Fremde umher, bis er im Hain der Eumeniden am Kolonos bei Athen auf geheimnisvolle Weise entrückt wurde. In der Antike wurde Ö. v.a. auf Vasen, oft mit der Sphinx wie auf einer Pelike des Achilleusmalers (5. Jh. v. Chr., Berlin-West, Staatl. Museen), dargestellt. Ö.-Zyklen finden sich auf röm. Sarkophagen und Wandbildern. Die neuzeitl. Kunst gab, v.a. im 19. Jh., der Sphinx-Szene den Vorzug (A. D. INGRES, G. MOREAU).

Odyssee|landschaften, Fries des 1. Jh. v. Chr. aus einer antiken Villa auf dem Esquilin in Rom (14 m Länge erh., Höhe etwa 1 m) mit einzelnen, durch Pilasterdekorationen geteilten Bildern. Vor felsiger, heroischer Landschaft werden die Abenteuer des Odysseus und seiner Gefährten im Land der Lästrygonen, vor dem Palast der Kirke und in der Unterwelt gezeigt. Erzählweise und Figurenstil entstammen deutlich der grch. Tradition; neu und richtungweisend für die Landschaftsmalerei ist die hier erstmalig durch Farbabstufung erreichte Raumtiefe.

Odysseus, grch. **Odysseus,** lat. **Ulixes,** grch. Mythos: König von Ithaka, Gemahl der Penelope und Vater des Telemach; er galt als tapfer, klug und listenreich. Am Bau des hölzernen Pferdes, mit dem Troja erobert wurde, war er entscheidend beteiligt. Seine Irrfahrten und seine Heimkehr nach dem Fall Trojas schildert die **Odyssee** des HOMER.

Ö. und seine Taten und Abenteuer wurden seit dem 7. Jh. v. Chr. häufig dargestellt, v.a. auf Vasen, zunächst bevorzugt die Flucht aus der Höhle des Kyklopen Polyphem oder dessen Blendung wie auf dem Krater des Töpfers ARISTONOTHOS (7. Jh. v. Chr.; Rom, Konservatorenpalast), später auch freiplastisch (Funde in Sperlonga, Baiae). Zunehmend wurde auch das Kirke- und Sirenenabenteuer wiedergegeben. Im 1. Jh. v. Chr. ent-

Odysseelandschaft: Ausschnitt einer Wandmalerei aus einer röm. Villa; 1. Jh. v. Chr. (Rom, Vatikan. Museen)

standen die heroischen →Odysseelandschaften. Auf frühchristl. Sarkophagen und im MA. lassen sich das Sirenen- und Skylla-Abenteuer nachweisen. Der gesamte Themenkreis gewann erst seit der Renaissance wieder an Bedeutung.

B. ANDREAE: O.-Archäologie des europ. Menschenbildes (1982).

Oeben, Jean-François, frz. Kunsttischler, *Ebern (Unterfranken) um 1720, †Paris 21. 1. 1763, unterhielt die bedeutendste Werkstatt in Paris und wurde 1754 ›Ébéniste du Roi‹. Der Schreibtisch König LUDWIGS XV. (Louvre) ist sein bekanntestes Werk (nach seinem Tod von J. H. RIESENER voll.).

Jean-François Oeben: Sekretär (Paris, Musée Nissim de Camondo)

Oeci [lat.], *Ez.* **Oecus,** die zu beiden Seiten des Tablinum gelegenen Räume im antiken röm. Haus.

Oehme, Ernst Ferdinand, Maler, *Dresden 23. 4. 1797, †ebd. 10. 9. 1855, Schüler der Dresdner Akad. und von C. D. FRIEDRICH, in Italien (1819–25) beeindruckt von den klassisch-heroischen Landschaften J. A. KOCHS. 1825 wurde O. sächs. Hofmaler. – Unter dem Einfluß von L. RICHTER wandte er sich in seinem Spätwerk von der symbol. Naturauffassung C. D. Friedrichs ab und malte märchenhaft-romant. Landschaftsbilder.

Œil-de-bœuf [œjdəb'œf, frz.], Baukunst: →Ochsenauge.

Oels, poln. **Oleśnica** [ɔlɛsjn'itsa], Stadt in der poln. Wwschaft Wrocław (Breslau), Niederschlesien, 33 000 Ew. Erh. blieben Teile der Stadtmauer mit dem Breslauer Tor (15. Jh.). Das Schloß, urspr. gotisch, wurde im Renaissancestil umgebaut. Ein Kreuzgang verbindet das Schloß mit der Schloßkirche (14./15. Jh.; 17./18. Jh. umgebaut); im Innern Renaissance-Grabmale und -kanzel.

Oelsnitz, Stadt im Vogtland, Dt. Dem. Rep., 14500 Ew.; spätgot. Jacobskirche (1519ff.), zweischiffige Hallenkirche über eigenartig unregelmäßigem Grundriß, mit schönen Gewölben; über O. Burg Voigtsberg (13.–15. Jh.).

Oelze, Richard, Maler, *Magdeburg 29. 6. 1900, †Gut Posteholz bei Hameln 27. 5. 1980, Ausbildung am Bauhaus in Weimar, entwickelte seit 1934 in Dresden einen persönl. surrealist. Stil, lernte in Paris (1932–36) S. DALÍ und M. ERNST kennen, lebte 1946–62 in Worpswede. Er malte geheimnisvoll-visionäre, häufig von Traumbildern inspirierte Landschaften (zunehmend von spukhaften Gestalten bevölkert).

Oestrich-Winkel, Stadt im Rheingau, Hessen, 11600 Ew.; Martinskirche (roman. Turm 1. H. 12. Jh., dessen Helm und das Hallenlanghaus spätgotisch 1508, Sterngewölbe 1892/93) und Schloß Reichardshausen (barocke Dreiflügelanlage von 1742); Rheinkran (1652). →Winkel.

Oettingen i. Bay., Stadt bei Nördlingen, war bis 1806 Hauptstadt eines Fstt. Das Neue Schloß entstand 1679–82 in Spätrenaissanceformen; im Festsaal ausgezeichnete Stuckdekoration von M. SCHMUZER (1682/83), der auch die got. Jakobskirche (1312–1460) mit Barockstuck (1676 beg.) schmückte; Sebastianskirche (1647–64). Im Hofgarten eine barocke Orangerie (1726); Fachwerkrathaus (1431); zahlreiche barocke Giebelhäuser (17./18. Jh.). – 1735 Gründung einer Fayence-Manufaktur (v. a. Herstellung zylindr., mit Scharffeuerfarben bemalter Krüge), die 1737 nach Schrattenhofen verlegt wurde (um 1830 geschlossen).

Gußeiserne **Ofenplatte** von P. Soldan, 1563 (Marburg, Universitäts-Museum)

Œuvre [œ:vr, frz.] *das,* Gesamtwerk eines Künstlers. Ein **Œ.-Verzeichnis** oder Werkverzeichnis entsteht meist in Zusammenhang mit einer Monographie oder einer Ausstellung über das Lebenswerk eines Künstlers. Es erfaßt katalogartig Titel, Entstehungsjahr und Provenienz; bei Graphiken und Bronzegüssen auch die Auflagenhöhe.

Ofenplatte, gußeiserne Platte als Bestandteil des kastenförmigen Eisenofens. Die Entwicklung von gußeisernen O. und Kaminplatten ist eng mit der Geschichte des Eisengusses verbunden, der um 1500 im westl. Dtl. wie im östl. Frankreich nachweisbar ist. Als Künstler, der Model für den Guß von Platten fertigte, genießt der für das Kloster Haina in Hessen tätige PHILIPP SOLDAN (*um 1500, †nach 1569) Ansehen. Relig. Themen, allegor. Darstellungen und Wappen waren beliebte Motive.

Offenbach, 1) O. am Glan, Ortsteil von Offenbach-Hundheim, Kr. Kusel, Rheinl.-Pf., mit ehem. Benediktinerpropsteikirche (um 1150 gegr.), die den Übergang der rhein. Spätromanik in die Gotik hervorragend verdeutlicht (um 1225 beg.); erh. nur die reich gegliederten Ostteile mit achteckigem Vierungsturm (dieser 14. Jh.).

2) O. am Main, Stadt in Hessen, 111500 Ew.; seit 1556 Isenburgische Residenz. Renaissanceschloß (1570–78) mit dreigeschossiger, reich verzierter Logienarchitektur. Im ehem. Büsingpalais (1780/1900) das Klingspor-Mus. (moderne Buch- und Schriftkunst); Dt. Leder-Mus. mit Schuh-Mus.

Offenburg, Stadt im Ortenaukreis, Bad.-Württ., 50700 Ew.; eine der ältesten Zähringergründungen (um 1100), ehem. Reichsstadt. Das Stadtbild beherrscht der barocke W-Turm der Heiligkreuzkirche, die ab 1700 durch F. BEER vollständig erneuert wurde. In der Franziskanerklosterkirche (1702–17 im Sinn der Vorarlberger Bauschule) mächtiger Hochaltar. Andreasspital mit Kirche (um 1700). Repräsentative Bauten aus der Barockzeit sind ferner das Rathaus (1741), das Haus der Ortenauer Ritterschaft (Mitte 18. Jh.) und die Landvogtei (1714–17).

Offene Kapelle, Indianer-Kapelle, typische Bauform in den span. Kolonialgebieten Amerikas im 16. Jh. (früheste O. K. in Mexiko um 1535); sie ist in der christl. Baukunst einmalig. Die nach einer Seite hin (meist auf einen geräumigen Hof) geöffneten O. K. dienten der Massenbekehrung der Indianer unter freiem Himmel. Sie mußten Platz haben für einen Altar nebst Zubehör und waren gestaltet als bloße Apsis, als Apsis mit Säulen oder vorgestellter Säulenhalle sowie als Pavillontypus nach Art der maur. Moschee. In Mexiko, wo die O. K. ihre stärksten Ausprägungen fanden (z. B. Actopan), wurden sie als eigene Anlagen gebaut; im andinen Bereich Südamerikas war die O. K. oft als Balkon oder Galerie einer Kirchenfassade gestaltet.

Offida, Gem. in der ital. Prov. Ascoli Piceno, in den Marken; Palazzo Comunale (Rathaus; Fassade, 15. Jh., mit Loggia, Turm und Zinnenbekrönung; im Inneren Gemäldesamml.); auf einer Anhöhe die Doppelkirche S. Maria della Rocca (1330 auf älterem Vorgängerbau erbaut; reich gegliederte Apsiden-Partie; Fresken des 14. und 15. Jh.).

Offsetdruck [engl.], Flachdruckverfahren (→Druckverfahren), das aus der Lithographie entwickelt wurde und wie diese auf der gegenseitigen Abstoßung von Wasser und Fett beruht. Die Darstellung wird auf photomechan. Weg auf die Offsetplatte (früher aus Zink, heute meist aus Bimetallplatten) übertragen, die sich um den Druckzylinder legen läßt. Nach dem Ätzen passiert die Platte das Feucht- und Farbwerk, wobei die bildfreien Flächen wasseraufnehmend und farbabstoßend werden, die Bildstellen dagegen wasserabstoßend und farbaufnehmend; von Künstlern der Moderne als bildner. Gestaltungsmittel genutzt.

Ogaki, Stadt auf Honshu, Japan, etwa 40 km nordwestlich von Nagoya; eine ehem. Burgstadt an der Überlandstraße Tokaido, die in der Edo-Zeit von Kioto nach Edo führte. Der Turmbau wurde rekonstruiert.

Ogoni, Untergruppe der Ibibio östlich des Nigerdeltas in Nigeria; stellt v. a. Masken sehr verschiedenartiger Formgebung her. I. d. R. klein gehalten, sind nur wenige abstrakt konzipiert; die meisten sind eher naturalistisch gestaltet, oft mit Klappkiefern versehen (wie viele Masken der →Ibibio), die dichte, aus langen Holzstäbchen zusammengesetzte Zahnreihen tragen.

Ogrodzieniec [ɔgrɔdzj'ɛnjɛts], Stadt in der poln.

Wwschaft Katowice (Kattowitz), 4300 Ew. Auf einer Anhöhe, zw. Kalksteinfelsen, Ruinen eines Schlosses aus der Spätgotik und Renaissance (1530–45) mit Basteien und Arkadenkreuzgängen.

Ohlau, poln. **Oława,** Stadt in der poln. Wwschaft Wrocław (Breslau), 27 000 Ew. Das Schloß (1359–98) wurde nach 1588 im Renaissancestil neu errichtet, 1659 barock umgebaut und nach Zerstörungen im 2. Weltkrieg wiederhergestellt. Die got. Pfarrkirche (Presbyterium 1300; Halle 1587) wurde im 17. Jh. umgebaut (Turm 16.–19. Jh.). Am Markt Häuser aus dem 18. Jh. und das Rathaus (1823) von K. F. SCHINKEL.

Ohlmüller, Daniel, Baumeister, *Bamberg 10. 1. 1791, †München 22. 4. 1839, Schüler von K. v. FISCHER, übernahm unter L. v. KLENZE 1819–30 die Bauleitung der Glyptothek in München. Sein HW ist die neugot. Mariahilfkirche in München-Au (1831–39; zerstört, nach dem 2. Weltkrieg Neubau). Nach den Plänen von D. QUAGLIO vollendete er den Bau von Schloß Hohenschwangau.

Ohnmacht, Landolin, Bildhauer, *Dunningen bei Rottweil 11. 11. 1760, †Straßburg 31. 3. 1834, Schüler von J. P. MELCHIOR an der Porzellanmanufaktur in Frankenthal. Der Einfluß von A. CANOVA in Italien (1789/90) führte ihn vom späten Rokoko (Porträtreliefs) zum Klassizismus. V.a. für Kirchen in Lübeck (Marienkirche), Mainz und Frankfurt am Main, in Rottweil und Straßburg (seit 1803) schuf O. Skulpturen und Grabmäler, ferner mytholog. Gruppen und viele Porträts.

Ohrdruf, Stadt im Kr. Gotha, Dt. Dem. Rep., 7000 Ew.; Schloß Ehrenstein, unregelmäßige Vierflügelanlage der Renaissance (2. H. 16. Jh.) mit reichem Schmuck am Portal des O-Flügels und am Giebel des S-Flügels; barocke Trinitatiskirche (1709–14); von der barocken Michaelskirche (1754–60) nur der Turm erhalten.

Ohrid ['ɔxrid], Stadt in Makedonien, Jugoslawien, am Ohridsee, rd. 30 000 Ew. – Das antike Lychmidos an der Via Egnatia wurde im 4. Jh. Erzbischofssitz; es hatte viele Kirchen, die nach der türk. Eroberung (1395) in

Ohrid: Sveti Naum, Erzengelkirche, 10. Jh.

Moscheen umgewandelt wurden. O. ist von Festungsmauern z. T. umgeben. In der Sophienkirche, einer Basilika (9. Jh.; 1037–56 erneuert; 1313–14 erweitert; im 15. Jh. in eine Moschee umgewandelt), wurden Fresken aus dem 14./15. Jh. freigelegt. Wertvolle Fresken und Ikonen befinden sich in der Muttergottes-Kirche (13. Jh.). Weitere Kirchen von O. sind u. a. Johannes von Kaneo (13. Jh.), auf einem Felsen gelegen, Kirche St. Konstantin und Helena (14. Jh.). Am Südufer des O.-Sees die Erzengelkirche (10. Jh., im 15./16. Jh. umgebaut) des ehem. Klosters Sveti Naum (905 gegr.).

Öhringen, Stadt im Hohenlohekreis, Bad.-Württ., 15900 Ew. Die Kirche des 1037 gegr. ehem. Chorherrenstifts, eine spätgot. Hallenkirche (1454–1501), ist reich an prunkvollen Grabdenkmälern; im Hochaltar vorzügl. Schnitzfiguren (um 1500); in der Krypta Sarkophag (1241) der Stifterin Adelheid; maler. Kreuzgang. Fachwerkrathaus (1504), großes Renaissanceschloß mit Volutengiebeln (1612–16). Das klassizist. Obere Tor (1792) führt zur Karlsvorstadt, dort das Weygang-Mus. (Zinn, Fayencen). Bei Ö. das barocke Jagdschloß Friedrichsruh (1712–17).

Ohrmuschelstil, vom Knorpelwerk (BILD Ornament) abgeleiteter Dekorationsstil, benannt nach dem Motiv, das einer Ohrmuschel ähnelt, im 16./17. Jh. v. a. in den Ländern nördlich der Alpen sehr häufig angewendet. Er enthält Elemente der Groteske.

Ohser, Erich, Pseudonym **e. o. plauen** (seit 1933), satir. Zeichner und Illustrator, *Untergettengrün (Vogtland) 18. 3. 1903, †(Selbstmord) Berlin 5. 4. 1944, Mitarbeit bei ›Querschnitt‹, ›Vorwärts‹ u. a., seit 1934 Bildergeschichte ›Vater und Sohn‹.

Oignies [waɲ'i], Hugo von, →Hugo von Oignies.

Oikos [grch.], in der grch. Antike das Haus, auch der Hauptwohnraum; in einem größeren Heiligtum der Versammlungsraum einer Kultgemeinschaft.

Oinochoë [grch. oinochoein ›Wein einschenken‹] *die,* kleine einhenklige Kanne in der grch. Antike, häufig mit Mündung in Kleeblattform. (BILD Vasen)

Oinomaos, grch. Mythos: König von Pisa in Elis, der wegen eines ungünstigen Orakels oder aus Liebe zu seiner Tochter Hippodameia deren Freier in aussichtslosen Wettfahrten tötete. Der Freier Pelops ließ ihn ums Leben kommen, indem er den Wagenlenker Myrtilos veranlaßte, den Wagen vor dem Wettkampf zu beschädigen. Darstellungen des Sagenkreises finden sich in der antiken Kunst häufig, v. a. im Zusammenhang mit Pelops, so in der östl. Giebelgruppe des Zeustempels von Olympia.

Oiron [war'ɔ̃], Gem. im frz. Dép. Deux-Sèvres, südwestlich von Tours. Das Schloß mit einem Renaissance-Flügel aus dem frühen 16. Jh. (in der ›Galerie de Fêtes‹ Freskenzyklus des 16. Jh. und bemalte hölzerne Kassettendecke) wurde im 17. Jh. barock erweitert (reiche Innenausstattung). In der prächtigen Kollegiatskirche aus der Renaissance Grabmäler und Gemälde des 16. Jh.

Oirschot ['o:rsxɔt], Gem. in der niederländ. Prov. Nordbrabant. Die St. Pieterskerk ist eine spätgot. kreuzförmige Basilika (2. H. 15. Jh.) mit reich verziertem Turm und Chor mit Umgang und Kapellenkranz; die urspr. spätgot. Ausstattung wurde 1944 durch einen Brand z. T. zerstört. Die ref. Kirche ist eine der wenigen roman. Kirchen Brabants (Anf. 12. Jh., got. Chor). Rathaus (15./16. Jh.).

Okayama, Okajama, Stadt auf Honshu, Japan, Hafen an der Inlandsee, 545 700 Ew. O. ist eine ehem. Burgstadt. Von der 1573 erbauten Burg (wegen ihrer schwarzen Farbe ›Krähen-Burg‹) sind die Festungsanlagen mit 2 Türmen original erh., das Turmgebäude wurde 1966 rekonstruiert. Die parkähnl. Gartenanlage Koraku-en wurde um 1700 als Landschaftsgarten im Umwandlungsstil angelegt. 8 km westlich der Stadt liegt der im 4. Jh. gegr. Kibitsu-Schrein, einer der ältesten in Japan. Das Hauptgebäude stammt von 1425 und verkörpert einen eigenen Architekturstil (›Kibitsu-Stil‹): Die Haupthalle ist konzentrisch durch Abstufung gegliedert, die Anbetungshalle liegt unmittelbar davor unter demselben Dach.

Okazaki [-z-], **Okasaki,** Stadt auf Honshu, Japan, 40 km südöstlich von Nagoya, 262 400 Ew.; ehem. Burgstadt und Geburtsstadt des Shoguns TOKUGAWA IEYASU. Die Burgbefestigung mit den Wallanlagen ist aus der Erbauungszeit erh., das dreigeschossige Turmgebäude wurde 1959 rekonstruiert.

Okẹanos, grch. Mythos: Sohn des Uranos und der Gaia, göttl. Repräsentant des Weltstroms, der die Erde umfließt, später des Weltmeers; nach HOMER und HESIOD Vater aller Götter, aller Gewässer, damit bes. der Wassergottheiten und seiner (je 3000) Söhne und Töchter, der Wogen des Meeres **(Okeanịden).** Darstellungen des O. sind in der antiken Kunst zunächst selten (Françoisvase, Pergamonaltar). Erst seit hellenist. Zeit erscheint O. als Flußgott meist mit langem, nassem Haar, Hummerschere u. a. Symbolen des Wassers (Pompeji, röm. Sarkophage).

O'Keeffe [əʊk'i:f], Georgia, amerikan. Malerin, *bei Sun Prairie (Wisconsin) 15. 11. 1887, †Santa Fe (New Mexiko) 6. 3. 1986, heiratete 1924 den Photographen A. STIEGLITZ (*1862, †1946). Ihre Blumenbilder geben die einzelne Blüte stark vergrößert in ihren organ. Formen wieder (›Irisbilder‹ 1926). Ihre Landschaftsdarstellungen (›The Winter Road‹ 1963) zeigen, daß sie mit der asiat. Maltradition stark verbunden ist.

Oklạd [russ.], Verkleidung oder Schutzhülle von Ikonen aus gestanztem und ziseliertem, oft auch vergoldetem Silberblech, im 18. und 19. Jh. auch aus massivem Gold, mit Perlen und Edelsteinen geschmückt. Hierbei bleibt nur das Inkarnat frei, während die sonstige Darstellung unter der Metallhülle verborgen ist, wobei die Darstellung der Ikone reliefartig auf der Verzierung wiederholt wird. Erstreckt sich die Randverkleidung nur bis an die Konturen der Figuren, so spricht man von einer **Risa**.

Oktogọn [grch.] *das,* Baukunst: Zentralbau über

achteckigem Grundriß, z. B. das O. des Aachener Münsters (BILD Aachen).

Okyo, Familienname **Maruyama,** japan. Maler, *Anafuto (Prov. Tamba) 1733, †Kioto 1795, Gründer der →Maruyama-Schule; lernte bei einem Meister der Kano-Schule und arbeitete später für einen Spielzeughändler, für dessen Guckkästen er neue perspektiv. Bilder, auch japan. Ansichten, nach europ. Vorbildern schuf. O. gelang eine Synthese westl., japan. und chines. Malerei zu einem neuen realistisch-naturalist. Stil, den er in alter Tradition großflächig-dekorativer Kunst meist auf Goldgrund anwendete. Er malte v. a. Landschaften, Pflanzen- und Vogelbilder auf Rollbildern und Stellschirmen. Selbst in den Tuschskizzen, u. a. zu seinen Querrollen, zeigt er sich als ein Meister der Tuschmalerei.

Öl, Maltechnik: Bindemittel für Farben und Grundstoff zur Herstellung von Firnissen und Lacken. Es eignen sich nur ›trocknende‹ (d. h. unter Sauerstoffaufnahme polymerisierende) pflanzl. Öle wie Lein-, Mohn- und Nußöl. Die lange Trockenzeit kann durch →Sikkative verkürzt werden. Seit wann Öl als Werkstoff in der Malerei verwendet wird, ist ungewiß, die frühesten nachgewiesenen Beispiele für Öl als Bindemittel decken sich zeitlich mit der frühesten Erwähnung in Quellenschriften (Schedula diversarum artium des THEOPHILUS PRESBYTER, 12. Jh.), doch ist die frühere Verwendung z. B. als Firnis sicher.

Oława, poln. für die Stadt →Ohlau.

Ölberg, Anhöhe am Kidrontal gegenüber der Stadt Jerusalem, in der bildenden Kunst bes. im Zusammenhang des Gebets und der Todesangst Christi vor der Passion dargestellt, in der frühchristl. Kunst zunächst nur andeutend (Lipsanothek von Brescia, 350/370; Brescia, Mus. Civico), realistischer in 2 Szenen (Gebet und Mahnung an die Jünger) im Codex Rossanensis (6. Jh.); ebenso findet sich das Motiv in der byzantin. Kunst in reicher Ausgestaltung. Als Teil von Passionszyklen begegnet es im MA. (Evangeliar Ottos III., Reichenau, Ende des 10. Jh.; Türen von St. Maria im Kapitol in Köln, 1050–60). Zum betenden Christus tritt oft ein Engel mit Leidenskelch oder Kreuz, im Schlaf werden Petrus, Jakobus und Johannes dargestellt, seit dem 14. Jh. auch das Herannahen des Judas mit den Häschern. Die Szenen insgesamt finden sich seit dem 14. Jh. bes. auf Passionsaltären. Das Spät-MA. betont v. a. die Todesangst Christi. Als Ausdrucksmittel dient auch die Landschaft (A. ALTDORFER, Altar von St. Florian, 1518). – Ausdruck der Passionsmystik wie der Volksfrömmigkeit im süddeutschen Raum sind vom Ende des 15. Jh. bis zum Barock die großen plastischen Ö.-Gruppen in oder an den Kirchen (Ulm, Straßburg, Speyer, Xanten).

Olbia, 1) Ọlba, Ruinenstätte an den Taurusausläufern in Kilikien, etwa 30 km nördlich von Silifke, Türkei; O. war im 3./2. Jh. v. Chr. Zentrum eines Priesterstaates; erh. blieb ein fünfstöckiger Wehrturm; freigelegt wurden Reste eines Zeustempels mit 30 noch aufrecht stehenden korinth. Säulen, eines Theaters sowie eines röm. Tores und Tempels. Die eigtl. Siedlung von O. lag im benachbarten Diocaesarea (zahlreiche, v.a. kaiserzeitl. Ruinen).

2) auch **Borysthenes,** antike Stadt beim heutigen Nikolajew, Ukrain. SSR, an der Mündung des Bug (Hypanis) und des Dnjepr (Borysthenes) ins Schwarze Meer, im 7. Jh. v. Chr. von Milet gegr. Durch Ausgrabungen wurden die Reste der Stadt (Stadtmauer, Festung, Heiligtümer, Gymnasion, Stoa, Nekropole) freigelegt. O. bildete durch vielseitigen Handel ein wichtiges Bindeglied zw. Griechenland und den skyth. Stämmen Südrußlands. Das Verbreitungsgebiet einiger in O. hergestellter Bronzewaren (Spiegel, Pferdestirnbleche) reicht von den Karpaten im W bis zum mittleren Ural-Fluß im O. Nach dem 3. Jh. v. Chr. kam O. unter die Herrschaft der Skythen und im 2. und 3. Jh. n. Chr. unter die der Römer; im 4. Jh. hörte O. auf zu bestehen.

Olbrich, Joseph Maria, Architekt, *Troppau (heute Opava) 22. 12. 1867, †Düsseldorf 8. 8. 1908, studierte in Wien, arbeitete seit 1893 bei O. WAGNER, war 1897 Gründungsmitgl. der Wiener →Sezession. Seit 1899 gehörte er der →Darmstädter Künstlerkolonie an und wurde 1907 Gründungsmitgl. des Dt. →Werkbundes. O. war einer der produktivsten Architekten des →Jugendstils, den er in seinen letzten Bauten zu überwinden begann.

HW: Sezessionsgebäude (Wien 1897/98); Gesamtplanung Mathildenhöhe (Darmstadt 1900) mit Ernst-Ludwig-Haus (1899–1901), Künstlerhäusern (1900–07), Hochzeitsturm (1907/08); Warenhaus Tietz, heute Kaufhof (Düsseldorf 1907–09).

Schriften: Ideen (1899); Architektur, 3 Bde. (1901–14).

K. H. SCHREYL: J. M. O. Die Zeichnungen der Kunstbibliothek Berlin (Berlin-West 1972); I. LATHAM: J. M. O. (a. d. Engl., 1981).

Oldach, Julius, Maler, *Hamburg 17. 2. 1804, †München 19. 2. 1830, bildete sich in Hamburg, Dresden und München (P. v. CORNELIUS), malte in schlichtrealist. Malweise Porträts und Familienbilder.

Olde, Hans, Maler, *Süderau (Holstein) 27. 4. 1855, †Kassel 25. 10. 1917, leitete nach Studien in München (L. v. LÖFFTZ) und Paris (Eindruck von C. MONET) 1902–11 die Kunstschule in Weimar, seitdem die Akad. in Kassel. – O. schuf Freilichtlandschaften, Porträts (K. Groth, 1899; Hamburg, Kunsthalle) und Radierungen.

Oldenburg, 1) O. (Oldenburg), Stadt in Ndsachs., 135 500 Ew.; bis 1919 Residenzstadt. Das Stadtbild ist wesentlich vom Klassizismus geprägt. Die Lambertikirche, urspr. eine got. Halle, wurde nach Einsturz 1797 zur klassizist. Rotunde umgebaut, das Äußere 1882–87 neugotisch verkleidet. Das repräsentative Schloß, 1603–20 im Renaissancestil erbaut, 1737–43 barock verändert, spätere Erweiterungsbauten, enthält das Landes-Mus. für Kunst- und Kultur-Gesch. (Gemälde, Plastik, Kunstgewerbe); weitläufiger Schloßgarten (1806–17). Wahrzeichen O.s ist der ›Lappan‹, Turm des ma. Heiliggeistspitals (1468). Historist. Prunkbauten sind das Rathaus (1887) und das Theater (1893); Parlamentsgebäude von P. BONATZ (1917). Stadt-Mus., Städt. Kunstsamml. (u.a. Oldenburger Wohnkultur vom Barock zum Jugendstil, Graphik).

2) O. in Holstein, Stadt in Schlesw.-Holst., 9300 Ew.; das 968 gestiftete Bistum wurde 1160 nach Lübeck verlegt. Der ehem. Dom ist eine schmucklose, flachgedeckte roman. Backstein-Pfeilerbasilika (1156 beg.) mit got. Chor und Barockausstattung.

Oldenburg [engl. 'əuldənbə:g], Claes, amerikan. Plastiker schwed. Herkunft, *Stockholm 28. 1. 1929, übersiedelte 1956 nach New York und nahm um 1960 an den Happenings von A. KAPROW teil. Gleichzeitig begann O. seine Nachbildungen von Eßwaren in grellen Farben, die den tägl. Eßkonsum persiflieren. Seit 1961 auch Nachbildungen von Gebrauchsgegenständen und Apparaten aus weichem Stoff (→Soft Sculptures). Seit 1965 entwirft O. betont riesenhaft überdimensionierte Denkmäler in Form von Wäscheklammern, Elektrosteckern, Lippenstiften, 1982 auf der documenta in Kassel als Spitzhacke. Mit diesen iron. Kopien und Monumentalisierungen von Alltagsobjekten, die zum Kunstobjekt verfremdet werden, steht O. der Pop Art nahe, ohne daß sein direkter Verweis auf die Wirklichkeit in einer bestimmten Stilrichtung aufgeht.

C. O., Ausst.-Kat., Hannover (1976); B. ROSE: C. O. (1976); C. O., Ausst.-Kat., Köln (1980).

Oldenzaal [-za:l], Stadt in der niederländ. Prov. Overijssel. Die St. Plechelmuskerk ist eine kreuzförmige roman. Basilika (2. H. 12. Jh.) mit got. Chor (15. Jh.); monumentaler W-Turm (13. Jh.) mit Rundbogenfriesen; im Innern 2 roman. Reliefs und Schmiedearbeiten in der Schatzkammer, u. a. Reliquienkopf des Hl. Plechelmus (westfälisch, 2. H. 15. Jh.).

Oleśnica [ɔlɛsjn'itsa], poln. Name für →Oels.

Ölfarben, Maltechnik: mit Öl oder Ölkombinationen gebundene Farben. Ö. können deckend oder lasierend vermalt werden. Lack- oder Harzzusätze erhöhen die Glanzwirkung. Mattlack- oder Wachsanteile ergeben halbmatte Oberflächen. Im Vergleich zu Temperafarben und deckenden Wasserfarben trocknen Ö. mit geringerer Tonveränderung. Trockenmittel (Sikkative) begünstigen Rißbildungen und Vergilbungen.

Ölfarbendruck, Verfahren des lithograph. Steindrucks zur Reproduktion eines Ölgemäldes, mit dem man auch die Textur der Leinwand und geringe Unebenheiten des Farbauftrags wiederzugeben vermag. Zahlreiche Steinplatten, die am Rand ihre betreffende Farbskala mitdrucken, erzeugen den dem Gemälde entsprechenden Vielfarbendruck; dieser wird zum Schluß nochmals überdruckt von einer Platte, die – von mit Fettfarbe eingewalztem, gewebtem Stoff überspannt und dann geätzt – die Struktur des Stoffes einprägt. Der Erfinder war 1836 der engl. Radierer, Lithograph und Farbendrucker GEORGE BAXTER. Die frühen Produkte des Ö., die ›Baxter-Prints‹, sind inzwischen, obwohl von geringem künstler. Wert, im Kunsthandel gesucht.

Ölfirnis, Maltechnik: →Firnis, →Leinölfirnis.

Ölgrund, Maltechnik: Grundierung, die zur Steuerung von Elastizität und Maleigenschaften mit Ölen gebunden ist. Urspr. nur auf metallenen Bildträgern, wird er seit Ende des 18. Jh. für Ölmalerei fast ausschließlich verwendet, selbst auf der Wand. Die Verbreitung wurde durch fabrizierte Meterware grundierter Leinwand gefördert; heute durch Kunststoffgrundierungen mit ähnl. Eigenschaften abgelöst.

Olifant [altfrz. ›Elefant‹] *der*, aus einem Elefantenzahn geschnitztes Jagd- oder Signalhorn, häufig mit Jagd- oder Kampfszenen geschmückt. Von etwa 75 erhaltenen Elfenbeinhörnern des MA. ist der größte Teil im Bereich der islam., der kleinere in dem der byzantin. Kunst (einschließlich Sizilien) entstanden.

Olinda, Stadt im Staat Pernambuco, N-Brasilien, auf einem Hügel an der Atlantikküste, rd. 200000 Ew. Der kolonialzeitl. Teil des 1537 gegr. O. bietet ein reizvolles Stadtbild und steht heute unter Denkmalschutz. Die Kathedrale S. Salvador (gegr. 1540) wurde mehrmals umgebaut. Im Kloster S. Francisco (1583 gegr., 2. H. 17. Jh. nach Zerstörung durch die Niederländer wiederaufgebaut) dekorativer Azulejos-Schmuck; in der Klosterkirche gute Holzschnitzereien; die Kirche S. Bento (Ende 18. Jh.) gilt als eindrucksvolles Beispiel des brasilian. Rokoko. Ein Rokokogiebel (18. Jh.) krönt auch die Kirche des Klosters da Conceicão (17. Jh.). Die Kirche Nossa Senhora do Monte (1582 begr.) hat trotz Renovierung (19. Jh.) ihren urspr. Charakter erhalten.

Olite, Städtchen in der nordspan. Prov. Navarra, rd. 35 km südlich von Pamplona. Das Kastell mit seinen Mauern und Türmen (12. Jh.) bildet mit dem Palast der Könige von Navarra (frühes 15. Jh.) einen eindrucksvollen Baukomplex, der an den Papstpalast von Avignon erinnert; Ausstattung des Palastes im Mudéjar-Stil (Maßwerkgalerien, in den Räumen Azulejos, Yeserías und Artesonado-Decken); Schloßkapelle S. María (13. Jh.) mit prunkvollem got. Portal (14. Jh., gut erh. Tympanon-Skulpturen). Kirche S. Pedro (12./13. Jh., spätroman. Portal mit reliefgeschmücktem Tympanon, barocker Innenraum).

Olitski [əʊl'ɪtskɪ], Jules, amerikan. Maler und Bildhauer russ. Herkunft, *Snowsk (heute Schtschorsk, Gebiet Dnepropetrowsk) 27. 3. 1922, kam als Kind in die USA; malte großformatige Bilder mit transparentschleierartigen Farbstrukturen, dann mit Bildfeldern, die von Randmarkierungen her formal definiert werden; sie gehören einer malerisch sublimierten Richtung der Farbfeldmalerei an.

Oliva, seit 1926 Stadtteil von →Danzig.

Oliva [ol'iβa], span. Zisterzienserkloster, →La Oliva.

Olivenza [oliβ'enθa], westspan. Stadt, rd. 13000 Ew., in der Prov. Badajoz, nahe der portug. Grenze. Stadtbild und Kunst sind vom portug. Emanuelstil geprägt: dreischiffige Kirche S. Magdalena (15./16. Jh.), im Inneren gedrehte Säulen, Azulejos-Wandverkleidungen und prunkvolles Altarretabel; Kapelle des Hospitals de la Caridad (1501) mit barockem Altarretabel und Azulejos-Wandbildern (Bibelmotive); bizarres emanuelin. Portal der Stadtbibliothek (spätes 15. Jh.).

Oliver ['ɔlɪvə], Isaac d. Ä., engl. Maler frz. Herkunft,

Ferdinand Olivier: Straße in Mödling bei Wien; Federzeichnung, 1823 (Dresden, Kupferstich-Kabinett)

*Rouen vor 1568, †London 2. 10. 1617, vermutlich Schüler von N. HILLIARD, neben diesem der bedeutendste Miniaturenmaler des damaligen England.

Olivier [ɔlivj'e], **1)** Ferdinand, Maler, Bruder von 2) und 3), *Dessau 1. 4. 1785, †München 11. 2. 1841, kam während seines Studiums in Dresden (1804–06; Kopien nach CLAUDE LORRAIN und J. VAN RUISDAEL) in Berührung mit C. D. FRIEDRICH und der Kunst P. O. RUNGES, malte dann in Paris im Auftrag des Fürsten von Anhalt u.a. ein Porträt Napoleons I. Seit 1811 in Wien, lernte O. hier J. A. KOCH und die Kunst der →Nazarener kennen und malte histor. Landschaften, die klassizist. Landschaftsschilderung mit romant. Empfindung und frischer Naturbeobachtung verbinden. Seine Bilder aus dem Salzburger Land zeigen eine tief relig. Naturanschauung. Nach 1825 malte O. Ideallandschaften. In München (seit 1830 Dozent für Kunstgesch.) wandte er sich einem Pseudoklassizismus im Stil von N. POUSSIN zu.

F. NOVOTNY: F. O.s Landschaftszeichnungen von Wien und Umgebung (1971). – Weitere Lit.: →Nazarener

2) Friedrich, Maler, Bruder von 1) und 3), *Dessau 23. 4. 1791, †ebd. 5. 9. 1859, folgte 1818 J. SCHNORR V. CAROLSFELD nach Rom, schloß sich hier den →Nazarenern an und zeichnete ital. Landschaften und Bauten, auch mehrere Porträts. Seit 1823 wieder in Wien, malte O. Porträts, auch Landschaften mit figürl., v.a. relig. Motiven in herber, ausdrucksvoller Formstrenge. In München war O. seit 1830 Mitarbeiter Schnorrs bei den Fresken am Königsbau; hier malte er auch reizvolle Landschaften aus dem Inntal und vom Kochelsee (›Das Loisachtal‹, 1842/45; München, Neue Pinakothek).

3) Heinrich, Maler, Bruder von 1) und 2), *Dessau 1783, †Berlin 3. 3. 1848, ging mit seinem Bruder Ferdinand nach Dresden und Paris und war in seinen letzten Jahren Zeichen- und Sprachlehrer in Berlin. – O. malte in klassizist. Stil Porträts, bes. in altdt. Tracht, romantisch-allegor. Bilder und kleinformatige Landschaften.

Öl|lampe, Leuchtquelle, v. a. der Antike; in versch. Formen und Materialien hergestellt. Der Brennstoff Öl (auch tier. Fette), von einem Docht angesaugt und verbrannt, erzeugte das Licht. Von der kretisch-myken. Kunst sind sorgfältig gearbeitete Ö. aus Stein (Serpentin, Kalkstein) und Ton erhalten. Sie haben einen unterschiedlich hohen Fuß, der sich nach oben zu einem kräftigen, reliefverzierten Wulst erweitert; dieser umschließt die flache Schale für das Öl. Im Rand sind mindestens 2 Einbettungen für den Docht. Auch aus der kyklad. Kunst sind Ö. aus Marmor und Ton bekannt. Vielleicht war die →Sauciere auch eine Form der Ö. – Die Ö. der griechisch-röm. Antike, meist aus Ton, waren kleine runde oder ovale Ölbehälter mit einem Handgriff. Die Entwicklung geht von den offenen Schalentypen des 6.–4. Jh. v. Chr. zu den geschlossenen, reliefverzierten Ö. mit schnabelartig vorspringendem Dochthalter der röm. Zeit, in der diese Formen auch in kostbareren Materialien, meist aus Bronze, imitiert wurden. Zu ausreichender Beleuchtung benötigte man jeweils viele Ö., die auf Konsolen und →Kandelaber gestellt wurden. (→Leuchte)

Ollantaytambo [ojan-], Bergfeste der Inka in der Nähe von Cuzco, Peru, mit monumentalen Steinbauten in der typ. Inka-Bauweise. Die Anlage und einzelne Höfe sind mit behauenen Steinplatten (bis zu 4 m hoch) ummauert.

Ölmalerei, die Malweise mit →Ölfarben. Schon im MA. wurden Lein- und Walnußöl als Bindemittel für →Pigmente verwendet. Die Ö. ist nicht die Erfindung eines bestimmten Malers; sie wurde von Künstlern des 15. und 16. Jh. allmählich entwickelt im Bemühen um eine maltechn. Bewältigung der durch den Stilwandel bedingten neuen Forderungen, die die lokalfarbige und linearbetonte →Temperamalerei nicht mehr erfüllen konnte: Naturalismus von Farbe und Atmosphäre, perfekte Modellierung der Formen im Raum sowie die Darstellung feinster Übergänge und tonaler Abstufungen. Obwohl bis heute nicht genau definierbar, gilt J. VAN EYCKS Neuerung der Ö. als entscheidend und wurde durch ANTONELLO DA MESSINA nach Italien gebracht, wo sie sich langsamer als im Norden entwickelte und noch während des 16. Jh. viel mit Temperatechnik kombiniert wurde. In der schichtenweisen Malerei wurde das Bild über einer getrockneten Untermalung (Tempera oder magere Ölfarbe), die einfarbig oder mit nur wenigen Farbtönen gegeben ist, in folgerichtiger Entwicklung aufgebaut. Den Malgrund und die unteren Farbtöne konnte der Maler stellenweise durch halbdeckende oder lasierende Übermalung hindurchwirken lassen. Eine Vereinfachung der komplizierten Wechseltechnik setzte mit der Entwicklung des monumentalen Leinwandgemäldes (TINTORETTO) ein. Auch P. P. RUBENS bereitete noch einige Farben (etwa das Grün) mit Tempera zu und verwendete trocknendes Öl selten in reiner Form, sondern mit nicht genau bestimmbaren Zusätzen, um den Streckungsbereich des Bindemittels zu erhöhen. Dadurch war ein dicker (pastoser) Farbauftrag im Wechsel mit dünnen, durchscheinenden Farbschichten (Lasuren) möglich, der bei REMBRANDT, D. VELÁZQUEZ u. a. ausdrucksvolle und individuelle Strukturierungen der Farbschicht (›Pinselhandschrift‹) hervorbrachte.

Die Fabrikation von Ölfarben im 19. Jh. mit versch. Zusätzen von Wachsen und Metallseifen sowie einer zeitweilig bevorzugten Verwendung von Mohnöl begünstigte zunehmend die →Primamalerei unter Verzicht auf einen sorgfältigen, schichtenweisen Bildaufbau. Diese Direktmalerei (É. MANET) schöpfte vielfach Anregung von den Meistern des 17. Jh. (Velázquez). Obwohl auch neuartige Bindemittel eingeführt wurden, kommt die Ö. noch bei vielen zeitgenöss. Künstlern zur Anwendung. Sie hat vor anderen Malweisen den Vorzug, daß die Farben stundenlang oder bei entsprechender Auswahl oder Anwendungsart tagelang vermalbar bleiben und nach dem Trocknen ihre satte Farbwirkung behalten. Ölgemälde verändern beim Altern ihr Aussehen infolge chem. Umwandlungen sowie durch äußere physikal. Einflüsse. Die Vorgänge führen unter ungünstigen Umständen zum Vergilben sowie zu Rißbildungen u. a. Alterserscheinungen. Matt gewordene oder getrübte Gemälde werden zur Wiedererlangung der Tiefe und Leuchtkraft der Farben mit hellen Harzfirnissen überzogen. Die Schlußfirnisse bieten einen gewissen Schutz gegen Verschmutzung der Farbschicht wie gegen klimat. Einflüsse, unterliegen aber mit der Zeit selbst Alterserscheinungen.

B. W. JAXTHEIMER: Die Ö., Entwicklung, Technik, Eigenart (1971); K. WEHLTE: Ö. ([16]1977).

Olmedo [olm'eðo], span. Städtchen, rd. 35 km südlich von Valladolid, rd. 3000 Ew., umgeben von ma. Stadtmauern; zahlreiche Kirchen im Mudéjar-Stil, so die einschiffige S. Andrés (13. Jh.) mit Backsteinchor (außen in 3 Etagen mit Rundbögen gegliedert), S. María (13. Jh.) mit roman. Portal und barocker Columbarien-Reliquienwand und S. Juan (13. Jh.) mit Christus-Figur von A. BERRUGUETE (1520).

Olmeken, Volk unbekannter Herkunft, das die erste Hochkultur Mesoamerikas schuf, die ihre Blütezeit um 400 v. Chr. erlebte, deren Anfänge aber bereits um 1200 v. Chr. liegen und deren Kerngebiet sich in O-Mexiko über das südl. Veracruz und das nördl. Tabasco erstreckt. Hauptzentren waren San Lorenzo und La Venta. Die künstlerisch hohe Entwicklungsstufe dieser Kultur zeigt sich in der Bildhauerkunst in Form von Stelen, Altären und Riesenköpfen aus Stein sowie figürl. Kleinkunst. Die Kolossalköpfe ruhen auf Steinfundamenten und haben weder Körper noch Hals; sie sind bis zu 2,50 m hoch und zw. 15 und 30 t schwer (Umfang bis zu 6 m). Der Gesichtstyp dieser Köpfe zeigt, kennzeichnend für die Kultur der O., große Augen mit angedeuteter Iris, eine breite Nase und einen halbgeöffneten, gut abgegrenzten Mund mit wulstigen Lippen und nach unten gezogenen Mundwinkeln (→Baby face). Auch bei anderen Menschendarstellungen aus Stein oder Ton findet sich dieses Gesicht. In der Kleinkunst war das bevorzugte Material der O. Jade, daneben aber

Olmeken:
Zeremonialaxt; Jade,
28,5 cm hoch

auch Obsidian, Amethyst, Bergkristall und Serpentin. Die Kultur der O. hat – über ihr Kerngebiet hinaus – die nachfolgenden Kulturen Mesoamerikas vielfältig beeinflußt. (WEITERES BILD Mesoamerikanische Hochkulturen)

M. D. COE: America's first civilization. Discovering the Olmec (New York 1968); J. SOUSTELLE: Die O. (a. d. Frz., 1980).

Olmütz, tschech. **Olomouc** ['ɔlɔmɔuts], Stadt im Nordmähr. Kr., ČSSR, 102 500 Ew. – O. war schon 1063 Bischofssitz; seit 1233 königl. Stadt und bis 1642 Hauptstadt Mährens. – Der ehem. roman. Wenzelsdom (1131 gew.) wurde mehrmals umgebaut, zuletzt 1880 im neugot. Stil (roman. Elemente in den Seitenmauern erh.; got. Schiff). Die zweitürmige Moritzkirche (im 16. Jh. voll.) hat wertvolle Innenausstattung (u. a. barocke Orgel). Andere bed. Kirchen sind die Michaelskirche (urspr. gotisch, 1674 umgebaut) und Maria-Schnee-Kirche (1712–19) mit Stuckarbeiten, Fresken und Holzschnitzereien. Das Rathaus (15. Jh.; später erweitert) hat got. Erker, ein schönes Renaissance-Portal und Loggien; barocke Dreifaltigkeitssäule (1716–54) mit 18 vergoldeten Kupferstatuen; auf dem Marktplatz 2 barocke Brunnen. Am Bau der Erzbischöfl. Residenz im 17. Jh. waren u. a. B. FONTANA und C. TENCALLA beteiligt.

Olpe [grch.], einhenklige Kanne in der grch. Antike, meist mit runder Mündung. (BILD Vasen)

Olsztyn ['ɔlʃtin], poln. Name für →Allenstein.

Öltempera, →Temperamalerei.

Oltos, attischer Vasenmaler, um 520–500 v. Chr. tätig; einer der wichtigen Schalenmaler der Pioniergeneration des rotfigurigen Stils; sein Werk umfaßt viele Augenschalen, deren Darstellungen (v. a. Götterthemen) betont symmetrisch angeordnet sind.

Ölvergoldung, Maltechnik: Blattvergoldung auf Beize und Mixtion v. a. für stark beanspruchte Gegenstände (Sitzmöbel), größere Flächen und kompliziert begrenzte Teilvergoldungen, innen und außen verwendbar. Ö. sind nicht polierbar (Mattvergoldung).

Olympia, antike Kultstätte des Zeus und der Hera in der grch. Landschaft Elis (NW-Peloponnes). O. war im Altertum Schauplatz der dem Zeus zu Ehren alle 4 Jahre stattfindenden Olymp. Spiele, an denen Athleten aus allen grch. Staaten teilnahmen. Auch in röm. Zeit hatten die Spiele noch Bedeutung. 394 n. Chr. wurden sie von Kaiser THEODOSIUS verboten, 408 wurden alle Tempel von den Römern, 522 und 551 die noch bestehenden Bauten durch Erdbeben zerstört. Dt. Ausgrabungen fanden 1875–81, 1922 ff., 1936–42 und wieder seit 1952 statt.

O. bildete einen hl. Bezirk, dessen Kult im 2. Jahrtsd. v. Chr. dem Pelops galt. Den Grabbezirk dieses Heroen (Pelopion) und der Hippodameia bildete ein hl. Hain (elisch Altis), den der Sage nach Herakles für seinen Vater abgesteckt hatte. Erst Anf. des 1. Jahrtsd. kam der Zeuskult nach O. In klass. Zeit war die Altis im W und S von einer Mauer umgeben, im N bildeten der Fuß des

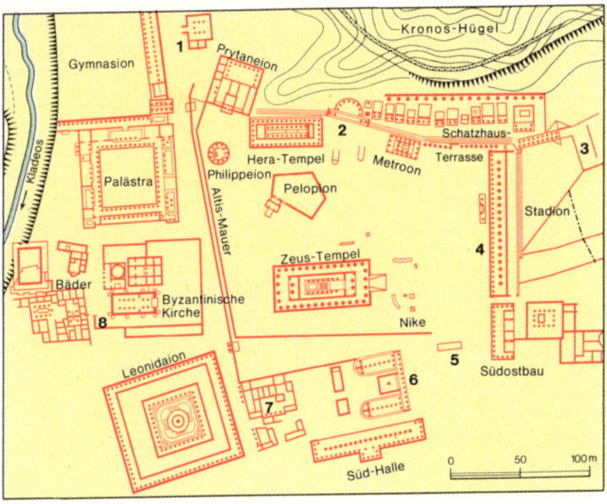

Olympia: Das Heiligtum in griechisch-römischer Zeit. **1** röm. Thermen, **2** Nymphaion, **3** Stadion-Ablaufschwelle, **4** Echohalle, **5** Neros Festtor, **6** doppelter Apsidenbau, **7** röm. Thermen, **8** Werkstatt des Phidias (nach E. Kirsten u. W. Kraiker: Griechenlandkunde, [5]1967)

123 m hohen Kronos-Hügels und im O Hallenbauten die Begrenzung. Der umschlossene Raum war ein unregelmäßiges Viereck von etwa 200 × 160 m Ausdehnung. Das Haupttor lag im SW, im S stand der hl. Ölbaum, im SO Neros Festtor.

Der Hauptbau der Altis war der Tempel des olymp. Zeus (64,10 × 27,66 m), im dorischen Stil als Peripteros mit 6 zu 13 Säulen um 460 v. Chr. erbaut. Er enthielt das große gold-elfenbeinerne Sitzbild des Zeus von PHIDIAS (um 430); den Außenschmuck bildeten Giebelskulpturen und über den Fronten der Cella Metopenreliefs, Gipfelleistungen der frühklass. Skulptur. Die Metopen stellten in 12 Einzelfeldern die Taten des Herakles dar. Im Ostgiebel war die Vorbereitung der Wettfahrt von Pelops und Oinomaos vor Zeus, im Westgiebel der Kampf der Lapithen und Kentauren bei der Hochzeit des Peirithoos, mit Apollo in der Giebelmitte zu sehen. Durch Ausgrabungen wurde der größte Teil der Tempelplastiken gefunden.

Das älteste Gebäude der Altis ist der noch im Sockelbau erhaltene Hera-Tempel (Heraion) aus der Mitte des 7. Jh., der gegen 600 als dorischer Peripteros mit 6 zu 16 Säulen erneuert wurde. In den Nischen seiner Cella standen später Statuen, u. a. der Hermes des PRAXITELES.

Weitere Bauten der Altis sind: die 12 Schatzhäuser für die Unterbringung der Weihgeschenke (6./5. Jh.), das Metroon (der Göttermutter geweihter Tempel, um 400 bis 390), das Philippeion (ion. Rundbau, von PHILIPP II. nach 338 errichtet; mit Statuen der Familie Philipps, von LEOCHARES geschaffen), eine im O die Altis begrenzende Halle (Echohalle, 4. Jh.) und aus dem 2. Jh. ein Nymphaion. Außerhalb der Altis lagen im O das Stadion (im Zustand des 4. Jh. v. Chr. wiederhergestellt), im S ein doppelter Apsidenbau (Buleuterion) und die Südhalle (4. Jh.), im SW röm. Gästehäuser, im W Gymnasion und Palästra aus hellenist. Zeit, ferner ein Schwimmbad, Sitz- und Schwitzbäder u. a. Die ehem. Werkstatt des Phidias wurde gesichert durch eine Fülle von Werkstattabfall. – Ein großer Teil der Ausgrabungsfunde wird im Mus. in O. aufbewahrt; v. a. Werke der Kleinkunst seit dem frühen 1. Jahrtsd. v. Chr. (Weihestatuetten, Tierfiguren, Dreifüße, Ständerkessel mit Greifen- und Löwenattaschen, Rüstungsteile), die zu Tausenden gefunden wurden, i. Ggs. zu großplast. Werken, die, da in O. meist aus Bronze, begehrte Objekte für Wiedereinschmelzung in späterer Zeit waren.

Bericht über die Ausgrabungen in O., hg. v. Dt. Archäolog. Institut, 10 Berichte (1937 bis 1981); A. MALLWITZ: O. und seine Bauten (1972); Dt. Archäolog. Institut: Die Funde aus O., hg. v. dems. u. H.-V. HERRMANN (Athen 1981).

Olympieion [grch.] *das,* Heiligtum des olymp. Zeus, für den mindestens in 12 Städten in Griechenland und in grch. Kolonien kult. Verehrung nachweisbar ist. Neben dem O. in Syrakus sind von Bedeutung das O. in Agrigent und bes. das in Athen (korinth. Dipteros, anstelle eines Vorgängerbaus des 6. Jh. v. Chr. 175 v. Chr. neu gebaut, erst im 2. Jh. n. Chr. voll.; BILD griechische Kunst).

Olynth, grch. **Olynthos,** antike Stadt auf der Halbinsel Chalkidike (Griechenland), bei dem Dorf **Myriophyton** gelegen; durch Ausgrabungen wurden v. a. das nicht wieder überbaute Straßensystem und die Anlage der Wohnhäuser des 5./4. Jh. v. Chr. freigelegt. Bes. reiche Funde von Kieselmosaik-Fußböden, meist mit geometr. Dekor, sowie Terrakotten und Vasen.

Omaha ['əʊməhɔː], Stadt in Nebraska, USA, 312 000 Ew. Das 1931 eröffnete Joslyn Art Mus. enthält eine Samml. von Meisterwerken der ital. (L. DI CREDI, TIZIAN, A. MAGNASCO) und span. Kunst (EL GRECO, J. DE RIBERA) sowie Werke zeitgenöss. Meister (J. POLLOCK).

Omajjaden, Umajjaden, die erste Kalifendynastie (Residenz: Damaskus 661–750, in Spanien 756–1031). 749/50 wurden die O. im O von den Abbasiden abgelöst und nahezu ausgerottet. ABD AR-RAHMAN I. entkam nach Spanien, wo er das Emirat (929 Kalifat) von Córdoba gründete; der von den O. geprägte Stil (→islamische Kunst) lebte dadurch in Spanien weiter, wo seit 786 in Córdoba die Große Moschee mit Anklängen an den Dekor syrisch-jordan. Bauten errichtet wurde; eigenständige Lösungen wurden in der Anlage des Betsaals (die Schiffe waren senkrecht auf die Kiblawand ausgerichtet) und in der komplizierten Überkuppelung des Raums vor dem Michrab (ein System mehrerer sich überkreuzender Bogenrippen stützte die Kuppel) gefunden. Die 936 gegr. Palaststadt Medina as-Sahra bei Córdoba ist i. Ggs. zu der Tradition östl. Schloßanlagen (omajjad. Wüstenschlösser, Uchaidir, Samarra) eine Terrassenanlage mit Bauten in unregelmäßiger Anordnung.

Omodeo, ital. Bildhauer, →Amadeo.

Omphalos [grch.] *der,* in der grch. Antike in Delphi als Nabel (= Mittelpunkt) der Erde verehrter hl. Stein, urspr. wohl eine Opferstätte der vorgrch. Erdgöttin (Durchbohrung in der Mitte – auch bei Nachbildungen, um durch sie die flüssige Opferspende in die Erde zu leiten); in klass. Zeit allg. ein relig. Symbol, auch im Toten- und Heroenkult (Heroen-Relief; Theben, Mus.).

Onatas, grch. Erzbildner des 5. Jh. v. Chr., führender Meister der Kunstschule von Ägina, schuf kolossale Götterstatuen, darunter einen von den Thasiern nach Olympia gestifteten Herakles und einen wohl aus Ägina nach Pergamon entführten Apoll. Seine Werke sind nicht erh., auch nicht in röm. Kopien.

Onesimos, grch. Vasenmaler in der Zeit des strengen rotfigurigen Stils, für den Töpfer →Euphronios tätig; nur eine seiner Schalen (Louvre) ist signiert.

Onyx [grch. ›Nagel‹, ›Kralle‹] *der,* Mineral; naturfarbig schwarz oder schwarzgefärbter →Achat. Schwarzweiß gestreift nennt man ihn **Lagen-O.** Bezugsquellen für den O. waren schon im Altertum Armenien, Galatien, Indien und Arabien. Die Griechen benutzten schön gezeichnete Steine zum Schneiden von Gemmen und Kameen; diese Technik wurde von den Römern übernommen. – Neben der Verwendung als Ringstein werden noch heute aus großen Stücken von O. Gefäße geschnitten.

Onyxglas, Achatglas, antike Glasgefäße aus mehreren Schichten eingefärbter Glasmasse, die durch Ineinandergießen versch. Glasschmelzen erzeugt wurde. Es sollte die Maserung geschliffener Edelsteine nachgeahmt werden.

Oost, Jacob van, d. Ä., niederländ. Maler, *Brügge 1601, †ebd. 1671, bildete sich 1621–28 in Rom an CARAVAGGIO und den CARRACCI, später an P. P. RUBENS und A. VAN DYCK; malte große relig. Gemälde und Porträts. Sein Sohn Jacob d. J. (*1639, †1713), schuf relig. Bilder in der Art von A. van Dyck.

Oostende, fläm. Name von →Ostende.

Ootmarsum [o:tm'arsəm], Gem. in der niederländ. Prov. Overijssel. Die Pfarrkirche ist eine romanisch-got. Pseudobasilika (Mitte 13. Jh.), Chorabschluß und Kapellen im Querschiff von 1491, spätgotisch erweiterte Fenster; im Innern Gewölbemalereien und eine got. Monstranz (1400).

Opaion [grch.], Baukunst: auch →Auge, die Lichtöffnung im Scheitel einer Kuppel.

Opalglas, in der Masse getrübtes lichtdurchlässiges Glas mit einem dem natürl. Opal ähnl. Farbenspiel.

Opalka, Roman, poln. Maler, *Abbeville (Frankreich) 27. 8. 1931, schreibt seit 1965 von Bild zu Bild fortlaufend weiße, horizontale Zahlenreihen auf grauem Grund (mit bildweise fortschreitender Aufhellung) von 1 bis unendlich. Er versteht seine Malerei als Bewältigung des Lebensfaktors Zeit.

R. O., bearb. v. IRENE OTTENHAUSEN (1980).

Op Art ['ɔp ɑ:t, amerikan.], Abk. für **Optical Art** ['ɔptıkl ɑ:t, ›optische Kunst‹], Bezeichnung für seit Mitte der 1950er Jahre erkennbare Tendenzen der zeitgenöss. Kunst, in denen das Spezifische der visuellen Wahrnehmung einschließlich der opt. Täuschung (Kinetik, Moiré-Effekt, d. h. durch Lichtreflexe gemasert erscheinende Oberfläche, Vibration) programmatisch in den Mittelpunkt gestellt wird. Grundlage sind geometr. Formmuster und Farbabläufe, die im menschl.

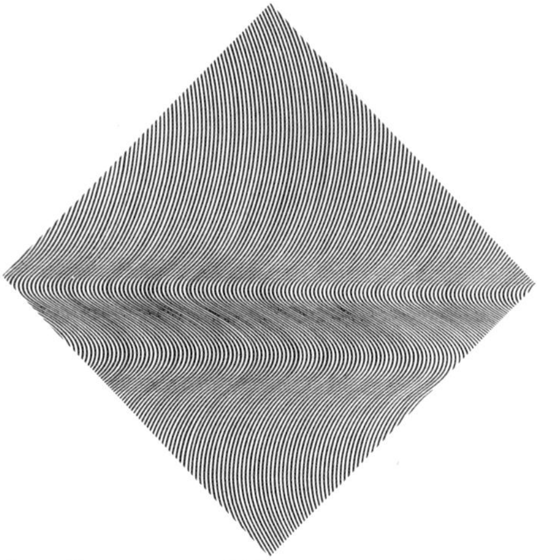

Op Art: Bridget Riley, Crest; 1964 (London, Rowan Gallery)

Auge Bewegungs- und Flimmereffekte auslösen und damit eine neue kinet. Bildrhythmik erzielen. Die Bez. O. A. setzte sich um 1965 durch (Ausstellung ›The Responsive Eye‹, New York, Mus. of Modern Art). Die wichtigsten Künstler sind V. VASARÉLY, R. ANUSZKIEWICZ, BRIDGET RILEY, A. MAVIGNIER, L. WILDING und die ›Groupe de Recherche d'Art Visuel‹ in Paris, die wie Y. AGAM, J. R. SOTO, J. LE PARC u. a. auch kinet. Plastiken nach den der O. A. verwandten Zielen entwickelten. Die O. A. beeinflußte v. a. die angewandten Künste und die Werbegraphik nachhaltig.

Dt. Kunst der sechziger Jahre, 1: JULIANE ROH: Malerei, Collage, O. A., Graphik (1971); C. BARETT: O. A. (a. d. Engl., 1974).

Opatów [ɔp'atuf], Stadt in der Wwschaft Tarnobrzeg, Polen, 7000 Ew.; z. T. erh. Stadtmauer (1520–30) mit Warschauer Tor; Kollegiatskirche St. Martin (etwa Mitte 12. Jh. erbaut, im 15./16. Jh. und 1874 verändert), Basilika mit Querschiff, im Innern Fresken (15. Jh.), Epitaphien aus Spätrenaissance und Barock; Zisterzienserkloster (16./17. Jh., 17./18. Jh. umgebaut) und Kirche (1751–61) mit Rokoko-Innenausstattung.

Opava, Stadt in der ČSSR, →Troppau.

Ophey, Walter, Maler, Graphiker, *Eupen 25. 3. 1882, †Düsseldorf 11. 1. 1930. Ausgehend vom Neoimpressionismus, malte er formal einfache, auf Farb- und Linienwirkung reduzierte (Landschafts-)Bilder, häufig mit religiös-humanist. Gehalt.

Opie ['əʊpɪ], John, engl. Maler, *St. Agnes bei Truro (Cornwall) Mai 1761, †London 9. 4. 1807, malte realist. Porträts (›H. Füßli‹, London, Nat. Gal.) mit kraftvoller Helldunkelwirkung sowie ländl. Szenen (›Bauernfamilie‹, um 1783–85; ebd., Tate Gal.).

Opisthodomos [grch. ›Hinterhaus‹] *der,* im grch. Tempel der Raum hinter der Cella, meist ohne Verbin-

Oplontis: Detail einer Wandmalerei in einer Villa; um 50 v. Chr.

dung mit ihr; war wie das →Pronaon durch eine Säulenstellung zw. den verlängerten Seitenwänden der Cella gegliedert.

Oplontis, antike Villensiedlung(?) am Fuß des Vesuv, durch dessen Ausbruch 79 n. Chr. verschüttet (an der Stelle heute Torre Annunziata). Durch Ausgrabungen seit 1964 wurde eine riesige Villenanlage freigelegt (mehr als 3000 m² überbaute Fläche), deren Hauptachse mit Wohnraum und Atrium durch ein vorgezogenes, von Säulenumgängen gerahmtes Propylon betont war; die Wohnräume lagen um einen kleinen Garten; prunkvolle Ausschmückung mit Mosaikfußböden und Wandmalereien. Stil und Prachtentfaltung der Malereien (wohl um 50 v. Chr.) finden Vergleichbares nur in der großen Villa bei Boscoreale.

Opočno ['ɔpɔtʃnɔ], Stadt im Ostböhm. Kr., ČSSR. Die ehem. Burg aus dem 11. Jh. wurde zunächst in ein Renaissance-Schloß umgebaut, dieses später barockisiert. Im Schloß ist heute ein Mus. mit Bildergal. (u. a. got. und Renaissance-Tafelbilder).

Oppeln, poln. **Opole,** Hauptstadt der poln. Wwschaft Opole, Niederschlesien, 111 000 Ew., ehem. Hauptstadt des Piastenherzogtums. Der Dom ist eine spätgot. Halle (15. Jh.) mit Seitenkapellen (15./16. Jh.), Fassade von 1899–1902; Franziskanerkloster (1287 gegr., mehrmals umgebaut) und Kirche, eine spätgot. Halle (vor 1350) mit Seitenkapellen und Turm (15./16. Jh.; 17./18. Jh. umgebaut); Dominikanerkloster (1295 gegr.) und got. Kirche von vor 1361 (18.–20. Jh. umgebaut). Am Markt Häuser aus dem 15.–18. Jh. Vom ehem. Piastenschloß (1928–31 abgetragen) ist nur der Turm (1300) erhalten.

Oppenheim, Stadt am Rhein südlich von Mainz,

Rheinl.-Pf., 4800 Ew. Die Katharinenkirche (1262 bis 1360, Westchor 1415–39 von M. GERTHENER, Türme des spätroman. Vorgängerbaus erh.) ist das bedeutendste Bauwerk der Gotik zw. Straßburg und Köln. Die Wände der Gewölbebasilika sind fast vollständig in Maßwerk und Glas aufgelöst, wobei die S-Seite als Schaufront in einzigartiger Pracht ausgestaltet ist. Die ehem. Franziskanerklosterkirche (1. H. 14. Jh.) erscheint dagegen in den schlichten Formen der Bettelordensgotik. Adelshöfe des 17./18. Jh. Über O. die Ruine der ehem. Reichsburg Landskron (13./16. Jh.).

B. SCHÜTZ: Die Katharinenkirche in O., hg. v. E. HUBALA u. W. SCHÖNE (1982).

Oppenheim, 1) Dennis, amerikan. Künstler, *Mason City (Washington) 6. 9. 1938, Vertreter der Land Art und Body Art, der u. a. die natürl. Veränderungen der Landschaft und des Körpers in seine Aktionen einbezieht und diese mit Photos, Videobändern und Filmen dokumentiert; schafft Skulpturen aus architekton. Elementen mit symbolhaft-assoziativer Wirkung.

2) Meret, Malerin, Objektkünstlerin, *Berlin 6. 10. 1913, †Basel 15. 11. 1985, lebte (1932–37) in Paris im Kreis der Surrealisten, seit 1948 in Bern. In ihren Ready-mades verfremdet sie Alltagsgegenstände durch vieldeutige Veränderungen des Materials (in ›Das Frühstück im Pelz‹ pelzbesetzte Frühstückstasse, 1936; New York, Mus. of Modern Art); auch Bilder und Collagen.

3) Moritz, Maler, *Hanau 12. 12. 1799, †Frankfurt am Main 26. 2. 1882, schloß sich nach Studien an der Hanauer Zeichenakad. und der Akad. in München (1818–20) während seines Aufenthaltes in Rom (1821 bis 1825) den →Nazarenern an und wurde hier von B. THORVALDSEN gefördert. – O. malte Porträts und relig. Motive; bekannt als ›erster jüd. Maler‹.

Werke: Bilder aus dem jüd. Familienleben; Porträts (L. Börne, 1827, Frankfurt am Main, Städelsches Kunstinstitut; H. Heine, 1831, Hamburg, Kunsthalle); 2 Kaiserbilder im Frankfurter Römer.

Oppenheimer, Max, gen. **Mopp,** österr. Maler, Graphiker, *Wien 1. 7. 1885, †New York 19. 10. 1954, emigrierte 1938 in die Schweiz, 1939 in die USA. Er stand anfänglich dem Expressionismus nahe, trat bes. mit Porträts (Gebrüder Mann, A. Schönberg) sowie Musiker- und Orchesterbildern (›Die Symphonie‹, 1923) hervor.

Oppenort [ɔpn'ɔːr], auch **Oppenoordt, Oppenord,** Gilles-Marie, frz. Architekt, Zeichner, *Paris 27. 7. 1672, †ebd. 13. 3. 1742, lernte bei J. HARDOUIN-MANSART, war 1692–99 an der frz. Akad. in Rom, wo er sich bes. an Bauten von G. L. BERNINI und F. BORROMINI schulte. Er war Hofbaumeister des Regenten PHILIPP VON ORLÉANS. O. war mit seinen Ornamentzeichnungen und Innenraumentwürfen bahnbrechend für die Ausbreitung des Rokoko in Frankreich (Louis-quinze).

Oppidum [lat. ›Verschanzung‹, ›Befestigung‹] *das, Mz.* **Oppida,** urspr. ein durch Mauer und Graben befestigter, zur Verteidigung günstig gelegener Ort. Bei den Römern hieß jede städt. oder stadtähnl. Siedlung, die weder Colonia noch Municipium war, O.; auch die großen kelt. Stadtanlagen, v. a. deren befestigte Siedlungen des 2. und 1. Jh. v. Chr., wurden von den Römern und werden auch heute noch in der Fachsprache O. genannt.

Oppler, Ernst, Maler, Radierer, *Hannover 19. 9. 1867, †Berlin 1. 3. 1929, Schüler von L. v. LÖFFTZ, Mitbegründer der Berliner Sezession (1898). – O. schuf impressionist. Innenraumbilder und Porträts sowie Radierungen von Tänzerinnen und Ballettgruppen.

Oppurg, Gem. bei Pößneck, Dt. Dem. Rep.; Barockschloß Niederoppurg (1708) an der Stelle einer ma. Burg, Fassaden mit reichen Stuckverzierungen (1746/47), z. T. originale Ausstattung; barocke Dorfkirche (1694–96), Mittelschiff reich stuckiert.

Opus [lat.] *das,* antike Mauertechniken: **O. caementicium,** Mörtelmauerwerk; **O. incertum,** Mauerwerk aus Bruchstein in Mörtel; **O. latericium,** Lehmziegelmauerwerk; **O. mixtum,** Ziegellagen wechselnd mit Steinmauerwerk; **O. pseudoreticulatum,** Mauerflächen aus Bruchstein mit glatten Fronten; **O. quadratum,** Quadermauerwerk; **O. reticulatum,** Mauerflächen aus regelmäßigen diagonal verlegten Steinen; **O. testaceum,** Mauerwerk mit Ziegelverkleidung. – **O. musivum,** Mosaikböden allgemein; **O. alexandrinum,** Fußbodenmosaik (der Name weist darauf hin, daß Alexandria für die Geburtsstätte dieser Kunst gehalten wurde); **O. tesselatum,** Fußböden aus kleinen Steinplättchen; **O. vermiculatum,** Fußböden aus Mosaiksteinchen. (WEITERE BILDER S. 210)

Opus anglicanum [lat. ›engl. Arbeit‹], →Stickerei.

Ora, ital. für →Auer.

Oradea, Stadt in Rumänien, →Großwardein.

Orakelstätten, in der Antike hl. ›Sprechstätten‹, an denen eine Gottheit durch den Priester auf Fragen antwortete und Weissagungen erteilte (Dodona, Olympia, Delphi, Klaros bei Kolophon, Didyma, O. des Ammon in der Oase Siwa der Libyschen Wüste).

Oran, arab. **Ouahran,** Hafenstadt in NW-Algerien, 485 000 Ew.; 903 von andalus. Seeleuten gegr., Blüte im 13. und 15. Jh. (Einwanderung span. Muslime), 1791 durch Erdbeben zerstört, heute in starkem Um- und Ausbau (Vororte in kühner moderner Architektur). In der Altstadt die Pascha-Moschee (1796) mit schönem Achteckminarett und reicher spanisch-maur. Ornamentik im halbrunden Riwak-Sahn, die Sidi-el-Houari-Moschee (1799) mit spanisch-maur. Minarett, die St. Louis-Kirche (1839), die neobyzantin. Kathedrale Sacré-Cœur (1913, Chorkuppel, Mosaikfassade, vielfarbige Fenster) und das neobyzantin. Opernhaus (1906). Die vielgliedrige Festung Château Neuf (1563–1701) mit maur. ›Caravansérail‹-Tor, ehem. span. Gouverneurssitz, ist heute vom Militär belegt. Im Mus. Demaeght prähistor. Sammlungen und frz. Maler des 16. bis 20. Jh.

Orange [ɔrˈɑ̃ʒ], Stadt in SO-Frankreich, Dép. Vau-

Opus

Opus caementicium

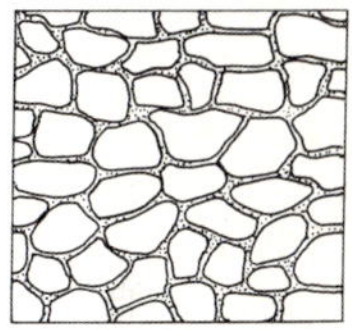

Opus incertum

Opus mixtum (incertum)

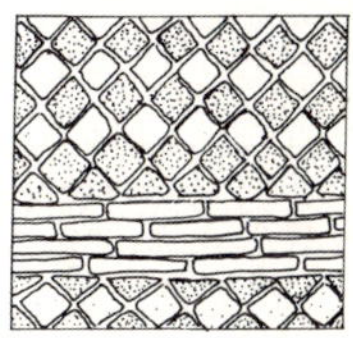

Opus mixtum (reticulatum)

Opus

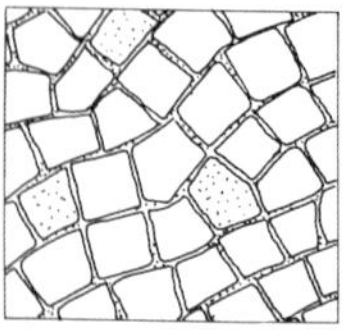

Opus pseudoreticulatum

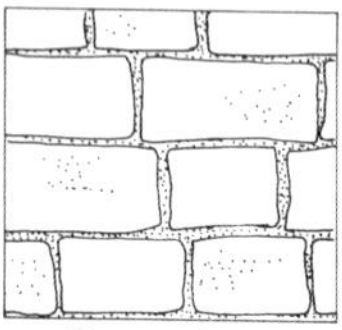

Opus quadratum

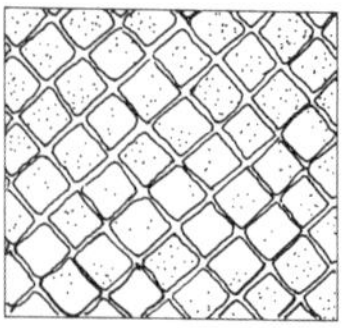

Opus reticulatum

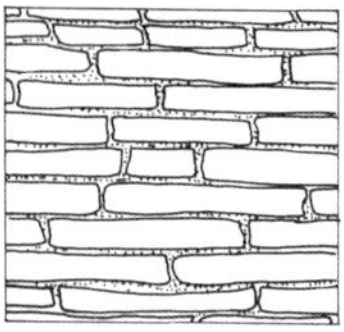

Opus testaceum

cluse, 26 500 Ew. Aus röm. Zeit (1. Jh. n. Chr.) sind bed. Bauwerke erhalten: Triumphbogen mit 3 kassettengewölbten Durchgängen und Reliefs, eine Gallierschlacht darstellend, sowie das gut erhaltene Theater (für 7000 Zuschauer) mit mehrgeschossiger Bühnenrückwand (103 m breit, 38 m hoch; BILD römische Kunst) und Reste mehrerer Tempel. Im Mus. Ausgrabungsfunde. Die Kathedrale (1208 gew.) ist ein provenzal. Saalbau mit Längstonne und Kapellenreihen.

Orangerie [ɔrãʒr'i, frz.], Gewächshaus zum Überwintern der während des Sommers im Garten aufgestellten Orangenbäume u. a. Pflanzen. Mit dem Aufkommen der Orangenzucht in den Niederlanden und in Dtl. im 16. Jh. entstanden zunächst hölzerne, ›abschlagbare O.‹ über fest eingepflanzten Bäumen. Erst im 17. Jh. baute man ortsfeste Häuser, die bald auch reich ausgestattete heizbare Salons und Badestuben besaßen und als Wintergarten sowie der höf. Festlichkeit dienten. Im Barockpark schloß die O. oft die Parkachse als Gegenüber zum Schloßbau ab, sie konnte auch den Schloßbau selbst ersetzen (Kassel). Dagegen hat sich die ›Terrassen-O.‹ (Versailles, 1684–86 von J. HARDOUIN-MANSART erbaut) in Dtl. nicht durchgesetzt; einziges Beispiel ist die Untere O. in Groß-Sedlitz bei Dresden, um 1725. Mit dem 19. Jh. verlor die O. an Bedeutung und wich den Eisen-Glaskonstruktionen der Gewächshäuser. – Beispiele in Dtl.: die O. in Kassel (1702–10), Gaibach (1700–08), die Zirkelhäuser im Schloßpark in Schwetzingen (1748–54), die O. im Park von Sanssouci in Potsdam (1851–60).

Orani|enbaum, 1) Stadt östlich von Dessau, Dt. Dem. Rep., 4700 Ew.; regelmäßige barocke Stadtanlage (seit 1683); Schloß (1683–89), dessen völlig mit Delfter Kacheln verkleideter Sommerspeisesaal original erh. ist; Barockpark, ein Teil im engl. Stil mit chines. Turm und Teehaus (Ende 18. Jh.).

2) bis 1948 Name von →Lomonossow.

Orani|enburg, Stadt in der Dt. Dem. Rep., an der Havel nördlich von Berlin, 24 400 Ew. Schloß (1651), eine zweigeschossige Dreiflügelanlage mit dreieinhalbgeschossigem Mittelrisalit, von der Ausstattung nur eine reiche Stuckdecke im ehem. Porzellankabinett erh.; Lustgarten, Orangerie (1754 beg.); das frühbarokke Waisenhaus (1665 gestiftet) ist seit 1944 z. T. Ruine; neuroman. Pfarrkirche (1864–66) von F. A. STÜLER.

Orans [lat. ›Betender‹] *der, Mz.* **Oranten,** Figur der antiken, frühchristl. und ma. Kunst, die beide Arme erhebt, oft mit nach oben gewendeten Handflächen. – Die O. der frühchristl. Katakombenmalerei und Sarkophagskulptur stehen in Zusammenhang mit Darstellungen der röm. Pietàs und stellen i. d. R. Verstorbene dar, die auf die Kraft des Gebetes vertrauen. Auch Maria und Heilige konnten als O. dargestellt werden. (BILD frühchristliche Kunst)

Oratorium [ital. oratorio ›Betsaal‹] *das,* Baukunst: im frühen MA. ein kleines Gotteshaus, später ein durch Fenster vom Chor oder Hauptschiff abgeschlossener logenartiger Emporenraum als Betsaal für vornehme

Kirchenbesucher. In der Baukunst der Zisterzienser wird die Klosterkirche als O. bezeichnet.

Oravský Podzámok ['ɔravski: p'ɔdza:mɔk], Ort im Mittelslowak. Kr., ČSSR, 1300 Ew., an der Orava. Auf einem Kalkfelsen oberhalb des Orts die Burg Orava, seit dem 13. Jh. in mehreren Bauabschnitten als Schutzburg entstanden. Die heutige Form der Anlage stammt aus der Zeit um 1600 (1895–1904 romantisch restauriert). Die gesamte Burganlage ist heute Museum.

Orb, Bad O., Stadt im hess. Spessart, 8300 Ew. Die Martinskirche ist eine got. flachgedeckte Halle (14./15. Jh.) und besitzt neben umfängl. Wandmalereien des 14. und 15. Jh. ein bed. gemaltes Altartriptychon, HW des MEISTERS DER DARMSTÄDTER PASSION (um 1440; die Flügel sind Kopien); neben der Kirche die Burg (im 16. und 19. Jh. neugestaltet). Reizvolle Altstadt mit stattl. Fachwerkhäusern des 16.–18. Jh.

Orbay [ɔrb'ɛ], François d'O., frz. Baumeister, Kupferstecher, *Paris 1634, †ebd. 4. 9. 1697, Schüler und bedeutendster Mitarbeiter von L. LEVAU, dessen Stil er übernahm, wurde 1671 Mitgl. der Akad., war seit 1663 tätig am Bau des Louvre und der Tuilerien in Paris, seit 1665 am Schloßbau von Versailles, wo er 1670 Nachfolger Levaus als Bauleiter wurde. O. errichtete in Paris 1686–88 das Kapuzinerkloster an der Place Vendôme und das Theater der Comédiens du Roi, 1688 (beide nicht erh.); Architekturstiche in Paris, Nat.-Bibl.

Orbe [ɔrb], Stadt im schweizer. Kt. Waadt, 3900 Ew.; Pfarrkirche (Neubau 1407 ff.), 1521–25 Erneuerung des Langhauses im Flamboyant-Stil, gute Bauplastik; von der Burg ist ein Donjon (1255–59) erhalten.

Orcagna [ɔrk'aɲa], Andrea, eigtl. A. **di Cione** [-tʃ'o:-ne], ital. Bildhauer, Architekt, Maler, zuerst erwähnt

Andrea Orcagna: Die Armen erflehen den Tod; Ausschnitt aus dem Fresko ›Triumph des Todes‹; zwischen 1350 und 1360 (Florenz, Museo dell' Opera di Santa Croce)

1343/44 in Florenz, †ebd. Ende 1368, wahrscheinlich Bruder der Maler →Nardo di Cione und →Jacopo di Cione; neben A. PISANO der begabteste Bildhauer der Florentiner Gotik. O. führte eine große Malerwerkstatt, doch haben sich nur wenige Arbeiten von seiner Hand erhalten. Als Architekt mehrfach erwähnt, so 1357 als Bauleiter von Or San Michele in Florenz, 1358 vom Dom von Orvieto.

HW (in Florenz): Altarbild der Strozzi-Kapelle (1357 S. Maria Novella); Freskofragmente des Jüngsten Gerichts aus dem südl. Seitenschiff von S. Croce (wahrscheinlich um 1367/68, Mus. di S. Croce). – Tabernakel mit Reliefs aus dem Marienleben in Or San Michele (1352–59).

Orccha ['ɔrktʃa], Stadt in Madhya Pradesh, Indien, ehem. Hauptstadt des gleichnamigen Staates, mit monumentalen Tempeln und weiträumigen Palastanlagen des 17. und 18. Jh. Der mehrstöckige quadrat., unter Bir Singh Deo im 1. Viertel des 17. Jh. erbaute Palast ähnelt dem Palast von →Datia und enthält wie dieser Wandmalereien. Ein für den Mogulkaiser Jahangir erbauter Palast blieb unbenutzt.

Orchardson ['ɔ:tʃədsən], Sir (1907) William Quiller, schott. Maler, *Edinburgh 27. 3. 1832, †London 13. 4. 1910, seit 1862 ebd., malte Bilder aus der engl. Gesellschaft, geschichtl. Genrebilder (›Napoleon an Bord des Bellerophon‹, 1880; London, Tate Gal.) und Szenen aus engl. Dichtungen.

Orchestra [-ç-, grch.] *die,* der kreisförmige Platz im altgrch. Theater, der bes. dem (singenden und tanzenden) Chor vorbehalten war. Im hellenist. und röm. Theater der hufeisen- oder halbkreisförmige Platz zw. Bühnenhaus und Zuschauerraum, dessen Bedeutung als Spielfläche gegenüber dem Proskenion abnahm.

Orchomenos, eine der ältesten Siedlungen Griechenlands in Böotien; Ausgrabungen erwiesen O. als ein frühes Kulturzentrum von neolith. bis in myken. Zeit; größte Bedeutung im 2. Jahrtsd. v. Chr. als Hauptstadt der Minyer. Ein von H. SCHLIEMANN ausgegrabenes Kuppelgrab (›Schatzhaus des Minyas‹, 13. Jh. v. Chr.) zeigt große Ähnlichkeit mit dem ›Schatzhaus des Atreus‹ in Mykene; in einer Seitenkammer des Grabes wurde eine Deckenplatte aus grünem Schiefer mit versch. reliefierten Ornamentformen von großer Qualität gefunden. Von den Thebanern 363 v. Chr. zerstört, wurde O. bald darauf von den Makedonen wiederaufgebaut. Von einem byzantin. Kloster der Hagia Panagia ist eine Kreuzkuppelkirche von 874 erhalten.

Ordensburgen, die Burgen des Dt. Ordens, v. a. in West- und Ostpreußen. Die Anlage der O. vereinigt Forderungen des Klosters mit denen einer Burg als Stützpunkt und Waffenplatz. Die O. zeichnen sich aus durch ihren straff geometrisch geordneten Grundriß, starke Befestigungen, die reichgestalteten Remter (Speisesaal), die meist in den Baublock einbezogene Kapelle und die charakterist. Dansker (erkerartiger Ausbau, diente als Abtritt). Die bedeutendsten O. sind Lochstädt, Mewe, Marienwerder (BILD), Rheden und v. a. die Marienburg (Westpreußen).

Ordnung, versch. Architekturstile in der antiken grch. Baukunst, von Dorern und Ioniern entwickelt (→Säulenordnung).

Ordóñez [ɔrð'oɲɛθ], Bartolomé, span. Bildhauer, *Burgos um 1480, †Carrara 1520, in Barcelona, Neapel und Carrara tätig. In seinen Reliefs und Figuren aus Marmor verarbeitete er Stilelemente der ital. Renaissance, bes. DONATELLOS und MICHELANGELOS.

HW: Marmorrelief der Anbetung der Hl. Drei Könige (1517; Neapel, Caracciolo-Kapelle in S. Giovanni a Carbonara); Schnitzereien am Chorgestühl und Marmorrelief der Hl. Eulalia (1519; Barcelona, Kathedrale); Marmorgrabmal Johannas der Wahnsinnigen und Philipps des Schönen (1519/20; Granada, Kathedrale, Capilla Real).

Ordosbronzen, aus dem Ordosgebiet (Nordchina) stammende vorgeschichtl. Funde, darunter Dolche mit Tierkopfgriff, aus Bronze gegossene Tierfiguren. Die ältesten O. werden an das Ende des 2. Jahrtsd. v. Chr. datiert. Durch Ausgrabungen wurde erwiesen, daß die in die Han-Zeit (206 v. Chr. bis 220 n. Chr.) gehörende Hauptgruppe die Kunst der östl. Hunnen (Hsiung-nu) repräsentiert (→Steppenkunst).

Ordosbronzen: Gürtelplatte mit zwei Pferden (London, Brit. Museum)

Örebro [-br'u:], Stadt in Mittelschweden, 117000 Ew., nach Brand 1854 neu aufgebaut. Renaissanceschloß, unter Einbeziehung der Burg (2. H. 13. Jh.) als Vierflügelanlage mit 4 starken Rundtürmen 1573–1627 erbaut (heute Sitz der Länsregierung). Got. Nikolaikirche, eine dreischiffige Hallenkirche (um 1275–1350 in Anlehnung an die Dome von Skara und Linköping) mit barockem Altaraufsatz (1660); neugot. Rathaus (1856–62). Kunst-Mus. (v.a. schwed. Malerei 19./20. Jh.).

Orense, nordspan. Stadt und Bischofssitz in Galicien, 77600 Ew., mit Brücke (1230) über den Miño; die dreischiffige Kathedrale (1132 bis Mitte 13. Jh., Fassade 16./17. Jh.) besitzt qualitätvolle roman. Bauplastik, v.a. am N- und S-Portal, im Inneren das reich skulptierte spätgot. Hauptretabel (frühes 16. Jh.; in 20 Feldern Szenen aus dem Leben Christi darstellend); Kirchenschatz im Diözesan-Mus.; got. Kirche S. Francisco (13. Jh.). Archäolog. Mus. (röm. Antiken, ma. Plastiken).

Orest, grch. **Orestes,** grch. Mythos: Sohn des Agamemnon und der Klytämnestra, dessen Leben in versch. Versionen überliefert ist. Nach der Ermordung Agamemnons durch Klytämnestra selbst oder deren Geliebten Ägisth wurde der kleine O. von seiner Schwester Elektra gerettet, wuchs bei König Strophios in Phokis, dessen Sohn Pylades sein Freund wurde, auf und kehrte unerkannt nach Hause zurück. Von Apoll angetrieben oder unterstützt, rächte er den Tod des Vaters und ermordete Ägisth und seine Mutter. Als Muttermörder wurde er von den Erinyen verfolgt und mit Wahnsinn bestraft. Zur Entsühnung holte er zus. mit Pylades das Bild der Artemis aus Taurien. Im 7. und 6. Jh. v. Chr. beschäftigte die Künstler v.a. die Blutrache des O., die auf Reliefs und Vasen oft ähnlich dargestellt wurde: Der jugendlich bartlose O. ermordet Ägisth, Klytämnestra flieht entsetzt (u.a. auf attischem

Krater, 7. Jh. v. Chr., Berlin-West, Staatl. Museen). Seit dem 6. Jh. v. Chr. wurde der Szene auch Elektra hinzugefügt. Kindheit, Wahnsinn und Entsühnung des O., sein Verweilen am Grab des Vaters oder in Taurien wurden zunehmend Gegenstand der Kunst bis in röm. Zeit (Sarkophage, Wandbilder). Die Neuzeit stellte O. nur selten dar (J. H. W. TISCHBEIN), die Kunst um 1900 bevorzugte den von den Furien verfolgten O. (F. v. STUCK).

Organische Architektur, mehrdeutiger Begriff in der Architekturtheorie, der auf ästhet. und wahrnehmungstheoret. Gedanken PLATONS beruht. Die in der klass. Architektur entwickelte Proportionslehre, die die Proportionen des Menschen in Beziehung zu den Proportionen der Bauten setzte, wurde in der Renaissance wiederaufgenommen. Diese am Motiv des menschl. Körpers entwickelten prakt. Gestaltungsregeln wurden auch die Grundlage der O. A. in der Moderne. Die romant. Kunsttheorien, v. a. im dt. und angelsächs. Einflußgebiet, führten zu einer ersten Abkehr von den strengen Regeln des Klassizismus. Viele Architekten des Jugendstils (É. GALLÉ, A. ENDELL u. a.) orientierten sich an den biolog. Erkenntnissen des 19. Jh., am Vitalismus und an der Einfühlungstheorie des Philosophen T. LIPPS (*1851, †1914). Sie war der Ausgangspunkt für die v. a. von F. L. WRIGHT, E. MENDELSOHN und A. AALTO angestrebte Harmonisierung von Landschaft und Bauten. L. H. SULLIVAN wurde der Meister im organ. Zusammenfügen der einzelnen Bauteile. Aus soziolog. und technisch-prakt. Gedanken entwickelte H. HÄRING seine Theorie des ›Organ. Bauens‹; es entstanden Bauten, die auf jede Gleichförmigkeit verzichteten. Versuche zur individuellen Gestaltung der Bauten führten häufig zu bizarren Lösungen (H. SCHAROUN). – Bauten, in denen nicht nur die Einfügung in die Landschaft und die Anpassung der Räume an die versch. menschl. Bedürfnisse angestrebt werden, ebenso jene, die vorwiegend aus natürl. Material (Holz, Naturstein) errichtet sind, werden zur O. A. gezählt. Die Zweckbezogenheit im biolog., psycholog. und sozialen Sinn kann eine bedingte Ablehnung der unbegrenzten künstler. Freiheit zur Folge haben. Das Ideengut der O. A. hat daher auch viele Berührungspunkte mit dem →Funktionalismus.

H. LAUTERBACH u. J. JOEDICKE: Hugo Häring. Schriften, Bauten, Entwürfe (1965); H. HÄRING: Die Ausbildung des Geistes zur Arbeit an der Gestalt (1968); Das andere Bauen, Gedanken und Zeichnungen, hg. v. J. JOEDICKE (1982).

Orgelprospekt, Schauseite der Orgel, die als Teil der Innenausstattung architektonisch gestaltet und in die Raumdekoration einbezogen wurde. Die frühesten erhaltenen O. in Dtl. stammen aus dem 15. Jh. (Kiedrich, St. Valentin, 1454–93). Der Aufbau des spätgot. O. ist dem Flügelaltar der Zeit entlehnt. In süddt. Barockkirchen werden die O. Bestandteile des Raumgefüges. Im 19. Jh. wurde die Orgel als eingestelltes Möbel verstanden und entsprechend gestaltet.

Orientalisierender Stil, Epoche der grch. Kunst, bes. der Vasenmalerei und des Kunstgewerbes im frühen 7. Jh. v. Chr., in der der geometr. Stil durch Aufnahme oriental. Themen und Ornamente (Palmette, Fabelwesen, Tiere) umgewandelt wurde.

Ori|entierung, Baukunst: die →Ostung.

Orient|teppiche, Handelsbegriff für ausschließlich handgearbeitete Teppiche aus der Türkei, Iran, Afghanistan, dem Kaukasus, Turkestan, Pakistan, Indien, Zentralchina und Tibet. Die Benennungen der O. werden meist abgeleitet von Städten, Provinzen, Volksstämmen oder sind frei erfunden. Einige Gruppen der klass. O. (vor 1800) werden durch spezielle Beinamen gekennzeichnet (z. B. Holbein-, Lotto-, Ranken-, Bild-, Tier-, Jagd-, Medaillon-, Gebets- oder Gartenteppich). Bei den Teppichen nach 1800 kommen die Namen von Nomadenstämmen (z. B. Belutschen, Kaschgai) und von Sammel- und Umschlagplätzen hinzu (z. B. Buchara, ein Oberbegriff, unter dem häufig die Arbeiten der Turkmenen zusammengefaßt werden). Der Name beinhaltet keinen Hinweis auf die Qualität.

Orientteppiche: Teppichherstellung; **1** Persischer Knoten, **2** Türkischer Knoten

HERSTELLUNG

Zur Herstellung der O. werden Schafwolle, Baumwolle und Seide, selten Kamel- und Ziegenhaar verwendet. Das Material wird aufbereitet und gesponnen, d. h. zu einem aus mehreren Fäden bestehenden Garn gezwirnt. Die auf dem Webstuhl in Längsrichtung gespannten Fäden, die Kette, bilden mit den querverbindenden Schüssen das Grundgewebe. Bei der **Knüpftechnik,** in der die O. hauptsächlich gearbeitet sind, werden während des Webvorgangs zw. die Schüsse Knotenreihen eingelegt. Sie ergeben das Muster und den Flor, der nach Fertigstellung des Teppichs auf einheitl. Höhe geschoren wird. Der **türkische** oder **Ghordesknoten** (genannt nach der anatol. Stadt Ghordes) ist in der Türkei, dem Kaukasus und den von Kurden bewohnten Teilen W-Irans gebräuchlich. Anwendungsgebiete des **persischen Knotens,** der nach einer Ortschaft in W-Iran auch als **Sennehknoten** bezeichnet wird, sind Iran, Indien und Turkestan (mit Ausnahmen). Unter **Kelim, Sumakh** und **Verneh** versteht man O. ohne Flor, deren Musterung durch den Schuß oder durch in Schußrichtung eingestickte Fäden erzielt wird.

Alter, einwandfreie Färbung, Güte der handgesponnenen Wolle und Originalität des Musters sind die Qualitätsmerkmale eines O. Die Knotendichte ist von untergeordneter Bedeutung. Bei der Beurteilung von Alter, Provenienz und Wert eines O. spielen neben den Mustern die Farben eine Rolle. Seit den 80er Jahren des 19. Jh. haben die industriell erzeugten, als Anilin- und Chromfarben bekannten chem. Farbstoffe die Natur- oder Pflanzenfarben Krapp, Cochenille, Indigo, Safran u. a. weitgehend verdrängt. Bei den Naturfarben, die über Jahrhunderte lichtecht sind, stellen sich ästhetisch befriedigende Harmonien ein. Die Industriefarben werden im Orient bis heute meist unsachgemäß angewendet. Sie bilden daher grelle Kontraste und sind oft weder lichtecht noch wasserfest. Verfärbungen heller Partien durch ausgelaufene benachbarte Farben und Farbunterschiede beim Aufbiegen des Flors oder zw. Vorder- und Rückseite des Teppichs deuten auf diesen Mangel hin. Überfärbungen oder nachgetuschte Stellen lassen sich häufig durch eine Wischprobe mit feuchtem Tuch feststellen. Die Chlorwäsche (engl. Wäsche) bleicht Anilinfarben zu Beige- und Goldtönen aus, womit unter Zerstörung der Wolle ein höheres Alter vorgetäuscht wird. Teppiche mit Industriefarben scheiden als Sammlerstücke aus.

HERKUNFT

Türkei. Einige in der Ala ed-Din-Moschee von Konya gefundene, aus dem 13. Jh. stammende türk. Teppiche können als Grundlage für eine Rekonstruktion der Entwicklung der O. dienen. Breite Bordüren mit sternförmigen Rechtecken oder großzügigen Schriftzeichen umgeben die Innenfelder, die mit Reihen kleiner geradliniger Motive gemustert sind. Aus frühosman. Zeit überdauerte fast ausschließlich in Europa eine beachtl. Zahl von Teppichen und Fragmenten. Ihre Wiedergabe als Bodenbelag und Tischdecken auf Bildern von H. HOLBEIN D. J. und L. LOTTO führte zu den Bezeichnungen **Holbein-** und **Lotto-Teppich.** Bei den Holbein-Teppichen wechseln Reihen aus Flechtbändern gebildeter Oktogone mit Rautenformen, die in die Zwickel eingeschoben sind; der gleiche Aufbau liegt, nur schwer zu erkennen, den Lotto-Teppichen zugrunde, für die ein einheitlich gelbes Rankenwerk auf rotem Grund kennzeichnend ist. Die Bordüren der Holbein-Teppiche zeigen von kufischen Schriftzeichen abgeleitetes Flechtwerk; eckig geführte Wellenranken, Wolkenbänder oder Rauten überwiegen bei den Lotto-Teppichen. Das Kolorit dieser Teppiche ist klar und leuchtend. Rot bis Rotbraun, Blau und Gelb herrschen vor. Die westanatol. Stadt Usak (Uschak) gilt als Produktionszentrum. Das Lotto-Muster blieb bis ins 18. Jh. beliebt. Im 17. Jh. löste die großzügige Aufteilung der **Medaillon-Usaks,** die auf pers. Einflüsse zurückgehen, die auf kleinen Rapporten beruhenden Flächenmuster ab. Ein fast rundes Medaillon im Zentrum und je ein Viertel eines sternförmigen Medaillons in den Ecken gliedern den mit dichtem Rankenwerk durchzogenen Grund. Ihnen ähneln die **Stern-Usaks,** deren Zeichnung aus großen, versetzten Sternen besteht; diese sind ebenfalls einem mit Ranken gefüllten Fond aufgelegt. Wieder sind leuchtendes Rot, Blau und Gelb, dazu Dunkelgrün, die Hauptfarben. Mit ihren großen Formaten wurden diese O. für Paläste und bevorzugt zum Auslegen von Moscheen verwendet. Einfache, durchgehende Muster wurden bei den in Bordüre und Feld weißgrundigen **Vogel-Usaks** und **Tschintamani**-Teppichen beibehalten. Ferner wurden in Usak im 17. und 18. Jh. Gebetsteppiche geknüpft. Auf ihnen ist die nach Mekka ausgerichtete Gebetsnische in der Moschee, der Michrab, nachgeahmt. Im 18. und 19. Jh. übertrafen die türk. Gebetsteppiche zahlenmäßig die des übrigen Orients. Ihnen standen die kleinformatigen, zu profanem Gebrauch bestimmten Teppiche der Nomaden und Dorfbewohner gegenüber. Diese O. besitzen geo-

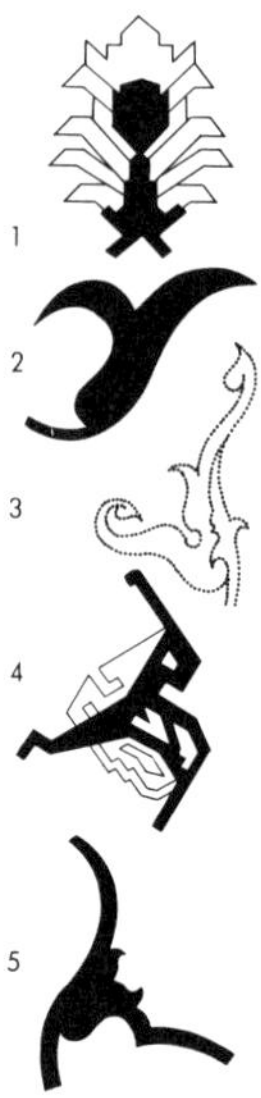

Orientteppiche

Muster: **1** Kelchpalmette, Kleinasien; um 1620. **2** Persische Arabeske. **3** Persische Arabeske um 1600. **4** Kleinasiatische Arabeske um 1550. **5** Persische Gabelranke um 1450.

metr., leicht übersehbare Muster und ein lebhaftes, nuanciertes Kolorit.

Provenienzen: Bergama, Bursa, Ghordes, Hereke, Konya, Kula, Ladik, Milas, Mucur (Mudschur), Panderma, Smyrna, Usak (Uschak) u. a.

Kaukasus. Vor der russ. Eroberung (1829) wurden im nördlichsten Teil des pers. Reichs die **Drachen-Teppiche** hergestellt. Bis zur Unkenntlichkeit abstrahierte Drachen neben anderen aus safawid. Teppichen bekannten Tieren gaben ihnen den Namen. Nach heutiger Auffassung entstanden nur wenige dieser archaisch wirkenden Arbeiten im 17. Jh. Die Mehrzahl stammt mit den kaukas. Versionen floraler Spiralranken-Teppiche aus dem 18. Jh. und dem Bereich Schirwan/Karabagh. Im 19. Jh. entwickelten sich aus diesem Formenschatz entsprechend dem Dekorationssinn der ländl. Bevölkerung eine Fülle klarer, großflächiger Muster in lebhaftem Kolorit. Mit ihrer geometr. Zeichnung heben sich diese Brücken und Läufer – großformatige Teppiche gibt es hier in dieser Zeit nicht mehr – deutlich von den pers. Teppichen des 19. Jh. ab. Sie sind in türk. Knoten gearbeitet. Muster, Farbstellung und Technik bestimmen die Zuordnung zu den zahlreichen Knüpfzentren.

Provenienzen: Dagestan, Derbent, Gendje, Karabagh, Kasak, Kuba, Lesgistan, Schirwan, Seichur, Talysch, Tschitschi u. a.

Turkestan. Maßgebend für die Verschiedenartigkeit der turkmenischen Knüpfarbeiten ist der Verwendungszweck, vor allem in der Ausstattung des Zelts (Jurte). Dazu zählen kleine Teppiche als Bodenbelag, der Behang für den Zelteingang, in Format und Aufbau einem Gebetsteppich entsprechend, das Zeltband, das den oberen Rand der runden Jurte säumt, verschieden große Taschen mit geknüpften Vorder- und gewebten Rückseiten zur Aufbewahrung der Vorräte und Gerätschaften, Doppeltaschen als Satteltaschen, die, über den Rücken von Kamelen oder Maultieren gelegt, als Transportbehältnisse dienten und Kamelschmuck. Verbindend ist ein dunkelroter bis dunkelvioletter Grundton mit einer kleinteiligen, geometrischen Zeichnung in hellem Rot, Blau, Weiß und manchmal sparsam erscheinendem Grün und Gelb. Die Ausführung des sternähnlichen bis achteckigen Hauptmotivs, des **Güls,** das die Funktion eines Stammeszeichens hat, ist wesentlich für die Zuweisung zu den einzelnen Stämmen. Das Ordnungsprinzip versetzter Reihen von Haupt- und Nebengüls, über das schon Teppiche auf timurid. Miniaturen und die Holbein-Teppiche verfügen, läßt hier auf eine lange Tradition der Knüpfkunst schließen. Aus Mangel an Anhaltspunkten für eine genaue Altersbestimmung zögerte man lange, einzelne Exemplare ins 18. Jh. zu datieren. Die wichtigsten Stämme sind die Tekke-Turkmenen, Jumuden, Tschauduren, Ersari, Beschir, Saloren, Saryken. Anzugliedern sind im W die Belutsch-Nomaden und im S die Afghanen.

6

7

8

9
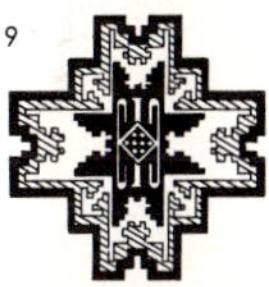

10

11

Orientteppiche

Muster: 6 Mir-i-bota (Serabendmuster), Kaukasus. **7** Mir-i-bota (Palmwedel-, Birnen-, Mandelkernmuster), Iran. **8** Haken-Vieleck, Kaukasus. **9** Sternornament, Kaukasus. **10** Rosette, Kaukausus. **11** Rosette, Iran; um 1600

Afghanistan. In Herat wurden schon zur Zeit seiner Gründung durch ALEXANDER D. GR. (336–323 v. Chr.) prächtige purpurne Teppiche gefertigt. Die Afghanteppiche zeigen wie die Teppiche West-Turkestans Gül-Muster und vorwiegend rote Farbtöne. Sie werden hauptsächlich von nomadisierenden Turkmenen in Afghanistan geknüpft und haben daher auch große Ähnlichkeit mit den Teppichen der Turkmenenstämme um Meschhed in NO-Iran (Belutschistan-Teppich) und in W-Turkestan (Buchara-Teppich).

Indien und Pakistan. Zur Zeit der Mogulherrschaft (16./17. Jh.) entstanden z. B. in den nordind. Städten Agra, Lahore und Sjaipur Teppiche von vielfach höchster Feinheit und techn. Perfektion mit deutlich pers. Einfluß, der selbst bei der Verwendung ind. Motive, etwa den in der Mythologie verwurzelten Tierbildern der frühen Fragmente oder den in der Miniaturmalerei vorgeprägten Darstellungen der Bild-Teppiche, noch in Details sichtbar ist. Kennzeichnend für die Mogul-Teppiche ist die naturgetreue Ausgestaltung der figürl. und pflanzl. Formen und eine Lockerung der Symmetrie. Von den pers. Vorlagen kaum zu unterscheiden sind die ind. Teppiche vom Herat-Typ.

Die Knüpfteppiche aus dem östl. Zentralasien, aus Samarkand, Kaschgar, Yarkand und Khotan haben fernöstl. Stilelemente. Sie leiten zu den chines. →Teppichen über.

Ägypten. Gegen Ende der Mameluckenherrschaft (Ende des 15. Jh. bis zur Eroberung Kairos 1517 durch die Osmanen) entwickelte sich hier der eigenwillige Stil der **Mamelucken-Teppiche:** Kaleidoskopartig umgibt ein dichtes Gefüge von Sternen, Rosetten, Acht-, Drei- und Vierecken einen großen Stern im Zentrum. In den Bordüren wechseln sich Rosetten mit Kartuschen ab. Die wenigen Töne, Grün, Kirschrot, wäßriges Blau und selten Gelb, erzeugen mit dem Glanz der Wolle ein schönes Farbenspiel, das auf den Kontrast zw. Kirschrot und Hellgrün abgestimmt ist. Nach der osman. Eroberung verschwand dieser Typ und an seine Stelle traten Teppiche mit naturnahem, floralem Dekor wie auf der türk. Keramik, häufig von runden Medaillons überlagert. Auch in der Türkei, wahrscheinlich in Bursa, gab es Werkstätten, die in der gleichen verfeinerten Art Teppiche für den Hof in Istanbul anfertigten.

Iran (Persien). Aus dem 14. und 15. Jh., der timurid. Epoche, haben sich keine Teppiche erhalten, jedoch vermitteln pers. Miniaturen eine ungefähre Vorstellung ihres Aussehens. Aus den ersten Jahrzehnten des 16. Jh., dem Beginn der Safawidenherrschaft, sind zahlreiche Beispiele einer hochentwickelten Knüpfkunst überliefert, darunter einzigartige Meisterwerke wie der Ardebil-Teppich in London (1539/40), der Mailänder Jagdteppich (1542) und der seidene Jagdteppich in Wien. In den zwei Jh. der safawid. Herrschaft wurden in Persien die bedeutendsten O. hervorgebracht. Obwohl noch verhältnismäßig viele Teppiche aus dieser Epoche existieren, sind die Probleme der Datierung schwierig und die der genauen Lokalisierung nahezu ungelöst. Es lassen sich Gruppen abgrenzen, und in europ. Reiseberichten dieser Zeit sind Knüpfzentren notiert, doch eine überzeugende Zuordnung ist nicht möglich.

Die gebräuchlichste Flächenaufteilung ist die der **Medaillon-Teppiche.** Ein zentrales Medaillon und in den Ecken je ein Viertel eines weiteren Medaillons, das selten dem mittleren entspricht, liegen auf einem von Spiralranken durchzogenen Grund. Oft sind zw. die Ranken Jagddarstellungen, Tierkampfszenen, einzelne Tiere und menschl. Figuren eingefügt, Motive, die aus der Miniaturmalerei übernommen sind. Bei den **Kartuschen-Teppichen** ist das Feld von einem Netz aus Kartusch-, Schild- und Rosettformen überdeckt. Sie kommen wie die **Herat-** oder **Isfahan-Teppiche** bereits auf timurid. Miniaturen vor. Für die Herat-Teppiche sind zur Längs- und Querachse symmetr. Spiralrankensysteme charakteristisch, in die, ostasiat. Anregungen folgend, Wolkenbänder und bei den frühen Exemplaren Tiere und Tierkampfszenen einbezogen sind. Sie haben keine Medaillons. Mit Blumen gefüllte chines. Vasen in einem steigenden Rankensystem waren ausschlaggebend für die Benennung der **Vasen-Teppiche.** Sie übertreffen die anderen Gruppen an Farbenpracht und phantasievoller Gestaltung der über das Rankensystem dominierenden Blüten und Stauden. Der Name gilt auch für Stücke ohne Vase, die sich durch Stil und Technik als zugehörig erweisen. – Die **Polen-Teppiche** stammen nicht, wie gegen Ende des 19. Jh. angenommen, aus Polen, sondern wurden im letzten Viertel des 16. Jh. in Kaschan und ab 1600 bis zum Ende des 17. Jh. in der Residenzstadt Isfahan in den Hofmanufakturen von Schah Abbas I. für den poln. Adel hergestellt (z. T. mit eingewebten Wappen). Es sind Seiden-Teppiche mit großen, in Gold- und Silberfäden gewirkten Partien und ausschließlich floralem, barock anmutendem Dekor. Wegen ihrer Kostbarkeit wurden sie in Iran und Europa gleichermaßen geschätzt und zu Repräsentationszwecken verwendet. Urkunden belegen, daß sie zum Teil als Gesandtschaftsgeschenke, aber auch auf Bestellung nach Europa gelangten. Die **Garten-Teppiche** bilden pers. Gärten ab mit ihren rechtwinklig angelegten Kanälen, Inseln und rechteckigen Beeten, die aus der Vogelperspektive gesehen sind. Wie bei den **Baum-Teppichen** reichen nur wenige Beispiele in die Safawidenzeit zurück. Die Hauptgruppen gehören dem 18. Jh. an.

Der Sturz der Safawidenherrschaft zu Beginn des 18. Jh. bedeutete das Ende der Hofmanufakturen. Bei den wenigen Teppichen des 18. Jh. ist weitgehend auf die Tradition der zwei vorhergehenden Jh. verzichtet worden. Bevorzugt werden Rapporte pflanzl. Elemente, Bäume, Stauden, Gabelblätter, Palmett- und Rosettblüten. Im 19. Jh. lebte die Produktion wieder auf. Die alten Zentren Täbris, Isfahan, Kaschan, Kerman und Chorasan mit Herat erlangten mit überwiegend großen Teppichen Bedeutung. Außerdem werden in Täbris und Kaschan Seiden-Teppiche in Brückenformat, auch als Gebets-Teppiche, geknüpft. Geschätzt wird die Medaillongliederung auf einfarbigem, meist kleinteilig gemustertem Grund. Ein typ. Dessin des 19. Jh. ist das in ganz Iran verbreitete **Herati-Muster.** Hauptbestandteil seines Rapports ist eine Raute mit 4 parallel zu ihren Seiten angeordneten Lanzettblättern und einer Rosette im Zentrum. Ähnlich beliebt ist das **Boteh-** oder **Mandelkernmuster.** Sein Grundmotiv gleicht dem nach einer Seite überhängenden Wipfel einer Zypresse. Die Bildteppiche haben ihren Ursprung in den Jagd- und Tierteppichen des 19. Jh. und kommen v. a. aus Teheran und Kerman. Elemente der klass. Muster werden geometrisiert und verzerrt. Eigenständigkeit und Lebendigkeit sind den Arbeiten des 19. Jh. nicht abzusprechen. Dies gilt bes. für die Teppiche aus dem Umkreis der Stadt Bidjar, die darüber hinaus von hervorragender Qualität sind. Aus dem 19. Jh. gibt es im Unterschied zu den früheren Epochen neben den Teppichen der Manufakturen noch diejenigen, die im Familienverband für den eigenen Gebrauch gefertigt wurden. Die Muster der westlich von Isfahan lebenden Bachtiaren bringen Abwandlungen des Stils von Isfahan. Rein geometr. Formen bedienen sich die Kaschgai-Nomaden um Schiras. Die distriktbedingten Eigentümlichkeiten beschränkten sich nicht auf die Muster, sondern machen sich ebenso in der Farbgebung und der techn. Durchführung bemerkbar. Teppiche des 19. Jh. ohne chem. Farben sind bereits eine Seltenheit.

Provenienzen: Abadeh, Afschari, Ardebil, Bachtiar, Bidjar, Ferraghan, Kaschgai, Kum (Ghom, Ghoum), Hamadan, Heris, Isfahan, Jesd, Kaschan, Kermanschah, Mahal, Meschhed, Saruk, Senneh, Serabend, Schiras, Täbris u. a.

GESCHICHTE

Die Geschichte des O. ist Teil der Kultur- und Kunstgeschichte seiner Ursprungsländer. Der älteste erhaltene Knüpfteppich wurde 1949 in einem Grab im Trokkental Pasyryk im östl. Altai gefunden. Er wird ins 4. Jh. v. Chr. datiert; seine hochentwickelte Knüpfkunst läßt vermuten, daß die Knüpftechnik wenigstens 3000 Jahre alt ist. Polit. und wirtschaftl. Kontakte hatten zur Folge, daß die O. vereinzelt schon sehr früh nach Europa kamen. Bereits zur Römerzeit dürften Knüpfteppiche von China bis Europa verbreitet gewesen sein. Spätestens mit dem Vordringen des Islam gelangte der O. nach Spanien (8. Jh.). Auch die Kreuzfahrer brachten vom Ende des 11. Jh. an vielfach oriental. Teppiche nach Europa. 1277 wird in einer Pariser Liste der Handwerksberufe unterschieden zw. ›tapiciers sarrazinois‹ und ›tapiciers nostrez‹. Die ersten waren Orientalen; sie arbeiteten zunächst nur für die Kirche und den Adel. Vom 14. bis 16. Jh. wurden O. häufig auf Gemälden dargestellt als Hoheitsembleme der Heiligen, Könige und Fürsten, aber auch als Veranschaulichung der Orientbeziehungen von Großkaufleuten. Im 17. und 18. Jh. gehört der O. zur Ausstattung von Schlössern; mit der Verbesserung der Handelswege im 19. Jh. wurde er Sammlerobjekt von Privatleuten und Museen sowie begehrter Einrichtungsgegenstand.

MUSEEN

O.-Mus. gibt es in Amsterdam: Rijksmus.; Berlin: Islam. Mus. (Berlin-Ost); Mus. für Islam. Kunst

Staatl. Museen (Berlin-West); Florenz: Mus. Bardini; Hamburg: Mus. für Kunst und Gewerbe; Istanbul: Türk ve Islam Eserleri Müzesi; Lissabon: Mus. C. Gulbenkian; London: Victoria and Albert Mus.; Lyon: Mus. des Tissus; Mailand: Mus. Poldi Pezzoli; München: Residenzmus. und Nat.-Mus.; Paris: Mus. des Arts Décoratifs; Wien: Österr. Mus. für angewandte Kunst. – In den USA: Boston: Mus. of Fine Arts; Cleveland: The Cleveland Mus. of Arts; Detroit: The Detroit Institute of Arts; Los Angeles: County Mus.; New York: Metropolitan Mus. of Art; Philadelphia: Philadelphia Mus. of Art; St. Louis: City Art Mus. of St. Louis; Washington: Textile Mus.

J. G. LETTENMAIR: Das große Orientteppichbuch ([6]1977); R. DE CALATCHI: O., Gesch., Ästhetik, Symbolik (a.d. Frz., [2]1979); O., 4 Bde., bisher 1: DORIS EDER: Kaukasische Teppiche (1979); E. GANS-RUEDIN: O. des 19. und frühen 20. Jh. (1981).

Original [lat.], das ursprüngl., echte Werk. Im Bereich der bildenden Kunst ist das O. von zentraler Bedeutung für den materiellen und den Liebhaberwert; es macht die ›Aura‹ des Kunstwerks aus; da bei Bildkunstwerken die geistige Schöpfung an ihren stoffl. Niederschlag gebunden ist, wird sie nur im O. vollständig und rein verkörpert. An die O.-Qualität knüpfen sich maßgebl. Folgen für die ästhet. Rezeption wie für rechtl. Zuordnungen (Urheberrecht, Zolltarif), die Preisbildung beim Kauf und die Wertschätzung der Sammler. Definiert wird das O. als das Urstück, die Erstfixierung des Werkes im Unterschied zu →Reproduktion, →Kopie, →Fälschung, nicht eigentlich zur →Replik. Die Begriffsbestimmung ist eindeutig bei Unikaten, d.h. Einzelstücken, die unmittelbar vom Künstler geschaffen sind (Gemälde, Aquarelle, Zeichnungen, Skulpturen, gleichgültig, aus welchem Werkstoff). Abgrenzungsschwierigkeiten treten auf, wenn das Werk nach künstler. Vorgabe von vornherein auf die Ausgabe in mehreren Stücken angelegt ist (Graphiken, Bronzegüsse u.a.), die mittels eines Modells oder einer Form hergestellt werden. Wenn hier das techn. Hilfsmittel (Druckplatte, Gußform) vom Künstler selbst stammt und die Fertigung der – im Idealfall identischen – Abzüge (Güsse) von ihm selbst oder von einem Dritten unter seiner Aufsicht, jedenfalls mit seiner Autorisierung vorgenommen wird, sind sämtl. Werkexemplare als O. zu betrachten; man spricht z.B. von O.-Graphiken, O.-Güssen.

Die eigenhändige Signatur des Künstlers – auf den einzelnen Abzügen, auf der Druckplatte oder Gußform – ist wesentl. Indiz für die Qualifikation der Werkexemplare als O.; sie ist aber weder unverzichtbares Kriterium (es gibt unsignierte O.) noch unwiderlegl. Nachweis (photomechan. Reproduktionen werden selbst mit Signatur nicht als O. anerkannt). Künstler. Absicht und Herstellungsprozeß des Werkes sind wesentl. Kriterien des O. Eine Formel zur Lösung aller Bestimmungsfragen gibt es nicht, z.B. ist der O.-Wert von postumen Abgüssen (Nachlaßgüssen) sehr umstritten. – Werden Entwürfe des Künstlers für die Gestaltung eines Werkes von fremder Hand ausgeführt, so ist auch das gestaltete Objekt als O. anzusprechen, was namentlich für Werke der Architektur, aber auch für moderne Ausdrucksformen bildender Kunst, z. B. Environments, gilt.

Originalgraphik, Künstlergraphik, vom Künstler selbst ausgeführte →Druckgraphik (z. B. Holzschnitt, -stich, Kupferstich, Lithographie). Früher war allein die selbständige Erfindung der Darstellung, die eigenhändige Ausführung der Druckform (→Peintre-graveur) sowie die eigene Anfertigung oder Überwachung der Abzüge (→Épreuves d'artiste) Voraussetzung für die Zuordnung einer Druckgraphik als O. Heute gelten auch unter Aufsicht des entwerfenden Künstlers von Dritten hergestellte Druckgraphiken als O.

Orihuela [oriu'ela], Stadt und Bischofssitz in der südspan. Prov. Alicante, 45 200 Ew.; dreischiffige spätgot. Kathedrale (14.–16. Jh.) mit tauartig gedrehten Gewölberippen und prächtigem Renaissance-Portal; spätgot. Kirche Santiago (Ende 15. Jh.; Archivoltenportal); barocke Klosterkirche S. Domingo (1654–59; im Refektorium Azulejos-Wandbilder, 1755). In der ehem. Univ. (16./17. Jh.; 2 Kreuzgänge) Diözesan-Mus. (u. a. Gemälde von D. VELÁZQUEZ).

Orissa, Bundesstaat in SO-Indien, mit charakterist. Kunstentwicklung seit den letzten Jh. v. Chr. (Dhauli, Khandagiri-Udayagiri). Bed. hinduist. Steintempel im Nagara-Stil entstanden im 8.–13. Jh. in Bhubanesvar, Puri und Konarak. Bhubanesvar und Puri sind noch gegenwärtig vielbesuchte Pilgerzentren (Lingaraja- und Jagannatha-Kult).

Orléans [ɔrle'ã], Hauptstadt des frz. Dép. Loiret, rechts der Loire, 110 000 Ew.; kath. Bischofssitz. Die Kathedrale, auf Vorgängerbauten seit dem 13. Jh. errichtet, wurde nach Zerstörung in den Religionskriegen (16. Jh.) vom 17.–19. Jh. in got. Formen erneuert (Chorgestühl des 18. Jh.; reicher Kirchenschatz mit byzantin. Emailarbeiten des 11. Jh.). Hôtel de Ville (Mitte 16. Jh.), im ehem. alten Rathaus 1500–18 das Mus. des Beaux-Arts (Samml. frz. Gemälde, Kupferstichkabinett, Plastik vom 16. bis 20. Jh.). Die Kirche St. Aignan (15. Jh.) birgt eine gewölbte Hallenkrypta des 11. Jh. Zahlreiche Bauten der Spätgotik, Renaissance und des Barock wurden im 2. Weltkrieg zerstört; erhalten ist u. a. das Haus der Jungfrau von O. (Maison de Jeanne d'Arc).

Orley ['ɔrlɛj], Bernaert (Barend) van, niederländ. Maler, *Brüssel um 1488, †ebd. 6. 1. 1542, seit 1518 ebd. Hofmaler der Statthalterin MARGARETE VON ÖSTERREICH; entwickelte sich, von der Tradition des 15. Jh. (R. VAN DER WEYDEN) ausgehend, zu einem der frühesten und bedeutendsten Meister des Romanismus in den Niederlanden. Von RAFFAEL, dessen Teppiche mit der Apostelgeschichte für die Sixtin. Kapelle 1517–19 in Brüssel gewebt wurden, lernte er Klarheit in der Wiedergabe des Raumes, der Gestalten und der vielfigurigen Gruppen. Er schuf große Altäre und relig. Gemälde, seit 1525 aber hauptsächlich Entwürfe für Bildteppiche im Auftrag des Hofes, auch Kartons für Glasmalereien (Brüssel, Kathedrale).

HW: Apostelaltar (um 1512; Wien, Kunsthistor. Museum, und Brüssel, Musées Royaux des Beaux-Arts); Porträt des Georges de

Zelle (1519; Brüssel, Musées Royaux des Beaux-Arts); Hiobsaltar (1521; ebd.); Weltgerichtsaltar (1525; Antwerpen, Koninklijk Mus. voor Schone Kunsten).

Orlik, Emil, Maler, Graphiker, Kunsthandwerker, *Prag 21. 7. 1870, †Berlin 28. 9. 1932, wandte sich v. a. nach Aufenthalt in Japan (1900/01) dem Farbholzschnitt zu, lebte seit 1905 in Berlin (u. a. für die Reinhardt-Bühnen tätig). Er schuf bes. Porträtradierungen (G. Mahler, R. Strauss).

Graph. Folgen: Aus Japan (1904); 100 Köpfe (1919); Neue 95 Köpfe (1920); Aus Ägypten (1922); Vom Teufel geholt (1929).

Orlowskij, Boris Iwanowitsch, eigtl. B. I. **Smirnow,** russ. Bildhauer, *Stolbezkoje (Gebiet Orel) 1796, †St. Petersburg 28. 12. 1837, arbeitete 1823–29 in Rom unter B. THORVALDSEN, dann in St. Petersburg (Standbilder der Feldherren Kutusow und Barclay de Tolly vor der Kasaner Kathedrale, 1829–37; Engel auf der Alexander-Säule vor dem Winterpalais, 1831/32).

Orlowski, Aleksander, poln. Maler, Zeichner, Lithograph, *Warschau 9. 3. 1777, †St. Petersburg 13. 3. 1832, malte und zeichnete Schlachtenszenen, Porträts, Genre- und Sittenbilder; wandte als erster Künstler in Rußland seit 1806 die Lithographie an.

Orme [ɔrm], Philibert de l'O., frz. Baumeister, →Delorme.

Ornament [lat. ›Schmuck‹] *das,* sich wiederholende Verzierung an Bauwerken und Gegenständen aller Art. Das O. kann die Form des Gegenstands, dessen Schmuck es bildet, gliedern und betonen, sich aber auch neutral zu ihr verhalten oder sie überwuchern. Die Formensprache der **Ornamentik** (Gesamtkomposition der O.) bewegt sich zw. den beiden Polen einer rein linearen, abstrakt geometr. und einer auf organ. Formen zurückgreifenden Gestaltungsweise.

EUROPA

Vorgeschichte: Während die Höhlenbilder des Paläolithikums nur selten dekorative Elemente enthalten, weist die jungpaläolith. Kleinkunst mit Gravierungen auf Geräten aus Horn und Elfenbein seit 30 000 v. Chr. bereits eindeutige O. auf. Diese lassen sich in figurale und geometrisch-lineare Verzierungen gliedern. Figurale O. sind etwa Reihungen von Tieren und Tierköpfen; rhythm. Strichreihen, Zickzackbänder, Wellenlinien, Spiralen und Mäandermuster bilden dagegen lineare O. – Im Neolithikum war die Keramik der wichtigste O.-Träger, zu dem die nur selten erhaltenen anderen Anwendungsweisen (Wandbemalung, Textilmuster, Körperverzierung) hinzukommen können. In der Bronze- und Eisenzeit war die Keramik in vielen Kulturen durch Eindrücke und Bemalung verziert; gleichzeitig trat aber die Ornamentierung von Metallgeräten (Schmuck, Waffen) in den Vordergrund.

Antike. Im Mittelmeerraum finden sich in der minoischen Kunst neben geometr. O. auf Tongefäßen, Siegeln, Schmuck, Waffen, Architektur und Wandmalereien naturalisierende Formen v. a. auf Gefäßen (→Meeresstil, →Palaststil). Eine große Rolle als O. spielte die Spirale.

Entscheidend für die abendländ. Ornamentik waren

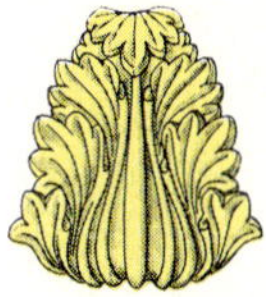
Akanthus

Mäander

Palmette

Rankenwerk

Flechtband

Flechtband

Fischblase

Ornament
(Europa)

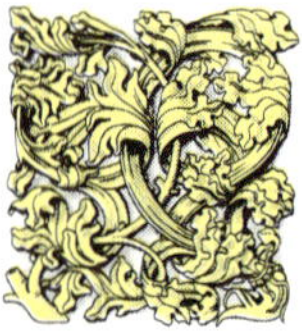

Laubwerk

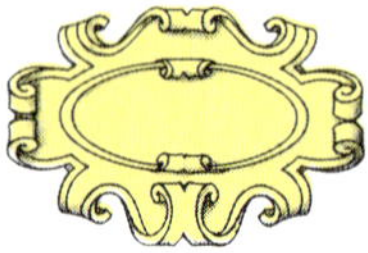

Rollwerk

Knorpelwerk

Rocaille

Ornament
(Europa)

die grch. Vorbilder: In der Frühzeit wurden geometr. Motive verwendet (Dreieck, Raute, Zickzack, Spirale, Mäander u. a.), Ende des 8. Jh. v. Chr. drangen in diese streng geometr. Formenwelt vegetabile Elemente aus dem Orient ein. Damit entstand in der archaischen Zeit ein formenreicher, blühender Mischstil (›Orientalisierender Stil‹), aus dem sich das organisch-pflanzl. O. (Palmette, Akanthus) entwickelte.

Das O. in der röm. Kunst ist weitgehend aus dem grch. Formenschatz abgeleitet, wurde aber häufiger als flächenüberspannendes Muster eingesetzt, v. a. bei Bauornamentik (Ara Pacis Augustae), Wandmalerei und Stuckdekoration (Pompeji, Rom) sowie Toreutik (Hildesheimer Silberfund). Bes. beliebt waren v. a. Ranken, Girlanden, Blüten- und Pflanzenmuster. Die Wand- und Stuckdekorationen Roms (Domus aurea) waren von Einfluß auf die neuzeitl. Groteskenmalerei.

Völkerwanderungszeit. I. Ggs. zum spätantiken O. des Mittelmeerraumes herrschte im gesamten Bereich nördlich der Alpen während der Völkerwanderungszeit die vollkommen andersartige Ornamentik des →Tierstils, die v. a. Goldschmiedearbeiten mit vielfältig verschlungenen, abstrakt stilisierten Tierfiguren überspinnt. Sie entwickelte sich anknüpfend an die Motive des kelt. Stils der Latènezeit (Volutenspirale), an spätantike Bandgeflecht-O. und skythische Tierdarstellungen. – Die Ornamentik der Völkerwanderungszeit lebte in Randgebieten noch jahrhundertelang fort, so in Skandinavien (→Oseberg) und Irland, wo das kelt. Element sich am längsten behauptete.

Mittelalter und Neuzeit. Im Fränk. Reich kam es in karoling. Zeit zur ersten Auseinandersetzung mit der antiken Ornamentik. In der Buchmalerei lebten die Band- und Tierornamente der insularen Buchkunst bis weit ins 11. Jh. häufig in Rivalität mit der auf spätantiken Vorlagen fußenden Ornamentik. In der Hochgotik entstand eine stark naturalist. Ornamentik (v. a. Blattwerk der verschiedensten Pflanzenarten). Neben dieser entwickelte sich in der Spätgotik die abstrakte Maßwerk- und Fischblasenornamentik.

Die Renaissance, die in weitestem Umfang auf die Antike zurückgriff, hat v. a. die Groteske weitergebildet und als neuartiges Motiv die Kartusche geschaffen. Nördlich der Alpen entstand im 16. Jh. das Rollwerk, das Beschlagwerk und, an beide anknüpfend, bald nach 1600 das Knorpelwerk. Zugleich entwickelte sich der Ornamentstich zu einer eigenen Kunstgattung.

Im ital. Barock wurden die O.-Motive der Renaissance, bes. Akanthus und Kartusche, ins schwungvoll Plastische mit stark räuml. Wirkung gesteigert. Um 1700 kehrte die Ornamentik in Frankreich zu einer mehr flächenhaften, das Band-O. bevorzugenden Dekorationsweise zurück (Régence). Hier entstand ein ganz neues, typisch frz. Dekorationssystem, das um 1730 durch nochmalige Verfeinerung und elegant-graziöse Auflockerung zum Louis-quinze überging. Die rechteckigen Rahmenformen wurden kurvig beschwingt, alle O. noch zierlicher und zugleich durch das kapriziöse Motiv der Rocaille bereichert. In Süd-Dtl. entwickelte sich ein weit schwungvollerer, an die barokke Überlieferung Italiens anknüpfender Stil des Rokoko, der die gesamte dekorative Formenwelt in überschäumender Phantasie zu einem festl., farbenfrohen Gesamtkunstwerk zusammenfaßte.

Der Louis-seize und das Empire wie der Klassizismus kehrten zu straffer, vornehmer Geradlinigkeit und zarten, maßvollen Schmuckformen (Blattkränze, Blütenzweige und antikisierende Motive) zurück.

Der Historismus verwendete Formen fast aller vorangegangenen Stile. Erst der Jugendstil brachte wieder Versuche zur Neubelebung des O., dessen vegetabilisch schwellende Formen in den 1960er Jahren in der Pop Art und der von ihr abstammenden Richtung des Graphik-Designs aufgegriffen werden. In den 1970er Jahren wurden O. der versch. Kulturen vom →Pattern Painting verwendet.

AUSSEREUROPÄISCHE KULTUREN

In Mesopotamien spielte das O., überliefert v.a. in Reliefs, erst von der Mitte des 2. Jahrtsd. v. Chr. an eine Rolle. Die Motive (stilisierte Palmettenbäume, Rosette, Granatapfel) nehmen uralte Gestaltungselemente der Rollsiegel auf und lassen vermuten, daß das endlose Band von Siegelabrollungen Anregungen für das O. gab.

Die altägypt. Malerei und Kleinkunst (Siegel, Amulette) verwendeten eine Fülle von O., u.a. versch. Formen der Spirale; die Grenze zu pflanzl. Motiven (Lotos, Papyrus u.a.) und schriftl. Symbolik ist dabei fließend. Figürl. Darstellungen wurden gern in Friesen wie O. angeordnet.

In der islam. Kunst wurde das O. zur eigtl. künstler. Aufgabe, nachdem die figürl. Wiedergabe lebender Wesen nach Aussprüchen des Propheten als verderblich galt; nur auf Gebrauchsgegenständen waren Darstellungen von Tier und Mensch erlaubt. Auf allen Gebieten der Kunst, v.a. als Architekturdekor, im Kunstgewerbe und in der Buchillumination, spielte das O. eine bed. Rolle. Die Formen waren geometrisch (Sterne, Vielecke, Kreise), aber auch vegetabil, oft in stilisierten Formen (Ranken, Rauten, Blüten, Arabesken); ferner gehörte die arab. Schrift (z.B. Kufi; BILD) zu den elementarsten Formen islam. Ornamentik; sie wurde linear, kurvig, verflochten und floral gestaltet oder zu Gruppen zusammengesetzt in die Ornamentik einbezogen. O. auf Stein oder Metall waren einfarbig, auf Keramik, als Fliesendekor, in der Malerei, auf Stoffen und Teppichen von großer Farbenpracht. – Im 9. Jh. führte die Kerbschnittechnik im Holz- und Stuckrelief zur lükkenlosen Aufeinanderfolge von meist vegetabilen Formen im Schrägschnittstil. Aus der Blattranke entwickelte sich im 10. Jh. die →Arabeske. Kompositblüte, Palmette, Flechtband, Sternmuster, Medaillon und Kartusche sind bezeichnend bis zum 14. Jh. In der Mongolenzeit (13.–15. Jh.) kamen neue Formen wie Wolkenband, Päonie und Lotos dazu. Zw. dem O. und seiner unterlegten Grundfläche entwickelte sich ein raffiniertes Zusammenspiel, in dem nicht das einzelne Motiv, sondern die Vielfalt der Formen in unendl. Musterung die Wirkung bestimmte.

In der indischen Architektur war stets der Lotus in allen nur denkbaren Formen und Verbindungen be-

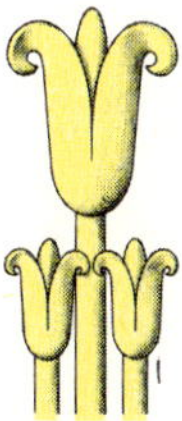

Lotos

Ornament (ägypt. Kunst)

Arabeske

Kufi 1

Kufi 2

Ornament (islam. Kunst)

liebt. Daneben lockern Schachbrettmusterfriese und Flechtbänder die Fassaden, Purnaghatas die Pfeiler von Klöstern und Tempeln auf. In der Gandhara-Kunst kommen neben den zunächst nur buddhist. Standardornamenten (Vedikafriese, Chaityabögen, Triratnas) auch europäisch beeinflußte O. zur Geltung (Weinranken und -trauben, Akanthusblatt). Kirtimukhas, Blattornamente und Rankenfriese sind v. a. an hinduist Tempeln des 6.–11. Jh. anzutreffen. Im vergleichbaren Zeitraum wurden die buddhist. Chaityabögen, oft übereinandergetürmt, zum Standardornament an Tempelwänden und -dachaufbauten.

In China entwickelte sich eine ausgeprägte Ornamentik auf den Sakralbronzen; außer diesen zeigen Lackarbeiten, Textilien und Bronzegegenstände der Han-Zeit geometr. Rautenmuster, Zickzackbänder sowie Wolkenbandmuster, die als linear stilisierte Vogel-Drachen mit kräftigen hakenförmigen Windungen identifiziert werden. Zu den wichtigsten gegenständl. Motiven gehören die den Himmelsrichtungen und Jahreszeiten entsprechenden ›Vier Zauberkräftigen‹ (Schildkröte, Drache, Phönix und Tiger). Durch den Einfluß des Buddhismus und über die Seidenstraßen gelangen ind., zentralasiat., sassanid. und oström. O. nach China, die in der T'ang-Zeit zu einem oft in Medaillons oder rosettenförmig angeordneten Blüten- und Blattrankendekor (Päonie, Lotus, Weinrebe, Palmette) führen, in den häufig Tiermotive verwoben sind.

Bei den Indianern Nordamerikas finden sich geometr. O., z. B. auf den Webarbeiten der Navajo, in den Flechtarbeiten u. a. der Pomo. In den präkolumb. Hochkulturen Mesoamerikas sind O. v. a. als Fassadendekoration an Bauwerken angebracht, so geometr. Steinmosaike (z. B. Mitla, Bauten des Puuc-Stils der Maya). Mit figürl. oder geometr. O., gemalt oder reliefiert, sind Keramikgefäße in den Hochkulturen Mesoamerikas wie in denen der Anden geschmückt. Die Ornamentik der aus dem Andengebiet erhaltenen Textilien ist bes. reichhaltig; sie wurde durch Färbetechniken, Bemalung und Stempel sowie Stickerei angebracht.

In der Kunst Ozeaniens spielt das O. neben der Bau- und Ritualplastik eine dominierende Rolle, auch als Vermittler relig. Aussagen. O.-Formen, stark geometrisiert (Wellenband, Winkelband, Spirale, Oval, Kreis, Flächenschraffur u. a.) und zugleich kombiniert mit figurativen Elementen (v. a. Gesichter von Geistwesen sowie Erscheinungsformen mytholog. Ahnen, die zw. Tier- und Menschengestalt spielen) können individuelles, gruppenspezif. oder allg. Eigentum sein. Oft wird die erste Ausführung eines O. durch Erwähnung in Mythen beglaubigt. O. gehören zu der von den Vorfahren überlieferten urspr. Form eines Gegenstandes oder des menschl. Körpers (Bemalung bei Festen, mit Initiation verbundene Narben-Tatauierung u. a., →Körperschmuck). Häufigste Anwendungsformen sind Waffen (Schilde, Speere, Pfeilschäfte), Gefäße (aus Bambus, Holz, Keramik, Kokosnuß), Geräte (Paddel, Beilschäfte, Spatel), Textilien (v. a. Maschenstofftaschen, Matten, →Tapa), Schmuck und Zeremonialgeld (Muschel- und Schneckenschalenbesatz, →Kapkap) sowie

Bauten (beschnitzte Pfosten und Balken, Malereien), Boote und Bootsausrüstungen, aber auch Federarbeiten. Die Ausführung eines O. kann eine zielgerichtete relig. Handlung (Nachvollzug myth. Geschehens, zauber. Beeinflussung) sein, so im Fall der Sandzeichnungen auf den Neuen Hebriden oder der Sand- und Federgemälde Zentral-Australiens. (BILDER Ozeanien).

In Südamerika nehmen die O. auf den Hängematten einiger Waldland-Indianergruppen (Yagua, Ticuna) eine besondere Stellung ein. Hier werden die in einem speziellen Maschenstoffverfahren angelegten Möglichkeiten der Musterung (Streifen, Zickzack- und Wellenbänder, Dreiecke, Pfeile, Kreuze, Rauten, Parallelogramme) von den Frauen schöpferisch genutzt.

E. GOMBRICH: O. und Kunst (a. d. Engl., 1982).

Ornamentstich, graph. Darstellung ornamentaler Erfindungen, die Kunsthandwerkern, Bildhauern und Architekten als Vorlagen dienten und sich zu einer eigenen Kunstgattung entwickelten. Die frühesten O. wurden von dt. und niederländ. Goldschmieden und Kupferstechern um 1450 (z. B. Meister E. S.) geschaffen. Im 16. Jh. nahm der O. einen großen Aufschwung, bes. durch M. RAIMONDI und E. VICO in Italien, die Kleinmeister in Nürnberg, J. A. DUCERCEAU in Frankreich, C. FLORIS u. a. in den Niederlanden. Hauptmotive waren Akanthusfüllungen und die Groteske, später das Roll- und Beschlag- sowie das Knorpelwerk. Ende des 17. Jh. wurden die O. des J. BÉRAIN entscheidend für die Ausbildung des Régence-Stils in Frankreich. Im frühen 18. Jh. waren die Stiche von G.-M. OPPENORT, C. GILLOT, A. WATTEAU und J.-A. MEISSONIER Ausgangspunkte für die Entwicklung des Rokoko-Stils. Für den Klassizismus hatten die O. der engl. Baumeister R. und J. ADAM weittragende Bedeutung. Vorbildlich für den Empirestil wurden die Werke von C. PERCIER und P. F. L. FONTAINE.

R. BERLINER: Ornamentale Vorlageblätter des 15.–19. Jh., bearb. v. G. EGGER (Neuaufl. 1981).

Orneta, poln. Name von →Wormditt.

Oron, Untergruppe der Ibibio östlich des Nigerdeltas, im westl. Mündungsgebiet des Cross-Flusses; hat angeblich nur bis zur Jahrhundertwende geschnitzt

Ornamentstich des Meisters E. S.

(v.a. Ahnenfiguren). Der Großteil dieser oft bed. Skulpturen, von denen Hunderte im Mus. der Stadt Oron aufbewahrt wurden, ist während des Biafra-Krieges (1969/70) zerstört worden. Die später bei den O. verwendeten Schnitzwerke sind zum größten Teil in Auftragsarbeit von den Ibibio hergestellt worden.

Oropos, antike Stadt an der N-Küste von Attika, Griechenland, heute **Skala Oropou** [-p'u]; zu O. gehörten ein berühmtes Orakelheiligtum und Heilbad Amphiareion (dem →Amphiaraos gew.). Ausgrabungen legten den Amphiaraos-Tempel (4. Jh. v. Chr.), einen großen Altar (Platte 4 × 8,5 m), eine Exedra, einen 110 m langen Portikus (als Liegehalle für Kranke), ein Theater und Thermen (aus röm. Zeit) frei.

Orozco [or'ɔsko], José Clemente, mexikan. Maler, *Ciudad Guzmán (Jalisco) 23. 11. 1883, †Mexiko 7. 9. 1949, studierte 1908–15 an der Kunstakad. ebd., lebte 1917–19 und 1927–34 in den USA. Er gehört zu den Vertretern des frühen →Muralismo. Seine riesenhaften Wandbilder (HW: Guadalajara, Hospicio Cabañas, 1938/39) gestalten ohne Verklärung und Moralisierung, aber voller Skepsis und Mitleid Themen aus Mexikos Vergangenheit und Gegenwart. Es sind streng gebaute Kompositionen, die Elemente des florentinischen Trecento, des dt. Expressionismus und der altmexikan. Malerei einbeziehen. Er schuf auch Gemälde, Aquarelle und Graphiken.

A. Reed: J. C. O. (New York 1979).

Orpen [ɔ:pn], William, engl. Maler, *Stillorgan bei Dublin 27. 11. 1878, †London 29. 9. 1931, Schüler der Slade School ebd., malte Genreszenen und Landschaften und war ein bekannter Porträtist seiner Zeit.

Orpheus, die bedeutendste mit der Musik verknüpfte Gestalt des grch. Mythos, in der sich bis in frühchristl. Zeit und dann wieder in der Neuzeit eine lebensbewegende und -erlösende Macht verkörpert hat. O. ist Sohn

José Clemente Orozco: Der Mensch in Flammen; Kuppelfresko in der Kapelle des Hospicio Cabañas; Guadalajara, 1938/39

des Oiagros oder des Apoll und der Muse Kalliope, thrak. Sänger und Leierspieler (Lyra und Kithara) und Erfinder der Musik, der mit seinem Spiel alles Lebendige, auch die tote Natur, paradiesisch befrieden konnte, sogar die Götter der Unterwelt bezwang, so daß sie ihm seine tote Gemahlin zurückgaben. O. verlor sie wieder, da er sich entgegen dem Verbot der Götter nach ihr umschaute. Er war auch musikal. Begleiter der Argonauten. Weil er sich dem Dionysoskult verweigerte, von den Frauen abwandte oder ihnen Knaben vorzog, wurde er von thrak. Frauen zerrissen. Haupt und Leier wurden an der Insel Lesbos angeschwemmt und dort von Männern bestattet. Zu den ältesten Darstellungen des O. gehört die Argonautenmetope des Sikyonierschatzhauses in Delphi (6. Jh. v. Chr., Delphi, Mus.). Auf grch. Vasen erscheint der O.-Mythos seit dem 5. Jh. v. Chr. häufig. Wie die barbar. Thraker den Klängen seiner Leier teils hingerissen, teils widerstrebend lauschen, zeigt ein Krater des O.-Malers (5. Jh. v. Chr., Berlin-West, Staatl. Museen). Die röm. Kunst bevorzugte thematisch O. unter den Tieren (Wandbilder). Als Präfiguration Christi (Hirte mit Lämmern) und als Symbol des goldenen Zeitalters lebte O. bis ins frühe MA. fort. Die utop. Versprechung, die seine Gestalt enthält, wirkte auch in der neuzeitl. Kunst weiter (G. BELLINI, P. BRUEGEL D. Ä. und D. J., R. SAVERY, A. FEUERBACH, O. ZADKINE).

Orphismus [n. →Orpheus], von dem Dichter G. APOLLINAIRE 1912 geprägter Name für den gegenstandsfreien, kolorist. Kubismus der Maler R. DELAUNAY (BILD), seiner Frau SONJA DELAUNAY-TERK, F. KUPKA, F. PICABIA und J. VILLON. Der O. entlehnt seine Elemente nicht der Wirklichkeit, sondern der Künstler erschafft sie frei. Hauptgestaltungsprinzip war die scheinbar rhythm. Bewegung der Kompositionen durch nebeneinander gesetzte, kontrastierende Farbflächen. Die ›Farbarchitekturen‹ beeinflußten u. a. Maler des Blauen Reiter.

Orrente, Pedro de, span. Maler, getauft Murcia 18. 4. 1588, †Valencia 19. 1. 1645, v. a. in Toledo, wo er von EL GRECO beeinflußt wurde, und Valencia tätig. In seinen relig. Bildern (›Hl. Sebastian‹, 1616; Valencia, Kathedrale) dominiert eine dunkeltonige Palette, wohingegen seine bibl. und Schäferszenen am Vorbild J. BASSANOS orientiert sind (›Hirten mit ihren Herden‹, Wien, Kunsthistor. Mus.).

Orsay, Musée d'Orsay [myz'e dɔrs'ɛ], im ehem. Bahnhof Gare d'Orsay (Architekt Victor Laloux, *1850, †1937, eröffnet 14. 7. 1900) eingerichtetes Museum des 19. Jh. (Innenarchitektin Gae Aulenti, eröffnet 9. 12. 1986), in dem Werke aus dem Centre Pompidou, dem Jeu de Paume, dem Louvre, dem Palais de Tokyo und anderen französ. Museen aus der Epoche 1848–1914 ausgestellt werden. Das Museum umfaßt die Abteilungen Malerei, Plastik, angewandte Kunst, Kunsthandwerk, Architektur, Urbanistik, Photo, Film, Audiovision. Gezeigt werden Werke z. B. von Ingres, Delacroix, Daumier, Courbet, Manet, Monet, Fatin-Latour, Renoir, Pissarro, Sisley, Van Gogh, Cézanne, Carpeau, Rodin, Maillol.

Orseille [ɔrsˈɛj, frz.], Maltechnik: Farbstoff aus europ. Flechtenarten, seit der Antike zur Textilfärbung benutzt. Wie die Flechtenfarbstoffe Lackmus und Persio ändert sich die Farbe je nach pH-Wert der Lösung von Blau über Violett bis Rot.

Ørsted [ˈœrsdɛð], Gem. östlich von Randers, Dänemark. Die roman. Kirche (Ende 12. Jh.) mit ihren beiden Figurenportalen ist die am reichsten mit Granitreliefs geschmückte Kirche Jütlands.

Ortenberg, Stadt im Wetteraukreis, Hessen. Die got. Stadtkirche (14./15. Jh.) barg bis 1866 den ›Ortenberger Altar‹, ein HW der Malerei des Schönen Stils (Anf. 15. Jh.; jetzt im Hess. Landes-Mus. Darmstadt, in der Kirche Kopie). Schloß der Fürsten von Stolberg-Roßla (vorwiegend 18./19. Jh., Reste einer ma. Burg aus dem 12./13. Jh. erh.). Spätgot. Fachwerkrathaus (um 1500).

Ortenburg, Marktgem. im Kr. Passau, Niederbayern. Das Renaissanceschloß der Grafen von O. birgt in seiner Kapelle (ehem. Festsaal) eine geschnitzte und intarsienverzierte Holzkassettendecke (um 1600).

Orthostaten [grch.], hochkant stehende Steinquader, wesentl. Bestandteile in der Architektur Kleinasiens und N-Syriens im 2. Jahrtsd. v. Chr., zum Schutz der Mauern von Repräsentativbauten, z. T. reliefiert (**O.-Reliefs** in der hethit. und assyr. Architektur mit Darstellungen von Kulthandlungen, Jagd- und Kriegsszenen; künstler. Höhepunkt unter den neuassyr. Königen, 9.–7. Jh. v. Chr.). Bei monumentalen grch. Bauten bilden die O. den Wandsockel.

Oruschejnaja Palata, die Rüstkammer des Kreml in Moskau, 1547 erstmals erwähnt, ältestes russ. Mus. (1806 gegr.), in einem eigens dafür erbauten Gebäude (1844–51, K. THON), mit umfangreichen Samml. russ., abendländ. und oriental. Kunsthandwerks (bes. Waffen, Goldschmiedekunst, Textilien).

Russ. Schatzkunst aus dem Moskauer Kreml und der Leningrader Eremitage, Ausst.-Kat., Köln (1981).

Orval, Abtei in der belg. Prov. Luxembourg, 1070 gegr., schon im 12. Jh. eines der reichsten Zisterzienserklöster Europas, wurde während der Frz. Revolution zerstört und 1926 wieder besiedelt; heutiger Klosterbau in got. Stil; Kirche auf den Fundamenten der Klosterkirche des 18. Jh. neugebaut; die roman. und got. Reste als Ruinen erh.

Orvieto, auf einem schroff abfallenden Tuff-Felsen gelegene Stadt und Bischofssitz in der ital. Prov. Terni, Umbrien, 23 600 Ew. O. hat zum großen Teil sein ma. Gepräge bewahrt; aus roman. Zeit stammt die Kirche S. Andrea (11./12. Jh., mit zwölfeckigem Campanile), aus dem 13. Jh. S. Domenico (teilweise erh.; mit Grabmonument von ARNOLFO DI CAMBIO, 1282), der Palazzo del Popolo mit gewaltigem Mittelgeschoß über Arkaden, gekrönt von Zinnen mit Voluten, sowie der Palazzo dei Papi (heute Dommus. mit archäolog. Samml., Gemälden von SIMONE MARTINI, Skulpturen des 14. Jh.). Der Dom, ein HW der ital. Gotik, als roman. Bau 1290 beg.,

Orvieto: Dom, W-Fassade

ist eine dreischiffige Basilika mit offenem Dachstuhl und einer gewaltigen, farbenreichen W-Fassade, von L. MAITANI im 1. Drittel des 14. Jh. konzipiert, im 17. Jh. erst vollendet, reich mit Skulpturen, Mosaiken und Reliefs (v. a. den großen Reliefs mit bibl. Darstellungen an den Seiten der 3 Portale) geschmückt; am südl. Kreuzarm schließt die Cappella di S. Brizio (auch Cappella Nuova) an mit Fresken von FRA ANGELICO, B. GOZZOLI und v. a. von L. SIGNORELLI, der hier sein HW, das Jüngste Gericht, in ausführl. Schilderung als riesiges Fresko schuf (1499–1504). Zylindr. Brunnen S. Patrizio (Entwurf von A. DA SANGALLO D. J., 1527 ff.) mit 2 Portalen und 2 in die Tiefe (62 m) führenden Treppen. Im Mus. Faina Samml. grch. und etrusk. Vasen und Funde aus umbr. Nekropolen. – Das etrusk. →Volsinii wird bei O. lokalisiert.

P. PERALI: O. (Rom 1979).

Osaka, Hafen- und Handelsstadt auf Honshu, Japan, 2,6 Mio. Ew. Auf dem Gebiet einer der Kaiserstädte des 7. Jh. (Naniwa) errichtete der Feldherr TOYOTOMI HIDEYOSHI 1586 seine Burgstadt mit der zu dieser Zeit größten Burg in Japan. 1615 wurde sie durch die Tokugawa-Shogune zerstört; 1931 Rekonstruktion des sechsgeschossigen Turmgebäudes (Mus.). Der Tempel Shi-Tenno-ji im S der Stadt wurde 593 vom Prinzen SHOTOKU gegr. und gehört somit zu den ältesten buddhist. Tempelanlagen Japans. Die Gebäude wurden nach dem 2. Weltkrieg nach Originalplänen rekonstruiert. Der bedeutendste Schrein von O. ist der Sumiyoshi-Schrein, ein zweiräumiger längl. Bau im hochgestelzten Speicherhausbaustil (›Sumiyoshi-Stil‹). Er soll 202 gegr. worden sein und gehört zu den berühmtesten von Japan. Seine Gebäude sind 1810 rekonstruiert worden und zählen zu den Nationaldenkmälern. Im N von O. Freilichtmus. (Hattori) mit Bauernhäusern aus dem 17.–19. Jh. aus ganz Japan. Der Kanshin-ji-Tempel im S von O. wurde im 8. Jh. gegr. In der Innenstadt, auf der Flußinsel Nakanoshima, befinden sich noch einige Amtshäuser der Edo-Zeit und einige Bauten (Rathaus, Bankgebäude) der Meiji- und Taisho-Zeit.

Osborne House ['ɔzbən haus], ehem. königl. Residenzschloß auf der Isle of Wight südöstlich von Cowes, S-England. Das inmitten eines ausgedehnten Parks gelegene Schloß wurde 1845–51 nach Plänen von Prinzgemahl ALBERT (*1819, †1891) als asymmetr. Anlage im Stil der ital. Renaissance erbaut.

Oschatz, Stadt im Bez. Leipzig, Dt. Dem. Rep., 18 800 Ew.; spätgot. Ägidienkirche (1443 beg., 1846 bis 1849 stark verändert), Ausstattung z. T. aus anderen Kirchen, u. a. einige spätgot. Schnitzfiguren; in der Gottesackerkirche (beg. 1583) qualitätvoller Schnitzaltar (um 1520) aus der Franziskanerkirche (14./15. Jh.). Rathaus (1537) mit Freitreppe und Laube.

Oseberg ['u:səbærg], Ortschaft am Oslofjord in Norwegen. Hier wurde 1904 aus einem Grabhügel des 9. Jh. ein Schiff (Mus. →Bygdøy) freigelegt, das in seinem Innern u. a. die Grabausstattung einer Fürstin barg. Hierzu gehörten u. a. 3 Prunkschlitten und ein Wagen mit Holzschnitzereien, die Tierornamente und Sagenmotive zeigen. Die O.-Funde (Mus. der Univ. Oslo) gehören zu den überragenden Hinterlassenschaften der Wikinger in Norwegen.

Öser, Adam Friedrich, Maler, Radierer, Bildhauer, *Preßburg 17. 2. 1717, †Leipzig 18. 3. 1799, Schüler von D. GRAN, M. MEYTENS, den BIBIENAS und G. R. DONNER in Wien. Seit 1739 war Ö. Theatermaler in Dresden, seit 1759 in Leipzig und hier seit 1764 Direktor der Kunstakad. In der Nikolaikirche ebd. und in Schloß Hubertusburg malte Ö. Wand- und Deckenbilder, für Leipzig und Weimar Theaterdekorationen; er schuf 45 Radierungen und entwarf Modelle für Denkmäler in Leipzig (J. F. Gellert, Friedrich August III.). – Von seinem Lehrer Donner übernahm Ö. die klassizist. Tendenz, die

Oseberg: Wagen von O.; 9. Jh. (Oslo, Museum der Universität)

seinen noch zum Rokoko gehörenden Stil bestimmte und ihn zum wesentl. Vermittler und Anreger des Frühklassizismus werden ließ.

Oshogbo [engl. əʊʃ'ɔgbəʊ], Stadt in SW-Nigeria, im Yorubaland, 282600 Ew. Zentrum zeitgenöss. nigerian. Künstler (›Schule von O.‹, u.a. der Maler TWINS SEVEN SEVEN, BILD afrikanische Kunst). Zementskulpturen und -reliefs von ADEBISI AKANJI, u.a. am Haus der österr. Malerin SUSANNE WENGER. Bei O. Heiligtum des Oshun-Kults, erneuert und ergänzt von Susanne Wenger und Yoruba-Künstlern.

Osia, Ort in Rajasthan, NW-Indien, mit zahlreichen hinduist. und jinist. Steintempeln (8. bis Anf. 11. Jh.), an denen sich die Entwicklung des Nagara-Stils N-Indiens abzeichnet. Mehrere der auf profilierten Plinthen errichteten Tempel sind von Eckschreinen umgeben (Panchayatana-Typ), die Mandapas sind meist als offene Säulenhallen gestaltet.

Osimo, Stadt und Bischofssitz in der ital. Prov. Ancona, 24000 Ew. Der Dom (urspr. im 4. Jh. über dem antiken Kapitol errichtet; Neubau im 8. und 13. Jh.; Fassade des 16. Jh.) birgt in der Krypta (mit zahlreichen Kapitellen des 11. und 12. Jh.) u.a. einen antiken Jagdsarkophag (4. Jh.; mit qualitätvollen Reliefs). Im ehem. Baptisterium das Erzbischöfl. Mus. (bronzener Taufbrunnen, 1627; Silbertafel, wahrscheinlich 10. Jh.).

Osiris

Osiris, ägypt. Gott, ältester Sohn des Erdgottes Geb und der Himmelsgöttin Nut; trat um 2450 v. Chr. in den Vordergrund des Totenglaubens. Zunächst wurde der tote König, seit dem Mittl. Reich jeder Verstorbene, zu einem O., mußte sich aber andererseits zugleich vor dem Totenrichter O. verantworten. Bes. verehrt wurde O. im unterägypt. Busiris und im oberägypt. Abydos. – Im Mythos stand das Todesschicksal des O. im Vordergrund: O., von seinem Bruder Seth getötet, wurde von Isis und Nephthys aufgefunden und von Isis belebt, die von O. ihren Sohn Horus empfing. Horus bestieg den Thron der Lebenden, O. regierte im Totenreich. Die Darstellung des O. ist meist mumienförmig mit Federkrone (oft mit der weißen Krone Oberägyptens kombiniert als Atefkrone), Zepter und Geißel. **O.-Pfeiler** (Gestalt des Königs als O. mit einem Pfeiler verbunden) kommen vorwiegend im Neuen Reich vor (Ramesseum, Medinet Habu u.a.).

Oslo ['uslu], 1624–1924 **Christiania, Kristiania,** Haupt- und Residenzstadt Norwegens, 460000 Ew. Ältestes Bauwerk der Stadt ist die Festung Akershus auf einer felsigen Halbinsel über dem Oslofjord, Ende 13. Jh. angelegt, unter König CHRISTIAN IV. (1588 bis 1648) als Schloß ausgebaut. Nach dem großen Brand von 1624 ließ Christian IV. nördlich von Akershus die Stadt mit rechtwinkligem Straßensystem neu anlegen. Der schlichte Dom (1695–99) erhielt eine prächtige Barockausstattung, die 1849/50 durch eine neugot. Einrichtung ersetzt wurde (Altarbild und Kanzel von 1699 jetzt wieder im Dom). Klassizistisch sind u.a. der nüchterne Schloßbau (1825–48) und v.a. die Univ. (1841 bis 1851) im Stil K. F. SCHINKELS (Aula mit Wandbild von

E. MUNCH, 1926). Beispiele des Historismus sind das Stortingsgebäude (1861–66) und das Nationaltheater (1891–99). Bahnbrechend für den Funktionalismus war das Neue Theater (1929). Wahrzeichen der Stadt ist das Rathaus (1931–50), von den führenden norweg. Malern und Bildhauern der Zeit ausgestaltet, u. a. Monumentalgemälde von H. SØRENSEN (1938–50). Vigelandsanlage im Frognerpark mit Skulpturen von G. VIGELAND (BILD). Nat.-Gal. (norweg. Kunst, kleinere Samml. europ. Kunst); Munch-Mus.; Kunstindustrie-Mus. (nord. Kunstgewerbe); Freilicht-Mus. →Bygdøy.

Osmanen, die von OSMAN I. um 1300 begründete, bis 1922 herrschende Dynastie im Osman. Reich, mit Residenzen zuerst in Izmir, Bursa und Edirne, nach 1453 in Konstantinopel (Istanbul). Über die künstler. Leistungen der O. →islamische Kunst.

Osnabrück, Stadt in Ndsachs., 159 100 Ew.; kath. Bischofssitz, ehem. Hansestadt. Bes. der Stadtkern erlitt im 2. Weltkrieg schwere Schäden. Wiederhergestellt wurde u. a. der Dom (1218–77), eine spätroman. Basilika mit Stützenwechsel, Domikalgewölben und quadrat. Chor mit 1434–44 hinzugefügtem Umgang; mächtige, strenge W-Fassade (im Kern 11. Jh.) mit 2 ungleichen Türmen, Rose (1305) und Portal (1531); der oktogonale Vierungsturm des Vorgängerbaus (12. Jh.) ist erh. Vom Dombau beeinflußt ist die ehem. Benediktinerinnen-Klosterkirche auf dem Gertrudenberg (um 1235 voll.). Alle weiteren Kirchen O.s sind gotisch: von großer städtebaul. Wirkung die Johanniskirche (1256–92), eine frühgot. Pfeilerhalle mit Doppelturmfront, rechteckigem Chor, Kreuzgang und geschnitztem Hochaltar (1512); die Marienkirche entstand zw. 1280 und 1324 unter Einfluß des Mindener Domes als kurze Bündelpfeilerhalle, der reich gegliederte Umgangschor wurde 1430/50 angebaut; die Katharinenkirche (zw. 1320 und 1420), ebenfalls eine kurze Pfeilerhalle, vergleichbar der Wiesenkirche in →Soest, hat einen sehr hohen W-Turm des 15. Jh. (103 m). Eindrucksvolles got. Rathaus (1487–1512) mit Friedenssaal (Ratsgestühl, 1554, geschnitzte Türen). Das ehem. Fürstbischöfl. Schloß (1667–75) ist eine barocke Vierflügelanlage um einen Ehrenhof, beeinflußt vom frz. und ital. Palastbau der Zeit. Städt. Theater im Jugendstil (1912). Bed. Domschatz (u. a. Kelche 10.–19. Jh.); Diözesan-Mus.; Kulturgeschichtl. Mus. (Osnabrücker Silber und Fayencen, Gemälde).

Ossa sepia [lat.], Schale (Schulp) des Tintenfischs, wird seit dem Altertum als Schleifmittel bei der Mal- und Vergoldertechnik wie als Formmaterial für den Metallflachguß benutzt.

Ossiach, Gem. am S-Ufer des Ossiacher Sees, Kärnten, Österreich, 560 Ew. Das ehem. Benediktinerkloster (vor 1028 gegr.) ist das älteste Kärntens. Die ehem. roman. Pfeilerbasilika wurde 1737–44 barock umgebaut, mit reichem, farbigem Stuck der Wessobrunner Schule und Wand- und Deckenfresken; geschnitzter Flügelaltar (um 1505). Teile des Klosters mit Kreuzgang 1816 abgetragen; Stiftsgebäude mit Fürstensaal (Fresken 1739/40) und Stiegenhaus (1741) erhalten.

Ostade, 1) Adriaen van, holländ. Maler, Radierer, Bruder von 2), getauft Haarlem 10. 12. 1610, begraben ebd. 2. 5. 1685, war ein Hauptmeister des holländ. Bauernbildes. Ausgehend von A. BROUWER, auch von REMBRANDT beeinflußt, schilderte er in Gemälden, Zeichnungen und Radierungen das dörfl. Leben in vielfältigen Themenvarianten, im häusl. Bereich, beim Tanz und Trunk sowie bei der Ausübung versch. Berufe. Seine meist kleinformatigen Bilder, die Personen oder Gruppen im Innenraum oder im Freien (bes. nach 1650) darstellen, sind in einer zuerst hellen, später warmbraunen, zuletzt von bunten Farben unterbrochenen Tonalität gemalt. O. war Lehrer u. a. von C. BEGA, C. DUSART und vermutlich J. STEEN.

2) Isaak van, holländ. Maler, Bruder von 1), getauft Haarlem 2. 6. 1621, begraben ebd. 16. 10. 1649, Schüler seines Bruders, malte wie dieser Bauernszenen in Innenräumen, bes. aber Dorflandschaften mit Wirtshäusern und bäuerl. Fuhrwerken, Flußufer und auch Winterbilder.

B. SCHNACKENBURG: A. v. O., I. v. O. Zeichnungen und Aquarelle (1981).

Ostankino, ehem. Landschloß (→Usadba) der Grafen SCHEREMETJEW in der Umgebung von Moskau (heute Stadtgebiet), seit 1918 Mus.; im Zentrum der aus Theater und Schloß bestehende spätklassizist. Schloßkomplex (1791–98; luxuriöse Innenausstattung), der durch Galerien mit Pavillons verbunden war; Dreifaltigkeitskirche (1678–92), ein rechteckiger Fünfkuppelbau im Stil des russ. Barock.

Östberg ['østbærj], Ragnar, schwed. Architekt, *Stockholm 14. 7. 1886, †ebd. 5. 2. 1945, seit 1922 Prof. an der Akad. ebd. Sein HW ist das Stadthaus in Stockholm (1911–23), zugleich ein HW der schwed. Nationalromantik.

Weitere Bauten: Patentamt Stockholm (1921); Seehistor. Mus. Stockholm (1934/35); Zorn-Mus. Mora (1939).

Ostende [frz. ɔst'ãd], fläm. **Oostende,** Stadt in der Prov. Westflandern, 71 300 Ew., größtes Seebad Belgiens, von Kuranlagen und Hotelbauten geprägt. Mehrere Museen, u. a. Mus. voor Schone Kunsten (moderne Malerei, v. a. J. ENSOR), Ensor-Mus. (Wohnhaus und Atelier des Malers), Mus. voor Religieuze Kunst.

Ostendorfer, Michael, Maler und Zeichner für den Holzschnitt, *um 1494, †Regensburg 14. 12. 1559, ebd. 1519 als Meister erwähnt. Vermutlich ist O. aus der Werkstatt A. ALTDORFERS hervorgegangen, von dessen Stil sein Werk abhängig ist. Er war 1536 Hofmaler des Pfalzgrafen FRIEDRICH II. in Neumarkt/Oberpfalz und zeichnete 1544 in Amberg für Nürnberger Verleger Vorlagen für Holzschnitte. Neben Holzschnitten (v. a. Pilgerfahrt zur Schönen Maria, 1520; Holzstock München, Bayer. Nat.-Mus.) schuf O. Gemälde, Porträts und Miniaturen.

Osterhofen, Stadt im Kr. Deggendorf, Niederbayern, 11 100 Ew. Das 1127 gegr. Prämonstratenserstift besitzt eine der reichsten Barockkirchen des Landes,

1726–31 von J. M. Fischer in einem einzigartigen System von kurvig begrenzten Räumen erbaut und bis 1735 von den Brüdern Asam mit farbenprächtigem Stuck, Fresken und prunkvollen Altären ausgestattet.

Osterinsel, polynes. **Rapanui,** östlichste Insel Polynesiens im Pazifik (chilen. Territorium). Die O. wurde im 5. Jh. von Zentral-/Ost-Polynesien her besiedelt; die lokale Kultur entwickelte einen eigenen Kunststil, dessen klass. Periode ins 12. bis 17. Jh. anzusetzen ist. Das in Ozeanien einzig dastehende Schriftsystem (600 hieroglyph. Zeichen auf hölzernen Schrifttafeln) wurde vermutlich erst nach der Ankunft der Europäer (1722) erfunden; seine Kenntnis ging zusammen mit dem Wissen um die Bedeutung der Kunstwerke im 19. Jh. verloren. Während die Schrift weitgehend entziffert werden konnte, wurde die Bedeutung der monumentalen Figuren aus Tuffstein (Moai maea), die meist nur aus Oberkörper mit Armen, Kopf (mit tiefliegenden Augen und langer Nase) sowie separatem Aufsatz bestehen und 2,0 bis 9,8 m hoch sind (angefangene Statuen maßen im Umriß bis 20,9 m), nicht eindeutig geklärt; sie waren z. T. in Reihen auf Steinplattformen (Ahu) aufgestellt und haben vielleicht Gründervorfahren dargestellt. Über die aus Toromiro-Holz geschnitzten männl. Figuren (Moai kavakava) mit deutlich ausgearbeiteten Rippen und Rückgrat im nach vorne gebeugten Oberkörper und hagerem Kopf mit sorgfältig ausgearbeiteter Frisur ist nur wenig bekannt. Andere männl. und weibl. Figuren (Moai paepae) zeigen ähnl. Kopfformen, jedoch relativ flache und breite Körper mit nur wenig ausgearbeiteten Gliedmaßen und einem über den Oberkörper gelegten Arm. Bedeutsam als Kultfiguren sind die ›Vogelmänner‹ und die ›Echsenmänner‹, männl. Figuren mit Vogelkopf oder mit Rücken, Kopf und vorderen Extremitäten einer Echse. Die Augen der Holzfiguren erhalten durch einen hellen Knochenring und dunkle

Osterinsel:
Tuffsteinfiguren

Pupillen (Obsidiansplitter) ihre eigentüml. Ausdruckskraft. Als formal bes. vollendet gelten die halbmondförmigen Brustgehänge aus Holz mit 2 Köpfen im Profil sowie die Tanzpaddel.

T. HEYERDAHL: Die Kunst der O. (a. d. Engl., 1975); The prehistory of Polynesia, hg. v. J. D. JENNINGS (Cambridge, Mass., 1979).

Osterleuchter, Standleuchter mit oft reichem ornamentalen oder figürl. Schmuck auf der Evangelienseite neben oder auf dem Altar, der während der Ostergottesdienste die geweihte Osterkerze trägt. Einen künstler. Höhepunkt erreichten O. im 12./13. Jh. aus Marmor mit kunstvollen Mosaikinkrustationen (Rom, S. Paolo fuori le mura, um 1190; Palermo, Cappella Palatina; Capua, Dom; Gaeta, Dom).

Osterode am Harz, Stadt in Ndsachs., 28 800 Ew., 1286–1596 Residenz der welf. Linie Braunschweig-Grubenhagen, hat den Charakter der nach dem verheerenden Brand von 1545 entstandenen Fachwerkstadt bewahrt. In der Marktkirche St. Ägidien, einem nach 1545 erneuerten Rechtecksaal mit hölzerner Felderdekke, bed. Grabplatten (16. Jh.). Rathaus mit verschiefertem Giebel (1552). Von der ehem. Reichsburg (12. Jh.) ist der 33 m hohe Bergfried zur Hälfte erh.

Øster-Starup ['œsdər st'arob], Ort südlich von Vejle, Dänemark. Die roman. Granitquaderkirche (12. Jh.) verfügt über bes. schöne Beispiele der jütländ. Bauplastik; die Granitreliefs zeigen stilist. Verwandtschaft mit der ›Katzenkopftür‹ des Doms von Ribe.

Osterwieck, Stadt im Kr. Halberstadt. Dt. Dem. Rep., 5200 Ew.; durch zahlreiche Fachwerkhäuser (16.–17. Jh.) geprägtes Stadtbild; spätgot. Stadtkirche St. Stephan (15.–16. Jh.) mit roman. Westwerk (12. Jh.), im Innern u. a. bed. Schnitzaltar (Ende 15. Jh.) und reiche geschnitzte Kanzel (um 1570); in der Nikolaikirche (1262) Flügelaltar (um 1420) in Anlehnung an CONRAD VON SOEST.

Osthaus, Karl Ernst, Kunsthistoriker, Kunstsammler, *Hagen (NRW) 15. 4. 1874, †Meran 27. 3. 1921, setzte sich für den Jugendstil und die Expressionisten ein; Gründer (1902) und bis 1921 Leiter des Mus. →Folkwang in Hagen (seit 1922 in Essen); das städt. Mus. in Hagen ist seit 1941 nach O. benannt. O. gehörte zu den Mitbegr. des Dt. Werkbundes.

Ostia Antica [lat. ostium ›Mündung‹], heutiger Name des antiken **Ostia,** der alten Hafenstadt Roms, an der damaligen Tibermündung (heute 3 km landeinwärts), von den Römern Ende des 4. Jh. v. Chr. als militär. Lager gegr. Als Flottenstützpunkt der röm. Seemacht und als Versorgungshafen der Hauptstadt erlangte Ostia schnell Bedeutung. Nach der Zerstörung im Bürgerkrieg 87 v. Chr. wurde Ostia unter SULLA wiederaufgebaut und durch eine 2,8 km lange Mauer (teilweise erh.) geschützt. Dem Ausbau eines künstl. Hafens (nordwestlich von Ostia, heute Fiumicino) mit einem großen sechseckigen Becken, unter CLAUDIUS und NERO begonnen, unter TRAJAN zu Ende geführt, verdankte die Stadt ihren wirtschaftl. Aufschwung im 2. Jh. n. Chr. Diesem Jh. gehören die meisten bisher freigelegten Gebäude an. – Ostia begann zu verfallen, nachdem Konstantinopel Hauptstadt des Reiches geworden war.

Die seit 1909 methodisch durchgeführten Ausgrabungen erbrachten ein gutes Bild von einer einst dichtbewohnten röm. Großstadt mit rechtwinklig sich kreuzenden Straßen, z.T. vielstöckigen Häusern (Wohnblocks), Geschäftsvierteln, Lagerhallen, luxuriös ausgestatteten Privatvillen sowie mit öffentl. Bauten (Tempeln, Forum, Thermen, Theater u.a.). Zahlreich sind die Spuren oriental. Kulte, darunter 19 Mithräen. – Reiche Grabungsfunde (v.a. Mosaiken, Statuen und Porträts) sind im Mus. von O. A. Funde, die im 19. Jh. gemacht wurden, gelangten in versch. Museen anderer Städte und Länder. (BILD römische Kunst)

R. MEIGGS: Roman Ostia (New York ²1974).

Ostium [lat. ›Mündung‹] *das,* im röm. Haus der Antike die Tür vom Flur in das Atrium.

ostjavanische Periode, →indonesische Kunst.

Ost|önnen, Stadtteil von Soest, NRW, mit ungewöhnlich qualitätvoller roman. Landkirche des 12. Jh.: Gewölbebasilika mit gemalter Innendekoration aus der Erbauungszeit, der fünfgeschossige W-Turm durch dreiteilige Schallarkaden reich gegliedert.

Ostraka, *Ez. das* **Ostrakon** [grch. ›Scherbe‹, ›Schale‹], irdene Täfelchen, Reste zerbrochener Gefäße, die im Altertum als billiges Schreibmaterial verwendet wurden anstelle des teuren Papyrus. O. sind in Massen v.a. in Ägypten gefunden worden. Ihre Texte enthalten Steuerquittungen, Rechnungen, Briefe, Zaubersprüche, Schulübungen; aber auch Maler benutzten O. zu Skizzen und Entwürfen als eine Art Werkzeichnung. Die in Griechenland gefundenen (bei Abstimmungen benutzten) O. sind lediglich mit Namen versehen.

Ostritz, Stadt südlich von Görlitz, Dt. Dem. Rep. Im Ortsteil **Marienthal** Zisterzienserinnenkloster (um 1230 gegr.); frühbarocke Klosterkirche (2. H. 17. Jh.), barockes Konventsgebäude (1743/44), in dessen N-Flügel Michaelskapelle mit Kuppelfresken; in der Klausur Bibliothek (1752) mit Deckenbild.

Ostrouchow, Ilja Semjonowitsch, russ. Maler, Sammler, *Moskau 1. 8. 1858, †ebd. 8. 7. 1929, malte russ. Landschaften in impressionistisch aufgelockertem Realismus. Seine Samml. von Ikonen und neuer russ. Malerei befindet sich seit 1930 in der Moskauer Tretjakow-Galerie.

Ostroumowa-Lebedewa, Anna Petrowna, russ. Graphikerin, Aquarellistin, *St. Petersburg 17. 5. 1871, †Leningrad 5. 5. 1955, Mitgl. der Gruppe Mir Iskusstwa, studierte europ. und japan. Druckgraphik, arbeitete bevorzugt in Holzschnitten; Themen sind v.a. Landschafts- und Städtedarstellungen.

Ostrov, Stadt in der ČSSR, →Schlackenwerth.

Ostung, Ori|entierung, Baukunst: die Ausrichtung der Apsis einer christl. Basilika nach O, gemäß einem antiken Brauch, sich beim Beten nach O zur aufsteigenden Sonne zu wenden. Die O. setzte sich wohl zuerst im Bereich des östl. Christentums durch, hingegen sind die ältesten christl. Basiliken in Rom nicht geostet. Seit dem frühen MA. ist die O. sehr verbreitet; Abweichungen, v. a. im Barock, hatten meist städtebaul. Gründe.

Osuna, südspan. Stadt in der Prov. Sevilla, rd. 18 000 Ew., geprägt durch die typ. hohen andalus. Kirchtürme und die Herrensitze mit gewellten Giebeln; überragt von der Stiftskirche (1534–39) mit reich verziertem zweistöckigem Innenhof (Patio del Capellán) im Platereskenstil (mit grotesken Kapitellskulpturen), der zur Grabkapelle der Herzöge von O. führt.

Otmuchów [ɔtm'uxuf], polnisch für →Ottmachau.

Otranto, kleine Hafenstadt und Erzbischofssitz in der ital. Prov. Lecce, Apulien, 4600 Ew. Die dreischiffige roman. Kathedrale (1080 beg., 1480 von den Türken verwüstet; wiederhergestellt) hat ein sich durch die ganze Kirche erstreckendes Fußbodenmosaik mit figürlich-symbol. Darstellungen (laut Inschrift 1163–66 von einem Priester Pantaleon mit wenigen Helfern hergestellt) und eine fünfschiffige säulengeschmückte Krypta; S. Pietro, einzige unverändert gebliebene byzantin. Kreuzkuppelkirche Apuliens (10./11. Jh.; mit Fresken des 11.–13. Jh.); Kastell mit zylindr. Ecktürmen (1485 bis 1498 unter ALFONS von Aragón erbaut).

W. HAUG: Das Mosaik von O. Darstellung, Deutung, Bilddokumentation (1977).

Otricoli, Gem. in der ital. Prov. Terni, mit Mauerring

Otranto: Fußbodenmosaik im Dom; 1163–66

Otricoli: Zeus von O., röm. Kopie; nach einem grch. Original des 4. Jh. v. Chr. (heute im Vatikan)

und Ruinen der antiken Stadt **Ocriculum;** unter den reichen Einzelfunden v. a. der ›Zeus von O.‹, röm. Kopie nach einem grch. Original (von BRYAXIS?) des 4. Jh. v. Chr. (heute im Vatikan).

Otsu, Stadt auf Honshu, Japan, am SW-Zipfel des Biwa-Sees gelegen, 194 200 Ew.: wurde im 16. Jh. an der Stelle einer histor. Kaiserstadt des 2. und 7. Jh. errichtet. Der Miidera, eine buddhist. Tempelanlage der Tendai-Jinai-Sekte, wurde 674 gegr.; in ihrer Blütezeit zählte sie 859 Gebäude, heute 60. Im Nebentempel Shodo-ji Skulptur des Nyoirin Kannon. Östlich von O. liegt der Ishiyama-dera, ein buddhist. Tempel der Toji-Schule, gegr. im 8. Jh., nach zweimaliger Zerstörung im 12. und 16. Jh. wiederaufgebaut; Pagode, Haupthalle und Torgebäude.

Ottawa ['ɔtəwə], Hauptstadt von Kanada, in der Prov. Ontario, 304 500 Ew.; 1827 gegr., anfangs mit historist. Bauwerken (neugot. Parlament, 1861–67). Im National-Mus. v. a. Indianer- und Eskimokunst, in der Nat.-Gal. die bedeutendste Kunst-Samml. (westeurop., kanad. Künstler) des Landes.

Otterberg, Stadt im Kr. Kaiserslautern, Rheinl.-Pf., 4300 Ew. Die spätroman. Kirche (um 1200 beg., 1254 gew.) der 1144 gegr. ehem. Zisterzienserabtei ist neben Speyer der größte roman. Sakralbau der Pfalz, eine gewölbte Pfeilerbasilika mit eigenartigem Polygonchor; in der turmlosen, burgundisch geprägten W-Front prächtiges Stufenportal und Maßwerkrose. Seit 1707 ist sie Simultankirche. Von den Klostergebäuden ist nur der Kapitelsaal (13. Jh.) erh.

Ottmachau, poln. **Otmuchów** [ɔtm'uxuf], Stadt in der poln. Wwschaft Opole (Oppeln), Schlesien, 4700 Ew. Die ins 13. Jh. zurückreichende Domkirche wurde 1690–93 neu gebaut und hat barocke Innenausstattung (1693–1701), Fresken von K. DANKWART (1693/94). Die ma. Burg wurde nach der Zerstörung durch die Hussiten im Renaissancestil neu erbaut (Bergfried 16. Jh., Torhaus um 1710). Das Rathaus hat einen maler. Turm (1618, Haube 18. Jh.); ferner sind erh. die barokke Mariensäule und der Sperlingsturm (16. Jh.) der alten Stadtbefestigung. Am Marktplatz Häuser aus dem 17./18. Jh.; Bischofspalast (1706 bis 1707; 1927 umgebaut).

Ottmarsheim, Gem. im Oberelsaß, 1800 Ew.; ehem. Benediktinerinnenkloster aus ottonischer Zeit (um 1045 gegr.) mit Kirche aus der 1. H. des 11. Jh. (achteckiger Zentralbau mit Kuppelgewölbe und gewölbten Emporen; Vorbild: Aachener Münster), got. Sakristei und Kapelle; Stiftskapelle mit Grabsteinen des 18. Jh.

Ottmer, Carl Theodor, Baumeister, *Braunschweig 19. 1. 1800, †Berlin 22. 8. 1843, Schüler von K. F. v. SCHINKEL, baute nach dessen Entwurf 1825–27 die Singakad. in Berlin (1950 Umbau zum ›Maxim-Gorki-Theater‹). Sein HW ist das Schloß in Braunschweig (1831–38, 1960 abgebrochen) und der Hauptbahnhof ebd. (1845 fertiggestellt). – Sein Stil verbindet den Klassizismus mit Elementen der Renaissance.

Otto, Frei, Architekt, *Siegmar (Sachsen) 31. 5. 1925, lehrt seit 1965 an der TH Stuttgart. O. gilt als internat. führender Erforscher von Baukonstruktionen mit geringstem Aufwand und hat die Theorie techn. Verwirklichung und Gestaltung bes. der zugbeanspruchten und pneumat. Konstruktionen vorangetrieben.

HW: Evang. Kirche, Berlin-Schönow (1961–64, mit E. BUBNER); Überdachungen u. Pavillons (Zeltkonstruktionen) für: Bundesgartenschauen in Kassel (1955), Köln (1957), Saarbrücken (1958); Interbau Berlin (1957); Dt. Bauausstellung, Essen (1962); Internat. Gartenbauausstellung, Hamburg (1963); Schweizer. Landesausstellung, Lausanne (1964); Dt. Pavillon, Weltausstellung, Montréal (1966/67, mit R. GUTBROD). Bewegl. Überdachung der Stiftsruine Hersfeld (1968); Überdachungen der Anlagen der Olymp. Spiele, München (1972, konstruktive Beratung); Gitterschalenkonstruktion für Multihalle, Mannheim (1975).

Schrift: Natürliche Konstruktionen (1982).

C. ROLAND: F. O. Spannweiten. Ein Werkstattbericht (1966); P. DREW: F. O. (a. d. Engl., 1976).

Ottobeuren, Marktgem. im Allgäu, 7200 Ew. Die 764 gegr. Benediktiner-Reichsabtei wurde 1711–25, die doppeltürmige Klosterkirche 1737–66 (v. a. von J. M. FISCHER) erbaut. Nach Größe und Qualität der Ausstattung zählt O. zu den bedeutendsten Barockanlagen Europas. Die Dekoration der Kirche schufen J. M. FEUCHTMAYER (Stuck), J. J. ZEILLER (Fresken) und J. J. CHRISTIAN (gesamte Plastik, v. a. Kanzel, Chorgestühl mit Orgeln). Im Kloster bes. bemerkenswert Kaiser- und Theatersaal, die von J. B. ZIMMERMANN 1715/16 gestaltete Bibl., die Kunstsamml. der Abtei (Mus.).

M. SEIDEL: O. (1976).

Ottocento [-tʃ'ɛnto, ital. ›achthundert‹, Abk. für 1800], ital. Bez. für das 19. Jh.; das O. ist in der Kunstgeschichte von dem bereits seit Ende des 18. Jh. (→Settecento) in Italien vorherrschenden Klassizismus geprägt. Herausragende Bedeutung für die europ. Plastik hatte A. CANOVA.

Otto-Evangeliar, →Reichenauer Malerschule (Liuthargruppe).

Ottomane [frz.] *die*, gepolsterte Sitzbank mit halbrunden Armlehnen.

ottonische Kunst, die Kunst unter den sächs. Herrschern (919–1024), v. a. unter OTTO II., OTTO III. und HEINRICH II. Die unter den Saliern bis zu Heinrich IV. entstandenen Werke werden als spätottonisch angeschlossen. Die Eingliederung des Episkopats in die Reichsverwaltung durch OTTO I. führte zu einer Einheit polit. und relig. Zielsetzungen und erschloß eine Schicht gleichgesinnter Mäzene (BERNWARD VON HILDESHEIM, →Bernwardskunst). So entstanden in den kirchl. Zentren Schöpfungen, deren Rang der Epoche ihren Stil verlieh. Traditionen der karoling. Kunst und bes. seit der Heirat Ottos II. mit der byzantin. Prinzessin THEOPHANU einströmende byzantin. Elemente verbanden sich zu einer **otton. Renaissance.** Schwerpunkte bildeten sich z. B. in den sächs. Stammesgebieten: Dom zu Magdeburg (955 beg.; BILD Magdeburg), Stiftskirche Gernrode (959 gegr.), der otton. Vorgängerbau (992 gew.) des Doms zu Halberstadt, Buchmalerei der Weserschule (Evangeliar von Wolfenbüttel, Heiratsurkunde der Theophanu, 972), siebenarmiger Bronzeleuchter

ottonische Kunst: OBEN Mittelschiff der Stiftskirche in Gernrode; 2. Hälfte des 10. Jh. UNTEN Johannes der Täufer wird in den Kerker gelassen, Detail von der Säule des Hl. Bernward; nach 1022 (Hildesheim, Dom).

im Essener Münster (972). Von den großen Basiliken, häufig mit doppeltem Querhaus und ausgeschiedener Vierung, mit einem W-Bau oder W-Chor ausgestattet, gibt St. Michael in Hildesheim (eine Stiftung Bernwards, etwa 1010–33; BILD Hildesheim) eine gute Vorstellung. Höhepunkte frühroman. Bronzekunst sind die etwa gleichzeitig entstandenen Hildesheimer Bronzetüren und die Bronzesäule (urspr. für St. Michael, dann im Dom). In Köln, das sich der besonderen Gunst der Kaiserin Theophanu erfreute (Begräbnis 991 in St. Pantaleon), entstand der älteste erhaltene monumentale Kruzifixus, der um 970 entstandene Gerokruzifixus (BILD), und das älteste vollrund gearbeitete Marienbild (›Goldene Madonna‹ im Essener Münster; BILD Essen). In Trier förderte Erzbischof EGBERT die Goldschmiedekunst (Andreasreliquiar) und die eigenwillige Elfenbeinschnitzerei des ›dt. Meisters um 1000‹. Der Trierer ›Gregormeister‹, genannt nach Blättern eines ›Registrum Gregorii‹ in Trier und Chantilly (um 983), war zentrale Persönlichkeit der Buchmalerei und an dem reichgeschmückten ›Codex Egberti‹ beteiligt, der antikisierenden Stil in der Art des frühchristl. Vergilius Vaticanus mit mittelbyzantin. Ikonographie mischte

ottonische Kunst: Himmelfahrt Christi, aus dem Perikopenbuch Heinrichs II.; zwischen 1007 und 1014 auf der Reichenau entstanden (München, Bayer. Staatsbibliothek)

und zur Grundlage der ›Reichenauer Malerschule‹ wurde. Ihr expressiver Linearismus im Evangeliar Ottos III. und im Perikopenbuch Heinrichs II. (München, Bayer. Staatsbibl.) bezeichnen einen Höhepunkt o. K. Die Kirche St. Georg in Reichenau-Oberzell bietet ein nahezu vollständig erhaltenes Beispiel otton. Wandmalerei. Weitere Zentren o. K. lagen in Mailand, Lüttich, Fulda und Regensburg. Kloster Echternach war die bevorzugte Werkstatt für Buchmalereien der salischen Kaiser (›Codex Aureus‹, Nürnberg); die ›Bayer. Klosterschule‹ wurde grundlegend für die spätotton. Malerei in Böhmen (Prager Krönungsevangelistar). Mit dem Ausbrechen des Investiturstreites und der Infragestellung des ottonischen Reichsgedankens begannen die Auseinandersetzungen des 12. Jh. und die Übernahme der v. a. von Frankreich und Italien getragenen →Romanik.

H. JANTZEN: O. K. (Neuaufl. Tb. 1959); R. WESENBERG: Bernwardin. Plastik. Zur o. K. unter Bernward von Hildesheim (1955); E. KUBACH u. V. H. ELBERN: Das frühmittelalterl. Imperium (1968); L. GRODECKI u. a.: Die Zeit der Ottonen und Salier (a. d. Frz., 1973).

Ottweiler, Stadt im Kr. Neunkirchen, Saarland, 15 600 Ew.; seit 1544 zeitweise Residenz der Grafen von Nassau-O. (das Renaissanceschloß 1753 abgebrochen). Gut erh. maler. Ortsbild: evang. Pfarrkirche (spätgot. Kern, im 18. Jh. umgebaut), daneben ein Rundturm der Stadtbefestigung (16. Jh.); barockes Rathaus (1714); fürstl. Witwenpalais (1760) und ›Pavillon‹ im Herrengarten (1758/59) von F. J. STENGEL.

Otzen, Johannes, Baumeister, *Sieseby (Schlesw.-Holst.) 8. 10. 1839, †Berlin 8. 6. 1911, tätig in Altona und Berlin. O. baute evang. Kirchen in ma., bes. got. Stilformen und entwarf die dem ›Wiesbadener Programm‹ entsprechende Form der Predigtkirche (1892 bis 1894; Wiesbaden, Ringkirche).

Ouarzazate [warzaz'at], Oasenstadt in S-Marokko, 11 000 Ew.; am S-Rand des Hohen Atlas, 15 km westlich des Dadès- und Dra-Tals im Gebiet der berber. Hochhausarchitektur. 1,5 km östlich des modernen Orts die mächtige, vielgliedrige Feudal-Kasba Taourirt (eine der größten Marokkos) mit bis zu siebenstöckigen Stampflehmbauten. O. ist Kunstgewerbezentrum (Berberteppiche und -keramik). 6 km nordwestlich liegen Kasba und Ksar Tiffoultoute, 35 km östlich mehrere reichverzierte Feudal-Kasbas bei Skoura.

Ouchi [-tʃ-], Dorf im N von Honshu, Japan, bei Aizu-Wakamatsu, eine ehem. Poststation aus der Edo-Zeit mit gut erhaltenen Herbergshäusern des 18./19. Jh. Die Daimyo-Herberge hat bes. reiche Darstellungen auf Fusuma sowie schöne Gartenanlagen.

Oud [ɔut], Jacobus Johannes Pieter, niederländ. Architekt, *Purmerend 9. 2. 1890, †Wassenaar 5. 4. 1963, war 1918–33 Stadtbaumeister in Rotterdam, 1917 Gründungsmitgl. von De Stijl und der CIAM. Anfänglich von H. P. BERLAGE beeinflußt, prägte er ab 1917 die auf die Grundelemente reduzierte Formensprache des Stijl und des späteren →Internationalen Stils 2) aus (Strandboulevard, Entwurf 1917; Fabrik, Entwurf 1919).

WW: Volksbadehaus Purmerend (1915). – Siedlungen: Spangen (1918/19); Tusschendijken (1920); Oud-Mathenesse (1922); Hoek van Holland (1924); Kiefhoek (1925–27), alle bei Rotterdam. – Reihenhäuser Weißenhofsiedlung, Stuttgart (1927); Entwurf Villa Johnson (1931); Shell-Bürohaus, Den Haag (1938–42); Bio-Kinderdorf, Ede/Arnheim (1952–60).

K. WIEKART: J. J. P. O. (Amsterdam 1965).

Oudenaarde ['ɔudəna:rdə], frz. **Audenarde** [odn'ard], Stadt in der belg. Prov. Ostflandern, 27 200 Ew., mit einem der schönsten flandr. Rathäuser, 1525 bis 1536 im spätgot. Flamboyant-Stil errichtet, mit Loggia im Untergeschoß und Mittelturm, bekrönt von der vergoldeten Figur ›Hanske de Krijger‹; an der Rückseite eine Tuchhalle (13. Jh.). Ebenfalls am Markt steht die St. Walburgakerk mit massigem got. Turm (88 m hoch, 12.–14. Jh., unvoll.) und spätgot. Schiff; im Innern Chorgitter von L. FAIDHERBE und Bildteppiche. Onze Lieve Vrouw van Pamele ist eine kreuzförmige Basilika im Stil der Scheldegotik (1238 beg.), mit polygonalem Chor und Umgang, achteckigem Vierungsturm und Türmen an S- und N-Fassade.

Seit der 1. H. des 15. Jh. entwickelte sich in O. die Tapisseriekunst (→Bildwirkerei), die bis 1772 bestand. Sie besaß ihre größte Bedeutung im 16. Jh., bes. für die Erzeugung der →Verdüren, auch ›Oudenaarden‹ genannt.

Oudewater ['ɔudə-], Städtchen in der niederländ. Prov. Utrecht mit maler. altem Stadtbild: Rathaus mit Renaissance-Treppengiebel (1588); Waage (1595); Bürgerhäuser (Ende 16./17. Jh.), u. a. Arminiushuis (1580, Giebel 1601) mit skulpturalen Dekorationen. Die Pfarrkirche, urspr. eine einschiffige roman. Kirche, wurde im 15. Jh. zur Hallenkirche mit eingebautem Querschiff umgebaut.

Oudry [udr'i], Jean-Baptiste, frz. Maler, Radierer,

*Paris 17. 3. 1686, †Beauvais 30. 4. 1755, Schüler von N. DE LARGILLIÈRE, malte Tier- und Jagdbilder, Stilleben, gelegentlich auch Landschaften in flämisch beeinflußter Art. Er lieferte Entwürfe für die Gobelinmanufaktur in Beauvais, deren Direktor er 1734 wurde; schuf auch Stiche, Zeichnungen und Illustrationen, so zu LA FONTAINES Fabeln (1755).

Oum El-Abouad [umɛlabu'ad], Ort in Zentraltunesien, 25 km südlich von El-Fahs, im weitläufigen röm. Ruinenfeld von **Serẹssi**: 2 guterhaltene Triumphbogen, große Tempel, Theater, Amphitheater, Mausoleen, Zisternen sowie frühchristl. Basilika und 2 byzantin. Mauerwälle.

Ouro Preto ['orupr'etu, brasilianisch ›schwarzes Gold‹], Stadt im Staat Minas Gerais, Brasilien, 1100 m ü. M., 38 000 Ew. O. P., 1701 von Goldsuchern als **Vila Rica** gegr., war 1720–1897 Hauptstadt von Minas Gerais. In der zu großem Reichtum gelangten Stadt entstanden Barock- und Rokokobauten. Zahlreiche Straßenzüge des 18. Jh. mit zweigeschossigen Häusern sind unverändert erhalten. Seit 1933 steht die Stadt unter Denkmalschutz; 1982 wurde sie von der UNESCO zum Weltkulturerbe erklärt. Schönste der vielen Kirchen ist S. Francisco de Assis (2. H. 18. Jh.), ein einschiffiger rechteckiger Bau mit großer Vorhalle, fertiggestellt 1794 von ALEIJADINHO, von dem auch die Specksteinreliefs der Fassade (Portalornamentik und Medaillon) sowie die Kanzeln und Skulpturen stammen; das Innere der Kirche ist außerdem mit kunstvollen Wand- und Deckenmalereien ausgestaltet. In Nossa Senhora do Carmo (1766–1822) mit schönem Deckengemälde sind Portal und Seitenaltäre von Aleijadinho. In der Kirche Nossa Senhora da Conceicão mit reichverziertem Hochaltar (1760) das Grab Aleijadinhos; im Nebenhaus Aleijadinho-Mus.; die Kirche Nossa Senhora do Pilar (1731–86, Fassade 1848 beendet) hat prunkvolle Ausstattung (1740–45) mit reich vergoldeten Schnitzereien, 6 Seitenaltären, Gemälden; in der Sakristei und im Nebengebäude Silber-Mus. Schöne Deckengemälde (2. H. 19. Jh.) schmücken auch die Kirche

Ouro Preto: S. Francisco de Assis; 2. Hälfte 18. Jh.

S. Francisco de Paula (1804 bis um 1900). Die Kirche Nossa Senhora do Rosário mit ovalem Grundriß geht auf Baupläne von 1785 zurück (Hauptaltar aus neuerer Zeit). Im klassizist. ehem. Rathaus das Museu da Inconfidencia (1784–1846) mit Sakral- und Profankunst. (WEITERES BILD lateinamerikanische Kunst)

Ouwater ['ɔuwa:tər], Albert van, holländ. Maler, tätig in Haarlem vermutlich um 1430–60. Er setzte die Malerei von J. VAN EYCK im holländ. Sinn fort. GEERTGEN TOT SINT JANS war sein Schüler. Sein einziges gesichertes Gemälde, die ›Auferstehung des Lazarus‹ (Berlin-West, Staatl. Museen), zeigt in der freien Gruppierung, der herben Zeichnung, der drast. Auffassung, der feinen Licht- und Raumwiedergabe schon die Grundzüge der holländ. Malerei.

Ovens, Jürgen, niederländ. Maler, *Tönning (Holstein) 1623, †Friedrichstadt (Holstein) 7. 12. 1678, war 1642 Schüler von REMBRANDT in Amsterdam. 1663 ging er als Hofmaler des Herzogs CHRISTIAN ALBRECHT nach Schleswig. – Seine eklekt. Kunst zeigt neben fläm. Stilelementen v. a. den Einfluß Rembrandts und war zu seiner Zeit sogar angesehener: So malte O. für das Amsterdamer Rathaus an Stelle des abgelehnten Bildes von Rembrandt die ›Verschwörung des Claudius Civilis‹ (1661). Außer histor. Gemälden schuf O. v. a. Porträts, auch große Gruppenbildnisse.

WW: Familienporträt (1650; Haarlem, Frans-Hals-Mus.); Die 6 Vorsteher des Armenhauses (1656; Amsterdam, Rijksmus.); Gruppenporträt der Regenten des Bürgerwaisenhauses (1663; Amsterdam, Bürgerwaisenhaus).

Overbeck, 1) Fritz, Maler, *Bremen 15. 9. 1869, †Brücken bei Vegesack 7. 6. 1909, gehörte 1894–1906 der Künstlerkolonie in →Worpswede an. – O. malte und radierte Moor- und Heidelandschaften.

2) Johann Friedrich, Maler, *Lübeck 3. 7. 1789, †Rom 12. 11. 1869, gründete 1809 als Schüler der Akad. in Wien (H. FÜGER) mit F. PFORR den Lukasbund zur relig. Erneuerung der Kunst. Seit 1810 lebte er mit seinen Genossen, denen sich P. V. CORNELIUS, J. SCHNORR v. CAROLSFELD und P. VEIT anschlossen, in dem ehem. Kloster S. Isidoro in Rom. Unter dem Eindruck bes. von PERUGINO und dem jungen RAFFAEL entwickelte sich hier der v. a. zeichnerisch-lineare Stil O.s, der in den idealist. Kunstströmungen des 19. Jh. weiterwirkte. 1813 trat O. zur Kath. Kirche über. Mit den →Nazarenern schuf er in Rom die beiden Freskenzyklen in der Casa Bartholdy und im Casino Massimo und leistete damit einen bed. Beitrag zur Erneuerung der Monumentalmalerei. Seine bes. in frühen Porträts und Zeichnungen durch frisches Naturgefühl ausgezeichnete Kunst erstarrte später in einer dogmatisch-religiös bedingten Idealität.

HW: Wandgemälde in der Casa Bartholdy (1816/17; seit 1888 in Berlin-Ost, Nat.-Gal., Kartons in Frankfurt a. M., Städelsches Kunstinstitut) und im Casino Massimo (1817–27), an der Portiuncula-Kapelle in Assisi, S. Maria degli Angeli (1829). – Selbstporträt mit Gattin und Sohn (um 1820; Lübeck, Behnhaus); Vittoria Caldoni (1821; München, Neue Pinakothek); Maria und Elisabeth mit dem Jesus- und Johannesknaben (1825; ebd.); Italia und Germania (1828; ebd.); Triumph der Religion in den Künsten (1840; Frankfurt

Oviedo: Santa Maria de Naranco; 842–50

am Main, Städelsches Kunstinstitut); Die Taufe (1862/64; München, Neue Pinakothek).
Lit.: →Nazarener.

Oviedo [oβj'eðo], span. Stadt und Bischofssitz in Asturien, 173 000 Ew., von 760 bis Anf. des 10. Jh. Hauptstadt des Kgr. Asturien; spätgot. Kathedrale (1388–1528) mit reich skulptiertem Hauptretabel (um 1525) in der Capilla del Rey Casto, zweigeschossiger Krypta (9. und 12. Jh.; in der oberen Capilla de S. Miguel hervorragende figürl. Kapitelle und Apostelfiguren sowie der Reliquienschatz der astur. Könige) und Kreuzgang (14. Jh.); Bischofspalast (16./18. Jh.); Kirchen S. Tirso (vom urspr. Bau des 9. Jh. die Chorfenster erh.; im 16. Jh. erneuert) und S. Julián de los Prados (um 812–42). Nordwestlich der Stadt auf dem Monte Naranco 2 von dem astur. König RAMIRO I. (842–50) errichtete Bauwerke: S. María de Naranco (urspr. als Königshalle erbaut, seit dem 11. Jh. Kirche) und S. Miguel de Lillo (urspr. Palastkapelle) mit hervorragender Bauplastik im →Asturischen Stil.

Ovimbundu, Bantu-Volk in SW-Angola, →Mbundu.

Oxford ['ɔksfəd], Stadt in der Cty. Oxfordshire, Mittelengland, 116 300 Ew., an der Mündung des Cherwell in die Themse; die auf Flußterrassen gelegene Altstadt wird beherrscht von einem normann. Kastell, von dem nur Krypta und Turm der Kapelle erhalten sind. Von den ma. Pfarrkirchen besitzt St. Michael einen W.-Turm des 11. Jh. Die Kirche des 1122 gegr. Augustinerklosters (seit 1525 Christ Church College, seit 1546 kath.) wurde um 1180 als spätroman. Basilika mit das Triforium übergreifenden Arkadenbögen erbaut, der Chor um 1500 netzgewölbt. Die weitere Entwicklung ist von der Gründung der 1. engl. Univ. im späten 12. Jh. bestimmt, der Mitte des 13. Jh. die Colleges folgten. Die Kapelle des 1263 gegr. Merton College entstand als got. Rechteckchor mit spätgot. Querhaus und Vierungsturm (1448–51). 1379–86 wurde New College als geschlossene Hofanlage mit Torhaus, Kapelle und Hall erbaut; im

Ozeanien: Tragpfosten eines Ahnenhauses; Holz, Höhe 170 cm, Ost-Malekula, Neue Hebriden (Basel, Museum für Völkerkunde)

15. Jh. folgten All Soul's College (1438–43) mit spätgot. Statuenwand in der Kapelle und Magdalen's College (1474–1510). Die Divinity School (1420–80, spätgot. Netzgewölbe) wurde 1613 in die Hofanlage der Bodleian Library einbezogen. Die Auflösung klösterl. Colleges führte im 16. Jh. zu einer Neubautätigkeit in Renaissanceformen. St. John's College erhielt 1631–36 einen 2. Hof mit Arkadengang und zweigeschossigem Säulenportikus nach frz. Vorbild; das Sheldonian Theatre wurde 1663–69 von C. WREN, die klassizist. Kirche All Souls 1706–08 erbaut. Der 2. Hof von All Soul's College (1714 von N. HAWKSMOOR) gilt als frühes Beispiel engl. Neugotik, während die Radcliffe Camera (1737–49 von J. GIBBS), ein überkuppelter Bibliotheksbau über kreisförmigem Grundriß, am ital. Barock orientiert ist. Aus dem 19. Jh. sind das klassizist. →Ashmolean Museum und das neugot. Univ.-Mus. (1855 bis 1860) mit verglaster Eisenkonstruktion in der Halle zu nennen. Keeble College wurde 1868–82 von W. BUTTERFIELD (*1814, †1900) als neugot. Anlage mit polychromen Backsteinfassaden erbaut. Nach einer intensiven historist. Bautätigkeit entstanden erst um 1960 erste Collegebauten in modernen Architekturformen.

Oxus|schatz, Amu-Darja-Schatz, ein großer antiker Schatz, südlich des Oxus, in der Nähe von Balch (N-Afghanistan), 1877 entdeckt (London, Brit. Mus.); er besteht aus 1500 Münzen, 175 Stücken aus Gold und Silber (6. Jh.–2. Jh. v. Chr.), meist Kleinplastiken, Schmuck und Trinkschalen und einer goldenen, mit Reliefs geschmückten Schwertschneide. Ein großer Teil des Fundes trägt Züge der achaimenid. Kunst, einige Stücke gehören der grch. und skyth. Kultur an.

Oybin, Gem. im Kr. Zittau, Dt. Dem. Rep., 1500 Ew., mit ehem. Cölestinerkloster. Die maler. Ruinen der Burg des 14. Jh. und der got. Klosterkirche wurden im 18./19. Jh. häufig von Künstlern besucht (C. D. FRIEDRICH, L. RICHTER, A. ZINGG u. a.).

Ozeanien, die Inseln und Landteile im Pazif. Ozean (Südsee) zw. Indonesien und Amerika. In den Teilgebieten →Melanesien, Mikronesien und →Polynesien haben sich eigenständige Formen und Stile der Kunst herausgebildet. Gemeinsam ist das Fehlen von Metallwerkzeugen bis zur Ankunft der Europäer. Die Werke der alten Schnitzkunst sind mit Stein- und Muschel-

Ozeanien: Federmantel eines Königs; Höhe 128 cm, Hawaii (Berlin-West, Museum für Völkerkunde)

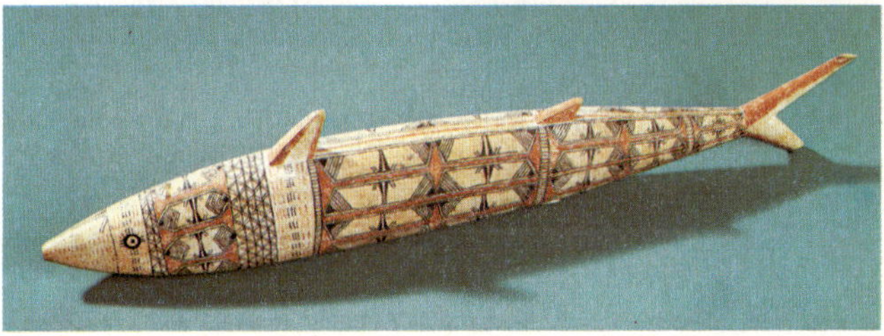

Ozeanien: OBEN LINKS Porträtkopf einer Totenstatue; Holz, Höhe 47 cm, Bougainville, nördl. Salomonen; OBEN RECHTS Maske aus Baumfarn, Ton und einer Harzmischung, Höhe 114 cm, Malekula, Neue Hebriden; UNTEN Fisch aus bemaltem Holz, Länge 61 cm, Santa-Cruz-Inseln, Salomonen (alle Basel, Museum für Völkerkunde)

werkzeugen (Beile und Dechsel, oft mit Knieschaft) sowie mit Kratzern aus Zahnmaterial und versch. Glättinstrumenten (u. a. Rochenhaut, Blätter) hergestellt worden. Die Einführung europ. Hobelklingen, Nägel, Schraubenzieher u. a. hat es erlaubt, vorhandene komplexe, v. a. durchbrochene Formen, z. B. die →Malanggane, weiter zu entwickeln und zu verfeinern. Stein und Muschelschalen sind in versch. Teilen von O. nicht nur zu Werkzeugen und →Schmuck, sondern auch zur Gestaltung von meist zweidimensional angelegten Werken oder Teilformen bearbeitet worden. Zum Aufmodellieren v. a. der Fleischteile von Gesichtern auf Schädel fand Ton Verwendung; die oft künstlerisch ausgestaltete, auch figürl. Darstellungen einschließende →Keramik war früher bis nach Polynesien verbreitet. Fasrige Strukturen wurden mit einer Mischung von pflanzl. Materialien und Klebstoffen zu lebensnahen ›Rambaramp‹-Figuren aufmodelliert (→ Neue Hebriden). Eine

Ozeanien: bemalter Holzschild, Neubritannien (Berlin-West, Museum für Völkerkunde)

Ozeanien: Ahnenfigur aus bemaltem Holz, Höhe 127 cm, Neuirland (Basel, Museum für Völkerkunde)

hervorragende Rolle in der Kunst von O. spielen die aus Baumbast geklopften Stoffbahnen (→Tapa), die zur Anfertigung von bemalten Maskenaufbauten und von zeremonieller Kleidung gebraucht wurden. In ihrer Bedeutung oft unterschätzt sind weitere biegsame vergängliche Materialien: Blätter und Stengel von Palmen und Ziersträuchern, Schnüre und Troddeln (u. a. aus Tier- und Menschenhaaren), Kleinsäugerfelle, Vogelbälge und -federn, Klebharze, Schweinefett u. a. Ihre vielseitige Verwendung (Körperschmuck, Textilkunst u. a.) sprengt den Rahmen nur handwerkl. Kunstausübung; dasselbe gilt teilweise für die Gestaltung verzierter Behälter aus Holz, Kokosschalen, Kürbis und Bambus sowie für oft figürl. Ausformung von Dolchen und Spatel (in Melanesien) sowie Ohrschmuck und kleine Keulen (in Polynesien) aus Vogel- und Menschenknochen sowie Walroßzahn und -knochen. Die Augen von Figuren werden häufig durch Muschel- und Schneckenschalen oder durch Teile davon aktiviert.

Neben den Werken der Kleinkunst, der Malerei und der Plastik beanspruchen die Bauformen, bes. jene der →Kulthäuser, einen besonderen Rang als selbständige Form des räumlich-figurativen Gestaltens, z. B. als mehrdeutige Versinnbildlichung myth. tiergestaltiger Schöpferwesen und ihrer Daseinsumstände, etwa des zweiköpfigen Urzeitkrokodils, der Schildkröte oder des Kasuars im Sepik-Gebiet, des verschlingenden, zw. Krokodils- und Schweinegestalt oszillierenden Urzeitwesens am Papua-Golf u. a.; die Anlage einer Siedlung oder wesentl. Elemente der Umwelt (Flußläufe, Berge, Felsen u. a.) können bildl. Charakter (z. B. Regenbogenschlange in NW-Australien) haben.

Vergängl., für einen einzigen Anlaß gefertigte Werke nehmen v. a. im Schaffen melanes. Künstler einen breiten Raum ein; so wurden die Malanggan-Schnitzereien nach dem Fest verbrannt oder zum Vermodernlassen weggeworfen, die Tanzaufsätze aus Tapa der Baining (→Neubritannien) zerschnitten. Andernorts (→Abelam, →Kwoma) wurden feste Schnitzwerke in temporäre, mit Blättern, Federn, Erdfarben u. a. aktivierte Altäre, Kultkammern u. ä. integriert. Neben Holzmasken werden für Maskenkostüme, die als das Werk von naturverbundenen spirituellen Wesen (Busch-, Wald-, Wassergeister) gelten, oft nur leicht vergängl. Pflanzenmaterialien sowie sorgfältig gehütete Vogelfedern verwendet (→Marind-anim), bes. in Polynesien (→Hawaii).

Die ozean. Kunst ist in allen ihren Erscheinungsformen Teil der Religion und des Lebens in der Gesellschaft; sie umfaßt über die von den Europäern gesammelten Einzelwerke hinaus auch die Anlage der zugehörigen Feste (Tänze und Körperschmuck der Teilnehmer, Gesang oft esoter. Inhalts, Instrumente und deren Musik als Stimme der übermenschl. spirituellen Wesen aller Art). Masken, Schnitzwerke und andere figürl. Gestaltungen stellen im Rahmen ihres Auftritts die Gemeinten nicht nur dar, sie sind sie auch. In Polynesien waren Künstler oft Priester oder diesen annähernd gleichgestellt. In Melanesien gehören die Aktivitäten des Künstlers vielfach auch zur Rolle des wissenden, führenden ›großen‹ Mannes. Die enge Bindung der künstler. Aufgaben an die religiös und sozial führenden Persönlichkeiten hängt mit deren Aufgabe als Interpreten des aktuell gültigen Weltbildes zusammen – eine doppelt wichtige Aufgabe für Kunst und Künstler dort, wo schriftl. Überlieferungen fehlten. Zur Entwicklung zeitgenöss. Kunstformen →Australier, →Neuguinea.

J. GUIART: Die Kunst der Südsee u. Australiens (1963); G. KOCH: Südsee. Ausst.-Führer, Berlin-West (1970); C. A. SCHMITZ: Oceanic art. Myth, man, and image in the South Seas (New York 1971); P. GATHERCOLE u. a.: The art of the Pacific Islands (Bloomington, Indiana 1979); Exploring the visual art of Oceania, hg. v. S. M. MEAD (Honolulu 1979); C. KAUFMANN: Ozean. Kunst. Ausst.-Kat., Basel (1980); B. BRAKE u. D. SIMMONS: Art of the Pacific (New York 1981). – Weitere Lit.: →Australier

Ozenfant [ozãf'ã], Amédée, frz. Maler, Kunstschriftst., *St. Quentin (Picardie) 15. 4. 1886, †Cannes 4. 5. 1966, mit LE CORBUSIER Begründer des →Purismus, dem er in seinen Bildern (v. a. Stilleben) konsequent folgte und den er an den von ihm in Paris (1930), London (1935) und New York (1939) gegründeten Schulen vertrat.

Schriften: Après le cubisme (1918, mit LE CORBUSIER); Art (1928; dt.). – Begründer u. Hg. der Zeitschrift ›L'Élan‹ (1915–17) und ›L'Esprit Nouveau‹ (1920–25, mit Le Corbusier).

Ozier-Muster [ɔzj'e-, frz. osier ›Korbweide‹], **Osier-Muster,** an Korbgeflecht erinnerndes, reliefartiges Randmuster für Geschirrporzellan. Es entstand Mitte des 18. Jh. in Meißen. Durch Ergänzung von S-förmigen Rifflungen entwickelte sich später das Muster ›Neu-Ozier‹.

P

Paar, Baumeisterfamilie, →Parr.

Pachacamac [patʃakam'ak], Kultstätte an der Küste Perus, südlich von Lima, ein Zentrum der Huari-Kultur aus der klass. Epoche (um 800). Die Bedeutung von P. reichte bis in die Inka-Zeit (1440–1532), aus der Bauten stammen wie der Sonnentempel (eine über einem älteren Bauwerk aus Bruchsteinen und Adobe errichtete, mehrfach gestufte Plattform) und das ›Nonnenkloster‹ (zweigeschossiger Baukomplex mit Wohnräumen und pfeilerbestandenen Terrassen; die trapezförmige Gestalt der eingelassenen Nischen ist ein typ. Merkmal der Inka-Bauweise).

Pacheco Del Rio [patʃ'eko ðel rr'io], Francisco, eigtl. F. **Pérez** [p'erɛð], span. Maler, Kunstschriftsteller und Dichter, getauft Sanlúcar de Barrameda (Prov. Cádiz) 3. 11. 1564, †Sevilla 1654, tätig v. a. in Sevilla, malte im Stil der italienisch beeinflußten Manieristen relig. Bilder und Porträts. Größter Schüler seiner Malerschule war sein Schwiegersohn D. VELÁZQUEZ; verfaßte das Lehrbuch der Malerei ›El arte de la pintura‹ (1649).

HW: El libro de descripción de verdaderos retratos de ilustres y memorables varones (Sevilla 1599; 170 gezeichnete Porträts bed. Zeitgenossen). – Einschiffung des Hl. Petrus Nolaskus (um 1600/01; Sevilla, Mus. der Schönen Künste); Jüngstes Gericht (1614; ebd. S. Isabel); Hl. Sebastian (1616; Alcalá de Guadaira, S. Sebastián).

Michael Pacher: Der heilige Augustinus; Rechter Innenflügel des Kirchenväteraltars aus dem Augustiner-Chorherrenstift Neustift, 1483 vollendet (München, Alte Pinakothek)

Pacher, 1) Friedrich, auch **Lebenpacher** gen., spätgot. Maler, *Neustift bei Brixen (Südtirol um 1450, †Bruneck um 1508, ebd. seit 1474, seit 1483 mit eigener Werkstatt. Wenn auch nicht mit 2) verwandt, war er doch sein Schüler. Seine Kunst wurde v.a. von einer Italienreise, dem Stil des Meisters E. S. und dem Vorbild A. MANTEGNAS bestimmt. Bedeutend sind seine Fresken, die er in den 1470er Jahren für die Stiftskirche St. Paul in Lavant, die Pfarrkirchen in Bozen, Neustift und Taiten malte, meist nach Entwürfen von Michael P. Unter seiner Leitung malte er einige Tafeln für den Altar von St. Wolfgang (1481).

WW: Katharinenaltar (um 1480; Neustift, Augustinerchorherrenstift); Peter-und-Paul-Altar (nach 1480; urspr. Sterzing, heute Innsbruck, Tiroler Landesmus. Ferdinandeum); Johannesaltar (1483; urspr. Brixen, Hl. Geist Spital, heute München, Frauenkirche – Mitteltafel).

2) Michael, Bildschnitzer, Maler, *Neustift bei Brixen(?) um 1435, †Salzburg 1498, seit 1467 in Bruneck (Südtirol) nachweisbar, seit 1496 in Salzburg; einer der größten Maler und Bildschnitzer der dt. Spätgotik (Hochaltar von St. Wolfgang im Salzkammergut, monumentale Tafeln des Kirchenväter-Altars in Brixen).

P. kommt aus einer älteren, südtirol. Tradition (H. MULTSCHER u. a.), entscheidende Anregungen erhielt er andererseits vermutlich durch Berührung mit der Werkstatt A. MANTEGNAS, die ihn als Maler zu einer neuen, modernen Raumvorstellung führte. Nachhaltig haben seine Bilder auf A. ALTDORFER (Altar von St. Florian) und die gesamte →Donauschule gewirkt. (BILD S. 252)

HW: Altar (1471; Bozen-Gries, geschnitzter Schrein); Hochaltar (1471–81; St. Wolfgang, Salzkammergut, geschnitzter Schrein mit Bildern und geschnitzten Figuren); Kirchenväter-Altar (1482/83; Neustift bei Brixen, heute München, Alte Pinakothek, nur Tafelbilder); Hochaltar (1484–98; Salzburg, Franziskanerkirche, 1709 zerstört, teilweise erhalten).

M. KOLLER u. N. WIRIBAL: Der P.-Altar in St. Wolfgang (1981).

Paciurea [patʃ'urja], Dimitrie, rumän. Bildhauer, *Bukarest 23. 11. 1873, †ebd. 14. 7. 1932, lehrte seit 1909 an der Akad. ebd.; beeinflußt v. a. vom Jugendstil und A. RODIN, schuf er symbolhafte Monumentalwerke (erh. ein ›Gigant‹; Bukarest, Freiheitspark) und massig schwere Porträtbüsten, in die symbolist. Tendenzen eingingen.

Paço de Sousa [p'aso dɪ s'oza], Ort in N-Portugal, rd. 30 km östlich von Porto. Die roman. Klosterkirche (11./12. Jh.) besitzt hervorragende Bauplastik (Tympanon und Archivoltenportal mit figürl. Darstellungen, Kapitelle mit geometr. und figürl. Schmuck); die Säulen des Innenraums sind z. T. mit Ornamenten verziert; von Löwen getragener Prunksarkophag (um 1150) mit Reliefszenen (beschädigt).

Paczków [p'atʃkuf], poln. Name für →Patschkau.

Paderborn, Stadt in NRW, 107500 Ew.; ehem. Hansestadt, Erzbischofssitz (Gründung des Bistums Anf. 9. Jh.); im 2. Weltkrieg stark zerstört (fast alle älteren Bürgerhäuser verschwunden). Nach 4 Vorgängerbauten entstand der heutige Dom zw. 1225 und 1280 als got. Hallenkirche mit 2 Querhäusern und gerade geschlossenem O-Chor; der mächtige W-Turm (1068) gilt als einer der schönsten roman. Türme; ausgedehnte Hallenkrypta, nach Speyer und Bamberg die drittgrößte in Dtl.; sehr reiches, vielfiguriges Paradiesportal (um 1250). Die Eingänge in die barocken Seitenkapellen (17. Jh.) sind als Prunkportale gestaltet; zahlreiche Grabmäler, bes. das Fürstenberg-Epitaph von H. GRÖNINGER, ein HW des westfäl. Manierismus (17. Jh.). Im got. Domkreuzgang Maßwerkfenster, darunter das ›Hasenfenster‹, Wahrzeichen P.s. Im Erzbischöfl. Diözesan-Mus. und der Domschatzkammer u. a. die Imad-Madonna (zw. 1051 und 1076; BILD salische Kunst), ein Tragaltar des ROGERUS VON HELMARSHAUSEN

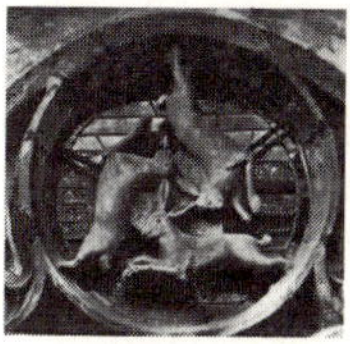

Paderborn: ›Hasenfenster‹ im Domkreuzgang

(1100; BILD Tragaltar) und der Liboriusschrein (1627). Die Bartholomäuskapelle neben dem Dom (1017 als Pfalzkapelle von ›grch.‹ Handwerkern erbaut) mit byzantinisch beeinflußten Kapitellen ist die älteste Hallenkirche Dtl.s. Die Kaiserpfalz des 11. Jh., ein großer Saal mit Treppenvorbauten, wurde bis 1978 unter Leitung von G. BÖHM wiederaufgebaut. Streng schmucklose roman. Basiliken sind die Kirche des ehem. Benediktinerklosters Abdinghof (11./12. Jh. mit Doppelturmfront und 1023 gew. Hallenkrypta) und die dem Dom gegenüberliegende Gaukirche (Ende 12. Jh. mit Achteckturm und konkav geschwungener Barockfassade 1746–49). Die Busdorfkirche besitzt einen 1036 gew. Westbau mit Rundtürmen, roman. Kreuzgang (Anf. 13. Jh.) und ein kreuzgratgewölbtes Hallenlanghaus (Ende 13. Jh.). In der Barockzeit wurden gebaut: Franziskanerklosterkirche (1668–71 mit hochbarocker Fassade von A. PETRINI); der anschließende Klostertrakt bezieht einen treppenumsäumten Brunnen malerisch in den Vorhof ein; Alexiuskapelle (1670/1729); Jesuitenkirche (1682–92 im typ. gotisch-barocken Mischstil) mit stuckierten Emporen zw. hohen toskan. Säulen, prächtiger Kanzel (1704) und einer mächtigen Barockfassade samt vorgelagerter doppelter Terrassenanlage (1709–14). Die Weserrenaissance ist vertreten im repräsentativen Rathaus (1613–20) und im vierflügeligen, giebelreichen Wasserschloß der Fürstbischöfe (16. Jh.) im Stadtteil **Schloß Neuhaus.**

Padma [Skt.], der indische Lotos, Symbol der Reinheit, Handattribut vieler Gottheiten (Lakshmi, Vishnu, Surya, Avolokiteshvara u. a.). Meist sind die Sockel von Relieffiguren und bes. von Bronzeskulpturen als geöffneter, auch doppelter P. gestaltet. Die meist achtblättrige Lotosrosette ist häufigstes und ältestes Ornament und Dekorationsmotiv der ind. Kunst.

Padmapạni [Skt.], der indische Bodhisattva Avalokiteshvara, der mit einem Lotos (Padma) in der linken Hand dargestellt wird.

Padmạsana [Skt.], eine Sitzhaltung indischer Götterfiguren (BILD Asana).

Padovanịno, Alessandro, eigtl. **Varotạri,** gen. **il P.,** ital. Maler, *Padua 14. 4. 1588, †Venedig 1648, kam 1614 nach Venedig, wo er sich, nach einem kurzen Aufenthalt in Rom (1616–18), endgültig niederließ. Unter dem Einfluß der Werke von PAOLO VERONESE und TIZIAN, dessen Bilder er vielfach kopierte, kehrte P. in Altären, Andachtsbildern und Darstellungen von mytholog., bibl. und allegor. Einzelfiguren zum Stil der venezian. Hochrenaissance zurück.

Pạdua, ital. **Pạdova,** ital. Stadt und Bischofssitz in Venetien, rd. 30 km westlich von Venedig, 242 000 Ew. Die Stadt entwickelte sich nach Gründung der Univ. (1222) bes. unter der Herrschaft der Familie DA CARRARA (1337–1405) zu einem kulturellen Zentrum, das bed. Künstler anzog. Wallfahrtsziel zur Grabstätte des einst in P. wirkenden Hl. Antonius ist die Kirche Sant' Antonio (›Il Santo‹ gen., mit Mus. Antoniano), eine 1232 begonnene Basilika, von 6 Kuppeln, einem kegelstumpfartigen Vierungsturm und minarettartigen Türmen ge-

Padua: Sant' Antonio; 1232 begonnen

krönt; im Inneren reiche Ausstattung, u. a. Bronzereliefs und -statuen von DONATELLO am Hochaltar, Fresken von ALTICHIERO; im linken Seitenschiff die Antoniuskapelle, reich mit Wandreliefs (u. a. von J. SANSOVINO und T. LOMBARDO) geschmückt. Vor der Kirche an der Piazza del Santo Donatellos berühmtes Reiterstandbild (1447–53) des Condottiere →Gattamelata (BILD Renaissance) und im SW des Platzes die Scuola del Santo (15. und 16. Jh.) mit Fresken des 16. Jh. (u. a. von TIZIAN) im Kapitelsaal und das Oratorio di S. Giorgio (1377) mit Freskenzyklen von Altichiero und AVANZO; am gleichen Platz befindet sich das Mus. Civico (u. a. Pinakothek mit Werken venezian. Maler des 15. bis 18. Jh.). Neben dem Dom (1547 auf Vorgängerbauten neu errichtet) das Baptisterium (1260, im 14. Jh. erneuert), vollständig mit Fresken von GIUSTO DE' MENABUOI ausgemalt (1376 voll.). In der →Arena-Kapelle befinden sich die ältesten und bedeutendsten Fresken von P., ein HW →Giottos. Die Fresken A. MANTEGNAS in der Chiesa degli Eremitani wurden 1944 zum Großteil zerstört. Wichtigster Profanbau ist der Palazzo della Ragione (Neubau nach 1306, mehrfach wiederhergestellt) mit riesigem Saal im 1. Stock (mit Freskenzyklus des 15. Jh.), verbunden mit dem Palazzo del Podestà (1539 beg., auf älterem Bau). Zu den zahlreichen Renaissancebauten gehören v. a. die Loggia del Consiglio und der Palazzo del Capitanio. Am Rand der seit 1775 mit 78 Standbildern bedeutender Paduaner geschmückten Gartenanlage Prato della Valle steht die größte Renaissancekirche Venetiens S. Giustina (1521 begonnen, auf mehreren Vorgängerbauten). Spätklassizist. Caffè Pedrocchi (1826–31).

Paekche, Königreich in SW-Korea (18 v. Chr. bis 660 n. Chr.), →koreanische Kunst.

Paestum, grch. **Poseidonia,** grch. Kolonie an der Westküste Lukaniens (Golf von Salerno, Italien), um 650 v. Chr. von Sybaris aus gegr., gegen 390 v. Chr. von einheim. Lukanern erobert und in **Paistos** umbenannt. Unter ihnen wurde hier eine eigene Gattung rotfiguriger Vasen hergestellt. Als Kolonie der Römer (seit 273

Paestum: Poseidon-Tempel; um 450 v. Chr.

v. Chr.) erlebte die Stadt als Paestum einen bescheidenen Aufstieg. Im 9. Jh. wurde sie durch die Sarazenen, im 11. durch ROBERT GUISCARD verwüstet.

Aus der grch. Blütezeit stammen 3 gut erh. dorische Tempel: der ›Enneastylos‹ oder ›Basilica‹ (um 540), der Poseidon-Tempel (um 450), beide Bauten nach Weihgeschenkfunden der Hera geweiht, und weiter im N der Athene-Tempel (um 490, in der früheren Forschung nach Demeter-Ceres genannt). Um 480 entstanden bed. grch. Fresken mit dem Bild eines Tauchers in einem Kammergrab (›Tomba del Tuffatore‹); lukan. Malereien (um 350 v. Chr.) wurden an den Innenwänden von Steinkistengräbern aufgedeckt. Die gut erh. Stadtmauer stammt aus dem 3. Jh., der Ausbau des Forums und mehrere Peristylhäuser aus dem 1. Jh. v. Chr. und dem 1. Jh. n. Chr. – Nördlich von P. die Reste eines Heraheiligtums, →Foce del Sele.

F. KRAUS: P. Die grch. Tempel ([4]1978).

Pagan, Dorf in Birma, am mittleren Irrawaddy; war vom 11. bis 13. Jh. Hauptstadt des gleichnamigen Reiches; heute eines der größten Ruinenfelder der Erde mit Relikten einer im 8. Jh. beginnenden, höchst qualitätvollen künstler. Aktivität auf der Grundlage des (Hinayana-)Buddhismus. Von den ehem. etwa 5000 Pagoden (Stupas) und Tempeln sind etwa 1000 z. T. erh. Erdbeben richteten 1975 und 1980 schwere Schäden an; ein Rettungsprogramm wird von der UNESCO unterstützt. – Die Bauformen basieren auf ind. Vorbildern (Orissa); auch Einflüsse der →Mon sind erkennbar. Pagoden und Tempel, aus sehr kompaktem Mauerwerk erbaut, sind außen vielfach mit Stuckdekor oder auch z. T. glasierten Terrakottareliefs erzählenden Inhalts (Jatakas, Szenen aus dem Leben des Buddha) verzieren. Als Kultplastiken dienten stelenartige Hochreliefs oder Vollplastiken aus Stein in Nischen innerhalb der Tempel. Oft sind die Innenwände mit kompositorisch kunstvollen Wandmalereien verziert, die sowohl ind. und nepales. als auch chines. Einfluß erkennen lassen.

Die Shwezigon-Pagode, Ende 11. Jh., soll aus Sri Lanka stammende Reliquien des Buddha enthalten. Die Myinkaba-Pagode (Kubyaukkyi-Tempel), Ende 11. Jh., mit Wandmalereien, gehört ebenfalls zu den äl-

Pagan: Htilominlo-Tempel. Anf. 13. Jh.

testen von P. Beim Nanpaya-Tempel ist – anders als üblich – der Ziegelbau mit Stein verkleidet und auch der feine Dekor in Stein (statt Stuck) gearbeitet. Der Thatbyinnyu-Tempel, Mitte 12. Jh., ist eine Kombination von Kloster und Tempel und überragt an Höhe alle anderen Türme von P. Ebenfalls aus dem 12. Jh. stammt die Dhammayazika-Pagode (mit Jataka-Illustrationen). Der Htilominlo-Tempel, Anf. 13. Jh., gehört mit der Kopie des Mahabodhi-Tempels von →Bodh Gaya zu den letzten großen Kultbauten von P.

Das bedeutendste Mon-Bauwerk ist der Ananda-(Nanda-)Tempel, um 1100 erbaut; noch heute eine Kultstätte. Er besteht aus einem 60 × 60 m großen Zentralbau und 6 sich nach oben verjüngenden Terrassen, einem Shikhara sowie einem schlanken Stupa (Gesamthöhe 55 m). In den 4 Nischen des Mittelpfeilers steht je eine 10 m hohe Figur des Buddha und dreier seiner Vorläufer. 81 Reliefs in Einzelnischen im äußeren Umgang repräsentieren Szenen aus dem Leben des Buddha. Dem Typus des Ananda-Tempels folgen der Dhammayangyi-Tempel (1167–70, unvoll.) und der Godopalin-Tempel (Anf. 12. Jh.).

Pagode [engl.-portugies. aus Skt.] *die,* **1)** europ. Bez. für turmartige Gebäude der buddhist. Baukunst in China, Korea, Japan und Hinterindien. Die P. ist ein buddhist. Reliquiar wie der ind. Stupa, ist jedoch in ihrer architekton. Gestalt nur begrenzt von ind. Vorbildern abzuleiten. Die chines. P. (T'a) ist ein auf quadrat., polygonalem, auch rundem Grundriß aus Stein, Ziegel, Holz, selten Eisen oder Bronze errichteter Turm von 7 bis 13 Stockwerken. Die älteste P. ist auf dem hl. Berg Sung-shan erh. (523). Die Große-Wildgans-Pagode in Sian (BILD), gestiftet 652, erneuert 933, ist ein nach oben sich verjüngender Massivbau, der nur durch wenig vorkragende Dachkränze gegliedert wird. Spätere Pagoden sind aus Holz oder ahmen Holzformen in Ziegeln nach. Ihre Stockwerke wirken wie übereinandergestellte Pavillons. Ein Beispiel für die massiven Ziegelbauten mit Sockelgeschoß und dicht aufeinanderfolgenden Dachkränzen ist die P. des T'ien-ning-Tempels

(Anf. 12. Jh.); sie erfüllte für den damaligen Pekinger Palast eine für die P. zusätzl. Aufgabe: die Abwehr böser Geister. Durch den Lamaismus wurde in der Yüan-Zeit die Flaschenpagode eingeführt, deren bauchige Vasenform auf den ind. Stupa zurückgeht. Berühmt war die 84 m hohe, mit glasierten Tonreliefs verkleidete ›Porzellan-P.‹ in Nanking (1412–31; 1853 zerstört).

Mit der Übernahme des Buddhismus im 6. Jh. kam die P. nach Korea (koreanisch Tap) und nach Japan (japanisch To). In Japan kennt man nur die hölzerne P. mit meist quadrat. Grundriß um einen Mittelpfeiler. Anfangs drei-, in der Heian-Zeit auch fünfstöckig (Muro-ji 824, Präfektur Nara; Daigo-ji 936, in Kioto) überragt sie die übrigen Kultbauten. Die Dächer der Stockwerke sind, wie bei den übrigen Gebäuden, geschwungen und stark ausladend. (BILDER Horyuji, Kyongju, nepalesische Kunst, Seoul, Tsinan)

2) falsche Bez. für kleine ostasiat. Porzellanfiguren mit nickendem Kopf und beweglichen Händen.

Paharpur, Ort im westl. Bangla Desh mit der Ruine eines aus Ziegeln errichteten monumentalen Kultbaus der Spätgupta-Pala-Zeit. Der massive Terrassenbau trug 5 Schreine in kreuzförmiger Anordnung, die Sokkelzone war mit Terrakotta-Reliefplatten verkleidet, die neben buddhistischen auch hinduist. Darstellungen enthielten (Krishna, Shiva).

Pahr, Baumeisterfamilie, →Parr.

Paik, Nam June, korean. bildender Künstler, Komponist, *Seoul (Korea) 20. 7. 1932, gehörte zu den Hauptvertretern der Fluxus-Bewegung und wurde zum Mitbegründer der →Videokunst (›Großes Video-Environment‹, 1977; Kassel, documenta 6). Er verbindet auf iron. Art westl. Medientechnologie mit der meditativen Philosophie seiner östl. Heimat.

P'ai-lou, in China ein freistehendes Ehrentor vor einem Tempel, einem Grab oder über einem Weg. Der P.-l. ist konstruiert wie eine in der Mitte überhöhte Fassade ohne Wände, mit 3 oder 5 Öffnungen.

Painted grey ware [p'eɪntɪd greɪ w'eə, engl.], graue Feinkeramik der vedischen Epoche in N-Indien (etwa 1000–400 v. Chr.) mit schwarzer Bemalung aus parallelen Linien, Kreisen und Kreuzen. Seltene Varianten zeigen orange-rötl. Farbtöne.

Paionios: Nike von Olympia, Höhe 2,16 m, um 420 v. Chr. (Olympia, Museum)

Paionios, grch. Bildhauer des 5. Jh. v. Chr. aus Mende auf Chalkidike; im Original ist seine Marmorstatue der Nike erh. (Olympia, Mus.), ein Weihegeschenk der Messenier und Naupaktier um 420 v. Chr. nach Olympia; sie stand auf einem 9 m hohen Pfeiler.

Pajatén [paʒat'en], archäolog. Fundort in N-Peru, in einem Nebental des Río Huallaga. Der Architekturstil der Terrassenanlagen und Gebäudekomplexe (Rundbauten, ∅ des Mauerkörpers 2–20 m, mit Mosaikdekor aus flachen Steinplatten) weicht von dem des übrigen Andenraumes ab. Die Ornamente der Mosaiken sind Mäander, stilisierte Menschen und Tiere; durch gezielte Verwendung verschiedenfarbiger Gesteinssorten wird ihre plast. Wirkung erhöht.

Pajou [paʒ'u], Augustin, frz. Bildhauer, *Paris 19. 9. 1730, †ebd. 8. 5. 1809, Schüler von J.-B. LEMOYNE, 1752–56 in Rom, wurde 1760 Mitgl. der Akad., 1762 deren Rektor; arbeitete v.a. für die königl. Bauten in Versailles (plast. Ausstattung der Oper, 1768–70) und Paris (Statuen für den Invalidendom, die Palais Bourbon und Royal sowie Porträtbüsten und -statuen). P. gilt als ein Hauptvertreter des Louis-seize.

Paladino, Mimmo, ital. Maler, *Paduli (bei Benevento) 1948, gehört zur →Arte Cifra; gestaltet phantasievolle Bildwelten sowohl mit zarter Linienführung und subtilen Farbtönen als auch mit kräftig-ausdrucksstarkem Gestus, durchsetzt mit Collage-Elementen.

Pala d'Oro [ital.] *die,* Altartafel (urspr. Antependium) auf dem Hochaltar von S. Marco in Venedig (2,10 m hoch, 3,50 m breit), bestehend aus 83 Emailplatten und 137 Emailmedaillons auf z. T. goldenem oder silbernem Grund, geschmückt mit Edelsteinen und Perlen: in der Mitte des unteren Teils der thronende Christus mit den Evangelistensymbolen, darunter der Doge ORDELAFFO FALIER (1102–18), Maria Orans und die byzantin. Kaiserin IRENE; auf dem Hauptteil ein christolog. Zyklus und die Markuslegende; auf den Medaillons des Rahmens der byzantin. Festtagszyklus. Nach einer lat. Inschrift des 14. Jh. auf der P. d'O. wurde diese 1105 vom Dogen in Byzanz bestellt (aus dieser Zeit sicher die 3 mittleren Platten der unteren Reihe). Von einer älteren, in Byzanz gearbeiteten P. d'O. (976) ist nur wenig erhalten. 1209 wurde die P. d'O. restauriert, 1345 mit venezian. Arbeiten und (vermutlich)

Pala d'Oro, Ausschnitt (Venedig, S. Marco)

Beutestücken des 4. Kreuzzugs erweitert. Auch goldene Altarbekleidungen heißen P. d'O. (P. d'O. im Aachener Münster). BILD byzantinische Kunst

Pala-Dynastie, Herrscherhaus in NO-Indien (Bihar und Bengalen) von etwa 745 bis 1125, unter dem sich aus der Gupta-Kunst von Mathura und Sarnath ein statuar. Skulpturenstil bildete, der die nepales. und die javan. Kunst nachhaltig beeinflußte. Frühes Zentrum der Pala-Kunst war die buddhist. Univ. in Nalanda. Wie dort im Vajrayana-Buddhismus entfalteten sich in der tantrischen Kunst des Hinduismus die Götterikonographie und eine esoter. Symbolik der Attribute (Vajra, Ghanta). Neben den sämtlich in grauschwarzem Basalt gearbeiteten Reliefplastiken entstanden seit dem 8. Jh. Bronzefiguren und seit dem 11. Jh. Miniaturmalereien auf Palmblatt-Manuskripten.

Palaikastro, minoische Hafenstadt an der O-Küste Kretas (KARTE kretisch-mykenische Kunst), nur zu einem kleinen Teil durch Ausgrabungen freigelegt; nach mehreren Zerstörungen ist ein Wiederaufleben in der dorischen Zeit des 1. Jahrtsd. v. Chr. (Tempel des Diktäischen Zeus, Terrakottafunde) zu erkennen. Ein palastartiges Zentrum der minoischen Stadt, wie bei anderen Anlagen auf Kreta, wurde bisher nicht entdeckt. Viele Votivfunde (v. a. figürl. Terrakotten) stammen aus einem nahegelegenen mittelminoischen Gipfelheiligtum (Petsofa). Alle Funde sind im Mus. von Heraklion.

Palaiologen, Dynastie des byzantin. Kaisertums (1261–1453), begründet durch MICHAEL VIII. PALAIOLOGOS (in Nikaia seit 1258, in Konstantinopel 1261 bis 1282), abgeschlossen mit dem letzten byzantin. Kaiser KONSTANTIN XI. PALAIOLOGOS (1449–53). Die Zeit der P. war bestimmt von einer Renaissance der Wiss. und einer bed. Spätblüte der →byzantinischen Kunst.

Palais [pal'ɛ, frz.], →Palast.

Palais-Royal [palɛrwaj'al], Palastkomplex in Paris, an der Rue de Rivoli auf dem rechten Seine-Ufer, 1629 bis 1636 von J. LEMERCIER für Kardinal RICHELIEU erbaut (daher urspr. Palais-Cardinal), später von den Herzögen von Orléans bewohnt; mehrfach erweitert und umgebaut, 1781 mit Kolonnaden für Kaufleute versehen, 1786–90 Anbau eines Theaters (heute Comédie Française). Die Palastgebäude umschließen einen langgestreckten Innenhof mit Gartenanlagen und im vorderen Bereich einen Ehrenhof mit Arkaden. Im linken Flügel befindet sich heute der ›Conseil d'État‹.

Palamedesz [-dɛs], **1)** Anthonie, gen. **Stevers,** holländ. Maler, Bruder von 2), *Delft 1601, †Amsterdam 27. 11. 1673, malte außer Porträts bes. Sittenbilder mit galanten Szenen, ähnlich wie P. CODDE und D. HALS.

2) Palamedes, holländ. Maler, Bruder von 1), *London 1607(?), †Delft 26. 3. 1638, malte bes. Reiterkämpfe und Lagerszenen.

Paläolithikum, Altsteinzeit, die älteste und längste Epoche der Menschheitskultur, die Zeitspanne vom archäologisch nachweisbaren Beginn des Werkzeuggebrauchs bis zum Ende des Eiszeitalters (etwa 2 000 000

bis 8000 v. Chr.). Schon bei den Steingeräten des **Alt-** und **Mittel-P.** (etwa seit 200000) sind an der Werkzeugherstellung, die in Typenserien eine Normung der Form bewirkt hat, in Proportion und Symmetrie Grundprinzipien der künstler. Gestaltung erkennbar. Das Auftreten der darstellenden Kunst ist in Europa an die Entfaltung des **Jung-P.** (etwa seit 30000) mit den Kulturstufen des Aurignacien, Gravettien, Solutréen und Magdalénien gebunden (→Eiszeitkunst).

Palas [mhd. aus afrz., pales] *der,* der aus der german. Königshalle entwickelte Wohn- und Festsaal einer →Pfalz oder →Burg. (BILD Gelnhausen)

Palast [von lat. Palatium, Teil des palatin. Hügels in Rom, wo seit Augustus die röm. Kaiser residierten] *der,* engl. **Palace** [p'ælıs], ein repräsentatives Gebäude, auch fürstl. oder herrschaftl. Wohnsitz (→Pfalz, →Schloß). In Italien ist **Palazzo** ein größeres Wohngebäude, ein Rathaus (Palazzo Comunale) oder anderes öffentl. Gebäude (z. B. Palazzo di Giustizia, ›Justizpalast‹); er hat meist eine monumentale Fassade und einen Innenhof mit säulengetragenen Galerien. Ähnl. Bedeutung hat das **Palais** [pal'ɛ] in Frankreich (z. B. Palais de Police, ›Polizeigebäude‹); dieses ist meist so angelegt, daß der Hauptbau eine Gartenfront und nach der Straßenseite zwei die Cour d'honneur (›Ehrenhof‹) umschließende Flügel aufweist; die in die Straßenfront eingereihten größeren Wohnbauten heißen Hôtel. Auch in Dtl. werden Fürstenschlösser Palais genannt (z. B. ›Neues Palais‹ in Potsdam).

Der Gebäudetyp des P. im Alten Orient, der an seiner repräsentativen Bauweise und seiner funktionalen Gliederung (mehrere Hofsysteme, Thronsaal) erkannt werden kann, ist in Babylonien erst seit der 1. H. des 3. Jahrtsd. v. Chr. belegt (Chursag-Kalama bei Kisch, Eridu, Mari und Ebla in Syrien). Da repräsentative ›Tempelbauten‹ seit der Obeid-Zeit (etwa 1000 Jahre früher) gebaut wurden, ist aus dem späteren Einsetzen der P.-Tradition ein Gesinnungswandel, eine langsam sich vollziehende Trennung von Religion und Staat, abgeleitet worden. Die wirtschaftl. Bedeutung des ›Tempels‹ in Babylonien bis zum Ende der frühdynast. Zeit (2350 v. Chr.) tritt jedenfalls danach eindeutig zugunsten des P. zurück. Dem entspricht auch eine klare räuml. Trennung (wie in europ. P. liegen funktionale Überschneidungen vor, z. B. in Palastkapellen). Am Ende des 3. Jahrtsd. v. Chr. ist neben dem P. auch das ›Zeughaus‹ oder ›Fort‹ (das spätere assyr. ›ekal mascharti‹) in Tell Brak und in Assur (›Alter Palast‹) belegt. Schon von seinen Zeitgenossen gerühmt wurde der altsyr. P. (Ende 3., Anfang 2. Jahrtsd. v. Chr.) des ZIMRILIM von Mari. Seine funktionale Gliederung läßt sich klar erschließen: Eingangsbereich mit Großküche, Warenannahme, Magazinen, Gästetrakt, Bäder und Kapelle; davon getrennt um einen 2. Hof Thronsaal und Repräsentationsräume, Palastküche, königl. Verwaltung mit Schatzkammer und königl. Wohnbereich.

Die assyr. P. des 1. Jahrtsd. v. Chr. mit ihrem Orthostaten-Reliefschmuck haben einen Vorhof (babanu), der durch die Repräsentationsräume vom Haupthof mit dem Wohnteil (bitanu) getrennt ist (→assyrische Kunst).

In Syrien entwickelt sich nach 1500 v. Chr. ein P.-Typ mit Säulenvorhalle (bit hilani, ältestes Beispiel in Alalach, Schicht 4), der im 1. Jahrtsd. v. Chr. in diesem Gebiet weite Verbreitung fand.

In Kleinasien setzte der P.-Bau im 3. Jahrtsd. v. Chr. mit dem Megaron-Typ ein (Troja II). Ein größerer P. mit Säulenhof aus Holzstützen ist in Schicht 5 in Beycesultan (19.–17. Jh. v. Chr.) belegt. Die hethit. Burgen der Großreichszeit (14.–13. Jh. v. Chr.) umfassen auch Repräsentativbauten mit Pfeilerhallen.

In Iran sind vielräumige P.-Komplexe ähnlich den babylon. Anlagen bereits in vorgeschichtl. Zeit nachzuweisen (Schar-i Sochta, Tell-i Malyan, Tschoga Zanbil). Die P. der Meder (Godin Tepe, Nuschijan, 7. Jh. v. Chr.) zeichneten sich durch große Säulensäle (Apadana) aus, die bei achaimenid. Bauten gewaltige Ausmaße erreichten (Persepolis 65 × 65 m). Die aus mächtigen Monolithen errichteten P.-Anlagen der Achaimeniden (550–330 v. Chr.) waren, wie in Pasargadae, pavillonartig in einem Park oder, wie in Persepolis, auf hohen Terrassen errichtet. In der Sassanidenzeit (225–651 n. Chr.) wurde im P.-Bau ein überkuppelter Thronsaal mit um Höfe gruppierten Wohnbauten kombiniert.

Da der ägypt. P. i. Ggs. zu Tempel- und Grabanlagen aus Lehmziegeln errichtet wurde, haben sich nur wenige Reste erh.: aus dem Neuen Reich die P.-Anlagen ECHNATONS in Amarna und der P. seines Vaters AMENOPHIS III. in Molgata. In der 19. und 20. Dynastie gehörte zu den Totentempeln der Könige eine kleinere P.-Anlage, am besten in Medinet Habu erh. (dort sind die Fundamente aus Stein). Im Mittelpunkt stand jeweils ein Thron- und Audienzsaal mit Säulen; in Amarna und Molgata waren die offiziellen Räume mit Wand- und Fußbodenmalereien (meist Tier- und Pflanzenmotive) geschmückt, in der Delta-Residenz RAMSES' II. mit glasierten Kacheln (Darstellung von überwundenen Fremdvölkern und ornamentale Muster).

Die kretischen P. des Altertums waren polit., kulturelle und relig. Zentren minoischer Städte. Die Anlagen waren in 2–4 Stockwerken mehr zufällig als geplant um einen rechteckigen Hof gruppiert; geradezu verwirrend war der (von den Griechen Labyrinth genannte) P. von Knossos. Außer offiziellen und privaten Räumen umfaßten die minoischen Anlagen große Vorhallen und Treppen, Umgänge, Pfeilersäle, Korridore, Treppenhäuser, Werkstätten und Magazine (Knossos, Phaistos, Mallia, Zakros). Der P. der myken. Herren Griechenlands bildete mit einem →Megaron das polit. und relig. Zentrum ihrer Burgen (Mykene, Tiryns).

Die Ursprünge des röm. P. finden sich in der Villa, dem aufwendigen Landgut und dem urbanen Atriumhaus. In der ›Domus Aurea‹ des NERO und dem Domitians-P. in Rom sind Beispiele der in Ausdehnung, Raumorganisation und Prunk übersteigerten P.-Architektur der Kaiserzeit erhalten. Der Diokletians-P. in →Split als Spätform übernimmt die Gliederung der röm. Stadt mit Forum, Tempel und Stadttoren.

Der islam. P. zeigt im Lauf der Zeit vielfältige und je nach Landschaft unterschiedl. Lösungen. Grundlage aller Varianten ist der Hof, der von den versch. Raumgruppen (Tor, Empfangs- oder Repräsentationsräume, Wohntrakte u. a.) umgeben wird, sowie der nach außen geschlossene, festungsartige Charakter. Für die frühesten erh. Anlagen aus der Zeit der Omajjaden (Minya, Mschatta, Khirbat al-Mafjar, Kasr al-Hair al-Gharbi, Kasr al-Hair asch Scharki, Kasr al-Karana, Kusair Amra) in Syrien/Palästina dürften große befestigte Landsitze und Villen der römisch-byzantin. Zeit in dieser Gegend als Vorbilder angesehen werden. Der Ausstattungsluxus (Mosaiken, Malereien, Bauplastik und -dekor) ist sowohl dem Erbe der röm. Zeit wie dem Vorbild gleichzeitiger byzantin. P. verpflichtet. Unter den Abbasiden erreichten die Kalifenhöfe wieder altoriental. Ausmaße (Samarra, Mitte 9. Jh.); für ihre Residenz Bagdad ist eine Vielzahl von P. durch Quellen gesichert. Die aus Syrien vertriebenen Omajjaden schufen sich in Spanien die Residenz Medina as-Sahra bei Córdoba (936), i. Ggs. zu ostislam. Schloßbauten eine Terrassenanlage in unregelmäßiger Anordnung. Eine Nachblüte dieses Stils ist die Alhambra von Granada (größtenteils 14. Jh.). Waren die P.-Anlagen der Seldschuken in Kleinasien von geringem Ausmaß, so schufen die Osmanen in Edirne (1451–81 und ab 1661) und Istanbul (Topkapı-Serai ab etwa 1465) weitläufige Komplexe, bei denen zahlreiche Einzelbauten monumentalen Parkhöfen achsial-symmetrisch zugeordnet wurden. Hier treffen sich Anregungen der chinesisch-mongol. P.-Architektur in China mit Vorstellungen von Idealarchitektur der westl. Renaissance. Eine eigene Kategorie der islam. P.-Architektur sind kleinere Lustschlösser (so schon Kusair Amra) und Gartenpavillons (Kiosk), die in Irak wie in Iran und schließlich bei den Osmanen ihre Blüte erlebten. Im 17. und 18. Jh. wurde auch die europ. Architektur von solchen Schöpfungen angeregt.

In Indien sind aus der Harappa-Kultur (Mohenjo Daro) P. mit Säulenhallen, Speichern und Badebecken in den als Zitadellen bezeichneten Stadtteilen bekannt. Aus frühind. Zeit stammen die hölzernen Reste einer Pfeilerhalle der Maurya-Dynastie (Kumrahar). Interieurs von P. mit schlanken Säulen und Thronsesseln zeigen die Wandmalereien in Ajanta. Von den P. des frühen 16. Jh. in Vijayanagar haben sich Überreste der 100-Säulenhalle erhalten. Im 17. und 18. Jh. entstanden aus mehreren Einzel-P. P.-Komplexe, die sich stets innerhalb einer Verteidigungsanlage (Festung, Fort) befanden. Vorbild für die meisten rajput. P. waren die entsprechenden P. der Moguln in den Forts von Agra, Delhi und Lahore, die jeweils eine luftige, von Pfeilern getragene öffentliche Audienzhalle (Diwan-i-Am), eine private Audienzhalle (Diwan-i-Khas), eine oder mehrere Moscheen, mindestens einen Shish Mahal und einen oder mehrere symmetrisch angelegte, von Wasserläufen durchzogene Gärten aufweisen. Die rajput. P. hatten an Stelle der Moschee einen oder mehrere Tempel und teilweise einen mit Wandmalereien versehenen Raum (Chitrasalas).

In China ist die Grundform der P.-Architektur die (meist eingeschossige) Halle, ein Holzständerbau mit rechteckigem Grundriß, umgeben von einer Terrasse; sein Walm- oder Halbwalmdach ist mit farbig glasierten

Ziegeln gedeckt. Häufig ist die Anordnung zahlreicher Hallen zu einem Baukomplex um durch eine NS-Achse verbundene Höfe (z. B. P.-Gebäude in Peking).

In Japan wurde der P. nach chines. Vorbild oder im →Shinden-Stil, außerdem im befestigten Buke-(Krieger-)Stil errichtet (Gebäude möglichst unter einem Dach, umgeben von Gräben und Palisaden; Gartenanlagen fehlen). Verschmelzungen von Shinden- und Buke-Stil finden sich in der Edo-Zeit.

In Mesoamerika wurden von den span. Eroberern, später von Archäologen, öffentl. Gebäude als P. bezeichnet, die sich in ihrer Anlage von den Tempeln unterschieden, deren Zweck aber bis heute vielfach unbekannt oder umstritten ist. Es handelt sich meist um Bauwerke auf einer Plattform mit aneinandergereihten Räumen, die auf einen Innenhof geöffnet sind. Der Gouverneurs-P. in Uxmal, 98 m lang, enthält 22 Räume.

Palastkapelle, aus dem Typus der →Pfalzkapellen entwickelte Kapelle in Schlössern und Palästen, als Saal oder kleine Basilika (Cappella Palatina in Palermo, begonnen 1132) oder →Doppelkapelle (Paris, Ste. Chapelle, gew. 1248), in Renaissance und Barock als Saal mit Emporen (→Schloßkapelle).

Palästra, die zu dem antiken grch. →Gymnasion gehörende Ringschule.

Palastschule Karls des Großen, ältere Bez. für die Handschriftengruppe des Wiener Krönungs-Evangeliars. Sie besteht aus 4 karoling. Evangelienbüchern: 1) ›Krönungs-Evangeliar‹ in Wien, das OTTO III. auf den Knien KARLS D. GR. gefunden haben soll, als er im Jahr 1000 dessen Grab in Aachen öffnete, 2) ›Schatzkammer-Evangeliar‹ im Aachener Domschatz, das wohl von Anf. an zur Ausstattung der Pfalzkapelle gehörte, 3) ein Evangeliar aus Xanten in Brüssel und 4) ein Evangeliar in Brescia. Diese Hss. entstanden zu Anf. des 9. Jh. in Aachen im Rückgriff auf spätantik-illusionist. Malereien, die durch byzantin. Vorlagen oder Künstler vermittelt sein dürften, und setzen sich deutlich von der gleichfalls in Aachen zu lokalisierenden, älteren →Hofschule Karls des Großen ab.

F. MÜTHERICH in: Karl d. Gr., Lebenswerk u. Nachleben, 3 (1965).

Palast|stil, Bez. für bes. große, reich verzierte minoische Tongefäße, die in Knossos während der letzten Palastperiode (etwa 1450 bis etwa 1375 v. Chr.) hergestellt wurden. Die Dekorationen lassen eine Verhärtung älterer minoischer Motive (Tintenfische, Papyrus usw.) erkennen. (BILD kretisch-mykenische Kunst)

Palatin, lat. **Mons Palatinus,** einer der 7 Hügel Roms, auf dem Besiedlung seit dem 10. oder 9. Jh. v. Chr. nachgewiesen wurde; nach der Sage der Gründungsort der Stadt durch Romulus. Im 3. und 2. Jh. v. Chr. wurden hier Tempel errichtet, seit dem späten 2. Jh. v. Chr. entstanden Wohnviertel vornehmer Römer (Häuser mit bed. Wandmalereien). Seit AUGUSTUS, der hier seinen Wohnsitz hatte, wurde der P. Residenz der röm. Kaiser; Reste der Paläste von TIBERIUS, CLAUDIUS, NERO (Domus Aurea) und der Palastanlage der Flavier, hauptsächlich von DOMITIAN erbaut und von

Palau-Inseln: Männerhaus mit bemaltem Reliefschnitzwerk, Länge 12,80 m (Berlin-West, Museum für Völkerkunde)

SEPTIMIUS SEVERUS erweitert, u.a. mit einer großen Prachtfassade (Septizonium).

Palau-Inseln, Belau, Inselgruppe im östl. Mikronesien mit starken Einflüssen aus den Kulturen Indonesiens. Hier finden sich, anders als im übrigen Mikronesien, figürl. Darstellungen aus Holz oder Stein; neben roh gearbeiteten, oft verwitterten Figuren (wahrscheinlich Götterdarstellungen) solche mit deutlich indones. Zügen. Hervorragend gestaltet sind die Männerhäuser (bai), die mit figürl. Schnitzereien, geschnitztem Hoch- oder Flachrelief verziert sind; an den Giebeln ist oft eine Frauenfigur mit weit gespreizten Beinen befestigt. Auf den bemalten Giebeln finden sich als einziges Beispiel in der Kunst Ozeaniens szen. Darstellungen (ohne Berücksichtigung der Perspektive), die wohl mytholog. und histor. Ereignisse wiedergeben. Herausragend sind u.a. auch Einlegearbeiten mit Perlmutter oder Arbeiten aus Schildpatt sowie Bastweberei mit geometr. Mustern.

Palazzo [ital.], →Palast.

Palech, russ. Malerdorf in der Nähe von Wladimir, Russ. SFSR, neben Mstera und Choluj bekannt durch die Miniaturlackmalerei auf Gegenständen aus Papiermaché und die jahrhundertelange Tradition der Ikonenmalerei. Palecher Ikonen (seit dem 17. Jh. nachweisbar) haben profilverzierte Querleisten und chrysograph. Zierleisten zw. Mittelbild und Randbildern. Im Unterschied zu der Öllackmalerei von Fedoskino wird in P. die aus der Ikonenmalerei überlieferte Technik der Eitempera verwendet. Motive für die Miniaturmalerei sind russ. Epen, Märchen und Volkslieder, seit den 1920er Jahren auch Themen aus Revolution und Bürgerkrieg. Die sehr feine, in leuchtenden Farben auf schwarzen Lackgrund ausgeführte Malerei zeichnet sich durch Ausdruckskraft der Silhouetten aus. 1930 entstand in P. eine Schule zur Ausbildung des künstler. Nachwuchses.

Palencia [pal'enθia], span. Stadt und Bischofssitz im Hochland von Altkastilien, 64 100 Ew.; mehrere ma. Kirchen mit guter Innenausstattung, so S. Miguel (Ende 12. Jh.), S. Francisco (13. Jh., Artesonado-Decke in der Sakristei), S. Pablo (1233 gegr.; reich skulptiertes Hauptretabel aus 30 Bildfeldern, 1516; 2 prunkvolle Grabmäler, 16. und 17. Jh.), Kloster S. Clara (1378 gegr.) mit spätgot. Kirche. Die dreischiffige spätgot. Kathedrale (über Vorgängerbauten 1321–1516 errichtet; Sterngewölbe, Triforium mit filigranhaftem Maßwerk) birgt reiche Kunstwerke, v. a. Chorretabel aus 44 Bildfeldern mit Büstenfries (von F. VIGARNY, um 1505), Kalvarienberg (1519) und 12 Tafelbilder von JUAN DE FLANDES (1506–09); im skulpturengeschmückten isabellin. Chorumgang Triptychon (Anf. 16. Jh.), zahlreiche Tafelbilder (EL GRECO, P. BERRUGUETE), Skulpturen u. a. Archäolog. Mus. (iber., röm. Funde, roman. und got. Plastik.).

Palenque [pal'eŋke], archäolog. Fundort der klass. Maya-Kultur, am Fuße des Hochlandes von Chiapas, Mexiko, Blütezeit 600–750. Nur ein Teil der bekannten Bauwerke ist bisher freigelegt. Das Zentrum umfaßt ein Gebiet von 1100 × 600 m mit weiträumig gestreuten, relativ niedrigen Pyramiden und freien Plätzen. Den Mittelpunkt bildet der ›Palast‹, in gedrängter und verschachtelter Bauweise, mit 4 Innenhöfen und einem dreigeschossigen Turm. Auf der 25 m hohen Pyramide an der SW-Ecke des Palastes der für die Bauweise in P. charakterist. ›Tempel der Inschriften‹, mit Durchgängen und Öffnungen zur Vorderfront und Resten eines Dachkamms; der Tempel ist durch eine Treppe mit der

Palenque: Der ›Palast‹, auf einer Terrasse (70 × 100 m), mit mehreren Innenhöfen und quadratischem, 15 m hohem Turm

Palermo:
S. Giovanni
degli Eremiti;
1132 begonnen

Grabkammer im Innern der Pyramide verbunden, in der in einem großen, reliefverzierten steinernen Sarkophag mit reichen Grabbeigaben 683 ein Herrscher bestattet worden war. Der Tote trug eine lebensgroße, mosaikartig gefertigte Maske aus Jadeplättchen. An Hand der für P. typ. Inschriftentafeln in den Innenräumen konnte die dynast. Geschichte des Ortes erschlossen werden. Stelen, wie in anderen Maya-Städten, wurden hier nicht errichtet. Kennzeichnend für P. ist figürl., reliefierte Stuckverzierung an den Gebäuden, die urspr. polychrom übermalt war. Gefunden wurden charakteristische figürl. Ständer für Weihrauchgefäße aus Keramik, die Köpfe von Göttern, meist mehrere übereinander, darstellen.

Mesa Redonda de P., A conference on the art, iconography and dynastic history of P. (Peeble Beach, California, 1974–76).

Palermo, Hauptstadt und wichtigster Hafen Siziliens, Italien, 680000 Ew.; Erzbischofssitz; Sitz einer Kunstakademie. P. ist reich an Bauten aus der Normannen- und Stauferzeit, in denen sich Formen des europ. MA. mit byzantin. und arab. verbinden. Im S der Altstadt erhebt sich der Palazzo dei Normanni (auch Palazzo Reale), hervorgegangen aus einem arab. Kastell. Vom normann. Bau erh. geblieben sind innerhalb der bis ins 18. Jh. ständig erweiterten Anlage u. a. die unter ROGER II. entstandene Cappella Palatina (1140 gew.), ein dreischiffiger Bau mit zentralem Kuppelraum, byzantin. Mosaiken und reich bemalter Stalaktitendecke, der Saal König Rogers (mit weltl. Mosaiken). Außerhalb der Altstadt liegen die normann. Lustschlösser La Zisa (1154 beg., wahrscheinlich auf einem arab. Vorgängerbau) und La Cuba (1180). Zahlreiche Kirchen aus dieser Zeit blieben erhalten, so v. a. S. Giovanni degli Eremiti (1132 beg., von 5 roten Kuppeln gekrönt), La Martorana (1143, mit Mosaiken und Malereien), S. Cataldo (1161); der Dom, 1185 gew., vereint Baustile aus mehreren Jh., im Innern Sarkophage ROGERS II., HEINRICHS VI., FRIEDRICHS II. u.a. In Gotik und Renaissance entstanden weitere Kirchen und weltl. Bauten, so die Kirche S. Domenico (1300 beg., 1640 umgebaut; mit Grabmälern bed. Sizilianer) und das reich ausgestattete Oratorio del Rosario di S. Domenico (14. Jh.; Stuckarbeiten von G. SERPOTTA; Gemälde). Entscheidend für das heutige Gesicht der Stadt war die Barockzeit, in der breite Straßenzüge durch die Altstadt gebrochen wurden und zahlreiche durch dekorativen Reichtum gekennzeichnete Kirchen, Paläste und Brunnen entstanden, so auch die Platzanlage Quattro Canti (1609, mit 4 Prachtbauten und Brunnen an den abgeschrägten Platzecken) und die Porta Felice (1582 bis 1637). Aus dem späten 19. Jh. stammt der Prunkbau des Teatro Massimo, eines der größten Theater Italiens.

Archäolog. Nat.-Mus. mit Skulpturenresten aus den Tempeln von Selinunt, im Palazzo Abbatelli (1495) Sizilian. Nat.-Gal. (Werke von ANTONELLO DA MESSINA, F. LAURANA u.a.), Gal. d'Arte Moderna u.a. Museen.

Palermo, eigtl. Peter **Heisterkamp,** Maler, Objektkünstler, *Leipzig 2. 6. 1943, †Sri Lanka 18. 2. 1977, studierte u.a. bei J. BEUYS, verwendete in seinen Bildern, Collagen, Farbobjekten, Wandmalereien u.a. sparsam eingesetzte Farbflächen zur Raumbestimmung (Wandmalerei auf der documenta 5, 1977), während seine letzten monochromen Bilder v.a. die sinnlich-meditative Qualität der reinen Farbe erkunden (Bildserie »Die Tageszeiten«, 1976/77).

Palestrina, Stadt in der Prov. Rom, 12800 Ew. – Die antiken Quellen und archäolog. Überreste bezeugen P., das antike **Praeneste,** als blühende Handelsstadt seit dem 7. Jh. v. Chr. 499 v. Chr. schloß die Stadt ein Bündnis mit Rom, im Bürgerkrieg wurde sie 82 v. Chr. von SULLA eingenommen, der Praeneste zur Veteranenkolonie machte. – Die reichen Funde (Grabbeigaben) in den Fürstengräbern Bernardini und Barberini (7. Jh. v. Chr.) zeigen starke Beeinflussung durch Etrurien. Im 4.–3. Jh. v. Chr. besaß P. bed. Bronzewerkstätten (gravierte Spiegel, praenestin. Cisten). Sulla ließ einen Neubau des alten Fortunaheiligtums errichten: eine monumentale, tempellose Anlage, in 5 künstlich angelegten Terrassen am W-Hang der Sabiner Berge (Monte Ginestro) ansteigend; oberer Abschluß ist ein halbkreisförmiger Portikus, von einem Rundbau mit dem Kultbild bekrönt. Das Fortunaheiligtum ist die bedeutendste Schöpfung der hellenistisch-röm. Architektur Italiens.

Palette [frz.], ovale oder rechteckige Tafel mit Daumenloch, auf der der Maler seine Farben in fester Ordnung plaziert und für den Malvorgang mischt. Die P. sind für die einzelnen Techniken in Form und Material verschieden.

Paliotto *der,* ital. Bez. für →Antependium. Über den P. in S. Ambrogio in Mailand →Mailänder Goldaltar.

Palisander [indian.], sehr dichte, schwere, dunkelbraune bis violette, dunkel gestreifte Hölzer (Rio P., Brasilian. Rosenholz, Jakarandaholz). Das sehr dauerhafte Holz ist ein wertvolles Möbel- und Drechslerholz.

Palissy [palis'i], Bernard, frz. Keramiker, Schriftst., *Agen (Dép. Lot-et-Garonne) um 1509/10, †Paris um 1589/90, zunächst Glasmaler (u. a. für KATHARINA VON MEDICI), entdeckte 1557 das Verfahren, Keramiken zu glasieren. Er leitete seit 1564 eine Werkstatt in den Tuilerien in Paris. Seine mit Naturabgüssen kleiner Wassertiere, Pflanzen und Steine belegten Zierschüsseln (Pièces rustiques, Rustiques figulines) wurden bis ins 17. Jh. nachgeahmt.

Palitana, Stadt in Gujarat, W-Indien; nahebei die jinist. Tempelstätte →Satrunjaya.

Palizzi, Filippo, ital. Maler, *Vasto (Prov. Chieti) 16. 6. 1818, †Neapel 11. 9. 1899, malte v. a. Tiere und Hirten, die seine naturalist. Begabung zeigen; gehört mit D. MORELLI zu den Wegbereitern des ital. Realismus im 19. Jh.

Palko, Palcko, Franz Xaver Karl, Maler, Radierer, Zeichner, *Breslau 3. 12. 1724, †München 18. 7. 1769, war nach Studien an der Wiener Akad. seit 1752 in Dresden kursächs. und königlich-poln. Hofmaler, seit 1764 nach Aufenthalt in Prag kurbayer. Hofmaler in München. Sein ausdrucksvolles spätbarockes Werk (Altarbilder und Fresken) zeigt anfangs den Einfluß von P. TROGER und G. B. PIAZZETTA und wendet sich später eher dem Stil von G. B. TIEPOLO zu.

HW: Verherrlichung des Hl. Nikolaus (1752; Prag, St. Nikolaus – Altarbild).

Palladianismus, klassizist. Richtung der europ. Architektur vom späten 16. bis zum 18. Jh., die stilistisch an die Bauten A. →Palladios anknüpft und sich vom →Klassizismus durch die Beschränkung auf meist spätröm. und den Verzicht auf grch. Vorbilder unterscheidet. Hauptkennzeichen des P. sind einfache, klare Baukörperformationen mit flacher Dachneigung und vorgesetzten Säulenordnungen, die meist als Kolossalordnungen über 2 Geschosse reichen.

Die theoret. Grundlage des P. bilden die 1570 von Palladio veröffentlichten ›I quattro libri dell'architettura...‹, durch die v. a. seine venezian. Villenentwürfe verbreitet wurden. In Italien blieb der Stil als Gegenströmung zum röm. Barock auf die unmittelbaren Nachfolger Palladios, so V. SCAMOZZI, beschränkt, während seine Einflüsse in der frz. Architektur des 17. Jh. zu einem barocken Klassizismus (→Classicisme) verarbeitet wurden. In den protestant. Ländern N-Europas wurde der P. auf Grund seiner dem kirchl. Stil des röm. Barocks entgegengesetzten Grundhaltung aufgegriffen. Seine umfassendste Verbreitung fand er seit dem frühen 17. Jh. durch I. JONES in der engl. Architektur, wo er zunächst an staatl. Repräsentationsbauten verwendet wurde. Jones' Banqueting House in der Londoner Residenz Whitehall (1619–22) zeigt eine zweigeschossige Pilaster- und Halbsäulengliederung nach antikem Vorbild, während er in der Queen's Chapel von St. Jame's Palace das Palladiomotiv anbrachte. Das von ihm 1616–35 erbaute Queens' House in →Greenwich folgt in seiner kubischen Gestalt und der eingesetzten Loggia am deutlichsten der palladian. Villentradition.

Einen 2. Anwendungsbereich des P. in England stellen die Londoner Stadtpfarrkirchen von C. WREN nach dem Stadtbrand von 1666 dar, deren Innenräume durch freie, von Architraven oder Bögen verbundene Säulenstellungen bestimmt sind, wie auch noch eine Generation später St. Martin-in-the-Fields von J. GIBBS. Während des 18. Jh. wurde der P. zum bevorzugten Stil für Landsitze des engl. Adels, ebenso wie in den nordamerikan. Kolonien (→Kolonialstil). Zu den frühen Vertretern des palladian. Landhausbaus zählt der Autodidakt Lord BURLINGTON (*1694, †1753), dessen 1725 beg. Chiswick House bei London palladian. Motive wie die zentrale Kuppel und die charakterist. Fensterform des Palladiomotivs aufnimmt. Zum Kreis um Lord Burlington gehörte auch W. KENT, der 1727 die ›Designs of Inigo Jones‹ publizierte und damit die engl. Komponente des P. hervorhob. Zahlreiche Möglichkeiten zur Aufstellung von Kleinbauten nach Vorbildern Palladios bot die Entwicklung des engl. Landschaftsgartens (Palladian Bridge im Park von Wilton).

Palladio, Andrea, eigtl. A. **di Pietro,** ital. Baumeister, Architekturtheoretiker, *Vicenza 30. 11. 1508, †ebd. 19. 8. 1580, studierte, beeinflußt von dem Humanisten G. TRISSINO, seit 1541 die Baukunst der Antike in Rom und wirkte als Architekt seit etwa 1545 in Vicenza, nach 1560 v. a. in Venedig. Die auf VITRUV und der Vermessung röm. Bauten fußenden Lehrbücher P.s (›Le antichità di Roma‹, 1554; ›I quattro libri dell'architettura...‹, 1570) boten bis Ende des 18. Jh. die exakteste Kenntnis antiker Bauregeln. Seine eigenen Bauten, in denen eine ganzheitl. Auffassung der klass. Architektur die Lösung zeitgemäßer Aufgaben bestimmt, vereinigen die strenge Würde der Schule BRAMANTES mit venezian. Elementen J. SANSOVINOS und reinem klass. Detail. Maßgebend wurde seine Verwendung der Kolossalordnung von Säulen und Pilastern. Die Raumfolgen seiner Paläste und Kirchen und die symmetrisch zu einer Tiefenachse entwickelten offenen Flügelanlagen seiner Villenentwürfe wiesen dem Barock entscheidende Wege. Im Theaterbau hat P. eine antike Grundform bahnbrechend neu gestaltet. (→Palladianismus)

Andrea Palladio: ›Rotonda‹, bei Vicenza; 1566/67 ff.

HW: Bauten in Venedig: S. Giorgio Maggiore (1566–79), Il Redentore (1577–92). In Vicenza: ›Basilica‹ (Palazzo Pubblico, 1549 ff.), Palazzo Chiericati (1551 ff.); Teatro Olimpico (1580 beg., voll. 1584 von V. SCAMOZZI). Villen: Villa Foscari in Malcontenta (zw. 1550 und 1560); Villa Barbaro in Maser (1557–62); ›Rotonda‹ (Villa Capra, bei Vicenza, 1566/67 ff., voll. von Scamozzi).

L. PUPPI: A. P. Das Gesamtwerk, 2 Bde. (a. d. Ital., 1977/78); The drawings of A. P., hg. v. D. LEWIS (Washington, D.C., 1981/82).

Palladiomotiv, Serliomotiv, Baukunst: dreiteilige Wandöffnung mit Rundbogen über der säulengetragenen Mitte und waagrechtem Sturz über den Seiten.

Palladiomotiv

Palladion [grch.], lat. **Palladium,** Kultbild der bewaffneten Pallas Athene, dessen Besitz Schutz verleihen und den Bestand einer Stadt verbürgen sollte; nach dem Mythos wurde das berühmteste P. aus Troja von Diomedos und Odysseus geraubt, damit Troja eingenommen werden könnte; in Argos, Athen, Rom u. a. Orten glaubte man, das trojan. P. zu besitzen. Darstellungen des P., v. a. seines Raubes, gibt es auf grch. Vasen seit dem 5. Jh. v. Chr.

Pallady, Theodor, rumän. Maler, *Iassy 24. 4. 1871, †Bukarest 16. 8. 1956, lebte seit 1887 häufig in Paris (Freundschaft mit H. MATISSE); malte, ausgehend vom Expressionismus, v. a. Landschaften, Stilleben und Selbstporträts in zarten, matten Farben.

Pallava-Dynastie, Herrscherhaus in S-Indien, das von Anfang 7. bis Ende 8. Jh. durch den Bau shivait. Kulthöhlen (Tiruchirapalli), von Monolith-Tempeln und seit Anf. 8. Jh. Tempeln (Mahabalipuram, Kanchipuram) den →Dravida-Stil der ind. Tempelarchitektur entstehen ließ. Neben den teils riesigen Felsreliefs und Tempelplastiken in Granit, die sich durch Formgefühl und Schlichtheit auszeichnen, bilden die seltenen Bronzefiguren der P.-D. Höhepunkte der südind. Kunst, die bis nach SO-Asien ausstrahlte.

Palma, langer, blattförmiger Stein mit konkaver Basis, der wie Hacha und Joch aus der klass. Epoche (200 bis 1000) von der Golfküste Mexikos (→El Tajín) stammt; er ist nach einem Teil der Ballspielausrüstung (Gürtelknoten) geformt. P. sind meist nur auf einer Seite, oft mit geflochtenem Spiralmuster, mit menschl. oder tier. Figuren verziert.

Palma, 1) Jacopo, eigtl. J. **Negretti,** gen. **P. (il) Vecchio** [-v'ɛkkio, ›der Alte‹], ital. Maler, Großonkel von 2), *Serina (bei Bergamo) um 1480, †Venedig 30. 7. 1528, dort seit 1510 nachweisbar, beeinflußt von GIORGIONE und TIZIAN. P. führte den ›giorgionesken‹ Stil der venezian. Hochrenaissance weiter und zeigte sich von dem Stilwandel Tizians und dem Einbruch des Manierismus in Venedig unberührt. Seine Werke sind durch ausgeglichene Komposition und eine fein abgestimmte Farbigkeit gekennzeichnet.

HW: Adam und Eva (vor 1512; Braunschweig, Herzog Anton Ulrich-Mus.); Altarbild mit der Hl. Barbara, dem Hl. Sebastian u. Antonius Eremita (Venedig, S. Maria Formosa); Die drei Schwestern (Dresden, Gemäldegal.); Ruhende Venus (ebd.); Santa Conversazione (um 1515, Louvre); Ariost (London, Nat.-Gal.).

G. MARIACHER: P. il Vecchio (Mailand 1968).

2) Jacopo, eigtl. J. **Negretti,** gen. **P. (il) Giovane**

[-dʒ'o:vane, ›der Junge‹], ital. Maler, Radierer, Großneffe von 1), *Venedig 1544, †ebd. 1628, beeinflußt von TIZIAN und TINTORETTO, war außer in Venedig (u.a. Deckenfresken im Palazzo Ducale) auch in Urbino und Rom tätig. Hier geriet er unter den Einfluß der an MICHELANGELO orientierten Manieristen.

Palma de Mallorca [-ðe maʎ'ɔrka], auch **Palma**, Hauptstadt der span. Inselgruppe der Balearen, an der SW-Küste von Mallorca, 287400 Ew.; Bischofssitz. Die Kathedrale, nach der Reconquista 1230 in frühgot. Stil beg. (1427–47 unter Leitung von G. SAGRERA), wurde erst um 1600 voll. (Umbau im 19. Jh.); Außenbau mit Strebebögen, Fialen und Fensterrose verziert, reich skulptiertes S-Portal (1389 beg.); Inneres Anf. des 20. Jh. von A. GAUDÍ z.T. mit bizarren Dekorationen verändert; in den Kapitelsälen Diözesan-Mus. (sakrale Kunst); Kloster S. Francisco mit gotischer Kirche (13./14. Jh., Barockportal) und spätgot. Kreuzgang; Kirche S. Eulalia (14./15. Jh.) u.a. Kirchen der Gotik und späterer Zeiten. Die ehem. Maurenburg Almudaina wurde später Residenz der Könige von Mallorca; bedeutendster Profanbau ist die ehem. Börse (Lonja; von Sagrera 1426 ff. erbaut) mit spätgot. Großen Saal; Rathaus (1675); zahlreiche Adelspaläste (bes. aus dem 16. bis 18. Jh.) mit charakterist. Innenhöfen (Patios); arab. Badeanlagen (10. Jh.). Städt. Mus. (Keramik- und Gemäldesamml.); Mansión del Arte (mit Werken von F. DE GOYA, P. PICASSO). Westlich der Stadt Castillo de Bellver, unter König JAKOB II. (1276–1311) als Sommerresidenz der Könige von Mallorca errichtet (Palastanlage um einen kreisrunden Binnenhof).

Rd. 70 km nordöstlich von P. d. M. in Cala Ratjada bed. Samml. moderner und zeitgenöss. Kunst der Stiftung March (im Park Plastiken von H. MOORE, M. BILL und zahlreichen span. Künstlern; im Palast Gemäldesamml. mit Werken von P. PICASSO und J. MIRÓ).

Palmanova, Stadt in der ital. Provinz Udine, Friaul, 5900 Ew., mit dem Grundriß eines neunstrahligen Sterns mit Bastionen, Mauern und Gräben. 1593 als Festung **Palma** der Republik Venedig angelegt. P. galt bis zur Eroberung durch die Franzosen 1797 als schönste und stärkste Festung ihrer Zeit. An dem sechseckigen Platz im Stadtmittelpunkt, von dem die Straßen regelmäßig ausstrahlen, wurde 1615 mit dem Dombau beg. P. wurde 1960 zum ital. Nationaldenkmal erklärt.

Palmensäule, in der ägypt. Baukunst eine der Form der Dattelpalme nachgebildete →Säule, häufig in der 5. und 18. Dynastie verwendet.

Palmer [p'ɑ:mə], Samuel, engl. Maler, Radierer, *London 27. 1. 1805, †Redhill (Surrey) 24. 5. 1881, schuf neben Buchillustrationen von W. BLAKE beeinflußte Landschaftsaquarelle von großer Farbigkeit. Seine anfänglich visionäre Auffassung wich nach Italienaufenthalt (1837–39) romantisch-idyll. Geschmack.

Palm|esel, die aus Holz geschnitzte und auf Räder gesetzte lebensgroße Darstellung des auf einer Eselin in Jerusalem einziehenden Christus, entstand v.a. in Süd-Dtl., der Schweiz und Österreich. Eindeutig bezeugt ist der P. in literar. Quellen und auch durch künstlerisch wertvolle Originale seit dem 12. Jh. (z. B. Zürich, Schweizer. Landesmus., wohl Ende 12. Jh.; Staatl. Museen Berlin-West, Mitte 13. Jh.). Der besterhaltene P. aus roman. Zeit befindet sich in S. Maria in Organo in Verona. Ein hervorragendes Beispiel spätgot. Zeit ist der P. von H. →Multscher (Kloster Wettenhausen bei Ulm, 1456).

Palmettbaum, häufiges Motiv in der altoriental. Glyptik und Bildkunst etwa seit der Akkade-Zeit (2350 bis 2200 v. Chr.): eine stilisierte Palme mit Blattwedeln und Fruchtdolden, oft auch mit geschupptem Stamm. Der P., wohl ein Symbol der Fruchtbarkeit, ist meist identisch mit dem Lebensbaum.

Palmette [frz.] *die,* fächerförmiges Blattornament, das in friesartiger Reihung oder als einzelnes Bekrönungsmotiv seit dem frühen 7. Jh. v. Chr. in der grch., dann in der röm. Kunst häufig verwendet und später vielfach abgewandelt wurde; knüpfte an das ägypt. Lotosblütenmotiv an und kommt auch in der Kombination mit Lotos vor; lebte in der Renaissance und im Klassizismus wieder auf.

Palmezzano, Marco, ital. Maler, *Forlì um 1460, †ebd. 1539, Schüler von Melozzo da Forlì. Seine Malerei ist v. a. durch venezian. Einflüsse gekennzeichnet.

HW: Fresken in S. Biagio (Forlì). Tafelbilder: Krönung Mariä (1492, Mailand, Brera); Verkündigung Mariä (Forlì, Pinakothek); Madonna mit Heiligen (ebd., S. Biagio).

Palmstedt, Erik, schwed. Baumeister, *Stockholm 16. 12. 1741, †ebd. 12. 6. 1803, fand nach einer Italienreise (1778–80), bes. durch die Begegnung mit A. Palladios Bauten, zu einem klassizist. Stil mit einer Neigung zum Monumentalen und zu sparsamen Dekorationen.

HW: Börse, Stockholm (1773); Schloßtheater Gripsholm (1781); Erbfürstenpalais, Stockholm (1783–94).

Palmtücher, Tücher, die während der Karwoche (beginnend mit dem Palmsonntag) den Hochaltar verdecken, →Hungertücher.

Palmyra, arab. **Tudmur,** Oasenstadt im N der syr. Wüste, 12 700 Ew., schon im 2. Jahrtsd. v. Chr. erwähnt. Bes. Bedeutung gewann P. in nachchristl. Zeit als Pufferstaat zw. den Parthern und dem Röm. Reich, dem es unter Tiberius oder Hadrian **(Hadrianopolis)** einverleibt wurde. Nach hundertjähriger Blütezeit wurde P. 276 von Aurelian zerstört.

Die gewaltigen Ruinen von P. haben seit dem Ende des 17. Jh. die Aufmerksamkeit europ. Reisender auf sich gezogen. Systemat. Ausgrabungen wurden seit dem Beginn des 20. Jh. von frz., dt. und poln. Archäologen durchgeführt.

Die bisher freigelegten Bauten stammen aus der röm. Kaiserzeit: Bezirk des Baal mit Tempel (gew. 32 n. Chr.), Säulenhallen und Propyläen (spätes 1./2. Jh.), der Baalschamin-Tempel (130/31), die Agora (in deren Säulenhalle Inschrift mit einem für die Wirtschaft von P. aufschlußreichen Preistarif), prächtige Säulenstraße mit dreitorigem Durchgangsbogen, Theater, Castrum (Ende des 3. Jh.); in der Umgebung zahlreiche turm-

Palmyra: Blick in die Säulenstraße durch den dreitorigen Durchgangsbogen

und tempelartige Grabbauten sowie unterird. Grabräume mit Malereien (›Dreibrüdergrab‹); unter den reichen Funden an Grabplastik herrschen unzählige Büstenreliefs vor; sie zeigen, trotz Namensbeischrift, wenig porträthafte Züge und illustrieren einen für P. typischen Stil, in dem sich römische und parthische Einflüsse vermischen. – Museum v.a. mit lokalen Ausgrabungsfunden.

K. MICHAŁOWSKI: P. (a.d. Poln., 1974).

Palomino de Castro y Velasco [-i βel'asko], Antonio Acisclo, span. Maler, *Bujalance (Prov. Córdoba) 1653, begraben Madrid 13. 8. 1726, seit 1688 Hofmaler in Madrid, schuf v.a. an der ital. Barockmalerei geschulte Fresken und Tafelbilder sowie für die span. Malerei bed. theoret. Abhandlungen, zusammengefaßt in ›Museo pictórico y escala óptica‹ (1715–24).

Pamphilos, grch. Maler des 4. Jh. v. Chr., führend in der Schule von Sikyon. Neben der Malerei lehrte er auch Arithmetik und Geometrie, schrieb über Malerei, Zeichenkunst und Landbau und veranlaßte den allg. Zeichenunterricht in den Schulen.

Pamplona, bask. **Iruña** [ir'uɲa], Hauptstadt der span. Prov. Navarra, 190 000 Ew.; Erzbischofssitz. Älteste Kirche ist S. Saturnino (13. Jh., roman. Türme des Vorgängerbaus); die dreischiffige got. Kathedrale (1397 nach Einsturz eines Vorgängerbaus beg., klassizist. Portikus von V. RODRÍGUEZ TIZÓN, 1783) mit Kreuzgang (14./15. Jh.; feines Maßwerk) und Refektorium (heute Diözesan-Mus.) besitzt qualitätvolle Bauplastik (v.a. an den Portalen) und viele Grabmäler; reicher Kirchenschatz (Elfenbeinschrein, um 1005). Rathaus (spätes 17. Jh.); Palacio de la Diputación (19. Jh.; 2 Porträts von F. GOYA); im ehem. Hospital (Fassade 1556) Mus. de Navarra (v.a. roman. Kapitelle mit figürl. Darstellungen aus dem alten Kreuzgang der Kathedrale, um 1140).

Pampulha [-ʎa], Ortsteil von →Belo Horizonte.

Pamukkale, Ort in der SW-Türkei, →Hierapolis.

Pan, grch. Mythos: ein urspr. arkad. Fruchtbarkeits- und Hirtengott; in Rom, wo er dem Faun gleichgesetzt wurde, auch zur Allgottheit erhöht, mit weitverbreitetem Kult. Seine urspr. tierhafte, seit dem 5. Jh. v. Chr.

vermenschlichte Gestalt wurde meist behaart, mit Ziegenhörnern und -ohren und ziegenbeinig gedacht. P., der Ähnlichkeit mit Satyrn und Silenen besitzt, stand Dionysos und den Nymphen, denen er sich lüstern zugesellte, nahe. Er begleitete sie mit der Hirtenflöte (Syrinx, Panflöte), als deren Erfinder er galt. Er konnte auch Mensch und Tier Gewalt antun und verbreitete durch sein plötzl. Erscheinen v.a. in der Mittagshitze (panischen) Schrecken. Wie P. einen Hirten verfolgt, zeigt ein Krater des Panmalers (Boston, Mus. of Fine Arts). Er ist v.a. Begleiter des Dionysos und der Nymphen (Wandbilder, Sarkophage) oder auch der Aphrodite und des Eros (Skulptur, um 100 v.Chr., Athen, Nat.-Mus.). Die neuzeitl. Kunst greift den Mythos, im 19.Jh. symbolistisch überhöht, wieder auf (L. SIGNORELLI, A. CARRACCI, A. BÖCKLIN, E. BURNE-JONES).

Panagjurischte, Stadt im mittleren S-Bulgarien, 21 800 Ew. Bei P. wurde 1949 der ›Schatz von P.‹ gefunden (jetzt im Archäolog. Mus. in Plowdiw). Er besteht aus 9 Goldgefäßen der frühhellenist. Zeit (Ende 4.Jh. v.Chr.) mit reichem figürl. Schmuck in Treibarbeit, die vermutlich zum Tafelgeschirr eines thrak. Fürsten gehörten.

Panainos, grch. Maler aus Athen, lebte in der 2. H. des 5.Jh. v.Chr., nach PAUSANIAS Bruder des PHIDIAS; er arbeitete am Kultbild des Zeus in Olympia und an den Fresken der Stoa Poikile in Athen.

Panaitiosmaler, attisch-spätarchaischer Schalenmaler des rotfigurigen Stils, um 500–480 v.Chr. tätig, dessen Werk nah verwandt (identisch?) mit dem Frühwerk des ONESIMOS ist. Stilmerkmale sind die Dynamik der Bewegung, Neuerungen der perspektiv. Darstellung und Anpassung des Bildes an die Gefäßform.

Panama, Ciudad de Panamá [siuð'að ðe-], Hauptstadt der Rep. Panama, 460 000 Ew. In der Altstadt u.a. die 1796 gew. Kathedrale, fünfschiffig (nach dem Vorbild von Il Gesù, Rom), mit breiter Fassade zw. 2 quadrat. Glockentürmen; die Kirche S. José mit holzgeschnitztem, reich vergoldetem Barockaltar und Präsidentenpalast (1673, renoviert 1921), in maur. Stil errichtet. Mus. Nacional mit einheim. Kulturzeugnissen aus allen Epochen.

Panamarenko, eigtl. Henry **van Herwegen** [-h'e:rwe:xə], belg. Objektkünstler, *Antwerpen 5. 2. 1940, baut seit 1967 phantast. Flugapparate (›Aeromodeller‹, 1969–71; 27,5 m langes Luftschiff) und Autos, die Ingenieurkunst und Individuelle Mythologie verbinden, schuf auch großformatige Zeichnungen.

P., Ausst.-Kat., München, Haus der Kunst (1982).

Panataran, Candi P. [tç-], größter und bedeutendster Tempelkomplex Ostjavas, aus dem 14.Jh. (KARTE indonesische Kunst) mit 3 hintereinanderliegenden Tempelhöfen, z.T. in Stein- und Holzbauweise errichtet. Der Haupttempel zeigt auf der 1. Sockelstufe umlaufende Reliefs aus dem ind. Epos Ramayana und auf der 2. Sockelstufe 93 Reliefs im Wayang-Stil mit Episoden aus der Krishna-Legende.

pan|athenäische Preis|amphoren, im antiken

Athen große mit Öl gefüllte Amphoren, als Siegespreis bei den Panathenäen verteilt (Hauptfest der Athene mit Prozession, Opfermahl, Wettkämpfen); die zweihenkligen Gefäße, vom 6.–3. Jh. v. Chr. stets gleichbleibend schwarzfigurig bemalt, zeigten die bewaffnete Athene und einen Wettkampf.

Panchavaktra Shiva [Skt.], Darstellungen der 5 Aspekte des ind. Gottes Shiva als kosm. Allgott. Seit dem Ende des 1. Jh. v. Chr. wurde P. S. als freiplast. Kultbild fünfköpfig, als Relief dreiköpfig ausgeführt (bed. Felsrelief: Maheshamurti in →Elephanta). Dem meditierenden mittleren Aspekt (Mahadeva) stehen ein zürnender Kopf südlich (Aghora) und ein weibl. (Uma) nördlich zur Seite. Der höchste Aspekt →Ishana wurde meist nicht abgebildet.

Pandora [grch. ›die mit allen Gaben‹], urspr. wohl eine Erdgöttin, im grch. Mythos die auf Verlangen des Zeus von Hephaistos geschaffene, verführer. Frau, die den Feuerraub des Prometheus rächen sollte. Zeus gab ihr ein Gefäß **(Büchse der P.)**, das alle Übel und Leiden der Welt enthielt. Trotz Prometheus' Warnung nahm sie sein Bruder Epimetheus zur Frau. P. öffnete die Büchse, die Übel flogen heraus und verbreiteten sich über die Erde, nur die Hoffnung blieb darin. P. wurde in der Antike nur selten, wie auf einigen grch. Vasen, ihre Geburt (laut PAUSANIAS) auf dem Sockel der Athena Parthenos des PHIDIAS dargestellt. In der Kunst der Neuzeit erscheint ihr Mythos häufiger (P. TIBALDI, P. P. RUBENS, H. HOWARD, D. G. ROSSETTI).

Pandrethan, Pandrenthan, Ort in Kaschmir, N-Indien, mit steinernem Shiva-Tempel des 9.–10. Jh. (abweichend ins 12. Jh. datiert). Der vierseitig offene Cellabau trägt ein zweistufiges Pyramidendach, die Fassaden sind allseitig durch Dreipaßbögen unter vorspringenden Spitzgiebeln gegliedert.

Pandua, islam. Ruinenstadt unweit von Gaur in Bengalen, Indien. Die teilweise mit schwarzem Basalt verkleidete, stark zerstörte Adina-Moschee (etwa 1364 bis 1374 erbaut) gehört mit ihren äußeren Abmessungen (154,5 × 87 m) zu den größten Moscheen Indiens.

Paneel [niederländ.], **Panneau** [pan'o, frz.] *das,* das vertiefte Feld in einer Holztäfelung oder die gesamte Wandvertiefung, auch die aus mehreren Feldern und Rahmungen zusammengesetzte Vertäfelung selbst. – In Anlehnung an den engl. Sprachgebrauch (panel) werden auch Brüstungstafeln und Vorhangwandelemente als P. bezeichnet.

Pangwe, Bantu-Volk in Westafrika, →Fang.

Pankiewicz [pankj'ɛvitʃ], Józef, poln. Maler, Graphiker, *Lublin 29. 11. 1866, †La Ciotat (Frankreich) 4. 7. 1940, war nach Studien in Warschau, St. Petersburg und Paris (Einfluß des frz. Impressionismus) 1906–14 und 1923–25 Prof. für Graphik und Malerei in Krakau, seitdem in Paris. Er malte in dunklem Ton Porträts, in dekorativem Kolorit Landschaften und Innenräume. Nach einer ›klassizierenden‹ Phase unter dem Einfluß A. RENOIRS wurde sein Werk nach 1930 von einer ausgesprochenen Einfarbigkeit bestimmt. – Seit 1897 schuf P. Kaltnadelradierungen.

Pankok, **1)** Bernhard, Architekt, Maler, *Münster (Westf.) 16. 5. 1872, †Baierbrunn (Oberbayern) 5. 4. 1943, tätig in München und Stuttgart, wo er die Kunstgewerbeschule leitete; schuf in phantasievoll-ornamentalen Jugendstilformen Innendekorationen und Entwürfe für das Kunsthandwerk, als Maler v. a. Porträts. (BILD Jugendstil)

2) Otto, Maler, Graphiker, Bildhauer, *Saarn (bei Mülheim a.d. Ruhr) 6. 6. 1893, †Wesel 20. 10. 1966, lehrte 1947–58 an der Düsseldorfer Akad. Anfangs vom Impressionismus beeinflußt, wandte er sich nach Studienreisen bes. sozialkrit. Themen zu, deren Darstellung in Farbe (Schwarz, Weiß, Grau) und Linie dem expressionist. Stil folgte. P. schuf seit 1931 v. a. großformatige Holzschnittfolgen (häufig Zigeunerdarstellungen und bibl. Stoffe).

R. ZIMMERMANN: O. P. Das Werk... (²1973).

Panmaler, attisch-frühklass. Vasenmaler des rotfigurigen Stils (um 480–460 v. Chr. tätig), dessen Werk sich durch besondere Themenvielfalt auszeichnet; sein Stil hat manieriert-archaisierende Züge. Benannt ist er nach seinem HW, einem Glockenkrater mit einer Hirtenverfolgung des Pan und dem Tod des Aktaion (Boston, Mus. of Fine Arts).

Panneau [pan'o, frz.], **1)** Wandvertäfelung, identisch mit →Paneel. **2)** Fachausdruck für Gemälde.

Pannini, Panini, Giovanni Paolo, ital. Maler, Architekt, *Piacenza 1691 oder 1692, †Rom 21. 10. 1765, kam 1711 nach Rom, wo er zunächst als Schöpfer von Dekorationsmalereien in röm. Palazzi hervortrat. Später wandte P. sich v. a. dem Staffeleibild zu und schuf, unter dem Einfluß von CANALETTO, sorgfältige Veduten mit Szenen aus dem röm. Leben und Landschaftsdarstellungen mit röm. Ruinen, die er oft, ohne Rücksicht auf topograph. Treue, phantasievoll komponierte.

Pannonhalma [p'ɔnnonhɔlmɔ], Benediktinerabtei im Bez. Győr-Sopron, Ungarn, 996 gegr. Die 3 Schiffe der 1225 gew. Stiftskirche sind durch reich gegliederte Pfeiler voneinander getrennt, auf denen das sechsteilige Kreuzrippengewölbe ruht; das Sterngewölbe des erhöhten Chors stammt vom Ende des 15. Jh. Das Gewändeportal (rote Marmorsäulen mit weißen Kalksteinkapitellen) an der Südseite führt in den spätgot. Kreuzgang (1486); Bibliothek im klassizist. Stil (1824 bis 1832) mit einer der reichsten Bilder- und Büchersamml. Ungarns.

Panorama [grch. ›Gesamtübersicht‹], Rundbau mit illusionist. Schaugemälden mit verdeckten Bildgrenzen, als histor. Reportage (Landschaften, Seestücke, Städtebilder, See- und Landschlachten) von R. BARKER (*1739, †1806) und J. A. BREYSIG (*1766, †1831) gleichzeitig Ende des 18. Jh. erfunden, mit zentralem, erhöhtem Zuschauerbalkon, indirekter Beleuchtung und später mit plast. Vorbauten.

S. O. HERMANN: Das P. (1981).

Panp'o, neolith. Dorf im östl. Vorortbereich von Sian, China, das beispielhaft für die zahlreichen Ansiedlungen im Lößgebiet zw. Wei-Fluß und mittlerem Hwangho gilt, wo die Ackerbauern der Yangshao-Kultur von den reichen Erträgen gut leben konnten; Funde von Brennöfen sowie von schwarz bemalter Keramik (für die Yangshao-Kultur typisch); Mus. mit reichhaltigem Fundmaterial.

Panschwitz-Kuckau, Gem. im Kr. Kamenz, Dt. Dem. Rep., mit Zisterzienserinnenkloster **Marienstern** (1248 gegr.); got. Klosterkirche (um 1300, z. T. barock umgestaltet), Vesperbildgruppe (14. Jh.), spätgot. Schnitzaltar (um 1500); Klostergebäude barock bis auf den ma. O-Flügel der Klausur.

Pantaleon, nach der Legende Leibarzt des röm. Kaisers MAXIMIAN, †Nikomedien 27. 7. 304 (bei der Christenverfolgung des DIOKLETIAN); oft in der byzantin. Kunst dargestellt (seit dem 5./6. Jh.), bes. gemeinsam mit den Ärzten Kosmas und Damian, im W v. a. in Gruppen der 14 Nothelfer; bed. Zyklus (36 Szenen) auf den Glasfenstern in Chartres (um 1250).

Pantheon [lat.], grch. **Pantheion,** ein allen Göttern geweihtes Heiligtum (bes. in hellenist. Zeit); in der Neuzeit Gedächtnisstätte bed. Männer. – Das P. in Rom wurde als Kuppelbau mit achtsäuliger Giebelvor-

Pantheon in Rom

halle unter HADRIAN zw. 118 und 125–28 n. Chr. errichtet, an Stelle eines älteren, von AGRIPPA gestifteten Tempels. Der gewaltige Ziegelrundbau (∅ und Höhe rd. 43 m) wird im Inneren von der halbkugelförmigen Kuppel beherrscht; die senkrechten Wände sind durch Nischen, in denen die Götterbilder standen, und Säulen gegliedert; 609 wurde das P. zu einer christl. Kirche, S. Maria ad Martyres, geweiht; Begräbnisstätte von bed. Italienern (RAFFAEL, B. PERUZZI u. a.) und von Mitgl. des königl. Hauses. Das P. in Paris wurde 1764–89 als Abteikirche Ste. Geneviève nach Plänen von J.-G. →Soufflot errichtet; seit 1791 Ehrentempel bed. Franzosen.

Pantoja de la Cruz [pant'ɔxa ðe la kruθ], Juan, span. Maler, *Valladolid 1553, †Madrid 26. 10. 1608, Schüler von A. SÁNCHEZ COELLO, Hofmaler PHILIPPS II. und PHILIPPS III., gehört zu den kastil. Manieristen, deren Kirchenbilder der romanist. Richtung angehören, die aber im Porträt zu einem eigenen strengen, höf. Stil gelangten, der für D. VELÁZQUEZ vorbildlich wurde.

HW: Porträts von Mitgl. der königl. Familie und des span. Adels in Madrid (Prado), im Escorial, in München (Alte Pinakothek), Raudnitz an der Elbe (Schloß Lobkowitz), Wien (Kunsthistor. Mus.).

Pantokrator [grch. ›Allherrscher‹], die Darstellung von Christus als überlebensgroße Halbfigur, doch auch stehend oder sitzend als Ganzfigur, die Rechte in Segens- oder Lehrgebärde erhoben, in der Linken das Evangelienbuch haltend – meist in den Kuppeln orthodoxer und solcher Kirchen, die im ehem. byzantin. Einflußgebiet entstanden sind. Im W finden sich eher Darstellungen der →Maiestas Domini. (→Christusbild)

Panza di Biumo, Giuseppe Graf, ital. Geschäftsmann, Kunstsammler, *1923. In seinem Schloß Biumo bei Varese hat P. di B. seit 1956 eine nahezu 1000 Werke umfassende Samml. mit Werken zeitgenöss. amerikan. Kunst, Environments, Minimal und Concept Art (M. ROTHKO, C. OLDENBURG, F. KLINE, A. TÁPIES, R. RAUSCHENBERG, A. ROSENQUIST, R. MORRIS, D. FLAVIN, R. SERRA, B. NEUMAN u. a.) zusammengetragen – Leihgaben befinden sich z. Z. in Basel im Museum für Gegenwartskunst.

Katalog der Samml. P. di B., Düsseldorf (1980).

Paolini, Giulio, ital. Künstler, *Genua 5. 11. 1940, reflektierte in seinen formal äußerst sparsamen Bildern und Collagen die Ausdrucksmittel der Kunst als in sich geschlossenes System, seit den 1970er Jahren auch Probleme des Sehens und der Wahrnehmung. Seine Arbeiten, oft Zeichnungen oder leichtveränderte Zitate aus der Kunstgeschichte, stehen der Arte Povera und der Concept Art nahe.

G. P., Ausst.-Kat., Berlin-West (1982).

Paolo Veneziano, ital. Maler, bezeugt 1310–58, der bedeutendste venezian. Maler des Trecento, setzte sich in seinem Frühwerk mit GIOTTO auseinander, schloß sich später ganz an die byzantin. Tradition Venedigs an.

HW: Altarwerk mit dem Tod Mariä (1333; Vicenza, Mus.); Altarwerk mit Marienkrönung (Venedig, Akad.); 2 Vorsatztafeln zur Pala d'Oro (zus. mit seinen Söhnen, 1345; ebd., Markuskirche).

Paolo Veronese: Die Hochzeit zu Kana; 1562/63 (Paris, Louvre)

Paolo Veronese, eigtl. P. **Caliari,** ital. Maler, *Verona 1528, †Venedig 19. 4. 1588, beeinflußt von GIULIO ROMANO, TIZIAN und TINTORETTO, seit 1553 in Venedig tätig, schuf Malereien für Kirchen und Paläste, die in der Pracht ihrer leuchtenden Farben von reicher dekorativer Wirkung sind. Die Lebensfülle seiner heiteren, alle Mittel überlegen meisternden Kunst vermochte sich bes. in Darstellungen bibl. Gastmähler zu entfalten, die in das Venedig seiner Zeit versetzt sind; wegen angebl. Profanierung der Themen mußte sich P. V. 1573 vor der Inquisition rechtfertigen. Während seiner letzten Schaffensperiode gehörte er neben TIZIAN und TINTORETTO zu den Hauptmeistern der venezian. Malerei.

HW: Thronende Madonna mit Heiligen (1548, Verona, Mus. di Castelvecchio; Venedig, S. Francesco della Vigna); Malereien in S. Sebastiano, Venedig: Deckenbilder der Sakristei (1555) und Kirche (1556), Orgelflügel (1559/60), Hochaltar (um 1565), Chorkapellen-Wandbilder (1575); Frauen des Darius (um 1556; London, Nat. Gal.); Gastmahl von Emmaus (um 1560; Louvre); Fresken in der Villa Barbaro in Maser (nach 1561); Thronende Madonna mit Heiligen (1562; Venedig, Accademia); Hochzeit zu Kana (1562/63; Louvre); Gastmahl im Haus des Pharisäers (1570; ebd.); Die Familie Cuccina vor der Madonna mit Heiligen (um 1570; Dresden, Gemäldegal.); Anbetung der Könige (1570; ebd.); Gastmahl des Hl. Gregor (1572; Vicenza, Kloster Monte Berico); Gastmahl im Haus des Levi (1573; Venedig, Accademia); Martyrium der Hl. Giustina (1575; Padua, S. Giustina); Vermählung der Hl. Katharina (um 1575; Venedig, Accademia); Malereien im Dogenpalast: Sala del Collegio (1575–77, Deckenbild: Venedig zw. Gerechtigkeit u. Frieden, u. a.), Sala del Maggior Consiglio (1580–85, Deckenbild: Apotheose Venedigs, u. a.).

T. PIGNATTI: P. V., 2 Bde. (Venedig 1976); K. BADT: P. V. (1981).

Paolozzi, Eduardo, engl. Maler, Plastiker ital. Herkunft, *Edinburgh 7. 3. 1924, gehörte zur ›Independent Group‹ im Institute of Contemporary Art in London, aus der sich die engl. Pop Art entwickelte. Er verwendete schon vor 1950 in seinen collagehaften Bildern Reklame- und Illustriertenmaterial, wandte sich dann v. a. monumentalen, phantasievollen Metallplastiken (aus

Abfallmaterial oder vorgefertigten Teilen) zu, mit denen er wie mit seinen Bildern die Beziehung von Kunst und Technik reflektiert.

Paperweights [p'eɪpəweɪts, engl.], Briefbeschwerer, im 19. Jh. aus mehrfarbigem Glas; bei den versch. Mustern war v. a. die Millefiori-Technik beliebt. Bei der Herstellung wurde der Dekor zunächst auf einem Glaskissen aufgebracht, das dann in eine Form mit flüssiger Glasmasse gehängt wurde, so daß sich nach dem Erkalten z. B. eine Kugel oder Halbkugel bildete. P. wurden auch als →Überfanggläser hergestellt.

Paphos, Stadt an der SW-Küste Zyperns, 9100 Ew. P. liegt an der Stelle von **Neapaphos,** einer in ptolemäischer und röm. Zeit blühenden Handelsstadt, von der Befestigungsreste erh. blieben; in der Umgebung Fürstengräber aus hellenist. Zeit; die in den Fels geschnittenen Anlagen bestanden aus rechteckigen, säulengeschmückten Vorhöfen mit anschließenden Grabkammern. – 15 km südöstlich davon, beim heutigen Dorf **Kuklia,** liegen die Ruinen von **Palaipaphos,** einem seit dem 13. Jh. v. Chr. besiedelten Platz; hier bestand ein Heiligtum der Aphrodite Paphia.

Papier, in China im 1. Jh. n. Chr. erfunden, dient seitdem als Schreib- und Malgrund; von der Literatenmalerei gegenüber der Seide bevorzugt. In Europa diente P. im MA. für die Buchmalerei, seit der Renaissance in größerem Umfang für die Zeichnung, seit dem 17. Jh. als Malgrund für Wasserfarb-, Pastell- und seit dem 19. Jh. auch für Ölmalerei. Die Grundfarbe wird in das Bildkolorit einbezogen.

Papiermaché [papjemaʃ'e, frz. ›Papierteig‹] *das,* ital. **Carta pesta,** Masse, die durch Auflösen von Altpapier oder Zellstoff in Wasser unter Zusatz von Leimlösung, Gummi oder Stärke, Gips, Kreide, Schwerspat oder Ton hergestellt, in Lagen aufgebaut oder in geölte Formen gepreßt und getrocknet wird. Das Verfahren fand zunächst in der ostasiat. Kunst Verwendung und ist seit dem 15. Jh. in Europa bekannt. P. diente zur Herstellung von Dosen, Tabletts, Uhrengehäusen, Möbeln, Knöpfen u. a., die nach dem Trocknen lackiert, bemalt und häufig mit Perlmutteinlage verziert wurden.

Papiers Collés [papj'e kɔl'e, frz.] *Mz.,* eine von G. BRAQUE und P. PICASSO urspr. benutzte Bez. für ihre seit dem Winter 1911/12 hergestellten →Collagen.

Papillon [papij'ɔ̃], Jean-Michel, frz. Holzschneider, *Paris 2. 6. 1698, †ebd. Juni 1776, schuf etwa 5000 Vignetten, Initialen und dgl. für den Buchschmuck. P. zeichnete die Titel für die 1727–45 erschienenen ›Petits Almanachs de Paris‹ (nach ihm ›Papillons‹ genannt) und schrieb 1766 eine Abhandlung über den Holzschnitt (›Traité historique et pratique de la gravure en bois‹, 3 Bde.).

Pappenheim, mittelfränk. Stadt im Kr. Weißenburg-Gunzenhausen. Altes Schloß (1593 im Renaissancestil) und klassizist. Neues Schloß (1819/20 von L. v. KLENZE) der Grafen von P., deren Stammburg (12. Jh.) Ruine ist. Die Galluskirche ist eine flachgedeckte Basilika (9. bis 15. Jh.) mit guter spätgot. Einrichtung. In der spätgot.

Pfarrkirche (1476 voll.) und der ehem. Augustinereremiten-Klosterkirche (um 1493) bemerkenswerte Grabdenkmäler der Grafen von P. (15.–18. Jh.).

Papua-Golf, Kunstregion um die gleichnamige offene Bucht an der S-Küste Neuguineas, stilistisch differenziert gemäß den ethn. Gruppen. Charakteristisch sind flache beschnitzte Bretter (›gope‹, ›kwoi‹ oder ›hohao‹) mit stilisierten Menschendarstellungen, aufbauend auf dem überdimensionierten zentralen Gesicht eines personifizierten Klan-Ahnen; die Bretter selbst waren individueller Besitz der erwachsenen Männer und zugleich Mittler relig. Kräfte, die von den Urzeitwesen (kaiamunu) stammten, die im heiligen Teil des Männerhauses als Verschlingungsungeheuer aus Lianenrahmen und Geflechten hausten und bei Initiationen sowie im Jagd- und Kriegsritual gebraucht wurden. Plast. Einzelfiguren sind selten; auffallend sind jedoch die oft mehrere Meter hohen Masken und Tanzaufsätze, die, aus Baumbaststoff gefertigt und farbig gestaltet (→Tapa), Busch- oder Seegeister verkörpern sollten.

D. NEWTON: Art styles of the Papuan Gulf (New York 1961); U. BEIER u. A. MAORI KIKI: Hohao. The uneasy survival of an art form in the Papuan Gulf (Melbourne 1970).

Papua-Neuguinea [-gin'ea], Staat in Ozeanien, umfaßt den Ostteil der Insel →Neuguinea, den Bismarck-Archipel mit →Neubritannien, →Neuirland und den →Admiralitätsinseln u. a.

Papyrus [aus altägypt.] *der,* Mz. **Papyri,** Beschreibstoff des Altertums in Rollen-, Blatt- und Buchform, hergestellt aus der P.-Staude. Der seit Anfang des 3. Jahrtsd. v. Chr. in Ägypten nachweisbare P. gelangte von dort in die gesamte antike Kulturwelt, er wurde seit dem 2. Jh. n. Chr. allmählich vom Pergament, später vom Papier (etwa 10. Jh.) verdrängt. Unter den ägypt. P.-Texten sind fast nur die →Totenbücher und →Jenseitsführer reich mit Bildern geschmückt.

Papyrus|säule, Papyrusbündelsäule, in der ägypt. Baukunst eine der Papyrusstaude nachgebildete →Säule.

Paracas, Halbinsel im S Perus, 18 km südlich des Hafens Pisco. Die hier in vorkolumb. Zeit entstandene Kultur erstreckt sich über den gesamten Küstenstreifen von San Vicente de Cañete im N bis Nazca im S und umfaßte 2 Stilphasen: **P.-Cavernas** (1000 bis um 300 v. Chr.) mit mächtigen unterird., nur durch schmale Schächte zu erreichenden Grabkammern sowie dickwandiger, nach dem Brand bemalter Keramik. **P.-Necropolis** (200/100 v. Chr.–300 n. Chr.); hier wurden in Hunderten von Gräbern zahlreiche Mumien mit reichen Grabbeigaben gefunden, darunter (um den Körper der Toten gewickelt) die schönsten Gewebe, aus Alpaka- oder Lamawolle und Baumwolle in den vielfältigsten Webtechniken hergestellt und reich bestickt; die Farbskala umfaßt bis zu 190 Töne. Die Motive sind dämonenartige Gottheiten und Fabelwesen, Katzen, Vögel, Fische und Schlangen. Der Stil der Stickerei erinnert an die Bemalung der späteren Nazca-Keramik. Die Keramik dieser Phase ist meist einfarbig und vor dem Brand bemalt.

Paradies [aus avest. pairidaeza ›Garten‹], **1)** der bibl. Ort des Garten Eden wie überhaupt der jenseitigen Seligkeit; in der frühchristl. Kunst (Katakombenmalerei) als idyll. Garten mit dem Guten Hirten, seit dem 4. Jh. verbunden mit Motiven der Apokalypse (Lamm auf dem Berg, von dem die Paradiesflüsse ausgehen), mit der Übergabe des Gesetzes an die Apostel, mit Hirschen, die vom Lebenswasser trinken, dem Vogel Phoenix und Huldigung der Heiligen. An die Stelle dieses symbol. Bildes trat später das Himmlische Jerusalem, im MA. die himml. Hierarchie mit Marienkrönung (Chartres, N-Portal, 1. H. 13. Jh.); sie weitete sich schließlich zur Schilderung des Jüngsten Gerichts aus (Michelangelo, Jüngstes Gericht, Sixtin. Kapelle). – Das Motiv des Gartens wurde im 14. Jh. auch zur Symbolik des →Paradiesgärtleins, im 18. Jh. zum Anlaß einer festl. Gartenszene (J. A. WATTEAU, N. POUSSIN).

2) Baukunst: Vorhalle der frühchristl. und ma. Kirche, bis zum 8. Jh. als →Atrium bezeichnet, in Frankreich als Galilée. Die P. dienten für Büßer, als Prozessionsstation, für kirchl. Verkündigungen, als Versammlungsort für besondere Verwaltungsgeschäfte und die Hofgerichte; sie waren mit Asylrecht belegt. Ein atriumartiges P. ist u. a. erh. an der Abteikirche Maria Laach (um 1225), als Vorhalle am Dom in Münster (um 1230–40) und an der ehem. Zisterzienserklosterkirche Maulbronn (um 1210).

Paradiesflüsse, die apokalypt. Flüsse (Gen. 2, 10 bis 14) des Paradieses (Pison, Gichon, Euphrat, Tigris), in der frühchristl. Kunst als 4 einem Hügel (mit dem Bild des Lammes) entspringende Quellen, im MA. als wasserspeiende Masken, häufiger als Männer mit Gefäßen dargestellt, aus denen sich die Flüsse ergießen (Chartres, N-Portal, v. a. Taufbecken des 13. Jh. im Hildesheimer Dom). Die Personifikationen der P. entstanden in Anlehnung an antike Flußgott-Darstellungen. – Die sinnfälligste Beziehung bot sich im MA. zum Wasser des Jordan und zum Taufwasser.

Paradiesgärtlein, die symbol. Darstellung Mariens im Garten (seit 1400 bis in die 1. H. des 15. Jh.) als ›hortus conclusus‹ (lat. ›geschlossener Garten‹, Allegorie der Jungfräulichkeit), mit versch. Blumen als Symbol der Tugenden Mariens; auch erweitert durch Heilige und Engelputten. Das Bildthema findet sich z. T. auch in dem Motiv ›Maria im Rosenhag‹. – Ein bed. Beispiel ist das P. in Frankfurt am Main, Städelsches Kunstinstitut (um 1420; BILD Gotik). →Marienbild

Paramente [mlat.], die →liturgischen Gewänder u. a. gottesdienstl. Zwecken dienende Textilien und Ausstattungsgegenstände (Altartücher, Kelchtücher, Kanzel-, Ambo- und Taufsteinbekleidung). Reiche P. des MA. haben sich bes. in den Domschätzen von Aachen, Bamberg, Halberstadt, Krakau und Prag erh.

Parashu [Skt.], die indische Axt, Attribut der Götter Shiva und Ganesha sowie der shivait. Dvarapalas an Tempeln in S-Indien.

Parashurama [Skt. ›Rama mit der Axt‹], die 6. irdische Verkörperung des indischen Gottes →Vishnu.

Paravent [parav'ã, frz.] *der,* **Windschirm, Spanische Wand,** ein- oder mehrteiliger, mit Stoff bespannter Rahmen oder auch ganz aus Holz gefertigt; seit etwa 1600 gebräuchlich. Bes. geschätzt waren im 18. Jh. P. mit japan. Lackmalerei und Stickerei. Über den P. in Ostasien →Stellschirm.

Paray-le-Monial [parɛlmɔnj'al], Gem. im frz. Dép. Saône-et-Loire. Die ehem. Benediktiner-Prioratskirche (heute Basilika Sacré-Cœur) wurde um 1100 beg. und ist ein hervorragender Bau der Burgund. Bauschule mit qualitätvollen Kapitellen und Apsisfresko (14. Jh.). Das Rathaus befindet sich in einem reichgestalteten Renaissance-Kaufmannshaus (1525–28). Im relig. Mus. Hiéron ein Portal mit reich skulptiertem Tympanon des 12. Jh. aus der cluniazens. Prioratskirche von Ancy-le-Duc (etwa 20 km südlich von P.-le-M.).

Parcham [zu pferchen] *der,* →Zwinger, v. a. der alten ostdt. Ordensburgen.

Parchim, Stadt im Bez. Schwerin, Dt. Dem. Rep., an der Elde, 20 100 Ew.; 2 dreischiffige Backstein-Hallenkirchen: im romanisch-got. Übergangsstil St. Marien (1278 gew.), mit spätgot. Schnitzaltar (um 1500), wohl Lübecker Arbeit; gotisch St. Georgen (1307 gew.), mit Freskenresten an den Chorpfeilern (15. Jh.), spätgot. Schnitzfiguren (1421), 2 spätgot. Triumphkreuzgruppen (15. Jh.). Backstein-Rathaus mit Treppengiebeln (14. Jh., Anf. 19. Jh. erneuert); Fachwerkhäuser (v. a. 17. Jh.).

Pardo [p'arðo], **El P.,** nördl. Stadtteil von Madrid, mit ehem. königl. Residenzschloß, 1547 von Kaiser KARL V. an Stelle eines älteren Baus errichtet, später mehrmals erweitert; im Park das Schlößchen Casita del Principe (18. Jh.).

Pardubitz, tschech. **Pardubice** [-tsɛ], Stadt im Ostböhm. Kr., ČSSR, 93 000 Ew. Nach 1490, als P. in den Besitz der Fam. Pernštejn überging, wurde v. a. der Stadtkern neu angelegt. Im Dreißigjährigen Krieg (1645) wurde P. stark zerstört. Trotz Umbauten blieben am Hauptplatz mehrere Renaissance-Häuser erh. Das ›Grüne Tor‹ (ehem. Stadttor, 1507 und 1542) wurde 1886 restauriert. Bed. Bauwerk ist das im 16. Jh. auf got. Fundamenten errichtete und im 18. Jh. veränderte Schloß; Arkadenhof und reich verziertes Portal (1529); im Innern Wandmalereien, Kassettendecken u. a.

Paredes de Nava [par'eðes ðe n'aβa], span. Städtchen rd. 20 km nordöstlich von Palencia, Geburtsort von P. BERRUGUETE, von dem sich zahlreiche Gemälde in den roman. Kirchen S. Juan (Geschichte des Hl. Kreuzes), S. Eulalia (v. a. Marienaltar mit 6 Tafeln und Predella) und im Stadtmus. befinden.

Paret y Alcázar [-i alk'aθar], Luis, span. Maler, *Madrid 11. 2. 1746, †ebd. 14. 2. 1799, wurde 1786 Hofmaler KARLS III.; beeinflußt von der frz. Rokokomalerei, schuf er Porträts, Stilleben, Genredarstellungen, Historienbilder, Hafenansichten und v. a. galante höf. Szenen, Entwürfe für Festdekorationen sowie Kupferstichillustrationen zu CERVANTES.

HW (alle Madrid, Prado): Karl III. an der Hoftafel, Maskenfest (1766), Vereidigung Ferdinands VII. (1791).

Paretz, Ortsteil der Stadt Ketzin, an der Havel, Dt. Dem. Rep. Das Schloß wurde 1796 für den preuß. Kronprinz FRIEDRICH WILHELM (III.) von D. GILLY gebaut; in der 1797 neugotisch umgebauten Dorfkirche Relief von J. G. SCHADOW (1811).

Parinirvạna [Skt. ›endgültige Erlösung‹], indische Darstellung des sterbenden Buddha als liegende Gestalt, umgeben von trauernden Begleitern. Symbol des P. ist der Stupa.

Parịs [frz. par'i], Hauptstadt, größte Stadt und kulturelles Zentrum Frankreichs, beiderseits der Seine im Mittelpunkt der Region Île-de-France, 2,1 Mio. Ew.

STADTBILD · KUNSTDENKMÄLER

Das Stadtbild von P. wird durch den Lauf der Seine und durch die den Fluß bei der Île de la Cité im rechten Winkel schneidende histor. N-S-Achse bestimmt. Die ›Grands Boulevards‹ umfassen den alten Stadtkern, dessen Dreiteilung (Cité, Ville, Sorbonne) sich bis heute erhalten hat. Er ist um die großen Kreuzungen der N-S-Achse mit der Rue de Rivoli und der Rue St. Antoine auf dem rechten Seine-Ufer, mit dem Boulevard St. Germain auf dem linken Seine-Ufer angeordnet. Mittelpunkt des sich im W anschließenden jüngeren Stadtteils ist die Place Charles-de-Gaulle (früher Place de l'Étoile) mit sternförmig von ihr ausstrahlenden Alleen. Am Rand des Bois de Boulogne sind seit Ende des 19. Jh. neue Viertel entstanden.

P. als polit. und künstler. Zentrum Frankreichs besitzt aus jeder Epoche bed. Bauten, die beispielhaft für neue Kunstströmungen sind, gleichzeitig aber auch die frz. Tradition fortsetzen. 3 wichtige architekton. Werke haben sich im mittelalterl. Stadtkern, der Île de la Cité, erhalten: →Notre-Dame, die letzte der frühgot. Kathedralen Frankreichs, die hochgot. Ste. Chapelle (gew. 1248; Doppelkapelle mit Unter- und Oberkirche; Glasfenster Mitte 13. Jh.), die als Teil des ehem. Königspalastes LUDWIGS IX. (heute Palais de Justice mit Conciergerie) die 1239 erworbene Dornenkrone Christi als Reliquie aufbewahrte, und schließlich die trapezförmige Place Dauphine (1607 unter HEINRICH IV.), deren Achse mit dem Pont Neuf (älteste erh. Brücke von P., 1578 beg.) kreuzt; das bronzene Reiterstandbild Heinrichs IV. ist Bezugspunkt der diesen Platz begrenzenden, einheitlich gehaltenen Häuserzeilen. Auf dem linken Seine-Ufer überlebten St. Germain-des-Prés mit dem ältesten Pariser Kirchturm (11. Jh.) und das Hôtel de Cluny (beg. 1485) die Niederlegung der alten Stadt in der Ära →Haussmann. Auf dem rechten Seine-Ufer, im Marais-Viertel, liegen das Hôtel de Sens (1475 beg.; mit kunstgeschichtl. Bibliothek) und die Place des Vosges (1605–12), das ehem. Wohnquartier der adligen Gesellschaft, Höhepunkt der städtebaul. Schöpfungen unter Heinrich IV.: Arkaden, frz. Fenstertüren und hohe Dächer gliedern die durch Hausteinblenden geschmückten, sich gleichbleibenden Backsteinfronten. Spätere Platzanlagen knüpfen an diese Tradition geo-

Paris: Inneres der Oberkirche der Sainte-Chapelle; 1248 gew.

metr. Grundrisse und ident. Haustypen an: Place Vendôme (um 1699 unter Ludwig XIV. nach Plänen von J. HARDOUIN-MANSART beg.; die Colonne Vendôme ließ Napoleon I. 1806–10 nach dem Vorbild der Trajans-Säule zur Erinnerung an die Schlacht bei Austerlitz errichten), Place de la Concorde (früher Place Louis XV, 1755 von J.-A. GABRIEL angelegt; seit 1836 mit dem Obelisken von Luxor, 13. Jh. v. Chr., in der Mitte), bis hin zur sternförmigen Anlage der Place de l'Étoile, diese freilich von weit größeren Proportionen.

Auch der frei stehende Typ des vornehmen Stadthauses – das Hôtel – entwickelte sich im 17. Jh. Beispielhaft ist das Hôtel de Sully (1624 beg. vermutlich nach Plan von J. DUCERCEAU D. Ä.) mit dem Corps de logis zw. Garten und Cour d'honneur, der von schmalen Flügelbauten und der Frontmauer zur Straße hin begrenzt wird. Es sind die gleichen Elemente des frz. traditionellen Schloßbaus, die auch das weitläufige Palais du →Luxembourg aufweist. Ebenso erweckt der Palast des →Louvre heute den Anschein einer einheitlich konzipierten Anlage; dabei umfaßt seine Baugeschichte nach wechselndem Plan das 12. bis 19. Jh. Selbst die vom Louvre dreiseitig umschlossenen Tuileriengärten, die nun die Sicht auf die Place de la Concorde einbeziehen, erscheinen wie aus einem Guß, obwohl sie urspr. im W durch das 1871 zerstörte Tuilerienschloß (→Tuilerien) begrenzt wurden. Nördlich des Louvre wurde das →Palais Royal errichtet. Im 17. Jh. wurde auch die der Île de la Cité benachbarte Île Saint-Louis mit Adelspalästen bebaut, z. B. dem Hôtel Lambert (1640 von L. LEVAU). Auf dem linken Seine-Ufer entstand der Gebäudekomplex des Hôtel des Invalides (1670–76 von L. BRUANT erbaut; heute mit Armee-Mus.).

Der Sakralbau des 17. Jh. wurde stärker von röm. Vorbildern beeinflußt. Kuppelkirchen beherrschen die Stadtsilhouette. Sie verdanken ihre Entstehung großen Geldgebern: RICHELIEU stiftete die Église de la Sorbonne (1635 beg., J. LEMERCIER), ANNE D'AUTRICHE die Kirche Val-de-Grâce (1645, F. MANSART), MAZARIN die Kapelle des Collège des Quatre-Nations (1663, von Levau), LUDWIG XIV. den Dôme des Invalides (1679 beg. nach Plänen von J. HARDOUIN-MANSART; Grabstätte Napoleons I.). Der Kuppelbau der Kirche Ste. Geneviève, seit 1791 ›Panthéon‹ genannt, wurde als Stiftung LUDWIGS XV. nach Plan von J.-G. SOUFFLOT erbaut (beg. 1764); mit neuem Verständnis für die Antike verband dieser die barocke Kuppelkirche über kreuzförmigem Grundriß mit einem Säulenportikus und schuf damit das erste herausragende Werk des frz. Klassizismus (BILD).

Im 18. Jh. entstanden im Marais das Palais de Soubise (1705 beg., mit reicher Rokoko-Ausstattung; heute z. T. Histor. Mus.) und das Hôtel de Rohan, die heute beide das National-Archiv beherbergen. Der Baukomplex der École Militaire mit dem sich bis zur Seine erstreckenden Champ de Mars (Marsfeld) wurde 1751 bis 1782 angelegt. Neue Prachtstraße mit einheitl. Häuserfront mit Arkaden wurde die rechts der Seine parallel zu ihr verlaufende Rue de Rivoli (seit 1801, von C. PERCIER und P. F. L. FONTAINE). 1803 wurde im W der Stadt der Friedhof Père-Lachaise angelegt.

Die Bauformen der röm. Antike – Triumphbögen und Tempel – wurden von NAPOLEON I. bevorzugt. Zur Verherrlichung seiner Siege entstanden in den Tuilerien der Arc de Triomphe du Carrousel (1806, von Percier und Fontaine) und an der Place de l'Étoile der überdimensionale Arc de Triomphe (seit 1806, von J.-F. CHALGRIN). Zum Ruhm der Armee wurde die Kirche La Madeleine in Form eines korinth. Tempels umgebaut (ab 1807, von P. VIGNON); ihm entspricht in seiner Achse am linken Seine-Ufer der zwölfsäulige Portikus des Palais Bourbon (Sitz der Nationalversammlung; urspr. Bau 1722–28).

Das heutige Stadtbild geradliniger, von einheitl. Bebauung eingebundener Boulevards, die auf Plätze und monumentale Bauten zulaufen, schuf der Präfekt G. E. HAUSSMANN unter NAPOLEON III. Wichtigste Neuschöpfungen waren die nordsüdl. Verkehrsachse von der Gare de l'Est zum Observatoire und die ostwestl. Verbindung von der Place de la Bastille bis zu den Champs-Élysées. Neue Parkanlagen, nach engl. Vorbild, als öffentl. Erholungsraum (Bois de Boulogne, Parc de Vincennes, Parc des Buttes-Chaumont und Parc de Montsouris) sind das Werk von A. ALPHAND (um 1854).

Für eine großstädt. Bevölkerung, die als Folge der industriellen Revolution rapide anwuchs, entstanden unter Verwendung von Glas und Eisen neue Bautypen: Gare du Nord (1861, J. J. HITTORFF), Gare de l'Est

(1847, F. A. DUQUESNEY), die Halles Centrales (1852 bis 1859, V. BALTARD/F.-E. CALLET; 1969 abgebrochen), Grand Palais und Petit Palais der Weltausstellung 1900, die naturwissenschaftl. Museen im Jardin des Plantes (1833, 1886, 1896). Als Höhepunkte der Ingenieurkonstruktion gelten der frühe Pont des Arts (1803, L. A. DE CESSART/J. V. M. DE LACROIX DILLON) und die 300 m hohe Eisenkonstruktion des Eiffelturmes, Wahrzeichen der Weltausstellung 1889.

Die neuen Baustoffe veränderten selbst den Charakter der traditionellen Kirchen-, Theater- und Bibliotheksbauten. P., neben London führend, hat viele Beispiele dieses Neubeginns bewahrt; so die in historisierenden Mauerwerksbauten eingestellten, nur die Innenarchitektur bestimmenden Eisenkonstruktionen von St. Eugène (1854, L. A. LUSSON und L. A. BOILEAU), St. Augustin (1860, V. BALTARD), Notre-Dame-de-Travail (1899, J. ASTRUC) und als Gipfel der Entwicklung die Bibliothek Ste. Geneviève (1844), der Lesesaal der Bibliothèque Nationale (1868), beide von H. LABROUSTE. Auf eine prunkvolle Architektur, die durch ihre exponierte Lage im Stadtbild denkmalhaften Charakter erhält, ist hingegen die neubarocke Opéra von C. GARNIER konzipiert (eingeweiht 1875; Treppe und Vestibül nehmen fast die Hälfte des Bauvolumens ein); ähnliches gilt für die kuppelüberdeckte Basilika Sacré-Cœur auf dem Montmartre (von P. ABADIE, 1874 beg.), die romanisch-byzantin. Vorbildern folgt.

Nicht die stilistische, sondern die konstruktiv-funktionelle Entwicklung wurde jedoch zukunftweisend. Die von der Eisenkonstruktion geprägten Bautypen des 19. Jh. bezeugen dies ebenso wie die Eisenbetonbauten des 20. Jh. In A. DE BAUDOTS Kirche St. Jean-de-Montmartre (1894) fand die neue Eisenbetonbauweise erstmalig Anwendung und bestimmte die Architektur. Einen weiteren Schritt stellt das Betonskelett A. PERRETS für einen Wohnblock in der Rue Franklin (1903) dar. Es folgen die Bauten seines Schülers LE CORBUSIER (Asyl der Heilsarmee, 1931, Pavillon Suisse der Cité Universitaire, 1932). Weitere Beispiele für den progressiven Ingenieurbau sind P. L. NERVIS Faltwerk für den Konferenzbau der UNESCO (1958 mit M. BREUER und B.-L. ZEHRFUSS; ausgestaltet u.a. von P. PICASSO, H. MOORE, J. MIRÓ, A. CALDER) sowie die ein gleichseitiges Dreieck von 238 m Seitenlänge überspannende Schalenkonstruktion des Ausstellungspalastes C.N.I.T. (Centre National des Industries et des Techniques, 1956, von R. CAMELOT, J. DE MAILLY, B.-L. ZEHRFUSS, P. L. NERVI und J. PROUVÉ) im westlich von P. neuentstandenen Büro- und Verwaltungszentrum La Défense. Seit den 60er Jahren wurde das Gelände um die frühere Gare Montparnasse mit Hochhäusern bebaut. Das Kulturzentrum →Centre National d'Art et de Culture Georges Pompidou (›Centre Beaubourg‹) beschließt vorläufig die Reihe der von internat. Teams entworfenen avantgardist. Bauten; die vor die Fassade verlegten Stahlkonstruktionen, Rolltreppen, Aufzüge und Klimaschächte sollen den Innenraum von Einbauten freihalten und sind zugleich ein Versuch, das der modernen Architektur fehlende Ornament durch Darstellung der

Gebäudetechnik zu ersetzen. Auf einem Teil des ehem. Markthallengebiets entstand nach dessen Abriß (1969) ein tief in die Erde reichendes Einkaufs- und Kulturzentrum (›Forum des Halles‹). Auf dem Gelände der ehem. Schlachthöfe in la Vilette wurde 1986 die Cité des Sciences et de l'Industrie eröffnet.

MUSEEN

P. als eine der wichtigsten Kunstmetropolen besitzt eine Fülle von Museen, so v. a. den →Louvre mit seinen reichhaltigen Sammlungen. Im Hôtel de Cluny (erbaut auf freigelegten röm. Thermen des 2./3. Jh.) befindet sich ein Mus. mit Kunst des MA. (darunter die 6 Wandteppiche der ›Dame mit dem Einhorn‹, Anf. 16. Jh.; BILD Bildwirkerei). Das Palais de Chaillot (neoklassizist. Ausstellungsbau von 1937, auf dem rechten Seine-Ufer gegenüber von Eiffelturm und Champ de Mars) beherbergt das Mus. des Monuments Français (Skulpturen und Fresken von karoling. Zeit bis zur Renaissance) und das Mus. de l'Homme (Völkerkundemus.). Moderne und zeitgenöss. Kunst wird neben dem ›Centre Beaubourg‹ im Mus. d'Art Moderne de la Ville de P. ausgestellt. Im Petit Palais (1900 erbaut) befindet sich das Mus. des Beaux-Arts de la Ville de P. (u. a. Antikensamml., ma. Kunst, frz. Gemälde des 19. Jh.); das Mus. Jacquemart-André enthält eine reiche Samml. v. a. frz. und ital. Gemälde. Skulpturen, Kunsthandwerk versch. Epochen und Gemäldesamml. befinden sich in den Museen Carnavalet (Renaissance-Palast von 1544, von F. MANSART 1655 umgebaut), Cognacq-Jay, Marmottan (mit Impressionistensaal), Nissim de Camondo. Der Kunst Asiens sind die Museen Guimet, Cernuschi (v. a. chines. Kunst) und d'Ennery (u. a. japan. Netsuke-Samml.) gewidmet, der Kunst Afrikas und Ozeaniens das Mus. des Arts Africains et Océaniens. Mit Kunst und Leben einzelner Künstler befassen sich die Museen A. Rodin, A. Bourdelle, G. Moreau, E. Delacroix und P. Picasso. Ein Mus. des 19. Jh. wurde 1986 in der ehem. Gare d'Orsay (→Orsay) eröffnet.

A. BOINET: Les églises Parisiennes, 3 Bde. (Paris 1958–64); H. SPECKTER: P. Städtebau von der Renaissance bis zur Neuzeit (1964); G. PILLEMENT: P. disparu (Paris 1966); H. SAALMAN: Haussmann. P. transformed (New York 1971); M. FLEURY u. a.: P. (a. d. Frz., 1974); Reclams Kunstführer Frankreich, 1: P. u. Versailles (^{2}1979); B. CHAMPIGNEULLE: P. (a. d. Frz., 1980).

Paris, grch. Mythos: der schöne Sohn des trojan. Königs Priamos und der Hekuba, entschied einen durch Eris entfesselten Streit der Göttinnen Hera, Athene und Aphrodite um den Preis der Schönheit zugunsten der Aphrodite **(Parisurteil),** die ihm die schönste Frau, Helena, zur Ehe versprach. Er entführte Helena und löste dadurch den Trojan. Krieg aus. Nach späteren Versionen tötete P. den Achill durch einen Pfeilschuß und fiel selbst durch den Bogenschützen Philoktet. Die Darstellung der Entführung der Helena und (zunehmend) des P.-Urteils läßt sich in der bildenden Kunst der Antike seit dem 7. Jh. v. Chr. in großer Zahl nachweisen.

Pariser Blau, Maltechnik: →Preußisch Blau.

Pariser Rot, Maltechnik: →Eisenoxidfarben.

Peter Parler: Selbstporträt am Triforium des Prager St.-Veits-Doms; 1374–85

Parler: Konsolbüste einer jungen Frau; um 1390 (Köln, Schnütgenmuseum)

Parisrot, Maltechnik: ma. Bez. für Farblack aus Brasilholz.

Parkett [frz.], Schmuckfußboden aus hölzernen Stäben oder Tafeln, in Wohnbauten seit dem 16./17. Jh. gebräuchlich. In repräsentativen Räumen v.a. des Barock diente das mit Intarsien angereicherte P. zur Steigerung des Gesamteindrucks. In der Gartenkunst versteht man unter P. ebene Blumenbeete. Im Theaterbau heißen der Raum vor der Bühne und die ersten Sitzreihen Parkett.

Parkettieren, bei der →Restaurierung das rückseitige Versteifen gefährdeter Holztafelbilder, um sie daran zu hindern, sich zu wölben.

Parlatorium [lat.] *das,* im →Kloster der Raum, in dem die Mönche sich unterhalten dürfen (v.a. in Zisterzienserklöstern, so z.B. Maulbronn, 1493), auch das Sprechzimmer für Besucher.

Parler, weitverzweigte Baumeister- und Bildhauerfamilie des 14. Jh. Der Name entstand aus der urspr. Berufsbez. ›Parlier‹ (Stellvertreter eines got. Bauhüttenmeisters). Der Annahme, daß die P. aus Schwäbisch Gmünd stammten, steht die Tatsache gegenüber, daß Heinrich P. (*zw. 1300 und 1310), der älteste Träger des Namens, in Köln als Parlier am Dombau tätig war, bevor er 1351 als Meister den Bau des Hallenchors der Hl. Kreuzkirche in Schwäbisch Gmünd übernahm. Dieser Hallenchor gilt als eine der großartigsten Leistungen der dt. Sondergotik; seine Bauform wurde zum bestimmenden Vorbild für eine Reihe weiterer Bauten.

Hauptmeister der Familie ist Heinrichs Sohn Peter P. (*Schwäbisch Gmünd 1330 oder 1333, †Prag 13. 7. 1399). Er wurde 1353 (oder 1356) von Kaiser KARL IV. als Dombaumeister nach Prag berufen, vollendete hier den von MATHIAS VON ARRAS begonnenen Chor des St.-Veits-Doms (vor 1385) und baute andere Teile in Abänderung des urspr. Entwurfs (Südarm des Querschiffs mit Vorhalle, voll. 1367; Erdgeschoß des S-Turms und Langhaus, 1392). In Prag stammen von ihm auch der Chor der Allerheiligenkirche auf dem Hradschin und (1380–90), die Karlsbrücke mit dem Altstädter Brükkenturm, ferner in Kolin der Neubau der Stadtkirche (1360–78), in Kuttenberg der Chor von St. Barbara (beg. nach 1388). – In der Skulptur des 14. Jh. entstand aus seiner Bildhauerkunst ein eigener **P.-Stil,** der von Prag nach Österreich und Ungarn wie nach Süd- und Mittel-Dtl. wirkte. Peter P. schuf das (1377 vollendete) Grabmal Přemysl Ottokars I. und die Statue des Hl. Wenzel (1373) in der Wenzelskapelle, beide im Prager St.-Veits-Dom. 1374/85 entstanden von ihm und seinen Mitarbeitern die realistisch dargestellten Büsten über den Türen der Triforien im Prager St.-Veits-Dom, darunter auch sein Selbstporträt. Vom P.-Stil beeinflußt sind u.a. die Apostelfiguren (um 1380) in St. Lorenz und der Schöne Brunnen (1385–96) auf dem Marktplatz in Nürnberg. – Die Nachfolge Peter P.s traten seine Söhne Johann IV., Wenzel, Paul und Janco an.

Heinrich II. d. Ä. von Ulm gilt als Stammvater des süddt. Zweiges, dessen Mitgl. nicht den Familiennamen P. führen, sondern jeweils nach ihrem Herkunftsort benannt sind. In Heinrich II. d. Ä. vermutet man den Baumeister des 1377 begonnenen Chors des Münsters in Ulm, wo er mit Michael II. und Heinrich III. bis um 1383 leitend tätig war. Zum süddt. Zweig gehört auch Michael III. (*Freiburg i. Br. nach 1354), der am 18. 6. 1383 in Straßburg angestellt wurde und hier am Münster das Zwischengeschoß der Westfassade erbaute.

Die P. und der schöne Stil 1350–1400..., hg. v. A. LEGNER, Ausst.-Kat., Köln, 3 Bde. (1978).

Parma, ital. Stadt und Bischofssitz in der Po-Ebene am N-Rand des Apennin, 178000 Ew. P., von der röm. Via Aemilia (heute Via Emilia) durchquert, entwickelte sich rechts des Flüßchens Parma auf dem Grundriß der röm. Stadt; die jüngeren Stadtteile am linken Ufer wurden im 12. Jh. in die ringförmige Ummauerung einbezogen. Unter der Herrschaft der FARNESE (1545–1731) erlebte P. eine kulturelle und künstler. Blüte.

Das ma. Stadtzentrum bildet der Domplatz mit Bischöfl. Palast (1. H. 13. Jh.) und Dom, einem der bedeutendsten roman. Bauten Italiens. Die monumentale dreischiffige Basilika (1046 beg., 1117 von Erdbeben beschädigt, anschließend wiedererrichtet als roman. Pfeilerbasilika) mit freistehendem Campanile (1284 bis 1294) birgt eine reiche Innenausstattung (im rechten Querschiff Relief der Kreuzabnahme von B. ANTELAMI, BILD, 1178; vom gleichen Künstler die Bischofskathedra in rotem Marmor, um 1180; Chorkuppelfresken von CORREGGIO, 1526–30); neben dem Dom das achteckige Baptisterium mit Loggien in 5 Geschossen (1196 beg.; Bau und Skulpturen innen und außen von Antelami, u. a. die Reliefdarstellungen der 12 Monate). Wichtigste Bauten des 16. Jh. sind S. Giovanni Evangelista (1498–1510, Barockfassade 1607; im Querschiff Skulpturen von A. BEGARELLI, um 1540; Kuppelfresken von Correggio u. a.; in den Klosteranlagen histor. Apotheke, spätes 16. Jh., und Bibliothek mit Deckengrotesken, 1575) und Madonna della Steccata (1521–39, Chorerweiterung 18. Jh.; Deckenfresko im Chor von PARMIGIANINO). Der Palazzo della Pilotta (seit 1583 für die Farnese erbaut) enthält die Gal. Nazionale (u. a. Samml. von HW Correggios), das Mus. Nazionale d'Antichità (Antikensamml.), die Biblioteca Palatina (1769 gegr., mit klassizist. Sälen) und das Teatro Farnese (1618/19, für rd. 4500 Zuschauer; über den Seitenportalen 2 Reiterstatuen der Farnese aus Stuck); klassizist. Teatro Regio (1821–29).

Parmigianino [-dʒan'i:no], eigtl. Francesco **Mazzọla,** ital. Maler und Radierer, *Parma 11. 1. 1503, †Casalmaggiore 28. 8. 1540, tätig in Parma, Rom (1523 bis 1527), Bologna (1527–31), zuletzt wieder in Parma (Fresken in der Kirche Madonna della Steccata); von CORREGGIO beeinflußt, bildete sich an Werken der Schule RAFFAELS weiter und gelangte zu einer eigenen, spannungserfüllten Vortragsweise, welche v. a. für die manierist. Malerei Mittel- und Oberitaliens stilbildende Bedeutung erlangte. Langgestreckte Gestalten und meist kühle, gebrochene Farben kennzeichnen seine Bilder, die von raffinierter Eleganz sind. (BILD S. 253)

HW: Vision des Hl. Hieronymus (London, Nat. Gal.); Madonna

Parler: Gedächtnisstein mit dem Steinmetzzeichen im Ulmer Münster

Parmigianino: Selbstporträt im Spiegel, auf einer konvexen Holzscheibe; um 1522 (Wien, Kunsthistor. Museum)

mit der Rose (Dresden, Gemäldegal.); Madonna dal collo lungo (›mit dem langen Hals‹, 1534–40; Florenz, Uffizien, BILD Manierismus); Amor als Bogenschütze (Wien, Kunsthistor. Mus.); Madonna mit dem Hl. Stephan und Johannes dem Täufer (Dresden, Gemäldegal.). – Porträts: Selbstporträt im Spiegel, auf einer konvexen Holzscheibe (um 1522; Wien, Kunsthistor. Mus.); Sanvitale (1524; Neapel, Gal. Nazionale di Capodimonte); Antea (ebd.); Bärtiger Mann (Florenz, Uffizien). – Radierungen: Grablegung, Anbetung der Hirten u. a.

Paros, Insel der Kykladen, Griechenland, 6800 Ew.; in der Hauptstadt P. die urspr. aus justinian. Zeit stammende Kirche Hekatontapyliani; in der Nähe der Stadt die Brüche des schon im Altertum viel verwendeten **Parischen Marmors.**

Parr, Bahr, Pahr, Bavaro, Paar, Baumeisterfamilie des 16. Jh. aus Mailand, die über den Piastenhof in Brieg nach Schweden kam. – Jakob P. (†Brieg 15. 8. 1575) ist 1547–56 als Schloßbaumeister in Brieg nachweisbar; er errichtete 1570–72 das Rathaus ebd. Sein Sohn Johann Baptist erbaute 1563/68 die Schloßkirche in Schwerin und wurde 1572 von König JOHANN III. als Baumeister nach Schweden berufen. Sein Sohn Franziskus (*Haynau/Schlesien, †Stockholm 1580) erbaute 1558/65 im Stil der norddt. Renaissance das Schloß in Güstrow und übernahm 1572 als Baumeister König Johanns III. die Bauleitung des Schlosses in Uppsala, 1578 ebd. den Turmbau des Domes.

Parrhasios, Maler aus Ephesos, um 440–390 v. Chr. in Athen tätig; Naturtreue in der Wiedergabe, Feinheit der Umrißzeichnung und Ausgewogenheit des Stils sollen seine (nicht erh.) Bilder ausgezeichnet haben. Von seinen Werken werden in der literarischen Überlieferung v. a. die Personifikation des athenischen Demos (der Staatsbürgerschaft), ein Philoktet und ein Odysseus erwähnt.

Parrocel [-s'ɛl], frz. Malerfamilie. Joseph P., gen. **P. des Batailles** [-debat'aj], *Brignoles 3. 10. 1646, †Paris 1. 3. 1704, Schüler von J. COURTOIS in Italien, seit 1675 in Paris, war v. a. Schlachtenmaler, ebenso sein Sohn Charles (*Paris 6. 5. 1688, †ebd. 25. 5. 1752), der lebhafte Farben mit sicherer Zeichnung verband (Zeichnungen der königl. Feldzüge von 1744/45; Versailles, Mus., und Paris, Mus. Carnavalet).

Parshvanatha [Skt.], der 23. Tathagata der indischen Jaina-Religion, seit dem 2. Jh. in der Mathura-Kunst als menschl. Figur mit einer mehrköpfigen Schlangenhaube dargestellt.

Parsuna [entstellt aus lat. persona], russische Bezeichnung für Porträtdarstellungen in der Art russischer Ikonenmalerei des 16./17. Jh. Die P. ist in ihren stilistischen Merkmalen, der flächigen Malweise und Farbauftrag in Eitempera eng mit der Ikonenmalerei verwandt; um 1700 Übergang von der P. zur eigentlichen Porträtmalerei.

Parterre [frz.], **1)** Erdgeschoß eines Gebäudes; **2)** hinterer, ebener Teil des Zuschauerraums im Theater auf Bühnenhöhe; **3)** →Broderieparterre in der Gartenkunst des Barock.

Parthenon, grch. **Parthenon** *der,* ›Jungfrauengemach‹, danach benannt der Tempel der jungfräul. Athene auf der Akropolis von Athen. Der P. aus pentel. Marmor wurde 447–432 v. Chr. von PERIKLES durch IKTINOS und von KIMON durch KALLIKRATES unter Aufsicht des PHIDIAS auf den Fundamenten eines unvollendeten einfacheren Baus errichtet. Im 6. Jh. zur christl. Kirche, später zur Moschee umgewandelt, wurde der P. bei der venezian. Beschießung 1687 durch die Explosion hier aufbewahrter Pulvervorräte stark zerstört. Die Restaurierungsarbeiten begannen 1834.

Der P. ist ein dorischer Peripteros (67 m lang und 23,50 m breit) mit 8 Säulen zu 17 Säulen. Pronaon und Opisthodomos haben die ungewöhnl. Gestalt sechssäuliger Hallen vor kurzen Anten. Der Hauptraum, ein Hekatompedos, enthielt das Gold-Elfenbein-Bild der Athene Parthenos von Phidias.

Bes. reich war der Skulpturenschmuck des P. Dargestellt waren im Ostgiebel die Geburt der Athene, im Westgiebel der Streit zw. Athene und Poseidon um den

Parthenon, von NW, Athen; 447–432 v. Chr.

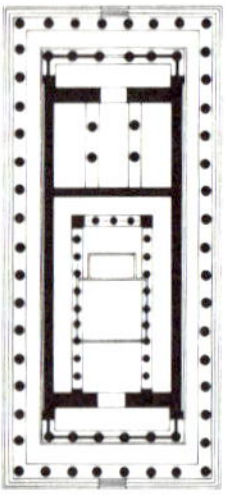

Parthenon
(Grundriß)

Besitz Attikas, auf den 92 Metopen der Außenseite Kämpfe der Götter und Giganten, der Athener mit den Amazonen, der Lapithen und Kentauren, der Kampf um Troja. An den Cella-Außenwänden war als ein dem dorischen Baustil urspr. fremdes Bauglied der 160 m lange und 1 m hohe Fries mit der Darstellung des Panathenäenzuges (Festung der Athener von der Agora zur Akropolis zum Hauptfest der Athene) angebracht. Durch die Schönheit seines Materials, die Harmonie des ganzen Baus, den Reichtum seines Skulpturenschmucks gehört der P. zu den vollendetsten Schöpfungen der antiken Kunst. – Der größere Teil des Skulpturenschmucks gelangte über Lord ELGIN 1816 in das Brit. Mus.

Die über die ganze Welt verstreute Bauplastik (Giebelfiguren, Metopen-, Friesreliefs) des P. ist heute in der Basler Skulpturenhalle in Kopien vollständig zusammengetragen und kann als Abguß im urspr. Zusammenhang besichtigt werden. Als Anhaltspunkte der Rekonstruktion dienen – neben der Aussage der Fragmente – die Standspuren am Giebelboden und v.a. die Zeichnungen von J. CARREY (1674), die den Zustand kurz vor der Explosionskatastrophe von 1687 festhalten.

R. CARPENTER: Die Erbauer des P. (1971); F. BROMMER: Die P.-Skulpturen ([2]1982).

parthische Kunst:
Gewandschnalle aus den Fürstengräbern von Armazi, Georgien (Tiflis, Museum)

parthische Kunst, die iran. Kunst z. Z. der Parther-Dynastie (247 v.Chr.–224 n.Chr.), die sich im W bis zum Irak, im NW bis Aserbaidschan und im NO bis Turkmenistan erstreckte. Neuere Ausgrabungen lassen erst langsam die ganze Bedeutung der p. K. bekannt werden. In der Architektur geht die Entwicklung vom antiken Stützenbau (Säulenbauten in Persepolis) zur Massenbauweise mit Lehmziegeln oder Schalenmauerwerk und zur Monumentalisierung der Wölbetechnik: Hallen wurden mit Tonnengewölbe geschlossen oder mit Kuppeln über dem Quadrat. Der Iwan, die zum Hof geöffnete, auf der Rückseite geschlossene tonnengewölbte Halle, erstmals in parth. Palastanlagen (Nisa, Damgan, Assur, Uruk, Hatra) gebaut, wurde später von der islam. Kunst im Moscheebau übernommen. Stadtanlagen wurden rund oder polygonal gebaut (Ktesiphon, Merw, Hatra).

Plastik und Malerei lösten sich seit dem 1. Jh. v. Chr. von ihren iran. und hellenist. Vorbildern durch Bevorzugung der Frontalansicht; für die Wiedergabe der Bewegung wurde dabei der ›Spreizgang‹ angewendet (Wandmalerei in Dura Europos). Könige und Götter wurden als Reiter in der Steppentracht (Ärmelrock, lange Hose) der nordostiran. Stämme dargestellt. Jagdszenen und Reiterbilder sind neue Motive. Im Mithraskult gewann die Gottheit Wahran in Gestalt des Herakles große Bedeutung. Die Kleinkunst zeigt schöne Goldschmiedearbeiten: Trinkschalen, Gürtelbeschläge, Schmuck mit Zellenschmelz und Halbedelsteinen, aus Elfenbein geschnitzte Trinkhörner; erste Seidenstoffe mit Medaillondekor. Die Keramik ist häufig grün glasiert; Wanddekor aus Stuck wurde geometrisch oder vegetabilisch gestaltet.

R. GHIRSHMAN: Iran, 1: Parther und Sassaniden (a. d. Frz., 1962);

D. SCHLUMBERGER: Der hellenisierte Orient (1969); M. A. R. COLLEDGE: Parthian art (Salem, New Jersey, 1977).

Parusie [grch.], die Wiederkunft Christi zum →Jüngsten Gericht.

Parvati [Skt. ›Bergtochter‹], die ind. Göttin Uma, Durga oder Devi, Gattin des Shiva. Bildwerke der P. als Asketin zw. Feuern zeigen die Legende von der Gewinnung Shivas. In der Heiratsszene steht sie rechts von Shiva (Vaivahikamurti), als Gattin links. Ihr Attribut ist ein Spiegel (Darpana).

Paryankasana [Skt.], die ›europäische‹ Sitzweise ind. Götterfiguren (v.a. Maitreya) auf einem Thron, wobei beide Beine herabhängen (BILD Asana).

Pasadena [pæsəd'i:nə], Stadt in Kalifornien, USA, Wohnvorort von Los Angeles, 119400 Ew., mit Beispielen frühkaliforn. Architektur, v.a. Bauten von C. und H. GREENE (u.a. Gamble House, 1908–1909, reiche Innenausstattung), F. L. ROEHRIG (u.a. Scoville House, 1909), G. L. STIMSON (u.a. Wrigley-Villa, 1911) und F. L. WRIGHT (u.a. Haus für Mrs. Millard ›La Mimiatura‹, 1923). Das Norton Simon Mus. of Art enthält u.a. frz. Gemälde des 17.–20. Jh. und Werke dt. Expressionisten, das P. Art Mus. Werke der modernen Kunst (u.a. von P. KLEE, W. KANDINSKY, P. PICASSO, K. SCHWITTERS und M. DUCHAMP), die Huntington Library and Art Gallery u.a. wertvolle Hss. und Bücher, engl. Malerei des 18. Jh.

Pasardschik, Pazardžik, Stadt an der Maritza in Bulgarien, 67900 Ew. Die orth. Marienkirche (1837) besitzt eine reich geschnitzte Ikonostase. In der Nähe archäolog. Funde aus dem 2. Jahrtsd. v. Chr. Ethnograph. und histor. Mus.

Pasargadae, Pasargadai, Ruinenstätte der Residenz des Achaimenidenkönigs KYROS II. (559–529 v. Chr.) und wohl auch seiner Vorgänger in S-Iran (KARTE Alter Orient). In einer weiten Hochebene (1900 m ü. M.) lagen verstreut 3 Palastanlagen, eine Zitadelle, 2 Grabbauten und ein hl. Bezirk mit Feuertempel und -altären. Die beiden großen Paläste (Audienz- und Königspalast) waren monumentale rechteckige Bauten mit langen, von doppelten Säulenreihen getragene Vorhallen und großer Haupthalle mit hohen, sich nach oben verjüngenden Säulen. In wirkungsvoller Weise wurde schwarzer und weißer Kalkstein am Bau verwendet (Vorbild in Urartu). Die Säulen hatten ionisch beeinflußte Basen (auf mehrstufiger quadrat. Plinthe lag ein quer kannelierter Torus), der Säulenschaft war unkanneliert, und die Kapitelle hatten vermutlich die für die achaimenid. Baukunst charakterist. Form von Tierprotomen. Am W-Portal des Königspalastes ist der Teil einer Relieffigur Kyros' II. in pers. Faltengewand, an den Portalen des Audienzpalastes sind assyrisch beeinflußte Flachreliefs mit Fabelwesen erh. Ein großes Relief am N-Tor des Bezirkes stellt einen vierflügeligen Genius mit ägypt. Krone dar. Als Grab Kyros' II. wird neuerdings ein quadrat. Grabturm (Zendan-e Suleiman) auf dreistufigem Sockel nördlich des Königspalastes angesehen. Das bisher als Kyros-Grab bekannte Giebeldachhaus auf mehrstufigem Unterbau scheint ein Vorgänger des Königs angelegt zu haben.

D. STRONACH: P. A report of excavations (Oxford 1979).

Pascali, Pino, ital. Bildhauer, Maler, *Bari 19. 10. 1935, †Rom 11. 9. 1968. Seine Assemblagen, ›fingierten‹ Skulpturen (›Il mare‹, 1967) und aggressiv-krit. Environments stellen eine eigenständige Parallele zur Pop Art dar.

Pasch, weitverzweigte Künstlerfamilie aus Lübeck, seit Ende des 17. Jh. in Schweden ansässig, die hier während dreier Generationen v. a. Porträts für den Hof und das Bürgertum malte. Lorens d. J. (*Stockholm 6. 6. 1733, †ebd. 29. 4. 1805) war mit P. KRAFFT D. Ä. der bedeutendste Porträtmaler seiner Zeit und studierte bei C. G. PILO in Kopenhagen und bei F. BOUCHER und A. ROSLIN in Paris, seit 1773 Prof. an der Stockholmer Akad., seit 1793 deren Direktor.

Pascin [pas'ɛ̃], Jules, eigtl. Julius **Pincas,** frz. Maler bulgar. Herkunft, *Widin (Bulgarien) 31. 3. 1885, †(Selbstmord) Paris 2. 6. 1930, kam 1905 nach Paris, wo er, unterbrochen von einem USA-Aufenthalt (1914 bis 1920), meistens lebte. Er widmete sich in seinen Zeichnungen, Aquarellen und Pastellen v. a. der Darstellung des weibl. Aktes. Charakteristisch sind zarte zeichner. Linienführung und pastellartiger Farbauftrag (häufig in gemischten Grautönen) sowie Fin-de-Siècle-Stimmung.

Pasewalk, Stadt im Bez. Neubrandenburg, an der Uecker, Dt. Dem. Rep., 15 100 Ew., schachbrettartige Stadtanlage; got. Marienkirche (14. Jh.) mit nördlich angebauter achteckiger spätgot. Kapelle (15. Jh.); Nikolaikirche (13. Jh., Anf. 16. Jh. umgebaut); spätgot. Hospital St. Spiritus (Anf. 16. Jh.). Von der Stadtbefestigung Prenzlauer und Mühlentor (um 1450), Turm ›Kiek in de Mark‹ (1445) und Pulverturm (15. Jh.) erh.

Pashupatinath, shivaitischer Kultbezirk bei Deopatan im Katmandu-Tal, Nepal, dessen Bedeutung als zentrales Staatsheiligtum bis in die Mitte des 1. Jahrtsd. zurückreicht, wie zahlreiche Steinskulpturen der Licchavi-Periode belegen. Der Haupttempel mit zweigeschossigem Pyramidendach (1696 erneuert) enthält ein Linga als Kultfigur. Weitere Tempelgruppen schließen sich entlang dem Ufer des Bagmati-Flusses mit Badeanlagen und Leichenverbrennungsplätzen an.

Pasiteles, vorwiegend in Rom arbeitender großgrch. Bildhauer, Toreut und Kunstschriftsteller des 1. Jh. v. Chr. Seine verlorenen 5 Bücher über ›Berühmte Kunstwerke in aller Welt‹ benutzte PLINIUS D. Ä. als kunstgeschichtl. Quelle. Werke des P. sind nicht erh., doch schließt man aus Werken seines Schülers STEPHANOS und dessen Schüler MENELAOS, daß P. der Begründer einer nach klass. grch. und hellenist. Vorbildern eklektisch arbeitenden Kunstschule der späten Republik und der frühen Kaiserzeit war.

Pasmore [p'ɑːsmɔː], Victor, engl. Maler, *Chelsham (Surrey) 3. 12. 1908, Autodidakt, ging 1948 nach impressionistisch beeinflußten Landschaftsbildern zu abstrakten Collagen, Reliefs und Bildern aus Holz und Kunststoff über und entwickelte, beeinflußt von P. MONDRIAN, einen eigenen Stil zw. Konstruktion und organisch fließenden Formen, der sich zu einer Spielart des Konstruktivismus abklärte.

Pasos, Passionsgruppen aus lebensgroßen polychromen Holzfiguren, in Spanien bei den Prozessionen der Karwoche mitgeführt (→Estofado-Skulptur).

Pasquino, Torso der röm. Kopie eines hellenist. Meisterwerks, das Menelaos mit der Leiche des Patroklos darstellt (seit 1791 vor dem Palazzo Braschi in Rom). Die Gruppe wurde in Rom volkstümlich nach einem Schneider P. genannt, der hier, wie auch Dichter (P. ARETINO), Professoren und Studenten, scharfe satir. Epigramme anzuheften pflegte.

Paß [aus frz.], Baukunst: Figur des →Maßwerks, aus Kreisbögen gleichen Durchmessers gebildet; nach deren Zahl unterscheidet man Dreipaß, Vierpaß usw.

Passage [pas'aːʒe, frz.] *die,* Durchgang, Durch-, Überfahrt. In der Großstadtarchitektur meist eine Ladenstraße, die durch einen Häuserkomplex führt. – Bereits im antiken Rom gab es oberhalb des Trajansforums P. in mehreren Etagen übereinander. Im MA. ging dieser Baugedanke verloren, bis sich LEONARDO DA VINCI wieder damit beschäftigte. Zu allg. Verbreitung gelangte die P. erst im 19. Jh. Städtebaulich bed. Passagen: P. Feydeau in Paris, 1791, 1824 abgebrannt; Burlington Arcade in London, 1818/19; Gal. Vittorio Emanuele II. in Mailand, 1867–77; Kaisergal. in Berlin, Friedrichstraße, 1871/73, 1944 zerstört.

J. F. GEIST: P. Ein Bautyp des 19. Jh. (1979).

Passariano, Ortsteil der ital. Stadt →Codroipo mit der Villa Manin.

Passau, Stadt in Niederbayern, 50400 Ew., am Zusammenfluß von Donau, Inn und Ilz, an der Stelle des kelt. **Boiodurum** und des röm. **Batavis;** kath. Bischofssitz (Bistum 739 gegr.). Das italienisch anmutende Stadtbild wird (nach Brand 1662) wesentlich vom Barock geprägt. Beherrschend im Ortsbild ist der Dom St. Stephan: hervorragend gestalteter spätgot. Chor (1407 beg.); das basilikale Schiff (1668–78 von C. LURAGO) bietet einen überwältigenden Raumeindruck; die Stukkaturen 1678–86 und 20 Seitenaltäre 1684–94 von G. B. CARLONE und P. D'AGLIO, Fresken von den Mailänder Malern C. TENCALLA und C. A. BUSSI; Kanzel 1722–26. Die Doppelturmfront erinnert an die Salzburger Domfassade. Hinter dem Dom die Alte (1662–80) und Neue Bischofsresidenz (1771 voll., festl. Treppenhaus mit elegantem Rokokostuck). Ma. Kirchen: St. Severin (im 5. Jh. gegr., karoling. flachgedecktes Langhaus 9. Jh., spätgot. Chor 1476), St. Salvator (1479, zentralbauartige, sterngewölbte Halle; heute Konzertsaal) und die doppeltürmige Heiligkreuzkirche der ehem. Benediktinerinnen-Reichsabtei Niedernburg (um 750 gegr.), eine schlichte, barock überarbeitete otton. Pfeilerbasilika (um 1010) mit spätgot. O-Chor von 1467. Barockkirchen sind St. Paul (1678, Hochaltar 1700), die ehem. Augustinerchorherren-Stiftskirche St. Nikola (1070 gegr., die got. Hallenkirche von 1348 wurde ab 1712 nach Plänen von J. M. PRUNNER aus Linz barockisiert), in den ab 1680 von C. A. CARLONE errichteten Abteigebäuden ein 1730/40 von F. J. I. HOLZINGER reich stukkiertes Refektorium und die prächtige Jesuitenkirche (1665 beg., Barockstuck 1675–77 von G. B. Carlone) mit Doppelturmfassade und schwarz-gold gefaßter Einrichtung; im ehem. Jesuitenkolleg von 1613 bemerkenswerter Bibliothekssaal. Der Kern des Rathauses ist spätgotisch (1393–1405, Erneuerung 1662 ff.), der markante neugot. Turm entstand 1889–91. Fürstbischöfl. Opernhaus (1784) im Louis-seize-Stil. Die Stadt wird bekrönt von der frühbarocken Wallfahrtskirche Mariahilf (1624–27) mit den originellen Zwiebelhauben und von der Burgfeste Oberhaus (1219 beg., im 16./17. Jh. ausgebaut), die durch einen Wehrgang mit der Feste Niederhaus (14./15. Jh.) verbunden ist. Oberhaus-Mus. (Bischöfl. Diözesan-Samml., Lapidarium u. a.). Das fürstbischöfl. Sommerschloß **Freudenhain** (1785 bis 1792) zählt zu den HW des frühklassizist. Schloßbaus in S-Dtl.

Die Kunstdenkmäler von Bayern, 3: Stadt P., bearb. v. F. MADER (^{2}1981).

Passavant [-v'ã], Johann David, Kunsthistoriker, Maler, *Frankfurt a. M. 18. 9. 1787, †ebd. 12. 8. 1861, schloß sich nach Studien in Paris (J. L. DAVID u. a.) in Rom (1817–24) den Lukasbrüdern (→Nazarener) an und malte in ihrem Stil Historienbilder und Porträts. 1840 wurde P. in Frankfurt a. M. Inspektor des Städelschen Instituts.

Passe, Crispyn de, d. Ä., niederländ. Kupferstecher, *Arnemuiden (Seeland) 1564, begraben Utrecht 6. 3. 1637, war u. a. in Antwerpen und Köln tätig, einer der fruchtbarsten Graphiker seiner Zeit. Unter seinen 3 Söhnen, die gleichfalls Stecher waren, ragt Crispyn d. J. (*Köln 1597/98, †Amsterdam 6. 1. 1670) hervor.

Passepartout [paspart'u, frz. ›geht überall‹] *das* und *der*, aus Papier oder Karton geschnittene Umrahmung für eine Zeichnung, Graphik oder Aquarell. In Kupferstichkabinetten werden P. zur Aufbewahrung der Graphiken in Mappen benutzt. Das P. kann die Tiefenwirkung des Bildes steigern und farblich auf dessen Hauptfarben abgestimmt sein.

Passer, Passernadel, Hilfsmittel des Druckers, um beim Farbstich versch. Farbplatten paßgenau übereinanderdrucken zu können. Zur Überprüfung der Paßgenauigkeit wird die Passernadel in die in den Plattenrand der versch. Druckformen eingestanzten Paßlöcher eingeführt. Teilweise werden diese Löcher (auch Kreuze) in Spuren mitgedruckt und bilden so ein Zeichen für die Originalität der Graphik.

Paßglas, hohes zylindr. Trinkglas (v. a. 16.–18. Jh.), auf dessen Außenwand dünne Glasfäden oder aufgemalte Ringe als Maßeinheit angebracht sind. Diese ›Pässe‹ geben die Menge an, die jeweils in einem Schluck getrunken werden mußte.

Passion [lat.], das Leiden und Sterben Jesu, in der

bildenden Kunst meist als Zyklus in mehreren Szenen dargestellt: Einzug in Jerusalem und →Abendmahl. Mit dem Gebet am →Ölberg beginnt die eigtl. P.; ihr folgen Gefangennahme, Geißelung, →Dornenkrönung, →Ecce homo, Kreuztragung, →Kreuzigung, →Kreuzabnahme Christi, →Beweinung Christi, →Grablegung Christi, →Auferstehung Christi, →Himmelfahrt Christi. Zuweilen werden noch weitere Szenen hinzugefügt. – Der erste monumentale P.-Zyklus findet sich auf den Reliefs der Holztür von S. Sabina in Rom (um 431), dann auf den Mosaiken von S. Apollinare Nuovo in Ravenna (Südwand, 6. Jh.). Aus früherer Zeit sind Zeugnisse der Kleinkunst (Lipsanothek von Brescia, 4. Jh.). P.-Zyklen finden sich ferner in der Buchmalerei, auf dem Antependium der Pfalzkapelle in Aachen (um 1010), seit dem 12. Jh. auf den Kapitellen von Kreuzgängen (Moissac u. a.), v. a. auf den Ciboriumsäulen in Venedig, S. Marco (um 1250), bes. auch auf den Fresken Giottos in Padua, Arenakapelle (1305/06). Ausgewählte Szenen zeigen die Altartafeln des Spät-MA. (Kaisheimer Altar von H. HOLBEIN D. Ä., 1502, u. a.). A. DÜRER übertrug den P.-Zyklus in seine Holzschnittfolgen (›Große P.‹, ›Kleine P.‹); weitere Zyklen bei REMBRANDT (1633–39) und A. R. MENGS (1765–68).

W. FRIES: P. (1976); HELGA MÖBIUS: P. und Auferstehung in der Kunst des MA. (1979).

Passionssäule, →Martersäule.

Passionswerkzeuge, →Arma Christi.

Pastell [ital. pastello ›Farbstift‹] *das,* mit Pastellfarben auf Papier, Pappe oder Pergament gemaltes Bild. **Pastellfarben, Pastellstifte** werden aus einer Paste aus Farbpulver mit geringen Beimengungen wasserlösl. Bindemittel hergestellt, in Stiftform gepreßt und getrocknet. Bedingte Wischfestigkeit auf dem Papier erlangen P.-Farben erst durch Besprühen mit Fixativ.

Die **Pastellmalerei** ist eine Trockenmalerei. Die P.-Stifte gestatten wegen ihrer Weichheit das Übereinanderlegen mehrerer Farbschichten. Die Farbe, die nur leicht auf der Malfläche haftet, kann mit dem Finger oder einem Wischer zu feinsten Übergängen vertrieben (→Vertreiben) werden. Die Farben sind von hoher Leuchtkraft und verändern sich nicht bei Verwendung lichtechter Pigmente.

Das früheste Beispiel einer P.-Zeichnung ist eine J. FOUQUET zugeschriebene Porträtstudie. Anfang des 16. Jh. entstanden P.-Zeichnungen bes. im Schülerkreis von LEONARDO DA VINCI (G. A. BOLTRAFFIO, B. LUINI). In Dtl. verwendeten die HOLBEINS, CRANACHS, BEHAMS, G. PENCZ, N. MANUEL für ihre Zeichnungen zuweilen farbige Kreiden, in den Niederlanden bes. H. GOLTZIUS. Im 17. Jh. haben v. a. die Maler von Bologna (L. CARRACCI, G. RENI, DOMENICHINO) P.-Zeichnungen geschaffen. In Frankreich entstand um 1620 eine Schule, deren Führer D. und P. DUMONSTIER und N. LAGNEAU waren; R. NANTEUIL bildete ihr Verfahren aus, J. VIVIEN vervollkommnete es um 1700 zu einer wirkl. P.-Malerei. Im 17. Jh. haben bes. M. ROOS, in den Niederlanden W. VAILLANT mit P.-Stiften gearbeitet. Im Rokoko, dessen

Pastell: Edgar Degas, ›Sich kämmende Frau‹; um 1895 (London, Reid and Lefevre)

Geschmack die leuchtend hellen, ungesättigten P.-Farben entsprachen, erfuhr die P.-Malerei ihre volle Ausbildung durch die Venezianerin ROSALBA CARRIERA, die 1720/21 in Paris war und bed. Nachfolger in Q. DE LA TOUR, J.-B. PERRONEAU und J.-É. LIOTARD fand. Als P.-Zeichner ragen F. BOUCHER und J.-B. S. CHARDIN hervor. Der Hauptmeister der dt. P.-Malerei des 18. Jh. war A. R. MENGS. Hervorragende Werke der P.-Malerei und -Zeichnung schufen erst wieder F. v. LENBACH, É. MANET, E. DEGAS und M. LIEBERMANN.

Pasternak, Leonid Ossipowitsch, russ. Maler, Graphiker, *Odessa 4. 4. 1862, †Oxford 16. 7. 1945, Vater des russ. Schriftst. Boris P., war seit 1893 Prof. an der Moskauer Kunstschule. Er schuf zahlreiche Porträts bed. Zeitgenossen, ferner Illustrationen (bes. zu Werken von L. TOLSTOJ). Als Emigrant (seit 1921) war er zunächst einige Jahre in Berlin, dann in England tätig.

Pasti, Matteo de', ital. Medailleur, *Verona um 1420, †Rimini nach dem 15. 5. 1467, bedeutendster Medailleur in der Nachfolge PISANELLOS, auch als Miniaturmaler tätig; leitete den Bau des von L. B. ALBERTI entworfenen Tempio Malatestiano in Rimini.

Pasticcio [past'ittʃo, ital. ›Pastete‹, ›Mischmasch‹] *das,* im 17. Jh. aufgekommene Bez. für ein Bild oder Bildwerk, in dem die Manier oder einzelne Motive anderer Künstler, oft in betrüger. Absicht, nachgeahmt sind.

Pastiglia [past'i:ʎa, ital.], Maltechnik: in Grundiermasse aufgetragene und nachgravierte oder als geknetete oder modellierte Masse angetragene Ornamente; virtuos gehandhabte Schmucktechnik got. Malerei und Fassung.

Pastophori|en [grch.] *Mz.,* in der Antike Diensträume der Pastophoren, einer niederen Priesterschaft;

seit der mittelbyzantin. Zeit die zu beiden Seiten der Apsis gelegenen Räume: **Diakonikon** (Aufenthaltsraum der Diakone) und **Prothesis** (Raum zur Vorbereitung der Eucharistie). Die Apsis oder Sanktuarium flankierenden Nebenräume der frühchristl. Kirchen werden oft P. genannt, ohne daß die genannten Funktionen dafür belegt wären.

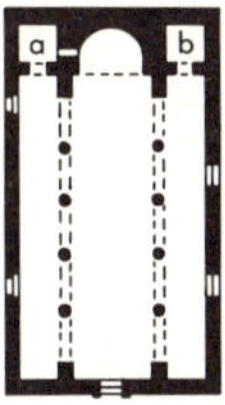

Pastophorien: a Prothesis, b Diakonikon

pastos [ital. ›teigig‹], Maltechnik: reliefartig dicker Farbauftrag (→Impasto).

Pastrana, span. Städtchen rd. 35 km südwestlich von Guadalajara; in der Stiftskirche (15./16. Jh.) ein Retabel von J. DE BORGOÑA (16. Jh.) und Samml. von Bildteppichen mit Themen aus der portug. Geschichte (wohl von N. GONÇALVES entworfen, Anf. 15. Jh.).

Pasyryk, Pazyryk [-z-], in das Tal des Ulagan mündendes Trockental im östl. Altai. Hier wurden 5 größere und 9 kleinere Kurgane ausgegraben, in denen einbalsamierte Tote, Nomadenhäuptlinge des 5. bis 3. Jh. v. Chr., in ihren Festgewändern, mit kostbarem Hausrat, Reit- und Zugpferden bestattet wurden (Sättel und Zaumzeug reich ornamentiert). In einem fast vollständig erh. Knüpfteppich mit schachbrettähnl. Innenfeld und umlaufenden Borten mit Greifen, Elchen, Lotosblüten, Reitern zeigt v. a. der Reiterfries Einflüsse der iran. Kunst. Unter den Funden (Leningrad, Eremitage) waren auch Gegenstände aus China und Persien.

Pataliputra, alte Stadt in Indien, →Patna.

Patan, auch **Lalitpur,** ehem. Hauptstadt des (Teil-)Königreiches der Malla-Dynastie im Katmandu-Tal, Nepal. Im 17. Jh. entstanden der zentrale Königspalast und der Degutale-Tempel mit dreigeschossigem Pyramidendach auf hohem Unterbau sowie weitere Tempel, v. a. entlang der nordsüdl. Hauptstraße. Die alte kreuzförmige Stadtanlage wird durch 4 buddhist. Stupas, die von der Legende mit Kaiser Ashoka in Verbindung gebracht werden, an den Stadträndern betont.

Pa-ta-shan-jen, chines. Maler, *Nanch'ang (Prov. Kiangsi) 1625, †(angeblich geisteskrank) 1705, Angehöriger einer Seitenlinie der Ming-Dynastie, zog sich

Pasyryk: Detail des Teppichs von P. (Leningrad, Eremitage)

nach deren Sturz ins Mönchsdasein zurück. Seine Kalligraphien und Gemälde zeigen einen exzentr. Stil; Vögel und Pflanzen sind spontan in wenigen Zügen und durch nasse Pinselkleckse modelliert, hinter den grotesk übersteigerten, menschlich wirkenden Tiergestalten verbirgt sich die zynische Kritik an der mandschur. Fremdherrschaft. P. gehört zu der Malergruppe der ›Individualisten‹ (→Shih-t'ao, →Shih-ch'i); übt seit Beginn des 20. Jh. einen starken Einfluß auf die Malerei aus.

Pâte de verre [pat dəv'ɛr, frz.], →Glaspaste.

Pâte dure [patd 'yr], frz. Bez. für Hartporzellan.

Patẹne [grch. ›flache Schale‹] *die,* ein liturg. Gefäß zur Aufnahme des Brotes bei der Abendmahls- oder Eucharistiefeier. (→liturgische Geräte)

Patenịr, Joachim, niederländ. Maler, →Patinir 2).

Pater [pat'ɛ:r], Jean-Baptiste, frz. Maler, *Valenciennes 29. 12. 1695, †Paris 25. 7. 1736, malte in der Art seines Vorbildes A. WATTEAU, dessen wichtigster Nachfolger er ist, galante Liebesszenen, ländl. Feste, Themen des Theaters; zeichnete auch Illustrationen.

Pạtera [lat.] *die,* in der röm. Antike eine flache, runde Schale aus Ton oder Metall zum Trinken oder zur Spende an die Götter.

Pâte sur Pâte [patsyrp'a:t, frz. ›Masse auf Masse‹], Porzellan- und Steingutverzierung durch weiße, dünne Reliefs aus gleicher Masse, die, auf den farbigen Untergrund aufgelegt, den Grund z. T. durchscheinen lassen; nach chines. Vorbildern in der 2. H. des 19. Jh. in den Manufakturen von Wedgwood, Sèvres, Berlin und Meißen verwendet.

Pâte tendre [patt'ãdr], frz. Bez. für Weichporzellan.

Pạtina [ital.] *die,* durch Einwirkung von Chemikalien oder der Atmosphäre entstehende Schicht auf Metallen, bes. die helle, graugrüne, seidigglänzende Schicht auf Kupfer und seinen Legierungen. **Natürliche P.** besteht aus basischem Kupfercarbonat oder -sulfat; **künstliche P.** wird mit Ammoniumsalzen, Essigsäure, feuchtem Kohlendioxid oder Pflanzensäften erzeugt (häufig bei Kopien oder Fälschungen von Kunstwerken). Bei **imitierter P.** wird eine Grünfärbung durch Auftragen lösl. Kupfersalze hervorgebracht. Die Untersuchung der P. kann Aufschluß über Alter und Echtheit antiker Bronzen geben.

Patinieren, mit künstl. →Patina versehen. Beim Restaurieren von alten Kunstwerken, bes. von Gemälden, vorwiegend aber von Skulpturen und Altären, wie auch von ergänzten Architekturteilen, ist P. ein umstrittenes Verfahren, weil damit oft in fälschender Weise ein höheres Alter vorgetäuscht werden soll. Über berechtigte Ausnahmefälle entscheidet der Denkmalpfleger oder Museumsfachmann.

Patinịr, Patinier, Patenịr, Patenier, 1) niederländ. Maler, →Bles, Herri met de.

2) Joachim, niederländ. Maler, *Dinant oder Bouvignes bei Dinant um 1485, †Antwerpen vor dem 5. 10.

1524, seit 1515 Meister ebd., malte als einer der ersten ideale Landschaften mit kleinen, meist bibl. Figuren. Auf seinen Gemälden werden phantast. Felsen und Wälder, Städte und Flußläufe unter einem hohen Horizont zu einer Landschaft zusammengefaßt, die sich bräunlich, grünlich, dann bläulich in die Ferne erstreckt. P. malte häufig mit Q. MASSYS.

HW: Taufe Christi (Wien, Kunsthistor. Mus.); Ruhe auf der Flucht (Berlin-West, Staatl. Museen und Madrid, Prado); Hl. Christophorus (El Escorial).

R. A. KOCH: J. P. (Princeton, New Jersey, 1968).

Patio [span.] *der,* Innenhof des span. Wohnhauses (bes. im Süden des Landes), zu dem sich die Wohnräume hin öffnen, häufig mit Boden- und Wandfliesen (Azulejos), Springbrunnen und Bepflanzung ausgestattet. Der P. ist ein Überrest maur. Baugewohnheiten und fand vom Mittelmeergebiet Verbreitung bis nach Lateinamerika; auch in der modernen Architektur. (BILD Lima)

Patmos, grch. Insel des Dodekanes, 2400 Ew. Das Kloster des Hl. Johannes (gegr. 1088) ist als Burg (Mauern 15. Jh., Zinnen 17. Jh.) Mittelpunkt für den Hauptort P. und war es bis in türk. Zeit (seit 1537) für einen Mönchsstaat. Die reiche Bibl. enthält bed. Hss. Als überlieferter Aufenthaltsort des Evangelisten Johannes wird die Insel auch in diesem Zusammenhang zum Motiv der bildenden Kunst.

Patna, Hauptstadt des Bundesstaates Bihar, NO-Indien, 773 700 Ew.; als **Pataliputra** im Altertum eine der berühmtesten Städte (Bericht des Megasthenes, um 300 v. Chr.). P. war Hauptstadt der Maurya- und Shunga-Dynastie in vorchristl. Jh. sowie Machtzentrum der Gupta-Dynastie vom 4.–6. Jh. Wegen moderner Überbauungen sind die antiken Anlagen nur in der Peripherie freigelegt, so die Reste hölzerner Palisaden und Fundamente einer Palastanlage in Kumrahar. Archäolog. Funde aus P. und Umgebung, steinerne Yakshafiguren, Terrakotten und bed. Bronzen im Mus. von P.

Patroklus, Stadtheiliger von Soest, angeblich 273 auf Befehl von Kaiser AURELIAN an der Rhône enthauptet; dargestellt als Märtyrer mit Palme (Relief und Wandgemälde des 12. Jh., Soest, St. Patrocli) und als Ritter in Rüstung, mit Schwert und Schild, zuweilen gekrönt, seit etwa 1300 auch als Sinnbild der Stadtfreiheit von Soest mit Adlerwappen.

Patron [lat.], ein Heiliger, dessen Schutz sich Einzelne, best. Kirchen, Städte und Länder, versch. Berufe u. a. anvertrauen **(Schutz-P.).** →Heiligenbild

Patronatsloge [-lo:ʒə], im evang. Kirchenbau, auch in Kirchen, die während oder nach der Reformation neu ausgestattet wurden, eine von der Gemeinde abgetrennte Loge, meist in der Nähe der Kanzel, für die Herrschaft, die das Kirchenpatronat ausübte.

Patschkau, poln. **Paczków** [p'atʃkuf], Stadt in der poln. Wwschaft Opole, 8100 Ew., Niederschlesien. Die Innenstadt ist umgeben von ma. Befestigungsanlagen mit Basteien, Türmen und spätgot. Toren (im 15./16. Jh. ausgebaut, später rekonstruiert). Die Pfarrkirche

Pattadakal: Virupaksha-Tempel

(got. Halle) ist eine ehem. Wehrkirche (1361–89, im 15. und 16. Jh. ausgebaut) mit Renaissance-Attika (wohl 17. Jh.). Das klassizist. Rathaus (1821/22) hat Renaissance-Turm (1522); am Markt Renaissance- und barokke Bürgerhäuser (16.–18. Jh.).

Pattadakal, Ort nahe Badami im Staat Karnataka, S-Indien, mit zahlreichen hinduist. Steintempeln der Chalukya-Dynastie. Gegen Ende des 7. Jh. entstand der Papanatha-Tempel im Nagara-Stil. Nach ihrem Sieg über die Pallavas ließen die Chalukyas um 740 Architekten und Bildhauer aus Kanchipuram den Virupaksha-Tempel und den Mallikarjuna-Tempel im Dravida-Stil errichten. Weitere Tempel beider Stilrichtungen schlossen sich an.

Pattensen, Stadt im Kr. Hannover, Ndsachs. Das königl. Schloß Marienburg südlich des Stadtteils Schulenburg ist das HW der neugot. Architektur Niedersachsens (1858–67) mit vollständig eingerichteten Wohnräumen (Mus.).

Pattern Painting [p'ætən p'eıntıŋ, von engl. pattern ›Muster‹], Richtung der zeitgenöss. Malerei mit Schwerpunkt um 1980 in den USA, die großformatig-dekorative Ornamente zu farbenfrohen Kompositionen von folklorist. Wirkung vereinigt; beeinflußt v. a. von H. MATISSE, vom Jugendstil und außereurop. Volkskunst (Asien, Südamerika). Das Spektrum umfaßt phantasievoll-bildhafte Performance-Umhänge (R. KUSHNER, TINA GIROUARD), plast. Dekorationen (NED SMYTH), subtil-textile Ornamentbilder (MIRIAM SHAPIRO, JOYCE KOZLOFF), jugendstilhafte Blumengärten (BRAD DAVIS) und japanisierende Triptychen (KIM MACCONNEL). Der Versuch, über den Oberbegriff ›Neue Wilde‹ eine Verbindung zum →Neoexpressionismus und zur Arte Cifra herzustellen, bleibt umstritten.

P. P., Ausst.-Kat., Mannheim (1980); Les Nouveaux Fauves, Ausst.-Kat., Aachen (1980).

Pau [po:], Hauptstadt der frz. Dép. Pyrénées Atlantiques, auf einem Plateau über dem Gave de P., 85900 Ew. Das Schloß (im 12. Jh. beg., im 14.–16. Jh. erweitert, im 19. Jh. restauriert) ist heute Nat.-Mus. mit königl. und kaiserl. Gemächern sowie reicher Samml. frz. und fläm. Wandteppiche. Im Mus. des Beaux-Arts Skulpturen und Gemäldesamml. (span., ital., fläm., frz. Malerei).

Paudiss, Pauditz, Christoph, Maler, *Hamburg (?) um 1625, †Freising 1666, Schüler REMBRANDTS in Amsterdam, arbeitete in Dresden, Wien und zuletzt in Freising als bischöfl. und herzogl. Hofmaler. Er malte in feinem, grau-braunem Ton mit eigentümlich gebrochener Beleuchtung im Sinne Rembrandts Porträts, Stilleben und große Altarbilder.

Paul, Bruno, Architekt, Maler, Kunsthandwerker, *Seifhennersdorf bei Zittau 19. 1. 1874, †Berlin (West) 17. 8. 1968, zunächst Zeichner bei den Ztschr. ›Simplicissimus‹ und ›Jugend‹, 1897 Mitbegr. der ›Vereinigten Werkstätten für Kunst und Handwerk‹. Zahlreiche Entwürfe für Möbel und Bau des Kathreiner Hochhauses (Berlin-West, 1927/28).

HW: Haus Feinhals, Köln (1908, begonnen von J. M. OLBRICH). – Asiat. Museum (seit 1914), Palais Mendelssohn-Bartholdy (1916), Kathreiner-Hochhaus (1927/28), alle in Berlin.

J. POPP: B. P. (1916); B. P. oder Die Wucht des Komischen, mit Einf. v. F. AHLERS-HESTERMANN (1960).

Paular, El P., ehem. Kartäuserkloster (1390 von HEINRICH III. gegr.) rd. 50 km nordöstlich von Madrid; in der Klosterkirche (1. H. 15. Jh.) spätgot. Marmorretabel (um 1450; wohl von Genueser Bildhauern) und barocke Tabernakelkapelle (1. H. 18. Jh.); Kreuzgang (15. Jh.).

Pauli, 1) Fritz Eduard, schweizer. Maler, Zeichner, Graphiker, *Bern 7. 5. 1891, †Cavigliano (Tessin) 10. 9. 1968, studierte bei A. WELTI und P. HALM in München, fand, von Symbolismus und Expressionismus ausgehend, seinen eigenen Stil. Bis 1926 widmete er sich v. a. der Graphik (v. a. große Radierungen). Wie in seinem späteren maler. Werk steht der bedrohte, verfolgte, nach Erlösung strebende Mensch im Mittelpunkt (Fresken im Antonierhaus, Bern, 1939–45; im Rathaus, ebd., 1953–56).

2) Georg, schwed. Maler, *Jönköping 2. 7. 1855, †Tullinge (bei Stockholm) 28. 11. 1935, studierte in Rom und Paris; in Frankreich von der Freilichtmalerei beeinflußt, ließ er sich später, bes. in seinen Wandbildern, auch vom Kubismus anregen (Dramat. Theater, Stockholm; Gymnasium, Jönköping). P. war auch Buchillustrator (›Gösta Berlings Saga‹ von SELMA LAGERLÖF) und Kunstschriftsteller.

Paulick, Richard, Architekt, *Roßlau 7. 11. 1903, †Berlin (Ost) 4. 3. 1979, war Schüler von M. DÜLFER und H. POELZIG und 1927–30 bei W. GROPIUS tätig. Nach seiner Emigrationszeit in China 1933–49 (u. a. 1. Generalbebauungsplan für Shanghai) beeinflußte er maßgeblich den Wiederaufbau dt. Städte in der Dt. Dem. Rep. durch städtebaul. Leitplanungen und die Förderung industrieller Baumethoden.

HW: Stahlfertighaus in Dessau-Törten (1926); Wohnsiedlungen in Berlin und Dessau (bis 1933); Wiederaufbau der Dt. Staatsoper und der Karl-Marx-Allee (Berlin-Ost 1952 ff.); Gestaltung des Thälmann-Platzes in Halle (1968–71).

Paulinzella, Gem. im Kr. Rudolstadt, im Thüringer Wald, Dt. Dem. Rep., 250 Ew., mit Kirchenruine einer ehem. Benediktinerabtei, einer dreischiffigen Säulenbasilika nach Hirsauer Vorbild (1124 gew., seit dem 17. Jh. Ruine); zweigeschossiges Renaissanceschlößchen (Anf. 17. Jh.).

Paulus, mit jüd. Namen **Saulus,** der Heidenapostel, *Tarsus (Kilikien) um 10 n. Chr., †(hingerichtet) Rom um 64 n. Chr.(?). – Die bildende Kunst stellt P. oft mit →Petrus dar, v. a. auch im Kreis der →Apostel, schon früh in einem eigenen physiognom. Typus: fast kahler Kopf, längl. Gesicht, langer Bart (evtl. auf ein Porträt zurückgehend, doch unbeweisbar). In der frühchristl. Kunst erscheint P. bes. in Darstellungen der Gesetzesübergabe (lat. traditio legis), auch der Gefangennahme und Hinrichtung. Im MA. kommen hinzu: Bekehrung, Taufe, Predigt, Flucht aus Damaskus, Verzückung u. a., seit der Renaissance auch das Opfer in Lystra (RAFFAEL, Wandteppiche für die Sixtin. Kapelle, um 1525; J. S. HEMESSEN, A. ELSHEIMER). Eindrucksvoll zeigt sich v. a. die (meist mit dem Sturz vom Pferd verbundene) Bekehrung (MICHELANGELO, P. BRUEGEL D. Ä., CARAVAGGIO, P. P. RUBENS). Zu den individuellen Gestaltungen gehören bes. die Figur der Bamberger Chorschranken (13. Jh.), die am Nordportal der Kathedrale in Reims (um 1230), das Apostelbild A. DÜRERS (1526) und das späte Selbstporträt REMBRANDTS als P. Seit der Reformation begegnet P. auch als Kanzelträgerfigur (1595; Magdeburg, von C. KAPUP). Seine Attribute sind Buch und Schwert.

E. DASSMANN: P. in frühchristl. Frömmigkeit und Kunst (1982).

Pauni, Ort im östl. Maharashtra, Zentralindien, Fundstelle eines frühbuddhist. Stupas aus dem 1. Jh. v. Chr. Die Pfeilerreliefs des dazugehörigen Steinzaunes zeigen fürstl. Adoranten, Yakshis, Bodhibäume und Stupas in einem der Bharhut-Kunst vergleichbaren Stil.

Pausanias, grch. Schriftsteller des 2. Jh. n. Chr. aus Kleinasien, bereiste Griechenland, Kleinasien, Syrien, Ägypten, Libyen und Italien und verfaßte zw. 160 und 180 n. Chr. eine Beschreibung Griechenlands (›Periegesis tes Hellados‹). Die Fülle seiner Notizen ist von unschätzbarem Wert für Geschichte, Kunstgeschichte, Archäologie und bes. Religionsgeschichte Griechenlands.

P.' Beschreibung Griechenlands, neu übers. Einl. und erkl. Anmerkung v. ERNST MEYER (1954, ²1967).

Pause, Maltechnik: Zwischenträger mit der vom Karton übernommenen Zeichnung zur Übertragung auf den Malgrund. Die Zeichnung wird durchgedrückt (z. B. beim Fresko) oder perforiert und mit Farbpulver durchgestäubt.

Pausias, grch. Maler des 4. Jh. v. Chr. aus Sikyon, wird in der antiken Lit. wegen seiner Illusionsmalerei und der perspektiv. Verkürzungen sowie als großer Könner der enkaust. Malerei gerühmt.

Pavia, ital. Stadt und Bischofssitz in der Po-Ebene südlich von Mailand, Lombardei, 87500 Ew. Der ma. Stadtkern links des Tessin (Ticino) mit seinem regelmäßigen Straßennetz und einigen charakterist. Geschlechtertürmen ist gut erh.; die aus dem 14. Jh. stammende gedeckte Brücke wurde 1944 zerstört und in veränderter Form wiederaufgebaut. Die auf eine langobard. Gründung zurückgehende roman. Kirche S. Michele, in der seit dem 9. Jh. dt. Könige und Kaiser gekrönt worden sind, wurde nach mehrfacher Zerstörung seit 1117 neu erbaut und 1155 gew. (Kalksteinfassade mit Reliefdarstellungen von Fabelwesen u. a. an den Portalen). Aus der gleichen Epoche stammen die Kirchen S. Pietro in Ciel d'Oro (Neubau 1132 gew.; im Chor das reich mit Skulpturen geschmückte Marmorgrabmal des Hl. Augustinus, um 1362) und S. Teodoro (Neubau um 1150). Der Dom (BILD Architekturmodell), ein HW der lombard. Renaissance, wurde seit 1488 nach Ideen BRAMANTES gebaut (Fassade und Kuppel 19. Jh.). 1360 bis 1365 entstand das mächtige Kastell der Visconti mit seinem weiten Innenhof (jetzt Mus. mit archäolog. Samml. u. a.). Zahlreiche Profanbauten, darunter Broletto (ältestes lombard. Rathaus, urspr. 11. Jh., Umbauten im 13. und 16. Jh.). Gebäude der Univ. (gegr. 1361, mehrfach umgebaut; mit archäolog. Samml. und Mus.), Collegio Borromeo (1564 beg., mit Spätrenaissance-Fassade) und Palazzo Malaspina (barocke Anlage, mit Pinakothek).

8 km nördlich von P. liegt das ehem. Kartäuserkloster **Certosa di P.** (heute Zisterzienserabtei), von GIOVANNI GALEAZZO VISCONTI als Grablege seiner Dynastie gegr. Die Frührenaissancekirche (1396 beg., 1473 voll.) hat eine Fassade (1549 voll.) mit polychromer Marmorinkrustation und einzigartigem Formenreichtum (Dekoration v. a. von G. A. AMADEO, 1481 ff.); im Innern u. a. Doppelgrab von LUDOVICO IL MORO und seiner Frau BEATRICE D'ESTE von C. SOLARI (1497–99); im kleinen Kreuzgang reich dekorierte Terrakottareliefs (15. Jh.).

Pavillon [pavij'ɔ̃, frz., eingedeutscht p'aviljɔ̃] *der,* urspr. auf- und abschlagbares Bauwerk, dann allg. kleines, meist einräumiges Gebäude im Garten mit vieleckigem oder rundem Grundriß; im Schloßbau des Barock Bez. für selbständig ausgebildete und durch eigenes Dach betonte Bauteile. Man spricht ähnlich wie beim Risalit vom Mittel-, Seiten- und Eck-P., nur ist der P. deutlicher als eigenes Bauglied abgesetzt.

Pawlowitsch, Nikolai, bulgar. Maler, *Switschow 9. 12. 1835, †Sofia 13. 2. 1894, war nach Studien in München (W. v. KAULBACH) u. a. in Bulgarien (seit 1861) Kunsterzieher und Maler; malte im Stil der Nazarener Ikonen, ferner Historienbilder und Porträts (Selbstporträt, 1865).

Pawlowsk, südl. Vorort von Leningrad, ehem. Sommerresidenz der Zarenfamilie, heute Mus.; auf einer

Anhöhe in einem 600 ha großen Park das klassizist. Schloß, ein fast quadrat. dreigeschossiger Bau mit zentraler Kuppel, von C. CAMERON (1782–86) und V. BRENNA (1797–99) erbaut, nach Brand von A. WORONICHIN (1803/04) wiederhergestellt; Gartengestaltung von P. GONZAGO nach engl. Vorbild mit mehreren frei im Areal angeordneten Bauten, u. a. Freundschaftstempel (1780–82, Cameron), Apollokolonnade (1780–83), Amphitheater (1793, Brenna).

Pawon, Candi P. [tç-], buddhist. Heiligtum auf Zentraljava aus dem 9. Jh., vermutlich zu Borobudur gehörig (KARTE indonesische Kunst). Die Außenwände der Cella sind mit Relieffeldern geschmückt, die sich durch bes. schöne Darstellungen des Himmelsbaumes auszeichnen.

Pax [lat. ›Friede‹], röm. Friedensgöttin; ihr wurde 13–9 v. Chr. in Rom die Ara Pacis Augustae gew. Dargestellt wurde P. mit Lorbeer, Ölzweig, Füllhorn u. a., v. a. auf Münzen seit 44 v. Chr.

Paxton [p'ækstən], Sir (1850) Joseph, engl. Architekt, *Milton Bryant (Bedfordshire) 3. 8. 1801, †London 8. 6. 1865, baute Gewächshäuser für den Herzog von Devonshire in Chatsworth (Derbyshire), wobei er neue Techniken der Eisen- und Glaskonstruktion erfand, die er in seinem großen Kristallpalast der 1. Weltausstellung in London (1851) anwendete.

Payerne [paj'ɛrn], Stadt im schweizer. Kt. Waadt, 3700 Ew., mit ehem. Benediktinerabtei; die Kirche (11. bis Anf. 12. Jh.), eine dreischiffige Pfeilerbasilika mit Chor, Querschiff und Vierungsturm, ist neben der in Romainmôtier die bedeutendste roman. Klosterkirche der Schweiz; roman. (im Narthex), got. und spätgot. Malereien; Mus. im gotisierten Obergeschoß des roman. Kapitelsaals.

Paysage intime [peiza:ʒɛ̃t'im, frz. ›intime Landschaft‹], schlichte und stimmungsvolle Landschaftsdarstellung, in der frz. Kunst des 19. Jh. bes. von der Schule von →Barbizon gemalt.

Peale [pi:l], Charles Willson, amerikan. Maler, Kupferstecher, *St. Paul's Parish (Queen Ann Cty., Maryland) 15. 4. 1741, †Philadelphia 22. 2. 1827, gehört neben seinem Bruder James (1749, †1831), einem Miniaturenmaler, zu der älteren Generation einer großen Künstlerfamilie. Er studierte in Boston bei J. S. COPLEY, 1767–69 in London bei B. WEST; 1805 Mitbegründer der Pennsylvania Academy of Fine Arts in Philadelphia (›Der Künstler in seinem Mus.‹, 1822, ebd.). Von seinen z. T. hochbegabten 11 Kindern traten Raphaelle (*1774, †1825), ein Porträt- und Stillebenmaler (›Nach dem Bade‹, in Trompe l'œil-Manier, 1823; Kansas-City, Gal. of Fine Arts), und Rembrandt (*1778, †1860), Maler, Lithograph und Kunstschriftst., der mit seinem Bruder Raphaelle in Baltimore (Maryland) eine Porträtgal. gründete, bes. hervor.

Pearlstein [p'ə:lstaɪn], Philip, amerikan. Maler, Graphiker, *Pittsburgh 24. 5. 1924, gestaltet v. a. realist. Aktdarstellungen in schnappschußartigem Bildausschnitt, deren starr wirkende Figuren er auf Teppichen,

Sofas und Stühlen anordnet; er lehnt die Photographie als Hilfsmittel ab.

Peć [pɛ:tsj], Stadt in Serbien, Jugoslawien, 42100 Ew. – Bei P. ein Komplex von 3 Kirchen des Patriarchatsklosters. Die Kirchen (Apostelkirche 13. Jh., Muttergottes- und Demetriuskirche 14. Jh.) haben bed. Fresken und Ikonen; sie wurden im 14. Jh. durch eine Vorhalle verbunden. Die Klosterschatzkammer in der Demetriuskirche birgt viele wertvolle Gegenstände, v.a. Ikone von Kosmas und Damianus.

Pech, Maltechnik: von flüchtigen Ölen befreiter Holz- oder Steinkohlenteer.

Peche, Dagobert, Kunstgewerbler, *St. Michael bei Salzburg 3. 4. 1887, †Mödling bei Wien 16. 4. 1923, 1917 Leiter der ›Wiener Werkstätte‹; er gab dem Kunsthandwerk durch zahlreiche Entwürfe u. a. für Silbergerät, Keramik, Textilien, Tapeten wichtige Impulse.

Pech-Merle [pɛʃm'ɛrl], Höhle bei Cabrerets im frz. Dép. Lot. Die aus 2 km langen Galerien bestehende Grotte enthält mehrere Gruppen von paläolith. Wandmalereien und Deckengravierungen, darunter Friese mit mehrfarbigen Malereien.

Pechnase

Pechnase, Pech|erker, Maschikulis, kleiner, unten offener Ausbau an den oberen Stockwerken ma. Befestigungen, von dem man siedendes Pech oder andere heiße Flüssigkeit auf den Angreifer hinabgoß.

Pechstein, Max, Maler, *Zwickau 31. 12. 1881, †Berlin (West) 29. 6. 1955, studierte an der Akad. in Dresden, wo er 1906 der ›Brücke‹ beitrat. Seit 1908 lebte er meist in Berlin (im Sommer in Nidden/Ostpreu-

Max Pechstein: Stilleben; um 1913 (Mannheim, Kunsthalle)

ßen) und wurde dort 1910 Mitbegr. der ›Neuen Sezession‹; 1914 reiste er nach den Palau-Inseln (Südsee). Die spontanen Rohrfederzeichnungen mit Palau-Motiven gehören zu seinen besten Leistungen. In seinen starkfarbigen Gemälden (Figuren, Landschaften, Akte, Stilleben) und seinem graph. Werk entwickelte P. v.a. die dekorativen Möglichkeiten des Expressionismus.

M. P., Ostseebilder, Ausst.-Kat., Regensburg (1981); M. P., Ausst.-Kat., Berlin-West (1981); M. P., Ausst.-Kat., Braunschweig (1982).

Pecht, Friedrich, Maler, Kunstschriftst., *Konstanz 2. 10. 1814, †München 24. 4. 1903, malte nach Studien in Paris (P. DELAROCHE) Porträts und Historienbilder; als Kunstkritiker von bed. Einfluß auf den Kunstgeschmack der Gründerzeit.

Pécs [pe:tʃ], Stadt in Ungarn, →Fünfkirchen.

Peeters, Bonaventura, niederländ. Maler, getauft Antwerpen 23. 7. 1614, †Hoboken bei Antwerpen 25. 7. 1652, malte Seebilder mit Schiffbruch im Sturm oder flache Küsten- und Flußlandschaften. Auch seine Brüder Gillis (*1612, †1653) und Jan (*1624, †nach 1677) waren Marinemaler in Antwerpen.

Pegasus, grch. Mythos: ein Flügelroß, Sohn des Poseidon, entsprang dem Rumpf der von Perseus enthaupteten Medusa. Poseidon schickte P. dem →Bellerophon; nach anderer Version fing und zähmte er ihn selber. Als sich Bellerophon auf ihm zum Himmel emporschwingen wollte, warf P. ihn ab. P. wurde als Sternbild an den Himmel versetzt. Seit dem 7. Jh. v. Chr. erscheinen in der Kunst P.-Darstellungen, v.a. zus. mit Bellerophon im Kampf gegen die Chimäre, seine Geburt aus dem Hals der Medusa (Metope des Tempels C in Selinunt, Palermo, Nat.-Mus.) sowie Medusa mit dem P. unter dem Arm (Tonmetope aus Syrakus, 7. Jh. v. Chr., Syrakus, Archäolog. Mus.). Als Fabelwesen lebt P. in der ma., v.a. als Dichterroß in der neuzeitl. Kunst fort. (BILD Bertoldo di Giovanni)

Pegau, Stadt südlich von Leipzig, Dt. Dem. Rep., 6800 Ew.; spätgot. Laurentiuskirche (15. Jh., Westwerk romanisch) mit einem der schönsten Grabmäler des 13. Jh. (Markgraf WIPRECHT VON GROITZSCH, um 1230/40); Renaissance-Rathaus (1559).

Pegu, Stadt in S-Birma, war um die Mitte des 1. Jahrtsd. relig. und künstler. Zentrum (keine aus dieser Zeit erh. Relikte) und nach dem Zerfall des Reiches von Pagan mehrmals Hauptstadt. Die Schwegule- und die Schwenandaw-Pagode, beide 15. Jh., gehören wegen ihrer relig. Bedeutung zu den bekanntesten Pagoden Birmas. Im 16./17. Jh. wurden weitere Pagoden errichtet.

Pei, Ieoh Ming, amerikan. Architekt chines. Herkunft, *Kanton 26. 4. 1917. P.s Architekturen, beeinflußt durch den Funktionalismus der Bauten L. MIES VAN DER ROHES und durch japan. Architekten um K. N. KUROKAWA, werden geprägt durch strenge Geometrie, feinsinniges Formgefühl und eine positive Haltung zu den techn. Möglichkeiten der Industriegesellschaft.

HW: Kapelle der Univ. in Taichung, Taiwan (1959); John Hancock Center, Boston (1975); O-Gebäude der Nat. Gal., Washington (1968–78).

Peichl, Gustav, Architekt, *Wien 18. 3. 1928. Seine Bauten sind gekennzeichnet durch Strenge im Gesamtaufbau und expressive Konstruktivität im Detail. Unter dem Pseudonym **Ironimus** auch Karikaturist (›Mein Österreich, Karikaturen 1950–75‹, 1975; ›Laßt Linien sprechen‹, 1982).

HW: Volksschule In der Krim, Wien (1962–65); Austria-Pavillon, New York World's Fair (1964); Konvent der Dominikanerinnen in Wien (1964/65); Rehabilitationszentrum in Wien-Meidling (1966 bis 1968); Contower (1968, Projekt); Studioneubauten des ORF in Linz, Salzburg, Innsbruck und Dornbirn (1968–73); Phosphat-Eliminationsanlage, Berlin-Tegel (Projekt 1979, seit 1982 im Bau).

G. P., hg. v. d. Akad. der Bildenden Künste (Wien 1981).

Peiffer-Watenphul, Max, Maler, *Weferlingen (Bez. Magdeburg) 1. 9. 1896, †Rom 13. 7. 1976, bildete einen kultiviert-konservativen Malstil zw. Nachimpressionismus und beruhigtem Expressionismus aus. Seit 1933 lebte er meist in Italien; seine Venedigansichten steigerten sich zu subtil gemalten Sinnbildern der Vergänglichkeit.

G. R. HOCKE: M. P.-W. (1976).

Peintre-graveur [pɛ̃trəgrav'œ:r, frz. ›Malerstecher‹, ›Malerradierer‹], der nach eigener Erfindung stechende oder radierende Künstler (→Originalgraphik), i. Ggs. zum Reproduktionsstecher (→Reproduktionsgraphik); auch Titel eines 21bändigen Kupferstichkatalogs (Wien, 1803–21) von ADAM VON BARTSCH, der den Begriff P.-g. prägte.

Peiri̦tho|os, grch. Mythos: Sohn des Zeus oder des Ixion und der Dia, König der Lapithen in Thessalien. Bei seiner Hochzeit mit Hippodameia kam es zum Kampf zw. den Lapithen und Kentauren. P. und Theseus waren Freunde und Gefährten (Kalydon. Jagd, Kampf gegen die Amazonen, Raub der Helena); beim Versuch, Persephone aus der Unterwelt zu holen, wuchs P. zur Strafe auf einem Stuhl der Lethe oder auf einem Felsen für ewig fest. Auf grch. Vasen und Reliefs ist P. seit dem 7. Jh. v. Chr. v. a. im Zusammenhang mit Theseus-Abenteuern zu finden, auch beim Lapithenkampf (Françoisvase, W-Giebel des Zeustempels in Olympia) sowie Herkules mit P. und Theseus im Hades (Schildrelief, 6. Jh. v. Chr., Olympia, Mus.).

Peitho̦, grch. Göttin der Überredung bes. in Liebesdingen, meist Begleiterin der Aphrodite und zunehmend seit dem 5. Jh. v. Chr. in deren Begleitung dargestellt.

Peking, amtlich chines. **Beijing** [bɛɪdʒɪŋ, chines. ›Nördl. Hauptstadt‹], Hauptstadt der Volksrep. China, 8 Mio. Ew.; seit 1421 Sitz chines. Regierungen; wegen ihrer Schlüsselstellung zw. den Steppen der Inneren Mongolei und dem chines. Siedlungsgebiet seit alten Zeiten strategisch von hoher Bedeutung (→Chinesische Mauer). Früheste Mauerreste in P. aus der Zeit der Dschurdschen- (Chin-) Dynastie (1115–1234); 1263 vom Mongolenherrscher KUBLAI KHAN unter Einschluß der Wasserflächen im W neuaufgebaut (Beschreibung der Mongolenhauptstadt bei MARCO POLO); unter den frühen Ming-Kaisern zw. 1368 und 1420 zerstört und wiederaufgebaut, seit 1644 Sitz der Mandschu-

Peking: Halle der Jahreszeitengebete (Chi-nien-tien), Himmelstempel; mittlere Ch'ing-Zeit, 1754, wiederaufgebaut 1889

(Ch'ing-) Dynastie. Ihr (auf der vorherigen Anlage aufbauender) Stadtentwurf war als ein Abbild des Kosmos konzipiert und bestand aus 3 ineinandergestellten rechteckigen Bezirken (Kaiserstadt, ›Innere Stadt‹, ›Äußere Stadt‹), jeweils ummauert und durch mächtige Torbauten zugänglich. Auf der von N nach S verlaufenden Hauptachse lagen, hintereinander hierarchisch gestaffelt und aufeinander bezogen, Torbauten, Zeremonial- und Palastgebäude. Den zentralen Bezirk bildete die nach S auf das lichte (Yang-)Element ausgerichtete, ummauerte und von einem Graben umgebene Kaiserstadt (›Verbotene Stadt‹, dem Volk bis zum Ende der Kaiserzeit unzugänglich), deren Gebäude die kaiserl. Purpurfarbe tragen. Außerhalb der Mauer befanden sich in den 4 Himmelsrichtungen die für die kaiserl. Staatsopfer bed. Tempel: Erdaltar (N), Himmelsaltar (S), Altar der Sonne (O), Altar des Mondes (W). Vom S der Stadt her gelangte man über das Yung-ting-Tor, welches im W vom Ackerbautempel und im O von der Anlage des Himmelstempels flankiert wurde und in dessen Nähe sich heute das Naturhistor. Mus. befindet, zum Ch'ien-men, das früher das Tor der Südmauer der ›Inneren Stadt‹ bildete. Auf der Zentralachse weiter nördlich und in das Ensemble gleichsam einbezogen liegt heute das Mao-Mausoleum, im W von der Großen Halle des Volkes (Parlament) und im O vom Mus. der Geschichte der Revolution flankiert. Dahinter der Platz T'ien-an-men mit dem ›Tor des himmlischen Friedens‹ im N: über dem wuchtigen, purpurroten, von 5 Torbögen durchbrochenen Torbau (1651) erhebt sich in einer für die gesamte Kaiserstadt charakterist. Farbigkeit ein von einer weißen Marmorbalustrade umgebener Pavillon mit farbig bemaltem Traufgebälk und zweifach gestuftem Fußwalmdach, das mit gelblich glasierten Ziegeln gedeckt ist. In der Nähe das in einen Hof führende Tor Tuan-men, mit dem Altar des Ackerbaus im W und dem ehem. Kaiserl. Ahnentempel im O (heute Sun-Yat-sen-Park und Kulturpalast der Werktätigen). Weiter nördlich das von Seitenflügeln flankierte Wu-men (Mittagstor; 1420, 1647 und 1801 erneuert), das den Eingang zu der umwallten Kaiserstadt bildet. Den 1. Hof der Kaiserstadt durchzieht ein Bach in symmetr. Windungen mit 5 durch Marmorgeländer geschmückten Brückenbögen. Das auf einer mehrstöckigen Terrasse gelegene ›Tor der höchsten Harmonie‹ führt nach etwa 200 m zu der ›Halle der höchsten Harmonie‹ (1669, 1765 erneuert), ehemals Audienzhalle, die sich zusammen mit der ›Halle der vollkommenen Harmonie‹ und der ›Halle zur Wahrung der Harmonie‹ über einem dreifach gestuften Umbau mit weißen Marmorbalustraden erhebt; in der Mitte des Doppelaufgangs eine marmorne Schräge mit Reliefdarstellungen von sich in Wolken windenden Drachen. In den Gebäuden im O und W des Hofs befinden sich die reichen Samml. des Palast-Mus. (Malerei, Kalligraphie, Skulptur, Sakralbronzen, Textilkunst u. a.). Der nördl. Teil der Palaststadt mit 3 Pavillons und schachbrettartig angeordneten Gebäuden bildet den ›Inneren Palast‹ oder kaiserl. Privatbezirk. Hinter dem ›Tor der göttl. Kühnheit‹ in der N-Mauer beginnt der Aufstieg zu dem künstlich aufgeschütteten, von einem Aussichtspavillon (18. Jh.) bekrönten ›Kohlenhügel‹. Den nördl. Abschluß der Zentralachse bilden der Trommelturm (15. Jh., im 18. Jh. erneuert) und der Glockenturm (1272, 1420 erneuert). Im NO der Konfuziustempel, die ehem. Kaiserl. Akademie (18. Jh.), der Lama-Tempel (18. Jh.) sowie die Nat.-Gal. Westlich der Kaiserstadt der ehem. dem Kaiser vorbehaltene Pei-hai-Park mit künstl. Seen (Nördl., Mittlerer und Südl. See) und der ›Weißen Pagode‹ (1657) des Tempels Miao-ying-ssu. Im NW der Sommerpalast (I-ho-yüan), eine Parklandschaft in hügeligem Gelände mit Pagoden und Pavillons und dem weißen Marmorschiff in dem künstlich ausgehobenen K'unming-See (18. Jh.). Etwa 50 km nordwestlich in →Ch'angp'ing die Ming-Gräber. (WEITERES BILD chinesische Kunst)

WAN-GO WENG u. YANG BODA: Das Palastmuseum P. Die Schätze der verbotenen Stadt (a. d. Engl., 1982).

Pektorale [lat.] *das,* **Pectorale,** kostbarer, verzierter Brustschmuck, im MA. auch die Bruststücke eines Harnischs oder einer Pferderüstung; auch das Brustkreuz der hohen Geistlichen.

Pelena [russ.], Ostkirche: Altartuch mit stilisierter Darstellung des Kreuzes und der Leidenswerkzeuge, vielfach aus kostbarem Material (Gold, Perlenstickerei u. ä.).

Peleş [p'eleʃ], Schloß in der Gem. Sinaia im Kr. Prahova, nördlich von Bukarest, Rumänien. Als Sommerresidenz auf Veranlassung von König Carol I. ab 1875 nach Plänen der Wiener Architekten W. DODERER und I. SCHULZ erbaut, von K. LIMAN 1896 umgebaut und 1914 voll. Der historist., im wesentl. im Stil der deutschen Renaissance gehaltene Gebäudekomplex hat rd. 160 Räume.

Peleus, grch. Mythos: Sohn des Aiakos, Gatte der Nereide Thetis, die ihm Achill gebar. Die Hochzeit mit

Thetis unter Teilnahme aller olymp. Götter und P. zus. mit dem kleinen Achill wurden seit dem 7. Jh. v. Chr. v. a. auf Vasen (Françoisvase u. a.) häufig dargestellt.

Pelias, grch. Mythos: Sohn des Poseidon und der Tyro, wurde mit seinem Zwllingsbruder Neleus ausgesetzt, von einer Stute gesäugt und von Hirten aufgezogen. Später verdrängte er seinen Halbbruder Aison aus der Herrschaft über Iolkos und sandte dessen Sohn Iason, um ihn unschädlich zu machen, nach dem Goldenen Vlies aus; nach dessen Rückkehr wurde er auf Anstiften der Medea von seinen Töchtern (außer Alkestis) bei einem angebl. Verjüngungszauber in einen Kessel mit siedendem Öl geworfen. Die Leichenspiele bei seiner Bestattung wurden seit dem 6. Jh. v. Chr. (Vasen, Kypseloslade) häufig dargestellt, später traten die Szenen mit Medea und Iason in den Vordergrund.

Pelikan [grch.], ein großer Vogel, über den der grch. Physiologus dem MA. die Anschauung vermittelte, daß er seine Jungen töte, nach 3 Tagen aber mit dem eigenen Blut wieder zum Leben erwecke. Mit diesem (an den Opfertod Christi erinnernden) Bild wurde der P. Teil der christl. Symbolik und in der ma. Kunst häufig dargestellt.

Pelike [grch.] *die,* amphorenähnl. grch. Vorratsgefäß (6.–4. Jh. v. Chr.), →Vasen.

Pelizaeus-Museum, →Roemer- und Pelizaeus-Museum.

Pella, antike Stadt in N-Griechenland; nahe dem damaligen Strand des Golfs von Saloniki, von König ARCHELAOS (413–399 v. Chr.) als Hauptstadt Makedoniens gegr. P. erreichte seine höchste Blüte zw. 360 und 300 v. Chr. (bes. unter PHILIPP II. und ALEXANDER). Nach der röm. Eroberung 168 v. Chr. ließ Feldherr AEMILIUS PAULLUS P. ausplündern. – Durch Ausgrabungen (seit 1957) wurden mit Peristylhöfen ausgestattete Häuserblöcke des Stadtkerns freigelegt. Der Bodenmosaikschmuck – aus verschiedenfarbigen Kieseln zusammengesetzt, die Konturen durch Bleifolie wiedergegeben – ist von hohem künstler. Niveau (um 300 v. Chr., heute im Mus. am Fundplatz; BILD griechische Kunst).

Pellegrini, 1) Alfred Heinrich, schweizer. Maler, *Basel 10. 1. 1881, †ebd. 5. 8. 1958, zunächst von F. HODLER beeinflußt, studierte u. a. bei A. HOELZEL in Stuttgart; gestaltete Wandbilder (in der Kirche St. Jakob a. d. Birs b. Basel), deren monumental gesteigerter Stil auch seine Tafelgemälde bestimmte.

2) Giovanni Antonio, ital. Maler, *Venedig 29. 4. 1675, †ebd. 5. 11. 1741, Schüler von S. RICCI, schuf für viele europ. Höfe relig. und mytholog. Gemälde und Fresken in rascher, virtuoser Rokoko-Manier.

3) Pellegrino, ital. Baumeister, Maler, →Tibaldi.

Pellworm, Marschinsel im nordfries. Wattenmeer, Schlesw.-Holst., 1200 Ew. In der roman. Alten Kirche (12. Jh.) großer spätgot. Schnitzaltar mit gemalten Flügeln (um 1470/80), Bronzetaufstein (1475) und Schnitger-Orgel (1711); der W-Turm des 13. Jh. seit Einsturz 1611 eindrucksvolle Ruine. In der schlichten Neuen Kirche (1622/1867) bemerkenswerte Ausstattung.

Pelops, grch. Mythos: Sohn des Tantalus, Ahnherr der Pelopiden. Tantalus schlachtete P. und setzte ihn den Göttern vor, um ihre Allwissenheit zu prüfen. Die Götter gaben P. das Leben wieder. Später gewann P. durch eine List Hippodameia, die Tochter des Königs Oinomaos, die dieser seinem Besieger im Wettrennen versprochen hatte und mit dem zus. P. häufig dargestellt wurde (O-Giebel des Zeustempels in Olympia). In der Altis von Olympia hatte P. einen hl. Bezirk.

Pelplin, Kleinstadt in der poln. Wwschaft Gdańsk (Danzig), rd. 7000 Ew. Zisterzienserabtei (1274 gegr.) mit got. Kirche (heute Kathedrale), einer langgestreckten Basilika mit Querschiff (1280–1320); Zellengewölbe des Querschiffes und Giebelfront von 1557, Chorgestühle 15. Jh., barocke Altäre, u.a. mit Bildern von A. STECH (1672). Im Ostflügel des Konventgebäudes Bibliothek und Schatzkammer (1272–76); Kreuzgang (14. Jh.).

Pembroke [p'embrʊk], Stadt in der Cty. Dyfed, SW-Wales, 14100 Ew., mit um 1090 erbautem normann. Kastell, dessen kreisförmiger, 23 m hoher Keep um 1200 durch die Grafen von PEMBROKE erweitert wurde. Gleichzeitig erhält die zugehörige Stadt eine Ummauerung; Teile mit Türmen sind erhalten. Die Monkton Priory (Klosterkirche, erh., Ende 19. Jh. restauriert) wurde 1098 der normann. Abtei Sées unterstellt.

Pembroke Table [p'embrʊkteɪbl, engl.], Tisch, vielfach aus Mahagoni, mit Seitenklappen, die durch ausziehbare Stützen getragen werden; unter der Tischplatte bis zu 2 Schubladen. Seit Mitte des 18. Jh. in England beliebte Tischform, möglicherweise nach der Gräfin v. PEMBROKE (*1737, †1831) benannt, die den ersten Tisch dieser Art bestellte.

Peñafiel [peɲafj'ɛl], span. Städtchen rd. 50 km südwestlich von Valladolid, mit einem über dem Tal des Duero gelegenen festungsartigen Schloß (1307 voll.; 12 Rundtürme) des Infanten DON MANUEL (*1282, †1347), der im Kloster San Pablo begraben liegt; Klosterkirche mit polygonalem Backsteinchor im Mudéjar-Stil (1324) und platauresker Kapelle des Infanten (1536).

Penalba [pen'alβa], Alicia Pérez, argentin. Bildhauerin, *Buenos Aires 9. 8. 1918, †Dax (Dép. Landes) 4. 11. 1982, studierte u.a. 1950–53 in Paris bei O. ZADKINE, schuf säulenartige ›Totems‹, die architekton. Konstruktion mit pflanzenhaften Elementen verbinden, dann ›durchbrochene‹ Totems, in deren Höhlungen Licht einfällt; auch begehbare Skulpturen für öffentl. Plätze.

Penanggungan, hl. Berg in O-Java (KARTE indonesische Kunst), an dessen Abhang sich ein Candi mit über 80 Monumenten, in den Fels gehauene Einsiedeleien und Stufenterrassen mit Tempeln und Altären aus dem 15. Jh., befindet. Reliefs und Skulpturen sind im Wayang-Stil gearbeitet. Am W-Abhang die Badeanlage →Belahan.

Peñaranda de Duero [peɲar'anda ðe-], span. Städtchen in Altkastilien, rd. 20 km östlich von Aranda de Duero. Der Renaissance-Palast der Grafen von Miranda (nach 1550; Innenhof mit doppelter Arkaden-Gal.)

besitzt eine prächtige Innendekoration mit mudéjar. und plateresken Friesen und Ornamenten sowie Artesonado-Decken. Stiftskirche (18. Jh.); ihr gegenüber ein Schandpfahl (›Picota‹, 15. Jh.).

Penck, A. R., eigtl. Ralf **Winkler,** Maler, *Dresden 5. 10. 1939, übersiedelte 1980 in die Bundesrep. Dtl. Er entwickelte für seine Aquarelle, Gouachen, Zeichnungen und großformatigen Bilder ein komplexes, an Erkenntnissen der Informationstheorie orientiertes Zeichensystem, das formal den Kürzeln prähistor. Felsbilder ähnelt, inhaltlich aus Symbolen und ›Signalen‹ für die menschl. Existenz besteht; wird auch zum Neoexpressionismus gezählt.

A. R. P., Ausst.-Kat., Köln (1981).

Pencz [pɛnts], Georg, Maler, Graphiker, *Nürnberg um 1500, †Leipzig 11. 10. 1550, lernte unter unmittelbarem Einfluß von A. DÜRER und war später (1530, 1542) in Italien. 1532 wurde P. Stadtmaler in Nürnberg, 1550 Hofmaler des preuß. Herzogs ALBRECHT in Königsberg. Seine mytholog. und relig. Gemälde sind von ital. Vorbildern abhängig. P. malte ferner meisterhafte Porträts. Als Kupferstecher gehört er zu den →Kleinmeistern.

HW: Porträts des Malers Schwetzer und seiner Frau (1544; Berlin-West, Staatl. Museen), des Münzkörners J. Herz (1545; Karlsruhe, Kunsthalle). – Kupferstichfolgen. – Holzschnittfolge der 7 Planeten (früher H. S. BEHAM zugeschrieben).

Pende: Helmmaske der Ost-P. aus schwarz, weiß und rot gefärbtem Holz, 79 cm (Privatsammlung)

Pende, Volksgruppe in W-Zaire, vom Loange-Fluß in 2 Hauptgruppen unterteilt: die West-P. am Kwilu und die Ost-P. am linken Ufer des Kasai (in Kontakt mit den Kuba). Die Schnitzkunst konzentriert sich v. a. auf Masken, die bei den West-P. mehr naturalistisch, bei den Ost-P. mehr abstrakt gestaltet sind. Beide färben ihre Masken schwarz, weiß und braun und zeigen die Einflüsse ihrer jeweiligen Nachbarn: der Holo, Suku und Huana im W, der Biombo und Kuba im O. Eine Besonderheit bei den West-P. sind Miniaturmasken aus Elfenbein (›Dikoko‹), die zum Schutz gegen böse Einflüsse um den Hals getragen werden.

L. DE SOUSBERGHE: L'art P. (Brüssel 1959).

Pendeloque [pãdl'ɔk, frz.] *das,* Anhänger, Ohrgehänge, bes. im 18. Jh., aus großen tropfenförmigen Edelsteinen.

Pendentif [pãdãt'if, frz.] *das,* Baukunst: Gewölbeteil in Form eines sphär. Dreiecks (Zwickel), der von den Ecken eines quadrat. Grundrisses zum Kreisrund einer Kuppel überleitet.

Pendl, Bildhauer- und Schnitzerfamilie.

1) Emanuel, Sohn von 2), *Meran 23. 2. 1845, †Wien Okt. 1926, studierte in Venedig Malerei, in Wien bei K. C. ZUMBUSCH Bildhauerei. P. schuf in Wien Bauplastik (v. a. Statuen) für die Neue Hofburg, das Rathaus, die Univ. (Statuen von Galen und Hippokrates) und den Justizpalast (Justitia, 2 Löwen), ferner eine Statue von FRANZ-JOSEPH I. für Mährisch-Weißkirchen (tschech. Hranice).

2) Franz Xaver, Vater von 1), Sohn von 3), *Meran

5. 5. 1817, †Untermais bei Meran 23. 6. 1896, Schüler seines Vaters, schuf relig. Bildwerke in Holz und Stein für Kirchen in Meran, Innsbruck, München, Graz.

3) Johann Baptist, Vater von 2), *Galler in Aschau bei Ried (Zillertal) 22. 6. 1791, †Meran 14. 3. 1859, studierte in Dresden und Wien, lebte seit 1815 wieder in Tirol. P. schuf v. a. geschnitzte relig. Bildwerke in Meran und Innsbruck.

Pendlebury [p'endlbərı], Ort bei Manchester, England, mit neugot. Pfarrkirche, 1870 von G. F. BODLEY (*1827, †1907) als tonnengewölbter Wandpfeilersaal mit steilen Raumproportionen in Backstein erbaut, der freistehend geplante Turm wurde nicht ausgeführt.

Pendschikent, Stadt in der Tadschik. SSR, östlich von Samarkand, 16000 Ew., mit der Ruinenstätte einer seit 1947 ausgegrabenen Stadt, die in vorislam. Zeit (v. a. im 7./8. Jh.) Bedeutung hatte (711 von den Arabern erobert). Freigelegt wurden Häuser, Paläste sowie 2 Tempel mit Wandmalereien (mytholog. und ritterl. Darstellungen) und Plastiken (Relieffriese, Lehmstatuen, verkohlte Holzskulpturen), die zeigen, daß die Kunst dieser mittelasiat. Landschaft (Sogdiana) ind., pers. und chines. Einflüsse verarbeitete.

Lit.: →sogdische Kunst.

Penelope, grch. Mythos: Gemahlin des Odysseus, dem sie Telemachos gebar. Während seiner Irrfahrten hielt sie ihre Freier hin, indem sie vorgab, zuvor ein Leichengewand für Laertes anfertigen zu müssen; das am Tag Gearbeitete trennte sie nachts wieder auf (P. und Telemachos, Skyphos des nach dieser Darstellung benannten P.-Malers, 5. Jh. v. Chr., Chiusi, Mus. Civico), bis sie verraten wurde. Schließlich versprach sie ihre Hand demjenigen, der im Wettschießen mit dem Bogen des Odysseus siegte. Aber nur der unerkannt heimgekehrte Odysseus selbst vermochte den Bogen zu spannen und tötete die Freier. Seit dem 5. Jh. v. Chr. wurde P. zunehmend zus. mit Odysseus dargestellt.

Pénicaud [penik'o], frz. Emailmaler-Familie, tätig 15.–17. Jh. in Limoges. Die bedeutendsten Mitgl. waren: der Stammvater Nardon (Léonard), *um 1474, †um 1543, dessen Bruder Jean I., *um 1485, †um 1555, und Jean II. (Sohn von Jean I.?), *vor 1510, †1588.

Penig, Stadt im Kr. Rochlitz, Dt. Dem. Rep., 9400 Ew.; spätgotische Pfarrkirche (1515 gew.) mit prächtigem Gewölbe in der Nordvorhalle und bemalter Kassettendecke (1688), ›Luther als Junker Jörg‹ von L. CRANACH D. Ä. (1537), Grabmäler (16.–17. Jh.); Rathaus (1545/46) mit Hauptportal in reichen Frührenaissanceformen.

Pennell [penl], Joseph, amerikan. Graphiker, *Philadelphia, 4. 7. 1857, †New York 23. 4. 1926, lebte meist in London; malerisch wirkungsvolle Radierungen und Lithographien, die Bauten europ. und amerikan. Großstädte und Industriebezirke darstellen.

Penni, Gianfrancesco, genannt **il Fattore,** ital. Maler, *Florenz um 1488, †Neapel um 1528, Schüler und Werkstattgehilfe RAFFAELS in Rom, war mit GIULIO RO-

MANO an der Ausführung von Raffaels späten Fresken beteiligt (Konstantinsaal im Vatikan).

Penone, Giuseppe, ital. Künstler, *Garessio Ponte (Piemont) 3. 4. 1947, Vertreter der Arte Povera. Sein Thema ist das wechselseitige Aufeinanderwirken von Mensch und Natur, Körper und Außenwelt (z. B. Projektion von Abdrücken seiner Haut auf eine Wand oder Eingraben von Gesichtsabgüssen in Erde).

G. P., Ausst.-Kat., Essen (1978).

Penrhyn Castle [p'enrınkɑːsl], Schloß östlich von Bangor im nordwestl. Wales, 1827–37 von T. HOOPER (*1776, †1856) in neonormann. Rundbogenstil erbaut.

Penthesilea, grch. Mythos: Amazonenkönigin, die im Trojan. Krieg nach Hektors Tod den Trojanern zu Hilfe kam. Sie wurde von Achill, dessen weiteres Verhalten die Mitkämpfer als Liebe zur Sterbenden oder erst zur Toten deuteten, getötet. Bereits 600 v. Chr. lassen sich Darstellungen der mit Achill kämpfenden oder sterbenden P. auf grch. Reliefs und Vasen nachweisen (Schildrelief, um 600 v. Chr., Olympia, Mus.; Schale des P.-Malers).

Penthesileamaler, attisch-frühklass. Schalenmaler des rotfigurigen Stils, um 465–445 v. Chr. tätig; benannt nach einer Schale, die den Tod der Penthesilea von der Hand des Achill (München, Staatl. Antikensammlung) zeigt; solche u. a. monumentale wie bedeutungsschwere Bilder füllen das gesamte Innenrund seiner Schalen; die anspruchsloseren Alltagsszenen der Außenseiten wurden vorbildlich für die keram. Massenware der 2. H. des 5. Jh. v. Chr.

Pentheus, grch. Mythos: König von Theben, Enkel und Nachfolger des Kadmos, widersetzte sich dem Eindringen des Dionysoskults. Er nahm Dionysos gefangen und wurde, weil er heimlich dem bacchant. Treiben zusah, von den Mänaden unter Anführung seiner Mutter Agaue zerrissen. Die meisten antiken Darstellungen (v. a. auf rotfigurigen Vasen, pompejan. Wandbildern und Reliefs der Kaiserzeit) zeigen seinen Tod.

Pentimenti [ital. pentimento ›Reue‹] *Mz.*, Striche, Umrisse, Untermalungen, die vom Künstler im Lauf des Malens bereut und deshalb geändert wurden, aber noch, bes. auf Röntgenaufnahmen, erkennbar sind.

Perast, malerisch gelegener Ort an der Bucht von Kotor, in Montenegro, Jugoslawien, rd. 500 Ew. P. hat einige schöne Paläste aus dem 17./18. Jh. Auf einer künstl. Insel die Kirche der Muttergottes von Škrpjelo (1630; 1720–25) mit barocken Wand- und Deckengemälden.

Percier [pɛrsj'e], Charles, frz. Baumeister, *Paris 22. 8. 1764, †ebd. 5. 9. 1838, bildete sich in Rom und Paris, wo er 1794–1814 eng mit P. F. L. →Fontaine zusammenarbeitete, mit dem er bereits in Rom die Werke der Antike und der Renaissance studiert hatte. Beide waren die führenden Architekten und Innenausstatter des →Empire.

Pereda y Salgado [per'eða i salɣ'aðo], Antonio de,

span. Maler, *Valladolid um 1608(?), †Madrid 30. 1. 1678, am Madrider Hof tätig, malte, zeitweilig unter dem Einfluß von J. RIBERA, neben Andachtsbildern farbenschöne Stilleben (v. a. qualitätvolle Vanitas-Darstellungen, u. a. Wien, Kunsthistor. Mus.) und Historienbilder (›Entsetzung Genuas durch den Marqués de S. Cruz‹, 1634; Madrid, Prado).

Peredwischniki, Peredvižniki [russ. ›Wanderer‹], Kurzbez. für die ›Genossenschaft für Wanderausstellungen‹, eine von I. KRAMSKOJ, N. GAY, G. MJASSOJEDOW und W. PEROW 1870 gegr. Künstlergruppe, hervorgegangen aus dem St. Petersburger ›Kunstkartel‹, der Gemeinschaft der 14 Maler, die aus Protest gegen die überlebten Kunstauffassungen 1863 die St. Petersburger Akad. verlassen hatten. Die P. organisierten Wanderausstellungen, um ihre Kunst über Moskau und St. Petersburg hinaus einem breiten Publikum zugänglich zu machen. Sie wandten sich in ihrer Mehrheit mit starkem sozialem Engagement der Genremalerei zu, aber auch der Historien- und Landschaftsmalerei. Die P. wurden u. a. von dem Sammler P. TRETJAKOW und dem Kritiker W. STASSOW unterstützt. In der UdSSR gelten sie als Vorbilder des Sozialist. Realismus.

Russ. Realismus 1850–1900, Ausst.-Kat., Baden-Baden (1972).

Pereira [pər'ɛjra], **Pereyra,** Manuel, portug., in Spanien tätiger Bildhauer, *Porto 1588(?), †Madrid 1683(?), bed. Vertreter der →Estofado-Skulptur in Kastilien, schuf realist., farbig gefaßte Heiligenfiguren wie den Hl. Bruno (in der Kartause von Miraflores und in Madrid, Academia de S. Fernando).

Pereslawl-Salesskij, Stadt im Gebiet Jaroslawl, Russ. SFSR, 33 000 Ew. – 1156 als Festung gegr., war P.-S. 1175–1302 Hauptstadt des Fstt. Pereslawl. Ältestes und bedeutendstes Bauwerk der Stadt ist die Verklärungskathedrale (1152–57; Freskenfragmente der 2. H. des 12. Jh.), eine Vierpfeilerkirche, mit ihrer gegliederten Fassade ein frühes Beispiel der auf Schmuckwirkung bedachten Bauschule von Wladimir-Susdal. Aus dem 16. Jh. stammen die Zeltdachkirche des Metropoliten Pjotr (1585), Kathedrale (1561–64) und Mariä-Verkündigungskirche des Nikita-Klosters sowie die Troize-Kathedrale (1530–32; Wandmalereien 1662–68) des Troize-Danilow-Klosters.

Performance, P. Art [pəf'ɔ:məns ɑ:t, engl.], eine aus den USA (v. a. New York) stammende Form der Aktionskunst, die in den 1970er Jahren weitgehend an die Stelle von Fluxusveranstaltungen und Happenings trat. Vom Happening unterscheidet sich die P. durch die Trennung von Künstler und Publikum und den Verzicht auf die Durchdringung von Kunst und Leben. Die P. wird meist von einem einzelnen Künstler vorgeführt, der zugleich Autor ist und ein hohes Maß an subjektiven Erfahrungen einbringt. Die Stilmittel reichen über die Demonstration extremer psychophys. Belastung (B. D'ARMAGNAC, S. BRISLEY, GINA PANE, H. SCHOBER) bis zur Körperchoreographie (GILBERT & GEORGE, VALIE EXPORT, REBECCA HORN, ELKE KARRENBERG). Verbindungen bestehen zur Body Art (V. ACCONCI), Videokunst (ULRIKE ROSENBACH, FRIEDERIKE PEZOLD) und zum Pattern Painting (TINA GIROUARD, R. KUSHNER).

J. SCHILLING: Aktionskunst (1978).

Pergament [n. der antiken Stadt Pergamon], dünn geschabte, mit gelöschtem Kalk behandelte Ziegen- oder Schafshäute. P. soll erstmals im 3. Jh. v. Chr. in Pergamon hergestellt worden sein. Vor der Erfindung des Papiers war P. neben Papyrus das einzige Material für Bücher und damit auch Träger für Buchmalerei. – **P.-Leim,** Maltechnik: →Warmleim aus P.-Abfällen.

Pergamon, Pergamos, antike Stadt in NW-Kleinasien, an der Stelle der heutigen türk. Stadt **Bergama.** P. war Hauptstadt des um 280 v. Chr. gegr. Pergamen. Reiches der Attaliden-Dynastie und Zentrum grch.-hellenist. Kultur. Die hellenist. Stadt wurde auf dem 333 m hohen Burgberg in Terrassen angelegt, in röm. Zeit (seit 133 v. Chr.) wuchs die Stadt weit in die Ebene hinaus. – Die dt. Ausgrabungen begannen 1878 (unter C. HUMANN, A. CONZE, W. DÖRPFELD, T. WIEGAND, E. BOEHRINGER u. a.).

Am Fuß des Berges breitete sich um die untere Agora die grch. Unterstadt aus, darüber erstreckte sich die Mittelstadt, die, wesentlich im Zustand der röm. Kaiserzeit, Gymnasien, das Heiligtum der Hera Basileia und das Demeter-Heiligtum enthielt. In beträchtl. Abstand folgte die steil ansteigende Oberstadt auf versch. Terrassen: Über der Oberen Agora erhob sich der unter EUMENES II. geschaffene Bezirk des dem Zeus gew. Altars (→Pergamonaltar). Oberhalb davon lag der Athene-Tempel aus der 1. H. des 3. Jh. v. Chr., das Hauptheiligtum der Stadt. Sein Bezirk wurde von ATTALOS I. nach seinen Siegen überreich ausgestattet (→Attalische Weihgeschenke) und von EUMENES II. prachtvoll mit Säulenhallen umgeben; hier befanden sich (auf der N-Seite) die bed. Bibl. mit 200 000 Schriften und die erste bekannte Kunstsamml. Auf der höchsten Spitze der obersten Terrasse lagen zahlreiche zum Königspalast gehörende Gebäude und die gewaltige Tempelanlage des TRAJAN (Traianeum) aus dem 2. Jh. n. Chr., ein korinth. Peripteros (58 × 68 m groß; der Bau wird z. Z. teilweise wiederaufgerichtet). In den W-Abhang des Burgbergs schnitt, über einer etwa 250 m langen Terrasse mit einem ion. Tempel des Dionysos, das Theater ein. Von der in der Ebene liegenden röm. Stadt sind eine riesige Platzanlage, ein mächtiger Ziegelbau der 1. H. des 2. Jh. v. Chr. (›Rote Halle‹), ferner Reste eines Theaters, eines Amphitheaters und eines Stadions erh. Eine hl. Straße mit überdachten Säulenhallen verband die Stadt mit dem im 3. Jh. v. Chr. gegr. Asklepios-Heiligtum (Asklepieion), einem von Säulenhallen umgebenen Bezirk mit hl. Quelle. In der Zeit seiner Hauptblüte, im 2. Jh. n. Chr., als der Arzt GALEN hier wirkte, wurde es mit dem Asklepios-Tempel, einem mächtigen Kuppelrundbau, und einem Theater ausgestattet.

Während alle späteren Ausgrabungsfunde in der Türkei verblieben, gelangten die Funde der 1. Grabungskampagne nach Berlin, wo sie in dem nach Plänen von A. MESSEL 1930 fertiggestellten P.-Mus. aufgestellt sind. – Das Grab von C. HUMANN, dem Entdecker des P.-Altars, befindet sich auf der Oberen Agora.

Pergamonaltar (Berlin-Ost, Pergamon-Museum)

Die Altertümer von P., hg. v. Dt. Archäolog. Institut, 13 Bde. (1885–1981); EVA TÖPPERWEIN: Terrakotten von P. (1976); ELISABETH ROHDE: P., Burgberg und Altar (Neuausg. 1982).

Pergamon|altar, der in →Pergamon von EUMENES II. zw. 180 und 160 v. Chr. errichtete Monumentalaltar; den annähernd quadrat. Unterbau (36,44 × 34,20 m) schmückte ein 120 m langer, 2,30 m hoher Figurenfries (Darstellung des Kampfes der Götter gegen die Giganten). Der Oberbau, von einer ion. Säulenhalle umgeben, trug einen weiteren Fries mit Szenen aus dem Leben des mythischen Gründers von Pergamon, Telephos. Friese und Architekturteile wurden am Ende der 1. Grabungskampagne (1878–86) nach Berlin gebracht, aufgebaut und rekonstruiert (Pergamon-Mus.).

Pergamon-Museum, Teil der →Staatlichen Museen auf der Museums-Insel in Berlin-Ost. Wichtigstes Exponat ist der →Pergamonaltar. Das P.-M. hat neben dem Louvre und dem Brit. Mus. die bedeutendste Antikensamml. außerhalb des grch. Raumes. Im P.-M. befinden sich ferner das Vorderasiat. und Islam. Mus., das Mus. für Völkerkunde und die Ostasiat. Sammlung.

Perge, antike Stadt in Kleinasien, nordöstlich von Antalya, von grch. Kolonisten gegr.; im 2. Jh. v. Chr. gehörte P. zum Pergamen. Reich, fiel dann an Rom und erlangte in der röm. Kaiserzeit Bedeutung. Baul. Überreste bes. aus dieser Zeit: Stadtmauer mit Altem Tor, Säulenstraßen, Agora, Stadion, Theater. Von dem in der Antike berühmten Artemis-Tempel sind noch keine Baureste gefunden.

Pergola [ital.], Laubengang, dessen Stützen durch Holzbalken verbunden sind, um rankenden Pflanzen Halt zu geben.

Périgueux [perig'ø], Hauptstadt des frz. Dép. Dordogne, an der Isle, 37 700 Ew.; kath. Bischofssitz. Älteste Bauten sind Reste der galloröm. Stadtmauer und ei-

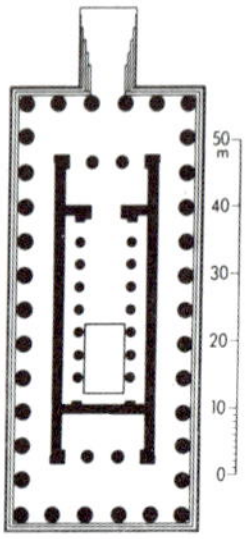

Peripteros: Grundriß des Zeustempels von Olympia; um 460 v. Chr.

nes Amphitheaters (3. Jh.) sowie der Turm Vésone (Rest eines galloröm. Vesuna-Tempels). Die Kathedrale St. Front (Neubau nach 1120 beg., im 19. Jh. verändernd restauriert), ein kreuzförmiger Bau mit 5 Kuppeln, und die Kirche St. Étienne (12. Jh.), einst ein Saalbau mit 3, seit der Zerstörung in den Religionskriegen (16. Jh.) nur noch 2 Kuppeln, sind Hauptbeispiele Aquitan. Kuppelkirchen. In der Altstadt liegen ferner das Schloß Barrière (12.–16. Jh., auf röm. Resten) sowie Bürgerhäuser des 15.–18. Jh. Im Mus. du Périgord v. a. Samml. vorgeschichtl. und röm. Funde, Gemälde.

Perikopenbücher, liturg. Bücher, in denen zur Verkündigung best. Abschnitte (Perikopen, grch. ›Verstümmelung‹, ›Abschnitte‹) der Hl. Schrift zusammengestellt waren. Sie wurden im MA. meist kunstvoll geschrieben, illuminiert und kostbar gebunden. Das bedeutendste Beispiel ist das P. Heinrichs II. (BILD ottonische Kunst; →Reichenauer Malerschule, Liuthar-Gruppe) und das P. Heinrichs III. (→Echternacher Malerschule).

Peripteros [grch.] *der,* **Peripteraltempel, Ringhallentempel,** antiker Tempel, der von einer einfachen Säulenstellung (Peristase) rings umgeben ist.

Peristase, Peristasis [grch.] *die,* Säulenkranz, der die Cella des grch. Tempels (Peripteros) rings umgibt.

Peristyl [grch.] *das,* lat. **Peristylium,** ein von Säulen umgebener Raum. Seit dem 4. Jh. v. Chr. gehört das P. zur repräsentativen Architektur der grch. Stadt als Teil der Agora, des Buleuterions, einer Bibl. oder Palästra; seit der hellenist. Zeit bildet es den Säulenhof des Wohnhauses, oft mit Mosaiken, Wasserbecken, Blumenbeeten ausgestattet. Auch in der röm. Architektur spielt das P. in der Anlage von Villen und Palästen eine bed. Rolle. (BILD Haus)

Perl|arbeiten, kunsthandwerkl. Arbeiten, wie Schmuck, Verzierungen an Kleidern, Gebrauchsgegenständen, Möbeln u. a., zu denen neben echten und künstl. →Perlen in vielen Kulturen perlenähnl. Gebilde aus versch. Materialien (Glas, Holz, Schmucksteinen, Korallen, Muschelschalen und Schneckenhäusern) verwendet wurden, so farbige →Glasperlen im abendländ. und byzantin. Bereich für die **Perlstickerei** (auf kult. Gewändern, Altardecken, Kleidern der Vornehmen, Buchhüllen u. a.).

Indianer Nordamerikas verwendeten aus Muscheln und Schnecken geschliffene Perlen für gewebte Gürtel (→Wampum). Für Stickereien wurde dieses Material unter europ. Einfluß durch Glasperlen ersetzt; das erlaubte eine feinere Ausarbeitung der Verzierungen. Andere Werkstoffe wie Stachelschweinborsten (→Quillwork) und Elchhaare wurden dadurch verdrängt.

Ozeanien. In Mikronesien waren Perlen aus Korallen und Muscheln Schmuck der Gürtel; Kaurischnekken und Abschnitte von Nassaschnecken wurden dagegen v. a. in Neuguinea auf Gürtel und Bänder aus Kokosbast, Geflecht oder Maschenstoff aufgenäht. Bes. perfekte Perlenstoffe aus traditionellen, später europ. Perlen sind Zierschurze und Armreifen auf →Manus. Den P. ähnlich sind Arbeiten aus verschiedenfarbigen

Samen, entweder mit Hilfe von Fäden eingearbeitet oder mit Hilfe von Baumharz aufgeklebt (z. B. bei den Marind-anim).

P. sind in großen Teilen Afrikas verbreitet. Materialien sind neben Fruchtkernen v. a. Glasperlen europ., afrikan. und asiat. Herkunft, Metalle, Stein (Bauxit), Schmuckstein (u. a. Carneol, Achat) sowie Kunststoff. Bes. verbreitet sind P. bei Volksgruppen mit höf. Kultur (Kuba, Pende, Benin, Yoruba, Bamum), aber auch bei Viehzüchter-Stämmen Zentral-, Ost- und Südafrikas. Meist werden die Perlen auf gewebte Stoffe, Rindenstoff oder Leder appliziert oder auch als eigenständige Gebilde in Gestalt netz- oder vorhangartig miteinander verknüpfter Schnüre als Kronen oder Tanzaufsätze (Benin und Yoruba) verwendet oder als solche über Kalebassen, Stäbe u. a. gezogen. Die Muster sind meist geometr. Art, gelegentlich werden auch Figuren und Gesichter herausgearbeitet (Yoruba). BILDER Bamum, Kameruner Grasland

W. C. ORCHARD: Beads and beadwork of the North American Indians (New York [2]1972); L. E. JEFFERSON: The decorative arts of Africa (ebd. 1973); W. FAGG: Yoruba beadwork (ebd. 1980).

Perleberg, Stadt in der Westprignitz, Dt. Dem. Rep., 15 000 Ew.; spätgot. Stadtkirche (14.–15. Jh.), in der Ausstattung großer Standleuchter (Messingguß 1475); neugot. Rathaus (um 1850) mit ma. Gerichtslaube (15. Jh.) und steinernem Roland (1546); Fachwerkhäuser (v. a. 17. Jh.).

Perlen, erbsen-, selten walnußgroße, kugel- oder tropfenförmige Gebilde, meist aus →Perlmutter. Sie entstehen als natürliche **(Natur-P.)** oder künstlich angeregte **(Zucht-P.)** Wucherungen, v. a. der Perlmuschel. **Künstl. P. (P.-Imitationen)** werden seit Jahrhunderten nach unterschiedl. Verfahren hergestellt, heute z. T. aus Kunststoff mit perlmutterartigen Zusätzen.

Kulturgeschichte. Echte P. waren, wie assyr. und pers. Reliefs zeigen, im Zweistromland schon früh bekannt und wurden zu Schmuck verarbeitet. Erst im späten Hellenismus und in Rom erlangte P.-Schmuck jedoch größere Bedeutung. Herkunftsländer waren damals Indien und die Randgebiete des Pers. Golfs. Im MA., in dem die P. als Sinnbild der Liebe Gottes gelten konnten, dienten sie häufig zur Verzierung von Kruzifixen, Reliquiaren, Kultgeräten und Gewandungen **(Perlstickerei).** Auch an Insignien und Schmuckstükken traten P. auf. Als Folge der Kreuzzüge gelangten mehr P. aus dem Orient nach Europa. Auf fürstl. Porträts des 16.–18. Jh. ist P.-Schmuck regelmäßig anzutreffen. (→ Perlarbeiten)

Perl|leim, Maltechnik: Warmleim, der in Perlform in den Handel kommt.

Perlmutter *die,* **Perlmutt** *das,* innerste Schicht der Schale von Muscheln und Schnecken. P. wird seit alters bes. im islam. Kunsthandwerk und in S- und O-Asien zu Einlegearbeiten (→Lackkunst) verwendet. In byzantin. Mosaiken wurde es v. a. zur Erzielung von Lichtwirkungen verwendet. Seit dem späten MA. für Reliefschnitzereien (Medaillons, Mantelschnallen, Paxtafeln), in der Renaissance auch für Bildnismedaillen, bes. aber für

Balthasar Permoser: Satyrhermen am Wallpavillon des Dresdner Zwingers, 1711–22

Intarsia, im 17. und 18. Jh. für Prunkmöbel (A. C. BOULLE) und Chinoiserien.

Perlstab, Baukunst: Rundprofil, →Astragal 2).

Perlstickerei, →Perlarbeiten.

Permeke, Constant, belg. Maler, Bildhauer, *Antwerpen 31. 7. 1886, †Ostende 4. 1. 1952, seit etwa 1913 Hauptvertreter eines lyrisch-monumentalen belg. Expressionismus. Seine Bilder stellen v. a. Bauern und Fischer dar, die in schweren, erdigen Farben und großflächiger Zeichnung derb und urwüchsig gestaltet sind.

Permoser, Balthasar, Bildhauer, getauft Kammer bei Traunstein 13. 8. 1651, †Dresden 20. 2. 1732, lebte (ab 1675) lange Zeit in Italien und wurde 1689 Hofbildhauer in Dresden. Vorübergehend arbeitete P. auch für den Berliner Hof (2 Atlanten für das Stadtschloß, heute am Portal des Gebäudes des Staatsrates der Dt. Dem. Rep.). Sein HW sind die Skulpturen des Dresdner Zwingers, v. a. 6 der 12 Satyrhermen am Wallpavillon (1711–22). – P. verarbeitete Motive der griechisch-röm. Antike und bildete den Stil von G. L. BERNINI (auch von A. ALGARDI, F. DUQUESNOY und P. PUGET) selbständig weiter. Er wurde damit zu einem wichtigen Bindeglied zw. der ital. und der dt. Barockskulptur, deren bedeutendster Gestalter er neben A. SCHLÜTER ist. In der schwingend-leichten Bewegung und den stillen Gesten seiner Elfenbeinwerke klingt bereits ein ›Protorokoko‹ an. – Die Tradition seiner Werkstatt wirkte (durch seinen Schüler P. EGELL und dessen Schüler J. J. KÄNDLER) bis in die 2. H. des 18. Jh. fort.

WW: Figurenschmuck (um 1686–89; Florenz, SS. Michele e Gaetano, Giebelfiguren und Wappen über dem Hauptportal). – **Kleinbildwerke aus Elfenbein** (Dresdner Frühzeit): Jupiter (Dresden, Grünes Gewölbe); Herkules und Omphale (ebd.); Selene und Endymion (um 1675/77; Braunschweig, Mus.); Frühling und Sommer (1695; ebd.); Herbst und Winter (1695; Leeds, Harewood House); Jahreszeiten (Dresden, Grünes Gewölbe). – Apotheose des Prinzen Eugen (1718–21; Wien, Barockmus.); Kirchenväter Augustinus und Ambrosius (1725; Dresden, Hofkirche); Gegeißelter Christus (um 1728, 2 Fassungen: Schloß Moritzburg und Dresden, ehem. Palais Taschenberg); Kreuzigungsgruppe für sein Grab (1730/31; Dresden-Friedrichsstadt, kath. Friedhof).

S. ASCHE: B. P. Leben und Werk (1978).

Pernstein, tschech. **Pernštejn** [-ʃtɛjn], Ort im Südmähr. Kr., ČSSR, im NW von Brünn. – Auf einem Bergvorsprung über dem Fluß Svratka liegt die spätgot. Burg des mähr. Adelsgeschlechts Pernštejn. Die Burg ist von Gräben und Mauern mit Toren und Türmen umgeben, sie wurde im 15./16. Jh. erweitert und ist in diesem Zustand fast unverändert bis heute erh. (Rokoko-Wandmalereien). In der Burg befinden sich u. a. Waffensamml., Möbel, Gemälde.

Perow, Wassilij Grigorjewitsch, russ. Maler, *Tobolsk 2. oder 4. 1. 1834, †Kusminki (heute zu Moskau) 10. 6. 1882, Mitbegründer der ›Peredwischniki‹, seit 1871 Prof. an der Moskauer Kunstschule, schuf neben sozialkrit. Bildern auch Porträts (z. B. 1872 von I. Turgenjew und F. Dostojewskij), behandelte später relig. und histor. Themen.

Perpendicular Style [pə:pənd'ɪkjʊlə staɪl, engl.],

Spätphase der got. Architektur Englands zw. 1340 und 1530, die nach dem bevorzugten Maßwerksystem aus engen, horizontal unterteilten senkrechten Bahnen benannt ist. Die als Blendmaßwerk den Wandflächen aufgelegte Gitterstruktur charakterisiert auch die engmaschigen Netz- und Fächergewölbe. Während die Frühphase (→Gloucester) noch von einer flächenhaften Anordnung ähnlich dem Decorated Style bestimmt ist, wird die weitere Entwicklung des P. S. von einer zunehmenden Betonung der Körper- und Raumwerte definiert. Zur Spätphase des P. S. →Tudor Style.

Perpignan [pɛrpiɲ'ã], katalan. **Perpinyà** [-piɲ'a], Hauptstadt des frz. Dép. Pyrénées-Orientales, in der Küstenebene des Roussillon rechts der Têt, 108 000 Ew.; kath. Bischofssitz. P. gehörte 1276–1344 zum Kgr. Mallorca, das 1344 mit dem Kgr. Aragonien vereinigt wurde, 1659 kam es zu Frankreich. P.s histor. Gebäude stammen v. a. aus got. Zeit. Die Kathedrale St. Jean (14.–16. Jh.) besitzt ein prächtiges Langhaus in üppiger südfrz. Spätgotik und zahlreiche Altäre des 17. Jh. Weitere Kirchen sind Ste. Marie-la-Réal (14. Jh.) und St. Jacques in got. und klassizist. Formen. Bemerkenswert ist der ›Castillet‹ (im 14. Jh. als Torbau errichtet, 1478 in ein befestigtes Schlößchen umgebaut) und die ›Loge de Mer‹ (span. Lonja), die ehem. Börse von 1397 (westl. Gebäudeteil 1540). In der Zitadelle (16.–17. Jh.) liegt der Palast der Könige von Mallorca (13./14. Jh.). Im Mus. Rigaud Gemälde des in P. geborenen H. RIGAUD, katalan. Fayencen und archäolog. Abteilung.

Perrault [pɛr'o], Claude, frz. Baumeister, *Paris 25. 9. 1613, †ebd. 8. oder 9. 10. 1688. Sein HW ist die O-Fassade des Louvre (als Bauidee nicht von ihm allein, doch 1667 nach seinen Plänen begonnen), mit der er sich gegen G. L. BERNINIS Entwürfe durchsetzte und deren klare und in ihrer Einfachheit monumentale Gliederung vollendeter Ausdruck einer klass. Gesinnung ist, die er auch in seinen architekturtheoret. Schriften vertrat. P. war ein Hauptvertreter des →Classicisme. Von seinen Bauten ist weiterhin die Pariser Sternwarte zu nennen (1668–71).

Schriften: Les dix livres d'architecture de Vitruve (1673); L'ordonnance des cinq espèces de colonnes selon la méthode des anciens (1683).

W. HERRMANN: The theory of C. P. (London 1973).

Perréal [pɛre'al], Jean, auch **Jean de Paris** [ʒãdəpar'i], frz. Maler, Bildhauer, Baumeister, nachgewiesen seit 1483 als Künstler im Dienst der Könige KARL VII., LUDWIG XII. und FRANZ I., †Paris (?) 1530. Erh. Werke des vielseitig begabten, mit LEONARDO DA VINCI bekannten, auch als Porträtmaler tätigen P. sind nicht nachzuweisen. Der Versuch, ihn mit dem →Meister von Moulins zu identifizieren, gilt heute als gescheitert.

Perret [pɛr'ɛ], Auguste, frz. Architekt, *Brüssel 12. 2. 1874, †Paris 4. 3. 1954, arbeitete sehr früh mit den architekton. Möglichkeiten des Stahlbetons, v. a. in Stützen-Balken-Systemen, und gewann damit großen Einfluß auf frz. und schweizer. Architekten der 20er Jahre.

HW: Paris: Wohnhaus, 25 bis, Rue Franklin (1903); Garage Rue Ponthieu (1905/06); Théâtre des Champs-Élysées (1910/13, mit H.

VAN DE VELDE); Marinelaboratorien (1928); Musée des Travaux Publics (1937). – Lagerhallen, Casablanca (1915); Kirche Notre-Dame, Le Raincy (1922/23). – Wiederaufbau von Le Havre (nach 1945).

Perronneau [pɛrɔn'o], Jean-Baptiste, frz. Maler, *Paris 1715, †Amsterdam 20. 11. 1782 oder 19. 11. 1783, der bedeutendste Pastellmaler des frz. Rokoko neben M. Q. DE LA TOUR, schuf in Paris, in der Provinz und vielen europ. Ländern Porträts von erlesener Farbigkeit, v. a. aus bürgerl. Kreisen.

Persephone, lat. **Proserpina,** grch. Mythos: die Göttin der Unterwelt, Tochter des Zeus und der Demeter, Gemahlin des Hades, der sie geraubt hatte. P. wurde v. a. als Kore zus. mit Demeter (Votivrelief, 5. Jh. v. Chr., Eleusis, Mus.) und als Herrscherin über die Unterwelt mit Hades (Votivrelief, 5. Jh. v. Chr., Reggio di Calabria, Nat.-Mus.), auch mit Aphrodite im Streit um Adonis (apul. Pelike, Mitte 4. Jh. v. Chr., Neapel, Archäolog. Nat.-Mus.) dargestellt. Ihr Raub wurde in der Neuzeit (16. und 17. Jh.) ein bevorzugtes Thema der Kunst (P. BRUEGEL d. J., REMBRANDT, P. P. RUBENS).

Persepolis, Palastanlage der Achaimenidenkönige in SO-Iran (KARTE Alter Orient). P., von DAREIOS I. um 518 v. Chr. gegr. (auf goldenen und silbernen Tafeln wurden Gründungsinschriften gefunden), wurde von seinen Nachfolgern XERXES I., ARTAXERXES I. und II. weiter ausgebaut, von ALEXANDER D. GR. 330 v. Chr. zer-

Persepolis, um 518 v. Chr. gegründet; im rechten Bildteil das Apadana, gegenüber (linker Bildteil) der Hundertsäulensaal

stört. P., das besterhaltene antike Monument Vorderasiens, stellt einen Höhepunkt achaimenid. Bau- und Bildkunst dar.

Zu der 20 m hohen, künstlich angelegten Terrasse führt eine Freitreppe; durch ein Tor mit gewaltigen Flügelstieren und doppelläufigen Treppen gelangt man in den Hof des Apadana, dessen Wand- und Treppensokkel mit 70 m langen Relieffriesen verziert sind: eine Vielzahl gleich großer, wenig bewegter Figuren, Abgesandte des Weltreichs darstellend, die sich anläßlich der Feier des Neujahrsfestes hier versammelten, dem König zu huldigen und ihm Tribut zu entrichten (BILD achaimenidische Kunst). Die 25 m hohen kannelierten Säulen auf Glockenbasen haben Kompositkapitelle mit Tierprotomen (Stiere, Löwengreife, Vogelgreife). Reichen, früher bemalten Reliefschmuck (der König von Dienern mit Sonnenschirm und Wedeln umgeben oder auf dem hohen Thron sitzend) tragen auch die dahinter gelegenen Empfangspaläste des Dareios und Xerxes sowie eine zentrale Toranlage; diese stellt die Verbindung vom öffentl. Teil zur Wohnanlage des Königs dar mit dem wiederaufgebauten Harem (jetzt Mus.), dem aus Lehmziegeln errichteten, mehrfach umgebauten ›Schatzhaus‹ (in Wirklichkeit der Wohnpalast mit mehr als 100 Räumen und Sälen), dem Marstall und dem Garnisonsgebäude. Der riesige Hundertsäulensaal (70 × 70 m), ebenfalls mit Reliefs geschmückt, wurde unter Artaxerxes I. (465–24) voll.

Obwohl in P. nachweislich Künstler vieler im Perserreich vereinigter Nationen tätig waren und urartäische, assyr., ägypt., babylon. und grch. Einflüsse unverkennbar sind, entstand hier eine Gesamtanlage von großer Geschlossenheit, in der sich ein eigener pers. Kunststil ausdrückt. Besucherinschriften und spätere Einbauten lassen das bleibende Interesse der Perser an dieser Stätte erkennen, die im MA. als Palast des myth. Urkönigs Djamschid angesehen wurde. – Die mehrfach vorgetragene These, P. sei als reine Kultstätte und nicht als profane Residenz benutzt worden, ist nicht aufrechtzuerhalten.

R. GHIRSHMAN: Protoiranier, Meder, Achämeniden (a. d. Frz., 1964); F. KREFTER: P.-Rekonstruktionen (1971); G. WALSER: P., Die Königspfalz des Darius (1980).

Perserschutt, Trümmer (v. a. Bau- und Skulpturenreste) der von den Persern 480 v. Chr. zerstörten Akropolis von Athen; sie wurden als Füllmaterial bei der kurz danach beginnenden Neugestaltung der Akropolis verwendet. Bei Ausgrabungen in der Neuzeit stellten die Funde aus dem P. eine wichtige Datierungshilfe für die grch. Kunstgeschichte dar.

Perservase, apulischer Volutenkrater (3. Viertel 4. Jh. v. Chr.), dessen Hauptbild den Thronrat des pers. Königs DAREIOS I. vor seinem Feldzug nach Griechenland darstellt (Neapel, Archäolog. Nat.-Mus.).

Perseus, grch. Mythos: ein Heros aus Argos, Sohn des Zeus und der Danae, der von Polydektes (König der Insel Seriphos) auf Abenteuer ausgesandt wurde. Nachdem er sich Tarnkappe, Zaubertasche und Flügelschuhe errungen hatte, tötete er die Gorgo Medusa, deren Haupt Pegasus entsprang. Andromeda befreite er von einem Seeungeheuer und vermählte sich mit ihr. Dann befreite er seine Mutter von Polydektes mit Hilfe des Medusenhauptes, das Polydektes versteinern ließ. Schließlich schenkte er das Haupt der Medusa Athena, die es auf ihrer Aigis trug. Schon seit dem frühen 7. Jh. v. Chr. sind Darstellungen des Gorgonenabenteuers nachweisbar (böot. Reliefamphora, 7. Jh. v. Chr., Louvre; Metope des Tempels C von Selinunt, 6. Jh. v. Chr., Palermo, Mus.). Die Befreiung der Andromeda wurde erst später dargestellt (korinth. Amphora, 6. Jh. v. Chr., Berlin-West, Staatl. Mus.) und gewann bis in die Spätantike auf Wandbildern (Pompeji), Mosaiken und Reliefs zunehmende Bedeutung, die sie in der neuzeitl. Kunst bis in die Moderne wiedererlangt hat (TINTORETTO, TIZIAN, A. CARRACCI, P. P. RUBENS, G. B. TIEPOLO, O. REDON, M. BECKMANN, S. DALÍ).

Pershore [p'əːʃɔː], Ort südöstlich von Worcester, Mittelengland, mit 689 gegr. Abtei. Die roman. Abteikirche (beg. um 1100) war urspr. eine flachgedeckte Querhausbasilika; der 1239 gew. frühgot. Umgangschor erhielt nach 1288 ein Flechtrippengewölbe. Nach Auflösung des Klosters 1539 wurden der westl. Langhausteil und der N-Querarm abgebrochen; die östl. Lady Chapel wurde 1847 angefügt.

persische Kunst, die →iranische Kunst seit der Herrschaft der altpers. Dynastie der Achaimeniden im 7. Jh. v. Chr. (→achaimenidische Kunst); i. w. S. auch die Kunst unter den nachfolgenden Dynastien der Parther, Sassaniden (→parthische Kunst, →sassanidische Kunst) sowie die Kunst Persiens seit islam. Zeit (→islamische Kunst).

persischer Knoten, Sennẹh-Knoten, Knüpftechnik bei →Orientteppichen.

Persisch|rot, Maltechnik: rote →Erdfarbe, auch →Hämatit.

Persius, Ludwig, Baumeister, *Potsdam 15. 2. 1803, †ebd. 12. 7. 1845, Schüler von K. F. SCHINKEL, schuf (meist gemeinsam mit Schinkel) Kirchen und Profanbauten in historisierenden, bes. roman. Stilformen (Rundbogenstil).

HW: Charlottenhof (1824; Sanssouci, Park, z. T. nach Entwürfen Schinkels); Erweiterungsbauten von Schloß Sanssouci (seit 1840); Heilandskirche (1841–43; Sacrow); Kuppel der Nikolaikirche (1842–50; Potsdam, unter Abänderung von Schinkels Plan); Friedenskirche (1843 ff.; ebd.).

L. P., Das Tagebuch des Architekten Friedrich Wilhelms IV. 1840–45, hg. v. EVA BÖRSCH-SUPAN (1980).

Perspektịve [lat.], die Darstellung räuml. Gebilde in einer ebenen Zeichenfläche in der Weise, daß der Gegenstand auf der Bildfläche unter den gleichen Sehbedingungen erscheint wie als Körper im Raum, also in der von vorn nach hinten fortschreitenden Verkürzung, Größenabnahme, Änderung von Beleuchtung und Farbe. Bei der **Zentral-P.** laufen die von der Bildebene in die Tiefe führenden Geraden (Fluchtlinien) auf einen gemeinsamen Punkt (Fluchtpunkt) zu. Dieser ist bei den senkrecht zur Bildfläche laufenden Geraden zugleich identisch mit dem Augenpunkt. Die durch den

Perspektive: Perspektivische Darstellung (ein Fluchtpunkt), Betonung der Horizontalparallelen; Tintoretto, Abendmahl, 1594 (Venedig, S. Giorgio Maggiore)

Augenpunkt laufende waagerechte Gerade ist die Horizontlinie.

Geschichte. In der europ. Kunst sind 2 Epochen perspektiv. Darstellung zu unterscheiden: die antike und die nachmittelalterl. Gegen Ende des 6. Jh. v. Chr. entdeckten die Griechen die **Körper-P.**, d. h. die Darstellung der Figuren in Verkürzungen und Schrägansichten. Von dieser gelangten sie im späteren 5. und 4. Jh. zur **Raum-P.**, der ›Skenographia‹ (Bühnenmalerei), die der Ausgangspunkt raumperspektiv. Darstellungen gewesen sein dürfte. Annäherungen an die Zentral-P. finden sich auch in den Wandmalereien des 2. Pompejan. Stiles, deren Raumeindruck häufig, trotz der nicht in allen Einzelheiten durchgeführten Perspektivkonstruktion, einheitlich und überzeugend wirkt.

Schon in der Spätantike, bes. aber im MA., verlor die illusionist. Darstellung des Raumes stark an Bedeutung. Das Größenverhältnis der Figuren wurde von ihrer Bedeutung bestimmt **(Bedeutungs-P.)**. Dadurch kam es zu Erscheinungen wie der ›umgekehrten P.‹, bei der perspektivisch verkürzte Einzelheiten des Bildes unverstanden aus der Vorlage entnommen wurden. Diese ›Versatzstücke‹ sind Anleihen aus der Spätantike oder dem byzantin. Bereich und lassen sich keinem einheitl. Fluchtpunkt zuordnen.

Der **Zentral-P.** gingen die Raumdarstellungen GIOTTOS und DUCCIOS voraus (›Kastenraum‹), die Brüder LORENZETTI kannten schon die Bedeutung der Fluchtpunkte. Die konstruierte Zentral-P. und ihre theoret. Begründung ist erst eine Leistung der Frührenaissance. F. BRUNELLESCHI gilt als ihr Erfinder (um 1410/20), L. B. ALBERTI war der erste, der das Bild als ›ebenen Durchschnitt durch die Sehpyramide‹ definierte (um 1435).

Als erstes einheitlich zentralperspektiv. Bild gilt MASACCIOS Dreifaltigkeitsfresko in S. Maria Novella in

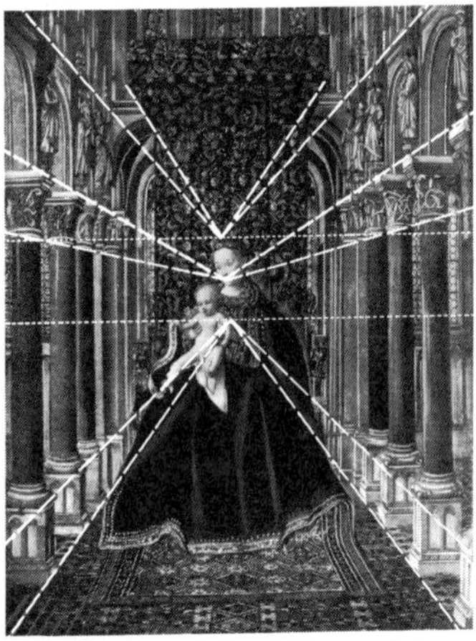

Perspektive: OBEN LINKS Raumdarstellung (Kastenraum) ohne Fluchtpunkt; Giotto, Jesus vor den Hohepriestern, Fresko um 1305 (Padua, Arena-Kapelle); OBEN RECHTS Beginn der Zentral-Perspektive; Masaccio, Dreifaltigkeit, Fresko um 1427 (Florenz, S. Maria Novella); RECHTS Perspektivischer Aufbau mit verteiltem Fluchtpunkt; J. VAN EYCK, Maria mit Kind (Dresden, Gemäldegalerie)

Florenz (um 1427). Auch die frz. und burgundisch-niederländ. Malerei des 14. Jh. machte große Fortschritte in der Raumdarstellung und kam durch JAN VAN EYCK gleichzeitig mit der ital. Frührenaissance zu einer Annäherung an die Zentral-P. Ihre Erfindung in der Renaissance ist ein Zeugnis für die erstrebte Rationalisierung des künstler. Schaffens, das dem wissenschaftl. ebenbürtig sein sollte. LEONARDO DA VINCI und A. DÜRER haben sich in ihren Schriften am stärksten darum bemüht. Leonardo da Vinci untersuchte auch als erster die Ursachen der Nah- und Fernwirkung der Farbwerte und die Auflösung der Konturen, die zur **Luft-** oder **Verschleierungs-P.** und **Farb-P.** führten. In diesem Anwendungsbereich gelangten die venezian. Malerei im 16. und 18. Jh. und die niederländ. Malerei des 17. Jh.

zu größtmögl. Vollkommenheit. Eine virtuose Spielerei der verzerrten P. ist die →Anamorphose. Mit weiteren illusionist. Stilmitteln wurde in der barocken Deckenmalerei die zentralperspektiv. Sicht verändert. So wurde z. B. die Untersicht der **Frosch-P.** v. a. bei großformatigen Gemälden, bes. in der barocken Wand- und Deckenmalerei, verwendet, um die Raumillusion zu steigern. Die Aufsicht der **Kavalier-** oder **Vogel-P.** wurde im 16. Jh. bei der Darstellung großer Landschaftsüberblicke bevorzugt (A. ALTDORFER, ›Die Alexanderschlacht‹ 1529, München, Alte Pinakothek). Der Impressionismus lehnte die linearperspektiv. Darstellung ab, der Kubismus stellte mehrere perspektiv. Ansichten desselben Gegenstandes dar.

H. SCHÜLING: Theorien der malerischen Linear-P. vor 1601 (1973); E. H. GOMBRICH: Kunst u. Illusion (a. d. Engl., 1978).

Perth [pə:θ], Hauptstadt von Western Australia, 883 600 Ew. Die 1829 gegr. Stadt hat sich erst in jüngster Zeit rasch entwickelt. In der Art Gallery of Western Australia eine Samml. brit. u. a. europ. sowie austral. Kunst; ferner eine umfassende Samml. von Stammeskunst aus Afrika, SO-Asien und Australien.

Perugia [per'u:dʒa], ital. Stadt und Erzbischofssitz in Umbrien, auf einem Höhenrücken zw. Tibertal und Trasimen. See, 138 000 Ew. P. ist reich an Kunstwerken versch. Epochen. Vom etrusk. Mauerring (3./2. Jh. v. Chr.) blieben große Teile erh. (u. a. 2 monumentale Tore mit Figurenschmuck). Das Stadtbild ist zum großen Teil von Bauten aus der Gotik und der Renaissance geprägt. Im Zentrum der Altstadt liegt die Piazza 4 Novembre mit Dom (eine der wenigen Hallenkirchen Italiens, 1345–1490; im Innern Altarbild von F. BAROCCI; Dom-Mus. mit Gemälde von L. SIGNORELLI), Fontana Maggiore (1277/78, mit Statuen und Reliefs von N. und G. PISANO; nach Erdbeben 1348 erneuert) und Palazzo Comunale, einem der großartigsten ital. Stadtpaläste der Gotik (Ende 13. Jh. beg., 1333–53 umgebaut; hier ist die Gal. Nazionale dell'Umbria untergebracht, v. a. mit Werken der umbrischen Malerei, deren Mittelpunkt P. vom 14. bis 16. Jh. war; →Perugino, →Pinturicchio); an den Palast schließt im S das Collegio del Cambio (Sitz der Geldwechsler) an, 1452–57 erbaut, mit Fresken von PERUGINO und seinen Schülern. Älteste Kirchen P.s sind S. Angelo (ein Zentralbau des 5./6. Jh., im Innern 16 antike Säulen) und S. Pietro (um 1000 errichtet, Veränderungen im 15./16. Jh.; reiche Renaissancemalerei und -dekoration; Marmortabernakel von MINO DA FIESOLE, 1473; qualitätvolles Chorgestühl, 16. Jh.); im Kloster der mächtigen got. Kirche S. Domenico (1305 beg., im 17. Jh. nach Einsturz erneuert) das Mus. Archeologico Nazionale (u. a. Samml. etrusk. und röm. Kunst); das Oratorio di S. Bernardino erhielt 1457–61 eine Fassade von AGOSTINO DI DUCCIO, ein Meisterwerk der Frührenaissance. In der Kapelle der Kirche S. Severo Fresken von RAFFAEL (1505, nach dessen Tod von Perugino voll.). – Um die Stadt liegen ausgedehnte Nekropolen, v. a. hellenist. Zeit, mit reliefgeschmückten Aschenurnen (Volumnier-Grab).

Perugino [perudʒ'i:no], eigtl. Pietro **Vannucci** [van-n'uttʃi], ital. Maler, *Città della Pieve um 1448, †Fon-

Perugino: Vision des Hl. Bernhard; 1489 (München, Alte Pinakothek)

tignano Februar oder März 1523, hauptsächlich in Florenz, Rom und Perugia tätig, nach G. VASARI Schüler von PIERO DELLA FRANCESCA, in Florenz von VERROCCHIO ausgebildet. P. ist der bedeutendste Maler Umbriens; Lehrer von RAFFAEL. In seiner Kunst verbinden sich florentin. Monumentalität und Wirklichkeitstreue mit der Anmut der umbrischen Schule. Seine Wand- und Tafelbilder sind klar und einfach komponiert, die Figuren rhythmisch bewegt. Die Weichheit ihres Ausdrucks wurde von den Nazarenern und Präraffaeliten im 19. Jh. wieder aufgegriffen.

HW: Fresko mit dem Hl. Sebastian (1478; Kirche in Cerqueto); Fresken in der Sixtin. Kapelle in Rom (seit 1480/82; Schlüsselübergabe an Petrus; die beiden anderen erh. Fresken, Taufe Christi und Reise des Moses, von Gehilfen, bes. PINTURICCHIO, ausgeführt). – Tafelbilder: Thronende Madonna mit Heiligen (1493; Florenz, Uffizien); Pietà mit 4 Heiligen (ebd.); Grablegung Christi (1495; ebd., Palazzo Pitti); Vision des Hl. Bernhard (1489: München, Alte Pinakothek). – Fresken der reifen Zeit: Christus am Kreuz (1493–96; Florenz, S. Maria Maddalena dei Pazzi); Allegor. und relig. Fresken (seit 1499; Perugia, Collegio del Cambio).

Peruschtiza, Peruštica, Ort in Bulgarien, südwestlich von Plowdiw an der Stelle einer antiken Siedlung, in deren nördl. Umgebung sich die Ruine der ›roten Kirche‹ befindet, eines bed. Denkmals frühchristl. Architektur wohl aus vorjustinian. Zeit (Anf. 6. Jh.). Die vor einigen Jahrzehnten noch sichtbaren Reste von Wandmalereien aus der Erbauungszeit sind inzwischen verschwunden.

Peruzzi, Baldassare, ital. Baumeister, Maler, getauft Siena 7. 3. 1481, †Rom 6. 1. 1536, Schüler von FRANCESCO DI GIORGIO MARTINI, ging 1503 nach Rom. Dort wurde er von A. CHIGI gefördert, für den er die Villa →Farnesina erbaute. Seit 1520 nach RAFFAELS Tod Baumeister an St. Peter; seit 1529 Dombaumeister in Siena. Nach Rom zurückgekehrt, entstand 1534 ff. der

Baldassare Peruzzi:
Bühnenbildentwurf; um 1520
(Florenz, Uffizien)

Palazzo Massimo alle Colonne, ein bed. Werk der frühen manierist. Architektur in Rom, mit geschwungener Fassade und Säulenportikus. Die Fülle seiner Entwürfe verbindet formale Eleganz mit gründl. Kenntnis der Antike. In der Perspektive erfahren, schuf er Festdekorationen und täuschend raumerweiternde Wand- und Bühnenbilder.

WW: Malereien: Cappella Ponzetti in S. Maria della Pace in Rom (1515); Anbetung der Könige (1521; London, Nat. Gal.); Fresken in der Farnesina, Rom (1534ff.).

C. FROMMEL: Die Farnesina und P.s architekton. Frühwerk (1961); ders.: B. P. als Maler und Zeichner (1967/68); H. W. WURM: Der Palazzo Massimo alle Colonne in Rom (1962).

Pesaro, ital. Seebad und Bischofssitz am Adriat. Meer, nordwestlich von Ancona, 90300 Ew. Der Dom, über röm. Bauresten errichtet (profane Bodenmosaiken des 5./6. Jh. unter dem Kirchenpflaster), hat eine got. Backsteinfassade (um 1300, unvoll.). Got. Kirchenbauten sind S. Francesco und S. Agostino. Für die SFORZA wurden der Palazzo Ducale (15./16. Jh.), die Stadtburg (Rocca Costanza, 1474–79 von L. LAURANA beg., nach 1500 voll.) und, nordwestlich von P., die Villa Imperiale (urspr. 1496 errichtet, Umbau seit 1529 durch G. GENGA; dekorative Wandmalereien) erbaut; in den Musei Civici Gemäldegal. und bedeutendste Majolika-Samml. Italiens, v. a. Produktion aus Werkstätten von P. (Blütezeit 15./16. Jh.) und anderer Manufakturen der Marken; Mus. Oliveriano.

Pesel [nd., aus mlat. pisale ›heizbares Gemach‹] *der,* Prachtstube in alten Bauernhäusern in Schlesw.-Holst.

Pesellino, eigtl. Francesco **di Stefano**, ital. Maler, *Florenz um 1422, †ebd. 29. 7. 1457, malte unter dem Einfluß von FRA FILIPPO LIPPI und FRA ANGELICO vorwiegend Truhen- und Predellenbilder in anmutig erzählendem Stil.

HW: Altarbild der Trinität mit 4 Heiligen (voll. von Fra Filippo Lippi; London, Nat. Gal.).

Peshawar [-ʃ-], Provinzhauptstadt in Pakistan, ehem. Zentrum der Gandhara-Region und Residenz der Kushana-Dynastie. In P. bed. Werke der

Gandhara-Kunst, darunter das Kanishka-Reliquiar aus dem buddhist. Stupa von Shah-ji-ki-Dheri im Museum.

Pesne [pɛːn], Antoine, frz. Maler, *Paris 23. 5. 1683, †Berlin 5. 8. 1757, lernte bei seinem Vater und seinem Onkel C. DE LA FOSSE und ging 1705–10 nach Italien, von wo er 1710 als Hofmaler nach Berlin berufen wurde. Reisen führten ihn an die Höfe von Dessau, Dresden, London und Paris, wo er 1720 Mitgl. der Akad. wurde. Er malte genremäßige Tanz- und Theaterszenen sowie dekorative Wand- und Deckenbilder in den königl. Schlössern Rheinsberg, Charlottenburg, Potsdam (Stadtschloß und Sanssouci) in Anlehnung an N. LANCRET. Seine besten Leistungen sind Porträts bes. von Mitgl. der königl. Familie und des preuß. Hofs in hellem, warmem Kolorit und graziös-freier Auffassung (Berlin-West, Staatl. Museen und Schloß Charlottenburg). Zu seinen Schülern gehörten G. W. VON KNOBELSDORFF und C. B. RODE.

H. BÖRSCH-SUPAN: Die Gemälde A. P.s in den Berliner Schlössern (1982).

Pest [lat.], Infektionskrankheit, die 1348–1666 in versch. Epidemien über Europa verbreitete Lungen- oder Beulen-P.; dargestellt auf Einblattholzschnitten des 15.–18. Jh. und auf P.-Bildern in vielen Kapellen und Kirchen (1480; Graz, Dom u. a.), im Bild bes. als Wirkung von Pfeilen des P.-Engels (so MICHELANGELO, Fresko des Jüngsten Gerichts, 1508–12; Vatikan, Sixtin. Kapelle). – **P.-Säulen** wurden v. a. im Barock errichtet (→Dreifaltigkeitssäulen). – Christus am Kreuz mit den Spuren der P. als Ausdruck des Mitleidens findet sich z. B. am Kruzifix von M. GUGGENBICHLER (18. Jh.; Köln, Schnütgen-Mus.). – P.-Heilige in Darstellungen der bildenden Kunst sind v. a. →Rochus und →Sebastian.

Georg Petel: Salzfaß, Elfenbeinschnitzerei, 1628 (Stockholm, Schloß)

Petel, Georg, Bildhauer, Elfenbeinschnitzer, *Weilheim (Oberbayern) um 1601/02(?), †Augsburg vor dem 29. 1. 1635, lernte in Weilheim, später in München und ging um 1620 nach Italien. In Genua vermittelte ihm A. VAN DYCK (1627 Porträt von van Dyck) die Bekanntschaft mit P. P. RUBENS, den er 1624 in Antwerpen traf. 1625 ließ er sich als Bildhauer in Augsburg nieder. Bed. war P. in der Kleinplastik (aus Wachs, Terrakotta, Elfenbein) wie in monumentalen Werken, seinen aus Lindenholz geschnitzten oder in Bronze gegossenen Figuren. Ausgehend vom späten Manierismus fand er durch selbständige Verarbeitung der von Rubens und seinem Kreis empfangenen Anregungen den Weg zum Barock.

HW: Holzbildwerke in Augsburg: Kruzifixe in der Hl. Kreuz-Kirche (um 1627) und im Hl. Geist-Spital (vor 1630); Ecce-Homo-Figur (um 1630/31; Dom). – Pálffy-Kruzifix (um 1629/30, ehem. Wien, Augustinerkirche, heute Marchegg/NÖ, Christkönig-Kirche). – **Bronzebildwerke:** Kruzifix mit klagender Magdalena (um 1631; Regensburg, Niedermünster); Büste Gustav Adolf II. von Schweden (1632 modelliert, 1643 in Augsburg gegossen, Stockholm, Nat.-Mus., heute in Schloß Drottningholm; 2. Exemplar: Dresden, Skulpturensamml.). – **Elfenbeinschnitzereien:** Geißelung Christi (um 1625/26; München, St. Michael); Kruzifix (um 1628/29; München, Residenzmus.); Salzfaß mit der schaumgeborenen Venus (1628; Stockholm, Schloß) und Pokal mit dem trunkenen Silen (um 1630/33; Augsburg, Städt. Kunstsamml.; beide auf Entwürfe von P. P. RUBENS zurückgehend); Hl. Sebastian (um 1630/31; München, Bayer. Nationalmus.).

G. P., Ausst.-Kat., München (1964); Augsburger Barock, Ausst.-Kat., Augsburg (1966); K. FEUCHTMAYR u. A. SCHÄDLER: G. P. (1973).

Peterborough [p'i:tabra], Stadt in der Cty. Cambridgeshire, O-England, 70000 Ew., mit um 665 gegr. Benediktinerabtei. Die Abteikirche (seit 1541 kath.) wurde 1118 als roman. Querhausbasilika mit Umgangschor und Emporen sowie reicher Dienstgliederung im Mittelschiff beg. Das in der 2. Jh.-Hälfte ausgeführte Langhaus erhielt nach 1177 anstelle der geplanten W-Türme ein frühgot. W-Querhaus mit 3 fassadenhohen Loggien, flankiert von seitl. Ecktürmen, während von den beiden bekrönenden Türmen nur der nördl. ausgeführt wurde. Um 1400 wurde die Apsis durch einen rechteckigen Umgang ummantelt und mit spätgot. Maßwerkfenstern versehen, die Flachdecke des Chors durch ein hölzernes Netzgewölbe ersetzt. Gemalte Holzdecke um 1220.

Peterhof, russ. **Petergọf,** bis 1944 Name von →Petrodworez.

Peters, Johann Anton de, Maler, Kupferstecher, getauft Köln 16. 1. 1725, †ebd. 6. 10. 1795, Schüler von J.-B. GREUZE in Paris, war zunächst dort, später einige Jahre in Brüssel, seit der Frz. Revolution wieder in Köln tätig. P. war Hofmaler des dän. Königs CHRISTIAN IV. und des Prinzen KARL ALEXANDER von Lothringen, ferner ein bed. Kunstsammler und Musikverleger. Er malte in der Art von Greuze und J. H. FRAGONARD Salonstücke, Porträts und Miniaturen.

HELLA ROBELS: J. A. de P., Ausst.-Kat., Köln (1981).

Petersberg, 1) →Fulda.

2) Berg nördlich von Halle, Dt. Dem. Rep., mit ehem. Augustiner-Chorherrenstift. Die roman. Klosterkirche (1184 gew.), zeitweilig Grablege der Wettiner, brannte 1565 aus; sie wurde 1853–57 von A. F. v. QUAST wiederhergestellt.

Petersburg, Sankt Petersburg, bis 1914 Name von →Leningrad.

Petersdorf, Ort auf der Insel Fehmarn, Schlesw.-Holst. In der got. Backsteinhallenkirche (13./15. Jh.) einer der wertvollsten Schnitzaltäre im hansischen Bereich (um 1390, beeinflußt vom Hamburger Petri-Altar MEISTER BERTRAMS) sowie zahlreiche qualitätvolle Holzbildwerke des 15.–17. Jh.

Peterskirche, St. Peter, ital. **S. Pietro in Vaticano,** in der Vatikanstadt gelegene Repräsentationskirche des Papstes. Zum kult. und architekton. Mittelpunkt wurde die als Grab des Apostels Petrus verehrte Grabstelle auf dem überwiegend heidnisch belegten Friedhof gewählt (vgl. Abschnitt ›Petrusgrab‹). Der älteste Bau wurde von Kaiser KONSTANTIN D. GR. um 324 beg. Die fünfschiffige, flachgedeckte Basilika mit einschiffigem Querhaus wurde nach der Mitte des 4. Jh. voll. (BILD frühchristliche Kunst). Das Langhaus schloß mit einer halbrunden Apsis ab, vor deren Eingang der Altar stand. Vor der Kirche im W lag ein ausgedehntes, von Säulenhallen umgebenes Atrium mit einer Vorhalle, die

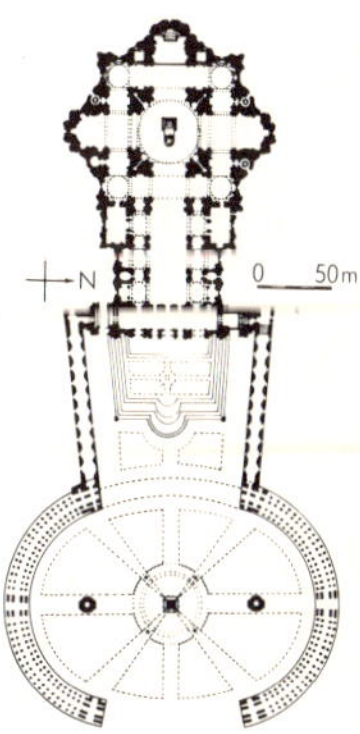

Peterskirche und Petersplatz (Grundriß)

Nabatäerreiches, wichtiger Knotenpunkt im Karawanenverkehr von S-Arabien nach Syrien; 106 n. Chr. Eroberung durch die Römer. P., im 4. Jh. noch Hauptstadt der röm. Prov. ›Palaestina tertia‹ und Bischofssitz, verlor durch Verlagerung der Karawanenwege, die nun über Palmyra führten, seit dem 3. Jh. an Bedeutung und verfiel nach Eroberung durch die Araber (629/32); Ausgrabungen (seit 1929) legten versch. Bauten der Stadt frei (u. a. Monumentalstraße und Triumphbogen, Theater). Mehrgeschossige Grabanlagen sind in die Felsen hineingearbeitet (seit dem 1. Jh. v. Chr.). Ihre kunstvollen Fassaden sind eine bes. phantasievolle Mischung hellenistisch-röm. Architekturelemente.

P. und das Königreich der Nabatäer, hg. v. M. LINDNER ([2]1974).

Petrarcameister, Notname für einen Zeichner für den Holzschnitt, tätig im 1. Viertel des 16. Jh. in Augsburg, benannt nach 261 Illustrationen zum ›Trostspiegel‹ u. a. Werken von PETRARCA.

Petrașcu [petr'aʃku], Gheorghe, rumän. Maler, *Tecuci (O-Rumänien) 5. 12. 1872, †Bukarest 1. 5. 1949, malte Landschaften, Stilleben, Intérieurs, Städtebilder und v. a. Selbstbildnisse in leuchtenden Farben mit statischen, schweren Figuren; vertrat einen poet. Realismus.

Petrick, Wolfgang, Maler, *Berlin 12. 1. 1939, gehört zu den Vertretern des →Kritischen Realismus.

Petrini, Antonio, ital. Baumeister, *Trient 1624/25, †Würzburg 8. 4. 1701, seit 1651 ebd. fürstbischöfl. Baumeister, tätig auch in Mainz, Bamberg (St. Stephan, 1677 ff.), Kitzingen u. a. Zu seinen bed. Bauten gehören in Würzburg das Stift Haug (1670–91) und das Juliusspital (1699–1714, voll. von J. GREISING). Sein Stil verbindet Formen des oberital. Barock mit Elementen der dt. Renaissance; von ihm wird die fränk. Architektur in der ›Petrinizeit‹ bestimmt.

Petrodworez, bis 1944 **Petergof,** dt. **Peterhof,** Stadt im W von Leningrad am Finn. Meerbusen, 74 000 Ew. – P. entstand als Sommerresidenz PETERS D. GR. In einer der prachtvollsten barocken russ. Parkanlagen, die von Teichen, Wasserspielen, Fontänen und Pavillons aufgelockert ist, liegt auf einer von Terrassen mit Kaskaden abgestuften Anhöhe das Große Schloß (1714–28, vielleicht nach Entwürfen von A. SCHLÜTER beg., 1747–52 von B. F. RASTRELLI erweitert). Am Ufer des Finn. Meerbusens inmitten eines nach holländ. Art angelegten Gartens stehen das Schlößchen Monplaisir (1714 bis 1723, Seitenflügel um 1750 von Rastrelli) im Stil eines holländ. Backsteinhauses mit hohem Satteldach sowie die Wasserschlösser Eremitage (1721–24) und Marly (1721–23). In der Nähe ließ KATHARINA II. das streng klassizistische Engl. Palais (1781–89, G. QUARENGHI) erbauen. (BILD S. 339)

Petroglyphen [grch.], Felszeichnungen, -ritzungen, -gravierungen. (→Felsbilder)

Petrograd, 1914–24 Name von →Leningrad.

Petroleum, Maltechnik: Steinöl, flüchtiges Öl (→ätherische Öle), aus Naphta destilliert, dient wie

Petrodworez: Großes Schloß

Terpentinöl zur Verdünnung der Malfarbe oder zum Lösen von Harzen. Nach literar. Zeugnissen schon seit dem MA. verwendet.

Petronell-Carnuntum, Gem. im Bez. Bruck an der Leitha, NÖ, 1200 Ew., mit den Ruinen des röm. →Carnuntum. Die Rundkapelle mit halbkreisförmiger Apsis (1. H. 12. Jh.), einer der bedeutendsten roman. Rundbauten Österreichs, urspr. Wehrkirche, wurde Gruftkirche der Familie Abensberg-Traun. Schloß Traun, eine ehem. Wasserburg, wurde im 17. Jh. von D. CARLONE zu einer frühbarocken Vierflügelanlage umgestaltet.

Petrópolis, Stadt nördlich von Rio de Janeiro, 175 000 Ew., war Sommerresidenz von Kaiser PEDRO II. von Brasilien (1831–1889); der Kaiserl. Palast (1845 bis 1858) ist heute Mus.; in der neugot. Kathedrale (1882–1925) Grabmäler von Kaiser und Kaiserin.

Petrossa, Pietroasele, Gem. im rumän. Bez. Buzău, wo 1837 ein ungewöhnlich reicher Schatzfund von Silber- und Goldschmiedearbeiten geborgen wurde (heute im Mus. für Geschichte Rumäniens, Bukarest). Die Stücke sind z.T. spätantiker, z.T. german. Herkunft, verraten aber auch griechisch-sarmat. und sassanid. Einflüsse. Der Fund wurde als Schatz des Gotenfürsten ATHANARICH (†381) gedeutet; neuerdings wurde

Petrossa: Goldene Henkelschale (Bukarest, Museum für Geschichte Rumäniens)

Pfalz: Königspfalz in Wimpfen mit 2 Bergfrieden, dem Palas mit Kapelle und dem Steinhaus (Modell nach F. Arens)

Pfaffen-Schwabenheim, Gem. bei Bad Kreuznach, Rheinl.-Pf., mit ehem. Augustinerchorherrenstift (1130 gegr.). Beim barocken Neubau der Kirche (1762 bis 1766) blieb der spätroman., innen durch Kleeblattarkaden gegliederte Chor (um 1235) mit runden Flankentürmen und gedeckter Zwerggalerie erhalten.

Pfahler, Georg Karl, Maler, *Emetzheim (Bayern) 8. 10. 1926, schuf malerisch strukturierte, großformatige Farb-Form-Objekte, die seit 1960 geometrisiert und in ihrer Farbigkeit vereinheitlicht wurden. Dann folgten flächenhafte Konstruktionen mit Beziehungen zum Hard Edge und Farbraumprojekte.

Pfalz [lat. palatium] *die,* im Frankenreich und im Dt. Reich des MA. ein befestigter und repräsentativer Wohnsitz des Herrschers (in seiner Eigenschaft als König) auf einem Königsgut (›Königspfalz‹, fälschlich ›Kaiserpfalz‹). P. der Karolingerzeit waren v. a. Aachen, Ingelheim, Frankfurt a. M., Worms, Forchheim, Paderborn, Nimwegen, P. der sächs. Könige Quedlinburg, Magdeburg, Tilleda, Pöhlde, Grona und Werla, in salisch-staufischer Zeit (→staufische Kunst) u. a. Trebur, Speyer, Kaiserswerth, Gelnhausen (BILD), Nürnberg, Goslar, Wimpfen. Die P. umfaßte i. d. R. einen Torbau und einen oder mehrere Saalbauten (→Palas) und die →Pfalzkapelle. Die aus P. entstandenen ›Pfalzstädte‹ bildeten die ältesten Reichsstädte.

W. HOTZ: P. und Burgen der Stauferzeit (1981).

Pfalzel, Stadtteil von Trier, Rheinl.-Pf., mit roman. ehem. Benediktinerinnen-Klosterkirche (um 700 gegr.) inmitten einer spätröm. Palastanlage (›Palatiolum‹) des 4. Jh.; Veränderungen im 11. (u. a. Anbau der O-Apsis) und 13. Jh. (Einwölbung), 1961/62 in einen modernen Kirchenneubau einbezogen. Die im selben Bezirk im 12. Jh. ausgebaute kurfürstl. Burg, eine Nebenresidenz der Trierer Erzbischöfe, wurde 1673/74 zerstört. Gut erh. Ortsbefestigung (14./16. Jh.).

Pfalzfeld: Pfeiler aus Buntsandstein, 1,48 m hoch (Bonn, Rhein. Landesmuseum)

Pfalzfeld, Gem. im Rhein-Hunsrück-Kreis, Rheinl.-Pf., 500 Ew.; Fundort der ›Flammensäule‹, eines mit Fischblasenornament und menschl. Masken verzierten

Steinpfeilers. Der urspr. über 2 m hohe Obelisk gilt als kelt. Arbeit des 4. Jh. v. Chr.

Pfalzkapelle, Kapelle einer →Pfalz, in der der Herrscher (mit Gefolge) dem Gottesdienst beiwohnte. Sie ist ein eigenständiges Gebäude, kann mit dem →Palas durch einen Gang verbunden sein, auch an dessen Ostwand direkt anschließen oder über dem Torbogen liegen. Die einfache Form ist die einschiffige Saalkirche mit der Westempore für den Herrscher oder die →Doppelkapelle (Aachen, Goslar, Eger, Nürnberg).

Pfarrkirchen, Stadt in Niederbayern, 10000 Ew., mit maler. Ortsbild: Bürgerhäuser (16.–18. Jh.) im Inn-Salzach-Baucharakter mit Grabendächern und Hoflaubengängen; roman., um 1500 umgebaute Pfarrkirche. Wallfahrtskirche auf dem Gartlberg (1688 gew.) mit schwerem ital. Barockstuck von G. B. CARLONE im Chor, die Langhausdekoration 1713 von E. B. BENDEL.

Pfau, ein Vogel, dessen erste bezeugte Darstellungen auf Gefäßen der Harappakultur im Industal zu finden sind. In der ind. Kunst wird der P. als beliebtes Dekorationsmotiv und Herrschaftssymbol (an Thronsesseln) verwendet, ferner als Reittier des Karttikeya und der Kaumari (→Saptamatrika) dargestellt. Im Buddhismus erscheint der P. als Symboltier des nach W gewandten Tathagata →Amitabha im kosmolog. Mandala. In China tritt der P. in der Shang-Dynastie (nach 1500 v. Chr.) auf Bronzen auf. In der röm. Kunst war der P. Emblem der röm. Kaiserinnen. Er ist auf Münzen, Gemmen, Agraffen, Statuetten, Fresken, Mosaiken, Grablampen, Grabsteinen, Grabwänden und Sarkophagen abgebildet, ebenso in den frühchristl. Katakomben.

Pfauen|insel, Havelinsel in Berlin (West), →Berlin.

Pfeifenton, Maltechnik: →Kollerkreide.

Pfeiler, Baukunst: Stütze aus Mauerwerk, Stein oder Beton zur Aufnahme von Lasten der Wände, Decken und Gewölbe. Der Grundriß des P. ist rechteckig, polygonal, rund oder besteht in einer Kombination von rechteckigen und runden Formen. Der Rund-P. besitzt jedoch i. Ggs. zur Säule keine →Entasis und keine Verjüngung. Man unterscheidet grundsätzlich freistehende Frei-P. und mit der Wand verbundene Wand-P. Ein flacher Wand-P. wird auch →Pilaster genannt, ein Eck-P. auch Eckpilaster, 2 gekoppelte, flache Wand-P. Doppelpilaster. Bei Frei-P. findet man an 2 oder 4 Seiten →Dienste vorgelegt (→Pfeilervorlage); sitzen die Vorlagen an den abgefasten Ecken des Frei-P., spricht man von kantonierten Pfeilern.

Pfeilerbasilika, eine →Basilika, deren Stützen Pfeiler sind, im Unterschied zur Säulenbasilika. Über den Wechsel von Pfeilern und Säulen →Stützenwechsel.

Pfeilergrabmal, ein Grabmal mit Stufenunterbau, pfeilerförmigem, meist konkav geschwungenem Hauptgeschoß und pyramidenförmigem Oberteil, das oft in ein Kapitell ausläuft. Der im ganzen Mittelmeerraum in Abwandlungen auftretende Typus kam in den reliefverzierten rhein. P. des 2. und 3. Jh. (→Igeler Säule) zu einer Spätblüte.

Pfeilersaal, grch. **Polythyron,** typische Raumform kret. Paläste und Villen des 17. bis 15. Jh. v. Chr. mit hölzernen Pfeilern auf steinernen Basen zur Auflösung von Wänden. Hallen oder größere Zimmer konnten mit solchen verschließbaren Pfeilerreihen ins Freie oder in einen Lichthof geöffnet werden. Mindestens eine Seite des Raumes ist eine geschlossene Wand. Beispiel: die ›Halle der Doppeläxte‹ in Knossos.

Pfeilervorlage, Baukunst: Halbsäule, -pfeiler, Pilaster oder Dienst, die einem Pfeiler v. a. zur Aufnahme von Gewölbegurten als Verstärkung vorgelagert sind.

Pfetten [spätlat. patena ›Firstbaum‹], Baukunst: die parallel zum Dachfirst verlaufenden Hölzer oder Stahlprofile, auf denen die Sparren oder die Dachplatten aufliegen. **Pfettendach,** →Dach.

Pfingstwunder, die Ausgießung des Hl. Geistes am 50. Tag nach Ostern. Die älteste Darstellung der bildenden Kunst findet sich auf einer Miniatur im syr. Rabula-Evangeliar (586): Maria steht inmitten der 12 Apostel, eine Taube kommt herab, über den Häuptern züngeln Flammen. Dies blieb der Typus des Pfingstbildes; Maria und die Apostel wurden jedoch auch sitzend wiedergegeben. Manchmal fehlt Maria, dafür wird Petrus zum Mittelpunkt (›Codex Egberti‹); Christus sendet den Hl. Geist zu den Aposteln (Tympanon von Vézelay, 1120/30); die Völker erstaunen über das Sprachwunder (›Codex Egberti‹, L. GHIBERTI, FRA ANGELICO). Seit dem späten MA. wird die Verzückung der vom Hl. Geist Überkommenen betont, das Flammenwunder findet seinen Ausdruck in einem von der Höhe herabkommenden Licht (A. DÜRER, TIZIAN, J. BASSANO, EL GRECO, P. P. RUBENS). Das P. zeigen oft auch barocke Kuppel- und Deckenfresken (M. GÜNTHER, Mitte 18. Jh.; Neustift bei Brixen; u. a.).

Pflanzenfarbstoffe, Maltechnik: farbige oder durch chem. Behandlung farbig gewordene Pflanzenextrakte, die durch Verlackung für die Malerei nutzbar gemacht werden (z. B. Krapplack). Seltener wird der P. direkt im Bindemittel gelöst oder ist in diesem enthalten (Gummigutt).

Pflanzensäulen, verschiedenen Pflanzen nachgebildete Formen der ägypt. →Säulen.

Pflug, Johann Baptist, genannt **Pflug von Biberach,** Maler, *Biberach a. d. Riß 13. 2. 1785, †ebd. 30. 5. 1866, malte realist. Genrebilder des schwäb. Volkslebens, Porträts und Landschaften.

Pforr, Franz, Maler, *Frankfurt a. M. 5. 4. 1788, †Albano Laziale bei Rom 16. 6. 1812, seit 1801 Schüler seines Onkels J. H. TISCHBEIN D. J. in Kassel, seit 1805 der Wiener Akad. Hier wandte er sich gegen den akadem. Klassizismus und gründete 1809 als Ausdruck einer religiös vertieften Lebens- und Kunstanschauung mit F. OVERBECK u. a. den Lukasbund; mit Overbeck lebte er seit 1810 im Kloster San Isidoro in Rom (→Nazarener). Im Unterschied zur Hinwendung Overbecks

Franz Pforr: Der Graf von Habsburg und der Priester; 1810 (Frankfurt am Main, Städelsches Kunstinstitut)

zu Perugino und Raffael griff P. im Sinn der Frühromantik auf altdt. Vorbilder zurück (Motive aus der ma. Legende und Gesch.), die er in einem einfachen und klaren Bildaufbau mit flächigen Farbkontrasten darstellte.

HW: Einzug Kaiser Rudolfs von Habsburg in Basel (1809/10; Frankfurt a. M., Städelsches Kunstinstitut); Der Graf von Habsburg und der Priester (1810; ebd.); Der Hl. Georg und der Drache (um 1811; ebd.).

Lit.: →Nazarener.

Pforzheim, Stadt am N-Rand des Schwarzwaldes, Bad.-Württ., 107 000 Ew.; bis 1565 bad. Residenz, im 2. Weltkrieg stark zerstört. Die Schloß- und Stiftskirche wurde um 1225 mit dem W-Bau beg., das Langhaus ist eine von Maulbronn abhängige spätromanisch-frühgot. Gewölbebasilika, die Seitenschiffe schließen in Form schräggestellter Polygonalchöre; im spätgot. Stiftschor (um 1470) Renaissance-Grabmäler (16. Jh.) der bad. Markgrafen. Altenstädter Martinskirche mit W-Portal des 12. Jh., im got. Chor (1340) Freskenzyklus (um 1430). Matthäuskirche (1953 von E. Eiermann). Schmuck-Mus. im Reuchlinhaus (1957–61).

Pfullendorf, Stadt im Kr. Sigmaringen, Bad.-Württ., 10 100 Ew., ehem. Reichsstadt, hat zahlreiche Fachwerkhäuser, darunter das älteste S-Dtl.s (›Schoberhaus‹, 1317) und besitzt in der Stadtpfarrkirche, einer got. Pfeilerbasilika des 14./15. Jh. (1750/51 barockisiert), qualitätvolle Stuckdekorationen. Das Obere Tor (Doppeltor von 1505) zählt zu den eindrucksvollsten Toranlagen im Bodenseegebiet.

Pfullingen, Stadt im Kr. Reutlingen, Bad.-Württ., 16 200 Ew.; spätgot. Pfarrkirche (1463), ehem. Klarissenklosterkirche (frühgotisch, 13. Jh., jetzt profaniert), Fachwerkrathaus (1686) und ehem. herzogl. Jagdschloß (1563, Rechteckbau mit Ecktürmen). Die ›Pfullinger Hallen‹, ein Jugendstil-Festsaal von T. Fischer (1905/06), gelten als bahnbrechende Leistung moderner Architektur.

Phaidimos, attischer Bildhauer aus der Mitte des 6. Jh. v. Chr., aus 3 Signaturen von Grabmonumenten bekannt; nur an einem von ihnen sind Skulpturenreste (die Füße der Grabstatue) erh. (Athen, Nat.-Mus.).

Phaistos [ngrch. fɛst'ɔs], minoischer Palast mit zugehöriger Stadt auf einem Höhenzug über der Messara-Ebene im südl. Mittelkreta (KARTE kretisch-mykenische Kunst), seit 1900 von ital. Forschern ausgegraben; eine ältere Palastanlage (um 2000 v. Chr.) wurde zu Beginn der Jüngeren Palastzeit von einer jüngeren überbaut, die um 1450 v. Chr. zerstört wurde. Der Plan ist Knossos ähnlich: Vor der Eingangsseite im W liegt ein gepflasterter Vorplatz. Die Räume des Palastes, von denen die im O und S liegenden durch den Absturz des Geländes zerstört sind, waren um einen Mittelhof angeordnet. Im W-Flügel befand sich ein Korridor mit Magazinen, daneben stieg eine Freitreppe zum 1. Stock empor. Die Stufenanlage am N-Rand des Vorplatzes gehört zum älteren Palast, bei der Aufhöhung des Geländes für den jüngeren Palast wurde sie mit den Räumen vor der Freitreppe zugeschüttet. Eine Nekropole mit Kammergräbern der späten Bronzezeit liegt nördlich des Berges. Unter den Funden aus dem Palastgebiet sind neben der Keramik (→Kamares-Vasen) mittelminoische Siegelabdrücke bes. hervorzuheben. Die vorwiegend runden und ovalen Abdrücke zeigen eine Auswahl ornamentaler Kompositionen, die in Phantasie und Schönheit gleichwertig neben den gleichzeitigen Kamares-Vasen stehen. – Die Ausgrabungen der minoischen Stadt beschränkten sich auf einige Stellen; aus grch. Zeit wurden u.a. Häuser aus der protogeometr. und geometr. Periode aufgedeckt.

D. LEVI: Festós e la civiltà minoica (Rom 1976 ff., bisher 2 Bde.).

Phallusdarstellung, Darstellung oder Nachbildung des männl., bes. des erigierten Gliedes, →Ithyphallos; in der ind. Kunst →Linga.

Phaistos: Freitreppe und Westfassade des jüngeren Palastes über dem Rampensockel des Vorgängerbaues; rechts der Westhof

Phantastischer Realismus, →Wiener Schule des Phantastischen Realismus.

Pharos, im Altertum Insel vor Alexandria (Ägypten), später durch einen Damm mit dem Festland verbunden, heute ein halbinselähnl. Stadtteil von Alexandria. Auf der östl. Spitze von P. ließ PTOLEMAIOS II. PHILADELPHOS einen über 120 m hohen Turm als Tageszeichen für die Schiffahrt errichten (280/279 v. Chr. voll.); er zählte zu den Sieben Weltwundern. Seit der Mitte des 1. Jh. wurde er als Leuchtturm verwendet, im 14. Jh. durch Erdbeben zerstört; an seiner Stelle wurde unter den Mamelucken im 15. Jh. die Festung Fort Kait Bey erbaut.

Pheidias, grch. Bildhauer, →Phidias.

Phetchaburi [phɛtʃa-], kurz auch **Phetburi,** Stadt in Thailand, am Golf von Siam südwestlich Bangkoks, 33 000 Ew.; seit dem 17./18. Jh. künstler. Zentrum, bes. auf dem Gebiet der Malerei. Im Wat Yai Suvannaram Tempera-Malereien, die Götterwesen versch. Hierarchie-Ebenen bei der Aufnahme der buddhist. Lehre darstellen; die Figuren der unteren Reihen wurden im 17. Jh. durch erbauliche narrative Szenen ersetzt. Auf den Malereien im Wat Keo Sutharam, Anf. 18. Jh., sind fliegende Adoranten dargestellt. Nakhon Kiri (1860), die Sommerresidenz des Königs Monkut, ist vorwiegend in europ. Stil erbaut.

Phiale [grch.] *die,* flache Schale der grch. Antike, ohne Fuß und meist ohne Henkel; urspr. wohl Metallgefäß (Bronze, Edelmetall), später auch aus Ton; das traditionelle Gefäß des antiken Spenderituals. Als Ausdruck empfangener Spende wurde die P. Kultbildern in die Hand gegeben.

Phidias, grch. **Pheidias,** attischer Bildhauer des 5. Jh. v. Chr. aus Athen, genoß hohes Ansehen schon in der Antike als Bildner von Götterstatuen, bes. der über 12 m hohen, gold-elfenbeinernen Kultbilder der Athene Parthenos im Parthenon in Athen und des Zeus im Zeustempel zu Olympia, die PAUSANIAS ausführlich beschrieben hat. Von der 438 gew., stehenden Athene Parthenos geben verkleinerte Marmornachbildungen der Statue, Kopien der Reliefs von Basis, Sandalen, Helm und Schild (hier auch Malereien) eine gewisse Vorstellung. Die unter Mitarbeit von PANAINOS und KOLOTES später gearbeitete Sitzstatue des Zeus ist durch Wiedergaben auf Münzen bezeugt. Da P. im Auftrag des Perikles und als dessen Freund der oberste Leiter der Bauten und Bildhauerarbeiten auf der Akropolis war, hatte er wohl auch starken Einfluß auf die Gestaltung der Parthenonskulpturen; wie weit dieser im einzelnen ging, wird verschieden beurteilt. Umstritten sind auch die Zuschreibungen einiger in röm. Kopien erh. Statuen phidiasischer Art an P. selbst, so des Kasseler Apollo (um 450), der Dresdener Athene, der Athene Lemnia (um 445, u.a. Dresden, Skulpturensamml.), des Anadumenos Farnese (London, Brit. Mus.), der Athene Medici (Louvre, um 420), des Anakreon (Kopenhagen, Ny Carlsberg Glyptothek) u.a. Von den erh. Amazonenstatuen (→Polyklet 1) dürfte die Amazone

Phidias: Athene Parthenos (Kopie)

Mattei (Vatikan) auf P. zurückgehen. Ob die 1972 bei →Riace gefundenen Bronzefiguren dem P. zuzuweisen sind, ist umstritten. – P. soll, wegen Unterschlagung von Elfenbein oder wegen Gottlosigkeit von den Athenern verklagt, im Gefängnis gestorben oder nach Elis (Peloponnes) geflohen sein. P. war der Schöpfer der hochklass. attischen Kunst, der künstlerisch und geistig vielseitigste unter den großen grch. Künstlern seiner Epoche. 1954 sind in Olympia in der Werkstatt des P. tönerne Matrizen für das Goldelfenbeinbild des Zeus gefunden worden, daneben Reste eines Kännchens mit eingeritztem Besitzvermerk: ›Ich gehöre dem Phidias.‹.

J. Liegle: Der Zeus des P. (1952); F. Brommer: Athena Parthenos (1957); A. Mallwitz u. W. Schiering: Die Werkstatt des Pheidias in Olympia, hg. v. Dt. Archäolog. Inst., 1 (1964).

Philadelphia [fɪləd'elfjə], Stadt in SO-Pennsylvania, USA, am rechten Ufer des Delaware, 1,688 Mio. Ew. Seit der Gründung (1682) und systemat. Stadtanlage durch W. Penn ist P. eines der Zentren der amerikan. Kultur. Zahlreiche Bauten des 18. Jh. (u. a. Independence Hall, Congress Hall, Carpenters Hall) im histor. Stadtzentrum (Independence National Historic Park, seit 1951) sind eng mit der amerikan. Geschichte verbunden. Wichtige Bauten der späteren Entwicklung sind u. a. das Rathaus (1874–1901; im frz. Renaissancestil, mit 156 m hohem Turm), das Gebäude der P. Savings Funds Society von G. Howe und W. Lescaze (1931/32), das Forschungszentrum der Univ. von P. (1957–61) von L. I. Kahn und das Guild House (1960 bis 1963) von R. Venturi. Das P. Museum of Art (gegr. 1876) enthält eine der reichsten amerikan. Samml. alter und neuer Kunst aus Europa, Amerika und Ostasien, das Rodin-Mus. die größte Samml. von Rodin-Skulpturen außerhalb von Paris, die Academy of Fine Arts (Bau 1872–76 von F. Furness, *1839, †1912) v. a. Werke amerikan. Künstler; etwas außerhalb von P. die Barnes Foundation mit einer hervorragenden Samml. frz. Impressionisten.

Philae, Philä, arab. **Gasirat Fila,** Nilinsel südlich von Assuan (Karte ägyptische Kunst), zw. altem und neuem Staudamm, 460 m lang, 150 m breit. Die Insel, der Göttin Isis heilig, war ein bed. Wallfahrtsort der späten Pharaonenzeit; ihre Tempel wurden erst unter Justinian im 6. Jh. n. Chr. geschlossen. Die Bauten P.s gehören der Zeit letzter nationalstaatl. Selbständigkeit Ägyptens an, in der noch einmal monumentale, wohlproportionierte Anlagen geschaffen wurden: unter Nektanebos I. (30. Dynastie, 380–342 v. Chr.) im SW der Insel eine Halle mit großem Vorplatz, von Kolonnaden gesäumt; nach N schloß das Hauptheiligtum von P. an, der Isistempel aus der 1. H. des 3. Jh. v. Chr. mit Eingangspylon, Hof mit Mammisi und Kolonnaden, 2. Pylon und innerem Tempelbezirk; in allen Teilen der Anlage reich geschmückte Pflanzen-, Komposit- und Hathorkapitelle. Im O des Isistempels wurde im 2. Jh. v. Chr. ein Hathortempel, in der röm. Kaiserzeit ein Kiosk (kleiner Bau mit 14 Säulen) errichtet.

Die Tempelanlagen wurden bereits nach dem Bau des 1. Assuanstaudamms überflutet. 1972 begann ein Rettungsprogramm mit Mitteln der UNESCO, die Insel trockenzulegen, die Tempel abzutragen und auf der

Nachbarinsel Agilkia wieder aufzubauen. Seit 1980 sind die Tempelanlagen für den Besucher wieder zugänglich. Bei den Rettungsarbeiten kamen ältere Bauteile zum Vorschein, die bis in die 26. Dynastie (664 bis 525 v. Chr.) zurückreichen.

Philipon [filip'ɔ̃], Charles, frz. Zeichner, Publizist, *Lyon 19. 4. 1806, †Paris 25. 1. 1862. Er gründete die satir. Zeitschriften ›La Caricature‹ (1830) und ›Charivari‹ (1832). Mit H. DAUMIER entwickelte er als Personifikation des Bürgertums die satir. Figur Robert Macaire und die Karikatur König LOUIS-PHILIPPES als Birne (la poire Philipon).

Philippi, antike Stadt in O-Makedonien, nordwestlich der grch. Stadt Kavala, von PHILIPP II. im 4. Jh. v. Chr. der an Stelle von Krenides – einer Kolonie von Thasos – neu gegr. Bei P. siegten ANTONIUS und OCTAVIAN über BRUTUS und CASSIUS (42 v. Chr.). Ruinen v. a. aus röm. Zeit (Forum mit versch. Gebäuden, Theater, Thermen, Gymnasium) sowie Reste zweier Basiliken des 5. und 6. Jh.

Philippsthal (Werra), Gem. im Kr. Hersfeld-Rotenburg, Hessen. Das im 12. Jh. gegr. Benediktinerinnenkloster Kreuzberg wurde nach 1686 zu einem Barockschloß umgebaut (Residenz der Landgrafen von Hessen-P.). Die ehem. Abteikirche ist eine flachgedeckte roman. Säulenbasilika (Ende 12. Jh., 1733 verändert).

Philippus, einer der 12 Jünger Jesu (→Apostel) aus Bethsaida in Galiläa; in der bildenden Kunst nur selten dargestellt (v. a. Fresken von FILIPPINO LIPPI, 1502; Florenz, S. Maria Novella: Drachenbeschwörung und Kreuzigung. – Gemälde von REMBRANDT, 1636: Taufe des Mohrenkämmerers). Oft erscheint P. mit dem Kreuzstab (Dreikönigsschrein, 1185; Köln, Dom. – Sebaldusgrab von P. VISCHER D. Ä., 1508 ff.; Nürnberg, Sebalduskirche. – Kupferstich A. DÜRERS, 1526).

Philips, Peter, engl. Maler, *Birmingham 21. 5. 1939, gehört zur engl. Pop Art. Seine collagehaften, oft geometrisch komponierten Bilder verbinden die Zeichensysteme von Spielautomaten, die Bildidole des Sex und die Klischees der Werbung in zunehmend plakativer Malweise.

Philipsen, Theodor Esbern, dän. Maler, *Kopenhagen 10. 6. 1840, †ebd. 3. 3. 1920, studierte in Kopenhagen und bei L. BONNAT in Paris, malte mit impressionist. Mitteln Landschaften und Tierbilder in lebhaften, lichterfüllten Farben.

Philiskos, Bildhauer des 1. Jh. v. Chr. aus Rhodos; seine Signatur ist an einer auf Thasos gefundenen Porträtstatue erh. Die heute so genannten hellenist. Statuen ›Musen des P.‹ (wohl 2. Jh. v. Chr., in zahlreichen Kopien erh.) sind nicht auf die von P. geschaffene, nur literarisch überlieferte Gruppe der 9 Musen zurückzuführen.

Abkürzungen

Endungen oder Wortteile werden zur Raumersparnis weggelassen, wo sie ohne Schwierigkeit ergänzt werden können, z. B. abgek. für abgekürzt; Abt. für Abteilung; geistl. für geistliche(r); künstler. für künstlerische(r). An stärkeren, formelhaften Abkürzungen werden verwendet:

Abk. .... Abkürzung
ags. .... angelsächsisch
ahd. .... althochdeutsch
Akad. .... Akademie
allg. .... allgemein
Am. .... Amos (A. T.)
Anf. .... Anfang
Apg. .... Apostelgeschichte (N. T.)
Art. .... Artikel
ASSR .... Autonome Sozialistische Sowjetrepublik
a. St. .... alten Stils
A. T. .... Altes Testament
Aufl. .... Auflage
Ausst.-Kat. ..... Ausstellungskatalog
Ausw. .... Auswahl
Auton. Geb. ... Autonomes Gebiet
Bad.-Württ. .... Baden-Württemberg
Bar. .... Baruch (A. T.)
Bd., Bde. .... Band, Bände
bed. .... bedeutend
beg. .... begonnen
begr. .... begründet
Beitr. .... Beitrag, Beiträge
bes. .... besonders
best. .... bestimmt
Bev. .... Bevölkerung
Bez. .... Bezirk, Bezeichnung
Bibl. .... Bibliothek, Bibliothèque, Biblioteca
Bundesrep. Dtl. .... Bundesrepublik Deutschland
Chr. .... Christus; Chronik (A. T.)
Cod. .... Codex
Coll. .... Collection
ČSSR .... Tschechoslowakei
Cty. .... County oder -ties
d. Ä. .... der (die) Ältere
Dan. .... Daniel (A. T.)
Dep. .... Departamento
Dép. .... Département
dgl. .... dergleichen, desgleichen
d. Gr. .... der Große
d. h. .... das heißt
Distr. .... Distrikt
d. J. .... der (die) Jüngere
dt. .... deutsch
Dt. Dem. Rep. .... Deutsche Demokratische Republik
Dtl. .... Deutschland
Dtn. .... Deuteronomium (A. T.)
ebd. .... ebenda
ed., Ed. .... editio, Edition
ehem. .... ehemalig, ehemals
eigtl. .... eigentlich
Einl. .... Einleitung
Enz. .... Enzyklopädie
Eph. .... Epheserbrief (N. T.)
Erg. .... Ergänzung
erh. .... erhalten
Esr. .... Esra (A. T.)
Est. .... Esther (A. T.)
e. V. .... eingetragener Verein
evang. .... evangelisch
Ew. .... Einwohner
Ex. .... Exodus (A. T.)
Ez. .... Einzahl; Ezechiel (A. T.)
f., ff. .... folgend, folgende (z. B. Seiten, Jahre)
Faks.-Ausg. .... Faksimileausgabe
Fam. .... Familie
Frhr. .... Freiherr
frz. .... französisch
Fstt. .... Fürstentum
Gal. .... Galerie, Galérie, Galleria; Galaterbrief (N. T.)
gegr. .... gegründet
Gem. .... Gemeinde
gen. .... genannt
Gen. .... General; Genesis (A. T.)
Gen.-Gouv. .... Generalgouvernement, Generalgouverneur
Ges. .... Gesetz; Gesellschaft
Gesch. .... Geschichte
Ges. W. .... Gesammelte Werke
gew. .... geweiht
Gfsch. .... Grafschaft
ggf. .... gegebenenfalls
Ghzgt. .... Großherzogtum
Gouv. .... Gouverneur, Gouvernement
grch. .... griechisch
H. .... Hälfte
Hab. .... Habakuk (A. T.)